Abhandlungen zur Literaturwissenschaft

In dieser Reihe erscheinen Monographien und Sammelbände zur Literaturwissenschaft einschließlich aller Nationalphilologien.

Weitere Bände in der Reihe http://www.springer.com/series/15814

Gerhard Kurz

Hermeneutische Künste

Die Praxis der Interpretation

2., durchgesehene Auflage

 J.B. METZLER

Gerhard Kurz
Gießen, Hessen, Deutschland

ISSN 2520-8381 ISSN 2520-839X (electronic)
Abhandlungen zur Literaturwissenschaft
ISBN 978-3-476-05647-4 ISBN 978-3-476-05648-1 (eBook)
https://doi.org/10.1007/978-3-476-05648-1

Die Deutsche Nationalbibliothek verzeichnet diese Publikation in der Deutschen Nationalbibliografie; detaillierte bibliografische Daten sind im Internet über http://dnb.d-nb.de abrufbar.

© Springer-Verlag GmbH Deutschland, ein Teil von Springer Nature 2018, 2020
Das Werk einschließlich aller seiner Teile ist urheberrechtlich geschützt. Jede Verwertung, die nicht ausdrücklich vom Urheberrechtsgesetz zugelassen ist, bedarf der vorherigen Zustimmung des Verlags. Das gilt insbesondere für Vervielfältigungen, Bearbeitungen, Übersetzungen, Mikroverfilmungen und die Einspeicherung und Verarbeitung in elektronischen Systemen.
Die Wiedergabe von allgemein beschreibenden Bezeichnungen, Marken, Unternehmensnamen etc. in diesem Werk bedeutet nicht, dass diese frei durch jedermann benutzt werden dürfen. Die Berechtigung zur Benutzung unterliegt, auch ohne gesonderten Hinweis hierzu, den Regeln des Markenrechts. Die Rechte des jeweiligen Zeicheninhabers sind zu beachten.
Der Verlag, die Autoren und die Herausgeber gehen davon aus, dass die Angaben und Informationen in diesem Werk zum Zeitpunkt der Veröffentlichung vollständig und korrekt sind. Weder der Verlag, noch die Autoren oder die Herausgeber übernehmen, ausdrücklich oder implizit, Gewähr für den Inhalt des Werkes, etwaige Fehler oder Äußerungen. Der Verlag bleibt im Hinblick auf geografische Zuordnungen und Gebietsbezeichnungen in veröffentlichten Karten und Institutionsadressen neutral.

Planung/Lektorat: Oliver Schütze
J.B. Metzler ist ein Imprint der eingetragenen Gesellschaft Springer-Verlag GmbH, DE und ist ein Teil von Springer Nature.
Die Anschrift der Gesellschaft ist: Heidelberger Platz 3, 14197 Berlin, Germany

*Man kann im Grunde ja schon anfangen mit
der Frage: Was heißt denn eigentlich
verstehen? Weil: Da wird's ja schon kritisch.*

Gerhard Polt

*Die Erklärer sagen hierzu: Richtiges
Auffassen einer Sache und Missverstehen
der gleichen Sache schließen einander nicht
vollständig aus.*

Franz Kafka, Der Prozess

Inhaltsverzeichnis

1 Einleitung 1

2 Interpretation 7
   2.1   Begriff der Interpretation, äquivalente und
verwandte Begriffe 7
   2.2   Interpretationsgemeinschaften 26
   2.3   Gattungen der Interpretation 30

3 Metaphorik der Interpretation 39

4 Lesen und Interpretieren 63
   4.1   Wer liest, interpretiert 63
   4.2   Explizites, implizites Wissen, Inferenzen, Rahmen 70

5 Paradigmen 77
   5.1   Die athenische Polis interpretiert ein Orakel aus Delphi 77
         5.1.1   Die hölzerne Mauer 77
         5.1.2   Mantische Deutungskunst 81
   5.2   Josef interpretiert den Traum Pharaos 94
         5.2.1   Artemidors Traumkunst 103
         5.2.2   Freuds Traumdeutung 106
   5.3   Sokrates und Protagoras interpretieren ein Gedicht 110
         5.3.1   Die Intention des Autors 119
   5.4   Porphyrios interpretiert die Grotte der Nymphen
in der *Odyssee* 127
         5.4.1   Antike Allegorese 131
   5.5   Lavater interpretiert Porträts von Goethes Physiognomie 138
         5.5.1   Lavaters physiognomisches Programm:
Wissenschaft und Kunst 140
         5.5.2   Goethe: Porträts eines Genies 146
         5.5.3   Tradition und Folgen des physiognomischen
Programms 150
   5.6   Sherlock Holmes interpretiert Spuren 156
         5.6.1   Spuren, Indizien, Symptome 160

6	**Rhetorik und Hermeneutik**		165
	6.1	Rhetorik und Philologie	165
	6.2	Antike und mittelalterliche Interpretationslehren	171
		6.2.1 Homer aus Homer interpretieren	171
		6.2.2 Kontext, Parallelstellen	174
		6.2.3 Accessus ad auctores: Zugang zu den Autoren	178
		6.2.4 Auslegung eines Gesetzes	181
7	**Auslegung der Thora und der Bibel**		185
	7.1	Rabbinische Auslegung der Thora	185
		7.1.1 Die herrschende Meinung	195
	7.2	Frühe christliche Auslegung der Bibel	197
		7.2.1 Augustin: Regeln für den Umgang mit der Hl. Schrift	198
		7.2.2 Jüdische und christliche Allegorese	202
	7.3	Reformatorische Auslegung der Bibel	207
		7.3.1 Luther: Die Bibel aus der Bibel interpretieren	208
8	**Hermeneutik als Wissenschaft und Kunst**		217
	8.1	Die Entstehung der Hermeneutik in der Neuzeit	217
		8.1.1 Authentische und hypothetische Gewissheit der Interpretation	226
		8.1.2 Stellenhermeneutik	229
		8.1.3 Pluralismus der Perspektiven	231
		8.1.4 Sich in einen Autor, sich in eine Zeit versetzen	233
	8.2	Die Seele aller hermeneutischen Regeln: Billigkeit	236
	8.3	Romantische Hermeneutik	242
		8.3.1 Der Eindruck des Ganzen	246
		8.3.2 Interpretation als Rekonstruktion	248
		8.3.3 Der Autor als Mischfigur	252
		8.3.4 Savigny	254
		8.3.5 Schleiermacher	257
		8.3.6 Hermeneutischer Zirkel	268
		8.3.7 Den Autor besser verstehen, als er sich selbst verstanden hat	274
9	**Philosophische Hermeneutik**		281
10	**Interpretation literarischer Texte: Maximen, Regeln, Methoden**		285
	10.1	Maximen	287
	10.2	Entdeckungsprozedur – Rechtfertigungsprozedur	288
	10.3	Regeln, Methoden	290
	10.4	Einige Ratschläge	292
Siglenverzeichnis			301
Literatur			303

Kapitel 1
Einleitung

Wir deuten oder interpretieren immer. Im Alltag interpretieren wir ständig und sehr sensibel, wir interpretieren Gesichter, Gesten, Körperhaltungen, Aussehen, Kleidung, Äußerungen, die Tonlage einer Stimme, Handlungen, Bilder, Texte jeder Art. Soziologen interpretieren menschliches Handeln und Gesellschaften, Historiker historische Personen, Ereignisse und Epochen; Psychoanalytiker menschliches Bewusstsein und Verhalten, Juristen Gesetze, Testamente, Verordnungen; Theologen heilige Texte, Literaturwissenschaftler literarische Texte, Kunstwissenschaftler Bilder und Skulpturen. Jede kommunikative Handlung erfordert Interpretationen. Keine Handlung, auch wenn sie nicht kommunikativ intendiert ist, keine Situation, kein Ding entkommt der möglichen Interpretierbarkeit durch andere. Fahre ich mit dem Auto oder mit dem Fahrrad oder mit dem Bus, kann es interpretiert werden. Trage ich eine Krawatte, kann es interpretiert werden, trage ich keine, kann es ebenfalls interpretiert werden.

Schon immer haben die Menschen interpretiert und mussten sie interpretieren. Um ihr Überleben sichern zu können, um Wissen über Vergangenes, Gegenwärtiges und Zukünftiges zu gewinnen, mussten die frühen Menschen ihre belebte und unbelebte Umwelt interpretieren oder deuten, wie man in diesem Zusammenhang eher sagt. Sie mussten die Sprache der Götter und die Sprache der Menschen interpretieren. Sie mussten aus Wolkenbildungen und Lichtverhältnissen die Entwicklung des Wetters deuten können; Spuren ‚lesen' können, um ein Tier zu erjagen; die Laute, die Worte, die Mimik, die Gesten und die Haltung eines anderen Menschen verstehen können, um einzuschätzen, ob er friedlich oder feindlich gesinnt ist. Dazu mussten sie Daten sammeln, die Daten zusammenfügen, daraus Schlüsse ziehen und in ein Deutungsmuster integrieren. Sie entwickelten in einem komplexen Prozess zusammen mit Gestik und Mimik eine Lautsprache und Zeichensysteme für den Alltag und die Glaubenswelt. Die Abstraktheit und Symbolizität der faszinierenden Höhlenmalereien, Statuetten und Felsgravuren der Steinzeit setzen schon die Entwicklung eines ästhetischen Bewusstseins und eine elaborierte interpretative Fähigkeit voraus.[1]

Da die Menschen evolutionsgeschichtlich ganz früh Gesichter und Gesten haben ‚lesen' lernen müssen, hat Daniel Kehlmann vermutet, dass selbst der beste, der menschenscheuste Leser Menschen besser ‚lesen' kann als Literatur. Und er vermutet, dass daher Filme besser verstanden würden als Literatur.[2]

Die Überlebensfähigkeit, Umwelt und Personen zu deuten und zu verstehen, beruht auf der schon in den ersten Lebensmonaten eines Menschen erkennbaren Fähigkeit, sich mit anderen zu ‚identifizieren', sich selbst als intentionalen Akteur und andere als ähnlich intentionale Akteure wahrzunehmen, ebenso Dinge, Artefakte und soziale Praktiken in einem ‚intentionalen Raum'. Dazu gehört dann später auch die Fähigkeit, das eigene Verständnis der Welt mit dem anderer zu vermitteln, Intentionen und Perspektiven in materiellen und symbolischen Artefakten zu verstehen, die von räumlich und zeitlich weit entfernten Menschen geschaffen wurden.[3] Fast alles, was wir tun, beruht auf der Gewissheit, dass Verstehen möglich ist.

Der menschliche Geist ist enorm beweglich. Er kann z. B. mögliche Welten wie in der Literatur entwerfen, ziemlich gut unterschiedliche Perspektiven und Rollen einnehmen (‚Wenn Du an meiner Stelle wärst…'), er kann, was er schon verstanden hat, neu interpretieren, er kann dasselbe einmal so und einmal anders wahrnehmen und benennen, eine Kippfigur einmal als Vase und einmal als Gesicht. Unsere Sprache enthält die Möglichkeit, einen Vorgang aktivisch oder passivisch zu formulieren. Wir können in der erlebten Rede eine Ich- und eine Er-Perspektive in ein und demselben Sprechakt ein- und wahrnehmen. Wir können darüber reden, über was und wie wir reden. Konstitutiv für unser Verstehen und unser moralisches Verhalten ist die Fähigkeit, sich empathisch auf die Perspektiven anderer einlassen zu können. Die Übernahme der Sichtweisen anderer, wie annäherungsweise auch immer, setzt die Unterstellung und auch das Faktum einer allgemeinmenschlichen kognitiven und emotionalen Ausstattung voraus, ein Vertrauen auf eine gemeinsam geteilte Welt, auf eine Normalität, in der der Einzelne erlebt, denkt, versteht und handelt.

Manche konnten und mussten schon immer besser deuten oder interpretieren als andere, so wie der erfahrene Jäger, der Spuren eines Wildes deutet, oder der Schamane, der für seinen Stamm Ereignisse und Naturphänomene als Zeichen für Vergangenes, Gegenwärtiges und Zukünftiges deutet. Der Schamane deutet als *mantis,* als Seher, Weissager, Prophet. Das Wortfeld des griechischen Wortes

---

[1]E. Leroi-Gourhan, *Hand und Wort. Die Evolution von Technik, Sprache und Kunst,* Frankfurt a. M. 1980, S. 446 ff.

[2]In seiner Poetik-Vorlesung „Literatur und Film", Universität Koblenz-Landau, 2013. Er könnte sich berufen auf M. Tomasello, *Die Ursprünge der menschlichen Kommunikation,* Frankfurt a. M. 2009.

[3]M. Tomasello, *Die kulturelle Entwicklung des menschlichen Denkens. Zur Evolution der Kognition,* Frankfurt a. M. 2002.

mantis umfasst auch das Untersuchen, Vermuten und Erraten. Es sind besondere Menschen, die diese Deutungstechnik, die *Mantik,* beherrschen. Ihnen wird eine Sehergabe zuerkannt, sie können von einem Gott ergriffen, verzückt werden, was *mantis* auch bedeuten kann. Dann spricht der Gott durch sie.

In der spätantiken Philosophie der Stoa wurde die Mantik verstanden als die Kompetenz, die Zeichen *(signa, omina),* welche den Menschen von den Göttern gegeben werden, zu erkennen *(cognoscere),* zu verstehen *(videre)* und zu erklären *(explicare),* wie der gegenüber der Mantik durchaus skeptische Cicero referiert. (*De divinatione*/Über die Wahrsagung, II, 130) Göttliche Inspiration, empirische Beobachtung und kluges Ziehen von Schlüssen wurden als die Quellen der Mantik namhaft gemacht. Diese Fähigkeit erschien den meisten Zeitgenossen keineswegs als eine ‚magische' oder irrationale Praxis, so wie sie uns Zeitgenossen einer anderen Wissenschaft vorkommt.

In der alten Welt war die mantische Praxis omnipräsent, sie wurde von allen geübt, offiziell und privat, vom König oder vom Sklaven, vom Experten und vom Laien. In der langen Ausbildung komplexer, arbeitsteiliger Gesellschaften zusammen mit der Entwicklung der Schrift, im alten Orient seit etwa 3000 Jahren v. Chr., bildete sich jedoch auch eine Professionalisierung und Institutionalisierung der mantischen Praxis aus. Deutungswissen konnte nun mündlich und schriftlich tradiert werden. Wer interpretierte in den Schriftkulturen professionell? Das waren alte und neue Interpretationsspezialisten: Das waren die Priester, die Vogelflug, Rauch, Gewitter, Wolkenbildung, Sternenkonstellationen, das Aussehen einer Leber und Sätze aus heiligen Büchern als Orakel, *signa, omina,* deuteten, das waren die Traumdeuter, die Ärzte, die körperliche Veränderungen als Symptome und die Symptome als ein Syndrom für eine Krankheit deuteten, die schriftkundigen Verwaltungsbeamten, die Verordnungen, die Juristen, die Rechtstexte, die Philologen und die jüdischen und christlichen Schriftgelehrten, die autoritative oder heilige Texte auslegten. Das mantische Deutungswissen wurde in der Praxis ausgebildet und weitergegeben, es wurde für die Anwendung schriftlich fixiert; das philologische und juristische Interpretationswissen dann auch in Schulen und Akademien gelehrt und reflektiert.

Noch weit in die Neuzeit hinein spielte (und spielt) die Deutung des Horoskops oder der Linien einer Hand für viele in ihrem Bemühen, den Sinn des Lebens zu verstehen und die Ungewissheiten der Zukunft zu reduzieren, eine fast ebenso große Rolle wie die Interpretation der Bibel.

Die Notwendigkeit der Interpretation erweiterte und verstärkte sich mit der Entstehung und Kultivierung der Schriftkultur, in der Neuzeit mit der Erfindung des Buchdrucks und der Entstehung eines Buch- und Zeitungsmarkts. Der Text, das schriftliche, sinnvolle Gewebe von Wörtern (von lat. *textus:* Gewebe, Geflecht, Verknüpfung, Gefüge) verlangt eine eigene Aufmerksamkeit und Einstellung der Interpretation. Bei einer gesprochenen Äußerung trägt die gemeinsame kommunikative Situation zum Verständnis bei und wir können den Sprecher befragen, wenn wir etwas nicht verstehen. Wir sind darauf gerichtet, was der Sprecher meint. Bei einer schriftlichen Äußerung können wir dies (meistens) nicht, da wir nur den Text vor uns haben. Das Verfassen und das Erfassen des

Textes sind zeitversetzt. Wir sind darauf gerichtet, was im Text steht und was sich der Verfasser wohl dabei gedacht hat. In einer mündlichen kommunikativen Situation kommt es meistens auf Klarheit der flüchtigen Formulierung und rasches Verstehen an, in der schriftlichen kann und muss man sich Zeit nehmen.

Diese hermeneutische Situation wird schon in Platons Dialog *Phaidros* bedacht. Da sagt Sokrates: „Dieses Missliche nämlich, o Phaidros, hat doch die Schrift, und sie ist darin der Malerei gleich. Denn die Erzeugnisse auch dieser stehen wie lebendig da; wenn du sie aber etwas fragst, schweigen sie sehr vornehm." (*Phaidros*, 275 d) Sie selbst, fährt Sokrates fort, vermag sich „weder zu wehren noch sich zu helfen." (275e) Als einziger „Helfer" kommt hier für Sokrates nur ihr „Vater", also ihr Verfasser, in Betracht. Ihn kann man im Zweifel befragen. Doch diese Gewissheit, dass der Verfasser am besten weiß, was er gesagt hat, wird bezweifelt werden. Jede schriftliche Fixierung mit ihrer Lösung des Gesagten vom Sagen des ‚Vaters', heißt dies, nötigt zur besonderen Interpretation, die die Schrift zum Reden bringt – ohne sicher zu sein, dass diese Rede auch das ist, was der ‚Vater' sagen wollte. Ende November 1799 schrieb die Schriftstellerin Sophie Mereau an Clemens Brentano, ihren späteren Mann, einen Brief: „Ich hasse alle Briefe an vertraute Wesen, ob ich sie gleich um keinen Preis missen möchte. […] Das Papier ist ein so ungetreuer Bote, dass es den Blick, den Ton vergisst, und oft sogar einen falschen Sinn überbringt."

Platons Metapher von der vornehm schweigenden Schrift schließt jedoch die prinzipielle Möglichkeit nicht aus, sie dennoch zum Sprechen zu bringen. Sokrates fügt ja auch hinzu, dass die Schrift „ungerecht geschmäht" werde. (275e) Die Möglichkeit, sie dennoch zum Sprechen zu bringen, geht aus einer anderen Stelle des Dialogs hervor. Phaidros will eine Rede des Lysias für Sokrates „in Umrissen" aus dem Gedächtnis wiederholen. Sokrates, der bemerkt hat, dass Phaidros eine Schriftrolle mit der Rede bei sich trägt, bittet ihn jedoch darum, die Rede nicht zusammenzufassen, sondern vorzulesen, denn in der ganzen schriftlichen Form ist „Lysias selbst zugegen". (228d) Das kann man so verstehen, dass Sokrates die Wiederholung „in Umrissen" nicht genügt, das kann man aber auch so verstehen, dass die ganze Rede in schriftlicher Form doch festhalten kann, was Lysias hat sagen wollen.

Aus der Platonischen Unterscheidung des Interpretationsanspruchs gesprochener und geschriebener Äußerungen leitet sich bis heute die Meinung ab, bei schriftlichen Äußerungen müsse Interpretation stattfinden, bei gesprochenen nicht. So scheint es. Tatsächlich interpretieren wir immer. Der größte Teil unserer Kommunikation verläuft implizit, wie jede Aufmerksamkeit darauf, wie wir kommunizieren, belehrt. Man kann weitergehen und sagen, dass jede Kommunikation, auch die explizite, immer auch implizit verläuft. Implizite Kommunikation erfordert Interpretation, wie man leicht zugeben wird. Explizite Kommunikation erfordert sie ebenso. Nichts ist ‚selbsterklärend'. Wenn wir etwas verstanden haben, haben wir schon längst interpretiert. Der Anschein eines Verstehens ohne interpretative Akte entsteht dadurch, dass in alltäglichen kommunikativen Situationen das Interpretieren so gut eingespielt ist, dass es widerstandslos, unangestrengt, unauffällig geschieht – und es uns dadurch

1 Einleitung

erscheint, als ob das Verstehen sich von selbst ergebe. Auch die verbreitete Gegenüberstellung von Lesen und Interpretieren ist nur eine scheinbare. Auch beim Lesen interpretieren wir, müssen wir interpretieren. Jedes laute Lesen führt vor, dass ‚sinngemäß' gelesen, dass also stillschweigend interpretiert wird. Auch das Lesen will gelernt sein.

Für förderliche Hinweise, kritische Anmerkungen und Hilfen danke ich Wolfgang Braungart, Brun-Otto Bryde, Gerhard Dautzenberg, Anne Hehl, Joachim Jacob, Herbert Kaufmann, Henning Lobin, Stefan Metten, Terje Neraal, Peter Reuter, Folker Siegert. Dem Verlag, vertreten durch Dr. Oliver Schütze, danke ich für die Aufnahme des Manuskripts und die kundige und nachsichtige Lektoratsbegleitung.

Kapitel 2
Interpretation

2.1 Begriff der Interpretation, äquivalente und verwandte Begriffe

Interpretation. Der Ausdruck ‚Interpretation' kann sowohl eine Handlung wie das Resultat dieser Handlung bedeuten. Der Artikel *Interpretation* im *Reallexikon der deutschen Literaturwissenschaft* beginnt mit der Definition: „In der Literaturwissenschaft das methodisch herbeigeführte Resultat des Verstehens von Texten in ihrer Ganzheit."

Abgeleitet ist der Ausdruck ‚Interpretation' von lat. *interpretatio,* eine Substantivierung des Verbums *interpretari,* das ‚vermitteln, auslegen, auffassen, erklären, übersetzen, mutmaßen, erraten, verstehen' bedeutet. Das Verbum bezeichnet ursprünglich wohl die Vermittlung beim Kauf, bei der ein Preis (lat. *pretium*) festgesetzt wird.[1] Der Interpret ist daher ursprünglich der Unterhändler, Vermittler. Von der Bedeutung des Vermittlers kann unschwer die Bedeutung des Auslegers, Erklärers, Dolmetschers und Übersetzers abgeleitet werden. Daraus entwickelte sich auch die Bedeutung eines Zeichen- und Traumdeuters, eines Vermittlers also der Sprache der Götter. Er hatte, wie schon erwähnt, über mantische Kompetenz zu verfügen.

Die mantische Interpretation wurde von den Römern auch *divinatio* (abgeleitet von lat. *divinus:* göttlich, gotterfüllt, prophetisch) genannt, also soviel wie ‚das

---

[1]Nach einer anderen Ableitung wird ein Etymon angeführt, das so viel wie ‚Sinn, Verstand' bedeutet, vgl. A. Walde, *Lateinisches Etymologisches Wörterbuch,* Neudruck Heidelberg 1954, Bd. 1, S. 389 f. Vgl. dazu M. Fuhrmann, *Interpretatio. Notizen zur Wortgeschichte,* in: D. Liebs, Hrsg., *Sympotica Franz Wieacker,* Göttingen 1970, S. 80–110; K. Weimar, *„Interpretatio" nach Wilhelm Valentin Forsters „Interpres",* in: J. Schönert/F. Vollhardt, Hrsg., *Geschichte der Hermeneutik und die Methodik der textinterpretierenden Disziplinen,* Berlin/New York 2005, S. 83–96, bes. S. 84 ff.

Hervorbringen des Göttlichen'. Unterschieden wurde eine natürliche Divination *(divinatio naturalis),* wie z. B. von Träumen, Blitz, Vogelflug, Phänomenen also, die uns ‚von der Natur gegeben' werden, von einer künstlichen Divination *(divinatio artificiosa),* wie z. B. von Eingeweiden, Rauch, Würfeln, Phänomenen, die künstlich zugerichtet oder erzeugt werden.

Der Begriff der Divination wurde später im Humanismus als *terminus technicus* in die Philologie übernommen und bedeutet dort eine Mutmaßung, ein glückliches Erraten, eine ‚seherische' Hypothese zu einer Lücke oder unleserlichen oder als unmöglich erachteten Stelle in einer Handschrift, zu einer Krux (von lat. *crux:* Kreuz), wie der selbstironische philologische Fachausdruck heißt. Wenn es z. B. keine anderen Handschriften gibt, aus deren Vergleich Aufschlüsse gewonnen werden könnten, dann hilft nur eine Mutmaßung oder ein Erraten, eine Konjektur (von lat. *coniectura:* Vermutung, Deutung, Wahrsagung) aus dem näheren oder weiteren Kontext der Stelle. Dabei kommt es auf Wissen, Erfahrung, Einbildungskraft, Sensibilität und auf Glück an.[2] Der Begriff der Intuition liegt nahe. Er ist so riskant wohl nicht, da die Intuition von Erfahrung getragen ist und überprüft werden kann.

In der römischen Praxis der Divination reichern sich die Ausdrücke *interpretatio* und *interpretari* mit den Bedeutungen ‚auffassen' und ‚verstehen' an. Die Entwicklung führt schließlich auch zu den Bedeutungen ‚Deutung' bzw. ‚Auslegung' und ‚Übersetzung' sprachlicher Äußerungen. Gemeint waren vor allem solche sprachliche Formen, die dem Verstehen Widerstand leisten, wie z. B. eine unleserliche oder schwer verständliche Schrift.

Der auf Sprache und Texte ausgeweitete Begriff der Interpretation wird in der Folge in die Disziplinen der Philologie und der Jurisprudenz aufgenommen. Die Philologien, aber auch die Jurisprudenz haben es mit Schriften, mit autoritativen Texten zu tun. Cicero vergleicht die Tätigkeit der Philologen *(grammatici),* die unleserliche und unverständliche Worte und Texte interpretieren, mit der Divination der Zeichendeuter. (*De Divinatione,* I, 34) Auch die Juristen müssen Gesetze, Verträge, Testamente und amtliche Verordnungen interpretieren, sie müssen zwischen der allgemeinen Geltung eines Gesetzes und dem Besonderen eines Falles vermitteln. Interpretiert werden muss der „Wortlaut" *(scriptum)* und die „Absicht" *(voluntas, sententia)* des Gesetzes, sein „Sinn und Zweck". Gegen den Wortlaut kann es auf die Absicht ankommen, gegen die Legalität auf die Legitimität. Wenn ein Gesetz unklar formuliert ist, muss es, lehrte Quintilian, durch die genaue Interpretation *(interpretatio)* des Wortlauts *(scriptum)* und der Absicht *(voluntas)* geklärt werden.[3]

---

[2]Vgl. H. Schaefer, *Divinatio. Die antike Bedeutung des Begriffs und sein Gebrauch in der neuzeitlichen Philologie,* in: Archiv für Begriffsgeschichte 21, 1977, S. 188–225; A. Bohnenkamp u. a., Hrsg., *Konjektur und Krux. Zur Methodenpolitik der Philologie,* Göttingen 2010.
[3]M. Fabius Quintilianus, *Ausbildung des Redners. Zwölf Bücher. Institutionis Oratoriae Libri XII,* hrsg. u. übers. v. H. Rahn, Darmstadt 1975, VII 6,1 (2. T., S. 96).

2.1 Begriff der Interpretation, äquivalente und verwandte Begriffe

Die Interpretation wird jeweils als eine Kunst, eine *ars,* verstanden, da sie zwar nach Regeln vorgeht, diese Regeln aber nicht starr gelten. Ihre Anwendung verlangt vielmehr umfangreiches Wissen, handwerkliches Geschick, Erfahrung, Einbildungs- und Urteilskraft, Sensibilität. Immer wenn der Ausdruck X in einem Text vorkommt, wird er nicht immer im Sinne von Y gebraucht. Es kommt darauf an! Diese Kunst kommt wirklich vom Können. In den modernen Wissensinstitutionen werden für den Erwerb dieses Könnens z. B. in den Philologien, der Theologie und Jurisprudenz, nimmt man Schule und Universität zusammen, fast zwei Jahrzehnte veranschlagt.

Neben der dominanten Bedeutung der Auslegung bzw. Deutung kann der Begriff der Interpretation in der Rhetorik auch eine Stilfigur bedeuten. Dabei wird ein sprachlicher Ausdruck durch Synonyme erweitert, um seine Sinnnuancen und seine Wirkung zu steigern. (In Heinrich Hoffmanns *Der Struwwelpeter* erheben die Katzen ihre „Tatzen" und drohen mit den „Pfoten".) Diese Erweiterung soll das Verständnis auch sichern und steigern. Dann reden wir auch davon, dass ein Schauspieler in seinem Spiel eine Rolle interpretiert; ein Sänger kann der Interpret eines Liedes genannt werden. Dieser Begriffsgebrauch hält das Wissen fest, dass das Realisieren einer Rolle oder einer Partitur immer auch ihre Interpretation ist.

Eine philosophische Sonderbedeutung basiert auf Aristoteles' Schrift *Peri hermeneias* (der Titel stammt wohl nicht von Aristoteles und bedeutet wörtlich übersetzt ‚Über den Ausdruck von Gedanken'), die im Mittelalter lateinisch mit *De interpretatione* übersetzt wurde. Hier bedeutet Interpretation als logischer Terminus soviel wie Satz, Aussage, Ausdruck eines Gedankens. In *Peri hermeneias* untersucht Aristoteles, was die logische Form einer Aussage ist. Diese Bedeutung wird im 17. Jahrhundert zu Gunsten des neuen Begriffs der Hermeneutik als Lehre von der Interpretation von Texten aufgegeben. In der Neuzeit schließlich kann der Begriff der Interpretation auf die Erkenntnis der Natur insgesamt angewandt werden, die Natur selbst wird wie ein Buch behandelt.[4] Francis Bacon versteht in seiner *Instauratio magna* (Die große Erneuerung) von 1620 die „Interpretation der Natur" *(interpretatio naturae)* als eine Kunst *(ars),* mit der die Gesetze der Natur systematisch und empirisch erforscht werden, um die Natur bearbeiten und beherrschen zu können. Justus von Liebig definiert in *Chemische Briefe* (1844, 1. Brief) den experimentellen Versuch als „Interpretation von willkürlich hervorgerufenen Erscheinungen".

Als lateinische Äquivalente für *interpretatio* wurden gebraucht *enarratio* (von *enarrare,* wörtlich: heraus erzählen, vollständig erzählen), *explanatio* (von *explanare,* wörtlich: plan machen, deutlich machen), *explicatio* (von *explicare,* wörtlich: entfalten, auseinanderlegen, ausbreiten, ent-wickeln), *expositio* (von *exponere,* wörtlich: aus-stellen, heraus-stellen, zur Schau stellen, offenlegen, auseinander-setzen).

---

[4]Vgl. H. Blumenberg, *Die Lesbarkeit der Welt.* 3. Aufl. Frankfurt a. M. 1993.

Die dem Begriff der Interpretation äquivalente griechische Bedeutungsentwicklung geht ebenfalls von der Handlung des Vermittlers und des Dolmetschers aus, des Vermittlers zwischen Göttern und Menschen und des Dolmetschers zwischen den Griechen und fremden Völkern und Kulturen. Er ist der *hermeneus,* seine Technik ist die *hermeneutike techne,* die Mitteilungs-, Deutungs-, oder Auslegungskunst. *hermeneia* bedeutet in der griechischen Antike ‚Mitteilung, Mitteilungsfähigkeit, sprachlicher Ausdruck, Aussage'; *techne* bedeutet ‚Kunst, professionelles Wissen und Können, Schlauheit, List, Geschicktheit'. Bei Paulus (1. Korinther 12,10) bedeutet *hermeneia* dann die ‚Auslegung des Zungenredens'. In der Bibel in lateinischer Sprache, der sog. *Vulgata,* verfasst um 400 n. Chr., wird dieser Ausdruck an dieser Stelle mit *interpretatio* übersetzt. Das Verbum *hermeneuein* bedeutet ‚mitteilen, ausdrücken', dann ‚deuten, erklären, erraten, dolmetschen, übersetzen, darlegen'. Damit man die delphischen Orakel verstehen kann, braucht man Hermeneuten, schreibt Pindar (*Olympische Oden* 2, V. 85). In Platons *Ion* werden die Dichter Hermeneuten der Götter, also ‚Sprecher der Götter' genannt, „besessen jeder von dem, der ihn eben besitzt." (*Ion,* 534e, Übersetzung von Schleiermacher)[5]

Eine schon bei Platon (*Kratylos,* 407e–408b) nachweisbare Tradition führt die hermeneutische Kunst auf den Gott Hermes (von den Römern mit Merkur gleichgesetzt) zurück. Der etymologische Zusammenhang ist allerdings zweifelhaft. Dieser schillernde Gott Hermes ist der Götterbote, der Vermittler und Dolmetscher zwischen Göttern und Menschen, der beschützende Begleiter, der zungenfertige Gott der Kaufleute und Diebe, der Erfinder des Worts und der Leier. Sein Name stammt wohl von den *Hermen* ab, die als Wegweiser, Zeichen des Schutzes und als Grabmal im archaischen Griechenland verbreitet waren. So ist der Gott zugleich mit der Vermittlung, dem Übersetzen, der Wegweisung, der Ziehung und der diebischen Überschreitung einer Grenze verbunden.[6]

Im 17. Jahrhundert wurde im Anschluss an diese Begriffsgeschichte der Begriff der Hermeneutik für die Lehre und Kunst der Interpretation von Texten gebildet. Der Begriff, in lateinischer Form, kommt in einem Titel zuerst in Johann Conrad Dannhauers Abhandlung *Hermeneutica Sacra sive Methodus exponendarum S. Literarum* (Heilige Hermeneutik oder Methode, die Heiligen Schriften auszulegen) von 1654 vor. (Vgl. ausführlicher unten S. 217 ff.)

Die Bedeutung des Übersetzens wahrt der Interpretationsbegriff in der französischen (*l'interpretation*: Übersetzung, *l'interprète*: der Übersetzer, auch Darsteller einer Rolle) und englischen (*interpretation, interpreter* verwendet neben *translation, translator*) Sprache. Tatsächlich hängen Interpretation und

---

[5]Vgl. Art.: *Hermeneutik,* in: TRE, Bd. 15, S. 108–156.; Art.: *Schriftauslegung,* in: TRE, Bd., 30, S. 442–499; Art.: *Hermeneutik,* HwbdRh, Bd. 3, Sp. 1350–1374; Art.: *Hermeneutik,* in: RGG, Bd. 3, Sp. 1648–1664.

[6]Zu Hermes als Patron der Hermeneutik vgl. J. Greisch, *Hermeneutik und Metaphysik,* München 1993, S. 30 ff.

2.1 Begriff der Interpretation, äquivalente und verwandte Begriffe

Übersetzung eng zusammen.[7] Wenn wir übersetzen, z. B. von einer Sprache in die andere, interpretieren wir auch notwendig, wenn wir interpretieren, übersetzen wir auch notwendig. Ganz offenkundig wird dies, wenn wir z. B. einen älteren Text interpretieren. Wir übersetzen nicht nur seine Sprache in die unsre, sondern stillschweigend auch seine Lebenswelt in die unsre. Wenn Kleists Michael Kohlhaas ein ‚Wutbürger' genannt wird, dann wird eine solche Übersetzung bewusst gesucht. Wir übersetzen, wenn wir einen Text zusammenfassen oder in eigenen Worten wiedergeben. Übersetzungen kommen aber auch schon ins Spiel, wenn wir miteinander reden. Der Richter, der ein Gesetz nach seinem „Sinn und Zweck" interpretiert, übersetzt dabei auch diesen Sinn und Zweck in seine Gegenwart. Ebenso der Pfarrer den Sinn und Zweck einer Bibelstelle in seiner Predigt, der Lehrer, der mit der Klasse den Sinn und Zweck eines literarischen Textes erarbeitet. Gegen seinen Bruder Jacob, der der Meinung war, Poesie sei unübersetzbar, wandte Wilhelm Grimm ein, dass jede Lektüre schon übersetzt. Wenn einer übersetzt, „so tut er nichts, als dass er ausspricht, wie das Gedicht in ihm eine Gestalt gewonnen, wer nicht übersetzt, der tut dasselbe, nur spricht er es nicht aus." Und: „Ich meine nämlich, ein Gedicht an sich gibt es nicht, es existiert bloß durch die Beziehung auf den Menschen und durch seine Freude daran." (An Friedrich Carl v. Savigny, 20. und 5. Mai 1811) Der Philosoph Gadamer wird im 20. Jahrhundert lehren, dass in jedem Verstehen, gewollt oder nicht, eine Applikation in die Welt des Verstehenden liegt.[8] Eine bewusste Übersetzungsleistung liegt auch da vor, wo der Jurist Gesetze und richterliche Entscheidungen auf einen konkreten Fall anwendet. Allerdings ist die Interpretation als Ganze keine Übersetzung im eigentlichen Sinn. Sie bezieht sich immer als sekundärer auf einen primären Text. Sie setzt sich nicht an dessen Stelle, wie etwa die Übersetzung eines französischen Romans ins Deutsche es tut.

Wollte ein römischer Konsul wissen, welche Aussichten seine politischen oder militärischen Pläne haben, wandte er sich an den Priester. Dieser Priester deutete in einem sakralen Akt die Eingeweide eines geopferten Tieres oder den Flug von Vögeln als ein günstiges oder ungünstiges Zeichen für diese Pläne. In eine Formel gefasst: Der Priester interpretiert *etwas als etwas*. Diese Struktur des *Etwas-als-Etwas* liegt Wahrnehmung und Erkenntnis überhaupt zugrunde: Ich erkenne *etwas als etwas,* ich nehme *etwas als etwas* wahr. Der Deutungsakt des Priesters führt zu dem Ergebnis: X bedeutet Y, also: die Eingeweide des Opfertiers bedeuten etwas Gutes oder nichts Gutes für die Absichten des Konsuls. Der Konsul wird, je nachdem, seine Pläne verfolgen, sie verändern oder darauf verzichten.

---

[7]Vgl. G. Steiner, *Nach Babel. Aspekte der Sprache und des Übersetzens*. Neuausgabe Frankfurt a. M. 2004, bes. S. 7 ff.
[8]Vgl. H.-G. Gadamer, *Wahrheit und Methode,* 5. Aufl. Tübingen 1986 (*Gesammelte Werke*, Bd. 1), S. 312 ff. Vgl. im Anschluss an Gadamer: M. Fuhrmann u. a., Hrsg., *Text und Applikation. Theologie, Jurisprudenz und Literaturwissenschaft im hermeneutischen Gespräch*, München 1981 (Poetik und Hermeneutik, Bd. IX).

Interpretation ist demnach, in Erweiterung der Formel, eine Handlung, deren Ergebnis *die Interpretation von etwas als etwas für jemanden* ist. Die Interpretation bzw. die Deutung ist eine sekundäre, allerdings sehr komplexe Handlung. Sie ist auf ein Objekt gerichtet, auf einen Text, ein Orakel, ein Gesicht, eine Handlung. Das Objekt wird in der Wissenschaftssprache auch das *Interpretandum* genannt. Und sie ist für einen Adressaten bestimmt, der sein Handeln oder Verständnis nach ihr orientieren will oder soll. Die Handlung der Interpretation kann man daher mit der Formel zusammenfassen: ‚X interpretiert Y als Z für A um V zu erreichen'.[9] X ist der Interpret, Y das Objekt der Interpretation. Z steht für das, als was das Objekt interpretiert wird, für das Erkenntnisziel, den Zweck der Interpretation, A steht für den Adressaten, V für die beabsichtigte Wirkung.

Die Interpretation ist immer auch an A, an Adressaten gerichtet, an die Wissenschaftsgemeinschaft, an Studenten oder eine Schulklasse, die Beteiligten an einem Gerichtsverfahren, damit auch an die Öffentlichkeit, an einen Patienten, an eine kirchliche Gemeinde, an ein Publikum z. B., auch an sich selbst natürlich. Und (V) sie soll etwas bewirken, z. B. dem römischen Konsul Hinweise auf seine Erfolgsaussichten geben oder das Verständnis eines Romans erarbeiten, erweitern, vertiefen, verbessern oder korrigieren, einen Patienten informieren, ein Publikum aufklären und belehren, zur richterlichen Entscheidung führen.

Zur Formel Hermeréns sollte man noch hinzufügen, dass Interpretation stets eine Interpretation unter Voraussetzungen ist. Dies gilt allgemein für wissenschaftliches Vorgehen, das man als eine „planmäßige Untersuchung von Sachverhalten unter Voraussetzungen" charakterisiert hat.[10] (Nun gilt dieses Vorgehen auch für den Handwerker, der z. B. eine Störung in den Lautsprecherboxen beseitigt. Was für den Handwerker nicht, wohl für den Wissenschaftler gilt, sind u. a. die Suche nach einer „Wahrheit", ein theoretisches Interesse und die Veröffentlichung des Ergebnisses mit dem Ziel seiner Diskussion, seiner Überprüfung in der Wissenschaftsgemeinschaft.) Hier kommt es darauf an, was unter „Voraussetzungen" zu verstehen ist. Darunter fallen die Feststellung eines Problems, das gelöst werden muss; eine Fragestellung, die sich auch in einem anderen Zusammenhang ergeben kann, und darunter fällt das Vorverständnis, das Vor-verständnis. Die philosophische Hermeneutik lehrt, dass man immer schon etwas verstanden haben muss, um etwas verstehen zu können. Texte verstehen und interpretieren wir immer im Rahmen, in einem Raum von Vorwissen, Erwartungen, Einstellungen, Interessen und Fragen. (Vgl. S. 281 ff.)

---

[9]G. Hermerén, *Interpretation: Types and Criteria,* in: Grazer Philosophische Studien 19, 1983, S. 142. Der Aufsatz ist etwas gekürzt in deutscher Übersetzung auch abgedruckt in: T. Kindt/T. Köppe, Hrsg., *Moderne Interpretationstheorien,* Göttingen 2008, S. 249–276.
[10]W. Wieland, *Möglichkeiten der Wissenschaftstheorie,* in: R. Bubner u. a., Hrsg., *Hermeneutik und Dialektik,* 2 Bde, Tübingen 1970, Bd. 1, S. 34.

2.1 Begriff der Interpretation, äquivalente und verwandte Begriffe

Man kann drei fundamentale Typen der Interpretation nach ihren Zwecken unterscheiden.[11] Nach dem ersten konzentriert sich das Interesse auf die Klärung des Textes, auf das, wovon er handelt, wie er davon handelt, was der Autor mit dem Text beabsichtigt haben könnte, warum der Text diese Wirkung hatte, warum er ein großes Kunstwerk ist usw. Alle textexternen und textinternen Informationen dienen diesem, auf den Text als Text bezogenen, Erkenntnisziel. Spezialisierungen innerhalb dieses Zieles können sich auf einzelne Aspekte wie z. B. Metaphorik, Motivik oder auf seinen literaturhistorischen Ort beziehen.

Nach dem zweiten konzentriert sich das Erkenntnisinteresse weniger auf den Text, sondern darauf, was der Text zur Klärung z. B. des Wissens und der Interessen des Autors und seiner Leser und der historischen Situation, in der er geschrieben wurde, beitragen kann. Der Text wird dann eher wie ein historisches Dokument behandelt. So wurde die Bibel im 18. Jahrhundert auch als ein historischer, poetischer oder mythischer Text interpretiert. Aus Gottfried von Straßburgs *Tristan* oder aus den Romanen von Flaubert, Dickens, Fontane oder Proust kann man Hinweise auf allgemeine Verhaltensweisen, Mentalitäten und Werte, Umgangsformen, Sprachformen, gesellschaftliche Konflikte, soziale Rollen und Geschlechterrollen, das Verhältnis von Ehe und Liebe, die Beziehung zwischen Eltern und Kindern usw. gewinnen. (Zum Interesse an einem literarischen Text gehört auch das Interesse an solchen Aspekten.) Juristen können einen Roman, wie z. B. Maxim Billers *Esra* (2003 erschienen), daraufhin interpretieren, ob er den grundgesetzlich garantierten Schutz der Persönlichkeitsrechte verletzt. Der Psychoanalytiker kann einen Text als Symptom seelischer Konflikte des Autors interpretieren.

Der dritte Typ zielt auf die bewusste Akkommodation bzw. Applikation des Textes auf die Gegenwart. Die Interpretation aktualisiert. Der Regisseur inszeniert, d. h. interpretiert, aktualisierend z. B. Kleists Drama *Amphitryon*, der Richter wendet ein Gesetz auf einen aktuellen Fall an, der Pfarrer appliziert eine Bibelstelle auf Probleme der Gegenwart. Um mit Schleiermacher (HuK, S. 213) oder Umberto Eco[12] zu reden: Hier „gebraucht" der Interpret den Text. Wie schon erwähnt, steckt allerdings in jeder Interpretation notwendig und unvermeidlich ein Moment der Applikation.

Es ist ohnehin klar, dass die unterschiedlichen Interpretationstypen nicht strikt getrennt werden können. Der eine Typ setzt je Wissen aus den je anderen voraus. Überhaupt ist es auch nicht sinnvoll, Arten der Interpretation zu unterscheiden wie z. B. eine Interpretation der Intention des Autors, eine der konventionellen

---

[11]Vgl. auch G. Hermerén, *Intention und Interpretation in der Literaturwissenschaft,* in: A. Bühler, Hrsg., *Hermeneutik. Basistexte zur Einführung in die wissenschaftstheoretischen Grundlagen von Verstehen und Interpretation,* Heidelberg 2008, S. 149 f. Hermerén unterscheidet nur die beiden ersten Ziele. Der Aufsatz erschien zuerst unter dem Titel: *Intention and Interpretation in Literary Criticism,* New Literary History 7, 1975, S. 57–82.
[12]Vgl. U. Eco, *Streit der Interpretationen,* Konstanz 1987, S. 43 ff.

Sprachbedeutung, der literarischen Struktur, einer Figur, da solche Interpretationshinsichten, worauf schon Savigny und Schleiermacher insistierten (vgl. S. 256, 260), nur arbeitspraktisch getrennt werden können. Es sind Konzentrationen auf bestimmte Fragestellungen, Hinsichten auf bestimmte Aspekte. Die Interpretation ist eine komplexe Handlung.

Interpretativ werden auch Gattungen und Gattungsumfänge beachtet. Die Interpretationstiefe bei Sachtexten, Romanen und Dramen endet meist bei Sätzen, weniger bei Wörtern. Eine weitere Interpretationstiefe verlangt die folgende Passage aus Thomas Manns Novelle *Tonio Kröger:* „Die blonde Inge, Ingeborg Holm, Doktor Holms Tochter, der am Markte wohnte, dort, wo hoch, spitzig und vielfach der gotische Brunnen stand, sie war's, die Tonio Kröger liebte, als er sechzehn Jahre alt war."[13] Die o-Laute überspielen hier die auffallende Antithetik in der Novelle. Bei Gedichten geht die Interpretationstiefe bis in die Silben und einzelnen Laute, wenn die Funktion von Assonanzen, Reimen und Rhythmen beachtet wird.

Wenn interpretiert wird, wird argumentiert. Typische Argumente:

- Linguistische (zu Semantik, Syntax, Sprechakt) Argumente
- Argumente zur Erschließung der Autorintention aus dem Text
- Thematische Argumente
- Sachliche, logische Argumente
- Strukturalistische Argumente
- Kontextuelle Argumente (Hermeneutischer Zirkel)
- Psychologische Argumente (Warum verhält sich Hamlet so und so?)
- Symptomatische Argumente (z. B. in psychoanalytischen oder sozialgeschichtlichen Interpretationen)
- Gattungsgeschichtliche, motivgeschichtliche, symbolgeschichtliche Argumente
- Stilistische Argumente
- Kommunikative Argumente (Adressaten, Wirkungsabsicht, Leserlenkung usw.)
- Ästhetische Argumente
- Historische, funktionale und literaturhistorische Argumente (Der Text in seiner Zeit)
- Entstehungsgeschichtliche Argumente
- Intertextuelle Argumente
- Applikative Argumente (In Anwendung von Gesetzen, der Bibel usw.)
- Argumente aus einem allgemeinen Weltwissen (Fragen der Wahrscheinlichkeit z. B.)

Einfach formuliert stellt die Interpretation aus den Elementen des Textes Zusammenhänge, damit ihren Sinn her. Man könnte sagen, die Interpretation macht aus Bedeutungen Zusammenhänge. Aber die Bedeutung von Wörtern und Wortgruppen steht immer auch schon in Zusammenhängen. Aus solchen

---

[13]Th. Mann, *Sämtliche Werke,* 13 Bde, Frankfurt a. M. 1974, Bd. 8, S. 281.

Zusammenhängen werden die neuen entwickelt. Es geht nicht nur um Zusammenhänge oder einen großen Zusammenhang im Text oder eines Textes mit anderen Texten, sondern auch um Zusammenhänge mit unserem Wissen allgemein. Das Verständnis, notiert Wittgenstein, besteht eben darin, „dass wir die ‚Zusammenhänge sehen'." (*Philosophische Untersuchungen,* § 122) Wenn wir keine Zusammenhänge sehen, verstehen wir (noch) nicht.

Es gibt unterschiedliche Arten von Zusammenhängen, die normalerweise explizit oder implizit beachtet werden, z. B.:

- Räumliche und zeitliche Zusammenhänge
- Logische Zusammenhänge
- Sachliche Zusammenhänge
- Thematische Zusammenhänge
- Teil-Ganzes-Zusammenhänge
- Besonderes-Allgemeines-Zusamenhänge
- Empirische Zusammenhänge (Wenn x auftritt, tritt normalerweise auch y auf)
- Gesetzartige Zusammenhänge (x führt notwendig zu y)
- Kausalzusammenhänge
- Zweck-Mittel-Zusammenhänge
- Handlungszusammenhänge, szenische Zusammenhänge
- Konventionelle Zusammenhänge (x gilt als y im Kontext c)
- Zeichenzusammenhänge
- Biographische Zusammenhänge
- Syntaktisch-semantische Zusammenhänge
- Narrative, additive bzw. konstellative Zusammenhänge, Montagezusammenhänge
- Symbolische, metaphorische, motivische Zusammenhänge, allegorische Zusammenhänge
- Stilistische Zusammenhänge (einheitliches oder variierendes Sprachregister, Wiederaufnahmen, Vorverweisungen, Rückwärtsverweisungen; Wiederholungen: Rhythmus, Reim, Assonanzen, Alliterationen, Anaphern, Parallelismen)
- Expressive Zusammenhänge, z. B. in der modernen Lyrik
- Intertextuelle Zusammenhänge[14]

Geregelte Zusammenhänge auf der Ebene des Satzes werden unter dem Begriff der Kohäsion diskutiert. Eine Kohäsion wird gebildet durch Bindewörter, sog. Konnektoren, z. B. durch Konjunktionen wie ‚und', ‚aber', oder Subjunktionen wie ‚sodass', ‚weil'. Der Zusammenhang eines Textes wird unter dem Begriff der Kohärenz diskutiert. Kohärenz, also die Erzeugung eines ‚Sinnzusammenhangs', entsteht durch Verstehen. Aber auch bei Fragen der Kohäsion kommen wir ohne

---

[14]Vgl. den, hier erweiterten, Katalog bei O. R. Scholz, *Texte interpretieren. Daten, Hypothesen und Methoden*, in: J. Borkowski u. a., Hrsg., *Literatur interpretieren. Interdisziplinäre Beiträge zur Theorie und Praxis,* Münster 2015, S. 151.

Sinnvermutungen nicht hin. Daher wäre es unzutreffend zu sagen, Sätze haben eine Bedeutung, Texte einen Sinn.[15]

Die Intuition des Sprachgebrauchs sagt es schon: Die Formulierung ‚eine richtige Interpretation' ist sperrig. Die Interpretation führt nur in selten Fällen, z. B. bei der Deutung einer Straßenkarte, wie wir eher sagen, auf ein ‚richtiges' Ergebnis. Es ist schon leichter, eine Interpretation falsch oder abwegig zu nennen, wenn sie sich z. B. auf ein unmögliches Wortverständnis stützt. Interpretationen können falsche oder richtige Aussagen enthalten, z. B. zu einem Wortverständnis, zu einer Figur in einem Roman, zu einer chronologischen Einordnung. Betrachtet man die Praxis literaturwissenschaftlicher Interpretationen, dann wird von einer Interpretation insgesamt nicht ein richtiges, sondern ein mögliches, stärker, ein plausibles Ergebnis erwartet. Es gibt freilich Fälle, in denen sich die Interpretation einer ‚richtigen' annähert. Würden wir eine Interpretation von Brechts Drama *Der gute Mensch von Sezuan,* wonach es diesem Stück um die Unmöglichkeit humanen Handelns in der kapitalistischen Ordnung und um deren Abschaffung gehe, nur als plausibel bewerten? In jeder Interpretation wird es Sätze geben, die richtig zu sein beanspruchen.Überhaupt ist der Impuls der Interpretation nicht die Suche nach der plausiblen oder möglichen Interpretation, sondern nach der gültigen, der zwingenden Interpretation, nach der Interpretation, von der man denkt, dass sie die richtige sein muss. Für sie wird, wie Kant formuliert, ‚jedermanns Beistimmung angesonnen'. (*Kritik der Urteilskraft,* § 8)

Als plausibel, als gültig, als zwingend gilt ein Interpretationsergebnis dann, wenn es alle für die Interpretation relevanten Bestandteile des Textes erfasst, wenn schlüssig und widerspruchsfrei argumentiert wird und wenn es in spezifische, theoretische Hintergrundannahmen passt.[16] Es muss auch irgendwie ‚aufschlussreich', hermeneutisch doch etwas anspruchsvoll sein. Interpretationen mit einem trivialen Resultat halten wir normalerweise eher nicht für plausibel. Daraus folgt aber auch, dass plausibel heißt: plausibel für …, plausibel z. B. für eine Interpretationsgemeinschaft (vgl. S. 26 ff.), die diese Hintergrundannahmen teilt.

Interpretationen können plausibel sein, müssen aber noch nicht überzeugend oder zwingend sein. Plausibel können wir eine Interpretation nennen, die zwar alle Kriterien erfüllt, bei der wir aber doch den Eindruck haben, dass das Sinnpotential des Textes noch nicht ausgeschöpft ist. Auch eine alternative Interpretation kann plausibel sein. Von ‚überzeugend' reden wir meist dann, wenn wir den Eindruck haben, dass die Plausibilität eine ‚zwingende' Kraft hat, wenn es *die* mögliche Interpretation ist. Alternativen werden nicht mehr erwogen. Von einer besseren Interpretation wird dann geredet, wenn eine Interpretation das Sinnpotential

---

[15]Dazu instruktiv: K. Brinker, *Linguistische Textanalyse. Eine Einführung in Grundbegriffe und Methoden,* 8. Aufl. Berlin 2014; H. J. Heringer, *Linguistische Texttheorie. Eine Einführung,* Tübingen 2015.
[16]Vgl. dazu die plausiblen Überlegungen von S. Winko, *Plausibilität als Beurteilungskriterium literaturwissenschaftlicher Interpretationen,* in: A. Albrecht u. a., Hrsg., *Theorien, Methoden und Praktiken des Interpretierens,* Berlin 2015, S. 483–511.

2.1 Begriff der Interpretation, äquivalente und verwandte Begriffe

eines Textes besser ausschöpft und wenn sie neue, interessante, fruchtbare Sinnzusammenhänge und Fragestellungen über den Text hinaus eröffnet.

Ein plausibles Ergebnis ist kein beliebiges, sondern ein verbindliches Ergebnis. Als verbindliches gilt es so lange, bis eine besser begründete Interpretation gefunden wird. Da Interpretationen nicht (oder nur in Ausnahmen) den Status des Richtigen haben, kommt es zu vielen Interpretationskontroversen. In der Interpretation literarischer Texte werden Interpretationen bestritten, überboten, relativiert oder ergänzt, nicht wenige gelten aber auch für längere Zeit als unstrittig. So kann die interpretative Aussage ‚Brechts episches Theater zielt auf eine Veränderung der gesellschaftlichen Verhältnisse' als unstrittig, ja sogar als richtig gelten. Die Anforderungen eines Abiturs oder eines universitären Examens setzen gesichertes Wissen voraus und erzeugen es indirekt. Juristisch gibt es viele Rechtsanwendungen, also auch Interpretationen von Gesetzen oder anderen Normtexten, die als unstrittig gelten, aber auch solche, die ‚rechtsfehlerhaft' sind oder aus anderen Gründen bestritten werden. Daher sieht das Rechtssystem vor, dass Entscheidungen eines Gerichts durch andere Gerichte überprüft und revidiert werden können.

Deutung Von deuten: Zeichen geben, zeigen, anzeigen, hinweisen, bedeuten, erklären, auslegen. Die Deutung will herausfinden, so kann man sagen, worauf ein Text oder ein Gesichtsausdruck deutet. (Im Begriff der Andeutung ist diese Bedeutung noch präsent) Der Begriff wurde und wird als Übersetzung bzw. Äquivalent für den der Interpretation verwendet.[17] Im Vergleich wird der Begriff der Interpretation stärker mit einem regelgeleiteten, analytischen Verfahren verbunden und auf Texte, damit auf intentionale Akte bezogen, der der Deutung eher auf nichtschriftliche Objekte wie Orakel, Zeichen, Spuren, Fossilien, archäologische Funde, Ausdruck eines Gesichts, Straßenkarten usw. Als wissenschaftlicher Terminus hat sich der Begriff der Deutung vor allem in der Ethnologie, Archäologie und Psychoanalyse erhalten. Freud spricht von der psychoanalytischen „Deutungskunst", sein epochales Werk *Die Traumdeutung* erschien 1899, mit der Jahreszahl 1900. Deutung bezieht sich auch stärker als Interpretation auf bewusste oder unbewusste Motive.[18]

Schon um 1800 wurde die mantische Deutung, die in den hermeneutischen Lehrbüchern des 18. Jahrhunderts noch gelehrt wurde, aus der Hermeneutik ausgeschlossen und der Welt der Unwissenschaftlichkeit und des Aberglaubens übereignet. Diese mantische Kunst umfasste die Physiognomik, Astrologie, Traumdeutung, die Deutung von Krankheitssymptomen, Zahlen, Namen und Handlinien. Als Folge dieses Ausschlusses wurde der Begriff der

---

[17] „Ziel der Philologie ist das Verstehen; den Weg aber zum Verständnis, oder die Operation, durch welche das Verständnis erwirkt wird, nennen wir Interpretation oder Deutung." Hermann Steinthal, *Die Arten und Formen der Interpretation* [zuerst 1877], in: Ders., *Kleine sprachtheoretische Schriften*, hrsg. v. W. Buhmann, Hildesheim/New York 1970, S. 535.
[18] Vgl. H. Argelander, *Was ist eine Deutung?*, in: Psyche 35, 1981, S. 999–1005.

Interpretation sukzessiv auf die Interpretation von Texten verengt. Ende des 19. Jahrhunderts definierte Wilhelm Dilthey „Interpretation" bzw. „Auslegung" als das „kunstmäßige Verstehen schriftlich fixierter Lebensäußerungen".[19] ‚Kunstmäßig' bedeutet *nota bene* ein Verstehen nach ‚allen Regeln der Kunst'.

Auslegung Ursprüngliche Bedeutung: Zur Schau stellen, z. B. eine Ware, vorlegen, ausbreiten, auseinander legen, und davon wohl abgeleitet ‚einen Text auslegen, darlegen'. Die Auslegung legt den Text ‚auseinander' und zeigt so seine Struktur und seinen Sinn. Der Begriff wird vorzugsweise verwendet bei ‚heiligen' Texten, also bei Texten mit einem autoritativen bzw. normativen Anspruch wie die Bibel oder Gesetze oder bei kanonischen Texten wie Homers Epen. So legt Moses die Gesetze Gottes aus (5. Mose 1,5). Daher wird dieser Begriff besonders in der Theologie und Jurisprudenz angewandt.

Exegese Abgeleitet von gr. *exegesis:* Herausführung, Auseinandersetzung, ausführliche Darlegung, Auslegung, Kundgabe, Erklärung, Erzählung. In der Exegese wird die Bedeutung der Worte und der Sinn eines Textes ‚herausgeführt'. Platon verwendet den Terminus für die Interpretation von Gesetzen (*Gesetze,* 31a). Wie Auslegung wird Exegese vor allem für die Interpretation kanonischer, normativer oder heiliger Texte gebraucht. Er akzentuiert eine methodisch reflektierte Interpretation. Heute wird er vor allem in der Theologie gebraucht, in der er von einer stärker wertenden und auf die Bedeutung für die Gegenwart abzielenden Auslegung unterschieden wird. Im 18. Jahrhundert konnte die Exegese hingegen als Erläuterung für andere von der Auslegung des Textes selbst unterschieden werden.

Erklärung Klar-, Deutlich-, Offenbarmachen, öffentliche (z. B. eidesstattliche), feierliche Mitteilung. Das Praefix er- verweist auf einen Grund, von dem her geklärt wird. In der Altphilologie des 19. Jahrhunderts, z. B. bei Nietzsche (*Menschliches, Allzumenschliches* I, 8) wird der Begriff der „Erklärungskunst" gebraucht. Der Begriff akzentuiert stärker als der Begriff der Interpretation das Klarmachen für andere. (Man sagt ‚Ich erkläre es dir', nicht aber ‚Ich interpretiere es dir') Im alltäglichen Sprachgebrauch liegt eine Erklärung dann vor, wenn auf eine Warum-Frage ein Grund oder eine Ursache für eine Handlung oder ein Ereignis oder einen Vorgang angegeben wird: ‚Das ist so, weil…'. Ich kann auch fragen ‚Kannst du mir erklären, was dieser Ausdruck hier bedeutet?'. In den Naturwissenschaften gilt ein Sachverhalt (das, was der Fall ist, das *Explanandum*) dann als erklärt, wenn er abgeleitet werden kann aus einer Gesetzeshypothese und den jeweiligen besonderen Bedingungen (das *Explanans*). Von Erklärung reden wir auch, wenn ein Sachverhalt als ein typischer dargestellt werden kann, wenn eine Handlung aus einer Regel oder einer Norm, einem gesellschaftlichen oder historischen Prozess abgeleitet werden kann, eine Äußerung z. B. aus der Konvention des Grüßens, die Bedeutung eines Ausdrucks aus seinem Gebrauch

---

[19]W. Dilthey, *Die Entstehung der Hermeneutik,* in: Ders., *Gesammelte Schriften,* hrsg. v. B. Groethuysen u. a., 26 Bde, Göttingen 1913–2005, Bd. 5, S. 332.

2.1 Begriff der Interpretation, äquivalente und verwandte Begriffe

in einer Sprachgemeinschaft, das Tragen einer Kleidung aus der aktuellen Mode oder die Bedeutung einer Figur aus ihrer Funktion in einer Gattung, z. B. einem Märchen. Auch künstlerische Werke werden abgeleitet von epochalen Tendenzen, oder, vorsichtiger formuliert, als durch sie, bewusst oder unbewusst, mitbestimmt interpretiert, z. B. Defoes *The Life and Strange Suprising Adventures of Robinson Crusoe* (1719) als Reaktion auf den Aufstieg der englischen *middle class*, Goethes *Faust* (1808/1832) als Reaktion auf den Prozess der neuzeitlichen Verwissenschaftlichung und Ökonomisierung.[20] Wenn bestimmte Motive oder Metaphern in einem Kunstwerk als traditionelle Typen oder Topoi, d. h. ‚Gemeinplätze', erwiesen werden, dann nähert sich die Interpretation ebenfalls diesem Erklärungsmuster an. Auf ein vergleichbares Erklärungsmuster zielte das *Mnemosyne*-Projekt, das der Kunsthistoriker Aby Warburg von 1924 an verfolgte. Der beredte, genaue Titel lautet: *Mnemosyne. Bilderreihe zur Untersuchung der Funktion vorgeprägter antiker Ausdruckswerte bei der Darstellung bewegten Lebens in der Kunst der europäischen Renaissance.*[21]

Diese Erklärungsregeln haben nicht die Allgemeinheitsgeltung, die eine Gesetzeshypothese hat. Es sind Allgemeinheiten einer mittleren Stufe.[22] Die konventionellen Regeln einer Sprache, die Lexik und Grammatik, sind Regeln einer solchen mittleren Allgemeinheitsstufe. Sie gelten allgemein für eine Sprachgemeinschaft, ändern sich aber, anders als naturwissenschaftliche Gesetze, mit der Zeit. Da in diese Fälle wie z. B. des Grußes, der Kleidung, der Äußerung Handlungsmotive und Handlungsintentionen eingehen, reden wir auch weniger von Ursachen als von Gründen. Daher können kausale (Schluss aus der Ursache), statistische (Schluss aus Häufigkeiten), funktionale (Schluss aus der Funktion), historische (Schluss aus historischen Prozessen), intentionale (Schluss aus Intentionen) Erklärungen unterschieden werden.

Erklären und Verstehen Die aus dem 19. Jahrhundert stammende Zuordnung des Verstehens zu den Geisteswissenschaften und der Erklärung zu den Naturwissenschaften verdeckt, dass, wie im alltäglichen Sprachgebrauch, beide Begriffe auch wissenschaftlich so entfernt nicht sind.[23] Erklären und Verstehen suchen

---

[20]Vgl. dazu M. Weber, *Die ‚Objektivität' sozialwissenschaftlicher und sozialpolitischer Erkenntnis*, in: Ders. *Gesammelte Aufsätze zur Wissenschaftslehre*, 3. Aufl. Tübingen 1968, S. 189 ff.
[21]In der kunstgeschichtlichen Hermeneutik wird zwischen einer ikonographischen und ikonologischen Interpretation unterschieden. Die ikonographische identifiziert das sujet des Bildes, indem sie es Mustern der kulturellen Tradition zuordnet, sie klärt also seine konventionelle Bedeutung, die ikonologische zielt auf den Sinn der besonderen Darstellung. Zu einer kritischen Diskussion vgl. G. Boehm, *Zu einer Hermeneutik des Bildes*, in: H. G. Gadamer/G. Boehm, Hrsg., *Seminar: Die Hermeneutik und die Wissenschaften*, Frankfurt a. M. 1978, S. 444–471; O. Bätschmann, *Einführung in die kunstgeschichtliche Hermeneutik*, 5. Aufl. Darmstadt 2001.
[22]Vgl. G. Patzig, *Erklären und Verstehen. Bemerkungen zum Verhältnis von Natur- und Geisteswissenschaften*, in: Ders., *Tatsachen, Normen, Sätze*. Stuttgart 1980, S. 56.
[23]Vgl. Ders., a. a. O., S. 45–75; ferner O. R. Scholz, *Verstehen und Rationalität*, 3. Aufl. Frankfurt a. M. 2016, S. 7 f.; R. Kurt, *Hermeneutik. Eine sozialwissenschaftliche Einführung*, Konstanz 2004, S. 125 ff., 176 ff.

je eine Antwort auf die Frage, was etwas ist und warum etwas so ist, wie es ist. Die Erklärung gibt eine Antwort auf diese Frage, indem sie nach Ursachen und Funktionen sucht. Sie bezieht sich typischerweise auf Phänomene, die keinen Sinn ‚in sich' tragen wie natürliche Vorgänge und Ereignisse. (In einem religiösen Verständnis z. B. können sie natürlich einen Sinn ‚in sich' tragen.) Das Verstehen wird typischerweise auf ein Gemeintes, eine Intention bezogen, sei es, vor allem, einer Äußerung, eines Artefakts, oder einer Handlung. Verstehe ich einen Gesichtsausdruck, kann er sich auf ein Gemeintes, ein bewusstes Lachen etwa beziehen. Oder auf eine unwillkürliche Reaktion, ein Erröten, ein Erbleichen z. B.. Dann bezieht sich das Verstehen schon auf ein Ursache-Wirkung-Verhältnis. Auf ein Ursache-Wirkung-Verhältnis beziehe ich mich auch, wenn ich einen empirischen Sachverhalt als eine Spur verstehe. Eine Spur kann auch bewusst gelegt, also ‚gemeint' sein. Auch Orakel oder Träume können traditionell ebenfalls als etwas Gemeintes, sei es von einer göttlichen Macht, vom Schicksal, sei es vom Unbewussten, verstanden werden.

Auch im Verstehen will ich wissen, warum etwas so ist, wie es ist, z. B. warum jemand eine Äußerung in einer bestimmten Situation auf eine bestimmte Weise gemacht hat. Wilhelm Dilthey, einer der großen Theoretiker und Historiker der Hermeneutik im 19. Jahrhundert, der viel über den Unterschied und die Gemeinsamkeit von Erklären und Verstehen nachgedacht hat, wies darauf hin, dass wir beim Erklären und Verstehen bzw. Interpretieren dieselben logischen Operationen anwenden: die Induktion, die Analyse, die Konstruktion, das Vergleichen, das Bilden von Hypothesen, das Folgern.[24] Auch in der Interpretation werden implizit oder explizit Erklärungssätze des Typs ‚dies ist so, weil ...' oder ‚daraus folgt ...' oder ‚wenn ...dann' verwendet, werden Bedingungen, wie z. B. Gattungsvorgaben, und Gründe ermittelt, wird etwas aus etwas erklärt. Die Geschichte der Philologie seit der Antike, einschließlich der Rhetorik, demonstriert diese Suche nach Bedingungen, Gründen, Strukturen und Regeln.[25]

Ich kann sagen ‚ich verstehe seine Handlung nicht, kannst Du sie mir erklären?' Hier bedeutet ‚erklären' auch so viel wie ‚verständlich machen'. In diesem Sinne wurde im 18. Jahrhundert eine *subtilitas intelligendi* von einer *subtilitas explicandi* unterschieden, also ein Verstehen des Textes ‚für sich' und seinem Erklären, seinem Verständlich-Machen auch für andere.[26] In einer Broschüre einer Verbraucherberatung steht die Warnung: „Unterschreiben Sie erst, wenn Sie alles verstanden haben. Sie haben dann alles verstanden, wenn Sie

---

[24]Dilthey, a. a. O., S. 334 ff. Vgl. dazu G. Schurz, Hrsg., *Erklären und Verstehen in der Wissenschaft*, München 1988; I. U. Dalferth/Ph. Stoellger, Hrsg., *Interpretation in den Wissenschaften*, Würzburg 2005.

[25]Vgl. besonders R. Bod, *De vergeten wetenschappen. Een geschiedenis van de humaniora*, Amsterdam 2010. Bod bezieht auch die Entwicklung in Indien, China und Arabien mit ein. Erstaunlicherweise gibt es in dieser informativen Übersicht S. 108 f. nur ganz wenige, dazu falsche („voorvoelende", d. h. einfühlende, „methode") Bemerkungen zur Hermeneutik.

[26]Vgl. Johann August Ernesti, *Institutio Interpretis Novi Testamenti*, Leipzig 1761: *Prolegomena De Interpretatione Universa*, § 4.

2.1 Begriff der Interpretation, äquivalente und verwandte Begriffe

alles erklären können." Die alte Schulprobe für ein Verständnis, etwas mit eigenen Worten wiederzugeben, ist so schlecht nicht.

Interpretiert wird auch in den exakten Naturwissenschaften, z. B. die Daten eines Laborexperiments oder einer Statistik. Ein Naturwissenschaftler kann selbstverständlich davon reden, dass er verstehen will, wie das Gehirn funktioniert. Mediziner reden davon, dass sie eine Krankheit noch nicht verstanden haben. Man kann auch eine Erklärung verstehen oder nicht verstehen. Verstehen heißt hier so viel, dass das Element, das man verstehen will, in vertraute, als gesichert geltende Wissensbestände, kognitive Zusammenhänge und Handlungsmuster eingeordnet werden kann.

Verstehen ursprünglich ‚vor etwas, um etwas stehen, etwas beherrschen', dann ‚erfassen, begreifen', bezieht sich meist auf etwas Geistiges, eine Intentionalität, sei es einer Äußerung oder einer Handlung. Aber wir können auch sagen ‚Verstehst Du, warum der Motor so stottert?' und fragen dann nach der Ursache dieses Stotterns. Verstehen ist *kein* Äquivalent für Interpretieren oder Auslegen. Es wird zwar manchmal so gebraucht,[27] auch in der traditionellen Entgegensetzung von Erklären und Verstehen, aber diese Äquivalenzsetzung führt zu Missverständnissen und Inkonsequenzen. Beide Begriffe sind verschieden, hängen aber auch zusammen. Im Unterschied zu Interpretation und Deutung bedeutet Verstehen mehr ein Zustand, ein Resultat, ein Ziel, ein Finden, eine Fertigkeit; Interpretieren und Deuten mehr eine Handlung, ein Gang, ein Suchen. Aber auch das Ergebnis dieser Handlung kann eine Interpretation genannt werden.[28]

Man kann sagen ‚ich verstehe diese Äußerung' und ‚ich interpretiere diese Äußerung', man kann aber nicht sagen ‚Verstehe diese Äußerung!', wohl aber (zur Not) ‚Interpretiere diese Äußerung!' Vermutlich hat schon jeder zu einem anderen gesagt ‚Verstehe mich doch endlich!' Dann wird der Ausdruck für einen Verständnisprozess und sein erhofftes Resultat verwendet. Er heißt eigentlich ‚Verstehe doch endlich, warum ich das gemacht oder mich so verhalten habe!' Ich kann eine Interpretation unterbrechen oder beenden, das Verstehen aber nicht. Bei Interpretieren liegt eine bewusstes, regelgeleitetes, also methodisches Handeln vor,

---

[27]Vgl. z. B. W. Detel, *Geist und Verstehen. Historische Grundlagen einer modernen Hermeneutik,* Frankfurt a. M. 2011, der Verstehen und Interpretieren synonym setzt. K. Weimar, *Was ist Interpretation?,* in: Mitteilungen des deutschen Germanistenverbandes 49, H. 2, 2002, S. 104–115, unterscheidet Interpretation von Verstehen, versteht dann Interpretation als ein Verstehen zweiten Grades.
[28]Vgl. H. R. Jauß, *Wege des Verstehens,* München 1994, S. 11 ff.: Rückschau auf die Begriffsgeschichte von *Verstehen;* Patzig, a. a. O., S. 57 ff., unterscheidet Zusammenhangsverstehen, Ausdrucksverstehen und einfühlendes Verstehen; W. Strube, *Analyse des Verstehensbegriffs,* in: Bühler, *Hermeneutik,* S. 79–98, differenziert: einen Satz verstehen, einen Satz in seinem Zusammenhang verstehen, einen in einer bestimmten Situation geäußerten Satz verstehen, die Äußerung als einen Akt eines Sprechers verstehen, die Äußerung als Ausdruck eines psychischen Zustands verstehen, einen tieferen Sinn eines Satzes verstehen, sich in der Sache mit jemanden verstehen. Vgl. ferner die subtilen Analysen bei Scholz, *Verstehen und Rationalität,* S. 3 ff., 281 ff.

bei Verstehen ein Ziel und ein Zustand, jedoch nicht einfach ein bloßer Zustand, sondern ein durch Überlegungen, Nachdenken, Erfahrung, durch Interpretation allmählich gewonnener Zustand, ein gewonnenes Verständnis.[29] Da in ihm das Problem eines Nichtverstehens aufgelöst erscheint, wird er als befriedigend empfunden. Wir können auch von einem, der eine Könnerschaft in seinem Handwerk durch Wissen, Übung und Erfahrung erworben hat, sagen, dass er sein Handwerk versteht. Weil Verstehen auch ein subjektiver Zustand ist, kann ich nicht für jemand anderen verstehen. Verstehen ist immer nur mein (oder unser) Verstehen. Wohl kann ich für jemand anderen, an seiner Stelle, interpretieren oder erklären oder anderen etwas erklären.

Auf diesen Zustand eines Verstehens bzw. Verständnisses zielt das Interpretieren. Es ist unsinnig zu sagen ‚Ich habe die Äußerung interpretiert, aber nicht verstanden'. Ein Interpretieren ohne irgendein Verstehen, ohne den allmählichen Aufbau und das Ziel eines Verstehens, gibt es nicht. Weil dieser Zustand das Ergebnis eines Prozesses, einer Entwicklung ist und weil offenbar zu diesem Zustand ein ‚Klick', ein unverfügbarer Moment gehört, kann man ihn nicht erzwingen. Ab einem bestimmten Punkt *ergibt* sich oder *geschieht* das Verstehen, wie regelgeleitet, chaotisch, assoziativ auch immer. Auch aus diesem Grund wäre der Imperativ ‚verstehe diese Äußerung' unsinnig.

Die Interpretation ist demnach eine Handlung von einem Verstehen zu einem anderen, zu einem vertieften, erweiterten, ergänzenden, komplexen Verstehen. Sie führt von einem Verständnis, das man das Vorverständnis nennen kann, zu einem Verständnis als ihr Resultat. Es gibt Grade des Verstehens. Im Alltag kommt es in vielen Fällen gerade nicht auf ein komplexes Verständnis an, sondern auf ein Verständnis, das pragmatisch passt.

Wir interpretieren und verstehen da, wo ein Abstand vorliegt, eine Differenz, die Rede eines Anderen, der Brief eines Anderen. Wir können nicht sagen ‚Ich verstehe mich', trotz Rudi Völlers Äußerung in einem Interview: „Ich verstehe Ihre Frage. Ich verstehe auch meine Antwort." In bestimmten Situationen wohl ‚Ich verstehe mich selbst nicht.' Im 18. Jahrhundert konnte Lichtenberg noch schreiben, dass er sich versteht, im Sinne von: dass er genau weiß, was er sagen will, dass er es aber anderen nicht gut erklären kann. Heute kann man wohl sagen ‚Ich verstehe nicht, wieso ich das damals gemacht oder gesagt habe', wenn ich mir also durch den Zeitabstand fremd, ein anderer geworden bin. Sinnvoll ist die Äußerung ‚Ich verstehe die französische Sprache', weil ich sie als eine fremde Sprache gelernt habe, nur ironisch sinnvoll die Äußerung ‚Ich verstehe die deutsche Sprache', wenn sie von einem Muttersprachler käme. Aus diesem Grund sagen wir auch nicht ‚Ich interpretiere mich'. Das hieße nämlich, ich wäre ein anderer. Zur Not können wir sagen ‚Ich interpretiere jetzt, was ich damals gemacht

---

[29]Vgl. Wittgenstein, *Philosophische Untersuchungen,* § 146; H. Hörmann, *Über einige Aspekte des Begriffs „Verstehen",* in: L. Montada u. a., Hrsg., *Kognition und Handeln,* Stuttgart 1983, S. 13–22.

2.1 Begriff der Interpretation, äquivalente und verwandte Begriffe

habe', insofern das, was ich damals gemacht habe, mir nun gänzlich fremd vorkommt.

Wie immer Verstehen und Interpretieren unterschieden werden können, sie beruhen beide auf einer konstruktiven Fähigkeit unseres Geistes. Dies hatte die romantische Hermeneutik postuliert (vgl. S. 248 ff.) und hat die moderne Kognitionspsychologie empirisch nachgewiesen.[30]

Analyse von gr. *analysis:* Auflösung (der Fäden eines Gewebes z. B.), Zergliederung. Der Begriff akzentuierte seit Aristoteles eine zergliedernde Untersuchung mit einem Anspruch auf terminologische und logische Klarheit und empirische Überprüfbarkeit der Aussagen. Seit dem 16. Jahrhundert wurde er auf die Untersuchung von Sprache und Rhetorik angewandt. Analyse bedeutete nun eine methodische Kritik, d. h. Unterscheidung, Zergliederung, Beurteilung, Prüfung, und konnte synonym mit Interpretation verwendet werden.[31] In der modernen Wissenschaftssprache wird er ubiquitär verwendet (chemische Analyse, Psychoanalyse, Satzanalyse z. B.). Im Begriffsgebrauch erwarten wir bei ‚Er analysiert diesen Satz' stärker eine scharfe, systematische Klärung der Satzstruktur, bei ‚Er interpretiert diesen Satz' stärker die Klärung seiner Aussage, seines Sinns. Daher wird manchmal die Analyse eingegrenzt auf die Untersuchung sprachlicher Strukturen als Voraussetzung der Interpretation der Sinn- und Bedeutungsdimension. Diese Trennung lässt sich aber nur arbeitspraktisch durchhalten.

Sinn und Bedeutung Der korrelative Begriff zu Verstehen und Interpretieren ist der Begriff des Sinns, nicht der der Bedeutung. Dies ist eine Festlegung, die sich aber vom üblichen Begriffsgebrauch nicht so weit entfernt. Der Ausdruck ‚Sinn' ist abgeleitet vom Verbum ‚sinnen', das ‚denken an, nachdenken, auf etwas achten, beabsichtigen' bedeutet. Das Verbum selbst geht auf einen Ausdruck zurück, der so viel wie ‚reisen, streben' bedeutet. Geht man davon aus, dann steckt in ‚Sinn' eine Bewegung, ein Verlassen fester Bedeutungen, ein Streben nach, eine Richtung, eine Absicht.[32] So konnte man früher sagen, dass einem der Sinn nach etwas steht oder dass man etwas im Sinn hat. In der juristischen Formel ‚Sinn und Zweck eines Gesetzes' ergibt sich der Sinn des Gesetzes aus dem Zweck, den es erfüllen soll. Die Formel ist, rhetorisch gesprochen, ein *Hendiadyoin*, denn ‚Sinn'

---

[30]Vgl. z. B. H. Hörmann, *Meinen und Verstehen. Grundzüge einer psychologischen Semantik*, 4. Aufl. Frankfurt a. M. 1994; W. Kintsch, *Comprehension. A paradigm for cognition*, Cambridge 1998.

[31]Vgl. F. Sanctius Brocensis, *De autoribus interpretandis sive De exercitatione* (Über die Interpretation der Autoren oder über die praktische Übung), 1581. In der *Encyclopaedia* von J. H. Alstedt von 1630 wird die Analyse z. B. auf die Logik wie auf die Grammatik und Rhetorik bezogen. Vgl. K. Petrus, *Genese und Analyse. Logik, Rhetorik und Hermeneutik im 17. und 18. Jahrhundert*, Berlin 1997.

[32]Heideggers Analyse des Sinns geht von dieser Bewegungsstruktur aus, vgl. M. Heidegger, *Sein und Zeit*, 11. Aufl. Tübingen 1967, S. 151: „Was im verstehenden Erschließen artikulierbar ist, nennen wir Sinn." Und: Sinn ist das „Woraufhin des Entwurfs, aus dem her etwas als etwas verständlich wird."

kann selbst schon ‚Richtung auf einen Zweck' bedeuten (vgl. ‚Das hat keinen Sinn').

Das Substantiv ‚Sinn' entwickelte viele Bedeutungen,[33] darunter subjektiv: Absicht, Bewusstsein, Gedächtnis (vgl. ‚aus den Augen, aus dem Sinn'), Besinnung, Vernunft, Überlegung (vgl. ‚ohne Sinn und Verstand'), Neigung (vgl. ‚dazu habe ich keinen Sinn'), ein Auffassungsvermögen, eine Empfänglichkeit für ... (z. B. Sinn für Ironie, für Poesie, für Witz haben); objektiv: Sinn einer Äußerung, einer Handlung. Wenn wir nun vom Sinn einer Äußerung („Was ist der langen Rede kurzer Sinn?", Schiller, *Wallenstein, Piccolomini* 1,2) oder vom Sinn eines Gesetzes reden, dann meinen wir so viel wie den Zweck, die Absicht eines Gesetzes oder einer Äußerung, das also, was damit *gemeint* ist.

Man kann es als einen Verständnishinweis nehmen, dass ‚Sinn' sowohl ein Moment des Subjektiven als auch ein Moment des Objektiven enthält. Das, was mit einer Äußerung gemeint ist, hieße dies, ist etwas Objektives ‚in' einer Äußerung und ist zugleich auf die Verstehensleistung des Adressaten angewiesen.

Begrifflich machen wir einen Unterschied zwischen Sinn und Bedeutung.[34] Die Bedeutung eines Wortes, so wie es konventionell gebraucht und lexikalisch im Wörterbuch festgehalten wird, kenne ich, ich habe sie im Verlauf meiner sprachlichen Sozialisation gelernt. Ich kann z. B. sagen: ich weiß, was das Wort ‚Haus' bedeutet. Ich weiß, wie es konventionell korrekt gebraucht wird, ich kenne die Regel seines Gebrauchs. Ich kann z. B. auf prototypische Verwendungen verweisen. Es ist unsinnig zu sagen, ich interpretiere oder ich verstehe – wenn man vom akustischen Verständnis absieht – dieses Wort. Sinnvoll ist hingegen die Äußerung, ich verstehe oder ich interpretiere dieses Wort oder diesen Satz an dieser Stelle, in diesem Kontext, oder diese Äußerung in dieser Situation so und so. Wörter, Sätze, Äußerungen werden an dieser Stelle, in dieser Situation mit einem bestimmten, spezifischen Zweck, mit einer bestimmten, spezifischen kommunikativen Absicht, in einem bestimmten Zusammenhang verwendet. Das ist das, was wir den *Sinn* einer Äußerung oder einer Stelle im Text oder des Textes selbst nennen. Der Sinn einer Handlung liegt entsprechend in der Absicht, der Intention, mit der sie ausgeführt wird. Die Bedeutung eines Wortes ist usuell, sein Sinn in einem bestimmten Zusammenhang, an einer bestimmten Stelle okkasionell. Wenn wir davon reden, was ein Wort bedeutet, beziehen wir uns auf eine Eigenschaft, wenn wir davon reden, in welchem Sinn es verwendet wird, auf eine Handlung.[35] Im Blick auf die etymologische Herkunft des Ausdrucks könnten wir auch sagen, es handelt sich um die spezifische ‚Richtung' dieser Äußerung oder Handlung – um die mit ihr verbundene Intention. Diesen Sinn kenne ich

---

[33]Der Artikel *Sinn* im *Grimmschen Wörterbuch* umfasst 49 Spalten.

[34]Vgl. dazu und im Folgenden die Überlegungen von R. Keller, *Begriff und Bedeutung*, in: J. Grabowski u. a., Hrsg., *Bedeutung. Konzepte. Bedeutungskonzepte*, Opladen 1996, S. 47–66; Scholz, *Verstehen und Rationalität*, S. 268 ff.

[35]Vgl. P. v. Polenz, *Deutsche Satzsemantik. Grundbegriffe des Zwischen-den-Zeilen-Lesens*, Berlin/New York 1985, S. 298 ff.

nicht, ich kann ihn auch nicht lernen, so wie ich die konventionelle Bedeutung gelernt habe. Ich kann ihn nur an dieser spezifischen Stelle, in dieser spezifischen Situation erschließen. Wir können die Frage nach dem spezifischen Sinn eines Wortes auch umformulieren in die Frage ‚Wie ist das Wort hier gemeint?' oder ‚In welchem Sinn hast du das Wort gemeint?' Die Frage nach dem Sinn bezieht sich also auf eine spezifische Intention, mit der ein Wort gebraucht wird. Um sie zu verstehen, muss ich sie interpretieren.

So einleuchtend diese Trennung von Sinn und Bedeutung sein mag, so ist sie doch auch zu relativieren. Die Aussage, dass wir den Sinn nicht wie die Bedeutung lernen, muss man differenzieren. Wörter werden ja häufig in stark festgelegten, d. h. konventionalisierten kommunikativen Situationen verwendet, z. B. in Akten wie Grüßen, Versprechen, im Austausch über die Gesundheit. Wenn jemand in einer bestimmten Situation ‚Guten Tag' sagt, dann legt die Situation den Sinn des Sprechakts so fest, dass er sich der Bedeutung annähert. Doch wird auch hier ein interpretativer Akt vollzogen, wie gelernt und automatisiert auch immer, in dem ich die ganze Situation mit der kommunikativen Absicht des Sprechers verstehe und entsprechend handle. Der Gruß kann ja einfach als konventioneller Gruß, aber auch als ironischer, feierlicher, freundlicher, abweisender Gruß usw. gemeint sein. Dass ich ein Wort in seiner konventionellen Bedeutung *gemeint* verstehe, ist auch Ergebnis einer Interpretation. Im kommunikativen Alltag rechnen wir nicht nur mit den Sinn festlegenden Mustern und Situationen, sondern immer auch mit semantischen Offenheiten und Abweichungen, mit spezifischen oder unklaren kommunikativen Intentionen, mit Äußerungen, deren spezifischen Sinn wir nicht kennen, sondern interpretativ, im Hinblick auf die konventionelle Bedeutung, auf ein Wissen vom Sprecher, eine spezifische Situation oder einen spezifischen Kontext, eine spezifische Intention, auf ein allgemeines Weltwissen erst erschließen müssen. Aus all diesen Faktoren schließen wir auf den Sinn einer Äußerung. Wir reden davon, dass etwas Sinn ergibt oder nicht ergibt. In dieser Wendung wird der Sinn auch nicht als ein ‚Ding', sondern als Resultat eines Prozesses verstanden. Noch stärker wird das Herstellen von Sinn mit einer Wendung betont, die aus dem Englischen entlehnt ist: ‚Das macht Sinn' oder ‚Das macht für mich keinen Sinn'. Wir sagen ‚Das macht Sinn' und nicht ‚Das macht Bedeutung'. Interpretation ist dann das Entdecken und Erklären, wie ein Text ‚Sinn macht' und welchen er macht.

Nun kann man selbstverständlich, gegen diese Begriffsfestlegung, auch sagen, ich verstehe die Bedeutung dieses Wortes an dieser Stelle. Der Ausdruck ‚Bedeutung' kann im Sprachgebrauch sowohl die lexikalische Bedeutung eines Wortes, d. h. seine konventionalisierte Verwendung, als auch seine spezifische Verwendung an einer bestimmten Stelle, in einem bestimmten Kontext mit einer bestimmten Absicht bedeuten. Wir können z. B. auch von der Bedeutung eines Kunstwerks im Sinne seines Sinns reden. Im Begriffsvergleich akzentuiert ‚Sinn eines Kunstwerks' stärker eine künstlerische Intention, ‚die Bedeutung eines Kunstwerks' stärker seine Bedeutung, seine Bedeutsamkeit *für* z. B. ein Publikum oder eine Gesellschaft über seine Intention hinaus.[36] Im Zweifelsfall muss also geklärt werden, ob ‚Bedeutung' sich auf eine lexikalische Verwendungskonvention, das spezifisch Gemeinte oder auf seine Geltung für ein Publikum oder eine Gesellschaft bezieht.

2.2 Interpretationsgemeinschaften

Eine Interpretation wird auch bestimmt durch ihren Ort in einer Interpretationsgemeinschaft.[37] Interpretationsgemeinschaften bilden spezifische formelle oder informelle Interpretationskonventionen aus. Sie basieren auf gemeinsamen Interessen, stillschweigenden Hintergrundannahmen und Interpretationszielen, emotionalen Einstellungen und Wertungen, auf kanonischen Lehrbuchbeispielen und gemeinsamen Lehrautoritäten, auf kanonischen Autoren wie z. B. Kafka, Joyce, Proust, auf einer gemeinsamen professionellen Praxis und Ethik und auf einer gemeinsamen, prestigeträchtigen Interpretationssprache. Ihre Interpretationspraxis umfasst bestimmte Interpretationsregeln und Interpretationszwecke, schließt bestimmte Fragestellungen ein und andere aus. Es sind die stillschweigenden, gemeinsamen Grundannahmen, wie z. B. gesellschaftliche, sprachliche oder ästhetische Interessen, Theorien und Konzepte, die den jeweiligen Interpretationen ihre Evidenz verleihen. In der Jurisprudenz bilden bestimmte Gerechtigkeitsvorstellungen Grundannahmen, in der Literaturwissenschaft basierte z. B. der sog. Poststrukturalismus auf einem Verständnis als Antihermeneutik und den stillschweigenden Grundannahmen, dass das Ganze und die Einheit, ein Zentrum, das Verstehen und feste Bedeutungen schlecht sind, gut sind hingegen der Bruch, die Peripherie, die Marginalität, sind Sinnzerstreuung und Sinnsubversion. In den gegenwärtigen Kulturwissenschaften gilt als Hintergrundannahme ‚Alles ist Konstruktion' bzw. ‚Alles ist Kultur' bzw. ‚Alles ist Macht'.

---

[36]Diese begriffliche Unterscheidung vertritt E. D. Hirsch, *Prinzipien der Interpretation,* München 1972 (*Validity in Interpretation,* Yale University Press 1967), bes. S. 179 ff. Für Hirsch ist der Sinn *(meaning)* Gegenstand der Interpretation, die Bedeutung *(significance)* für eine Gesellschaft Gegenstand der Beurteilung und möglichen Kritik.

[37]Den Begriff der Interpretationsgemeinschaft, der *community of interpretation,* hat J. Royce, *The Problem of Christianity,* 1913, eingeführt. Für Royce wird eine soziale Gemeinschaft wesentlich durch wechselseitige Interpretationen hergestellt. Für eine radikale, literaturwissenschaftliche Anwendung vgl. besonders S. Fish, *Is There a Text in This Class? The Authority of Interpretative Communities,* Cambridge 1980. Für Fish ist es die professionelle Interpretationsgemeinschaft mit ihren Konventionen, die den Text in Wahrheit ‚schreibt' und der Interpretation einen allgemeinen Anspruch sichert. Zur Kritik dieses radikalen Konventionalismus bzw. Pragmatismus: T. Zabka, *Pragmatik der Literaturinterpretation,* Tübingen 2005, S. 110 ff. Vergleichbar auch der Begriff der Wissenschaftsgemeinschaft *(scientific community)* von Th. S. Kuhn, *Die Struktur wissenschaftlicher Revolutionen,* Frankfurt a. M. 1967 (engl. 1962).

2.2 Interpretationsgemeinschaften

Solche Interpretationsgemeinschaften werden gebildet von Gruppen und Institutionen wie Konfessionen, Universitäten mit ihren jeweiligen Disziplinen, Sonderforschungsbereichen, Graduiertenkollegs, herrschenden wissenschaftlichen Theorien wie z. B. die Evolutionstheorie, Neurowissenschaften, Poststrukturalismus, *gender studies* oder *postcolonial studies*. Sie reichen von institutionell gefestigten Interpretationsgemeinschaften wie z. B. Schulen, Studienseminaren, wissenschaftlichen Disziplinen bis zu informellen wie z. B. theoretischen ‚Schulen' und Moden.

Auch mediale Formate wie das Feuilleton oder ehemals „Das literarische Quartett" Reich-Ranickis oder jetzt die ‚sozialen Netzwerke' bilden mehr oder minder institutionalisierte oder informelle Interpretationsgemeinschaften mit jeweiligen Konventionen des Umgangs mit Texten aus.[38] Interpretationsgemeinschaften werden auch gebildet, um handfeste Interessen, eine Deutungsmacht, mit ihr auch Positionen, in einem bestimmten Diskursfeld aufzubauen und durchzusetzen. Sie grenzen sich dann offensiv von anderen Interpretationsgemeinschaften ab.

Nun sind wir nie Teilnehmer nur einer Interpretationsgemeinschaft. Wir sind vielmehr Teilnehmer unterschiedlicher, auch konkurrierender Interpretationsgemeinschaften, z. B. einer Interpretationsgemeinschaft des alltäglichen Verhaltens und einer professionellen oder wissenschaftlichen Interpretationsgemeinschaft. In Interpretationsgemeinschaften selbst gibt es auch konkurrierende Fraktionen. Auch bei noch so elaborierten wissenschaftlichen Theorien müssen wir zurückgreifen auf die Alltagssprache als Metasprache, d. h. auch auf die Interpretationsgemeinschaft des Alltags. Wir sind in Interpretationsgemeinschaften nicht eingeschlossen. Außer, man will es so sein, wofür die ‚sozialen Netzwerke' voller Beispiele sind.

Um zwei Beispiele, die Literaturwissenschaft und die Jurisprudenz, anzuführen:

Die literaturwissenschaftliche Interpretationsgemeinschaft umfasst die Universität, Akademien, Studienseminare, Schulen, Verlage, Medien und Lesezirkel, die juristische Interpretationsgemeinschaft die Universität, Gerichte, Anwaltskanzleien, Rechtsabteilungen. Die interpretative Anwendung des Rechts auf einen Fall strebt Kontinuität in der Rechtsprechung an, um ein Höchstmaß an Rechtssicherheit zu wahren. Sie orientiert sich an der gängigen Rechtsprechung und der ‚herrschenden Meinung' oder ‚herrschenden Lehre', die sich in Gesetzeskommentaren niederschlägt, und gebraucht eine stark normierte Fachsprache. Genaue Untersuchungen der juristischen Interpretationsarbeit haben ergeben, dass typischerweise nicht ein einzelner Gesetzestext zur Lösung eines Rechtsfalles, sondern ein Konglomerat von Gesetzestexten, Gerichtsurteilen, Gesetzeskommentaren und Gesetzgebungsmaterialien herangezogen wird.[39] Dazu kommt

---

[38] Vgl. zu den Konventionen des Umgangs mit Literatur auch J. Ph. Reemtsma, *Was heißt: einen literarischen Text interpretieren?*, München 2016, S. 195 ff.
[39] Vgl. D. Busse, *Recht als Text*, Tübingen 1992, S. 238 ff.

die Klärung des Anwendungsfalls. Literaturwissenschaftliche Interpretationen konzentrieren sich meist auf einen einzelnen Text und streben insgesamt stärker eine Originalität, eine Überbietung oder Ergänzung oder Revision anderer Interpretationen an, jedenfalls ein neues Verständnis. Die Fachsprache ist weniger stark normiert. In der didaktischen Anwendung in Schulen und Studienseminaren gelten wieder stärker Anforderungen der Einheitlichkeit und Kontinuität. Auch in Lesezirkeln geht es nicht um Originalität, sondern um den Austausch von Leseerfahrungen und Bewertungen, nicht um eine distanzierte, sondern um eine ‚gebrauchende' (Umberto Eco) Lektüre. Die an den Universitäten betriebene Rechtswissenschaft kennt natürlich auch das Ziel wissenschaftlicher Originalität. Untere Gerichte verstehen sich in ihren Gesetzesinterpretationen als ‚praktischere' Instanzen, die höheren Gerichte als ‚wissenschaftlichere' Instanzen. Die Gesetzesanwendung in den unteren Instanzen ist, auch wegen der Erledigungszahlen, in hohem Maße durch – notwendige – Interpretationsroutinen geprägt.

Fragen nach der sprachlichen und ästhetischen Form, nach dem Zusammenhang von ‚Form' und ‚Inhalt' des Gegenstandes spielen in der Literaturwissenschaft eine wesentliche Rolle, in der juristischen Auslegung zählt allein der „Sinn und Zweck" des Gesetzes in seiner Anwendung. Juristische Normtexte werden innerhalb einer institutionellen Ordnung von professionellen Juristen ausgelegt und angewendet, literarische Texte von professionellen und nichtprofessionellen Lesern. Adressat der richterlichen Auslegung sind primär die Parteien des Verfahrens und sekundär die wissenschaftliche Zunft, Adressat der literaturwissenschaftlichen Auslegung primär die wissenschaftliche Zunft, dann die Schulen, Medien und interessierte Leser.

Hier wie dort gibt es keinen objektiven Maßstab für die Richtigkeit eines Urteils oder die Plausibilität und Stimmigkeit einer Interpretation. Hier wie dort gibt es aber ein explizites und implizites Wissen, welche Fragen und Interpretationsregeln möglich und unmöglich sind, welche Auslegungen strittig oder unstrittig sind. Hinsichtlich eines literarischen Werks wird interpretativ eher gefragt: Was hat der Autor mit diesem Werk gemeint? Wie ist es gemacht? Juristisch wird gefragt: Was hat der Gesetzgeber mit diesem Gesetz gewollt? Was will das Gesetz? Wie ist in diesem Fall zu entscheiden? Hier wie dort ist der Urheber des Textes, der Gesetzgeber bzw. der Autor, eine Mischfigur, gewonnen aus Wissen über den empirischen Urheber und aus der Rekonstruktion aus dem Text (vgl. S. 252 ff.). Anders als in der Literaturwissenschaft wird in der Jurisprudenz, mit Varianten natürlich, eine schulmäßige Interpretationsmethodik gelehrt. Die ‚grammatische', d. h. sprachliche (von gr. *gramma*: Buchstabe) Auslegung ermittelt den sprachlichen Sinn eines Gesetzes; die historische seine Entstehungsgeschichte, mit ihr den Willen des historischen Gesetzgebers; die systematische Auslegung seinen Ort im Kontext der Rechtsordnung, um widersprüchliche Entscheidungen zu vermeiden und die Einheit des Rechts zu wahren.

2.2 Interpretationsgemeinschaften

Die teleologische (von gr. *telos:* Ziel) zielt auf den Zweck des Gesetzes.[40] Ob die tatsächliche Rechtsfindung sich systematisch nach diesen ‚Methoden' orientiert oder ob es sich um Kriterien einer nachträglichen Begründung handelt, kann dahin gestellt bleiben.[41] In der Praxis herrscht wohl die nachträgliche, kontrollierende Begründung vor. Eine Kammer mit mehreren Richtern wird auch anders vorgehen als ein Einzelrichter. Die Literaturwissenschaft kennt auch sogenannte ‚Methoden' der Interpretation, z. B. strukturalistische, sozialgeschichtliche, rezeptionsgeschichtliche ‚Methoden' (vgl. dagegen S. 173), aber nicht in einer schulmäßigen Systematik.

Die richterliche Auslegung endet in der Anwendung des Rechts, in der Entscheidung. Literaturwissenschaftlich ist es durchaus üblich, unterschiedliche Interpretationen als mögliche offen zu halten, ja anzustreben, also keine Entscheidung für eine Auslegung zu treffen. So kann man etwa in einer Interpretation eines Gedichts lesen, dass ein „vielleicht" zu einem „legitimen Beschreibungsmodus des Gedichts" werden kann und dass „manche Fragen der Interpretation nicht entschieden werden können."[42] Allerdings liegt einer Interpretation wohl immer die Einstellung zu Grunde, eine plausible, zutreffende Interpretation zu finden, eine Interpretation, die besser als andere einen Text erklärt, die einen Text auch möglichst interessant macht. (Vgl. S. 287). Juristisch wäre es bizarr, wenn ein Gericht ein Urteil als ‚ein mögliches' oder mit „vielleicht" verkünden würde. Doch kann ein Gericht Gründe für eine andere als die eigene Entscheidung für möglich halten. Daher werden Revisionen ausdrücklich zugelassen. Doch wird auch hier nicht, oder nur selten, von richtig oder falsch gesprochen, sondern von vertretbar oder nicht vertretbar, zutreffend oder fehlerhaft begründet. Der Richter rechnet nicht *(iudex non calculat),* heißt es. Deswegen heißt die Disziplin auch *Jurisprudenz,* weil das Gericht mit Urteilskraft und Klugheit (lat. *prudentia*) den besonderen Fall im Hinblick auf das Gesetz prüfen und konkurrierende rechtliche Normen abwägen muss. Das Gericht muss sich schließlich für eine Interpretation, eine Anwendung entscheiden. Da ein Gericht in der Rechtsanwendung ‚fehlerhaft' handeln kann, wie es heißt, sind im Rechtssystem Berufungs- und Revisionsverfahren vorgesehen. Schließlich entscheidet das Verfassungsgericht, in manchen Fällen der Europäische Gerichtshof.

In der Literaturwissenschaft gibt es natürlich keine höchste Instanz, die Interpretationskonflikte entscheidet. Aber in ihrer Interpretationspraxis gibt es auch so

---

[40]Vgl. z. B. R. Zippelius, *Juristische Methodenlehre,* 10. Aufl. München 2006.
[41]Vgl. H. Isay, *Rechtsnorm und Entscheidung,* Berlin 1929, S. 177: „Die Ableitung der Entscheidung von einer Norm bedeutet ihre nachträgliche Entscheidung. Die Entscheidung ist nicht in dieser Weise entstanden, sondern es wird nur kontrolliert, ob sie in dieser Weise hätte entstehen können. Damit ist der Zweck der Kontrolle erreicht."
[42]G. Kaiser, *Günter Eich: Inventur. Poetologie am Nullpunkt,* in: O. Hildebrand, Hrsg., *Poetologische Lyrik von Klopstock bis Grünbein,* Köln/Weimar 2003, S. 281. Vgl. zum Offenhalten alternativer Interpretationen literarischer Texte E. Ibsch, *Zur literarischen Sozialisation. Beobachtungen zur Polyvalenz,* in: SPIEL 7, 1988, S. 333–345.

etwas wie eine ‚herrschende Meinung' oder ‚herrschende Theorie', gibt es wissenschaftliche Autoritäten, *peers,* auf die man sich beruft. Da es keine objektiven Maßstäbe gibt, spielt auch hier eine produktive Rolle die durch Übung und Erfahrung erworbene *prudentia,* also Urteilskraft, Klugheit, Sensibilität, ebenso spielt eine produktive Rolle hier ein ‚Stimmigkeitsgefühl', dort ein ‚Rechtsgefühl' für gerechte Urteile in der Entscheidung des Richters.[43]

Fluchtpunkt der rechtlichen Entscheidung ist die Übereinstimmung mit dem Grundgesetz und das Gerechte und sozial Nützliche als Ziele des Rechts. Die literaturwissenschaftliche Interpretation konzentriert sich hingegen auf die Texte. Hier geht es um die Interpretation als Verfahren und Resultat. Ihr stillschweigender Fluchtpunkt ist, betrachtet man die Praxis, die implizite oder explizite Auffassung der Funktion der Literatur in der oder für die Gesellschaft, ein Interesse am Menschen, wie man formuliert hat[44], und die Maximierung der ästhetischen und semantischen Qualität des literarischen Textes.

2.3 Gattungen der Interpretation

Interpretiert wird mündlich und schriftlich, privat und öffentlich, interpretiert wird in allen Gattungen. Im Buch Nehemia (8,1–9) im *Alten Testament* versammelt sich das Volk vor dem Wassertor in Jerusalem und bittet den Priester Esra, das Buch mit der Thora, d. h. „Gesetz", wie Luther hier übersetzt, des Moses, zu holen und vorzulesen. „Und des ganzen Volks Ohren waren zu dem Gesetzbuch gekehrt." Nach der vom frühen Morgen bis zum Mittag dauernden Verlesung wird dem Volk die Thora von Schriftgelehrten, die bei Esra stehen, mündlich erläutert, „dass man verstand, was gelesen wurde." In dieser Szene, eine „Geburtsstunde der Exegese", wie man sie genannt hat, hört die Thora auch auf, das exklusive Gut der Priester zu sein.[45]

Gattungen geben unterschiedliche Interpretationskonventionen vor. In einem Essay, in einer Predigt, in einem Schulaufsatz oder in einem wissenschaftlichen Aufsatz wird je unterschiedlich interpretiert. In einem Essay wird z. B. lockerer interpretiert als in einer wissenschaftlichen Abhandlung. Einige Gattungen werden in der Tradition bevorzugt. Von der Spätantike bis in die Frühe Neuzeit sind dies der Dialog, das Lehrgespräch nach dem Muster Frage-und-Antwort, Kommentar und Glosse, dann der Brief, die Predigt und die Homilie, d. h. eine fortlaufende, textkommentierende Predigt, die literaturkritische Rezension, der Essay, die wissenschaftliche Abhandlung, der Schulaufsatz. Auch Übersetzungen, zumal in der Antike und im Mittelalter, und Nachdichtungen, populär im Humanismus und Barock, können als Interpretationen angelegt sein, wie z. B. aus der Vorrede von

---

[43]Vgl. besonders F. Reimer, *Juristische Methodenlehre,* Baden-Baden 2016, S. 47 ff.

[44]E. Staiger, *Die Kunst der Interpretation,* 3. Aufl. München 1974, S. 28.

[45]J. Assmann, *Text und Kommentar. Eine Einführung,* in: J. Assmann/B. Gladigow, Hrsg., *Text und Kommentar,* München 1995, S. 27.

2.3 Gattungen der Interpretation

Martin Opitz' *Geistliche Poemata* von 1638 hervorgeht. In seiner Nachdichtung des biblischen *Hohen Lieds* habe er eine „Deutlichkeit" angestrebt, „die an vielen Orten anstatt einer Erklärung sein kann." Goethes Roman *Wilhelm Meisters Lehrjahre* galt der Romantik auch deshalb als Modell ihrer Poetologie, weil in diesem Roman auch Shakespeares *Hamlet* auf eine neue Weise interpretiert wurde. Natürlich gibt es auch die Interpretation selbst als eine eigene, monographische Zweckform. Sie ist typischerweise nicht einfach ‚Interpretation des Romans X' überschrieben, sondern orientiert die Interpretation an einer bestimmten Fragestellung, an einer bestimmten thematischen Hinsicht, wie z. B. im Titel *Faust Zweiter Teil. Die Allegorie des 19. Jahrhunderts*. Charakteristisch für diese Zweckform ist eine Mischsprache, gebildet aus Elementen einer wissenschaftlichen Fachsprache (z. B. Struktur, Stil, Motiv, Symbol, Metrum, lyrisches Ich) und der natürlichen Sprache, mit denen der Text, das *Interpretandum,* beschrieben, paraphrasiert, klassifiziert, kontextualisiert, expliziert und bewertet wird, und mit Elementen der Sprache des Textes selbst in Form von identifizierenden direkten und indirekten Zitaten und deiktischen Partikeln wie z. B. in einer Interpretation von Eichendorffs Gedicht *Mondnacht:* „Ein hauchzartes System von Interferenzen überzieht das gesamte Gedicht und bewahrt es vor allzu schöner, trivialer Harmonie. Das ganze Gedicht mit seinen Unsicherheiten ist eine Explikation des modal ungewissen Anfangs: ‚Es war, als hätt'…'"[46] Hier wird die Interpretation zusammengefasst in der Formulierung: ‚ist eine Explikation des…'. Typische andere Interpretationsformeln sind: steht für, stellt dar, bedeutet, evoziert, nimmt auf, verweist auf, drückt aus. Reduziert besteht die Interpretation wie diese aus zwei Handlungen: einer Referenz auf das Gedicht und einer interpretierenden Prädikation (‚das ganze Gedicht mit seinen Unsicherheiten ist eine Explikation…').[47]

Wegen ihrer Bedeutung werden hier die Paratexte Kommentar und Glosse genauer vorgestellt. Paratexte sind sie, da sie unmittelbar dem Text zu seinem besseren Verständnis angefügt sind. Während die Interpretation einen Text *über* einen Text darstellt – sie kann auch mündlich vorgetragen werden, wie das Beispiel zu Anfang zeigt –, stellen Kommentar und Glosse Texte *zu* einem Text dar.[48] Gleichwohl enthalten auch sie notwendig interpretative Elemente, sind sie daher, stärker oder schwächer, auch Texte über Texte. So konnte im 12. Jahrhundert Marie de France im Prolog zu ihren *Lais* (eine Sammlung von Versnovellen) festhalten, dass überlieferte Texte wegen des Zeitabstands eine Glossierung verlangen

---

[46]G. Kaiser, *Augenblicke deutscher Lyrik,* Frankfurt a. M. 1987, S. 182.

[47]Vgl. Zabka, a. a. O., S. 5.

[48]Vgl. dazu und im Folgenden Art.: *Glosse,* in: HWbdRh, Bd. 3, Sp. 1009–1014; Art.: *Kommentar,* HWbdRh, Bd. 4, Sp. 1179–1187; die Sammelbände von Assmann/Gladigow, a. a. O; G. W. Most, Hrsg., *Commentaries – Kommentare,* Göttingen 1999; W. Geerlings/ Chr. Schulze, Hrsg., *Der Kommentar in Antike und Mittelalter,* Leiden/Boston/Köln 2002; R. Häfner/M. Völkel, Hrsg., *Der Kommentar in der Frühen Neuzeit,* Tübingen 2006; ferner: R. Stillers, *Humanistische Deutung. Studien zu Kommentar und Literaturtheorie in der italienischen Renaissance,* Düsseldorf 1988; A. J. Minnis/A. B. Scott, Hrsg., *Medieval Literary Theory and Criticism c.1100–c.1375. The Commentary-Tradition,* 2. Aufl. Oxford 1991.

(gloser la lettre) und dass diese Glossierung ihre Bedeutung anreichert *(le surplus mettre)*.[49]

Kommentar Abgeleitet von lat. *commentarium*, wörtlich so viel wie: Mit-zu-Bedenkendes, Mit-zu-Erinnerndes. Der Ausdruck bedeutet zuerst ‚Aufzeichnung, Notiz als schriftliche Gedächtnisstütze, Abhandlung, Denkwürdigkeit', dann eine Sammlung von Erklärungen zu einem Text. Im geläufigen Begriffsgebrauch wird unter dem Begriff eine fortlaufende Erläuterung zu einem Gesetz oder zu einer biblischen Passage oder zu einem literarischen Text verstanden. In der medialen Fachsprache wird der Begriff für eine räsonierende, meinungsbetonte Textsorte verwendet, mit der z. B. ein politisches Ereignis ‚kommentiert' wird.

Als Textsorte ist der Kommentar ein sekundärer Text, der einen anderen, primären Text mehr oder weniger vollständig in der Reihenfolge seiner Teile für die Leser erklärt. Georg Friedrich Meier definiert in seinem *Versuch einer allgemeinen Auslegungskunst* von 1757: „Kommentieren *(commentari)* heißt, denjenigen Personen, um derentwillen die Auslegung geschehen ist, eine vollkommenere Erkenntnis des Sinnes, welcher durch die Auslegung gefunden ist, beibringen." Er fügt hinzu, dass ein guter Ausleger nicht notwendig ein guter Kommentator sein muss, „aber ein guter Kommentator muss allemal auch ein guter Ausleger sein." (§ 218)

Der primäre Text gilt als eine Autorität. Die Existenz eines Kommentars selbst schon definiert den primären Text als eine Autorität. Kommentiert wurden und werden ja nicht Allerweltstexte, sondern autoritative, kanonische Texte, wie z. B. die Epen Homers und Vergils, die Gedichte Ovids oder die Schriften von Aristoteles. Kommentiert wird die Bibel und werden Gesetze. Umgekehrt trägt der Kommentar auch zur Kanonisierung des Texts bei. Der Kommentar behandelt zwar den Text als eine Autorität, als einen heiligen Text, löst ihn aber zugleich auf in eine Reihe von Stellen und befragt dadurch implizit seine Geltung. Gerade in den Einleitungen und Kommentaren zur Bibel wurden in der Neuzeit auch Ketzereien verbreitet.

Der Text wird im humanistischen Kommentar Wort für Wort, Vers für Vers, Zeile für Zeile, auch Textpassage für Textpassage erklärt. Gesichtspunkte des Kommentars bilden die Textkritik, d. h. die Klärung der Authentizität des Textes, dann die Erklärung sprachlicher und sachlicher Fälle, je nach Text dann eine Erklärung rhetorischer und poetischer Formen, von Textstrukturen, schließlich moralphilosophischer oder religiöser Bedeutungen und Zwecke. In jüngster Zeit beginnt die Erklärung, das sog. *Interpretament*, mit einem wörtlichen Zitat als Bezugswort, dem sog. *Lemma* (gr.: Abgeschältes, Aufgegriffenes), z. B. ‚V. 2680 *wacker*: tüchtig, ansehnlich'. Es kommt auch zu kleineren und größeren Exkursen, die sich von der Erläuterungsfunktion lösen können. Mittelalterliche Kommentare interessieren sich für die ethischen, philosophischen und religiösen Zwecke eines

---

[49]Vgl. W. Haug, *Gloser la lettre oder Marie de France, die Liebe und die Allegorie*, in: R. Baum u. a., Hrsg., *Lingua et traditio*, Tübingen 1994, S. 117–132.

2.3 Gattungen der Interpretation

Textes und fragen insofern nach einer Intention des Autors. Sie beginnen im Prolog mit einer Übersicht über das ganze Werk, dann folgen die Erklärungen *(commentarii)* der einzelnen Stellen. Daher lauten die Titel vieler mittelalterlicher Kommentare nicht ‚Kommentar‘, sondern ‚Kommentare‘. Gefordert wurden und werden vom Kommentator ein umfassendes Wissen und eine intime sprachliche und sachliche Vertrautheit mit dem Text. Seit dem Humanismus bilden Text und Kommentar Korrelationsbegriffe. Neben den Einzelkommentaren gibt es auch Überblickskommentare.

Entwickelt wurde der philologische Kommentar seit dem 5. Jahrhundert v. Chr. im athenischen Schulbetrieb, dann in Alexandria, einem Zentrum spätantiker, griechischer Kultur. Kommentiert wurden medizinische, juristische, literarische und philosophische Texte. Cicero kommentierte z. B. in *De legibus* (Von den Gesetzen, ca. 52 v. Chr.) religiöse Gesetze, seine eigenen Reden wurden von Asconius in den *Enarrationes orationum Ciceronis* (Erklärungen der Reden Ciceros, ca. 54–57 n. Chr.) kommentiert. Die Erklärungen betreffen die Echtheit des Textes, Quellen, Wörter, Sachen, die Chronologie, die Topographie und Prosopographie, d. h. die Personen. Ein einflussreicher Kommentar war in der Spätantike der Kommentar von Servius zu den Dichtungen Vergils (*In Vergilii carmina commentarii*, Ende 4. Jahrhundert). Vergils Werk galt in der Spätantike als eine Quelle universellen Wissens. Servius übernahm das im spätantiken Grammatik- und Rhetorikunterricht geübte sprachliche und sachliche Erklärungsmuster: Klärung der Echtheit und der Fassungen des Textes, Erläuterungen zu Worten, einschließlich der Tropen wie Metapher, Metonymie und Allegorie, der Grammatik und Metrik, Sacherläuterungen (Dinge, Personen, Orte, Zeiten, Ereignisse), Entlehnung von anderen Autoren, Absicht des Autors, d. h. der Zweck, Thema des Werks. Diese Technik des antiken Kommentars wurde auch von den frühchristlichen Theologen für die Kommentierung der Bibel übernommen.

Solange auf Rollen aus Papyrus geschrieben wurde, wurden Text und Kommentar meist auf getrennten Rollen geschrieben. (Aus dem griechischen Wort für die Papyrusstaude *byblos* entwickelte sich später der Name ‚Bibel‘.) Dies änderte sich mit der allmählichen Ersetzung des Papyrus durch das Pergament seit dem 4. Jahrhundert n. Chr. und der Schriftrolle durch das Buch, den *Kodex* (von lat. *codex*: Baumstamm, dann Heft, Buch) seit dem 1. Jahrhundert n. Chr.[50] Kodex wurden zusammengebundene Tafeln aus Pergament genannt. Schon vorher war es üblich, beschriebene Tafeln aus Holz, Rinde oder Scherben zusammenzubinden. In entwickelter Form wurde das Pergament doppelseitig beschrieben, gefaltet und in Lagen gebunden. Das frühe Christentum bevorzugte den Kodex gegenüber der Papyrusrolle und markierte damit offenbar auch einen Abstand zur antiken und jüdischen Kultur.[51]

---

[50]Vgl. H. Hunger u. a., *Die Textüberlieferung der antiken Literatur und die Bibel*, München 1975.
[51]Vgl. U. Jochum, *Medienkörper. Wandmedien, Handmedien, Digitalia*, Göttingen 2014, S. 32.

Abb. 2.1 Lateinische Bibel, Druck Straßburg ca. 1480. Eine Seite aus dem Lukas-Evangelium. Die Weihnachtsgeschichte. In der Tradition der *glossa ordinaria* der Bibeltext in der Mitte, zwischen den Zeilen kleiner gesetzte Glossen, umgeben von einem Glossenrahmen. (Universitätsbibliothek Leipzig, Inc. Civ.Lips.367)

2.3 Gattungen der Interpretation

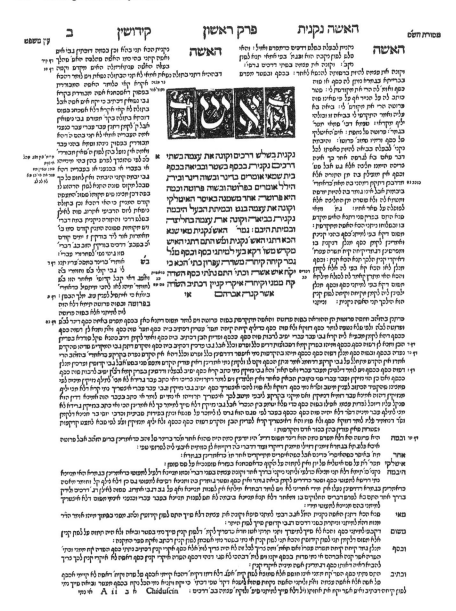

Abb. 2.2 Seite aus dem Talmud: im Zentrum hervorgehoben der Text von Mischna und Gemara, rechts oben der Kommentar von Raschi (Rabbi Schlomo ben Jizchak, 1040–1105, gilt als der bedeutendste Talmudkommentator), links außen und unten weitere Kommentare. (Druck in Basel zwischen 1578 und 1580; ullstein bild/Granger Collection)

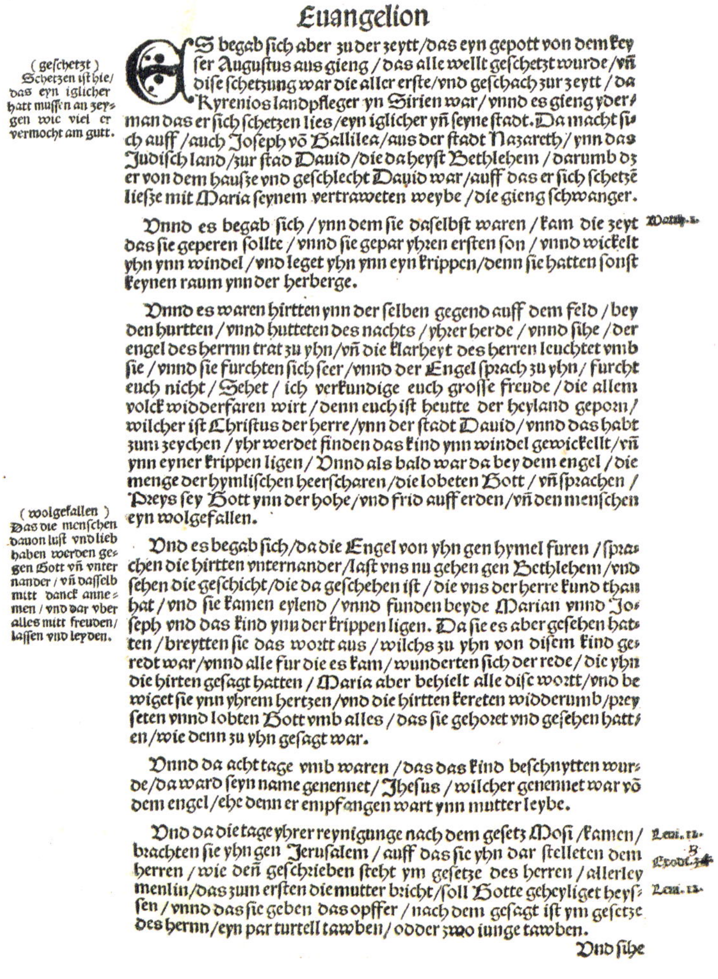

Euangelion

(geſchetzt) Schetzen iſt hie/ das eyn iglicher hatt muſſen an zey- gen wie viel er vermocht am gutt.

Es begab ſich aber zu der zeytt/das eyn gepott von dem key
ſer Auguſtus aus gieng / das alle wellt geſchetzt wurde/vn̄
diſe ſchetzung war die aller erſte/vnd geſchach zur zeytt / da
Kyrenios landpfleger yn Sirien war/ vnnd es gieng yder-
man das er ſich ſchetzen lies/eyn iglicher yn̄ ſeyne ſtadt. Da macht ſich auff /auch Joſeph vō Gallilea/aus der ſtadt Nazareth/ ynn das
Judiſch land/zur ſtad Dauid/die da heyſt Bethlehem / darumb dz
er von dem hauſze vnd geſchlecht Dauid war/auff das er ſich ſchetzē
lieſze mit Maria ſeynem vertraweten weybe /die gieng ſchwanger.

Vnnd es begab ſich / ynn dem ſie daſelbſt waren / kam die zeyt Matth. 1.
das ſie geperen ſollte / vnnd ſie gepar yhren erſten ſon / vnnd wickelt
yhn ynn windel /vnd leget yhn ynn eyn krippen/denn ſie hatten ſonſt
keynen raum ynn der herberge.

Vnnd es waren hirtten ynn der ſelben gegend auff dem feld / bey
den hurtten / vnnd hutteten des nachts / yhrer herde / vnnd ſihe / der
engel des herrnn trat zu yhn/vn̄ die klarheyt des herren leuchtet vmb
ſie / vnnd ſie furchten ſich ſeer/vnnd der Engel ſprach zu yhn/ furcht
euch nicht / Sehet / ich verkundige euch groſſe freude / die allem
volck widderfaren wirt / denn euch iſt heutte der heyland geporn/
wilcher iſt Chriſtus der herre/ynn der ſtadt Dauid/ vnnd das habt
zum zeychen / yhr werdet finden das kind ynn windel gewickellt/vn̄
ynn eyner krippen ligen/ Vnnd als bald war da bey dem engel / die
menge der hymliſchen heerſcharen/die lobeten Gott / vn̄ ſprachen /
Preys ſey Gott ynn der hohe/vnd frid auff erden/vn̄ den menſchen
eyn wolgefallen.

(wolgefallen) Das die menſchen dauon luſt vnd lieb haben werden ge- gen Gott vn̄ vnter nander / vn̄ daſſelb mitt danck anne- men / vnd dar vber alles mitt freuden/ laſſen vnd leyden.

Vnd es begab ſich/da die Engel von yhn gen hymel furen / ſprachen die hirtten vnternander/laſt vns nu gehen gen Bethlehem/vnd
ſehen die geſchicht/die da geſchehen iſt / die vns der herre kund than
hat / vnd ſie kamen eylend / vnnd funden beyde Marian vnnd Joſeph vnd das kind ynn der krippen ligen. Da ſie es aber geſehen hatten / breytten ſie das wortt aus / wilchs zu yhn von diſem kind ge-
redt war/vnnd alle fur die es kam/ wunderten ſich der rede/ die yhn
die hirten geſagt hatten / Maria aber behielt alle diſe wortt/vnd be
wiget ſie ynn yhrem hertzen/vnd die hirtten kereten widderumb/prey
ſeten vnnd lobten Gott vmb alles / das ſie gehoret vnd geſehen hatt-
en/wie denn zu yhn geſagt war.

Vnnd da acht tage vmb waren /das das kind beſchnytten wur-
de/da ward ſeyn name genennet/ Jheſus / wilcher genennet war vō
dem engel/ehe denn er empfangen wart ynn mutter leybe.

Vnd da die tage yhrer reynigunge nach dem geſetz Moſi /kamen/ Levi. 12.
brachten ſie yhn gen Jeruſalem / auff das ſie yhn dar ſtelleten dem
herren / wie den̄ geſchrieben ſteht ym geſetze des herren / allerley Exod. 13.
menlin/das zum erſten die mutter bricht/ſoll Gotte geheyliget heyſ- Levi. 12.
ſen / vnnd das ſie geben das opffer / nach dem geſagt iſt ym geſetze
des herrn/eyn par turtell tawben/ odder zwo iunge tawben.
Vnd ſihe

Abb. 2.3 Druck des Neuen Testaments in der deutschen Übersetzung Martin Luthers, Wittenberg 1522. Eine Seite aus dem Lukas-Evangelium, die Weihnachtsgeschichte. Am linken Rand Glossen, am rechten Rand Hinweise auf Parallelstellen. (Universitätsbibliothek Leipzig, Libri. Sep.A.1502)

2.3 Gattungen der Interpretation

Angefertigt wurde der Kodex dann in Groß- und Kleinformaten, mit Illustrationen und verzierten Buchdeckeln. Breite Ränder und breite Zeilenabstände ließen Raum für Kommentierungen neben und zwischen den Zeilen. Der freigelassene Rand einer Seite konnte mit *Randglossen,* auch *Marginalglossen* genannt, versehen werden. Der Kommentar zwischen den Zeilen wird *Interlinearglosse* genannt. So konnten Text und Kommentar auch optisch aufeinander bezogen werden. Beide konnten auch farbig unterschieden werden. In den französischen Klerikerschulen des 12. Jahrhunderts entwickelte sich eine Sammlung von Kommentaren zur Bibel, die *glossa ordinaria* (s. Abb. 2.1). Sie verband Rand- und Interlinearglossen. Die Entwicklung endete damit, dass der Text in Ausgaben der Thora (s. Abb. 2.2) oder der Bibel (s. Abb. 2.1) oder säkularer Werke wie z. B. der Werke Vergils von 1501 vom Kommentar umrahmt, umsäumt, eingefasst wird. Luthers Ausgabe des *Neuen Testaments* stellt hingegen, seiner hermeneutischen Maxime entsprechend (vgl. S. 208 ff.), bewusst den Text in den Vordergrund (s. Abb. 2.3).

Zusammen mit der Illustration, die auch als eine Art Glosse fungiert, der Anordnung des Textes und des Kommentars erzeugt die Druckseite nun einen komplexen hermeneutischen Effekt. Von dieser optischen und hermeneutischen Konfiguration geht die Botschaft aus, dass der Text eine Autorität ist und dass kein Text sich von selbst versteht, jeder Text interpretationsbedürftig ist. Daher hat der Kommentar nicht nur die Aufgabe, den Text verständlich zu machen, sondern sein Verständnis auch zu lenken, um seine Autorität zu sichern. Hilflos daher der Versuch des Kaisers Justinian im 6. Jahrhundert, durch ein Kommentierungs- und Auslegungsverbot die Rechtsanwendung zu fixieren. Falls es doch zu Anwendungszweifeln kommen sollte, legt der Kaiser die authentische Interpretation fest. Im Falle der historisch-kritischen Edition von Hitlers *Mein Kampf* (2016) soll der Kommentar hingegen eine mögliche Autorität des Textes zerstören.

In der Moderne wird der Kommentar in der Regel von der Textseite wieder getrennt und als Anhang abgedruckt, dann oft unter den Titeln *Anmerkungen* oder *Erläuterungen*. Werden auf der Textseite Erläuterungen zum Text abgedruckt, dann unten. Meist werden Handschriften- bzw. Druckvarianten und Konjekturen verzeichnet. Das ist der sog. textkritische Apparat, wie er z. B. in der Edition *Des Minnesangs Frühling* gehandhabt wird.

Kommentare können knapp und sehr umfangreich sein. Ihr Umfang ergibt sich auch daraus, dass mit zunehmendem Abstand das implizite Weltwissen im primären Text erläuterungsbedürftiger wird. Augustins Kommentar *De genesi ad litteram libri duodecim* (Über den Wortlaut der Genesis zwölf Bücher, 401–416 n. Chr.) zu den ersten drei Kapiteln des ersten Buchs der Bibel (ca. dreieinhalb Seiten) umfasst mehr als sechshundert Seiten, der arabische Philosoph und Arzt Averroës (12. Jh.) kommentierte vier Zeilen von Aristoteles' Schrift *Über die Seele* in 758 Zeilen. Gesetzeskommentare sind unerlässlich für die Rechtsanwendung. Ein Kommentar zum *Bürgerlichen Gesetzbuch* (Palandt, *Bürgerliches Gesetzbuch*, 77. Aufl. 2018) umfasst engbedruckt 3297 Seiten. Juristische Begriffe wie „Treu und Glauben", „Würde des Menschen", „sittenwidrig" oder „informationelle Selbstbestimmung" sind nicht mit ein paar Wörtern zu erläutern.

Glosse Von gr. *glossa:* Zunge, Sprache, dann seltenes, dialektales oder dunkles Wort; lat. *glossa:* seltenes oder dunkles Wort. In der Spätantike Übergang zur Bedeutung: Erklärung eines Wortes oder einer Textpassage, vor allem durch Synonyme, durch einen Verweis auf eine andere Stelle oder durch eine Übersetzung. Die Glosse umfasste nun das erklärungsbedürftige Wort, das *Lemma,* und die Erklärung, das *Interpretament.* Eine Liste solcher Glossen wird als *Glossar* bezeichnet. Als ältestes Zeugnis deutscher Sprache gilt das lateinisch-althochdeutsche Glossar *Abrogans* (um 750), so genannt nach der ersten Glosse: *abrogans dheomodi* (demütig).

Glosse und Kommentar sind nicht genau zu unterscheiden. Im Unterschied zum Kommentar, der sich auch auf größere Textzusammenhänge beziehen kann, bezieht sich die Glosse meist auf einzelne oder wenige Worte. Die Glosse kann am Rand eines Textes, zwischen den Zeilen oder innerhalb der Zeile stehen. Auch die Glossierung galt autoritativen Texten wie den Texten Homers, Aristoteles' oder Vergils, der Bibel, der Kirchenväter oder Rechtstexten. Neben dem philologischen wird *Glosse* seit dem 17. Jahrhundert auch als Terminus für eine publizistische Textsorte, einen knappen, meist sprachkritischen Kommentar in einer Zeitung, verwendet. Anders als die Glosse ist die *Scholie* (von gr. *scholion,* lat. *scholia:* Muße, gelehrte Diskussion, Notiz zu einem Autor, Randbemerkung) ein viele Aspekte erschließender, größerer Paratext, der an den Rand von Handschriften geschrieben wurde.

Kapitel 3
Metaphorik der Interpretation

Interpretieren ist nicht so einfach, es umfasst viele An- und Zugänge, gerade und kurvige, vorsichtige, zarte und gewalttätige, systematische und sprunghafte, intuitive und reflektierte. Warum Gott den Interpreten diese Mühen überhaupt auferlegt, hat die Theologen des Mittelalters beschäftigt. Augustin gibt in *De doctrina christiana* (Von der christlichen Bildung, II, VI, 7, 10) eine theologische und diätetische Antwort: Gott will mit diesen Schwierigkeiten den menschlichen Hochmut bändigen, aber auch den Geist vor Langeweile bewahren, denn „leicht Aufgespürtes" verliert meistens und schnell an Interesse. Man kann auch sagen, er gibt eine moralische und ästhetische Antwort: Als lustvoll wird ja erfahren, wenn der Leser beim Verständnis eines Textes zunächst Schwierigkeiten, schließlich aber Erfolg hat. Ein schwieriger Text muss freilich auch Reize und Versprechen bieten, die eine längere Auseinandersetzung mit ihm als lohnend erscheinen lassen. Ob ein Text als schwierig oder nicht erfahren wird, hängt natürlich auch vom Wissen, von der Kompetenz und Bereitschaft des Interpreten ab.

Die Metaphern, die für die Interpretation verwendet werden, stellen die Interpretation als eine Bewegung, eine Reise, als ein Suchen, Erkunden und Forschen vor. Ihr Gegenstand ist für sie eine Welt, die immer zwei Seiten haben könnte: ein Äußeres und ein Inneres, ein Unten und ein Oben, ein Sichtbares und ein Verborgenes, ein Sinnliches und ein Geistiges, ein Menschliches und ein Göttliches, ein Zeitliches und ein Ewiges, ein Gegenwärtiges und ein Zukünftiges, einen Buchstaben und einen Geist, wie die Formel in der Bibel lautet: „Denn der Buchstabe tötet, aber der Geist macht lebendig" (2. Korinther 3,6). Über den biblischen Kontext hinaus, in dem es um das alte Gesetz und den neuen Geist, den alten Bund und den neuen Bund Gottes mit den Menschen geht,[1] gewinnt diese Formel eine kanonische Geltung für die Theorie und Praxis der Interpretation. Wie das Verhältnis von Buchstabe und Geist allerdings zu bestimmen ist, ob es nicht auch auf den

---

[1] Vgl. Art.: *Buchstabe und Geist,* in: LBH, S. 108–113.

Buchstaben ankommt, da „alle Schrift, von Gott eingegeben", zur Lehre nützt (2. Timotheus 3,16), ob der Buchstabe nicht auch lebendig ist, darüber wird gestritten werden. Im Streit mit dem orthodoxen Pastor Goeze schrieb Lessing: „Der Buchstabe ist nicht der Geist, und die Bibel ist nicht die Religion". In hermeneutischer Absicht formulierte Friedrich Schlegel dagegen eine Apologie des Buchstabens: „Ohne Buchstabe kein Geist. Der Buchstabe nur dadurch zu überwinden, dass er fließend gemacht wird". Und: „Buchstabe ist fixierter Geist. Lesen heißt, gebundenen Geist frei machen".[2] Bevor es zum Geist geht, heißt die alte Leseanleitung, muss man mit dem Buchstaben vertraut werden.

Reise, Gang, Wandern, Spazierengehen Vom Gang einer Interpretation zu reden, ist verbreitet. Gemeint ist damit ihr methodisches Vorgehen. Der Begriff der Methode selbst geht auf das griechische Wort für Weg, *odos*, zurück und bedeutet soviel wie Nach-Gang, Zu-Gang. In seiner Schrift *Quomodo adolescens poetas audire debeat* (Wie ein Jugendlicher die Poeten studieren soll, 1. Jh. n. Chr.) vergleicht Plutarch das ‚Weben' der Dichtung und ihr Verstehen mit der Heimkehr des Odysseus nach Ithaka.[3] Das Studium der Dichtung erscheint daher als eine von Irrwegen und Missverständnissen bedrohte Reise. Um diese Reise zu bestehen, hat der Schüler eine gute Ausbildung und einen guten Lotsen nötig. Dafür bildet dieses Studium einen Geist der Vorurteilslosigkeit, der Freundschaft, des guten Willens aus, nach Plutarch notwendige Voraussetzungen für das eigentliche Ziel des Studiums der Dichtung, die philosophische und moralische Bildung. Es verwandelt auch das Fremde ins Vertraute, ins Eigene. Ein solches Studium soll jedoch auch davor hüten, wie in neuer Zeit angemerkt wird, die Fremdheit eines Textes in seiner Aneignung zum Verschwinden zu bringen. Wir sollen den Text nicht nur heranholen, wir sollen auch zu ihm hingehen, wir unternehmen auch „eine Reise" zum fremden Text.[4]

Die Rhetorik stellt für die ‚Aneignung' in der Interpretation den Begriff der Akkommodation *(accommodatio)* zur Verfügung.[5] Der Begriff bedeutet hier zuerst die Anpassung der Formulierung an das Thema und den Zweck einer Rede, die Anpassung von Form und Inhalt also, aber auch die Anpassung an die Verständnismöglichkeiten des Publikums. In theologischer Tradition wird der Begriff für die Anpassung der religiösen Botschaft an die Verständnismöglichkeiten der Adressaten und für die situative Auslegung dieser Botschaft etwa in einer Predigt verwendet. (Vgl. S. 13)

---

[2]G. E. Lessing, *Werke,* hrsg. v. H. G. Göpfert u. a., 8 Bde, Darmstadt 1970–1979, Bd. 8, S. 136; KFSA, Bd. 18, S. 344 und 297.
[3]*Plutarch's Moralia in sixteen volumes,* with an English translation by F. C. Babbit u. a., London 1969–2004, Bd. 1, S. 79, 197 *(Moralia,* 15D, 37B). Vgl. dazu K. Eden, *Hermeneutics and the Rhetorical Tradition,* New Haven/London 1997, S. 35 ff.
[4]E. Flaig, *Ödipus. Tragischer Vatermord im klassischen Athen,* München 1998, S. 9.
[5]Vgl. Cicero, *De natura deorum/Über die Natur der Götter,* I, 41; *Auctor ad Herennium,* 4,12,17; Vgl. Art.: *Akkommodation,* in: HWbdRh, Bd. 1, Sp. 309–313.

3 Metaphorik der Interpretation

In seiner Schrift *De doctrina christiana* (Die christliche Bildung, I,4,8) nimmt Augustin die Metapher des Wegs und des Wanderns auf. Zum Ziel, zur Heimat, kann der Wanderer auf unterschiedlichen Wegen gelangen, aber er darf nicht leichtsinnig sein, sonst irrt er vom Weg ab. Sicher wird er geführt, wenn er sich vom Glauben leiten lässt. Als Bestätigung zitiert er aus der Bibel den Vers: „Denn wir wandeln im Glauben und nicht im Schauen" (2. Korinther 5,7; I, 36, 41). Auf Augustin beruft sich Luther und deutet zudem das Auslegen der Bibel als ein Spiel des Menschen, insofern er ein Kind Gottes ist: „Hier wollen wir, wie S. August. pflegt, ein wenig spazieren und spielen gehen geistlich".[6] Wer durch den Text spazieren gehen kann, für den muss der Text schon ein vertrautes Gelände sein. Wird ein Text hingegen als ein Labyrinth vorgestellt, dann ist, wie im antiken Mythos von Theseus und dem Labyrinth des Minotaurus, ein Faden nötig, damit der Leser, wie Luthers Mitstreiter Matthias Flacius Illyricus in seiner *Clavis Scripturae Sacrae* (Schlüssel zur Heiligen Schrift, 1567) schreibt, sicher und mit Nutzen in dieses Labyrinth „eintreten, darin voranschreiten und zurückkehren kann." Den Faden liefert ein vorgängiges Wissen von der Absicht *(scopus)* und Thematik *(genus doctrinae aut materiae)* der Schrift.[7] Was Augustin und Flacius Illyricus lehren, gilt *grosso modo* für die ganze christliche Auslegungstheorie: Voraussetzung der Bibelauslegung ist der Glaube. Nur wer schon glaubt, kann den Text wirklich verstehen. Im Auslegen geht es daher weniger um das, *was* geschrieben steht, sondern um das, *wie* es geschrieben ist, um den besten Weg zum Glauben zu vertiefen.[8] Die Parallelstellen, die am Seitenrand in einer Lutherbibel vermerkt werden, sind Hinweise zum Weg durch die Bibel und ihrem Verständnis.

Die Metapher der Reise und der Wanderung durch die Seiten eines Buches liegt natürlich auch für das Lesen nahe. Ausgiebig benutzen diese Metapher z. B. Henry Fielding in seinem Roman *Joseph Andrews* (1742) oder Italo Calvino in seinem Roman *Se una notte d'inverno un viaggiatore* (Wenn ein Reisender in einer Winternacht, 1979).

Wiederkäuen Wie zur Praxis des Lesens noch ausgeführt werden wird, soll nach antiker und mittelalterlicher christlicher Lehre das Lesen übergehen in ein Meditieren, in ein, nach dem äquivalenten deutschen Ausdruck, Betrachten, d. h. Nachdenken. (Der Ausdruck ‚Betrachten' ist abgeleitet von mhd. *trahten*: bestrebt sein, bedenken, nachdenken. Daneben entwickelte sich frühneuzeitlich die heute übliche Bedeutung ‚Anschauen'.) Die Meditation soll freier und intensiver vorgehen als das buchstäbliche Lesen. Sie ist ein „wohlüberlegtes und anhaltendes Nachdenken, das auf verständige Weise den Grund, den Ursprung, die Art und den Nutzen jeder Sache erforscht", schreibt Hugo von Sankt Viktor im 12. Jahrhundert. Sie geht

---

[6] WA, Bd. 10/I, 1, S. 426.
[7] M. Flacius Illyricus, *De Ratione Cognoscendi Sacras Literas. Über den Erkenntnisgrund der Heiligen Schrift.* (T. 1, Abschn. 1–4 von *Clavis Scripturae Sacrae*). Lat.-deutsche Parallelausgabe, hrsg. u. übers. v. L. Geldsetzer, Düsseldorf 1968, S. 41.
[8] Vgl. T. Todorov, *Symbolisme et interprétation*, Paris 1978, S. 104 ff.

über das Lesen hinaus, „eilt durch den offenen Raum", richtet ihren Blick „nach freiem Ermessen" auf die Betrachtung der Wahrheit, erforscht bald diese, bald jene Ursachen der Dinge und „durchdringt am Ende die Tiefe [*profunda quaeque penetrare*]".[9]

In der Meditation des Textes soll er immer wieder mit Ehrfurcht und Demut gelesen, auswendig gelernt, memoriert, sein Sinn hin- und her gewendet, einverleibt, wiedergekäut und verdaut werden. Man muss diese Speise gründlich kauen, wieder kauen, um sie verdauen zu können. Luther fordert in der Vorrede zum *Brief des Paulus an die Römer* (1522): Diesen Brief soll der Christenmensch Wort für Wort auswendig lernen, mit ihm „täglich" umgehen „als mit einem täglichen Brot für die Seele". Er kann nie „zu viel und zu gründlich gelesen oder betrachtet werden. Und je mehr er behandelt wird, desto kostbarer wird er und umso besser schmeckt er."[10] Dante versteht seine *Canzoniere* (Kanzonen) als eine Speise und seinen Kommentar unter dem Titel *Convivio* (Das Gastmahl) als das Brot zu dieser Speise. Ein besonderes, einfaches Brot, ein Brot aus Gerste, nicht aus Weizen, da der Kommentar nicht, wie üblich, in lateinischer, sondern in der Volkssprache geschrieben ist, damit er „tausende sättigen" könne. Der Kommentar gehört zu den Kanzonen, wie das Brot zum Gastmahl.[11]

Aufdecken, Entschleiern, Enthüllen Hülle, Schleier, Gewand (die lateinischen Entsprechungen: *integumentum,* wörtlich: Decke, Hülle; *involucrum:* Einrollung, Einwickelung, Hülle; *velamen:* Schleier, Gewand, Hülle; *tegimen:* Gewand, Hülle). Die Begriffe des *integumentum* und des *involucrum* gehen auf Cicero zurück. (*De oratore*/Vom Redner, I, 161) Der Schleier, die Hülle schützen. Die Hülle verbirgt, die feine ‚Textur' des Schleiers lässt aber auch durchscheinen, sie verführt auch dazu ihn aufzuheben, um zu sehen, was darunter ist. Diese Metaphorik trennt ein Sichtbares von einem Verborgenen, ein Offenbares von einem Geheimnis, ein Außen von einem Innen, ein Darüber von einem Darunter, in einer alten religiösen Tradition ein Göttliches von einem Profanen.[12] Sie verbirgt und weist zugleich auf ein Geheimnis hin. Mit dieser Metaphorik enthüllt, entschleiert, ‚entdeckt', wie es im älteren Deutsch heißt, die Auslegung die eigentliche Botschaft. In Goethes Gedicht *Zueignung,* in dem der angehende Dichter „der Dichtung Schleier aus der Hand der Wahrheit" (V. 96) erhält, changiert die Metapher zwischen ‚Dichtung als Schleier der Wahrheit', der aufgehoben werden kann, und ‚Dichtung als Schleier', der nicht aufgehoben werden kann, zwischen einem Schleier, *unter* dem, und einem Schleier, *in* dem die Wahrheit ist.

---

[9] Hugo von Sankt Viktor, *Didascalion. De Studio Legendi. Studienbuch.* Übers. u. eingel. v. Th. Offergeld, Freiburg/Basel 1997, S. 245 f. (III, 10).
[10] WA (Deutsche Bibel), Bd. 7, S. 2.
[11] Dante, *Convivio* (Das Gastmahl), I, X, 1; I, XIII, 11 f. (Dante Alighieri, *Das Gastmahl.* Ital.-dt., übers. v. Th. Ricklin, 4 Bde, Hamburg 1996–2004, Bd. 1, S. 47, S. 67/69).
[12] Vgl. besonders H. J. Spitz, *Die Metaphorik des geistigen Schriftsinns,* München 1972.

3 Metaphorik der Interpretation

Diese Metaphorik wurde in mittelalterlicher und neuzeitlicher Tradition vorzugsweise in der Lehre der Allegorie bzw. der Allegorese der Bibel und antiker Mythen[13] gebraucht. Danach ist die wörtliche Bedeutung die Hülle oder der Schleier, in der bzw. unter der der allegorische Sinn liegt. Gebraucht wurde sie auch für die Erforschung der Natur. Zur Geschichte der Naturwissenschaft in der Neuzeit gehört die Metapher vom Schleier der Natur, der auf seine Aufhebung wartet.[14] Noch das neuzeitliche Pathos der ‚nackten' Wahrheit zehrt von der Vorstellung der Entschleierung.

In dieser Tradition wurde auch gelehrt, dass die antiken Philosophen und Poeten verhüllt gesprochen haben, um Gott oder eine philosophische Wahrheit nicht zu profanieren oder um ihre Lehre vor falschem Verständnis zu schützen. So konnte die antike Philosophie und Mythologie auch christlich umgedeutet und dem christlichen Publikum überliefert werden. Auch die Propheten des Alten Testaments sprachen nach dieser Lehre in verhüllter Weise. Das *Alte Testament* verhüllt, lässt aber das Neue schon durchscheinen, das *Neue Testament* enthüllt die christliche Botschaft.[15] Bei Paulus dient die Trennung des Buchstabens vom Geist dazu, die Trennung des *Alten Testaments* vom *Neuen* zu markieren: „Denn der Buchstabe tötet, aber der Geist macht lebendig." (2. Korinther 3,6) Erst der Glaube an Christus werde die „Decke" (2. Korinther 3,14, lat.: *velamen*), die vor dem Herzen der Juden hängt, aufheben. Als ‚revelatio', wörtlich: Entschleierung, Enthüllung, wird in der Bibel die Offenbarung am Ende der Zeiten verstanden.

Dante gebraucht die Metapher des Schleiers und des Mantels für den buchstäblichen Sinn, unter dem die Wahrheit des allegorischen Sinns verborgen ist. In der *Divina Commedia* (Die göttliche Komödie, *Inferno*, IX, V. 61–63) werden die Leser oder Zuhörer ermahnt, die Lehre zu betrachten, die im „Schleier der seltsamen Verse" *(sotto 'l velame de li versi strani)* verborgen liegen.[16] Dies mag so erscheinen, als würde Dante den Schleier der Verse von der Lehre trennen. Aber an anderer Stelle der *Divina Commedia* (*Purgatorio* VIII, V. 19–21) spielt Dante mit der Lautähnlichkeit von „vero" (wahr) und „velo" (Schleier) und suggeriert damit einen Zusammenhang vom Wahren und Verschleierten.[17]

Im Vorwort zu seiner *Genealogia deorum gentilium* (Genealogie der heidnischen Götter, 1350) hebt Boccaccio hervor, wie schwierig es ist, aus dem großen zeitlichen Abstand den unter dem Gewand der antiken Mythen *(sub fabularum tegimine)* oder der Decke biblischer Allegorien *(figurationis velo)* verborgenen

---

[13]Vgl. H. Brinkmann, *Mittelalterliche Hermeneutik*, Darmstadt 1980, S. 169 ff.

[14]Zur Erforschung der Natur vgl. P. Hadot, *Le voile d'Isis. Essai sur l'histoire de l'idée de Nature*, Paris 2004.

[15]Vgl. z. B. Augustin, *Sermo* CCC, 3, 4 (PL, XXXVIII, S. 377 f.).

[16]Dante, *Die göttliche Komödie, Inferno* IX, V. 61-63 („mirate la dottrina che s'asconde/sotto 'l velame de li versi strani.").

[17]Vgl. dazu P. Oster, *Der Schleier im Text. Funktionsgeschichte eines Bildes für die neuzeitliche Erfahrung des Imaginären*, Paderborn 2002.

Sinn aufzudecken. So viele unterschiedliche Leser, so viele unterschiedliche Interpretationen!

Bauen Hugo von Sankt Viktor beschreibt in seinem *Didascalion* (Studienbuch) die Heilige Schrift als ein Gebäude mit einer wohlgeordneten Struktur *(structura)*. Das Fundament mit teils behauenen, teils unbehauenen Steinen liegt verborgen unter der Erde. Dieses Fundament bedeutet allegorisch den wörtlichen Sinn, in dem sich eben auch Unstimmigkeiten und Absurditäten finden. Darüber erhebt sich der Bau mit seiner Ordnung von spirituellen Sinnschichten. Hier sind alle Steine behauen und fügen sich zusammen. Die Auslegung muss diesem Bau entsprechen. Wie der Maurer muss der Ausleger vorgehen und über dem Fundament ein Gebäude aus Schichten von wohlgefügten Steinen errichten. Mit der Richtschnur des Glaubens kann und muss er die Architektur des Gebäudes exakt vermessen.[18] Auslegen wird insofern verstanden als Nachbauen, die Auslegung als Gebäude. Die Metaphorik des Baus ist eine der Quellen für die romantische Konzeption der Interpretation als Konstruktion bzw. Rekonstruktion, auf die ich noch ausführlich eingehe. (S. 248 ff.) Die Metaphorik des Baus für das Werk fundiert im 20. Jahrhundert noch die Fachbegriffe der Struktur (wörtlich soviel wie: Zusammenfügung, Bau) oder der Bauformen.[19]

Anatomie Nach dieser medizinischen Metapher wird Interpretieren verstanden als Aufschneiden und Sezieren, Zergliedern und Zerlegen. Abgeleitet ist der Ausdruck von einem griechischen Verb, das ‚aufschneiden, sezieren' bedeutet. Daraus entwickelt sich das spätlateinische Substantiv *anatomia*: Aufschneiden, Zergliedern von Körpern, dann Lehre vom Körperbau. Die Anatomie erhielt im 16. Jahrhundert eine neue wissenschaftliche Basis als „Kunst der Zerlegung und Zerschneidung menschlichen Leibs/welche alle desselbigen Heimlichkeiten/ so äusserlich/so innerlich/durch jede Glieder und Gliedmaßen eröffnet und ergründet",[20] und entwickelte sich schnell zu einer geradezu populären Wissenschaft.[21] Schnell wurde auch ihr Untersuchungsmodell in die anderen Wissenschaften, in die Meditationsliteratur und eben auch in die Interpretationstheorie übernommen. Flacius Illyricus lehrt in seiner *Clavis scripturae sacrae*: „Keinen geringen Nutzen bringt es mit sich, wenn du das Geschriebene mit deinen Worten anders wiedergibst, so als ob du nach vollbrachter Anatomie und nachdem du gleichsam alles Fleisch, den Schmuck der Weiterungen [*ornatus amplificationum*] und Verzierungen, der Abschweifungen und ähnliches beiseite gelegt hast, nur das Skelett [*ossa*] mit deiner Sprache [*sermone*] abzeichnest [*delinees*], damit du

---

[18]Hugo von Sankt Viktor, a. a. O., S. 373/375 (6, 4). Vgl. zu weiteren Beispielen Brinkmann, a. a. O., S. 230 ff.; F. Ohly, *Schriften zur mittelalterlichen Bedeutungsforschung*, Darmstadt 1977, S. 13, 20.
[19]Vgl. z. B. E. Lämmert, *Bauformen des Erzählens*, Stuttgart 1955.
[20]R. Columbus, *Anatomia*, Frankfurt a. M. 1609 (zuerst 1559), Vorrede.
[21]Vgl. dazu S. Wodianka, *Betrachtungen des Todes. Formen und Funktionen der ‚meditatio mortis' in der europäischen Literatur des 17. Jahrhunderts*, Tübingen 2004, S. 176 ff.

3 Metaphorik der Interpretation

nur diejenigen Sätze aufnimmst, die gleichsam die Grundlage des Ganzen sind [*basis totius*], die alles andere gleichsam als weiteren Zusatz tragen, und die auch zugleich notwendigerweise, gerade so wie die Knochen durch die Sehnen verbunden sind, untereinander zusammenhängen."[22]

Die Anatomie klärt durch ihr Zerlegen und Zerschneiden die offensichtliche und verborgene Struktur, den Zusammenhang des Textes. Gestützt wurde diese epistemologische Übertragung durch die Vorstellung vom Text als Körper, die auf die Antike zurückgeht und über das Mittelalter bis in die Gegenwart eine Leitmetapher der Hermeneutik bildet. Diese Metapher deutet den Text als ein Ganzes, das mehr ist als die Summe seiner Teile, und teilt den Teilen je spezifische und für das Ganze notwendige Funktionen zu. Jede Rede, heißt es in Platons *Phaidros* (264c), ist wie ein lebendes Wesen organisch zusammengefügt, sie hat Kopf, Füße, Mitte und Ende und ist so geordnet, „dass die Teile unter sich und mit dem Ganzen im rechten Verhältnis stehen." Der Gegenstand der Rede, d. h. auch ein Text, muss „formgerecht zerlegt werden", ohne dass versucht wird, „wie ein schlechter Koch", ein Stück zu „zerbrechen", und die einzelnen Teile müssen wieder zusammengefügt werden (*Phaidros*, 266a). In der romantischen Hermeneutik wird diese Metapher weitergetrieben zur Metapher des Organismus. Sie verleiht dem Text vollends eine Selbständigkeit, emanzipiert ihn von seinem Urheber.

Mit der Metapher des Textkörpers konnten sich Medizin und Hermeneutik annähern. Wie aus *Phaidros* (270a ff.) hervorgeht, sind sich der Arzt und der Redner nahe, insofern der Arzt zuerst den Körper des Patienten und der Redner zuerst die Seele des Zuhörers analysieren muss, um sie nach den jeweiligen Regeln der Kunst dann behandeln zu können. Beide müssen dabei auf das „Ganze" achten. Es scheint, dass im reformatorischen Wittenberg Philipp Melanchthon im Zusammenhang mit seiner Lehre der *loci communes* (vgl. S. 207) dieses Modell in die Bibelhermeneutik eingeführt hatte. Er schätzte die medizinische Anatomie als Demonstration der Vorsehung Gottes, die alles so wohl eingerichtet hat.

Ende des 16. Jahrhunderts wurde der Begriff der Anatomie synonym mit dem der Analyse verwendet.[23] Das Modell betont das Zerschneiden des Textes, das Eindringen in den Text, das Aufdecken Schicht auf Schicht, das Zerlegen des Textes in seine Teile und in ihre Struktur, führt vom Äußeren ins Innere, vom Sichtbaren ins Verborgene, vom Ganzen in seine Teile. Es enthält ein Moment des Gewalttätigen, da der Anatom in den Textkörper schneidet. Er muss richtig, behutsam, nach dem ‚Bau' (*constructio, structura*) des Körpers, schneiden. Dieses anatomische Zerlegen kann und soll zur Erkenntnis der funktionellen Einheit der Teile des Textkörpers führen. Die Gefahr des Zerreißens und Zerstückelns liegt freilich nahe. Da das Sezieren für viele ein grausamer Vorgang ist, empfahl eine

---

[22]Illyricus, a. a. O., S. 99.
[23]Vgl. die überaus gelehrte Darstellung von L. Danneberg, *Die Anatomie des Text-Körpers und Natur-Körpers,* Berlin 2003.

verbreitete, neuere amerikanische Anleitung unter dem Titel *How to Read a Book* stattdessen die Metapher des Röntgenblicks.[24] Man wünscht natürlich, dass der Röntgenblick den lustvollen Blick nicht verdrängt.

Das Verfahren der Anatomie, einen Körper zu sezieren, um seine unter der Oberfläche verborgene Struktur freizulegen, fungierte auch später als erkenntnisleitendes Modell. So überschrieb im 17. Jahrhundert Robert Burton seine Analyse der Melancholie mit *The Anatomy of Melancholy* (1621), im 18. Jahrhundert diskutierte Giambattista Vico in *De antiquissima Italorum sapientia* (Über die älteste Weisheit der Italiener, 1710) das Modell einer sezierenden Anatomie für die Wissenschaften schon kritisch, da es das Zusammenwirken der einzelnen Teile in der *structura* des Körpers nicht erfassen könne. Karl Marx redete in *Zur Kritik der politischen Ökonomie* (1859, Vorwort) von einer Anatomie der bürgerlichen Gesellschaft. 1957 erschien Northrop Fryes einflussreiche Analyse von Paradigmen literaturwissenschaftlicher Interpretation unter dem Titel *Anatomy of Criticism.*

Heilen Diese Metaphorik folgt aus der Annäherung von Medizin, Rhetorik und Hermeneutik und aus dem Verständnis des Textes als einem Körper. Nach dem Platonischen Dialog *Phaidros* müssen Medizin und Rhetorik nach den gleichen Methoden vorgehen: In der Medizin muss man die Natur des Körpers, in der Rhetorik die Natur der Seele erforschen, um für beide die richtigen Mittel zu ihrer Behandlung zu finden. Dabei ist jeweils die Natur des „Ganzen" zu berücksichtigen. (270c) Gesund ist in dieser Annäherung der Text, wenn er ganz verständlich ist, wenn es keine dunklen oder unleserlichen, also ‚kranken' Stellen gibt. Ist eine Stelle unklar, dann muss man die ‚heile Umgebung' *(salva circumstantia)* beachten, wie Thomas von Aquin rät. Er meinte mit Umgebung im Sinne der Rhetorik (vgl. S. 178) die Umstände Kontext, Autor, historische Situation, Zweck.[25] Im 12. Jahrhundert konnte der berühmte oströmische Philologe Eustathius die Allegoresen der homerischen Epen (vgl. S. 131 ff.) als ein Heilen des wilden Göttertreibens verstehen.[26] Unter der Überschrift *Remedia* (Heilmittel) zählt Flacius Illyricus in *Clavis Scripturae Sacrae* die Mittel zur Klärung schwieriger Stellen der Schrift auf: Glaube, ein Gebet, aber auch Sprachkompetenz, Erfahrung, Beachtung des leitenden Gesichtspunktes, Etymologie, Parallelstellen, gute Übersetzungen. Der Ausleger handelt wie ein Arzt, der Heilmittel anwendet.[27] Später, im 17. Jahrhundert, konnte der lutherische Straßburger Rhetorik- und Philosophieprofessor Johann Conrad Dannhauer in

---

[24]M. J. Adler, *How to Read a Book,* 24. Aufl. New York 1956, S. 160: „But you must read the book with X-ray eyes, for it is an essential part of your first apprehension of any book to grasp its structure."

[25]S. Tommaso d'Aquino, *Le Questioni Disputate, Quaestiones Disputatae,* 11 Bde, Bologna 1992–2003, Bd. 8, hrsg. u. übers. v. B. Mondin, S. 516. *(De potentate).*

[26]*Eustathii Commentarii ad Homeri Iliadem,* hrsg. v. M. v. d. Valk, 3 Bde, Leiden 1971–1979, Bd. 1, S. 4 *(Prooimion).*

[27]Illyricus, a. a. O., S. 25 ff.

3 Metaphorik der Interpretation

seiner epochemachenden Abhandlung *Idea boni interpretis* (Gestalt/Idee des guten Interpreten, 1630) ebenfalls den Interpreten mit einem Arzt vergleichen, der die dunklen oder unleserlichen Stellen eines Textes heilt. (§ 23) Die hermeneutischen Mittel sind insofern auch Heilmittel *(remedia)*. Gewissermaßen als Physiologe behandelt der Interpret den Text als Körper, als Pathologe untersucht er die Ursachen ‚kranker' Stellen und als Therapeut wendet er die hermeneutischen Heilmittel an. Ist die Wunde geheilt, dann erscheint der Text wieder wie ein gesunder und vitaler *(vividus)* Körper.

Erschließen, Aufschließen Eine weit verbreitete, produktive Metapher, die den Text als einen verschlossenen Sinnraum vorstellt, der erst aufgeschlossen werden muss, um eintreten zu können. Vorgestellt als Raum ist der Sinn fest, wohlgefügt und unabhängig vom Interpreten. Wer immer auch aufschließt, er betritt denselben Raum. Eine frühe, ‚aufschlussreiche', Verwendung dieser Metapher findet sich bei Origenes (3. Jh.), der als Begründer der biblischen Textkritik gilt. Seine Bildung als Rhetor, Philosoph und Theologe hatte Origines in der hellenistischen Kultur Alexandrias erworben. Er beruft sich auf die Lehre eines Rabbiners, wonach die Heilige Schrift mit den vielen verschlossenen Räumen eines Hauses verglichen werden könne, ihre Auslegung mit der Suche nach dem richtigen Schlüssel. Vor jedem Raum des Hauses liegt ein Schlüssel, aber gerade nicht der, der zu diesem Raum passt. Die Schlüssel liegen verstreut vor den Räumen des Hauses. Den Schlüssel zu einem Raum findet man nur, wenn man viele Schlüssel ausprobiert, wenn man andere Räume geöffnet hat und endlich den passenden Schlüssel in der Hand hält. Das macht Mühe. Dies heißt aber auch, dass das Haus alle nötigen, wenn auch verstreuten Schlüssel bereithält, um seine Räume zu öffnen.[28] Übersetzt in ein interpretatives Programm folgt daraus, dass man ausprobieren muss, ob ein Schlüssel passt oder nicht und dass man eine ‚verschlossene', noch unverständliche Stelle versteht, indem man sich ihr aus den ‚geöffneten' Stellen im Zusammenhang des Textes nähert. Jede Stelle wird aus der Totalität des Textes verstanden. Alle Bücher der Bibel bilden ein einzigartiges und einziges Buch, wie es an anderer Stelle heißt, und es kann daher auch aus sich ‚aufgeschlossen' werden.[29]

Die Metapher kommt in unzähligen Titeln vor. Matthias Flacius Illyricus nimmt die Metapher z. B. in den Titel seines einflussreichen Werkes *Clavis Scripturae Sacrae* (Schlüssel zur Heiligen Schrift) auf. Darin entwickelt er Regeln zur Interpretation der Bibel und analysiert ihre literarischen Gattungen und ihren Stil. Aufschließen, Entschlüsseln, Schlüssel sind wiederkehrende Metaphern des

---

[28] Origenes, *Philocalie* (Liebe zur Schönheit), 2, 3 (Origène, *Philocalie, 1–20. Sur les Ecritures*. Hrsg. u. übers. v. M. Harl, Paris 1983, S. 245).
[29] *Philocalie,* 5,6; a. a. O., S. 295.

jungen Sigmund Freud. An Wilhelm Fließ schrieb er z. B. 1893, dass die Sexualität der „Schlüssel" sei, „der alles erschließt."[30]

Geredet wird nicht nur in der Psychoanalyse von Schüsselbegriffen, Schlüsselszenen und Schlüsselmomenten. Ein Text erschließt sich oder erschließt sich nicht, eine Interpretation ist schlüssig oder nicht. Verlage werben mit dem forschen Begriff ‚Lektüreschlüssel'. Schlüsselromane werden entschlüsselt. Im digitalen Fachvokabular wird die Metaphorik ausgiebig genutzt. Rechner werden verschlüsselt und entschlüsselt, Hacker starten Entschlüsselungsangriffe. Entschlüsselt wurde der genetische Code. Arbeitszeugnisse werden nach einem stillschweigenden Code verschlüsselt. Wichtiger ist das, was nicht gesagt wird, aber nach dem Code zu erwarten wäre, als das, was gesagt wird. Arbeitet einer zur „vollen" und nicht zur „vollsten" Zufriedenheit", dann ist der Arbeitgeber nur zufrieden, nicht mehr; wird seine Geselligkeit hervorgehoben, dann ist dies ein Hinweis auf mögliche Alkoholprobleme. Bei solchen Codierungen trifft die Metapher des Entschlüsselns zu.[31] Im literaturwissenschaftlichen Gebrauch wird die Metapher nicht so häufig verwendet, da sie dazu verführen kann, den literarischen Text wie einen Code zu behandeln, zu dem nur ein Schlüssel nötig ist.

Entziffern Wie *entschlüsseln* keine unproblematische Metapher für das Interpretieren, weil sie auf ein eindeutiges Resultat abzielen kann. Ist eine Schrift entziffert, ist sie ein für alle Mal entziffert, so wie die Hieroglyphenschrift durch Jean-François Champollion. Ein Text ist jedoch nicht ein für alle Mal interpretiert. Der Ausdruck ist eine Ableitung aus ‚Ziffer': Zahlzeichen, ab dem 16. Jahrhundert auch Ausdruck für ein Geheimzeichen. Im 18. Jahrhundert entwickelte sich daraus auch der Ausdruck ‚Chiffre' für Geheimzeichen, Geheimschrift. Der Ausdruck wurde bald unmetaphorisch gebraucht für das Aufdecken einer unbekannten oder unleserlichen Schrift oder einer Geheimschrift. Eine solche Geheimschrift wurde auch ‚entschlüsselt' oder ‚dechiffriert'. So wurden die Keilschrift, die Hieroglyphen und die mykenische Schrift (Linear B) entziffert. Nach dem *Deutschen Wörterbuch* der Brüder Grimm kann auch ein Rätsel oder ein Mensch oder eine Reise entziffert werden.

Die Metapher stellt das Interpretieren als einen mühsamen, schwierigen Vorgang vor. Es muss Buchstabe für Buchstabe, Wort für Wort vorgehen und auf alles achten. In seinem *Handorakel* (*Oráculo Manual*, 1647) lehrte Baltasar Gracián, dass man, um sich in der Welt behaupten zu können, die Kunst des Entzifferns *(arte de descifrar)* der Gesichter beherrschen müsse. (Aphorismen 49, 273) Freud griff häufig zu dieser Metapher und verglich sich mit Champollion, wenn er davon sprach, dass „die Deutung eines Traumes durchaus analog der Entzifferung

---

[30]S. Freud, *Aus den Anfängen der Psychoanalyse 1887–1902. Briefe an Wilhelm Fließ*, Frankfurt a. M. o. J., S. 69.
[31]Vgl. auch S. Pappert u. a., Hrsg., *Verschlüsseln, Verbergen, Entdecken in öffentlicher und institutioneller Kommunikation*, Berlin 2008.

3 Metaphorik der Interpretation

einer alten Bilderschrift", ist, „wie der ägyptischen Hieroglyphen."[32] In Kafkas Erzählung *In der Strafkolonie* kann der Forschungsreisende die labyrinthartigen Zeichnungen für eine monströse Hinrichtungsmaschine nicht „entziffern". „Man muss lange darin lesen", heißt es. Das Urteil wird dem Verurteilten durch diese Maschine in den Leib geschrieben. „Sie haben gesehen", erläutert der Offizier dem Reisenden, „es ist nicht leicht, die Schrift mit den Augen zu entziffern; unser Mann entziffert sie aber mit seinen Wunden." Metaphorisch wird jetzt auch von der Entzifferung der DNA des Menschen gesprochen. Datenfirmen „entziffern" Wähler für gezielte Werbekampagnen.

Aufbrechen Diese verbreitete Metapher leitet sich ab von der Metapher der Nuss für den Text. Die Nuss hat eine harte Schale und einen essbaren, verborgenen Kern. Auf ihn kommt es an.[33] So muss man die Schale aufbrechen oder zerbrechen, um den Kern essen zu können. Die Metapher versteht die Interpretation als eine durchaus gewalttätige Handlung. Clemens von Alexandria schreibt über sein Werk *Teppiche* (*Stromateis,* um 200), dass in diesem Flickwerk die Wahrheit verhüllt und verborgen ist wie der essbare Kern in der Nuss.[34] Weit verbreitet ist diese Metaphorik in der Praxis der Allegorese. Sie findet sich auch noch bei Luther, wenn er schreibt, dass er die Nuss des *Alten Testaments* auf Christus, den Felsen, wirft, um zum süßen Kern zu gelangen.[35]

Die Metaphorik des Aufbrechens geht davon aus, dass der Sinn des Textes verborgen ist, dass die Auslegung Widerstände überwinden muss, um ihn frei zu legen. Keine Rede von einer demütigen Auslegung. Doch kann diese Gewaltsamkeit vom Text selbst verlangt werden, wie eine rabbinische Lehre von der Vieldeutigkeit der Thora nahelegt. Die Thora, die Schrift Gottes, geht über die konventionelle Syntax und Semantik hinaus. Daher muss auch der Ausleger über sie hinausgehen, sie ‚aufsplittern': „Und wie ein Hammer Felsen zersplittert, wie der [Felsen durch den] Hammer in viele Splitter zerteilt wird, ebenso zerfällt ein Schriftvers in viele Deutungen."[36] Dem geht der Satz voraus: „Sind denn nicht meine Worte wie Feuer, spricht der Herr, und wie ein Hammer, der den Felsen sprengt?" Friedfertiger ist die dem Paar Schale und Kern verwandte Metaphorik von Korn und Spelze, da die Spelze vom Korn leicht entfernt werden kann. Ein Moment von Gewalttätigkeit hat hingegen auch die Metapher des Korndreschens

---

[32]S. Freud, *Gesammelte Werke*, hrsg. v. A. Freud u. a., 19 Bde, London 1940–1952, Nachdruck Frankfurt a. M. 1999, Bd. 8, S. 404.
[33]Vgl. zur weiten Verbreitung dieser Metapher Spitz, a. a. O., S. 61 ff.
[34]*Stromateis* 1, 7, 3 (*Des Clemens von Alexandreia Teppiche, wissenschaftlicher Darlegungen entsprechend der wahren Philosophie*, übers. v. O. Stählin, 3 Bde, München 1936–1938, Bd. 1 (Buch I–III), S. 16).
[35]WA, Bd. 3, S. 12.
[36]*Sanhedrin* [Gerichtshof. Name nach dem Hohen Rat, der obersten religiösen und politischen Instanz], 34 a (*Der babylonische Talmud*, übertr. v. L. Goldschmidt, 12 Bde, 3. Aufl. Königstein i. T., 1980–1981, Bd. 8, S. 593).

oder des Kornmalens für die Auslegung.[37] Dieses Moment ist auch Augustins Auslegung der wundersamen Brotvermehrung (vgl. S. 59) nicht fremd. Um das Brot vermehren zu können, muss man es zuvor brechen. Für Heidegger verfährt jede Interpretation notwendig gewaltsam.[38]

Im Vorwort zu seinem wilden, satirischen und selbstironischen Roman *Gargantua* (1534) verwendet François Rabelais die Metapher vom Aufbrechen eines Knochens. Er beruft sich (in ziemlich freier Referenz) auf Platon, der in der *Politeia* (374d–376b) den Hund das philosophischste Tier der Welt genannt habe, und empfiehlt diesen Hund als Vorbild für die Leser seiner Bücher:

> Es ziemt euch, nach des Hundes Vorbild klug zu sein, auf dass ihr diese wohlgenährten Bücher wittert, riecht und schätzt; dabei müsst ihr behende sein im Aufspüren und kühn im Zugriff; durch aufmerksames Lesen und gründliches Nachdenken brecht ihr dann den Knochen auf und saugt die Marksubstanz heraus *[sustantificque mouelle]* – also das, was ich unter diesen pythagoräischen Symbolen verstehe – in der sicheren Hoffnung, dass die Lektüre euch gewitzt und klug macht. (Übersetzung nach W. Steinsieck)[39]

Geologische Untersuchung Friedrich Schlegel verwendet in seinem brillanten Essay *Über Goethes Meister* von 1798 eine geologische Metaphorik: Auslegen ist ein Untersuchen, Entdecken, in das Innere, in die Tiefe Dringen, ein Analysieren von offenbaren und verborgenen Sinnschichten, ihrer Struktur und ihren Zusammensetzungen: „Nicht bloß die glänzende äußere Hülle, das bunte Kleid der schönen Erde, ist dem Menschen, der ganz Mensch ist, und so fühlt und denkt, interessant: er mag auch gern untersuchen, wie die Schichten im Innern aufeinander liegen, und aus welchen Erdarten sie zusammengesetzt sind; er möchte immer tiefer dringen, bis in den Mittelpunkt wo möglich, und möchte wissen, wie das Ganze konstruiert ist [1825: wie es gebaut und gebildet ist]. So mögen wir uns gern dem Zauber des Dichters entreißen, nachdem wir uns gutwillig haben von ihm fesseln lassen, mögen am liebsten dem nachspähn, was er unserm Blick entziehen oder doch nicht zuerst zeigen wollte, und was ihn doch am meisten zum Künstler macht: die geheimen Absichten, die er im Stillen verfolgt, und deren wir beim Genius, dessen Instinkt zur Willkür geworden ist, nie zu viele voraussetzen können."[40]

Zuerst also soll man sich vom Werk gutwillig fesseln lassen, sich seinem „Eindruck"[41] ganz hingeben, und dann spähend erforschen, wie das Ganze konstruiert ist. So soll der Ausleger, der „ganz Mensch ist und so fühlt und so denkt" verfahren. Seine Untersuchung wird nie zu einem Ende kommen, denn von den geheimen Absichten des Werks können „nie zu viele" vorausgesetzt werden. Die

---

[37]Vgl. Spitz, a. a. O., S. 71 ff.
[38]Heidegger, a. a. O., § 63, S. 311.
[39]Die Metapher vom Mark der Worte geht zurück auf Aulus Gellius, *Noctes Atticae* (Attische Nächte), XVIII, 4,2.
[40]KFSA, Bd. 2, S. 131.
[41]A. a. O., S. 130.

3 Metaphorik der Interpretation

Schichtenmetaphorik, damit auch die ‚geologische' Interpretation, wird auch die Tiefenanalysen Nietzsches und Freuds leiten.

Ausgraben, Graben, Bohren Wie der Geologe hat es auch der Archäologe mit Schichten zu tun. In den von Sigmund Freud gemeinsam mit Josef Breuer verfassten *Studien über Hysterie* (1895) findet sich der Satz, dass die Autoren in ihrer Analyse zu einem „Verfahren der schichtweisen Ausräumung" des psychischen Materials gelangten, „welches wir gerne mit der Technik der Ausgrabung einer verschütteten Stadt zu vergleichen pflegten."[42] In seiner Tiefenanalyse bemüht er sich, das, was „unter überlagernden Schichten" liegt, „freizulegen". (Brief an Wilhelm Fließ, 12.6.1900) Später verglich er sich mit Heinrich Schliemann, dem Ausgraber von Troja. In der Abhandlung *Konstruktionen in der Analyse* (1937) hat Freud eingehend die Übereinstimmungen und Unterschiede in den Rekonstruktionen des Archäologen und Psychoanalytikers ausgeführt.

Verwandt mit der Metaphorik des Ausgrabens ist die Metaphorik des Grabens und Bohrens, die z. B. Nietzsche in der Vorrede zur zweiten Ausgabe von *Morgenröte. Gedanken über die moralischen Vorurteile* (1887) auf sich anwendet. Sie beginnt mit dem Satz: „In diesem Buche findet man einen ‚Unterirdischen' an der Arbeit, einen Bohrenden, Grabenden, Untergrabenden." Dann wird dieser ‚Unterirdische' noch mit einem „Maulwurf" verglichen. In Abhandlungen zu Nietzsche werden daher seine Analysen regelmäßig als ein ‚Bohren' charakterisiert. Man bohrt, um einer Sache auf den Grund zu gehen. Nietzsche schreibt denn auch in dieser Vorrede über seine Analyse der Moral: „Damals unternahm ich etwas, das nicht jedermanns Sache sein dürfte: ich stieg in die Tiefe, ich bohrte in den Grund, ich begann ein altes Vertrauen zu untersuchen und anzugraben". Der Historiker Droysen vergleicht im 19. Jahrhundert die historische Heuristik, also das Gewinnen der historischen Frage, mit einer Bergmannskunst, einer Arbeit unter der Erde: „Der Ausgangspunkt des Forschens ist die historische Frage. Die Heuristik schafft uns die Materialien zur historischen Arbeit herbei; sie ist die Bergmannskunst, zu finden und ans Licht zu holen, ‚die Arbeit unter der Erde' (Niebuhr)".[43]

Nach der Metapher des Einbohrens muss man in den Text beharrlich, durchaus gewalttätig eindringen. Die rabbinische Exegese der Thora durch die ‚Schriftgelehrten' (vgl. S. 185 ff.) fasste der jüdische Schriftgelehrte Gershom Scholem metaphorisch als ein Einbohren: „Es beginnt die Bemühung um das immer genauere Verständnis der Schrift, das sie zum Gegenstand der Forschung, des sich exegetisch in ihre Implikationen Einbohrens (hebräisch: Midrasch) macht."[44] Der Begriff des Midrasch für die rabbinische Exegese geht auf einen Ausdruck

---

[42] Freud, *Werke*, Bd. 1, S. 201.
[43] J. G. Droysen, *Historik*, hrsg. v. P. Ley, Stuttgart-Bad Cannstatt 1977, S. 426. Mit Niebuhr ist der Althistoriker Barthold Georg Niebuhr gemeint.
[44] G. Scholem, *Offenbarung und Tradition als religiöse Kategorien im Judentum*, in: Ders., *Über einige Grundbegriffe des Judentums*, Frankfurt a. M. 1970, S. 96.

zurück, der ‚Lehre, Belehrung, Auslegung' bedeutet, dieser Ausdruck auf das Verb *darasch*, das ‚suchen, fragen' bedeutet.

Eine Variante der Metapher des Ausgrabens, Freilegens leitet sich von der Metapher des Palimpsests ab.[45] Als Palimpsest bezeichnet man eine Schrift, ursprünglich auf Pergament geschrieben, mit der eine andere, abgeschabte oder abgewaschene Schrift überschrieben wurde. Sie kann mit technischen Mitteln wieder sichtbar gemacht werden. Diese Praxis war in der Spätantike und im Mittelalter verbreitet, da Pergament kostspielig war. Die Metapher des Textes als Palimpsest deutet den Text als eine Schrift über einer durch sie unsichtbar gemachten Schrift. Einer fast unsichtbar gemachten Schrift, denn das Überschriebene hinterlässt Spuren. Die Aufgabe der Deutung liegt darin, diesen Spuren nachzugehen, die überschriebene Schrift und das Verhältnis der beiden Schriften aufzudecken. Es könnte z. B. das einer Verdrängung oder das eines subversiven Verbergens sein. Die Metapher wird getragen vom Verdacht, dass die Oberfläche des Textes etwas verbirgt, dass sie trügen kann.

Die Karriere der Palimpsestmetapher begann im 19. Jahrhundert. Heine verwendete sie in *Die Harzreise* (1826), Thomas de Quincey in den autobiographischen *Suspiria de Profundis* (1845). Hier begreift de Quincey das menschlich Gehirn als ein „deep memorial palimpsest",[46] als ‚natürliches' Palimpsest von Ideen-, Bildern- und Gefühlsschichten. Baudelaire griff de Quinceys Metapher in seinem kleinen Essay *Le Palimpseste* in *Les Paradis artificiels* (1860) auf. Den Typus des antiquarischen Historikers charakterisiert nach Nietzsche in *Vom Nutzen und Nachteil der Historie für das Leben* ein „Hindurchfühlen und Herausahnen, ein Wittern auf fast verlöschten Spuren, ein instinktives Richtig-Lesen der noch so überschriebenen Vergangenheit, ein rasches Verstehen der Palimpseste, ja Polypseste".[47] In einer Anmerkung der Ausgabe seiner *Traumdeutung* (1900) von 1914 zitiert Freud den englischen Psychologen James Sully, wonach der Traum „like some palimpsest […] discloses beneath its worthless surface-characters traces of an old and precious communication."[48]

Hineinlegen Diese Metapher ist der Favorit einer Auslegungskritik. Denn der Sinn ist nicht hinein-zulegen, sondern aus-zulegen: ‚Sensus non est inferendus, sed efferendus.'[49] Georg Friedrich Meier hatte im 18. Jahrhundert in seinem *Versuch einer allgemeinen Auslegungskunst* (§ 121), statuiert, dass der Ausleger „den Sinn aus der Rede heraus, nicht aber in dieselbe hineintragen" muss. Die Metapher ver-

---

[45]Vgl. G. Genette, *Palimpsestes. La littératur au second degré*, Paris 1982 (dt. 1993); J. Jacob/P. Nicklas, Hrsg., *Palimpseste. Zur Erinnerung an Norbert Altenhofer*, Heidelberg 2004.

[46]*The Collected Writings of Thomas de Quincey*, hrsg. v. D. Masson, 14 Bde, 2. Aufl. Edinburgh 1889–1890, Bd. 13, S. 347.

[47]F. Nietzsche, *Werke in drei Bänden*, hrsg. v. F. Schlechta, München 1966, Bd. 1, S. 226.

[48]S. Freud, *Die Traumdeutung*. Studienausgabe, hrsg. v. A. Mitscherlich u. a., 11 Bde, Frankfurt a. M. 1969–1975, Bd. 2, S. 152, Anm. 1.

[49]Vgl. z. B. H. Opitz, *Theologia Exegetica Methodo Analytica proposita*, Kiel 1704, Tabulae VII, I, S. 9: „Sensus in Scripturam non inferendus, sed ex eadem efferendus est.".

steht den Text oder eine Äußerung als einen Behälter, aus dem man etwas herausholen oder in den man etwas hineinlegen kann. Kritisch zielt sie mehr noch als auf ein Missverstehen auf eine Missachtung des Textes, eine narzisstische Aneignung, ja Enteignung, wie Schleiermacher festhält: „Das Missverstehen ist entweder Folge der Übereilung oder der Befangenheit. Jene ist ein einzelnes Moment. Diese ist ein Fehler, der tiefer steckt. Es ist die einseitige Vorliebe für das, was dem einzelnen Ideenkreis naheliegt, und das Abstoßen dessen, was außer demselben liegt. So erklärt man hinein oder heraus, was nicht im Schriftsteller liegt." (HuK, S. 93) In dieser „Befangenheit" in sich selbst wird aus dem Text herausgelesen, was zuerst in ihn hineingelesen wurde, wird der Text als Text eines anderen nicht geachtet.

Die antike Interpretationsmaxime ‚Homer aus Homer interpretieren' (siehe S. 171 ff.) verpflichtete schon den Interpreten, nichts dem Text hinzuzufügen, nichts hineinzulegen, was nicht zu ihm gehört, sondern den Text *aus*zulegen, seinen Sinn aus ihm selbst zu holen. Für Cicero war die stoische Praxis der Allegorese ein Beispiel dafür, wie man herauslegt, was man vorher in den Text gelegt hatte. Die Stoiker würden die ältesten Dichter wie Homer, die von der Stoa noch nicht einmal etwas ahnen konnten, auslegen, als seien sie Stoiker gewesen. (*De natura deorum/Über das Wesen der Götte*r, 1, 41) Dass nicht wenige Interpretationen hineinlegen und nicht auslegen, ist jedem vertraut. Meist geschieht dies ohne bewusste Absicht, weil man unbewusst einen bestimmten Sinn *will*. Doch ist die Grenze zwischen dem Hineinlegen und Auslegen so einfach nicht zu ziehen.

In vielen Fällen kann man entscheiden, ob ein Sinn hinein- oder ausgelegt, in denen absichtlich die Intention einer Äußerung oder eines Textes missachtet wurde, indem z. B. ein Satz aus seinem Zusammenhang gerissen wurde, wie die Metapher treffend heißt. Aber es gibt eine Zone, in dem nur schwer oder gar nicht zu entscheiden ist, ob ein Sinn hinein- und dann ausgelegt wurde. Das Entscheidungskriterium liegt in der Frage, ob es möglich oder unmöglich ist, dass der Text oder die Äußerung diesen Sinn ergibt, und ob dieser mögliche oder unmögliche Sinn begründet werden kann.

Die Polemik richtete sich, wie man sich leicht denken kann, häufig gegen psychoanalytisch orientierte Literaturinterpretationen. Denn deren Interpretation bezieht sich primär nicht auf die bewusste Intention eines Verfassers, sondern sucht unbewusste, seelische Motive, die im Text verborgen sind, aufzudecken. Auch für die psychoanalytische Hermeneutik gilt, dass der Text wichtiger ist als die Intention des Verfassers. Gegen den Vorwurf, er lese in seiner Analyse der Novelle *Gradiva* erst in die Dichtung hinein, was er dann aus ihr herauslese, er gebe seinen eigenen als den Sinn des Dichters aus, verteidigte sich Freud mit dem Hinweis auf die „bewusste Beobachtung" abnormer Vorgänge und auf eine stringente Textanalyse, die in dieser Dichtung „nichts gefunden hat, was nicht in ihr enthalten ist."⁵⁰ Diese Verteidigung setzt jedoch als fundamentalen Rahmen der Interpretation, als ‚Hauptschlüssel' sozusagen (vgl. oben S. 47 f.), ein besonderes Verständnis des Textes voraus, nämlich als Feld sexueller Energien und Konflikte.

Nach der von Gadamer⁵¹ wieder betonten Einsicht, dass sich in jeder Interpretation der Verständnishorizont des Interpreten geltend macht, ist der alten Maxime, einen Text aus sich selbst zu interpretieren, hinzuzufügen, dass in jedem Auslegen auch Momente des Hineintragens oder Hineinlegens liegen, Momente aus dem Verständnishorizont des Interpreten. Sie sind auf dieser elementaren Ebene, die man eine transzendentale⁵² nennen könnte, nicht nur unvermeidlich, sie sind eine Bedingung des Verstehens. Einen Text ‚an sich' können wir nicht jenseits unseres, notwendig auch subjektiven, Verständnishorizontes ‚haben'. (Vgl. auch S. 281 ff.) Schon Adam Müller hatte in seinen in Dresden gehaltenen *Vorlesungen über die deutsche Wissenschaft und Literatur* von 1806 zu bedenken gegeben, dass jeder die „Bedeutung", die „Sphäre" des Werkes, das er betrachtet „erweitert". Daher erwartet er den Vorwurf nicht, „als legte ich einen Sinn in die Werke [...], die sie an sich entbehrten."⁵³ Eine radikale Position vertrat Fichte. Worte, heißt es in seiner Vorlesung *Über den Unterschied des Geistes und des Buchstabens in der Philosophie* (1798), sind nur „ein leerer Schall, ein Stoß in die Luft". An die Zuhörer gewendet: „Sie legen für sich einen Sinn darein, wie ich für mich einen Sinn darein lege. Je näher dieser Sinn demjenigen kommt, den ich hineinlegen wollte, desto besser verstehen Sie mich."⁵⁴ Unabhängig davon, dass Fichtes Sprachtheorie falsch ist, kann er nicht erklären, wie es überhaupt noch zu einer Kommunikation kommen kann. Verstehen ist nach dieser Theorie ein Zufall. Diese Aussage steht auch in einem Widerspruch mit sich selbst. Denn Fichte will sie gewiss so verstanden wissen, wie er sie meint. In dieselben unlösbaren Schwierigkeiten führt auch der Versuch, Interpretation nur als eine ‚Zuschreibung' von Sinn zu verstehen, worauf ich sogleich eingehe.

Wir verstehen einen Text unter den Bedingungen unseres Verständnishorizonts. Unabhängig davon gilt Meiers Interpretationsmaxime, den Sinn in einen Text nicht hinein-, sondern herauszutragen. Sie verpflichtet, den Text als Text eines anderen zu achten und den herausgetragenen Sinn am Text zu begründen. Verfälschungen und Verdrehungen wären sonst nicht zu entdecken.

Ziemlich tolerant verhielt sich übrigens Goethe gegenüber der Frage des Hinein- oder Auslegens. An den Freund Zelter schrieb er am 14. April 1816: „Ich

---

[50]Freud, *Studienausgabe,* Bd. 10, S. 78 ff.

[51]Gadamer, *Wahrheit und Methode,* S. 289 f., 356 f.

[52]Für Kant liegt grundsätzlich in jeder Erkenntnis ein Moment des Hineinlegens, z. B. unsere Vorstellung von Raum und Zeit, *Kritik der reinen Vernunft,* B XVIII.

[53]A. Müller, *Kritische, ästhetische und philosophische Schriften,* hrsg. v. W. Schroeder/W. Siebert, 2 Bde, Neuwied/Berlin 1967, Bd. 1, S. 117.

[54]J. G. Fichte, *Gesamtausgabe,* hrsg. v. R. Lauth u. a., Stuttgart-Bad Cannstatt 1962 ff., Reihe II, Bd. 3, S. 320.

3 Metaphorik der Interpretation

möchte keinen Vers geschrieben haben, wenn nicht tausend und aber tausend Menschen die Produktionen läsen und sich etwas dabei, dazu, heraus oder hineindächten." Und über seinen *West-östlichen Divan,* wieder an Zelter am 7. Oktober 1819: „Möchtest du aus diesem Büchlein dich wieder aufs neue erbaut fühlen. Es steckt viel drin, man kann viel herausnehmen und viel hineinlegen." Halb satirisch, halb ernst kann er formulieren: „Im Auslegen seid frisch und munter/ Legt ihr's nicht aus, so legt was unter." Er sagt nicht ‚so legt was ein'! Einen Reim hätte er, wenn dies hätte sagen wollen, gewiss gefunden.

Das Auslegen, lehrt die Hermeneutik, orientiert sich an der vermuteten Intention des Autors. Aber es kann eben sein, dass im Text Bedeutungen vorkommen, die der Interpret erkennt, aber dem Autor fremd sind, aber im Text „objektiv", wie August Boeckh in seiner *Enzyklopädie und Methodenlehre der philologischen Wissenschaften,*[55] formuliert, enthalten sind. Hier gilt dann die Regel, dass „nicht mehr in die Worte gelegt werden" darf, „als die, an welche der Autor sich wendet, dabei denken konnten."[56] In diesem Kriterium liegt die Grenze der Auslegung. Es ist freilich kein scharfes Kriterium. Man muss über hinreichende Informationen über die Adressaten verfügen, um herauszufinden, was sie sich bei diesen Worten denken konnten oder, noch stärker, denken mussten. Diese Informationen hat man nicht immer und, wenn man sie denn hat, müssen sie ihrerseits interpretiert werden. Um diese Grenze zu bestimmen, sind historisches Wissen, Erfahrung und Phantasie nötig, muss man sich auf eine Fremdheit des Textes einstellen. Wörter können für die Adressaten unterschiedliche Bedeutungen, in älteren Texten andere Bedeutungen haben als heute. Wir müssen in einem Wörterbuch nachschlagen oder aus dem Kontext und anderen Texten herausfinden, wie ein Wort früher gebraucht wurde.

Was haben die Zuschauer im Athen des 5. Jahrhunderts v. Chr. denken können oder denken müssen, als das Drama *Ödipus der Tyrann* von Sophokles aufgeführt wurde? Um dies herauszufinden, ist eine genaue Untersuchung des Sprachgebrauchs in der Tragödie und in der Epoche, der Funktion der Tragödie für die athenische Polis und der politischen, rechtlichen und religiösen Situation dieser Polis nötig. Diese Untersuchung kann plausibel begründet zu dem Ergebnis führen, dass die athenischen Zuschauer dieses Drama als eine Auseinandersetzung mit den Spannungen und Konflikten ihrer Polis verstehen konnten oder mussten.[57]

Überblickt man die Praxis der Interpretation, dann orientiert sie sich stillschweigend oder ausdrücklich an der Maxime, dass, wenn für einen Adressatenkreis eine bestimmte Bedeutung bzw. ein bestimmter Sinn nicht ausgeschlossen werden kann, die Interpretation mit ihm arbeiten kann – bis zu ihrer Korrektur oder Erweiterung oder Überbietung. Diese Maxime liefert auch das Kriterium dafür, ob eine Interpretation oder eine Überinterpretation literarischer Texte

---

[55] A. Boeckh, *Enzyklopädie und Methodenlehre der philologischen Wissenschaften,* hrsg. v. E. Bratuschek, Leipzig 1877, Nachdruck Stuttgart 1966, S. 87.
[56] A. a. O., S. 121.
[57] Vgl. die glänzende Interpretation von Flaig, a. a. O.

vorliegt. Der Vorwurf der Überinterpretation hat es in sich. Er ist nicht einfach zu widerlegen.[58] Nicht so schwer ist es zu klären, was schlecht interpretiert oder was unterinterpretiert ist. Was gut interpretiert ist, kann man auch klären. Ab wann aber beginnt die Überinterpretation? Es gibt Positionen, wie z. B. die Jonathan Cullers, nach denen jede Interpretation notwendig auf eine Überinterpretation hinausläuft.[59] Sehen wir von dieser Position ab, die auch einen Interpretationsmaßstab voraussetzt, dann beansprucht der Vorwurf der Überinterpretation über einen Maßstab zu verfügen, der angibt, wann eine Interpretation zu weit geht, also über den vom Autor gemeinten Sinn hinausgeht, dem Text mehr Sinn gibt, als er hat. Meist wird dieser Maßstab gewonnen aus einer erklärten oder unterstellten Intention des empirischen Autors. Die Intention des empirischen Autors kann selbstverständlich als Maßstab herangezogen werden. Auch aus der Gattung beziehen wir einen Maßstab. Ein Kabarettgedicht von Heinz Ehrhard interpretieren wir anders als ein Gedicht von Ingeborg Bachmann.

Nun belehrt die alltägliche kommunikative Erfahrung, dass man eine Äußerung oft anders versteht, als sie gemeint ist. Der Sprecher ist nicht Herr darüber, wie seine Äußerung verstanden wird, zumal als Autor eines literarischen Textes. Es gehört in der Literatur zum alten Pakt zwischen Autor und Leser, dass der Leser frei ist, im Text soviel Sinn wie möglich zu entdecken. Wir lesen auch nicht einen Text und beziehen ihn dann auf eine dem Text äußerliche Autorintention, um herauszufinden, wie er gemeint ist, sondern wir suchen die Intention des Autors *im* Text, als ihre Realisierung im Text. Für das Verständnis dieser Intention ist das Wissen um den empirischen Autor nicht irrelevant. Allein schon der Name eines Autors wie Shakespeare, Sophokles, Ehrhard oder Bachmann schließt Sinnerwartungen ein und aus. Wenn wir nun im Text etwas finden, das sich nicht auf die erklärte oder unterstellte Intention des empirischen Autors beziehen lässt, im Hinblick auf den Text aber Sinn macht, dann schließen wir diesen Sinn nicht aus. Nach der fundamentalen Maxime der Billigkeit oder Gutwilligkeit (vgl. S. 236 ff.) gehen wir in der Interpretationspraxis davon aus, dass Sinnmomente, die nur im Text gefunden werden, auch dem empirischen Autor unter den Bedingungen seiner Zeit zugeschrieben werden können. Wenn dieser Sinn nicht ausgeschlossen werden kann, ist er möglich. Diese Maxime gehört zu den Regeln, mit denen wir das literarische Spiel spielen.

Wie der Vorwurf des Hineinlegens müsste der der Überinterpretation begründen können, dass der Text unmöglich diese Bedeutung oder diesen Sinn enthalten kann, bzw. dass Autor ihn unmöglich intendiert haben kann, oder anders

---

[58]Vgl. dazu besonders die erhellenden Überlegungen von Umberto Eco in: U. Eco, *Zwischen Autor und Text. Interpretation und Überinterpretation,* München 1996, S. 52–98, und K. Weimar, *Über die Grenzen der Interpretation,* in: I. U. Dalferth/Ph. Stoellger, Hrsg., *Interpretation in den Wissenschaften,* Würzburg 2005, S. 127–136. Für Weimar gehen Überinterpretationen nicht zu weit, sondern nicht weit genug, da sie nicht genügend begründen.
[59]J. Culler, *Ein Plädoyer für die Überinterpretation,* in: Eco, *Zwischen Autor und Text,* S. 120–134.

3 Metaphorik der Interpretation

formuliert: dass er für den vom Autor intendierten Leser unmöglich diesen Sinn haben kann. Als Freud seine psychoanalytische Interpretation der Novelle *Gradiva* ihrem Autor Wilhelm Jensen schickte, lehnte dieser diese Interpretation „unwirsch" ab. Freud bestand auf seiner Deutung. Der Autor mochte sie in gutem Glauben verleugnet haben, wie er bezeichnenderweise schrieb, die Deutung habe jedoch in der Dichtung nichts gefunden, „was nicht in ihr enthalten ist." Später stimmte Jensen Freuds Interpretation „im Ganzen" zu.[60] Die Kontroverse um eine Überinterpretation entsteht häufig aus unterschiedlichem Wissen, d. h. unterschiedlichen Vorstellungen darüber, was möglich oder unmöglich ist, unterschiedlichen Interpretationserfahrungen und der Zugehörigkeit zu unterschiedlichen Interpretationsgemeinschaften. Am Ende läuft es darauf hinaus, ob eine Interpretation überzeugt oder nicht überzeugt.

Zuschreiben Diese Metapher, fast schon keine mehr, ist häufig zu lesen. Ursprünglich bedeutet das Verb: Eine schriftliche Mitteilung an jemanden richten. ‚Zuschreiben' wurde und wird auch im Sinne von ‚zuordnen' oder ‚zueignen' verwendet. Ein Text oder ein Bild wird einem Autor oder Maler zugeschrieben.

Die Metapher des Zuschreibens für die Interpretation ist dann einigermaßen sinnvoll, wenn dem Text noch ein anderer Sinn als dem ersten zugeeignet wird, z. B. ein allegorischer Zweitsinn, wenn also schon auf einen Sinn des Textes reagiert wird. Aber dann gehen wir davon aus, dass das, was wir zuschreiben, im Text doch schon irgendwie vorgeschrieben ist. Unsinnig ist eine nicht seltene Verwendung, bei der faktisch unterstellt wird, der Text sei eine leere Fläche, auf die erst ein Sinn projiziert werden muss. Dann ist der Interpret kein Interpret, sondern der Autor. Doch ist der Text keine leere Fläche oder eine Fläche mit schwarzen Lineaturen, denen wir einen Sinn zuschreiben. Diese Lineaturen sind, was wir schon längst gelernt haben, nicht irgendetwas, sondern Buchstaben, also Elemente der schriftlichen Form eines Sprachsystems. Sie haben schon Bedeutungen. Sie bilden Wörter und diese Wörter Sätze, mit denen etwas ausgesagt wird. Dieses Modell kann auch nicht erklären, warum wir gerade diesen und nicht einen anderen Sinn zuschreiben und wie eine Zuschreibung korrigiert werden kann. Wenn eine bestimmte Zuschreibung vorgenommen wird, wird natürlich beansprucht, dass sie dem Text entspricht oder besser entspricht als eine andere. Auch der Versuch, eine jeweilige Interpretationsgemeinschaft (vgl. oben S. 26 ff.) als die Quelle des Sinns und ihre Konventionen als Maßstäbe der Interpretation anzusetzen, führt in die Irre. Sie tut so, als gäbe es nicht einen Text, verfasst in einer Sprache mit syntaktischen und semantischen Regeln und Konventionen, also mit einem bestimmten Verständnisanspruch. Zu Ende gedacht entscheidet nach dieser Theorie über den Sinn eines Textes, wer die Macht hat, die Zuschreibung durchzusetzen.

---

[60]S. Freud, *Der Wahn und die Träume in W. Jensens ‚Gradiva' mit dem Text der Erzählung von Wilhelm Jensen,* hrsg. v. B. Urban/J. Cremerius, Frankfurt a. M. 1986, S. 159 f., 12.

Selbst wenn man es wollte, man kann, wie jede Texterfahrung lehrt, einem Text nicht alles zuschreiben. Selbst die Verfechter einer radikalen Zuschreibungstheorie reden von einem Text, ‚in dem etwas steht', und sagen nicht ‚Ich schreibe hiermit x y zu'. Interpretieren ist keine freie Produktion, sondern daran orientiert, den Sinn eines Textes zu verstehen, den der Interpret nicht hervorgebracht hat, auch wenn er weiß, dass in der Verständnisleistung eigenes Zutun, eigene Sinnerzeugung enthalten ist.[61] Der Interpret bezieht sich in seinem Handeln auf einen Text, den nicht er verfasst hat, der unabhängig von ihm da ist, den er auch nicht zu verantworten hat, und den er rezeptiv-produktiv oder produktiv-rezeptiv zu verstehen sucht.

Lesen Als Metapher häufig gebraucht für das physiognomische Deuten. (Vgl. S. 138 ff.) Ein Gesichtsausdruck wird ‚gelesen'. Die Physiognomie wird damit vorgestellt als eine körperliche Schrift. Sie gilt als verlässlicher als sprachliche Äußerungen. „Read my lips: no new taxes", sagte ein früherer Präsident der Vereinigten Staaten. (Das Versprechen konnte er nicht einhalten.) Die drei Hexen haben in Shakespeares Drama Macbeth den Königsthron geweissagt. Macbeth macht die Weissagung zu seinem Willen. Um sein Ziel zu erreichen, muss er, wie Lady Macbeth ihm rät, diesen Willen verbergen: „Your face, my Thane, is as a book, where men/May read strange matters. To beguile the time,/Look like the time; bear welcome in your eye,/Your hand, your tongue: look like th' innocent flower,/But be the serpent under't." (I, 5) Bescheiden redet Lavater in der Vorrede zu seinen *Physiognomischen Fragmenten* von 1775 davon, dass er kein „tausendbuchstäbiges[s] Alphabet zur Entzifferung der unwillkürlichen Natursprache im Antlitze" liefern könne, wohl aber verspreche er, einige Buchstaben dieses Alphabets „so leserlich vorzuzeichnen", dass jedes gesunde Auge sie erkennen könne. Umgekehrt kann auch die Schrift metaphorisch als ein Gesicht vorgestellt werden. Flacius Illyricus vergleicht in seiner *Clavis Scripturae Sacrae* den *Skopus,* also die Absicht des Textes, mit einem Haupt oder Gesicht.[62]

Eine Variation der Lese-Metapher ist die Metapher der Bühne oder Szene für das Gesicht. Die einzelnen Gesichtszüge werden betrachtet wie die Spielzüge eines Schauspielers. Wieder ein Beispiel von Shakespeare, diesmal aus *Hamlet:* Hamlet nennt sein Äußeres, darunter auch den Ausdruck, „haviour", seines Gesichts, gegenüber der Königin eine „show", „actions that a man might play". Sie zeigen nicht sein wahres Empfinden. (I,2)

Zerpflücken Nicht selten wird das Interpretieren, das Analysieren literarischer Werke, zumal von Gedichten, abgewehrt als eine Zerstörung des Leseerlebnisses. Wie eine Blume werde ein Gedicht ‚zerpflückt', wie es heißt. Bertolt Brecht hat sich darüber Gedanken gemacht und dieses Zerpflücken verteidigt: „Der Laie hat

---

[61]Vgl. auch K. Weimar, *Doppelte Autorschaft,* in: F. Jannidis u. a., Hrsg., *Rückkehr des Autors. Die Erneuerung eines umstrittenen Begriffs,* Tübingen 1999, S. 123–133. Die Formulierung „doppelte Autorschaft" ist allerdings zu forciert.
[62]Illyricus, a. a. O., S. 91.

für gewöhnlich, sofern er ein Liebhaber von Gedichten ist, einen lebhaften Widerwillen gegen das, was man das Zerpflücken von Gedichten nennt, ein Heranführen kalter Logik, Herausreißen von Wörtern und Bildern aus diesen zarten blütenhaften Gebilden. Demgegenüber muss gesagt werden, dass nicht einmal Blumen verwelken, wenn man in sie hineinsticht. Gedichte sind, wenn sie überhaupt lebensfähig sind, ganz besonders lebensfähig und können die eingreifendsten Operationen überstehen." Er beendet diese kleine Aufzeichnung unter dem Titel *Über das Zerpflücken von Gedichten* mit den Sätzen: „Wer das Gedicht für unnahbar hält, kommt ihm wirklich nicht nahe. In der Anwendung von Kriterien liegt ein Hauptteil des Genusses. Zerpflücke eine Rose, und jedes Blatt ist schön."[63] Schonender greift auch Friedrich Schlegel zur Metapher der Blume für einen literarischen Text: „Warum sollte man nicht den Duft einer Blume einatmen, und dann doch das unendliche Geäder eines einzelnen Blatts betrachten und sich ganz in diese Betrachtung verlieren können?"[64]

Wachsen machen, mehren In seinen *Confessiones* (Bekenntnisse, III, 5,9) berichtet Augustin, wie er im Laufe seines Lebens die Bibel immer besser verstanden habe. Zu Anfang, in seiner Jugend, erschien sie ihm niedrig, unscheinbar, dann habe er aber eingesehen, dass es die Art der Bibel ist, im Fortgang des Verstehens ‚mit den Kleinen zu wachsen' (*crescere cum parvulis*). Das bedeutet zuerst, dass in dem Maße, wie die Kleinen geistig wachsen, sie die Bibel besser verstehen, das bedeutet aber auch, als Maxime der Auslegung verstanden, dass das wachsende Verständnis des Gläubigen den Sinn der Bibel auch mehrt. Wörtliches kann z. B. als übertragen Gemeintes verstanden werden. So interpretiert er als Interpretationsmaxime die Aufforderung Gottes „Wachset und mehret euch!" (1. Mose 1,22; Luther übersetzt ‚Seid fruchtbar und mehret euch') Mit diesem Segen, wie Augustin diese Aufforderung auffasst, sollen wir in „vielerlei Weise" verkünden, was wir in „einerlei Weise im Geiste vor uns haben" und auf „vielerlei Weise im Geiste" auffassen, „was wir in einerlei Form dunkel verkündet lesen." (*Confessiones*, XIII, 24, 37) Zu Anfang von *De doctrina christiana* (I, 1,3) interpretiert er das biblische Gleichnis von der wundersamen Brotvermehrung (Matthäus 14,15–21) als ein Modell der Bibelauslegung: Ebenso wie das Brot sich „vermehrte", während es gebrochen wurde, so werden die Dinge „vermehrt" werden, die der Herr bereits für den Anfang dieses Werkes gewährte.

Wenig später, im 6. Jahrhundert, fasste Gregor der Große in seinem Kommentar zu Hiob diese Erfahrung in der Formel zusammen, wonach die Bibel „in einem gewissen Sinn mit den Lesenden wächst" (*quod aliquo modo cum legentibus crescit*).[65] Das bedeutet, dass sich der Sinn der Bibel mit zunehmendem Alter, zunehmender Reife und zunehmenden Kenntnissen immer mehr erschließt, in

---

[63]B. Brecht, *Gesammelte Werke in 20 Bänden*, Frankfurt a. M. 1967, Bd. 19: *Schriften zur Literatur und Kunst* 2, S. 392 f.
[64]KFSA, Bd. 2, S. 131.
[65]Gregor der Große, *Moralia in Job*, Liber XX, cap.1.

ihrem Sinn sich auch verändert, immer reicher wird. Das bedeutet aber auch, dass im Akt des Lesens bzw. Auslegens selbst immer mehr Sinndimensionen in der Bibel eröffnet, ja geschaffen werden. Demnach ist die Auslegung selbst produktiv. Sie kommt an kein Ende, solange die Bibel gelesen wird. Sie kann auch an kein Ende kommen, da Gott und seine Worte unendlich sind.[66] Wie das wunderbare und schöne Spiel der unzähligen Farben in einer Pfauenfeder, formuliert Johannes Scotus Eriugena im 9. Jahrhundert, um nur ein Beispiel zu zitieren, ist der Sinn *(intellectus)* der göttlichen Worte vielfältig und unbegrenzt *(multiplex et infinitus)*.[67] Natürlich unbegrenzt nur in den Grenzen des Glaubens. (Welche Autorität setzt diese Grenzen fest?)

Damit die Bibel zu jeder Zeit gültig sein kann, muss sie einen unendlichen, gottgewollten Sinn haben. Dies mag man in einem religiösen Horizont nicht für überraschend halten. Doch lässt sich die Unterstellung eines prinzipiell unendlichen Sinns auch, ganz unreligiös, sprachtheoretisch verstehen. Kein Lexikon kann alle semantischen Merkmale eines Wortes vorsehen, die je für Sprecher und Hörer relevant werden können. Jedes Wort setzt prinzipiell eine ganze Sprache und unser Weltwissen voraus, und diese sind prinzipiell unendlich.

Für das Bewusstsein einer Sinnproduktivität der Interpretation gibt es über die Jahrhunderte viele Beispiele. So sind wohl auch Verse aus dem Prolog zu verstehen, den Marie de France ihren *Lais* (Ende 12. Jh.; Lai: narratives Gedicht mit unterschiedlich langen, gereimten Versen) vorangestellt hat. Die antiken Autoren, heißt es da, haben ihre Bücher in einem dunklen Stil verfasst, „damit die, die nach ihnen kämen und sich um ein Verständnis bemühen sollten, den Wortlaut deuten und ein Mehr an Sinn [*E de lur sen le surplus mettre*] hinzugeben könnten."[68] Der zwanzigjährige Ludwig Tieck bekannte im Mai 1793 in einem Brief an seine Schwester ziemlich großspurig, dass er die Werke Goethes schon las, „als ich sie nicht verstand, in denen ich jedesmal etwas Neues entdeckte und der gleichsam erst mit mir klüger und verständiger geworden ist."[69]

Die Konzeption einer den Text ‚mehrenden' Interpretation fundiert auch die Rezeptionstheorie bzw. die Theorie der Wirkungsgeschichte. Hier ist dann z. B. von einer „Bereicherung des Verständnisses (sei es Ergänzung oder Weiterführung, Umakzentuierung oder Neubeleuchtung)"[70] durch Interpretationen die Rede.

Interpretationen eines literarischen Textes, mit denen beansprucht wird, ihn ‚besser' oder ‚reicher' zu interpretieren als andere, beanspruchen oft still-

---

[66]Vgl. P. C. Bori, *L'interpretazione infinita: L'ermeneutica cristiana antica e le sue trasformazioni,* Bologna 1987 (franz. Fassung 1991).
[67]Johannes Scotus Eriugena, *Periphyseon* (lat. Titel: *De divisione naturae:* Über die Einteilung der Natur), PL, CXXII, Sp. 749.
[68]Übersetzung nach Walter Haug, vgl. ders., a. a. O.
[69]*Goethe und die Romantik. Briefe und Erläuterungen,* hrsg. v. C. Schüddekopf u. a., 2 Teile, Weimar 1898–1899, 1. T., S. 378.
[70]H. R. Jauss, *Ästhetische Erfahrung und literarische Hermeneutik,* 4. Aufl. Frankfurt a. M. 1984, S. 865.

schweigend auch, ihn selbst auch ‚besser' und ‚reicher' zu machen, sein semantisches und ästhetisches Potential zu entfalten. Auch die romantische Version der Maxime, dass der Interpret einen Autor besser versteht, als er sich selbst, impliziert eine Sinnproduktivität der Interpretation. Gerade weil wir keine unmittelbare Kenntnis von den Gedanken des Autors haben, argumentiert Schleiermacher, müssen wir notwendig auch „vieles zum Bewusstsein zu bringen versuchen", dessen sich der Autor gar nicht bewusst ist. (HuK, S. 94) Und Friedrich Schlegel statuiert: „Die Frage, was der Autor will, lässt sich beendigen, die was das Werk sei, nicht."[71] (Ob die Frage, was der Autor will, leicht zu beendigen ist, steht freilich dahin.) Adam Müller postuliert in seinen *Vorlesungen über die deutsche Wissenschaft und Literatur*, dass jeder Betrachter die „Bedeutung", die „Sphäre" eines Werks „erweitert". Gerade dadurch gibt er „dem Künstler die Ehre, die ihm gebührt." Die Betrachtung eines Werks kann gar nicht anders, denn „der Dichter oder das Leben überhaupt ist nie geschlossen, jede neue Beziehung, die die Zukunft bringt, erläutert, und die Betrachtung ist unendlich wie die Welt."[72] Auch der Richter kann und muss in seiner Urteilsfindung, da keine Gesetzesformulierung alle ihre Anwendungsfälle antizipieren kann, durch seine Interpretation ein Gesetz schöpferisch mehren, ‚fortschreiben' oder ‚fortbilden', wie die juristischen Begriffe heißen.

---

[71] KFSA, Bd. 18, S. 318, Nr. 1515.
[72] Müller, a. a. O., S. 117 f., 41.

Kapitel 4
Lesen und Interpretieren

4.1 Wer liest, interpretiert

Lesen ist, entgegen dem Anschein, keine passive Informationsaufnahme, sondern ein aktiver, konstruktiver, interpretativer Akt. Ursprünglich bedeutet der Ausdruck ‚Lesen': Aussuchen, Sammeln, Auflesen. Trauben oder Ähren werden ‚gelesen'. Da Lesen ein konstruktiver, interpretativer Akt ist, muss die übliche Unterscheidung von Lesen und Interpretieren revidiert werden. Der Anschein einer Unterscheidung entsteht dadurch, dass wir das Lesen meist so gut gelernt haben – dafür braucht es Zeit, Disziplin und Übung! –, dass das Interpretieren unangestrengt, eingespielt, fast automatisch verläuft und uns daher nicht mehr auffällt. Es ist so wie beim Gehen: Erst wenn wir stolpern, wird uns bewusst, dass Gehen nicht einfach eine automatische Handlung ist. Eine in den letzten Jahrzehnten modische, sich als Antihermeneutik verstehende Kritik der Interpretation ging von einem völlig schiefen Begriff der Interpretation und einer ganz naiven Vorstellung eines interpretationslosen Lesens aus und suchte den Begriff der Interpretation durch den der Lektüre zu ersetzen.[1] Das ältere literaturwissenschaftliche Programm des *close reading* zielte dagegen auf eine genaue, auf den Text konzentrierte Interpretation. Natürlich erleben wir Lesen und Interpretieren verschieden. Interpretieren ist eine methodische, zielgerichtete, konzentrierte Tätigkeit, Lesen können wir auf viele Weisen: konzentriert, selbstvergessen, kontinuierlich von Seite zu Seite, sprunghaft, hin und her blätternd, überblätternd, wiederholend, suchend, schweifend, überfliegend; wir lesen einen Text ganz oder nur Teile von ihm. Unterschiedliche Texte lesen wir auch unterschiedlich, einen Krimi anders als ein Gedicht oder eine wissenschaftliche Abhandlung. Schleiermacher hat diesen Unterschied auf den Punkt gebracht: der Unterschied zwischen

---

[1] Zur Korrektur dieser Irreführung: S. Winko, *Lektüre oder Interpretation?*, in: Mitteilungen des Deutschen Germanistenverbandes 49, H. 2, 2002, S. 128–141.

dem „Kunstmäßigen" der Interpretation und dem (vermeintlich) „Kunstlosen", was auch für die Lektüre zuträfe, beruht darauf, „dass man einiges genau verstehen will und anderes nicht." (HuK, S. 98)

Die romantische Hermeneutik hatte diese interpretative Produktivität des Lesens schon offensiv gegen das herkömmliche Missverständnis herausgestellt. Das Subjekt ist schöpferisch, lehrt die Frühromantik, auch der Leser. Friedrich Schlegel formulierte: „Die Lektüre ist eine Kunst." Autor und Leser sind für ihn in einer „symproduktiven" Tätigkeit verbunden.[2] Novalis: Der Leser ist ein „Wahrsager aus Chiffern – Letternaugur. Ein Ergänzer." Er muss „divinatorischen", d. h. empathischen, mutmaßenden, vorhersagenden, vorauseilenden Sinn und Sinn für das Buchstäbliche haben. Der Leser schafft mit: „Der wahre Leser muss der erweiterte Autor sein."[3] Doch hatte schon vor der Romantik Johann Georg Hamann ähnliche Thesen formuliert: „Die Idee des Lesers ist die Muse und Gehilfin des Autors." Und: „Schriftsteller und Leser sind zwo Hälften, deren Bedürfnisse sich aufeinander beziehen und ein gemeinschaftliches Ziel ihrer Vereinigung haben."[4] Die hermeneutische Komplizenschaft von Autor und Leser wurde den Zeitgenossen in Diderots Roman *Jacques le Fataliste* (publiziert 1778–1780, dann 1796) schon geradezu lustvoll vorgeführt.

Schon das Sehen selbst ist ein konstruktiver Akt. Die von den Netzhäuten beider Augen aufgenommenen Informationen werden auf eine komplizierte Weise im Gehirn verarbeitet. Sehgewohnheiten und kognitive Umwertungen spielen dabei eine Rolle. So kann es z. B. auch zu optischen Täuschungen kommen. Die Aktivität des Lesens schließt die Wahrnehmung eines Textfelds ein. Das Textfeld einer Zeitungsseite lenkt die Aufmerksamkeit anders als das eines Buchs.

Während des Lesens bewegt sich das Auge nicht gleichmäßig, sondern in Blicksprüngen, den sog. Sakkaden, die von Fixationen unterbrochen werden. Die Länge der Sakkaden beträgt durchschnittlich etwa acht Buchstaben. Während der Fixation verharrt das Auge auf einer Textstelle, durchschnittlich etwa eine Viertelsekunde. Diese Textstellen – Buchstaben- und Wortgruppen, Sätze – werden vom geübten Leser jeweils als Ganzheiten, gewissermaßen als „Bilder" wahrgenommen.[5] Lesen ist allerdings keine rein visuelle Handlung. Beim Lesen eines Textes werden mit der ‚inneren Stimme' schon Grapheme in Phoneme verwandelt.

Im Wortzusammenhang werden leichter und mehr Buchstaben identifiziert als in getrennten Positionen. Sakkaden und Fixationen werden schon vom Leseverständnis bestimmt. Sinnerwartungen und Sinnannahmen füllen auf, was links und rechts des Fixationspunktes unscharf bleiben mag. Experimente

---

[2] KFSA, Bd. 18, S. 199, Fr. 25; Bd. 12, S. 359.
[3] Novalis, *Schriften,* hrsg. v. P. Kluckhohn u. a., 2. Aufl. Stuttgart 1960 ff., Bd. 2, S. 598, Fr. 334; Bd. 3, S. 668; Bd. 2, S. 470, Fr. 125.
[4] J. G. Hamann, *Sämtliche Werke,* hrsg. v. J. Nadler, 6 Bde, Wien 1949–1957, Bd. 2, S. 348, 347.
[5] Vgl. H. Lobin, *Engelbarts Traum. Wie der Computer uns Lesen und Schreiben abnimmt,* Frankfurt a. M. 2014, S. 34.

4.1 Wer liest, interpretiert

haben erwiesen, dass der Prozess des Lesens von Textstrukturen und von Lesezielen, kognitiven Verfahren und emotionalen Bewertungen gesteuert wird. Die Schriftform mit Gliederungssignalen wie Lücken zwischen den Wörtern, Großschreibung, Markierung von Wörtern, Satzzeichen, Absätzen, Überschriften leistet Orientierungs- und Interpretationshilfen. Enthält der Fließtext eine bestimmte Anordnung und viel weiße Fläche um sich, vermuten wir schon, dass wir ein Gedicht vor uns haben. Hier orientiert auch die Anordnung in Versen und Strophen. Lesen, sei es laut oder still, ist also ein aktiver, sensomotorischer, konstruktiver und interpretativer Prozess.[6] Das war schon dem antiken Grammatik- und Rhetorikunterricht bewusst. (Vgl. S. 165 ff.)

Wenn wir von einer ‚Lesart' reden, reden wir von einem Verständnis, also von einer Interpretation. Schon vom ersten Wort an werden Verständniserwartungen und Hypothesen über die Folge gebildet. Dies gilt auch beim Verstehen mündlicher Äußerungen. Das Gehirn muss bei jedem banalen Text, bei jedem banalen Wortwechsel enorm viel leisten. Im Fortgang des Lesens wird – entsprechend der Kapazität des Kurzzeitgedächtnisses – erinnert, verbunden, unterschieden, eingegrenzt, antizipiert, werden syntaktische, semantische und kompositionelle Relationen hergestellt, Hypothesen entworfen und korrigiert, Alternativen ausgeschlossen, Sinneinheiten im Voraus gebildet und daher auch Textfehler – in mündlicher Kommunikation Versprecher – unbewusst korrigiert. So früh wie möglich sucht das Gehirn zu erraten, worauf ein Satz hinaus will.[7]

In dieser konstruierenden Lektüre greifen wir zurück auf unser Sprachwissen, also auf phonetisches, lexikalisches und grammatisches Wissen, auf Kenntnisse von Satzmustern und prosodischen Mustern (Metrik, Rhythmik, Intonation, Phrasierung) und von logischen Strukturen, Kenntnisse von Textsorten und Kenntnisse von kommunikativen Regeln und Konventionen. Wir greifen zurück auf unser Weltwissen.

So lesen wir auch und immer noch Texte in digitalen Medien. Man hat den revolutionären Schritt vom Kodex, d. h. vom Buch, zum digitalen Text mit dem ebenso revolutionären Schritt von der Schriftrolle zum Kodex verglichen.[8] Das Lesen eines digitalen Textes erfordert zur Lesekompetenz eine zusätzliche medientechnische Kompetenz. Der Leser, der in der digitalen Welt folgerichtig nun Nutzer genannt wird, kann Texte im ‚Netz' der Texte beliebig auswählen, einen Text ins ‚Netz' stellen, kann in ihn eingreifen, ihn verändern, zerteilen,

---

[6]Vgl. zur Lesetheorie: H. J. Heringer, *Lesen lehren lernen: Eine rezeptive Grammatik des Deutschen*, Tübingen 1989; U. Christmann/M. Schreier, *Kognitionspsychologie der Textverarbeitung und Konsequenzen für die Bedeutungskonstitution literarischer Texte*, in: F. Jannidis u. a., Hrsg., *Regeln der Bedeutung. Zur Theorie der Bedeutung literarischer Texte*, Berlin/New York 2003, S. 246 ff.; U. Franzmann u. a., Hrsg., *Handbuch Lesen*, 2. Aufl. Baltmannsweiler 2006; U. Rautenberg/U. Schneider, Hrsg., *Lesen: Ein interdisziplinäres Handbuch*, Berlin 2015.

[7]Vgl. S. Reichl, *Cognitive Principles, Critical Practice: Reading Literature at University*, Wien 2009, S. 31 ff.

[8]R. Chartier/G. Cavallo, Hrsg., *Die Welt des Lesens. Von der Schriftrolle zum Bildschirm*, Frankfurt 1999, S. 48.

neu zusammen stellen, mit anderen Texten, Bildern und grafischen Elementen kombinieren, seine Schriftgröße und das Layout verändern. Der Text ist gewissermaßen mobil geworden und wird nun *Hypertext* genannt. Man muss einen Text nicht nehmen und lesen, wie der Autor und die Druckanordnung vorgeben. (Natürlich kann man gegen die Druckanordnung auch in einem Buch hin und her ‚blättern'.) Dieser Hypertext bringt, wie Henning Lobin in seinem anregenden Buch über die neue digitale Kultur formuliert, einen „echten Mehrwert gegenüber dem gedruckten Buch".[9] Er glaubt, dass das Ende der Schriftkultur längst eingetreten, „etwas anderes aber noch nicht klar erkennbar an ihre Stelle getreten ist."[10] Doch verweist er selbst darauf, dass das Lesen des digitalen Mediums Verfahren aus der Gutenberggalaxis fortsetzt. Der Text wird immer noch als Text gelesen, er erscheint Zeile für Zeile, statisch stehen die Wörter in der Zeile. Inhaltsverzeichnisse, Schlagwortregister, Querverweise, Glossen und Fußnoten hatten schon im alten Buch eine ‚hypertextuelle' Funktion ausgeübt. Lesezeichen, Kommentare, Markierung von Textteilen auf der Textseite gab es auch schon vorher. Doch wurden sie im Druck vom Autor oder Drucker, nicht vom Leser gesetzt.

Für einen in der Gutenberggalaxis sozialisierten Leser drängt sich beim Lesen eines *e-book*, abgesehen von den haptischen Unterschieden im Umgang, seine Medialität hervor. Man liest mehr ‚auf' einer Oberfläche, man liest distanzierter, man liest nicht wie ‚in' einem Buch. Die Suche nach der schnellen Information, Motiv der meisten Web-Nutzer, konzentriert den Lesevorgang, leistet aber auch einem flüchtigen, ‚wischenden' Lesen Vorschub. Einem flüchtigen Lesen leistet auch das flächige Lesegerät Vorschub, anders als das Buch, dessen Seiten sich dem Leser öffnen, das den Leser in sich aufnimmt. Natürlich gibt es auch beim Buch oder der Zeitung das schnelle, suchende Überfliegen, gibt es das rauschhafte, ‚verschlingende' Lesen im Gegensatz zum langsameren, konzentrierten, meditierenden Lesen. Doch fördert die Materialität und Form des Buches das langsamere, geduldigere Lesen. Mit ihr hängt auch zusammen, dass nach einer neueren Studie Drucktexte allgemein besser aufgenommen und erinnert werden als elektronische Texte.[11] Wie „gut" gelesen werden soll und wie natürlich nicht immer gelesen wird und gelesen werden kann, sagt der Altphilologe Nietzsche in der Vorrede zu *Morgenröte* von 1887: Nicht hastig, nicht ungeduldig, sondern „langsam, tief, rück- und vorsichtig, mit Hintergedanken, mit offen gelassenen Türen, mit zarten Fingern und Augen".

Unsere alltäglichen Lesegewohnheiten lassen nicht mehr ahnen, dass Lesen auch einmal gelernt werden musste und dass Lesen einst und lange eine

---

[9]Lobin, a. a. O., S. 101.
[10]Lobin, a. a. O., S. 95.
[11]Vgl. A. Mangen u. a., *Reading linear texts on paper versus computer screen. Effects on reading comprehension,* in: International Journal of Educational Research 58, 2013, S. 61–68; Ferner: M. Hagner, *Zur Sache des Buches,* Göttingen 2015. Für Hagner erfüllen das e-book und das gedruckte Buch unterschiedliche Funktionen, insofern werde es zu keiner Verdrängung des gedruckten Buches durch das e-book kommen.

4.1 Wer liest, interpretiert

Abb. 4.1 Ein Beispiel für die *scriptio continua*. Das Papyrusfragment, geschrieben im 4. Jahrhundert v. Chr., zeigt die Verse 193–247 aus *Die Perser* von Timotheos von Milet. (Berlin, Ägyptisches Museum, Papyrus 9875) Der Übergang von der Erzählung zum Schlussteil wird durch Absatz, Strich und Vogelzeichen markiert

schwierige, mühsame Praxis war. Bei aller Entwicklung einer literaten Gesellschaft bleibt das Lesen für viele eine solche mühsame Praxis. Man schätzt, dass es in Deutschland ca. 7,5 Mio ‚sekundäre' bzw. ‚funktionale Analphabeten' gibt, also Menschen, die Schwierigkeiten haben, einen längeren Text zu verstehen.

Geschrieben wurde in der Antike in der *scriptio continua*, in einem kontinuierlichen Schriftband mit großen, ‚stehenden' Buchstaben, ohne Zwischenräume zwischen Wörtern und Sätzen und ohne Satzzeichen (s. Abb. 4.1). Flüssiges Lesen war ausgeschlossen. Man musste laut oder flüsternd lesen, um die Wörter voneinander abgrenzen zu können. Erst mit der allmählichen Einführung von Zwischenräumen, von Trennungen der Wörter, der Interpunktion und der Entwicklung der kursiven, standardisierten Schrift in der römischen Kaiserzeit kommt es zu einem Schriftbild, das einen Lesefluss ermöglicht. Um 1200 n. Chr. erst hatte sich die ‚grammatische' Schreibweise ganz durchgesetzt.[12]

Die alte Papyrusrolle war auch unhandlich und musste vorsichtig und vergleichbar dem heutigen ‚Scrollen' (abgeleitet von engl. *scroll*: Schriftrolle) gelesen werden, der Kodex (vgl. S. 33 f.), die Vorform des gebundenen Buchs,

---

[12]Vgl. P. Stein, *Schriftkultur. Eine Geschichte des Schreibens und Lesens*, 2. Aufl. Darmstadt 2010, S. 64, 159 ff. Die *scriptio continua* setzt ein mit Konsonanten und Vokalen vollalphabetisiertes Schriftsystem voraus. Die nicht vollalphabetisierten semitischen Sprachen (Hebräisch, Arabisch, Aramäisch) setzten daher schon immer Zwischenräume.

war schon etwas handlicher und robuster, seine kleineren Formate dann noch handlicher. Durch Hin-und-her-Blättern konnte man leichter Zusammenhänge und einen Überblick gewinnen, leicht konnte man auch eine beliebige Seite aufschlagen, zumal mit der Einführung des Druckpapiers im Spätmittelalter.

Das Schriftbild oder Druckbild einer Seite lenkt ebenfalls das Leseverständnis. Gutenbergs Bibeldruck von 1455, in lateinischer Sprache, zum Vorlesen gedacht, ahmte noch das auratische Erscheinungsbild mittelalterlicher Handschriften nach. Die beiden Kolumnen auf der Druckseite sind ohne jeden Absatz gedruckt. Orientierungshilfen für das Lesen boten neben der Interpunktion zwischen den Sätzen die mit der Hand in roter Farbe nachgezogene erste Satzinitiale, die Rubrizierung (von lat. *ruber:* rot). Das Druckbild der Lutherbibel von 1522 (vgl. S. 36) ist schon leserfreundlicher: Einspaltiges, flächiges Druckbild, Absätze, Schrägstriche in den Sätzen anstelle von Kommata, Großschreibung von Namen und Satzinitialen. In den Randspalten links und rechts Querverweise auf andere Bibelstellen und Erläuterungen. Unterschiedlich auch die Zuordnung von Textblock und weißem Raum: Hier wird der Text auf der Seite in unregelmäßig skandierten Textsegmenten präsentiert, dort in zwei Textsäulen. Beide Ausgaben enthalten übrigens noch keine Seitenzahlen. Sie wurden erst im Laufe des 16. Jahrhunderts eingeführt.[13]

Unsere Lesegewohnheiten heute lassen kaum mehr ahnen, dass Lesen ehedem, vielleicht auch in unserer Kindheit und Jugend, ein geistiger *und* sinnlicher, ein dem Alltag enthobener, intensiver, ehrerbietiger, ja religiöser Akt war, dass ein Buch eine rauschhafte, magische Wirkung haben konnte. Bücher waren etwas Kostbares. Das laute Lesen war ein körperliches Lesen. Lesen konnte und kann eine Lebensform sein.[14] Auf attischen Vasen seit dem 5. Jahrhundert v. Chr. sind Szenen zu sehen, in denen männliche, bald auch weibliche lesende Figuren vorkommen. Diese Leser treten in geselligen Runden auf. Meist wurde im Stehen gelesen. Individuelle Lektüre war selten. Üblich war lautes oder murmelndes Lesen, stilles Lesen wird aber auch schon bezeugt. Die Lektüre war zugleich eine stimmliche und gestische Aktion. Den Bildern lesender Menschen, die man in der Malerei seit dem Spätmittelalter antrifft, ist zu entnehmen, wie der Leser allmählich sich schweigend, entrückt, andächtig, beseligt seiner Lektüre hingibt. Es wurde für sich gelesen und anderen vorgelesen, gelesen wurden vor allem Bibel, Psalter und Stundenbuch. Ein Buch wurde immer wieder gelesen, memoriert und im Gedächtnis bewahrt. Das murmelnde oder laute Lesen unterstützte das Memorieren. Das stille Lesen hingegen ermöglichte ein schnelleres Lesen und schuf eine individuelle, intime, innerliche Beziehung zum Gegenstand des

---

[13]Vgl. die Abbildungen im vorzüglichen Katalog: U. J. Schneider, Hrsg., *Textkünste. Buchrevolution um 1500,* Darmstadt 2016, S. 14 f.
[14]Zur Geschichte des Lesens vgl. E. Schön, *Mentalitätsgeschichte des Leseglücks*, in: A. Bellebaum/L. Muth, Hrsg., *Leseglück. Eine vergessene Erfahrung?,* Opladen 1996, S. 151–175; A. Manguel, *Eine Geschichte des Lesens,* Reinbek bei Hamburg 1999; R. Chartier/G. Cavallo, a. a. O.

Lesens. Verändert wurde wieder das Lesen in der Entwicklung der industriellen Buchproduktion und des Buchmarkts im Laufe des 18. und 19. Jahrhunderts. Sie hatte neben dem intensiven – das wiederholte Lesen weniger Bücher – auch ein extensives Lesen – das häufig einmalige Lesen vieler Bücher – zur Folge. Die Erfindung des elektrischen Lichts und die allmähliche Ausdehnung einer ‚Freizeit' verlängerte die Lesezeit. (Heute wird sie durch die sozialen Medien wieder verkürzt.) Gedrucktes konnte nun geradezu konsumiert werden. Romane, wie z. B. Richardsons *Pamela*, Goethes *Die Leiden des jungen Werther*, Karl Mays *Winnetou*-Romane oder die *Harry Potter*-Reihe wurden und werden immer noch höchst intensiv, d. h. immer wieder gelesen und zum Teil auswendig gelernt und rezitiert. Nur ein Beispiel aus dem 18. Jahrhundert. Am 3. April 1780 notierte Goethe in sein Tagebuch über seine Lektüre von Diderots Roman *Jacques le Fataliste*: „Von sechs Uhr bis halb zwölf Diderots Jacques le Fataliste in der Folge durchgelesen, mich wie der Bel zu Babel [Götzenfigur in den biblischen Apokryphen] an einem solchen ungeheuren Mahl ergötzt. Und Gott gedankt, dass ich so eine Portion mit dem größten Appetit auf einmal, als wär's ein Glas Wasser und doch mit unbeschreiblicher Wollust verschlingen kann." Vom 18. Jahrhundert an häufen sich Belege für ein empathisches und identifikatorisches Leseverhalten.

Von der Antike über das Mittelalter hinaus wurde gelehrt, dass das Lesen in eine Meditation, d. h. in eine quasikörperliche Aneignung und ‚Verdauung' übergehen soll. Der Schüler soll einen Text, lehrte der Philosoph Seneca im ersten nachchristlichen Jahrhundert, andächtig und immer wieder lesen, bis er ihn ‚verdaut' hat, bis er in ‚Fleisch und Blut' übergeht. Wie die Bienen aus dem gesammelten Blütensaft Honig bereiten, so soll der Leser das Gelesene in sich aufnehmen und in Geist verwandeln.[15] Die Metapher des Essens für das Lesen und Meditieren findet sich auch im *Alten* (Ezechiel 2,8–3,3) und im *Neuen Testament* (Offenbarung 10,9 f.) Diese körperliche Metaphorik zieht sich, vor allem in den klösterlichen Leseregeln, durch die folgenden Jahrhunderte durch: Das Buch wird vorgestellt als eine geistige oder geistliche Speise, die man essen und verdauen muss. Dass sie auch säkular verwendet werden kann, demonstriert Goethes Tagebucheintragung. Verdaut kann diese Speise erst werden, wenn sie, wie eine weitere, immer wieder aufgenommene Metapher heißt, wenn sie ‚wiedergekäut' (lat. *ruminare*), d. h. intensiv und immer wieder gelesen wird.[16] Im Lesen wird der Text aufgenommen, im Wiederkäuen das Gelesene verwandelt, angeeignet, einverleibt und begriffen. Es wird sozusagen gedanklich fermentiert. Bezogen wurde in christlicher Tradition diese *ruminatio* auf das biblische Bild des wiederkäuenden Tieres. (3. Mose 11,3; 5. Mose 14,6) Wie dieses Tier sein Maul, bewegt der meditierende, murmelnde Leser seinen Mund. Freilich wurde später in diesem ständigen Wiederkäuen auch eine Gefahr gesehen, nämlich die Gefahr, der Melancholie oder noch schlimmer der Hypochondrie zu verfallen. Die Moderne

---

[15]Seneca, *Briefe an Lucilius*, 2. u. 84. Brief; vgl. Art.: *Meditatio*, in: HWdRh, Bd. 5, Sp. 1016–1023.
[16]Quintilianus, a. a. O., XI, 2, 40 f.

favorisiert dagegen eine Distanz zum Text, ohne jedoch das rauschhafte, identifizierende, gebrauchende Lesen ganz verdrängen zu können. Noch Nietzsche verlangt vom Leser am Ende der Vorrede zu *Zur Genealogie der Moral* eine „Kunst" des Lesens, „das Wiederkäuen". (Vgl. auch S. 41)

4.2 Explizites, implizites Wissen, Inferenzen, Rahmen

Wenn das Lesen ein konstruktiver, kreativer, interpretativer Akt ist, was braucht der Leser zum Lesen? Er braucht Kenntnis der graphischen Zeichen, Sprachwissen, Weltwissen und Kontext- bzw. Situationswissen. Das Sprachwissen umfasst phonetisches, lexikalisches und grammatisches Wissen. Sprachwissen, Weltwissen und Kontextwissen fungieren nicht als separate Wissenskomponenten, sondern interferieren im Akt des Lesens. Ohnehin kann zwischen Sprach- und Weltwissen nicht scharf getrennt werden, da ein Wort seine Bedeutung durch seine Verwendung in der Welt erhält. Doch kann man diese Komponenten heuristisch trennen. Mal bestimmt die eine Komponente, mal die andere stärker das Verstehen. Schließlich orientiert der Leser sich an elementaren Maximen der Kommunikation, deren wichtigste die Maxime der Kooperation ist. (Vgl. S. 73) Er unterstellt, dass der Text einen strukturierten Zusammenhang, eine Sinnkohärenz bildet, und dass, bis zum Erweis des Gegenteils, mit ihm etwas Sinnvolles gesagt wird.[17]

Das grammatische Wissen besteht in der Kenntnis der grammatischen Regeln, die vorgeben, welche Wortkombinationen, welche Konstruktionen gültig und wie sie zu verstehen sind. Dazu gehört z. B. die Kenntnis, dass Artikel Nominalphrasen (z. B. ‚Die neue Blüte der Rose') ankündigen, Präpositionen Präpositionalphrasen (z. B. ‚Mit den besten Grüßen'), Hilfsverben Verbalphrasen (z. B. ‚Du musst diesen Roman lesen'). Dazu gehört die Kenntnis der Funktion von Strukturwörtern wie *weil, und, oder, wenn*. Das lexikalische Wissen besteht in der Kenntnis der Bedeutung der Wörter. Es umfasst nicht nur das Wissen, welche Bedeutung sie in konventioneller Verwendung haben, so wie ein Lexikon sie festhält, sondern auch das Wissen, wie sie in Sätzen verwendet werden können. Auf Grund unseres lexikalischen und grammatischen Wissens erwarten wir, dass der Satz ‚Der Kapitän hieß die Anker…' wahrscheinlich beendet wird mit entweder ‚lichten' oder ‚auswerfen'. Solche Bezugswörter werden in der Linguistik Kollokate genannt, die Struktur eine Kollokation. Auf Kollokationen basieren unterstützende, sog. assistive Programme zur Wortvorhersage

In ‚Wenn Anna liest, vergisst sie die Zeit' bezieht sich das Pronomen ‚sie' in einer Koreferenz auf ‚Anna', und ‚wenn' setzt einen logischen Zusammenhang. Wir gehen auch davon aus, dass die unmittelbare Folge von Sätzen auch eine Sinnkohärenz bildet, auch wenn keine expliziten Kohärenzelemente vorliegen. ‚Das

---
[17]Vgl. dazu Heringer, *Lesen,* S. 5 ff.

4.2 Explizites, implizites Wissen, Inferenzen, Rahmen

Auto hielt an. Die Tür ging auf.' Ohne einen weiteren Zusatz, der den Kontext veränderte, z. B. ‚Sie hatten schon gewartet', beziehen wir ‚die Tür' auf das Auto. Nach dem Satzmuster Subjekt-Prädikat-Objekt wird im Satz ‚Die Mutter informierte die Lehrerin' ‚die Mutter' wohl als Subjekt verstanden. Ein folgender Satz könnte aber zur Korrektur führen, dass ‚die Lehrerin' das Subjekt ist und sie die Mutter und nicht den Vater informierte. Das Verständnis nach dem Sprachwissen impliziert schon Weltwissen. Das Weltwissen ist das Wissen über die Welt, das als gemeinsames unterstellt wird, und demzufolge ich z. B. in der Satzfolge ‚Das Auto hielt an. Die Tür ging auf.' die Tür auf das Auto beziehe.

Das Kontext- und Situationswissen ist ein lokales Wissen. Es umfasst den eigentlichen sprachlichen Kontext und die Sprechsituation. Es ist im Unterschied zum ‚stehenden' phonetischen, lexikalischen und grammatischen Wissen ein ‚Laufwissen', wie man es genannt hat.[18] Wie das Wort *rechts* zu verstehen ist, wissen wir aus der Sprechsituation, wie das Wort *später* aus dem schriftlichen oder mündlichen Kontext. Das gemeinsame Kontext- oder Situationswissen regelt, wie der Satz ‚Ich kaufe ein Buch von ihm' zu verstehen ist.

Man geht heute davon aus, dass das jeweilige Wissen in eher losen assoziativen Netzen organisiert ist. Schon beim Lesen eines einzelnen Wortes stellt sich im Hintergrund ein Assoziationsraum von semantischen Merkmalen ein. Verwendungsmuster und Prototypen werden aktiviert, ebenso kognitive Schemata, mit deren Hilfe ein Wort in allgemeines Wissen integriert werden kann.[19] Stets müssen wir mehr wissen und verstehen, als in Texten explizit ausgedrückt wird. Jede Äußerung, jeden Text verstehen wir vor einem Hintergrund vieler, unbestimmt vieler implizierter Annahmen. Der Großteil unserer Kommunikation verläuft implizit.[20] Das Implizite dieser Annahmen hat einen informations- und kommunikationspraktischen Grund. Würde jeweils alles, was zum Verstehen einer Äußerung oder eines Textes nötig ist, expliziert werden, gälte sie bzw. er als pedantisch, zwanghaft oder unhöflich, weil damit die Sprach- und Verständniskompetenz des Partners nicht beachtet wird. Zu Ende gedacht: Da die Grenze des Wissens, das zum Verständnis einer Äußerung oder eines Textes nötig ist, definitiv nicht angebbar ist, würde die Forderung einer vollständigen Explizierung eine unendliche Äußerung, einen unendlichen Text produzieren. Jede Information und Kommunikation würde scheitern, würde sie sich an der Norm einer maximalen Explizitheit auch nur annäherungsweise orientieren. Wenn wir kommunizieren, vertrauen wir auf ein gemeinsam geteiltes, koordiniertes, explizites und implizites Wissen, das alles für das Verständnis Relevante enthält und aktivieren kann. Da jede Äußerung diese implizite Dimension hat, insofern unscharf ist, lässt sie auch dem Kommunikationspartner seine Freiheit und Kreativität zu verstehen,

---

[18]Vgl. Heringer, *Texttheorie,* S. 80.
[19]Vgl. z. B. Kintsch, a. a. O., S. 34 ff.
[20]Vgl. A. Linke/M. Nussbaumer, *Konzepte des Impliziten,* in: K. Brinker u. a., Hrsg., *Text- und Gesprächslinguistik.* 1. Halbbd., Berlin/New York 2000, S. 435–448.

ermöglicht sie eigentlich erst Kommunikation. Es kommt nicht auf den Grad der Genauigkeit, sondern auf den der Ungenauigkeit an.

In der Kognitionspsychologie und Leseforschung wird die Ergänzung bzw. Festlegung des expliziten durch implizites Wissen *Inferenz* (von lat. *infere:* hineintragen) genannt.[21] Im 18. Jahrhundert und um 1800 wurde diese Handlung mit dem Ausdruck *Supplieren* (von lat. *supplere:* auffüllen, ergänzen) bezeichnet. Das Auffüllende war das *Supplement.*

All das, was der Sprecher oder Leser beiträgt, um eine Äußerung oder einen Text zu verstehen, um in und zwischen den Zeilen lesen zu können, kann als eine Inferenz verstanden werden: Er füllt semantisches Wissen auf, folgert und schließt, um den Sinn zu verstehen. Inferenzen spielen eine Rolle im Verhältnis von Wort und Kontext, Wort und Satz, im Verhältnis von Sätzen, von logischen Zusammenhängen, in der Bildung thematischer Strukturen, im Verhältnis von Sprach- und Weltwissen. Wir haben keine Probleme mit dem Verständnis des Satzes: ‚Hans bereitete den Salat und Anna den Braten vor'. Wir ergänzen aus dem, was wir von der Sache und der Person wissen, aus der Einschätzung des sprachlichen Kontexts und der Äußerungssituation, aus unserer Kenntnis der Wortbedeutungen und grammatischen Regeln, von Sprechakten und Routineformulierungen, von kommunikativen und interpretativen Maximen, allgemein von unserem Sprach- und Weltwissen all das, was zum Verständnis einer Äußerung nötig ist. Inferenzen spielen immer eine Rolle, da keine Äußerung, kein Text alle Inhalte und Zusammenhänge, wie gesagt, explizit macht und aus epistemischen und sprachökonomischen Gründen auch nicht machen kann. Sätze sind mehr wie Bauten, erst Inferenzen machen sie zu Wohnungen.

Zur Erzeugung des Sinns gehört auch das schon routiniert verlaufende Bedenken, was noch möglich wäre, was wir ausschließen. Wir verstehen den Sinn einer Äußerung in einer bestimmten Situation, insofern wir wissen, was man in einer solchen Situation alles äußern könnte, was man in ihr normalerweise sagt – und was gerade nicht geäußert wurde. Der Sinn hat insofern eine Differenzqualität. Zu seiner Identität gehört seine Differenz zu möglichen Alternativen. Oder vielleicht besser: Wir verstehen den Sinn von etwas vor dem Hintergrund oder im Horizont möglicher Alternativen. So verstehen wir auch einen literarischen Stil vor dem Hintergrund von (in Differenz zu) anderen Stilen, einen literarischen Text vor dem Hintergrund von (und in Differenz zu) anderen literarischen Texten, eine Geschichte vor dem Hintergrund einer Fülle anderer Versionen.[22]

---

[21]Vgl. z. B. Kintsch, a. a. O., S. 188 ff. Polenz, a. a. O., S. 298 ff. B. U. Biere, *Linguistische Hermeneutik und hermeneutische Linguistik,* in: F. Hermanns/W. Holly, Hrsg., *Linguistische Hermeneutik. Theorie und Praxis des Verstehens und Interpretierens,* Tübingen 2007, S. 7–24. Karl Bühler hatte diesen Sachverhalt schon mit dem Begriff der apperzeptiven Ergänzung gefasst, vgl. K. Bühler, *Sprachtheorie,* Jena 1934, S. 28.

[22]Vgl. dazu besonders W. Schmid, *Erzähltextanalyse,* in: Th. Anz, Hrsg., *Handbuch der Literaturwissenschaft.* 3 Bde, Stuttgart/Weimar 2007, Bd. 2: *Methoden und Theorien,* S. 105 ff., der die Differenzqualität des Sinns am Beispiel der Geschichtserzählung diskutiert. N. Luhmann, *Soziale Systeme,* Frankfurt a. M. 1984, S. 92 ff., diskutiert Sinn als Einheit von Aktualität und Potentialität.

4.2 Explizites, implizites Wissen, Inferenzen, Rahmen

Ein weithin übernommenes Erklärungsmodell der inferentiellen Prozedur geht auf den Philosophen H. Paul Grice zurück. Mit diesem Modell will Grice die Bedingungen der Möglichkeit einer gelingenden Kommunikation, also auch eines gelingenden Verständnisses, klären. Man kann auch sagen: rational rekonstruieren. Wie wir beim Kommunizieren und Interpretieren faktisch vorgehen, auf welchen überschaubaren oder unüberschaubaren Wegen und Windungen wir zum Verstehen kommen, kann offen bleiben

Inferenzen – er gebraucht dafür den Begriff der Implikatur *(implicature)* – werden nach Grice geleitet von Konversationsmaximen *(maxims of conversation)*, genauer: von der Erwartung, dass solche Konversationsmaximen befolgt werden.[23] Diese Maximen leitet Grice ab von einer konversationellen Meistermaxime, dem Kooperationsprinzip *(cooperative principle)*. Ein Gespräch scheitert, wenn wir nicht kooperieren, wenn wir nicht unseren Gesprächsbeitrag so machen, wie es der Stand, der akzeptierte Zweck und die Richtung des Gesprächs erfordern. Grice formuliert diese Maximen imperativisch. Unterhalb des Kooperationsprinzips führt Grice vier Maximen an:

1. Maxime der Informativität:
   – *Mache deinen Beitrag so informativ wie erforderlich.*
   – *Mache deinen Beitrag nicht informativer als erforderlich.*
2. Maxime der Qualität:
   – *Sei aufrichtig. Sage also nichts, wovon du glaubst, es sei nicht wahr.*
   – *Behaupte nichts, wofür du keine Begründung geben kannst.*
3. Maxime der Relevanz:
   – *Bleibe beim Wesentlichen*
4. Maxime der Verständlichkeit:
   – *Vermeide Dunkelheit der Rede.*
   – *Vermeide Mehrdeutigkeit.*
   – *Fasse dich kurz.*
   – *Formuliere wohlgeordnet.*

Diese Maximen sind intensiv diskutiert, auch differenziert und ergänzt worden. Grice selbst hat die Reihe seiner Maximen auch nicht als abgeschlossen gedacht. So wurden z. B. noch die Maximen Höflichkeit *(Verwende schonende Formulierungen; ermögliche es deinem Partner, dein Gemeintes so genau wie möglich und ohne Zeitdruck zu verstehen)*, an die er selbst dachte, Widerspruchsfreiheit, Nicht-Wiederholung und Aktualität hinzugefügt. Bei aller Kritik hat sich dieses Modell als ein fruchtbares Erklärungsmodell bewährt.

---

[23] Vgl. H. P. Grice, *Logic and Conversation,* in: Ders., *Studies in the Way of Words,* Cambridge, Mass. 1989, S. 22–40 (zuerst 1967. Dt. in: G. Meggle, Hrsg., *Handlung, Kommunikation, Bedeutung,* Frankfurt a. M. 1993, S. 243–265). Vgl. dazu besonders v. Polenz, a. a. O., S. 310 ff.; Scholz, *Verstehen und Rationalität,* S. 166 ff.

Diese Maximen darf man nicht falsch verstehen. Die Imperative haben hier keine faktische, sondern eine stilistische Funktion. (Sie können natürlich in einer Anleitung zu einem guten Stil eine faktische haben.) Sie simulieren, dass wir uns kommunizierend so verhalten, als würden wir solche Maximen befolgen.

Die Fruchtbarkeit dieses Modells zeigt sich besonders dann, wenn diese Maximen verletzt werden, das Kooperationsprinzip aber manifest gewahrt wird. Wir ziehen daraus Folgerungen auf das Mitzuverstehende, etwa nach der Regel: Er hätte dies nicht so gesagt, wenn er damit nicht etwas Besonderes hätte sagen wollen. Nehmen wir den notorischen Abspann von Medikamentenwerbungen im Fernsehen als Beispiel: „Zu Risiken und Nebenwirkungen lesen Sie die Packungsbeilage und fragen Sie Ihren Arzt oder Apotheker." Ein wichtiger, sehr relevanter Hinweis! Da er aber jedoch wie beiläufig, sehr schnell gesprochen wird, wird der Eindruck erweckt, bei diesem Hinweis handle es sich um eine lästige Pflicht, er sei eigentlich bei diesem Medikament überflüssig. Diese Botschaft wird dadurch erzeugt, dass gegen das Relevanz- und Höflichkeitsprinzip verstoßen, das Kooperationsprinzip aber, unterstellt, eingehalten wird. Wenn dieser Hinweis wirklich wichtig wäre, sollen wir folgern, wäre er auch ‚gewichtig' geäußert worden.

Ein Verstoß gegen das Prinzip, keinen Beitrag informativer als erforderlich zu machen, liegt im Vers „Kein Mensch ist eine Insel" („No man is an island", John Donne, *Devotions, XVII. Meditation*) vor. Ein wörtliches Verständnis wäre übertrivial und führt zu einem metaphorischen Verständnis, da wir unterstellen, dass der Sprecher das Kooperationsprinzip einhält, und wir daher folgern können, dass er uns etwas Besonderes sagen will.

Inferierend aktivieren wir unser Sprach- und Weltwissen, unser Wissen von Verhaltensweisen in Institutionen und Situationen. Wir haben gelernt, dieses Wissen nach Mustern zu ordnen. In der Linguistik und Kognitionspsychologie werden diese Wissensmuster auch unter den Titeln *Rahmen, Bezugsrahmen, Frame, Skript, Schema, Situation, Raster, Szene, Kontext, Setting, Hintergrund, Geschichte* oder *Plan* diskutiert.[24] Hinzufügen kann man die in der hermeneutischen Theorie bevorzugten Begriffe des *Vorverständnisses* oder *Erwartungshorizonts,* die eine vergleichbare Funktion erfüllen. In einer grundlegenden Untersuchung unterschied Marvin Minsky syntaktische Rahmen, semantische Rahmen, thematische (Szenarien) und narrative (typische Geschichten) Rahmen.[25] Aus ihnen können wir die zum Verständnis nötigen

---

[24]Vgl. die vorzügliche, hermeneutisch reflektierte Darstellung von D. Busse, *Frame-Semantik. Ein Kompendium*, Berlin 2012; vgl. auch H. Lenk, *Schemaspiele. Über Schemainterpretationen und Interpretationskonstrukte*, Frankfurt a. M. 1995; vgl. aber schon Ph. Wegener, *Untersuchungen über die Grundfragen des Sprachlebens*, Halle 1885, Nachdruck Amsterdam 1991, S. 159 ff., der diesen Sachverhalt unter dem Begriff des Musters diskutiert; zur Funktion impliziter Schlüsse im Satzverstehen vgl. S. 126 ff. Zur Vorgeschichte dieses Konzepts gehört auch der Begriff der ‚einfachen Form', eingeführt von A. Jolles, *Einfache Formen. Legende, Sage, Mythe, Rätsel, Spruch, Kasus, Memorabile, Märchen*, Tübingen 1930 (2. Auf. 1958).
[25]Vgl. M. Minsky, *Eine Rahmenstruktur für die Wissensrepräsentation*, in: D. Münch, Hrsg., *Kognitionswissenschaft*, Frankfurt a. M. 1992, S. 92–133 (engl: *A framework für representing knowledge*, in: J. Haugeland, Hrsg., *Mind design*, Montgomery 1981, S. 95–128). Zur Funktion des Vorverständnisses bzw. Vorwissens vgl. auch Christmann/Schreier, a. a. O., S. 258 ff.

4.2 Explizites, implizites Wissen, Inferenzen, Rahmen

Inferenzen gewinnen. Solche Rahmen sind z. B. Verhaltensweisen bei einem Restaurantbesuch, bei einer Feier, in einer Kaufhandlung, im Schulunterricht, in der Küche, in der Laborsituation eines psychologischen Experiments. Im kommunikativen Rahmen eines Restaurantbesuchs versteht man eine Äußerung wie „Was darf es denn sein?", die einen ja ins tiefe Grübeln bringen könnte, ohne weiteres, weil aus dem Wissen, wie in einem Restaurant gehandelt und gesprochen wird, die nötigen Schlüsse gezogen werden. Literarische Gattungen können ebenfalls als Rahmen verstanden werden. Beginnt ein Text mit ‚Es war einmal…', dann erwarten wir ein Märchen, in dessen Welt für uns Wunderbares vorkommt, den Akteuren in dieser Welt gerade nicht. Trägt ein Buch den Untertitel ‚Krimi', erwarten wir das Schema einer bestimmten Handlung, aus dem heraus wir die einzelnen Figuren und Ereignisse einordnen und verstehen, ebenso bei ‚Tragödie' oder ‚Komödie'. Eine Geschichte verstehen wir auch nach einem Schema, das den Aufbau von Geschichten regelt. Ein dominanter Rahmen unseres Verständnisses und Erlebens von Literatur bildet die Annahme, dass mit ihr etwas über das Leben ausgesagt wird. Einen Rahmen bildet jedoch auch das gemeinsam geteilte Wissen z. B. von den Verwendungsmöglichkeiten bzw. Verwendungskontexten eines Wortes, also seiner Bedeutung.[26] Ohne diesen sprachlichen Rahmen wäre so etwas wie der hermeneutische Zirkel (vgl. S. 268 ff.) nicht erklärbar.

Ein legendäres Beispiel für die Wirkung eines Rahmens sei noch angeführt: Die Rede des damaligen Bundestagspräsidenten Philipp Jenninger 1988 zum 50. Jahrestag der Reichspogromnacht. Mit dem heiklen Mittel der erlebten Rede hatte Jenninger versucht, den Erlebnishorizont der Deutschen nach 1933 zu vergegenwärtigen. Die Rede, vor laufenden Fernsehkameras, wurde verstanden als rechtfertigende Einfühlung in diesen Erlebnishorizont. Seine Rollenprosa wurde nicht verstanden, auch weil er sie ungeschickt vortrug. Bundestagsabgeordnete verließen den Saal. Jenninger musste zurücktreten. Ein Jahr später hatte Ignatz Bubis, der Vorsitzende der jüdischen Gemeinde von Frankfurt und spätere Vorsitzende des Zentralrats der Juden in Deutschland, ebenfalls zum neunten November diese Rede mit einigen Auslassungen in der Frankfurter Synagoge gehalten. Niemand protestierte. Die Rollenprosa wurde verstanden, so wie sie intendiert war. Was hatte sich geändert? Es hatte sich der Rahmen geändert. Dass ein Jude vor Juden in einer Synagoge die Nazis und Mitläufer rechtfertigen wollte, war ausgeschlossen. Das Beispiel lehrt nebenbei auch, wie wichtig die Figur des Autors für das Verständnis ist.[27]

---

[26]Vgl. C. Knobloch, *Sprache und Sprechtätigkeit,* Tübingen 1994, S. 188 f.
[27]Vgl. *Das Experiment,* Frankfurter Allgemeine Zeitung, 01.12.1995, S. 41. Zu den Auslassungen vgl. den Leserbrief von Bubis in derselben Zeitung, 12.12.1995, S. 13.

Kapitel 5
Paradigmen

5.1 Die athenische Polis interpretiert ein Orakel aus Delphi

5.1.1 Die hölzerne Mauer

480 v. Chr. bedrohte der persische König Xerxes mit seinem Heer Athen. In dieser Situation sandten, wie der antike Historiker Herodot berichtet,[1] die Athener Boten nach Delphi, um das berühmte Orakel zu befragen, wie sie handeln sollen. Sie baten nicht um die Vorhersage der Zukunft, sondern um einen Rat für das beste Handeln in einer existenziellen Bedrohung. Die Priesterin, die *Pythia*, verkündete ein Orakel, das den Untergang Athens vorauszusagen schien. „Elende, sitzt ihr noch hier? An das Ende der Erde/Flieh aus der Heimat, ja fliehe der Stadt hochragenden Felsen! […]" Über diesen Orakelspruch waren die Boten natürlich konsterniert. Schon wollten sie verzweifeln, da empfahl ihnen ein in Delphi angesehener Mann namens Timon, offenbar ein Insider, mit Ölzweigen in den Tempel zurückzukehren und noch einmal das Orakel zu befragen:

> Das taten die Athener und sprachen zu dem Gotte: ‚O Herr! Um der Ölzweige willen, die wir in Händen halten, sage uns ein freundlicheres Wort über unsere Vaterstadt. Wir gehen sonst nicht aus dem Heiligtum, sondern bleiben, bis der Tod uns ereilt.' Als sie so sprachen, erteilte ihnen die Pythia einen zweiten Orakelspruch:

---

[1] Herodot, *Historien*. Übers. v. A. Horneffer. Hrsg. v. H. W. Haussig, 3. Aufl. Stuttgart 1963, S. 485 ff. (VII, 140 ff.). Vgl. dazu und im Folgenden: J.-P. Vernant, *Parole et signes muets,* in: J.-P. Vernant u. a., Hrsg., *Divination et rationalité*, Paris 1974, S. 19 ff.; Chr. Rittelmeyer, *„Erkenne dich selbst". Eine bildungsgeschichtliche Interpretation des delphischen Orakels,* in: Bildung und Erziehung 46, 1993, S. 139 ff.; K. Trampedach, *Politische Mantik. Die Kommunikation über Götterzeichen und Orakel im klassischen Griechenland,* Heidelberg 2015, S. 468 ff. Zum politischen Hintergrund vgl. W. Blösel, *Themistokles bei Herodot,* Stuttgart 2004, S. 64 ff. Die ungewöhnliche Länge der beiden Orakel hat Zweifel an ihrer Echtheit hervorgerufen.

> *Des Olympiers Zorn besänftigt selbst nicht Athena,*
> *Mag sie mit vielen Worten und klugem Rat ihn auch bitten.*
> *Darum sag' ich ein zweites, ein unverbrüchliches Wort dir:*
> *Alles gehört den Feinden, soviel des Kekrops Hügel[2]*
> *Und des Kithairons Tiefe, des göttlichen Berges, einschließt.*
> *Nur die hölzerne Mauer schenkt Zeus seiner Tritogeneia,[3]*
> *Sie allein bleibt heil zur Rettung für dich und die Kinder.*
> *Nicht zu Lande halte du Stand den feindlichen Scharen,*
> *Die zu Ross und Fuß dich bedrängen; nein, kehre den Rücken,*
> *Fliehe! Es kommt die Zeit, da deine Stimme du erhebest!*
> *Salamis, göttliche Insel, du mordest die Söhne der Mutter,*
> *Wenn Demeter das Korn ausstreut, oder wenn sie es erntet.*

Dieser Spruch „schien" in dieser Lage den Boten günstiger zu sein „und war auch wirklich ein günstigerer Spruch." Sie schrieben ihn auf und kehrten nach Athen zurück.

Ein erstaunlicher Vorgang! Für Herodot ist die Ablehnung eines Orakels und die Bitte um ein besseres Orakel offenbar nichts Ungewöhnliches. Lag dies daran, dass Orakel auch als unzuverlässig gelten konnten, oder kam es weniger auf das Orakel selbst an, sondern darauf, wie damit umgegangen wird? Viele Orakel, wie dieses, waren mehrdeutig, daher interpretationsbedürftig. Dass es wichtig ist, wie mit dem Orakel umgegangen wird, dass mit ihm selbstbewusst und überlegt umgegangen werden soll, darauf deuten ja auch das Bestehen auf einen zweiten Orakelspruch und die Interpretation, dass dieser Orakelspruch „günstiger" erscheint. Vielleicht gab dieser Timon, der zu einem zweiten Orakelspruch riet, den Orakelpriestern auch einen Wink, keinen Defätismus zu verbreiten. Nachträglich gesehen widersprach auch das erste Orakel nicht dem zweiten. Denn das Land, das die Athener nach dem ersten Orakel verlassen sollten, nämlich Attika, sollten sie auch nach dem zweiten verlassen. Das erste und das zweite Orakel prophezeiten übereinstimmend die Zerstörung Athens durch die Perser. Auf dem Land haben die Athener gegen die Perser keine Chance. Neu und unvermittelt, daher auffallend, wird im zweiten Orakel die Insel Salamis eingeführt.

Wie dieses Beispiel zeigt, erwartete die athenische Polisversammlung in dieser existenzgefährdeten Lage vom Orakel nicht nur Aufklärung über die Zukunft, sondern auch einen Hinweis, was zu tun ist, damit das, was man will, auch eintrifft, und das, was man nicht will, nicht eintrifft. Die Polisversammlung suchte eine göttliche Autorität und baute zugleich selbstbewusst und mutig auf ihr eigenes Urteilsvermögen und Handeln. Zu diesem Handeln forderte das Orakel durch seine Interpretationszumutung selbst auf.

In Athen zurück trugen die Boten der Polisversammlung den Spruch vor und es entwickelte sich eine Diskussion um die Deutung des zweiten Orakels. Wie in einer politischen Diskussion sonst ging es in dieser Diskussion um das Abwägen

---

[2]Die Akropolis. Auf ihrem Felsen befand sich das Grab dieses Heros.
[3]Beiname der Göttin Athene.

5.1 Die athenische Polis interpretiert ein Orakel aus Delphi

von Handlungsmöglichkeiten. Welche ist die bessere? Selbst eine eigene Deutung wurde angezweifelt. Hier wie dort war die Diskussion öffentlich, hier wie dort wurde mit einem Mehrheitsbeschluss entschieden:

> Daheim sagten sie den Spruch dem Volke, und viele verschiedene Meinungen wurden laut, was er bedeuten möchte. Zwei Meinungen hauptsächlich standen einander gegenüber. Von den älteren Leuten behaupteten viele, der Gott meine, dass die Akropolis erhalten bleibe. Denn die Akropolis in Athen war vor Zeiten mit einer Dornhecke umzäunt gewesen. Das sei, meinten sie, die hölzerne Mauer. Die anderen sagten, der Gott meine die Schiffe; darum solle man die Flotte instand setzen und alles andere fahren lassen. Aber diese Männer, die unter der hölzernen Mauer die Flotte verstanden, wurden durch die beiden letzten Verse des Orakels irre gemacht:
>
> *Salamis, göttliche Insel, du mordest die Söhne der Mutter,*
> *Wenn Demeter das Korn ausstreut, oder wenn sie es erntet.*
>
> Dabei stutzten die Männer, die die hölzerne Mauer als die Flotte erklärten. Sie deuteten nämlich die Worte so, als ob Athen in einer Seeschlacht bei Salamis erliegen würde.

Wie wird nun der Orakelspruch in der Polis gedeutet? Allen ist klar, er ist dunkel und muss gedeutet werden. Die Diskussion verläuft wie eine Interpretation nach philologischem Modell, das mit der wörtlichen oder übertragenen Verwendung eines Ausdrucks rechnet. Sie konzentriert sich sehr schnell auf den Sinn des Oxymorons ‚hölzerne Mauer', denn von ihr wird gesagt, dass sie allein die Rettung bringen werde. Die eine Partei deutet das Oxymoron als Metapher für die Dornhecke, die früher die Akropolis umzäunte. Nur die Akropolis werde erhalten bleiben. Diese Deutung basiert auf dem Merkmal Holz, der Ähnlichkeit von Mauer und Hecke und der Analogie von schützender Mauer und schützender Dornhecke. Die andere Partei versteht ‚hölzerne Mauer' als eine Metapher für Schiffe. Diese Deutung basiert auf einer Synekdoche und einer Ähnlichkeit: Schiffe haben hölzerne Wände, Wände sind in der Form Mauern ähnlich. Die Schiffswand kann als Teil für das ganze Schiff bzw. die Flotte verstanden werden. Also kann ‚hölzerne Mauer' als Metapher für die Flotte stehen, die wie eine hölzerne Mauer die Athener vor den Persern schützen wird. Natürlich führt zu dieser Deutung auch die naheliegende Überlegung, was in dieser Situation Athen retten könne. Dabei wird man natürlich an die eigene Flotte denken, deren Ausbau unter der Führung von Themistokles schon länger betrieben wurde. Im zweiten Orakel heißt es ja ausdrücklich, dass „zu Lande" den feindlichen Scharen nicht widerstanden werden kann.

Doch kollidiert für diese Partei ihre Deutung mit den beiden letzten Versen, die sie als Vorhersage einer Niederlage in einer Seeschlacht bei Salamis deutet. In diesen Versen wird Salamis, die athenische Insel vor der attischen Küste, personifizierend als „göttliche Insel" angeredet, die ‚Söhne der Mutter mordet'. (In anderer Übersetzung: ‚Die Kinder der Frauen vertilgst du'.) Für diese Partei ist „mordest" in diesem Kontext als Hinweis auf eine Seeschlacht bei Salamis zu verstehen, in der die „Söhne der Mutter", naheliegend als die athenischen Krieger verstanden, geschlagen werden. Für sie passt der Sinn der beiden letzten Verse nicht zum Verständnis der ‚hölzernen Mauer' als Metapher für die schützende

Flotte. Sie beachtet also als Interpretationsregel, dass eine Interpretation widerspruchsfrei den ganzen Text erfassen muss.

Nun tritt Themistokles auf. Gemeint ist der Politiker, der die athenische Verfassung demokratisierte und den Ausbau der athenischen Flotte betrieb. Er führte die griechische Flotte in der Seeschlacht bei Salamis 480 v. Chr. an, in der die persische Flotte vernichtet wurde. Diesen Themistokles stellt Herodot als den Retter Griechenlands vor den Persern dar. (Später geriet Themistokles in Verruf, wurde des Verrats beschuldigt und starb im Exil als Lehensmann des Perserkönigs.)

Themistokles wendet sich unmittelbar der Frage zu, ob die beiden letzten Verse der Deutung der rettenden ‚hölzernen Mauer' als Metapher für die Flotte widersprechen. Der Deutung der ‚hölzernen Mauer' als Metapher für die Flotte stimmt er zu. Sie entsprach ja auch seiner militärischen Strategie gegen die Perser. Auch der Deutung der letzten Verse als Vorhersage einer Niederlage in einer Seeschlacht bei Salamis stimmt er zu. Er behauptet allerdings, dass die letzten Verse keine Niederlage Athens, sondern der Perser vorhersagen. Wie kommt er dazu? In seiner Deutung geht er von einer zweckrationalen Handlung des Orakelgottes aus. Er fragt, welcher Schluss aus dem ‚freundlichen' Wort „Salamis, göttliche Insel" gezogen werden kann. Er unterstellt, dass der Gott in Delphi Athen prinzipiell gewogen ist, sonst hätte er nicht von der ‚göttlichen Salamis' gesprochen. Das konnte er auch daraus ableiten, dass der Gott zu einem zweiten, dann günstigen Orakel bereit war. Würde er die Niederlage Athens vorhersagen, dann, argumentiert er, hätte er den Ausdruck „schreckliche Salamis" gewählt. Da er den freundlichen Ausdruck gewählt hat, kann er in dieser Situation nur die Niederlage der Feinde gemeint haben. (Nach dieser Logik dürfte der Berg Kithairon, den die Feinde besetzen werden, allerdings nicht ‚göttlicher Berg' genannt werden.) Themistokles interpretiert also den Ausdruck ‚göttliche Salamis' nach der Regel: Gott hätte ihn in dieser Situation nicht so gesagt, wenn er nicht gemeint hätte, dass … Am Ende rät er den Athenern, die Flotte für eine Seeschlacht zu rüsten. Wann diese Seeschlacht stattfinden wird, wird im Orakelspruch offen gelassen. Zu ihr kann es zur Aussaat des Korns, also im Frühjahr, oder zur Ernte, also im Spätsommer, kommen.

Diese Deutung und sein Rat überzeugte die Polisversammlung mehr als die Deutung einer weiteren Partei, der Partei der professionellen Orakeldeuter, die sich gegen eine Seeschlacht, gegen jeden Widerstand aussprach und riet, aus Attika auszuwandern und sich anderswo anzusiedeln. Die athenischen Bürger konnten sich sogar sagen, dass Themistokles' Rat, unabhängig vom Orakel, in dieser Situation politisch und militärisch der beste war. Er eröffnete eine realistische Perspektive der „Rettung". Der Ausgang ist bekannt: Athen wurde evakuiert, die griechische Flotte besiegte die übermächtige persische Flotte.

Aber nicht alle hatten sich von Themistokles überzeugen lassen, wie wir von Herodot später erfahren. Auf der Akropolis versammelten sich die Armen, die nicht mit der Flotte ziehen konnten, und diejenigen, die glaubten, mit der hölzernen Mauer sei doch die Akropolis als Zufluchtsort gemeint. Die Akropolis wurde von den Persern erobert und in Brand gesteckt, die Verteidiger getötet.[4]

Welche Interpretationsregeln wurden hier beachtet? Beachtet wurden die Situation, der Grund und der Zweck des Orakelspruchs, die Verwendung der Ausdrücke im Kontext, die Intention des Autor-Gottes und die Unterstellung einer Zweckrationalität des Autor-Gottes, dass also alles seinen Sinn hat, ebenso die konsistente, widerspruchsfreie Durchführung der Interpretation. All dies sind Regeln, die die philologische Interpretation von Texten systematisch lehren wird.

5.1.2 Mantische Deutungskunst

Die Praxis der Befragung und Deutung von Orakeln wie des Orakels von Delphi war Teil einer uralten Deutungs- und Wahrsagekunst, der (gr.) *mantike* oder (lat.) *divinatio*. In dieser Mantik äußert sich dem Philosophen Wolfram Hogrebe zufolge eine elementare Deutungsnatur des Menschen.[5]

Der Ausdruck Orakel kommt vom lateinischen Ausdruck *oraculum* (abgeleitet vom Verb *orare:* sprechen, reden, bitten), der ursprünglich so viel wie Sprechoder Bittstätte bedeutet.[6] Der entsprechende griechische Ausdruck lautet *manteion* oder *chresterion*. Metonymisch bedeutet er dann eine göttliche Auskunft über die Zukunft, auch über die Gegenwart und Vergangenheit. Cicero leitet seine Schrift *De Divinatione* (Über die Wahrsagung, 44 v. Chr.) mit folgenden Worten ein:

„Alt ist die Ansicht – sie stammt bereits aus sagenhafter Frühzeit, ist überdies in der gemeinsamen Überzeugung des römischen Volkes und überhaupt aller Völkerschaften fest verankert –, die Menschen verfügten über eine Art von Wahrsagevermögen [*divinatio*]. Die Griechen nennen es *mantike,* das heißt Vorahnung und Wissenschaft von der Zukunft: etwas auf seine Weise Großartiges und Heilbringendes, falls es denn überhaupt besteht, und etwas, womit die sterbliche Natur ganz nahe an das Wesen der Götter heranzukommen vermag. Deshalb haben unsere Römer, so wie wir in vielen anderen Dingen den Griechen überlegen sind, den Begriff für diese einzigartige Fähigkeit [*divinatio*] von den Göttern

---

[4]Herodot, a. a. O., S. 543 f. (VIII, 51–53).
[5]W. Hogrebe, *Metaphysik und Mantik. Die Deutungsnatur des Menschen,* 2. Aufl. Berlin 2013; ders., *Mantik und Hermeneutik,* in: J. Simon, Hrsg., *Zeichen und Interpretation,* Frankfurt a. M. 1994, S. 142–157.
[6]Vgl. dazu und im Folgenden: M. Maaß, *Das antike Delphi. Orakel, Schätze und Monumente,* Darmstadt 1993; *Orakel. Der Blick in die Zukunft.* Katalog Museum Rietberg, Zürich 1999, bes. S. 98 ff.; V. Rosenberger, *Griechische Orakel. Eine Kulturgeschichte,* Darmstadt 2001; Art.: *Orakel,* in: HWbdRh, Bd. 10, Sp. 768–781; K. Beerden, *Worlds Full of Signs. Ancient Greek Divination in Context,* Leiden 2013; S. Maul, *Die Wahrsagekunst im Alten Orient: Zeichen des Himmels und der Erde,* München 2013.

[*a divis*] hergeleitet, die Griechen dagegen, nach Platons Deutung, vom Wahnsinn [*mania*]."[7]

Wer diese einzigartige Fähigkeit der Divination (vgl. auch S. 7 f.) beherrschte, wer Orakel deuten konnte, wer Auskunft über die Zukunft, die Vergangenheit und Gegenwart, wer Rat geben konnte, war der Seher, der Wahrsager, der (gr.) *mantis*, der (lat.) *vates* oder *augur*. Der Ausdruck *mantis* geht auf einen Ausdruck zurück, der soviel wie gotterfüllte Begeisterung, göttlicher „Wahnsinn" (Platon, *Phaidros*, 244b–c) bedeutet. Von den Göttern, heißt dies, kommt das mantische Wissen. Nach dem *Prometheus*-Drama von Aischylos (V. 488–499) war es Prometheus, der diese Kunst wie alle Künste den Menschen lehrte. Der allgemeine Terminus für eine divinatorische Botschaft, einschließlich der Orakel, war ‚Zeichen', gr. *semeion*, auch *symbolon*, lat. *omen*, *signum*, auch *prodigium*. (Das *prodigium* bedeutete meist ein unheilvolles Zeichen.) Die Kunst der mantischen Seher zeigt sich in der Ausdeutung eines Ereignisses oder eines Tatbestands als göttliches Zeichen und im Eingehen auf die Situation, die Absichten und Bedürfnisse des Adressaten. Sie mussten über eine charismatische Autorität, über Erfahrung, umfassendes Wissen und rhetorische Begabung verfügen.[8]

Im antiken Griechenland wurde das Orakel erteilt an einem Ort, der durch die Anwesenheit eines Gottes als heilig galt, zu einer bestimmten Zeit und als Teil eines Rituals. Delphi, die wichtigste Orakelstätte Griechenlands, war der Ort Apollos. Von keiner Orakelstätte sind mehr Orakelsprüche überliefert. Allerdings gelten nur wenige als echt. Die meisten Delphi zugeschriebenen Orakel machten Teil einer Überlieferung von Lebensweisheiten aus, die immer wieder zitiert wurden. Neben den festen Orakelstätten gab es wie ambulante Traumdeuter auch ambulante Künder von Orakeln. Wie ein Handwerker oder wie der Arzt wurden sie bestellt und bezahlt, wenn man sie nötig hatte.

In einem Tempel wie in Delphi ein Orakel zu erfragen, war erst nach der kultischen Reinigung und einem Opfer, z. B. eines Widders, möglich. Fällig war auch eine Opfergebühr. Danach wurde der Ratsuchende in den Tempel geführt. Hier war wieder ein Opfer zu vollziehen und eine Opfergebühr zu entrichten. Dann konnte er seine Fragen an das Orakelmedium, die Priesterin (die *Pythia*), übermitteln. Die Fragen wurden meist auf Täfelchen notiert und den Orakelpriestern übergeben. In einem gottbegeisterten Wahrsagen, einem *mantike entheos*, verkündigte die Pythia die Antwort des Gottes. Zu bestimmten Tagen wurden die Antworten in der Regel mündlich erteilt. Wichtige Antworten, wie für die Gesandtschaft aus Athen, wurden schriftlich festgehalten.

Die Pythia saß auf einem Dreifuß in einer Vertiefung des Tempelbodens und wurde, so wird jedenfalls berichtet, von aus einer Felsspalte aufsteigenden Dämpfen inspiriert. Ob diese Berichte zutrafen, wird heute von den Archäologen verneint.

---

[7]Übersetzung nach: Marcus Tullius Cicero, *Über die Wahrsagung. De divinatione.* Lat.-dt., hrsg., übers. u. erl. v. Chr. Schäublin, München/Zürich 1991.
[8]Vgl. W. Burkert, *Griechische Religion der archaischen und klassischen Epoche*, Stuttgart 1977, S. 180 ff.; besonders Trampedach, a. a. O., S. 480 ff.

Wegen der Quellenlage ist auch unsicher, ob die Priesterin in ihrer mantischen Trance unverständliche Wörter äußerte, die durch die Orakelpriester übersetzt oder eigentlich erst ausformuliert wurden, oder ob sie auch unmittelbar zum Ratsuchenden sprach. Unsicher ist auch, ob sie in Versen sprach oder in Prosa. Überliefert wird, dass sich beim Tempel in Delphi Versemacher aufhielten, die gegen Bezahlung die Antworten in Prosa in Verse umformulierten.

Das Orakel wurde gesucht als Lebens- und Entscheidungshilfe für eine Person oder eine Gemeinschaft, für Privates und Öffentliches, als Minderung von Ungewissheiten und Risiken und als Legitimation von Handlungen – nicht wenige Orakel wurden erst nach einem Ereignis als dessen Ursache aufgeschrieben *(vaticinium ex eventu)*. Ratschläge zu geben, war die wichtigste Aufgabe der Orakelinstitution. Da mit den Orakeln beträchtliche Machtfragen verbunden waren, kam es immer wieder auch zu Versuchen der Einflussnahme, zu Bestechungen. Was hat Timon gemacht, bevor oder nachdem er den Athenern den Rat gab, das Orakel noch einmal zu befragen? In *Ödipus* (V. 380–389) beschuldigt Ödipus den Seher Teiresias der Bestechlichkeit und zusammen mit Kreon der Planung eines Staatsstreichs. In *Antigone* lässt Sophokles Kreon zum Seher Teiresias sagen: „Das ganze Volk der Seher ist dem Gelde hold." (V. 1055)

Um die Fragen der Bürger beantworten zu können, griffen die Priester zurück auf tradiertes Wissen, z. B. in der Form von Sammlungen von Fragen und Antworten, und holten Informationen über ein Netz von Informanten ein. Je besser sie über die Lage des Ratsuchenden informiert waren, den sie auch geschickt ausfragen konnten, desto genauer fiel ihre Deutung aus. Es war ein lukratives Geschäft, bei dem die einzelnen Orakelstätten miteinander konkurrierten. Umgekehrt konnte natürlich auch der Ratsuchende durch seine Informationen den Deuter zu manipulieren versuchen.

Wollte ein Kaufmann eine Geschäftsreise antreten, befragte er das Orakel, welcher Zeitpunkt der günstigste sei. Ein Kranker fragte nach der besten Heilmethode. Eine pädagogisch nicht unvernünftige Antwort erhielt ein Vater, der seinen Sohn von einer Liebeskrankheit heilen wollte. Das Orakel antwortet ihm, dass eher er behandlungsbedürftig ist: „Mildere du nun deinen finster dreinblickenden Groll und höre auf den Sohn zurückhalten zu wollen."[9] Das Orakel von Dodona, im Nordwesten Griechenlands, war ein Konkurrent von Delphi. Dieses Orakelheiligtum war Zeus Naios (von gr. *naiein:* wohnen) und seiner Frau Dione Naia gewidmet. Was wurde z. B. gefragt? „Anaxippus fragt Zeus Naios und Dione bezüglich männlicher Nachkommen von Philista seiner Frau. Zu welchen Göttern soll ich am besten beten?" Oder: „Ist das von meiner Frau geborene Kind tatsächlich von mir?"[10] Oft wurde die Anfrage zu einer Frage zugespitzt, die mit Ja oder Nein beantwortet werden konnte. Die Frage konnte dann z. B. lauten, ob jetzt der gute Zeitpunkt für eine Handelsreise gekommen sei.

---

[9]M. Giebel, *Das Orakel von Delphi. Geschichte und Texte,* Stuttgart 2001, S. 95.
[10]*Orakel,* a. a. O., S. 47 f.

Viele Orakelsprüche waren bewusst mehrdeutig formuliert. Im 6. Jahrhundert v. Chr. schrieb der Philosoph Heraklit über Apollo: „Der Herr, dem das Orakel von Delphi gehört, erklärt nicht, verbirgt nicht, sondern deutet an [*semanei;* in anderer Übersetzung: ... sondern er bedeutet ... sondern gibt ein Zeichen]."[11] Nach dieser berühmten Formel entsteht die mantische Botschaft überhaupt im Zwischenraum von Verschweigen und Sagen. ‚Deutet an' ist die schwache Form eines ‚Deutet hin'. Die Formel impliziert, dass es auf die Interpretation ankommt. Mit der andeutenden, interpretationsbedürftigen Formulierung wurde eine Autoritätsaura erzeugt und, nicht minder wichtig, konnte sich der Orakelherr auch selbst schützen. Die Orakelpriester konnten sich immer, wenn nötig, darauf zurückziehen, dass ihr Orakel falsch interpretiert wurde. Für Aristoteles (*Rhetorik*, 1407a–b) wählen die Wahrsager nur deswegen einen dunklen Stil, weil sie sich nicht festlegen wollen. Die Form der Andeutung impliziert allerdings auch die Auskunft, dass die Zukunft für die Menschen nicht erkennbar ist. Für Götter ist die Zukunft offenbar, für die Menschen nicht, allenfalls auch nur in Andeutungen. Das schont sie auch. Andererseits appelliert gerade die Form der orakulösen Andeutung an die Tätigkeit der Menschen, an seine Vernunft, seine Erfahrung, verschließt sie nicht zukünftiges Handeln, provoziert sie geradezu Handeln, erscheint die Zukunft nicht als ein schwarzes Loch.

Da die Orakel eben ‚orakulös' waren, gab es in Delphi sogar Deutungsexperten, die *Exegeten*, die gegen Bezahlung solche Orakel auslegten.[12] Diese Exegeten wurden in einem diffizilen Wahl- und Losverfahren von der Polis bestimmt. Dass die Deutung dieser Orakelexperten nicht fraglos galt, demonstriert die Deutung der ‚hölzernen Mauer'. Die Deutung der Experten überzeugte die Polisversammlung nicht.

Wie sehr es auf den richtigen Umgang mit dem Orakel ankommt, demonstriert auch die berühmte Geschichte des Kroisos-Orakels, das von Herodot überliefert wird.[13] (Die Authentizität der von ihm überlieferten Orakel ist freilich nicht gesichert.) Der Lyderkönig Kroisos befragte das Orakel, nachdem er zuvor frech dessen Glaubwürdigkeit auf die Probe gestellt hatte, ob er gegen den Perserkönig Kyros in den Krieg ziehen solle. Die Pythia antwortete: „Kroisos wird, überschreitend den Halys, zerstören ein Großreich." Siegesgewiss überschritt er den Grenzfluss Halys, wurde aber besiegt und gefangen. Von den Persern begnadigt, schickte er Boten nach Delphi mit der Frage, ob sich der Gott denn nicht schäme, ihn so getäuscht zu haben, und so undankbar für seine reichen Dankesgaben

---

[11]*Fragment* 93 (H. Diels, *Fragmente der Vorsokratiker*, Hamburg 1957, S. 29). Vgl. auch Pindar, *Olympische Oden*, XII, V. 10 f.; Hesiod, *Theogonie*, V. 805–810.
[12]Vgl. A. W. Persson, *Die Exegeten und Delphi*. Lunds Universitets Arsskrift N. F. Bd. 14, Nr. 22, Lund/Leipzig 1918; H. Westermann, *Die Intention des Dichters und die Zwecke der Interpreten. Zur Theorie und Praxis der Dichterauslegung in den Platonischen Dialogen*, Berlin/New York 2002, S. 203 ff.
[13]Herodot, a. a. O., S. 3 ff. (I, 6 ff.). Vgl. Giebel, a. a. O., S. 38 ff.; Rosenberger, a. a. O., S. 160 ff.

5.1 Die athenische Polis interpretiert ein Orakel aus Delphi

gewesen zu sein. Die Pythia verwahrte sich gegen diese Kritik: „Den Orakelspruch [...], den er erhalten, tadelt Kroisos mit Unrecht; denn Apollon Loxias hat gesagt, wenn Kroisos gegen die Perser zöge, würde er ein großes Reich zerstören. Wollte Kroisos gut beraten sein, so musste er schicken und anfragen, ob der Gott sein oder des Kyros Reich meine. Er verstand aber den Orakelspruch nicht, fragte nicht weiter und hat sich also selbst die Schuld zuzuschreiben."[14] Kroisos handelte also, verblendet von seiner Hybris, übereilt, unbesonnen. Und wenn er selbst keine überzeugende Deutung gefunden hätte, hätte er das Orakel noch einmal befragen sollen. Die Pythia fordert also auf, sich des eigenen Verstandes zu bedienen. Wie Kroisos handeln im Drama *Ödipus* gegenüber dem Orakel, verblendet von Hybris, die Eltern Laios und Jokaste und Ödipus selbst.[15]

Neben der Prophezeiung aus göttlichen Eingebungen gab es Orakel, die z. B. aus der Eingeweideschau, vor allem der Schau der Leber, in der man einen Spiegel des göttlichen Willens sah, aus dem Rauschen einer Eiche, dem Flug und Gurren von Tauben, dem Vogelflug allgemein, Wetterzeichen, Rauchzeichen, Mond- und Sonnenfinsternissen, dem Wurf von Würfeln, Ölformen im Wasser, Berechnungen der Tierkreiszeichen und des Gangs der Gestirne gewonnen wurden, um Gewissheiten über ein individuelles oder kollektives Schicksal zu erlangen. In Delphi wurde auch ein Losverfahren praktiziert: Die Pythia griff aus einem Gefäß eine Bohne. War sie weiß, lautete die Antwort ja, war sie schwarz, lautete die Antwort nein.

Cicero unterscheidet in *De Divinatione* (I, 11, 34) künstliche (erbetene, provozierte, durch *ars* erzeugte) und natürliche (unerbetene, spontane, von *natura* gegebene) Zeichen. Bei den künstlichen werden Objekte wie z. B. Tiereingeweide zubereitet und begutachtet, bei den natürlichen handelt es sich um göttliche, ‚übernatürliche' Eingebungen wie im Traum oder in der Ekstase, der Trance der Pythia oder um Botschaften durch den Vogelflug, einen Blitz oder die Konstellation von Sternen. Die natürlichen Zeichen wie der Traum oder der Vogelflug werden als Omen *(omina)* unmittelbar erlebt. Sie bedürfen keines Mittlers, wohl aber eines Deuters. Beim künstlichen Orakel ist ein Mittler als Deuter eingeschaltet.

Anders als in Altmesopotamien und in Rom hatte die Mantik in Athen keinen institutionellen Ort in der politischen Ordnung. Die Athener vertrauten mehr ihren eigenen politischen Fähigkeiten. Entscheidend waren die Beratungen der Polis. Nach den Perserkriegen gab es offenbar keine politischen Orakelkonsultationen mehr.[16] Der griechische Seher hatte auch nie die gewaltige Autorität wie z. B. die israelitischen Propheten. Die Figur des Teireias in *Ödipus,* der dem Herrscher im Bewusstsein seiner sakralen Autorität entgegentritt, ist eine Ausnahmefigur.[17]

Intensiver als in Athen wurde die mantische Praxis in Rom gepflegt. Hier war sie in das politische Handeln institutionell integriert. Es gab drei Gruppen

---

[14] Aristoteles, *Rhetorik,* 1407a (III, 5, 4); Herodot, a. a. O., S. 22, 43 (I, 53, 91).
[15] Vgl. dazu besonders Flaig, a. a. O., S. 117 ff.
[16] Vgl. dazu besonders Trampedach, a. a. O.
[17] Vgl. Flaig, a. a. O. S. 71 ff.

mantischer Experten, um den Willen der Götter zu erkunden.[18] Das Kollegium der Auguren, der *augures* (der Ausdruck ist abgeleitet von *augere:* vermehren, mit Kraft ausstatten, vgl. die ‚Inauguration' von Personen in Ämtern) hatte die Aufgabe, den Flug und die Schreie von Vögeln, Donner und Blitz als Zeichen (*auspicia*, abgeleitet von *avis:* Vogel, und *spectare:* schauen, oder *auguria*) zu deuten. Die Ergebnisse ihrer Beobachtungen und Deutungen wurden in geheimen Büchern bewahrt. Der römische Senat traf keine wichtige Entscheidung, ohne vorher die Auguren zu befragen. Die Priester der sibyllinischen Bücher hatten als *interpretes* die sibyllinischen Bücher zu verwalten und auszulegen. Diese Bücher, verfasst in griechischer Sprache, galten als die Bücher der sagenhaften Sibylle von Cumae. Sybille wurde eine von einem Gott inspirierte Seherin genannt. Diese Bücher enthielten Orakeltexte, Prophezeiungen und Vorschriften für staatliche Sühnerituale. Welches Opfer geeignet war, die Gunst der Götter wieder zu erlangen, konnte man aus ihnen entnehmen. Dann gab es die Gruppe der *haruspices* (möglicherweise abgeleitet von *haruga:* Opfertier). Deren Wahrsagekunst wurde auf etruskische Traditionen zurückgeführt. Sie griffen in ihrer Deutung ebenfalls auf autoritative Bücher zurück. Ihre Spezialität war die Leberschau.

Der Anspruch der mantischen Kunst zog freilich schon bald, im Namen einer anderen Rationalität, Kritik auf sich. Lapidar heißt es im Drama *Helena* (V. 757) von Euripides: „Die besten Seher sind Verstand und guter Rat." Eine Fundamentalkritik übte auch Platon. Für ihn kam die Orakelpraxis der Scharlatanerie gleich (*Phaidros*, 244a, 265b). Parodistisch verspottet wird die Orakeldeutung als ein windiges Geschäft in der Komödie *Die Vögel* (V. 959 ff.) von Aristophanes.

Die mantische Kultur war nicht nur im antiken Griechenland und Rom, sie war in der alten Welt, von Mesopotamien bis nach China, omnipräsent. Sie reichte von den frühen mesopotamischen Stadtstaaten von 3000 v. Chr. zu den Weltreichen der Babylonier und Assyrer, nach Griechenland und Rom – und darüber hinaus. Aus dem alten Judentum wird vom Orakelzelt Jahwes berichtet, in dem die Priester Orakel einholten. (5. Mose 33,8) Durch ein Losorakel wurde Saul zum König gewählt. (1. Samuel 10,17–24) Selbst wenn man nicht daran glaubt – die Auffassung, dass etwas als ein Omen gelten könnte, ist uns auch heute noch vertraut. Nicht wenige sind abergläubisch, nicht wenige vertrauen ihren Horoskopen. Die mantische Kultur beruhte auf der Überlebensnötigung des Menschen, Unsicherheiten und Ungewissheiten zumal der Zukunft zu mindern, in seinem Lebensraum klug und weitsichtig zu handeln, Risiken und Vorteile abzuschätzen, Gesetzmäßigkeiten zu erkennen und sie für sein Handeln zu nutzen und Gegenwärtiges und Vergangenes zu verstehen, „das Heutige, das Kommende, das Vergangene", wie es in Homers *Ilias* (I, V. 70) heißt. Die Mantik mindert die

---

[18] Vgl. Beerden, a. a. O., S. 68 ff.

Ungewissheit der Zukunft für das Handeln, macht sie aber nicht restlos gewiss. Denn eine ungewisse Zukunft schützt auch und setzt Energien frei.

Die Welt der mantischen Kultur ist eine Welt voller natürlicher und übernatürlicher Kräfte. Die Welt ist ein göttlicher Kosmos, in dem alles Natürliche ein Zeichen der übernatürlichen Macht der Götter sein kann. Die mantische Divination begrenzt die Macht des Menschen und öffnet seine Existenz zugleich auf das Göttliche.[19] Dass dieses Göttliche teil nimmt an den menschlichen Schicksalen, verleiht ihnen auch eine lebensnotwendige Bedeutsamkeit. Die Himmelszeichen, der Flug der Vögel, Missgeburten, Krankheiten, alles Ungewöhnliche, Träume und Orakel müssen und können gedeutet werden. Darin liegt auch eine Auszeichnung des Menschen. Er ist nicht nur den Vorgängen und Ereignissen in der Natur unterworfen, sondern kann, seine Welt deutend, sich orientieren, seine Handlungen abwägen und planen. Die Befragung der göttlichen Macht in riskanten Situationen entlastet auch die Verantwortung des Menschen für sein Handeln, indem sie auch den Göttern Verantwortung zuspricht.

Wie wird etwas zum Zeichen, zu einer göttlichen Botschaft? Ein mantisches Zeichen ist das, was als Zeichen eines Göttlichen angesehen werden kann. Das kann ein außergewöhnliches Ereignis sein, wie das Erscheinen des Sterns bei der Geburt Jesu und die Verfinsterung bei seinem Tod (Matthäus 2,2; 27,45) oder die Erscheinung eines Kometen zu Beginn des Dreißigjährigen Krieges; das kann ein Zeichen sein entsprechend den überlieferten mantischen Zeichenkatalogen und das kann ein Ereignis sein, das der Deuter situativ als signifikant, eben als ein Zeichen, deutet.

Die mesopotamische Mantik war eine staatliche und religiöse Institution. Der mantische Deuter war zugleich ein Diener des Gottes, der Deutungsakt ein sakraler Akt, verbunden mit einem Opfer. Er genoss ein hohes Prestige, zumal wenn er in der Nähe des Herrscherhofes residierte. Mittels der Opfergabe nahm er Verbindung mit den göttlichen Gewalten auf, auf deren Wohlwollen die Menschen angewiesen sind. Diese Gewalten wurden befragt, ob sie den menschlichen Plänen zustimmen oder sie ablehnen. Konsultiert wurde nicht der mantische Deuter, sondern durch ihn die Götter.

In den mesopotamischen Quellen erscheint die Deutung der Eingeweide von Tieren als eine hochentwickelte Kunst. Reichliche Quellen von Tontafeln seit dem frühen zweiten Jahrtausend v. Chr. belegen, dass die Kunst der Deutung der Eingeweide von Opfertieren schon als eine Expertendisziplin etabliert worden war, deren Wissen schriftlich fixiert wurde.[20] Diese Deutung konzentrierte sich vornehmlich auf die Leber von Schafen. Auf die Leber wohl deshalb, weil sie

---

[19]Vgl. W. Burkert, *Signs, Commands, and Knowledge. Ancient Divination between Enigma and Epiphany*, in: S. I. Johnston/P. T. Struck, Hrsg., *Mantikê. Studies in Ancient Divination*, Leiden 2005, S. 48.

[20]Vgl. dazu und im Folgenden J. Bottéro, *Symptômes, signes, écritures en Mésopotamie ancienne*, in: J.-P. Vernant, Hrsg., *Divination et Rationalité*, Paris 1974, S. S. 70–197; besonders Maul, a. a. O.

als Quelle des Blutes, daher als Sitz des Lebens galt[21] und ein großes Organ ist, das topographisch differenziert untersucht werden kann. Die Untersuchung und Deutung der Leber begann mit Gebeten des mantischen Experten und seiner Bitte an die Götter, ihre Botschaft in diesem Organ des Opfertieres mitzuteilen. Für die Untersuchung wurde eine Fachsprache entwickelt und Sammlungen von Deutungsfällen und Deutungsregeln, Handbücher gewissermaßen, für die Praxis und Ausbildung der Deuter angelegt, für die Ausbildung auch beschriftete und markierte Lebermodelle aus Ton. Der mesopotamische Fachausdruck für den mantischen Deuter, *barû*, bedeutet soviel wie Untersucher. Genaue, kontrollierte Untersuchungen wurden vorgenommen und rationale Verfahren entwickelt, die man protowissenschaftlich nennen kann, Verfahren der Abstraktion, Systematisierung und Klassifikation der Phänomene. Gesucht wurden Regelmäßigkeiten in den Ereignissen, um im Einzelfall fundierte Prognosen abgeben zu können.[22] Wie Trampedach formuliert: Die mesopotamische Divination war keine Wissenschaft, aber sie verfuhr auf der Basis ihrer Prämissen „wie eine Wissenschaft".[23] Der Reichtum ihrer empirischen Beobachtungen kam der Naturkunde und der Medizin zugute. Die prognostische Deutung wurde in Wenn-Dann-Sätzen formuliert: Wenn das Phänomen x eintritt, wird y geschehen, z. B. ‚Wenn auf der Leber das Palasttor (Name für den Einschnitt, der die Leber in zwei Lappen zu trennen scheint) weit offensteht: Es wird eine Hungersnot entstehen.' Bei einem Opfervogel: ‚Wenn die Brust des Vogels rechts löchrig ist: Der Feind wird das Land des Fürsten erobern.' Bei einem Orakel aus der Mischung von Öl und Wasser: ‚Verwandelt sich das Öl in einen dünnen Film: Der Kranke wird sterben. Sollte er sich bei meinem zweiten Gießen zusammenballen: der Kranke wird leben.' Ein astronomisches Orakel: ‚Wenn sich der Mars dem Sternbild Perseus nähert, dann wird es einen Umsturz geben und dann wird der Bruder den Bruder erschlagen.'

Für die Untersuchung der Leber wurde ihre Oberfläche topographisch geordnet. Sie wurde unterteilt in eine linke und rechte Zone, in den Zonen in Segmente mit jeweils einem besonderen Merkmal. Diesen Segmenten wurden besondere Wertigkeiten zugesprochen. Geprüft wurde nach einem binären Wertungssystem, ob der Befund eine günstige oder ungünstige Prognose erlaubt. Von Bedeutung waren sowohl das Vorliegen einer idealen Form als auch die Abweichungen. Der Befund eines Lochs z. B., einer Abweichung also, deutet auf Krankheit, Seuche oder Tod. Linke Zonen hatten allgemein einen Wert für den Feind, rechte einen Wert für das Eigene. Helle und weiche Segmente einen günstigen, dunkle und harte einen

---

[21]Vgl. W. Furley/V. Gysembergh, *Reading the Liver. Papyrological Texts on Ancient Greek Extispicy*, Tübingen 2015, S. 8 f.
[22]Bottéro, a. a. O., weist darauf hin, dass die mesopotamische Mantik insofern wichtig war für die Ausbildung der Medizin und Astronomie, allgemein für abstraktes Denken. S. 154 ff. stellt er die Entwicklung der mesopotamischen Divination in einen Zusammenhang mit der Entwicklung der Keilschrift.
[23]Trampedach, a. a. O., S. 535.

ungünstigen Wert. Überhaupt galt die rechte Seite als die Seite des Erfolgs und Glücks, die linke als die des Misserfolgs und Unglücks. Diese Wertezuordnung hält sich ja bis heute. Jedoch konnte eine rechte Seite auch eine ungünstige Bedeutung erhalten, wenn ihre Merkmale als ungünstig gedeutet wurden.

Alle Segmente waren skrupulös zu deuten, günstige und ungünstige Befunde musste man abwägen. Die Deutung basierte auf der Beobachtung der ganzen Leber, ihrer Ordnung von Segmenten und Wertigkeiten und auf Analogien und Assoziationen. Analogisch wurde die Leber als ein Spiegel der Welt bzw. des göttlichen Willens verstanden. Es ist analogisch und assoziativ auch naheliegend, einen Defekt in einem Organ wie ein Loch als Gefährdung oder Vernichtung von Lebendigem zu deuten. Ein bestimmter Gewebeauswuchs eines Segments, fachsprachlich ‚Waffe' genannt, war ein Zeichen für aggressive Energie. War er stark nach oben gerichtet, dann deutete er auf Bedrohung, war er eher nach unten gerichtet, dann auf keine Bedrohung. Von Belang für die Deutung war auch, auf welches andere Segment die ‚Waffe' gerichtet war. Untersucht wurden also Zonen und Segmente *und* die Struktur, der ‚Kontext' dieser Zonen und Segmente.

Dass es nicht nur auf das einzelne Element, sondern auch auf seinen Zusammenhang mit anderen Elementen, auf seine Position in einer Struktur ankommt, finden wir auch in der antiken ärztlichen Lehre, die von der mantischen Praxis profitierte. Zur Frage, wann wir eine Wahrnehmung als wahr beurteilen, vergleicht der antike Philosoph Karneades von Kyrene das Vorgehen eines Philosophen mit dem der Ärzte: „Und wie einige Ärzte jemanden nicht aufgrund eines einzigen Symptoms als wirklich fiebernd erfassen, z. B. aufgrund der Heftigkeit des Pulses oder hoher Temperatur, sondern nur aufgrund eines Syndroms [gr. *syndrome:* Zusammenlauf] z. B. von Temperatur, Puls, schmerzhafter Berührung, Rötung, Durst und von Entsprechendem zusammen, so nimmt auch der Akademiker [d. h. der Philosoph] die Beurteilung der Wahrheit aufgrund des Syndroms der Vorstellungen vor, und wenn ihn keine Vorstellung aus dem Syndrom als falsche Vorstellung ablenkt, sagt er, das, was von ihm aufgenommen wird, sei wahr."[24]

In der Untersuchung der Eingeweide durch einen mesopotamischen Seher wurde die Deutung von einem zweiten Seher überprüft, in wichtigen Fällen an einem zweiten Opfertier vorgenommen und die Ergebnisse jeweils protokolliert. Die Orakeldeutung wurde überprüft, um ihre Gültigkeit zu validieren oder zu korrigieren, besonders wenn das Ergebnis der ersten zwar günstig ausfiel, widrige Zeichen aber nicht zu übersehen waren. In schwierigen und besonders wichtigen Fällen wurden auch unterschiedliche Orakel, z. B. Leberorakel, Vogelorakel, Rauchorakel, Orakel aus der Mischung von Öl und Wasser, kombiniert. So konnte auch eine Traumdeutung durch eine Leberschau überprüft werden. Man kann sich vorstellen, dass über die Deutung auch gestritten wurde, wie auch aus

---

[24]Sextus Empiricus, *Adversus mathematicos*, 7, 179 f. (Sextus Empiricus, *Gegen die Dogmatiker. Adversus mathematicos* libri 7–11, übers. v. H. Flückiger, Sankt Augustin 1988, S. 43 f.).

einem späteren, griechischen Zeugnis hervorgeht. In der *Odyssee* streiten sich die mantischen Deuter über die Deutung von Vogelzeichen. (II, V. 146–207).

Die Überprüfung diente nicht nur der Kontrolle der Deutung, sondern auch im staatlichen Raum der Kontrolle der Deuter. Denn die mantischen Experten hatten mit ihrer Orakeldeutung für die Handlung des Herrschers eine enorme Macht und diese Macht konnten sie natürlich für eine eigene Politik, für Intrigen nutzen. Daher sollte auch der Herrscher Deutungswissen besitzen, um den Deutern nicht kritiklos ausgeliefert zu sein. Das Deutungswissen von Herrschern und Deutungsexperten war Herrschaftswissen. Als solches war es geheim. Es musste geschützt werden, um Feinden keine strategischen Informationen zukommen, und, bei schlechten Prognosen, Unruhen im eigenen Staat nicht aufkommen zu lassen.

Auf uralte Erfahrungen und Lehren ging die mantische Praxis zurück, auch in Himmelskörpern und Himmelserscheinungen, Wind und Wetter Zeichen und Vorzeichen für Zukünftiges zu sehen. Sie ging von einem ganzheitlichen Verständnis der Welt aus, wonach Himmel und Erde, Makrokosmos und Mikrokosmos einander korrespondieren und dass eine göttliche Quelle mit allem, was am Himmel geschieht, dem Menschen etwas zu verstehen gibt. Alles, was am Himmel geschieht, hat eine Auswirkung auf die Erde. Da die Welt einen Kosmos bildet, kann in der Divination eine Sache als Vorzeichen für eine andere Sache gedeutet werden. Etwas, heißt dies, kann immer auch noch etwas anderes bedeuten.

Es ist nicht schwer sich vorzustellen, dass die Lichter des nächtlichen Sternenhimmels dazu verführen können, sie als eine Botschaft wahrzunehmen. In assyrischen und babylonischen Inschriften des 1. Jahrtausends v. Chr. findet sich die (aus heutigem Verständnis) Metapher der Himmelsschrift für die Zeichen des Himmels, die insofern ‚gelesen' werden können.[25] Darin liegt eine der Quellen für die bis in die neuzeitliche Wissenschaft reichende Metapher vom Buch der Welt.[26] Da der Himmel sich über den ganzen Erdkreis wölbt, gelten seine Zeichen auch für den ganzen Erdkreis, für alle Menschen. Erst sehr viel später, ab dem 5. Jahrhundert v. Chr. wurden in der Tradition der mesopotamischen Sternenkunde individuelle Horoskope erstellt. Danach wurde aus dem Sternenstand am Tag der Geburt das zukünftige, individuelle Schicksal vorhergesagt.

Die babylonischen Himmels- und Sterndeuter beanspruchten, aus dem Medium des Himmels und durch ihre genaue und systematische Beobachtung dieses Mediums womöglich bessere und verlässlichere Prognosen aus diesen Zeichen gewinnen zu können als die Opferschauer.

Sind die Zeichen einer Leberschau erbetene, ‚künstliche' Zeichen, bezogen auf einen Ratsuchenden und eine momentane Situation, sind die Himmelszeichen hingegen unerbetene, ‚natürliche' Zeichen. Sie können unmittelbar, unabhängig von rituellen Zurichtungen gewonnen werden und gewähren in ihrer Fülle und in

---

[25] Vgl. E. Cancik-Kirschbaum, *Beschreiben, Erklären, Deuten. Ein Beispiel für die Operationalisierung von Schrift im Alten Zweistromland*, in: G. Grube u. a., Hrsg., *Schrift: Kulturtechnik zwischen Auge, Hand und Maschine*, Paderborn 2005, S. 403 f.
[26] Vgl. H. Blumenberg, *Die Lesbarkeit der Welt*, Frankfurt a. M. 1981.

ihren Regelmäßigkeiten eine ständige Divination. Die Beobachtung des Himmels, der Planeten, Sterne und Sternbilder, diente auch, zuerst wohl vor allem, zur Erstellung eines Kalenders für die Planung von Aussaat und Ernte und für die Planung der staatlichen Verwaltung. Um den nach Mondmonaten geordneten Kalender mit den Sonnenzyklen in Übereinstimmung zu bringen, waren genaue Messungen nötig. Aus diesen Beobachtungen, Messungen, ihren Niederschriften entstand die astronomische Wissenschaft. Aber diese astronomische Wissenschaft stand im Dienste der ‚astrologischen' Wahrsagekunst. Eine Kenntnis der Gesetzmäßigkeiten in der Natur und der Geschichte versprach dem Herrscher Macht über die Gegenwart und Zukunft und strategische Vorteile gegenüber den Feinden. Erst im 17. Jahrhundert n. Chr. löste sich endgültig die Astronomie von der Astrologie.

Das astrologische Deutungsverfahren entsprach dem Verfahren in der Eingeweideschau. Der Himmel wurde als eine Ordnung von Regionen (Himmelsrichtungen, Gruppierung von Sternen, Bahn von Planeten) begriffen. Der griechische Autor Aratos hatte im 3. Jahrhundert v. Chr. die Ordnung von Sternen zu ‚Sternenbildern', zu Konstellationen – das lateinische Wort *constellatio* bedeutet wörtlich ‚Zusammensternung' – in seinem Lehrgedicht *Phainomena* (Himmelserscheinungen) dadurch erklärt, dass sie dadurch erst benennbar wurden. Ohne diese Ordnung seien die einzelnen Sterne unüberschaubar, meist ununterscheidbar und daher unbenennbar. Gestirne und Sternbilder wurden Göttern zugeordnet und mit positiven oder negativen Werten versehen. Jupiter z. B. wurde als König identifiziert, Mars der Unterwelt zugeordnet. Auch hier galt rechts als eine positiv besetzte, links als eine negativ besetzte Zone, positiv wieder eine helle, negativ eine dunkle Zone. Als Zeichen konnten z. B. die Lichtintensität und Färbung des Mondes gedeutet werden. Verdeckte der Mond einen positiv besetzten Planeten, galt dies als ein übles Zeichen, verdeckte er einen negativ besetzten, dann als ein glückliches. Als schlimmstes Zeichen galt die Mondfinsternis.

Hätte die mantische Praxis als bloßer Aberglaube gegolten, hätte sie sich nicht über Jahrtausende als eine geradezu staatstragende Autorität für Entscheidungshilfen erhalten. Sie basierte auf genauem, scharfsinnigem Beobachten, Systematisierungen und Klassifikationen, umsichtigem Folgern, auf Erkenntniswillen. Das unterscheidet sie von der Magie, auch wenn charismatischen Sehern auch magische Qualitäten unterstellt wurden. Anders als die Mantik will die magische Praxis Ereignisse und Personen manipulieren, sie will etwas herbeiführen. Politisch hatte die Mantik auch die Funktion einer Überprüfung der Handlungen des Herrschers, denn er hatte seine Handlungen vor einer göttlichen Autorität zu rechtfertigen. Und sie nötigte diesen Handlungen einen, Zeit beanspruchenden, Abwägungsprozess auf, in dem die Situation und Folgen genau zu bedenken waren, und konnte damit impulsive Entscheidungen des Herrschers verhindern.

Die mantische Praxis Mesopotamiens hatte eine gewaltige Wirkung auf die mantische Praxis in Ägypten, Israel, Indien, bis zu den Etruskern, auf die alte Welt allgemein. Sie bildete auch die Basis für die griechische und römische Mantik.[27] Es gibt sogar Hinweise darauf, dass in Griechenland neben der Rhetorik und Philosophie auch die Auslegung der Orakel die Interpretation literarischer Texte beeinflusste. Seit ältesten Zeiten sind Poesie und Prophetie verbunden. Nach Jacob Burckhardt ist einst alles Dichten „im Dienste des Heiligen gewesen und durch den Tempel hindurchgegangen".[28] In den Musenanrufen zu Anfang der homerischen Epen äußert sich die Vorstellung, dass die Dichtung durch die Inspiration göttlicher Mächte ermöglicht wird. Die nach antiker Vorstellung ältesten griechischen Orakelsammlungen wurden mit mythischen Dichtern verknüpft wie Orpheus, der durch seine Lieder wilde Tiere besänftigte und der Orakelsprüche erteilt haben soll. Apollo war der Gott der Wahrsagekünste, der Musik und Patron der Musen, auch der Dichtkunst. Diesem Gott war das Orakel von Delphi geweiht. Delphische Orakelsprüche konnten in Prosa und in Versen gehalten sein. Schickte eine Polis eine Gesandtschaft zu einer Orakelstätte, so ist es wahrscheinlich, dass die Gesandtschaft das Orakel auch in schriftlicher Form zurückbrachte. Dieser Orakeltext war dann als Text, losgelöst von einem Ursprungsort, zu interpretieren. Bei Orakeln wie bei poetischen Texten wurde das Objekt der Interpretation als dunkle Rede, als ein Rätsel, als *ainigma* verstanden. Hier wie dort geht es daher um eine genaue Untersuchung, Teil für Teil, Wort für Wort, um die Botschaft herauszufinden. Die Polisversammlung in Athen diskutierte nach Herodot über das delphische Orakel von der hölzernen Mauer wie über einen literarischen Text.

Dieser Zusammenhang wird auch nahegelegt durch ein spektakuläres Papyrusfragment, das aus dem 4. Jahrhundert (v. Chr.) stammt. Über seine Bedeutung wird viel und kontrovers diskutiert, klar ist jedoch, dass es Reflexionen über die Auslegung poetischer Texte enthält und die Auslegung poetischer Texte mit der Auslegung von Orakeln verknüpft. So heißt es in der Kolumne VII, dass Orpheus mit den Rätseln *(ain[igm]ata)* seines Gedichts große Dinge sagen wolle. Und in der Kolumne XIII heißt es: „Da er [der Poet] in Rätseln über wirkliche Dinge spricht, das ganze Gedicht hindurch, ist es notwendig, es Wort für Wort zu diskutieren [...]"[29] Hier wie dort geht es um einen ganzheitlichen, zwanglosen Zusammenhang, eine *sympatheia,* wie es später, etwa bei Cicero (*De natura deorum* (Über das Wesen der Götter), III, 28) heißt, zwischen den Teilen der Welt und zwischen den Teilen des Textes.

---

[27]Vgl. Maul, a. a. O., S. 220 ff., 294 f.; Trampedach, a. a. O., S. 541 f.
[28]J. Burckhardt, *Weltgeschichtliche Betrachtungen. Gesammelte Werke,* 10 Bde, Basel 1970, Bd. 4, S. 77. Vgl. auch Rosenberger, a. a. O., S. 166 ff.
[29]Die Übersetzung lehnt sich an die englische Übersetzung in A. Laks/G. W. Most, Hrsg., *Studies on the Deverni Papyrus,* Oxford 1997, S. 10–22, an. Vgl. dazu P. T. Struck, *Divination and Literary Criticism?,* in: Johnston/Struck, a. a. O., S. 147–165. Struck weist darauf hin, dass der Terminus des Rätsels sowohl in den Auslegungen von Orakeln (z. B. Aeschylos, *Agamemnon,* V. 1112, 1183; Platon, *Timaios,* 72b) als auch von Texten (z. B. Platon, *Alkibiades II,* 147b) vorkommt.

Die Hermeneutik hat die Tradition der Mantik bis ins 18. Jahrhundert ernst genommen. Unter dem Titel der „mantischen Auslegungskunst" (§ 256) behandelt Georg Friedrich Meier in seinem *Versuch einer allgemeinen Auslegungskunst* (1757) u. a. die Physiognomik, die Astrologie und Traumdeutung. In der Folge wurde die mantische Hermeneutik als unwissenschaftlich von der Hermeneutik ausgeschlossen und die Hermeneutik verengt auf die Auslegung mündlicher und schriftlicher Äußerungen, im 19. Jahrhundert dann ganz auf die Texte.

Jedoch verhalten wir uns als Leser literarischer Texte als moderne Nachfahren der alten Mantik. Wir verhalten uns so, als seien wir auch mantische Leser. Unter dem Vorbehalt einer ästhetischen, experimentellen und fiktiven Welt glauben wir in der Literatur an eine Sympathie der Dinge der Welt, an einen universellen Verweisungszusammenhang, verstehen natürliche Ereignisse als Orakel.[30] Im Gedicht kann der Himmel die Erde still küssen. Wenn Charlotte in Goethes Roman *Die Wahlverwandtschaften* ihren Brief mit einem Tintenfleck verunstaltet, wenn in einem Film nächtliche Wolken über den Mond ziehen, dann erwarten wir nichts Gutes für die zukünftige Handlung. Wir interpretieren diesen Vorgang als ein Zeichen, als ein *Omen* für Zukünftiges, literaturwissenschaftlich gesprochen als ein Symbol.[31] Die Deutung von etwas als ein Symbol für ... nimmt die alte Deutung der Orakel unter den Bedingungen modernen Bewusstseins auf.

In Ausdrücken wie ‚Mich beschleicht eine Ahnung' oder ‚Ich habe ein mulmiges Gefühl' oder ‚Mein Bauchgefühl sagt mir ...' entdeckt Wolfram Hogrebe das Erbe der alten mantischen Praxis und rechtfertigt sie in einer Theorie des „natürlichen Erkennens". Ahnungen stehen für ihn am Anfang unseres kognitiven Wegs, der über Vermutungen und Meinungen dann zum Wissen führt.[32] Gerade in der Wahrnehmung und Einschätzung von Personen erkennen wir in diesem Sinne ‚natürlich', wie sehr auch in diese Erkenntnis viele Erfahrungen eingegangen sind. Auch Stimmungen sind für Hogrebe, mit Heidegger, Formen eines natürlichen Erkennens.[33]

---

[30]Vgl. H. Schlaffer, *Poesie und Wissen. Die Entstehung des ästhetischen Bewusstseins und der philologischen Erkenntnis*, Frankfurt a. M. 1990, S. 91 ff. Schlaffer interpretiert die Poesie als Rettung archaischer Bestände menschlicher Kultur auf der Stufe modernen Bewusstseins.
[31]Vgl. G. Kurz, *Metapher, Allegorie, Symbol*, 6. Aufl. Göttingen 2009, S. 70 ff.
[32]Vgl. W. Hogrebe, *Ahnung und Erkenntnis. Brouillon zu einer Theorie des natürlichen Erkennens*, Frankfurt a. M. 1996.
[33]Vgl. Heidegger, a. a. O., S. 137 f.: „Wir müssen in der Tat ontologisch grundsätzlich die primäre Entdeckung der Welt der ‚bloßen Stimmung' überlassen."

5.2 Josef interpretiert den Traum Pharaos

Menschen träumen und fragen sich und andere, was ihre Träume bedeuten. Die Literatur aller Völker und Zeiten ist von ihren Anfängen an voll von Träumen und Traumdeutungen.[34] Ein Reichtum von Zeugnissen aus der alten Welt des Orients, Griechenlands und Roms belegt die große Rolle, welche die Träume als *omina* für das Handeln der Menschen spielen. Nach Aischylos' Drama *Prometheus* gehört die Unterscheidung von Traum und Realität zu den großen kulturkonstitutiven Leistungen. Prometheus wird von den Göttern auch deswegen bestraft, weil er die Menschen diese Unterscheidung und die Kunst der Wahrsagung, vor allem der Vorhersage aus der Traumdeutung lehrte.[35] Der Traum, davon war man überzeugt, war die nächtliche Botschaft, mit der die Götter den Menschen im Schlaf die Gegenwart und die Zukunft enthüllen. Im mantischen System zählte der Traum zu den natürlichen, unerbetenen göttliche Botschaften. (Vgl. S. 85) Die meisten Menschen, schrieb im ersten Jahrhundert n. Chr. der griechische Schriftsteller Plutarch, „glauben an die göttliche Herkunft der Träume", der Traum ist das „älteste Orakel [*manteion*] der Menschheit".[36]

Plutarchs Einschränkung, dass die „meisten" Menschen an einen göttlichen Ursprung der Träume glauben, verweist indes darauf, dass die Deutung von Träumen schon in der Alten Welt umstritten war. Nicht alle Träume galten als göttliche Botschaften, manche galten als bedeutsam, manche als bedeutungslos, manche Verkündigungen als wahre, manche aber auch als trügerische. Durch zwei Pforten, heißt es in Homers *Odyssee* (XIX, V. 559–567), treten die Träume zu den Schlafenden. Die eine ist aus Horn, durch sie treten die Träume, die eine Wahrheit verkünden. Die andere ist aus Elfenbein. Durch sie treten die Träume, die den Geist täuschen. Die Bilder der Träume sind oft wirr, vieldeutig oder unverständlich. In der *Odyssee* weiß Penelope, dass nicht jeder Traum eine Bedeutung hat. Der alttestamentarische Prophet Jeremiah hielt Träume, die als prophetische ausgegeben wurden, für Stroh. (Jeremiah 23,28) Seine Fundamentalkritik der Mantik im Allgemeinen richtete Cicero auch gegen die prognostische Traumdeutung im Besonderen. Es ist für Cicero ein Aberglaube, zu meinen, dass Träume gottgesandte Weissagungen sind. (*De Divinatione*, II, 124 ff.) Die Traumdeutung könne auch keine verlässliche Prognose liefern. Verlässliche Prognosen setzten regelmäßige Folgen von Ereignissen voraus, wie z. B. die Bahn eines Sterns. Wenn einmal etwas eintrete, was wir geträumt haben, dann sei es Zufall.

---

[34]Vgl. J. Latacz, *Funktionen des Traums in der antiken Literatur*, in: Th. Wagner-Simon/G. Benedetti, Hrsg., *Traum und Träumen. Traumanalysen in Wissenschaft, Religion und Kunst*, Göttingen 1984, S. 10.
[35]Vgl. Chr. Walde, *Die Traumdarstellungen in der griechisch-römischen Dichtung*, München/Leipzig 2001, S. 95fff.
[36]Plutarch, a. a. O., Bd. 7, S. 456 f. (589D-E), Bd. 2, S. 418 f. (158 F–159 A).

5.2 Josef interpretiert den Traum Pharaos

Trotz dieser Kritik wurden – und werden – Träume auch weiterhin prognostisch gedeutet.[37]

Derjenige, der den Traum träumt, muss nicht über die Fähigkeit verfügen, den Traum selbst zu deuten. Daher kam es in der Alten Welt zur Etablierung des professionellen Traumdeuters, des (gr.) *oneirokrites, oneiropolos* oder *oneiromantis,* des (lat.) *interpres* oder *coniector somnium,* und es wurde eine differenzierte Technik der Traumdeutung, die *Oneirokritik,* entwickelt. „In den Städten Griechenlands wurde die Traumdeutung mit der Zeit ein Geschäft wie ein anderer Marktkram, an fester Stelle und für jedermann leicht und augenblicklich zu erreichen".[38] Aber auch in der Familie, unter Freunden wurden Träume gedeutet. Träume und ihre Deutungen wurden niedergeschrieben und in einer umfangreichen Fachliteratur zusammengestellt.[39] Die Traumdeutung war vor allem Deutung der Zukunft. Daneben wurde die Traumdeutung auch für die Diagnose und Therapie von Krankheiten praktiziert. Trotz aller Zweifel und Kritik an der Verlässlichkeit der Traumdeutung waren die meisten Menschen doch davon überzeugt, dass sie auf gültigem Erfahrungswissen beruht.

Auch in der Bibel spielen Träume eine wesentliche Rolle. Berühmt sind im *Alten Testament* der „Traum" und die „Gesichte" Daniels von den vier Weltreichen (Daniel 7, 1–28) und die Träume des Pharao von den sieben fetten und den sieben mageren Kühen. Von ihnen und ihrer Deutung durch Josef berichtet das 1. Buch Mose im 41. Kapitel, Verse 1–37, in der Übersetzung Luthers:[40]

---

[37]Vgl. B. Näf, *Traum und Traumdeutung im Altertum,* Darmstadt 2004, S. 48 ff. zur antiken Kritik der Traumdeutung.

[38]J. Burckhardt, *Griechische Kulturgeschichte,* 3 Bde, München 1977 (zuerst 1898–1902), Bd. 2, S. 272.

[39]Zur Bedeutung des Traums und der Traumdeutung in der Alten Welt vgl. L. Hermes, *Traum und Traumdeutung in der Antike,* Zürich/Düsseldorf 1996; Näf, a. a. O.; ferner: E. R. Dodds, *Die Griechen und das Irrationale,* Wiesbaden 1970, S. 102 ff.; Ch. Walde, *Antike Traumdeutung und moderne Traumforschung,* Düsseldorf/Zürich 2001; G. H. Renberg, *The Role of Dream-Interpreters in Greek and Roman Religion,* in: G. Weber, Hrsg., *Artemidor von Daldis und die antike Traumdeutung,* Berlin 2015, S. 233–262.

[40]Vgl. dazu W. Richter, *Traum und Traumdeutung im Alten Testament,* in: Biblische Zeitschrift 7, 1963, S. 202–220; G. v. Rad, *Die Josephsgeschichte,* Neukirchen 1964; C. Westermann, *Genesis.* 3. Teilband. *Genesis 37–50 (Biblischer Kommentar. Altes Testament),* Neukirchen-Vluyn 1982; M. Sternberg, *The Poetics of Biblical Narrative,* Bloomington 1987, S. 394 ff.; M. Fishbane, *Biblical Interpretation in Ancient Israel,* Oxford 1985, S. 443 ff.; K. Seybold, *Der Traum in der Bibel,* in: Wagner-Simon/Benedetti, a. a. O., S. 44 ff.; R. Pirson, *The Lord of the Dreams. A Semantic Analysis of Genesis 37–50,* London 2002; J. Lanckau, *Der Herr der Träume. Eine Studie zur Funktion des Traumes in der Josefsgeschichte der Hebräischen Bibel,* Zürich 2006, S. 235 ff.; *Herders Theologischer Kommentar zum Alten Testament. Genesis 37–50.* Übers. und ausgelegt von J. Ebach, Freiburg/Basel/Wien 2007, S. 228 ff.

1. Und nach zwei Jahren hatte Pharao einen Traum, wie er stünde am Nil
2. und sähe aus dem Wasser steigen sieben schöne, fette Kühe, die gingen auf der Weide im Grase.
3. Nach diesen sah er andere sieben Kühe aus dem Wasser aufsteigen; die waren hässlich und mager und traten neben die Kühe an das Ufer am Wasser.
4. Und die hässlichen und mageren fraßen die sieben schönen, fetten Kühe. Da erwachte Pharao.
5. Und er schlief wieder ein, und ihm träumte abermals, und er sah, dass sieben Ähren wuchsen aus einem Halm, voll und dick.
6. Darnach sah er sieben dünne Ähren aufgehen, die waren vom Ostwind versengt.
7. Und die sieben mageren Ähren verschlangen die sieben dicken und vollen Ähren. Da erwachte Pharao und merkte, dass es ein Traum war.
8. Und da es Morgen ward, war sein Geist bekümmert; und er schickte aus und ließ rufen alle Wahrsager in Ägypten und alle Weisen und erzählte ihnen seine Träume. Aber da war keiner, der sie dem Pharao deuten konnte.
9. Da redete der oberste Schenke zu Pharao und sprach: Ich gedenke heute an meine Sünden.
10. Da Pharao zornig ward über seine Knechte und mich mit dem obersten Bäcker ins Gefängnis legte in des Hauptmanns Hause,
11. da träumte uns beiden in einer Nacht, einem jeglichen sein Traum, des Deutung ihn betraf.
12. Da war bei uns ein hebräischer Jüngling, des Hauptmanns Knecht, dem erzählten wir's. Und er deutete uns unsere Träume, einem jeglichen nach seinem Traum.
13. Und wie er uns deutet, so ist's ergangen; denn ich bin wieder in mein Amt gesetzt, und jener ist gehenkt.
14. Da sandte Pharao hin und ließ Joseph rufen; und sie ließen ihn eilend aus dem Gefängnis. Und er ließ sich scheren und zog andere Kleider an und kam hinein zu Pharao.
15. Da sprach Pharao zu ihm: Mir hat ein Traum geträumt, und ist niemand, der ihn deuten kann; ich habe aber gehört von dir sagen, wenn du einen Traum hörst, so kannst du ihn deuten.
16. Joseph antwortete Pharao und sprach: Das steht bei mir nicht; Gott wird doch Pharao Gutes weissagen.
17. Pharao sprach zu Joseph: Mir träumte, ich stand am Ufer bei dem Wasser.
18. und sah aus dem Wasser steigen sieben schöne, fette Kühe; die gingen auf der Weide im Grase.
19. Und nach ihnen sah ich andere sieben dürre, sehr hässliche und magere Kühe heraussteigen. Ich habe in ganz Ägyptenland nicht so hässliche gesehen.
20. Und die sieben mageren und hässlichen Kühe fraßen auf die sieben ersten, fetten Kühe.
21. Und da sie die hineingefressen hatten, merkte man's nicht an ihnen, dass sie gefressen hatten, und waren hässlich gleich wie vorhin. Da wachte ich auf.

5.2 Josef interpretiert den Traum Pharaos

22. Und ich sah abermals in meinem Traum sieben Ähren auf einem Halm wachsen, voll und dick.
23. Darnach gingen auf sieben dürre Ähren, dünn und versengt.
24. Und die sieben dünnen Ähren verschlangen die sieben dicken Ähren. Und ich habe es den Wahrsagern gesagt; aber die können's mir nicht deuten.
25. Joseph antwortete Pharao: Beide Träume Pharaos sind einerlei. Gott verkündet Pharao, was er vorhat.
26. Die sieben schönen Kühe sind sieben Jahre, und die sieben guten Ähren sind auch die sieben Jahre. Es ist einerlei Traum.
27. Die sieben mageren und hässlichen Kühe, die nach jenen aufgestiegen sind, das sind sieben Jahre; und die sieben mageren und versengten Ähren sind sieben Jahre teure Zeit.
28. Das ist nun, wie ich gesagt habe zu Pharao, dass Gott Pharao zeigt, was er vorhat.
29. Siehe, sieben reiche Jahre werden kommen in ganz Ägyptenland.
30. Und nach denselben werden sieben Jahre teure Zeit kommen, dass man vergessen wird aller solcher Fülle in Ägyptenland; und die teure Zeit wird das Land verzehren.
31. dass man nichts wissen wird von der Fülle im Lande vor der teuren Zeit, die hernach kommt; denn sie wird sehr schwer sein.
32. Dass aber dem Pharao zum andernmal geträumt hat, bedeutet, dass solches Gott gewiss und eilend tun wird.
33. Nun sehe Pharao nach einem verständigen und weisen Mann, den er über Ägyptenland setze,
34. und schaffe, dass er Amtleute verordne im Lande und nehme den Fünften in Ägyptenland in den sieben reichen Jahren
35. und sammle alle Speise der guten Jahre, die kommen werden, dass sie Getreide aufschütten in Pharaos Kornhäuser zum Vorrat in den Städten und es verwahren,
36. auf dass man Speise verordnet finde dem Lande in den sieben teuren Jahren, die über Ägyptenland kommen werden, dass nicht das Land vor Hunger verderbe.
37. Die Rede gefiel Pharao und allen seinen Knechten wohl.

Erzählt wird konzentriert auf das Wesentliche der Handlung und der Träume. Auch Pharao erzählt konzentriert auf das Wesentliche. Er träumte kurz hintereinander zwei Träume.[41] Nach dem zweiten Traum hat er eine Ahnung, dass die Träume nichts Gutes bedeuten. Er ist „bekümmert", aber kann sie selbst nicht deuten. Er ahnt auch, dass sie mit seinem Reich, mit „Ägyptenland" (V. 19) zu tun haben, denn diesen Begriff verwendet er, nicht der Erzähler. Nach der wunderbaren Version in seinem Roman *Joseph und seine Brüder* lässt Thomas Mann denn auch Josef zu Pharao sagen, dass er nur das sagt, was Pharao schon weiß.[42]

---

[41]Dies entspricht dem verbreiteten Typ des Doppeltraums. Auch Daniel träumt zwei apokalyptische Träume, Daniel 7,1–15 und 8,1–27. Vgl. A. Wikenhauser, *Doppelträume*, in: Biblica 29, 1948, S. 11–111.
[42]Th. Mann, *Joseph und seine Brüder, Gesammelte Werke*, 13 Bde, 2. Aufl. Frankfurt a. M. 1974, Bd. 5, S. 1436.

Nach dem ersten Traum heißt es „Da erwachte Pharao. Und er schlief wieder ein, und ihm träumte abermals". (V. 4 f.) Nach dem zweiten Traum: „Da erwachte Pharao und merkte, dass es ein Traum war." (V. 7) Den Wahrsagern und Weisen gegenüber spricht er von seinen Träumen. In seiner Erzählung für Josef hingegen bilden beide Träume einen kohärenten Traum. Als Übergang zur Fortsetzung des Traums formuliert er nicht etwa ‚Und ich träumte wieder einen Traum', sondern: „Und ich sah abermals in meinem Traum" (V. 22). Tatsächlich wiederholt der zweite Traum mit anderen Bildern den ersten. Im ersten werden sieben schöne, fette Kühe von sieben hässlichen und mageren Kühen gefressen, im zweiten werden sieben volle und dicke Ähren von sieben mageren Ähren verschlungen.

In einer Nacherzählung dieser Episode in seiner großen Abhandlung *Jüdische Altertümer* (1. Jh. n. Chr.) betont der jüdische Historiker Flavius Josephus nicht nur, dass der Traum des Pharao für Josef nur „scheinbar" ein doppelter ist, er betont auch, dass Pharao nach dem zweiten Traum überaus erschrocken und verwirrt war, weil ihm seine Bedeutung nicht bewusst war, eine düstere Ahnung aber zurückblieb.[43]

Die „Wahrsager" und „Weisen", die er kommen lässt, können die Träume nicht zur Zufriedenheit Pharaos deuten, wie aus der Formulierung: „Aber da war keiner, der sie dem Pharao deuten konnte." (V. 8) hervorgeht. Sie entsprechen offenbar nicht seiner düsteren Ahnung. Da macht ihn der oberste Mundschenk auf die Traumdeutungskunst von Josef aufmerksam. Josef hatte die Träume des obersten Mundschenken und des obersten Bäckers – beide höchste Beamte, verantwortlich für Essen und Trinken des Pharao – im Gefängnis zutreffend gedeutet: „Und wie er uns deutete, so ist's ergangen". (V. 13) Pharao lässt Josef kommen und fordert ihn auf, seinen Traum zu deuten.

Es ist gänzlich unwahrscheinlich, dass das versammelte Wissen der professionellen Traumdeuter und der Gelehrten nicht zureichte, die Träume Pharaos zu deuten. Denn deren Deutung drängte sich auf. War der Deutungsrahmen der Traumdeutung für Freud vor allem das infantile und familiale Drama des Träumers, war der Deutungsrahmen der antiken Traumdeutung das Wohlergehen des Einzelnen oder der Polis, des Staates. Der Traum war hochpolitisch, wenn der Herrscher träumte. In Homers *Ilias* heißt es entsprechend, dass für ein Vorzeichen einzig gilt: sein Land zu schützen. (XII, V. 241–243) Träumte der Herrscher von Ägypten vom Wasser des Nils, von Kühen und Ähren, von Fülle und Mangel, dann betraf der Traum die Lebensgrundlage seines Reiches. So liegt es eigentlich auf der Hand, den Traum von den sieben fetten und sieben mageren Kühen, den sieben dicken und sieben mageren Ähren auf die Zukunft seines Reiches zu beziehen, dessen Wohlergehen existenziell vom Wasser des Nil abhängt. Aus ihm stiegen die Kühe. Der Nil ist lebenswichtig für die Fruchtbarkeit des Landes, für das Wachsen des Grases und des Korns. Unwahrscheinlich ist es auch, dass die professionellen Traumdeuter auch den offensichtlichen

---

[43]Flavius Josephus, *Jüdische Altertümer*, übers. v. H. Clementz, 3. Aufl. Wiesbaden 2011, S. 68–70 (II, 5).

5.2 Josef interpretiert den Traum Pharaos

Zusammenhang der beiden Träume nicht erkannten. Die Darstellung ihres Scheiterns soll offenbar die Deutungskunst Josefs umso mehr leuchten lassen.

Hochpolitisch und öffentlich ist die Situation, in die Josef geführt wird. Die Erzählung des Traums und die Deutung durch Josef findet, wie aus der Erwähnung der „Knechte" (V. 37) zu schließen ist, vor der Zuhörerschaft der Hofbeamten statt. Josef führt sich auch ganz nach höfischen Regeln ein: Wenn der Pharao, der Herrscher Ägyptens, träumt, dann kann der Traum nur eine Weissagung Gottes sein und sie kann nur eine gute sein. Klar und konzentriert erzählt Pharao seine Träume. Mit der Introduktionsformel „Mir träumte" wird betont, dass der Traum dem Träumenden geschieht. Formelhaft in der Traumliteratur ist auch der Ausdruck, dass der Träumende den Traum ‚sieht' (V. 2, 3, 5, 6).[44] Der Deuter Josef hingegen ‚hört' (V. 15) den Traum.[45] Die Version des Pharao weicht signifikant von der Version des Erzählers ab. Er führt, betroffen, „Ägyptenland" ein – „Ich habe in ganz Ägyptenland nicht so hässliche gesehen" –, er nennt die zweiten Kühe nicht nur hässliche und magere, sondern auch „dürre" Kühe, der Ostwind wird nicht mehr erwähnt, er setzt hinzu, dass die mageren Kühe vom Fressen der Fetten selbst nicht fett wurden.

Der Aufbau der Handlung:

1. Pharao träumt.
2. Die Wahrsager und Weisen versagen, Josef wird gerufen.
3. Pharao spricht mit Josef: Josef antwortet höfisch. Er legt sich fest: Im Traum spricht zum Herrscher Gott, der Traum ist eine Weissagung.
4. Pharao erzählt seine beiden Träume.
5. Josef deutet die beiden Träume als eine Weissagung Gottes.
6. Er schlägt administrative und politische Vorsorgemaßnahmen vor.
7. Seine Deutung überzeugt Pharao. Er nimmt sie an.
8. Josef wird als Chefminister des Pharao eingesetzt.
9. Die kommende Entwicklung bestätigt die Traumdeutung. Da Vorsorgemaßnahmen getroffen worden sind, wird die „teure Zeit" überstanden werden.

Was sind nun die Voraussetzungen und Schritte in Josefs Deutung? Es versteht sich, dass die folgende hypothetische Rekonstruktion möglicher Deutungsschritte einem Zirkelschluss nahe kommt, da das Ergebnis der Deutung ja vorliegt und die rekonstruktiven Überlegungen leitet.

In der Tradition der antiken Traumdeutung deutet Josef den Traum des Herrschers als einen bedeutungsvollen und deutungsbedürftigen Traum. Prinzipiell unterstellen die professionellen Traumdeuter und auch Josef, dass Träume eine Botschaft enthalten. „Gott verkündet Pharao, was er vorhat." (V. 25) Von Relevanz ist auch die Figur des Träumers, der Adressat des Traums. Es ist der sakrale Herrscher. Ganz selbstverständlich gilt dieser Traum des Herrschers als eine Weissagung eines Gottes,

---

[44] Vgl. Seybold, a. a. O., S. 42 u. S. 53, Anm. 9.

[45] Anders in der Deutung des Traums des Nebukadnezar in Daniel 2: Den Traum des Königs, dem dieser entfallen ist, „offenbart" Gott Daniel „des Nachts" (Daniel 2,19).

des Gottes, wie Josef sagt, für den Herrscher. Die Weissagung bezieht Josef nicht, was prinzipiell auch möglich gewesen wäre, auf die Person, den Charakter des Herrschers, sondern auf seine Herrschaft und sein Reich.[46] Pharao verweist ja selbst in seiner Version auf „ganz Ägyptenland". (V. 19) Diesen Begriff wird Josef aufnehmen. Pharao erlebt sich im Traum als Zuschauer, am Nil stehend. Aus dem Nil steigen die fetten und die mageren Kühe, ohne sein Wasser würden das Gras und die Ähren nicht gedeihen.

Diese Weissagungsbedeutung betont Josef zweimal, ebenso, dass beide Träume „einerlei" Traum sind. Das Attribut in ‚magere Ähren' verbindet in der Erzählerversion den zweiten Traum mit dem ersten, in dem die ‚mageren Kühe' aufsteigen; die ‚dürren' Kühe verbindet in Pharaos Version den ersten mit dem zweitem Traum, in dem er auch von ‚dürren Ähren' spricht. Kühe und Ähren geben den Menschen Nahrung. Diese Einheit verkennen offenbar die „Wahrsager" und „Weisen".

Der Bescheidenheitstopos, mit dem Josef seine Deutung legitimiert – „Das steht bei mir nicht. Gott wird doch Pharao Gutes weissagen." – ist in Wahrheit ein Autoritätstopos. Mit diesen beiden Sätzen und mit der Sicherheit, mit der Josef die Träume deutet, legitimiert er sich als der von Gott selbst berufene Deuter von Gottes Weissagung: „Das steht bei mir nicht". In seiner Deutung dann kein Nachdenken, kein Folgern, kein Zögern, schon gar nicht Zweifeln, keine Absicherung durch Referenzen auf Traditionen der Traumdeutung oder Handbücher, sondern unmittelbare, selbstsichere Deutung! Nach seiner Deutung ist es für Pharao ausgemacht, dass aus Josef „der Geist Gottes" (V. 38) spricht. Der Deuter, heißt dies, liefert für Pharao die authentische Deutung, wie es in der Neuzeit heißen wird, da die Quelle ihrer Deutung übereinstimmt mit der Quelle der Traumbotschaft.

Wie konnte er zu dieser Deutung kommen? Es ist für Josef offensichtlich, dass der zweite Traum eine variierende Wiederholung des ersten darstellt. Die Handlungsstruktur ist bei beiden gleich. Im ersten Traum steigen sieben schöne und fette Kühe aus dem Nil auf und werden von sieben hässlichen und mageren Kühen, die ebenfalls aus dem Nil aufsteigen, gefressen; im zweiten Traum wachsen sieben volle und dicke Ähren aus „einem" Halm, sie werden von sieben mageren Ähren verschlungen. Fruchtbarkeit und Fülle, wenn man ein gemeinsames Merkmal sucht, werden vom Mangel verschlungen und der Mangel bleibt doch Mangel. Dieser Mangel wird so groß sein, dass man die große Fülle zuvor „vergessen" (V. 30) wird.

Variiert werden die Akteure der Handlung: Zuerst sieben schöne und fette und danach sieben hässliche und magere Kühe, dann sieben volle und dicke, danach sieben dünne und versengte Ähren. Die symmetrische Handlungsfolge – fette Kühe, magere Kühe, volle Ähren, dürre Ähren – erscheint als eine Abfolge der Natur bzw. als Eintreten dessen, „was Gott vorhat". (V. 25) Menschen spielen dabei keine Rolle.

---

[46] Im Traum des Agamemnon vor Troja, in dem Zeus Agamemnon zu einem falschen Handeln bewegt (*Ilias* II, V. 1–47), wird hingegen der erfolgssüchtige Charakter Agamemnons offenbart.

5.2 Josef interpretiert den Traum Pharaos

Die variierende Wiederholung wird von Josef ausdrücklich als relevant gedeutet. Mit ihr wird darauf insistiert, dass die Weissagung eintreffen wird und zwar bald: „Dass aber dem Pharao zum andernmal geträumt hat, bedeutet, dass solches Gott gewiss und eilend tun wird." (V. 32) In Artemidors Lehrbuch für die Traumdeutung, *Oneirokritika* (Traumuntersuchungen), aus dem 2. Jahrhundert n. Chr. wird betont, dass eine Wiederholung eines Traums in kurzem Abstand bedeutsam ist, denn man muss davon ausgehen, „dass sie deswegen häufiger erscheinen, damit man ihnen mehr Aufmerksamkeit und Glauben schenkt. Wir pflegen im Alltag auch, wenn wir etwas Wichtiges sagen, das mehrmals zu wiederholen."[47] Dass Gott das, was der Traum verkündet, auch „eilend" tun wird, könnte hypothetisch daraus gefolgert werden, dass der zweite Traum sofort folgte. Nicht nur der Inhalt, heißt dies für die Deutung, sondern auch der ‚Autor' des Traums und sein Adressat, die Form und die Struktur des Traums sind relevant.

Die Traumerzählung Pharaos deutet nun Josef nach dem alten Modell der Allegorese. Er behandelt den Traum als eine Allegorie. In der Allegorie wird, nach traditioneller rhetorischer Lehre, ein Sinn präsentiert und durch ihn noch ein anderer zu verstehen gegeben. Daher wird die Allegorie auch als eine Anders- oder Verschiedenrede *(diversiloquium)* definiert. (Vgl. S. 131 ff.).

Der Traum ist für die antike, mittelalterliche und neuzeitliche Praxis der Allegorie ein konstitutives Muster.[48] Bei der allegorischen[49] Deutung können zwei Ebenen unterschieden werden, eine unmittelbare und ein mittelbare Sinnebene. Beide werden punktuell und analog aufeinander bezogen. In der Allegorese wird mittels dieser Verfahren aus der unmittelbaren die mittelbare Sinnebene rekonstruiert, man kann auch sagen, in sie ‚übersetzt'. Für die allegorische Deutung bedient sich Josef der präsentischen Verbformen „sind", „ist", „bedeutet" und der futurischen „wird kommen", „wird verzehren", „wird wissen". Die Wiederholung des Traums „bedeutet", dass sich die Wahrsagung gewiss und bald erfüllen wird; die sieben schönen Kühe „sind" sieben Jahre; sieben reiche Jahre „werden kommen", danach „werden" sieben Jahre teure Zeit, also Not, „kommen"; die teure Zeit „wird" das Land „verzehren".

In der allegorischen Deutung lässt sich Josef von der Frage leiten, wofür können, punktuell, die fetten und mageren Kühe, die dicken und dürren Ähren stehen, und wofür, analog, die Abfolge der Handlung? Mittels der Synekdoche – ein Teil steht für ein Ganzes – und mittels eines gemeinsamen, durch die Wiederholung herausgestellten Merkmals kann er von den fetten Kühen und dicken, „vollen" Ähren auf große Fruchtbarkeit, auf „Fülle" (V. 3 f.) schließen, von den mageren Kühen und dürren Ähren auf Mangel, Not, auf „teure Zeit" (V. 27, 30,

---

[47] Artemidor, *Traumkunst*. Übers. v. F. Kraus. Neubearb. v. G. Löwe, Leipzig 1991, S. 240. Des besseren Verständnisses wegen habe ich im Folgenden die Übersetzung da und dort leicht verändert.
[48] Vgl. dazu und im Folgenden Kurz, *Metapher*, S. 30 ff.
[49] Eigentlich müsste es ‚allegoretisch' heißen, um die Allegorese von der Allegorie zu unterscheiden. Ich folge dem ungenauen, üblichen Begriffgebrauch.

31). Dass es um Nahrung, also auch um Hunger geht, darauf deuten auch die Metaphern des Fressens und Verschlingens. Da er die Zahl sieben als eine Angabe von sieben Jahren deutet, kann er über die Analogie eine Zeitdimension eröffnen: so wie die sieben fetten Kühe und die sieben dicken Ähren von den sieben mageren Kühen und sieben dürren Ähren verzehrt werden, werden sieben Jahre der „Fülle" (V. 30) von sieben Jahre der „teuren Zeit" (V. 27) gefolgt werden.

Wie kommt Josef nun, hypothetisch, auf die Deutung, die sieben Kühe und Ähren „sind" sieben „Jahre"? Eine Zeitdimension impliziert die Handlungsfolge: die fetten Kühe steigen aus dem Nil auf, weiden im Gras. Dann steigen magere Kühe auf und fressen die fetten. Die vollen Ähren wachsen, dann gehen die mageren Ähren auf und verschlingen die vollen. Diese einzelnen Handlungsfolgen umfassen mehr als Tage, Wochen und Monate.[50] Als einzige Zahl, die genannt und auch noch wiederholt wird, könnte sieben daher mehr bedeuten als nur eine Mengenangabe für die Kühe und Ähren. Sie könnte auch das Verständnis einer Zeitspanne nahelegen. Denn Zeit wurde in der Welt des *Alten Testaments* und Altägyptens als eine Handlungszeit verstanden. (Vgl. 1. Mose 8, 22: *So lange die Erde steht, soll nicht aufhören Saat und Ernte, Frost und Hitze, Sommer und Winter, Tag und Nacht.* Vgl. auch S. 135)[51] In diese Richtung dachte Thomas Mann in seinem Roman. Er lässt Josef die ununterbrochene Abfolge der Handlung wiederholen und fragen: „Was steigt so herauf aus dem Behältnis der Ewigkeit, eins nach dem andern, nicht nebeneinander, sondern im Gänsemarsch, und ist keine Lücke zwischen dem Gehenden und Kommenden und kein Unterbruch in der Zeile?" und Pharao antwortet: „Die Jahre!"[52] Josef könnte auch darauf kommen, da er, als ‚weiser' (V. 39) Traumdeuter, wohl weiß, dass sieben eine kosmische Zahl ist. Als kosmische Zahl ist sie auch eine Zeitzahl. Als Zahl kommt sie am häufigsten, über 500mal, in der Bibel vor. In sieben Tagen hat Gott die Welt erschaffen, am siebten Tag soll der Mensch ruhen. Dieselbe Zahl, im Hinblick auf Sonne, Mond und die fünf Planeten, die mit bloßem Auge zu sehen waren, bestimmt auch die kosmische Stellung des Pharao.[53] In einer altägyptischen Inschrift wird eine siebenjährige Hungersnot erwähnt, im *Gilgamesch*-Epos droht die Göttin Ischtar eine siebenjährige Dürrezeit an.[54] Das Wissen von einer Zeitbedeutung der Zahl sieben mag Josef auch zu seiner Deutung geführt haben. Dieser Schluss ist natürlich nicht zwingend. Die kosmische Symbolik der Zahl sieben könnte ja auch für das besondere Gewicht dieser Botschaft stehen.

Zum Abschluss seiner Deutung formuliert Josef Ratschläge zur Vorsorge für die „teure Zeit" und bringt sich selbst geschickt ins Spiel. Josefs Deutung und

---

[50] Ebach, a. a. O., S. 234, macht darauf aufmerksam, dass in der ägyptischen Sprache das Wort für Kuh und das Wort für Jahr ähnlich lauten.
[51] Vgl. Art. *Zeit,* in: HWdPh, Bd. 12, Sp. 1187.
[52] Th. Mann, a. a. O., S. 1436.
[53] Vgl. *Die Tora. In jüdischer Auslegung,* hrsg. v. W. G. Plaut. Bd 1: *Bereschit Genesis* [Kommentar zur Genesis], Gütersloh 1999, S. 75 und 344.
[54] Vgl. Ebach, a. a. O., S. 237 f.

5.2 Josef interpretiert den Traum Pharaos

Ratschläge überzeugen den Pharao und seine Beamten. Der Pharao sagt nicht, diese Deutung sei einleuchtend oder so ähnlich. Es heißt vielmehr: Sie „gefiel" ihm und seinen Beamten „wohl". Sie überzeugte ihn und seine Beamten, weil sie nicht nur kohärent die wesentlichen Elemente der Traumhandlung als Vorhersage zukünftiger Ereignisse deutet, weil sie Pharaos Ahnung bestätigt, sondern weil sie auch in die Welt ihres politischen Denkens und Handelns passt und praktikable Handlungsmöglichkeiten eröffnet. Die Menschen sind nicht ohnmächtig. Auch bei Herodot (vgl. S. 80) lässt sich die Polisversammlung von der Orakeldeutung des Themistokles überzeugen, weil sie eine realistische Handlungsmöglichkeit bietet. „Verständig und weise" (V. 39) nennt Pharao nun Josef und beauftragt ihn mit der Umsetzung seiner eigenen Ratschläge.

5.2.1 Artemidors Traumkunst

Josefs Deutung der Traumerzählung des Pharao entspricht ganz der antiken Praxis der Traumdeutung. Die antiken Traumdeuter unterschieden zwischen einem unverschlüsselten, *theorematischen* Traum (gr. *theoria* bedeutet ursprünglich: Betrachtung, Anschauen, dann Erkenntnis) und einem verschlüsselten, *allegorischen* Traum, jedenfalls wenn man das Lehrbuch des Artemidor, die *Oneirokritika,* als repräsentatives Lehrbuch ansieht. Wenn einem von einem Schiffbruch träumte, und dieser Schiffbruch traf ein, dann handelt es sich um einen theorematischen Traum. Bei solchen Träumen braucht man keinen Deuter, allenfalls seine Zustimmung zur eigenen Deutung. Die meisten Träume gelten jedoch als verschlüsselt und müssen allegorisch ausgelegt werden.

Von den Zeugnissen antiker Traumdeutung ist das Lehrbuch des Artemidor das einzige integral erhaltene Zeugnis. Es wurde noch bis ins 18. Jahrhundert als ein Standardwerk gebraucht.[55] Noch Freud erwähnt es in seiner epochalen *Traumdeutung* nicht etwa als Beispiel für Aberglauben oder Scharlatanerie, sondern im Eingangsabschnitt „Die wissenschaftliche Literatur der Traumprobleme". Konzipiert hatte Artemidor sein Lehrbuch als eine systematische Einführung in die Theorie und Praxis der Traumdeutung. Dabei beanspruchte er, das antike Wissen über die Traumdeutung, von den mündlichen Lehren der ambulanten Traumdeuter bis zu wissenschaftlichen Lehrbüchern, zusammengefasst zu haben.

Artemidor geht von einigen Grundannahmen aus: Träume sind „gottgesandt" (S. 31[56]), heißt es einmal, dann „eine Tätigkeit der Seele" (S. 261, vgl. auch S. 23). Die Frage nach der Quelle der Träume lässt er offen. Die Erklärung aus der Seele scheint er zu favorisieren. Träume sind, trotz aller Verrätselung, prinzipiell deutbar. Er unterscheidet zwei elementare Traumtypen, den diagnostischen Traum,

---

[55] Vgl. dazu und im Folgenden Hermes, a. a. O., S. 51 ff.; Walde, a. a. O., S. 144 ff.
[56] Der Einfachheit halber werden die Zitate aus Artemidors *Traumkunst* im Fließtext nachgewiesen.

der die Gegenwart betrifft, und den prognostischen Traum, der Zukünftiges offenbart. (S. 21) Die Träume, die Zukünftiges vorhersagen, unterscheidet er nach der Tradition in theorematische und allegorische. Die allegorischen Träume „zeigen etwas Bestimmtes durch etwas anderes an" (S. 22). Warum diese Verschlüsselung? Um den Träumenden danach zu besonderem Nachdenken über sich selbst und zu aktivem Handeln zu bewegen. Als basale Voraussetzung der Traumdeutung gilt, dass alles Seiende miteinander zusammenhängt und dass göttliche Mächte dieses Seiende nach dem Muster der Analogie geordnet haben. Analoges bewirkt Analoges, daher kann auch Zukünftiges über die Analogie erschlossen werden.

Für seine Deutungsarbeit benötigt der Traumdeuter, der *oneirokrites,* umfangreiches, enzyklopädisches Wissen, auch medizinisches Fachwissen, und besonderes Wissen von der Person des Träumenden, seiner spezifischen Situation, seinem Beruf, seinem Alter, seinen Besitzverhältnissen, seiner körperlichen Verfassung, seinen Gewohnheiten, dem Erfahrungshorizont und dem familiären und gesellschaftlichen Umfeld des Träumers. Wenn z. B. im Traum eines Gebildeten ein Vers von Euripides vorkommt, so besagt dies noch wenig, kommt er im Traum eines Ungebildeten vor, muss man eine besondere Bedeutsamkeit unterstellen (vgl. S. 260 f.). Der Traumdeuter soll das Leben des Träumers möglichst vollständig erkunden, sich in ihn einfühlen können. Denn der Traum steht in einem Zusammenhang mit dem Wachleben des Träumers.

Der Traumdeuter selbst soll vielgereist und in unterschiedlichen Sitten und Lebenswelten bewandert sein, soll über Lebenserfahrung, über Menschenkenntnis und eine sensible, auch etymologische Sprachkompetenz verfügen. Allgemein soll er prüfen, ob nach bestimmten Träumen regelmäßig bestimmte Ereignisse eintreten (vgl. S. 234). Dies kann man als ein empirisches, induktives Kriterium für die Deutung gelten lassen. Das aus Lehrbüchern und Erfahrung gewonnene systematische Wissen gilt nicht dogmatisch, es kommt immer auf den besonderen Fall und die Erfahrung des Deuters an. Wohl gibt es Traumbilder, „Symbole" (S. 41), denen eine feste Bedeutung zugesprochen werden kann. Doch können Symbole mehrdeutig sein. Eine Olive z. B. (vgl. S. 137) kann eine Frau, ein Amt oder die Freiheit bedeuten. Manche Träume können wir nicht deuten, ihre Bedeutung wird erst nachträglich, aus ihrer Erfüllung klar (vgl. S. 238 f.).

Lobend attestierte Freud Artemidor eine „interessante Abänderung" des mechanischen „Chiffrierverfahrens": „Hier wird nicht nur auf den Trauminhalt, sondern auch auf die Person und die Lebensumstände des Träumers Rücksicht genommen, so dass das nämliche Traumelement für den Reichen, den Verheirateten, den Redner andere Bedeutung hat als für den Armen, den Ledigen und etwa den Kaufmann."[57]

Die eigentliche Traumdeutung bezieht sich auf die Erzählung des Traums. Sie soll die Traumwahrnehmung „lückenlos" wiedergeben. „Lege aber nur solche Traumwahrnehmungen aus", ermahnt er den Anfänger, „die der Träumende

---

[57]Freud, *Die Traumdeutung. Studienausgabe,* Bd. 2, S. 119.

vollständig im Gedächtnis hat und deren genauer Zusammenhang ihm noch klar ist und an dessen Einzelheiten er sich genau erinnert". (S. 34, 227) Der Deuter soll keine Mühe scheuen, jede „Einzelheit" (S. 228) sorgfältig zu erfragen. Erst im Kontext des ganzen Traums und in der Erweiterung dieses Kontextes auf die Lebenssituation des Träumenden können die Traumelemente auf ihre Botschaft hin entschlüsselt werden. Dabei wird die allegorisch verschlüsselte Zukunftsbedeutung aus der manifesten Bedeutung über Vergleichungen erschlossen: „Denn die Traumdeutung ist nichts anderes als ein Vergleichen von Ähnlichkeiten." (S. 138) Als Deutungsverben verwendet er ‚sein', ‚bedeuten', ‚heißen', ‚prophezeien'.

Wie aus den systematisch zusammengestellten Beispielen hervorgeht, umgreift die Formel „Vergleichen von Ähnlichkeiten" sowohl die Ähnlichkeit als auch die Analogie. Bei der Analogie beziehen wir uns auf Verhältnisse, auf Handlungen, Abläufe und Strukturen. Bei Ähnlichkeiten beziehen wir uns mehr auf Dinge und Sachverhalte. Ähnlichkeit ist eine Ähnlichkeit freilich nur, wenn etwas in einer bestimmten Hinsicht ähnlich ist, in anderer Hinsicht nicht. Ähnlichkeit ist nicht Gleichheit. Dies gilt auch für die Analogie. Ähnlichkeit und mehr noch die Analogie gehören wohl zu den wichtigsten heuristischen Mitteln, um Unbekanntes aus Bekanntem zu erschließen.[58]

Um Ähnlichkeits- bzw. Analogiebeziehungen herstellen zu können, muss der Deuter nicht nur ein Auge für die offenbaren haben, sondern auch die verborgenen Ähnlichkeiten und Analogien erkunden. Der Traum, König zu sein, von einem Kranken geträumt, weissagt ihm den Tod, „denn nur ein König ist wie ein Verstorbener niemand untertan; einem Gesunden aber prophezeit er den Verlust aller Verwandten und Trennung von den Gehilfen; denn die Königsgewalt verträgt keine Teilhaber." (S. 143) Die Analogie kann sich auch auf sprachliche Ausdrücke, Buchstaben und Zahlen beziehen. So entspricht der Buchstabe a im Alphabet der Zahl 1 in der Zahlenreihe. Artemidor berichtet von einer Deutung des Traumdeuters Alexanders des Großen, Aristandros. Alexander belagerte vergeblich die Stadt Tyros. „Als Alexander wegen der langen Zeit ärgerlich und ungeduldig war, sah er im Traum auf dem Schild einen Satyr tanzen. Zufällig befand sich Aristandros bei Tyros und im Gefolge des Königs, der gegen die Einwohner von Tyros den Krieg führte. Indem er nun das Wort Satyros in sa Tyros (dein ist Tyros) zerlegte, bewirkte er, dass der König den Krieg energischer führte, so dass er die Stadt nahm." (S. 239)

Die Etymologie von Namen und das Segmentieren von Namen, lehrt Artemidor, darf man „nicht für unnütz" (S. 203) halten. Ebenso empfehlenswert ist das Umstellen, Tilgen, Ersetzen von Buchstaben (vgl. S. 238). Vokale bedeuten eher Gefahren und Aufregungen, Konsonanten weder Gefahren noch Geschäfte. (S. 201) Weitere Deutungsmittel sind die Metonymie (eine Treppe kann Symbol für eine Reise oder einen Umzug sein), die Synekdoche (ein

---

[58]Vgl. Art.: *Analogie* in: HWbdRh, Bd. 1, Sp. 498–514; Ch. Perelman, *Das Reich der Rhetorik*, München 1980, S. 119 ff.

Werkzeug kann für das Handwerk, in dem es benutzt wird, stehen) und die Metapher (ein Buch bedeutet das Leben). Artemidor war, wie man sieht, in der Rhetorik zu Hause. Ein weiteres Deutungsmittel sind traditionelle Symbolbedeutungen: Zeus steht für Kraft, Glück, Herrschaft; der Pfau für eitle Eleganz, der Fuchs für Hinterlist. Wofür steht ein Hafen? „Hafen und andere Ankerplätze bedeuten immer Freunde und Wohltäter. Vorgebirge und Buchten dagegen Menschen, die wir notgedrungen und nicht aus Neigung schätzen und die ihrerseits uns nicht freiwillig Gutes erweisen. Anker bedeuten das Notwendige und Sichere bei den Geschäften, hindern aber an einer Reise; denn sie werden zum festen Halt der Schiffe ausgeworfen. [...] Immer ist es ein günstiges Vorzeichen, das Meer ruhig und mit sanftem Wellenschlag zu sehen, denn es prophezeit ein gutes Gelingen der Geschäfte; Windstille dagegen wegen der fehlenden Bewegung Flaute bei den Geschäften, Sturm wiederum Aufregungen und Verluste, denn er veranlasst sie." (S. 135)

Man darf nicht übersehen, dass Artemidor auf eine, modern formuliert, rationale und professionelle Traumdeutung, auf, vor seinen Hintergrundannahmen, verlässliche Prognosen bedacht war. Seine Deutungen bemühen sich um empirisches Wissen als Basis. Der Traum wird in seine Elemente zerlegt, die unter Beachtung aller Umstände des Träumers aus einem Weltwissen gedeutet werden.

5.2.2 Freuds Traumdeutung

1899 erschien Freuds epochales Werk *Die Traumdeutung* mit der Jahreszahl 1900. Wie geht Freud in seiner Analyse, wie er sie auch nennt, vor?[59] Als Grundvoraussetzung sind Träume auch für Freud einer Deutung sowohl fähig als auch bedürftig. Jeder Traum ist ein „sinnvolles psychisches Gebilde" (S. 19). Sie haben, eine weitere Grundvoraussetzung, keinen prognostischen Wert, „natürlich nicht" (S. 588), wohl aber einen diagnostischen. Jeder Traum handelt von der Person des Träumers. Er sagt etwas über seine Gegenwart und versteht diese als Resultat seiner Vergangenheit. Der Traum erfüllt sich nicht in einer Zukunft, sondern ist schon eine Erfüllung, nämlich die verdeckte Erfüllung eines unbewussten Wunsches aus der Vergangenheit. „Der Traum ist die (verdeckte) Erfüllung eines (unterdrückten, verdrängten) Wunsches." (S. 175) Diese Erfüllungen beziehen sich

---

[59]Zitiert wird nach: Freud, *Die Traumdeutung, Studienausgabe*, Bd. 2. Nachweis der Zitate im Fließtext. Dazu vgl. M. Boss, *Der Traum und seine Auslegung*, München 1974; P. Ricoeur, *Die Interpretation. Ein Versuch über Freud*, Frankfurt a. M. 1969, S. 100 ff.; L. Marinelli/A. Mayer, Hrsg., *Die Lesbarkeit der Träume. Zur Geschichte von Freuds „Traumdeutung"*, Frankfurt a. M. 2000; besonders W. Mertens, *Traum und Traumdeutung*, 3. Aufl. München 2003, S. 13 ff. In dieser Abhandlung auch ein Überblick über die Kritik an Freuds Ansatz und die moderne Traumforschung; G. Kurz, *Wie Freud interpretiert. Hermeneutische Prinzipien in ‚Der Wahn und die Träume in W. Jensens ‚Gradiva"*, in: P.-A. Alt/Th. Anz, Hrsg, *Sigmund Freud und das Wissen der Literatur*, Berlin/New York 2008, S. 31–44.

5.2 Josef interpretiert den Traum Pharaos

meist auf sexuelle Wünsche, können sich aber auch Bedürfnisse wie Hunger oder Durst beziehen. Ausgelöst werden Träume von rezenten Ereignissen des Alltags.

Freud unterscheidet nicht, wie Artemidor, zwischen Träumen, deren Bedeutung offen, und solchen, deren Bedeutung allegorisch verdeckt ist. Alle Träume haben für ihn eine verdeckte, verschlüsselte Bedeutung. Aber auch er behandelt dabei den Traum nach dem Muster einer Allegorie und unterscheidet eine manifeste („Trauminhalt") und eine latente („Traumgedanken") Traumbedeutung. Von einer „oft allegorisch" zu nennenden Beziehung redet er selbst. (S. 502) Die latente Bedeutung vieler Träume legt Freud, eine weitere Grundvoraussetzung, auf die Dramatik von Kindheit, Familie und Sexualität fest. Diese psychische Dramatik bildet den Deutungsrahmen.

Die Traumdeutung versteht Freud als Rekonstruktion der latenten aus der manifesten Bedeutung. Dabei greift der Deuter auf die Traumerzählung zurück und, in der therapeutischen Situation, auf die Einfälle und Assoziationen des Träumers. Er hält ihn nicht nur an, seinen eigen Traum zu deuten, er geht, wie schon Josef, davon aus, dass der Träumer die Bedeutung seines Traums im Grunde schon weiß. Daher trifft es nicht ganz zu, wenn Freud in einem Zusatz von 1914 schreibt: „Ein Traumding bedeutet das, woran es erinnert. Wohlverstanden, woran es den Traumdeuter erinnert! Eine nicht zu beherrschende Quelle der Willkür und Unsicherheit ergibt sich dann aus dem Umstand, dass das Traumelement den Deuter an verschiedene Dinge und jeden an etwas anderes erinnern kann. Die Technik, die ich im Folgenden auseinandersetze, weicht von der antiken in einem wesentlichen Punkt ab, dass sie dem Träumer selbst die Deutungsarbeit auferlegt. Sie will nicht berücksichtigen, was dem Traumdeuter, sondern was dem Träumer zu dem betreffenden Element des Traumes einfällt." (S. 119) Von potentiell jeder Silbe kann eine Kette von Assoziationen ausgehen. Sie können, von gleichem Wert für die Analyse, Wirkliches und Phantasiertes, Erlebtes und Gelesenes aufrufen. Assoziationen sind, eine weitere Voraussetzung der Deutung für Freud, nicht zufällig. Sie werden gesteuert von der Macht des Psychischen.

Der Deuter lässt sich den Traum erzählen. Die Erzählung erscheint oft lückenhaft und ohne Zusammenhang. Bewusst provoziert er „Assoziationsfäden", mit denen die manifeste Bedeutung in einzelne, isolierte Bestandteile zerlegt wird, die dann zu einem neuen „Gefüge von Gedanken" zusammen gestellt werden, „welche nicht nur völlig korrekt sind, sondern auch leicht in den uns bekannten Zusammenhang unserer seelischen Vorgänge eingereiht werden."[60] Gedeutet wird also der Traum, indem er in ein Gefüge transformiert wird, das in den psychoanalytischen Deutungsrahmen passt und in das seelische Leben des Träumenden integriert werden kann. Die Stelle der Integration sucht die Interpretation in der Vorgeschichte des Träumers, in einem infantilen, familialen Drama, aus dem der Wunsch rekonstruiert wird, der das Motiv des Träumens gewesen sein „muss". (S. 137) Freud hält fest, dass man dabei niemals sicher sein kann, einen Traum

---

[60]Freud, *Der Witz und seine Beziehung zum Unbewussten. Studienausgabe*, Bd. 4, S. 150.

vollständig gedeutet zu haben. Es bleibt immer möglich, „dass sich noch ein anderer Sinn durch denselben Traum kundgibt." (S. 282).

Als ein Beispiel für die Zerlegung führt Freud an, dass in einem Traum der unsinnige Ausdruck „Maistollmütz" fällt. In der Analyse wird der Ausdruck in die Segmente und Assoziationsfäden Mais – toll – mannstoll – Olmütz – Meißen – Miß – mies zerlegt, „welche Stücke sich sämtlich als Rest einer Konversation" der Patientin erkennen lassen. Hinter dem Ausdruck ‚Mais' als Anspielung auf eine aktuelle Jubiläumsfeier „verbergen sich", wie Freud formuliert, die Worte ‚Meißen', ‚Miß' (eine englische Bekannte war nach Olmütz gereist) und ‚mies'. (S. 297 f.) Silbe für Silbe, Satz für Satz werden so in ein Deutungsmodell überführt, welches einen sinnvollen Zusammenhang rekonstruiert. Wie in der Deutung des delphischen Orakels oder in der Deutung des Traums von Pharao erweist sich die Triftigkeit der Deutung am Ende in ihrer Annahme durch den Träumer.

Wie stellt der psychoanalytische Traumdeuter den manifesten Trauminhalt zu einem neuen Gefüge zusammen? Da der unbewusste, latente Wunsch dem Träumer als verboten erscheint, Angst macht, wird er in der manifesten Darstellung des Traums unbewusst ‚bearbeitet', d. h. maskiert, entstellt, verschlüsselt. Freud nennt diese verschlüsselnde Transformation der Traumgedanken in den manifesten Trauminhalt die „Traumarbeit". Die Interpretation muss nun in einem „Rückgang" (S. 481) durch die Resultate der Traumarbeit die latente Bedeutung des Traums aufdecken. Sie muss die Traumarbeit rückgängig machen.

Als die wichtigsten Mittel der Traumarbeit zählen szenische Darstellung, Verdichtung bzw. Übertragung, Verschiebung, Symbolisierung und sekundäre Bearbeitung. Szenische Darstellung: Der Wunsch wird übersetzt in eine Handlungsszene. Verdichtung: Der Trauminhalt ist knapp, ja arm, die latente Bedeutung dagegen reich. Wie knapp und konzentriert können ja der Traum des Pharao oder der Ausdruck ‚Maistollmütz' demonstrieren. In einer Person, einer Autoritätsperson z. B., können nach Maßgabe ihrer Ähnlichkeit, dem „Gleichwie" (S. 317), unterschiedliche Autoritätspersonen zu einer Mischperson verdichtet sein. Wegen dieser Verdichtung muss prinzipiell, philologisch gesprochen, eine Mehrdeutigkeit, mit Freud naturwissenschaftlich gesprochen, eine mehrfache „semantische Determinierung" (S. 286) der Elemente der manifesten Bedeutung unterstellt werden. Die Mehrdeutigkeit bzw. Überdeterminierung entsteht aus dem Kampf zwischen einer unbewussten und bewussten Stimme, einem Kompromiss zwischen der bewussten, zensierenden und der unbewussten Energie. Später, in *Der Witz und seine Beziehung zum Unbewussten,* in der er die Technik des Witzes aus einer Analogie mit der Traumarbeit erläutert, spricht Freud davon, dass jedes Element einen „Knoten- und Kreuzungspunkt" von Bedeutungslinien bildet.[61]

Verschiebung: Die Elemente des Latenten werden im Manifesten häufig an einen anderen Ort verschoben. Ein Element steht z. B. in der manifesten Bedeutung am Rande, in der latenten im Mittelpunkt oder umgekehrt oder in

---

[61]A. a. O., S. 153.

anderen, gerade auch gegenteiligen Verknüpfungen. Symbolisierung: Auch Freud geht von Traumsymbolen mit einer je nach Kontext variablen und einer universellen, festen Bedeutung aus. Längliche Dinge wie Turm oder Bleistift fungieren meist als ein Penissymbol. Träume vom Fallen, Schwimmen oder Fliegen zählt Freud zu den typischen Träumen mit vergleichsweise festen Bedeutungen. Allerdings muss immer berücksichtigt werden, dass Symbole „oft viel- und mehrdeutig" sind, „so dass, wie in der chinesischen Schrift, erst der Zusammenhang die jedesmal richtige Auffassung ermöglicht." (S. 348) Daher ist für die Deutung die Verwertung der Assoziationen des Träumers zu seinem Traum unverzichtbar, die „Symbolübersetzung" nur ein „Hilfsmittel". (S. 354) Mit dem Konzept des Symbols übernimmt Freud ein altes mantisches und philologisches Deutungsmittel, mit den Konzepten der Verschiebung und Verdichtung Mittel aus der traditionellen Rhetorik: Die Verschiebung entspricht der Metonymie, die Verdichtung und Übertragung der Metapher.[62] Verschiebung und Verdichtung nennt er die wichtigsten „Werkmeister" (S. 307) der Traumarbeit.

Das, was Freud die sekundäre Bearbeitung nennt, wird geleistet von einem Rest wacher, kontrollierender Aufmerksamkeit. Sie formt aus dem oft sinnlosen, verworrenen Traummaterial einen mehr oder minder verständlichen Zusammenhang und fungiert als eine Art „erste", von einem massiven Interesse geleitete „Deutung" (S. 480) des Traums.

In dieser Traumdeutung orientiert sich Freud erkennbar an der Interpretation von literarischen, genauer allegorischen Texten. Er behandelt den Traum als eine doppelte Schrift bzw. als ein Palimpsest. Er spricht z. B. von der „Textverschiedenheit von Trauminhalt und Traumgedanken", von der Traumarbeit als „Übersetzer" (S. 307, 337), von einer „Bilderschrift" und einer „Sprache": „Traumgedanke und Trauminhalt liegen vor uns wie zwei Darstellungen desselben Inhaltes in zwei Sprachen, oder besser gesagt, der Trauminhalt erscheint uns als eine Übertragung der Traumgedanken in eine andere Ausdrucksweise, deren Zeichen und Fügungsgesetze wir durch die Vergleichung von Original und Übersetzung kennenlernen sollen. Die Traumgedanken sind uns ohne weiteres verständlich, sobald wir sie erfahren haben. Der Trauminhalt ist gleichsam in einer Bilderschrift gegeben, deren Zeichen einzeln in die Sprache der Traumgedanken zu übertragen sind." (S. 280) Was eine Bilderschrift ist, das veranschaulicht Pharaos Traum.

In einem Zusatz von 1914 zitiert er zustimmend den Vergleich des Traums mit einem Palimpsest. (S. 152) Das Modell des Palimpsests (vgl. hier S. 52) trifft die Unterdrückung des latenten Textes durch den manifesten besser als das der Übersetzung oder Übertragung. Der unterdrückte Text bleibt an seinen Spuren dem wissenden, forschenden Blick erkennbar und kann lesbar gemacht werden. Der Traum drückt alles aus. Man muss nur zu finden wissen, was man sucht. Geradezu priesterlich formuliert Freud: „Wer Augen hat zu sehen und Ohren zu hören,

---

[62]Darauf hat zuerst T. Todorov, *Théories du symbole,* Paris 1977, S. 285 ff., aufmerksam gemacht.

überzeugt sich, dass die Sterblichen kein Geheimnis verbergen können. Wessen Lippen schweigen, der schwätzt mit den Fingerspitzen; aus allen Poren dringt ihm der Verrat."[63]

Später hat Freud die psychoanalytische Deutung mit dem Begriff der Konstruktion erläutert (*Konstruktionen in der Analyse*, 1937) Dieser Konstruktionsbegriff entspricht ganz dem Konstruktionsbegriff der romantischen Hermeneutik. (Vgl. S. 248 ff.).

5.3 Sokrates und Protagoras interpretieren ein Gedicht

Im Platonischen Dialog *Protagoras* (338a–348a), niedergeschrieben im 4. Jahrhundert v. Chr., interpretieren die Philosophen Sokrates und Protagoras in einer philosophischen Diskussion ein Gedicht. Sie interpretieren mit einem methodischen Bewusstsein, das schon auf eine Tradition ausgefeilter Gedichtinterpretationen schließen lässt.

Sokrates erzählt einem Freund von einer Diskussion mit dem Sophisten Protagoras. Auf Protagoras geht der Satz zurück, wonach der Mensch das Maß aller Dinge sei. Sophisten sind für Sokrates jedoch, wie man gleich zu Anfang erfährt, Philosophen, die mit ihren Lehren, für die sie sich auch noch bezahlen lassen, nur Unheil anrichten.[64] Die Diskussion findet vor Zuhörern statt, vor ‚weisen Männern', die Beifall spenden, wenn ihnen ein Beitrag gefällt, und die sich teilweise auch am Gespräch beteiligen. Sie fungieren als eine potentielle Urteilsinstanz, wenngleich Sokrates sich um ihren Beifall nicht groß schert. Im Erzählrahmen des Dialogs geht es um die Frage, ob die *arete*, die Tugend lehrbar sei oder nicht. Es geht auch darum, ob es eine Tugend oder viele Tugenden gibt. Der Begriff der *arete* hat in der Antike eine weitere Bedeutung als der nicht mehr sehr moderne Begriff der Tugend. Wir können z. B. von der Tugend der Verlässlichkeit oder Toleranz reden. *Arete* umfasst nach antikem Verständnis darüber hinaus all das, was seinen ihm gemäßen Zweck vollkommen erfüllt. So besteht die Tugend eines Werkzeugs darin, seinen Zweck gut zu erfüllen. Protagoras behauptet, dass Tugend lehrbar ist. Sokrates behauptet das Gegenteil. Das Streitgespräch beginnt. Sokrates übt seinen Part mit seiner notorischen Ironie aus.

Im Laufe seiner Argumentation bezieht sich Protagoras auf ein Gedicht des Dichters Simonides (ca. 557/56–468/67 v. Chr.) und kommt auch auf die Interpretation von Gedichten zu sprechen. Kennzeichnend für ihn wie für die Sophistik allgemein ist eine philosophische Aufwertung der Rolle von Sprache und Dichtung für die Gesellschaft. Schon vorher hatte er behauptet, dass einige

---

[63]Freud, *Gesammelte Werke*, Bd. 5, S. 240.
[64]Zu einem positiven Blick auf die Sophistik vgl. z. B. Hegel, *Vorlesungen über die Geschichte der Philosophie*, T. 1, Kap. 2, und Nietzsche, *Über Wahrheit und Lüge im außermoralischen Sinne*.

5.3 Sokrates und Protagoras interpretieren ein Gedicht

Sophisten, um dem Neid zu entgehen, ihre Kunst hinter der Dichtung eines Homer, Hesiod oder Simonides verstecken. (316d) Zur Bildung eines Mannes gehört es „in Gedichten stark zu sein", wie er erklärt. Worin besteht diese Stärke? Indem er sie erläutert, formuliert Protagoras ein methodisches Programm der Gedichtinterpretation: „Dies besteht aber darin, dass er imstande ist, das von den Dichtern Gesagte zu verstehen, was nämlich gut gedichtet ist und was nicht, auch es zu erklären und, wenn er gefragt wird, Rechenschaft geben zu können." (339a) Sein Programm umfasst also das Verstehen dessen, was mit dem, was ein Dichter gesagt hat, gemeint ist, die Beurteilung des Gedichts, ob es gut oder schlecht gedichtet ist, die Erklärung für andere und schließlich, wenn erforderlich, die Rechtfertigung der Interpretation, d. h. die explizite Darlegung der Gründe für diese Interpretation. Die Beurteilung, ob das Gedicht „gut gedichtet" ist, bezieht sich auch, wie aus dem Kontext hervorgeht, auf den Wahrheitswert der Aussagen. Treffen sie zu oder nicht?

Protagoras zitiert nun ein Lied des Dichters Simonides, das nur mit diesen Zitaten in diesem Dialog erhalten ist. Protagoras wie Sokrates sind mit diesem Gedicht vertraut. Protagoras könnte es sogar ganz rezitieren, Sokrates hat sich „gar viel" um das Gedicht „gemüht". Hier die Übersetzung und der Rekonstruktionsversuch von Bernd Manuwald:[65]

Ein wahrhaft guter Mann zu sein, ist schwierig,
an Armen, Beinen und Verstand
(vollkommen) wie ein Quadrat, tadellos beschaffen
(7 Zeilen fehlen)
Nicht einmal das Wort des Pittakos hat nach meinem Urteil mit Fug Geltung,
mag es auch von einem weisen Mann ge-
sprochen sein: Er sagte, es sei schwierig, edel zu sein.
Nur ein Gott dürfte im Besitz dieser Auszeichnung sein, ein Mann aber
kann nicht anders als schlecht sein,
wenn ihn eine Notlage, gegen die es keine Hilfe gibt, zum Scheitern gebracht hat;
denn wenn es ihm gut geht, ist ein jeder Mann gut,
schlecht aber, wenn es ihm schlecht geht […]
[Und über die längste Zeit gut und damit die besten
Sind stets diejenigen, welche die Götter lieben.]
Deswegen werde ich niemals auf der Suche nach dem, was es nicht geben kann,
das Leben, das mir zusteht, vergeblich an eine nicht zu
verwirklichende Hoffnung verschwenden,
den ganz untadeligen Menschen unter allen, die wir uns
von der Frucht der weiten Erde ernähren;
sollte ich auf ihn treffen, werde ich es euch verkünden.
Sondern alle lobe und schätze ich,
die freiwillig tun
nichts Schimpfliches: Gegen den Zwang der Notwendigkeit
kämpfen noch nicht einmal die Götter.

---

[65]Platon, *Protagoras*. Eingel., übers. und erl. von B. Manuwald, Göttingen 2006, S. 135 f. Vermutlich hatte das Gedicht vier Strophen à 10 Zeilen. Die Zeilen in eckigen Klammern sind nicht sicher. V.1: „sein": im Kommentar: „sein (werden)".

(2 Zeilen fehlen)
[Mir liegt nicht am Tadeln, denn mir genügt,
wer nicht schlecht ist] und nicht allzu unbeholfen,
einer, der sich auf das Recht versteht, das der Stadt nützt,
ein gesunder Mann. Nicht werde ich ihn
tadeln; denn der Toren
Geschlecht ist unbegrenzt groß.
Alles – das bedenke – ist schön, dem
Hässliches nicht beigemischt ist.

Das Gedicht, ein „Lied",[66] ist ein Lehrgedicht. Es thematisiert die Diskussion, was schwerer ist, tugendhaft (vollkommen) zu werden oder zu sein. Diese Diskussion, besagt das Gedicht, beruht auf unrealistischen Anforderungen an die Tugend. Wir sollten zufrieden sein, wenn die Leute nur nichts Böses absichtlich tun, wenn sie sich auf eine gewöhnliche, unvollkommene Weise tugendhaft verhalten. Vollkommene Tugend ist unerreichbar. Niemand hat die Bedingungen seines Handelns ganz in seiner Hand, selbst die Götter nicht.[67]

Protagoras glaubt nun, Simonides im Gedicht einen Widerspruch nachweisen zu können. Einmal werde gesagt, tugendhaft zu sein sei schwer: „Ein trefflicher Mann zu werden schon wahrhaftig ist schwer". Kurz darauf werde ein Spruch von Pittakos, der das Gleiche aussagt, zitiert und getadelt.[68] Also ist das Gedicht nicht „gut und richtig" (339b) gedichtet, weil Simonides sich selbst widerspricht. Um Zeit zu gewinnen, „um nachzudenken, was der Dichter wohl meinte" (339e), wendet sich Sokrates an Prodikos, bekannt als Spezialist für sprachliche Probleme. Er ist ein „Landsmann" von Simonides. Für Sokrates ergibt sich kein Widerspruch, denn einmal werde von tugendhaft Werden, dann von tugendhaft Sein gesprochen. Hesiod habe ja schon gesagt, tugendhaft zu werden sei schwer, denn die Götter hätten vor die Tugend den Schweiß gestellt. Wenn man aber auf dem Gipfel angekommen sei, dann werde sie leicht. Prodikos stimmt ihm zu. Protagoras ist keineswegs überzeugt: „Großer Unverstand, sprach er, wäre ja das von dem Dichter, wenn er es für etwas so Geringes hielte, die Tugend zu besitzen, was unter allem das Schwierigste ist, wie alle Menschen glauben." (340e).

Sokrates fragt nun Prodikos nach dem Sprachgebrauch von ‚schwer'. Auch ein dialektaler Sprachgebrauch wird erwogen. Könnte ‚schwer' im Sinne von ‚böse' gemeint sein? Prodikos bejaht, Protagoras bestreitet dieses Verständnis. Simonides hat mit ‚schwer' gemeint, was „wir andern" auch darunter verstehen, nämlich ‚schwer'. Sokrates schließt sich ihm an:

„Denn dass Simonides unter dem Schweren nicht das Böse versteht, davon ist gleich das Folgende ein deutlicher Beweis, wo er sagt: ‚Gott allein mag diese Ehre besitzen.' Denn hätte er gesagt, böse ist es, tugendlich zu sein, so konnte er

---

[66]Gedichte wurden im antiken Griechenland in Begleitung einer Lyra vorgetragen oder gesungen.

[67]Zitiert wird im Folgenden der Dialog und das Gedicht in der Übersetzung von Schleiermacher. Ich stütze mich besonders auf die genauen Ausführungen von Westermann, *Intention*, S. 47 ff., 232 ff., und die Erläuterungen von Manuwald, a. a. O., S. 147–157.

[68]Pittakos, ein Politiker auf der Insel Lesbos, wurde zu den sieben Weisen gezählt, vgl. 343a.

5.3 Sokrates und Protagoras interpretieren ein Gedicht 113

ja unmöglich hernach sagen, dies komme Gott allein zu, und Gott allein dies als Vorzug beilegen. Oder Prodikos müsste einen ganz ruchlosen Simonides meinen […] Aber was mir Simonides zu meinen scheint in diesem Liede, das will ich dir sagen, wenn du doch einen Versuch von mir sehen willst, ob ich, was du nennst, in Gedichten stark bin; wenn du aber willst, will ich es von dir hören." (341e–342a).

Protagoras will es hören. Sokrates beginnt nun seine Auslegung mit einer Charakterisierung der herrschenden philosophischen Szene, zu der Pittakos gehört. In ihr würden lakonische, orakulöse Sprüche wie z. B. „Kenne dich selbst", „Nichts zu viel" bevorzugt. Pittakos hatte sich wohl mit dem Spruch „Schwer ist es, tugendlich sein" in der Szene hervortun wollen.

„Weshalb sage ich nun dieses? […] Simonides nun, auch dem Ruhm der Weisheit nachtrachtend, gedachte, wenn er diesen Spruch niederwerfen könnte wie einen berühmten Fechter und überwinden, müsste er auch berühmt werden unter seinen Zeitgenossen. Gegen diesen Spruch also und aus dieser Ursache, diesem nachstellend, ihn zu unterdrücken, hat er das ganze Lied gedichtet, wie es mir scheint." (343b–c).

Diese These begründet dann Sokrates ausführlich:

„Lasst es uns einmal gemeinsam betrachten, ob ich wohl recht habe. Denn gleich der Anfang des Liedes müsste als unsinnig erscheinen, wenn er überhaupt nur hätte sagen wollen, dass es schwer wäre, ein trefflicher Mann zu werden, und hätte doch dieses ‚Schon' hineingebracht. Denn dies muss ohne den geringsten Grund hineingeworfen zu sein scheinen, wenn man nicht annimmt, Simonides sage es wie im Streit gegen den Spruch des Pittakos. Was nämlich Pittakos sagt, Schwer ist es, tugendlich zu sein, dieses bestreitend sagt er: Nein, sondern schon ein trefflicher Mann zu werden ist schwer, o Pittakos, wahrhaftig. […] Auf diese Art ist das ‚Schon' vernünftig hineingebracht und das ‚Schwer' steht hinten, wie es sich gebührt; und auch alles Folgende bestätigt, dass es so gemeint ist. Denn vielfältig könnte man von jedem einzelnen in diesem Liede Gesagten zeigen, wie schön es gedichtet ist, denn es ist alles sehr anmutig und bedeutsam; allein es wäre weitläufig, es so durchzugehen; aber den ganzen Umriss desselben lasst uns durchgehen und die Absicht, dass sie auf alle Weise eine Widerlegung dieses Pittakeischen Spruches ist durch das ganze Lied." (343c–344b).

Sokrates bekräftigt seine These, dass Simonides Pittakos kritisieren wollte, durch weitere Zitate und betont, dass Simonides nicht etwa kritisierte, weil er tadelsüchtig war, sondern weil es ihm um die Sache ging. Seine Auslegung beendet er mit einer Reflexion darüber, was Simonides mit dem Satz „Alles ist schön, dem nichts Schlechtes ist beigemischt" [Manuwald: „[…] dem Hässliches nicht beigemischt ist."], gemeint hat:

„Dies meint er nicht so, als ob er sagte: alles ist weiß, dem nichts Schwarzes ist beigemischt, denn das wäre ja lächerlich auf alle Weise, sondern er will sagen, dass er selbst sich auch an dem Mittelmäßigen genügen lässt, so dass er es nicht tadle. […] es genügt mir, wenn sich einer in der Mitte hält und nichts Schlechtes tut. Daher werde ich alle loben und lieben, und hier bedient er sich gar der Mundart der Mytilener, als sagte er ausdrücklich zum Pittakos dieses: Alle daher lobe ich und liebe, wer nichts Schlechtes vollbringt, und hier muss man innehalten bei dem ‚vollbringt', aus freier Wahl, denn es gibt auch welche, die ich wider Willen lobe und liebe. Dich nun, wenn du auch nur mittelmäßig wahr und verständig gesprochen hättest, o Pittakos, hätte ich nimmer getadelt, nun aber täuschst du dich zu sehr und über die wichtigsten Dinge und glaubst doch, Wahres gesagt zu haben, deshalb tadle ich dich.

In dieser Meinung, o Prodikos und Protagoras, sprach ich, dünkt mich Simonides dieses Lied gedichtet zu haben. –" (346d–347a)

Platon lässt Protagoras und Sokrates geradezu um die Wette interpretieren. Mit einem Faustkampf wird der Interpretationswettstreit sogar verglichen. Nachdem Protagoras dem Dichter Widersprüche vorhält, trägt Sokrates seine Interpretation des Gedichtes vor, mit dem er sich, wie er sagt, gründlich beschäftigt habe. Wie er das Gedicht interpretiert und wie er mit der Interpretation des Protagoras umgeht, zeigt, dass er Protagoras vorführen will. Es geht hier nicht darum, seine Interpretation danach zu befragen, ob sie zutrifft oder nicht. Man hat ihr eine „teilweise erhebliche Gewaltsamkeit und Willkürlichkeit" attestiert.[69] Die strikte Unterscheidung von ‚tugendhaft Sein' und ‚tugendhaft Werden' findet sich so im Gedicht nicht, auch nicht die Identifizierung des Guten mit dem Wissenden. Diese Identifizierung entspricht seiner eigenen Philosophie, nicht der des Simonides. Auch beachtet Sokrates die Kontextregel nicht konsequent. Es geht hier vielmehr um die methodischen Gesichtspunkte seiner Interpretation. So, wie er vorgeht, unterstellt er stillschweigend, dass das Gedicht sich nicht von selbst versteht. Es ist interpretationsbedürftig. Die Interpretationsbedürftigkeit entsteht daraus, dass das Verständnis dessen, „was der Dichter wohl meinte" (339e), sich erst aus dem Verständnis des ganzen Gedichtes und seinem Ort in einer philosophiegeschichtlichen Situation ergibt. Aus dieser philosophiegeschichtlichen Situation können Vermutungen über die Absicht des Autors und über den Adressaten des Gedichts gewonnen werden. Seine Aussagen über das Gemeinte belegt er am und begründet sie aus dem Text. Er formuliert vorsichtig: „Gegen diesen Spruch also […] hat er das ganze Lied gedichtet, wie es mir scheint." (343c) Und: „In dieser Meinung [*doxa*] […] dünkt mich Simonides dieses Lied gedichtet zu haben." (347a)

Wie Protagoras fragt auch Sokrates, wie die Sätze über die Tugend zu verstehen sind, ob sie sich widersprechen oder nicht. Unterstellt wird von beiden Kontrahenten, dass die Sätze der Dichtung wahre, widerspruchfreie Aussagen über die Welt enthalten. Beide reden bei allen Unterschieden über Dichtung, so wie man auch über ein philosophisches Problem redet. Dass das Gedicht auch vielfältige andere, auch ästhetische Aspekte enthält, ist Sokrates bewusst, wird aber nicht ausgeführt: Es ist „schön" gedichtet, „alles" ist anmutig und bedeutsam. (344b)

---

[69]Manuwald, a. a. O., S. 157. A. J. Schlick, *Interpretieren nur ungebildete Symposiasten Gedichte? Zum Verhältnis von Dialektik und Hermeneutik in Platons ‚Protagoras'*, in: Museum Helveticum 66, 2009, S. 193–214, sieht, wenig plausibel, in Platons Interpretation sogar eine Parodie einer methodisch fundierten Hermeneutik.

5.3 Sokrates und Protagoras interpretieren ein Gedicht 115

Leitend für seine Interpretation ist für Sokrates die Frage nach der Absicht, die Simonides mit seinem Gedicht verfolgt. Dessen Absicht besteht nach seiner Interpretation darin, den Spruch von Pittakos, wonach tugendhaft zu sein schwer sei, zu bestreiten. Zugleich macht er ein Motiv des Autors namhaft, die Ruhmbegierde.

„Simonides nun, auch dem Ruhm der Weisheit nachtrachtend, gedachte, wenn er diesen Spruch niederwerfen könnte wie einen berühmten Fechter und überwinden, müsste er auch berühmt werden unter seinen Zeitgenossen. Gegen diesen Spruch also und aus dieser Ursache, diesem nachstellend, ihn zu unterdrücken, hat er das ganze Lied gedichtet, wie mir scheint." (343c)

Für seine Interpretation führt er weiter den „ganzen Umriss" (*typos,* auch: Grundriss, Anlage, Gestalt, Form, Muster, Struktur, 344b) des Gedichts an. Gemeint ist offenbar seine sprachliche, stilistische, argumentative und polemische Anlage. Aus dieser Anlage und aus der genauen Analyse der Bedeutung und Stellung relevanter Wörter sucht er seine Interpretationsthese zu stützen. Dialektale und metaphorische Bedeutungen von Wörtern werden geprüft, ebenso die syntaktische Stellung von „schon" und „wahrhaftig". Herausgestellt wird die besondere Stellung und Funktion des Modaladverbs ‚schon'. An ihm demonstriert Sokrates, dass Simonides gegen Pittakos einwendet, dass nicht erst das tugendhaft Sein, sondern „schon" das tugendhaft Werden „wahrhaftig" schwer ist. (343c–344b) Der engere Kontext wird befragt – z. B.: „alles Folgende bestätigt, dass es so gemeint ist" (344a), „und auch das Folgende im Liede macht dies noch deutlicher" (345c) – und die philosophiegeschichtliche Situation mit dem Adressaten.

Unterstellt werden eine sprachliche, sachliche und intellektuelle Kompetenz und eine moralische Integrität des Dichters. Interpretationen, die Simonides zu einem Einfaltspinsel oder zu einer moralisch ‚ruchlosen' (341e) Person machen würden, werden daher verworfen. Dem Dichter Simonides wird unterstellt, dass er weiß, was er tut. Diese Unterstellung wurde im 18. Jahrhundert als eine hermeneutische Maxime unter dem Titel der Billigkeit, modern gesprochen: der Gerechtigkeit, der Gutwilligkeit, des Wohlwollens, der Fairness, der *charity* diskutiert. (Vgl. S. 236 ff.) Es ist gerecht, dass der Interpret einen sachlich kundigen, sprachlich sicheren und kreativen, zweckrational vorgehenden Autor unterstellt. Versteht man etwas nicht, dann ist zuerst an der eigenen Fähigkeit und nicht an der Fähigkeit des Autors zu zweifeln. Bis zum Erweis des Gegenteils ist davon auszugehen, dass der Autor weiß, was er tut.

Sokrates beachtet noch eine zweite hermeneutische Maxime: Die Interpretation orientiert sich an dem, was der Dichter mit dem, was er gesagt hat, gemeint hat. Sie fragt also nach der Intention des Autors Simonides. Um sie zu ermitteln, müssen die biographischen und geschichtlichen Umstände, der Zweck des Gedichtes und die Ausführung des ganzen Gedichtes selbst untersucht werden. Als Gesichtspunkte der Interpretation werden beachtet: Ein biographisches Motiv, das Gedicht als ein kommunikativer Akt, der Zweck, die Anlage: Sprache, Stil, Thematik, Argumentation; die philosophiegeschichtliche Situation. Diese Gesichtspunkte der Interpretation werden sich im mittelalterlichen *accessus ad auctores,* dem ‚Zugang zu den Autoren', wiederfinden. (S. 178 ff.) Aus diesen Gesichtspunkten kann die Intention des Dichters erschlossen werden.

Entscheidend für diese Interpretation ist jedoch nicht, was der empirische Autor meinte und wollte. Simonides kann auch nicht mehr befragt werden. Er ist tot. Über seine Motive und Absichten können nur Mutmaßungen angestellt werden. Entscheidend ist die Erarbeitung der Intention aus seinem Gedicht, aus dem ganzen Gedicht selbst: „[...] aber den ganzen Umriss desselben lasst uns durchgehen und die Absicht, dass sie auf alle Weise eine Widerlegung dieses Pittakeischen Spruches ist durch das ganze Lied." (344b) Modern gesprochen: die Mutmaßungen über den empirischen Autor gehören zum *context of discovery,* zur Entdeckungsprozedur, im *context of justification,* in der Rechtfertigungsprozedur zählt nur das Gedicht. (Vgl. S. 288 ff.).

Das, was Simonides in seinem Gedicht gemeint hat, wird schließlich danach beurteilt, ob es zutrifft oder nicht. Vorgeführt wird auch, dass Interpretation ein sozialer, ein kommunikativer Akt ist. Sie findet vor einem kundigen Forum statt, das zuhört, sich beteiligt und urteilt. Protagoras und Sokrates diskutieren und argumentieren: Thesen werden formuliert, begründet, bestritten und widerlegt, Folgerungen werden gezogen, alternative Deutungen erwogen und verworfen. Es ist nicht nur eine ironische Untertreibungsfloskel, wenn Sokrates seine Interpretation mit „wie es mir scheint" unter einen Vorbehalt stellt. Die Interpretation kann keine ultimative Gültigkeit beanspruchen, heißt dies. Darauf deutet auch der Hinweis, dass auch Hippias eine „ganz schöne" Interpretation vorbereitet hat. Er kommt aber leider nicht zum Zuge. (347a–b) Andere Interpretationen sind also prinzipiell möglich.

Seine Interpretation beendet Sokrates mit einer unerwarteten Wendung. Die Diskussion über die Lehrbarkeit der Tugend bedarf nicht des Umwegs über die Dichtung. Er bezweifelt sogar den Sinn von Dichtung überhaupt, wie auch den Sinn ihrer Interpretation. Die fremde Stimme der Dichter würden sich nur diejenigen leihen, die unfähig seien, mit eigener Stimme kundig zu reden. Ein erstaunliches Argument:

„Denn mich dünkt, über Gedichte zu sprechen habe allzuviel Ähnlichkeit mit den Gastmahlen ungebildeter und gemeiner Menschen. Denn auch diese, weil sie sich nicht selbst miteinander unterhalten können beim Becher, noch durch ihre eigene Stimme und Rede aus Unbildung, verteuern sie die Flötenspielerinnen und mieten für vieles Geld die fremde Stimme der Flöte und unterhalten sich durch deren Stimme. Wo aber gute und edle und unterrichtete Zecher zusammenkommen, da findest du keine Flötenspielerin noch Tänzerin noch Lautenschlägerin, sondern du findest sie sich untereinander genug zur Unterhaltung ohne diese Possen und Tändeleien, durch ihre eigene Stimme, jeden an seinem Teile bald redend, bald hörend ganz sittsam, und sollten sie auch sehr vielen Wein getrunken haben." (347c–e).

Solche Männer, fährt er fort, bedürften auch deswegen der Dichter nicht, weil man die Dichter nicht einmal befragen könne über das, was sie gemeint haben. Er braucht es nicht ausdrücklich zu erwähnen, denn alle wissen, dass Simonides

5.3 Sokrates und Protagoras interpretieren ein Gedicht

schon lange tot ist. Daher sagten die einen Interpreten dies, die anderen das und könnten die „Sache" nicht ausmitteln:

„So bedürfen auch solche Unterhaltungen, wie die gegenwärtige, wenn Männer darin begriffen sind, wie die meisten unter uns sich zu sein rühmen, keiner fremden Stimme und keiner Dichter, welche man nicht einmal befragen kann über das, was sie sagen, so dass auch die, welche ihrer in ihren Reden erwähnen, teils sagen, dies habe der Dichter gemeint, teils wieder etwas anderes, indem sie von einer Sache reden, welche sie nicht auszumitteln vermögen; sondern solcher Unterhaltungen entschlagen sie sich und unterhalten sich selbst durch sich selbst, indem sie sich in eigenen Reden aneinander versuchen und versuchen lassen." (347e–348a)[70]

Für Sokrates steckt also die Interpretation von Dichtung, nun verstanden als Interpretation der Intention des empirischen Autors, in einem Dilemma. Einerseits ist Dichtung interpretationsbedürftig. Sie versteht sich nicht von selbst. Das hat er auch andernorts, wieder am Beispiel des Simonides, betont. (*Politeia*, 331e) Andererseits kann die Interpretation das Gemeinte *(boulesis, dianoia)* nicht mit Gewissheit klären, da der Dichter nicht (mehr) befragt werden kann. Damit dementiert er eigentlich seine Interpretation des Gedichtes von Simonides. Im Dialog *Phaidros* wird die These, dass das Gemeinte nicht mit Gewissheit zu ermitteln sei, auf alle schriftlichen Texte bezogen. (*Phaidros,* 275d–e) Gewissheit ergäbe sich erst aus einem Dialog mit dem Autor selbst. Ohne seinen Urheber, seinen „Vater", kann sich der Text „nicht wehren, noch helfen." (Andere Stellen lassen den Text nicht ganz so hilflos erscheinen, vgl. 228d, vgl. S. 5.) Daher sagen die einen Interpreten dies, die anderen anderes.

Dass die von Gott inspirierten Autoren der biblischen Bücher nicht mehr befragt werden können, bildet die Ausgangslage der frühen christlichen Bibelhermeneutik. Augustin reflektiert dieses Problem in seinen *Confessiones* (Bekenntnisse, 11. Buch, 3, 5): Wie ist die Geschichte von der Erschaffung von Himmel und Erde zu verstehen? Sagt Moses die Wahrheit? Augustin redet Gott an: „Geschrieben hat das Moses, geschrieben und ist dahingegangen, hinübergegangen von hinnen, von Dir zu Dir, und ist jetzt nicht vor mir. Wäre er da, ich hielte ihn fest, ich bäte ihn, flehte ihn an, beschwüre ihn bei Dir, dass er mir das alles enthülle." Aber Moses ist nicht da. „Allein woher soll ich dann wissen, ob wahr ist, was er sagt? Und wüßte ich auch das, wüßte ich's etwa von Ihm?" Selbst die Auskunft des Autors Moses, wäre er da, gäbe ihm also keine letzte Gewissheit. Eine letzte Gewissheit gibt ihm seine innere Überzeugung *(intus in domicilio cogitationis),* sein Glaube, der aber immer darauf angewiesen ist, dass Gott, so wie er Moses es zu sagen eingegeben hat, auch ihm eingibt, „es zu verstehen" *(da et mihi haec intellegere).* Ins Profane gewendet, müht sich die Hermeneutik bis ins 18. Jahrhundert an der Frage ab, wie man ein verlässliches Verständnis gewinnen kann, wenn der Autor nicht mehr befragt werden kann, wenn man über keine

---

[70]Vgl. auch *Hippias II*: Sokrates: „So wollen wir dann den Homeros jetzt lassen, da es ohnedies unmöglich ist, ihn zu befragen, was er sich wohl dachte, als er diese Verse dichtete." (365 c).

Selbstauslegung des Autors, keine *interpretatio authentica* verfügt. Selbst wenn man über sie verfügte, wird dann eingewandt, ist noch keine Verständnisgewissheit gegeben, denn auch die *interpretatio authentica* muss ihrerseits verstanden, also interpretiert werden. Es bleibt der Text als die eigentliche Basis der Interpretation.

Nach Westermann entzieht sich Sokrates diesem hermeneutischen Dilemma, insofern er die Dichtung als Teil einer philosophischen Diskussion behandelt, bei der es auf den Wahrheitswert der Aussagen und nicht auf die Intention des Autors ankommt.[71] Aber liefert der Interpretationskonflikt zwischen Protagoras und Sokrates wirklich einen Beleg für ein Dilemma? Liefert er einen Beleg dafür, dass Interpretationen beliebig sind, dass die einen das und die anderen jenes sagen können? Es mag solche Fälle geben. Hier aber demonstriert Sokrates, dass es sehr wohl auf die Intention des Autors ankommt (vgl. 341a, 341c, 341d, 344a, 346d, 347a, 347e), die er aus textexternen und textinternen interpretativen Gesichtspunkten gewinnt. Keineswegs demonstriert sein Interpretationskonflikt mit Protagoras, dass die Interpretation eines Gedichts, dessen Autor nicht mehr befragt werden kann, beliebig ist.

Sokrates behauptet nicht, ‚meine Interpretation ist richtig' – natürlich denkt er das –, wohl aber, dass die Interpretation von Protagoras falsch ist. Mit ‚wie es mir scheint' und ‚dünkt mich' stellt er seine Interpretation auch unter einen Vorbehalt. Gleichwohl beansprucht er für seine Interpretation eine zwingende Plausibilität, also auch die Zustimmung der Anwesenden. Offenbar genügt ihm diese Plausibilität jedoch nicht. Das hängt mit seiner prinzipiellen Unterscheidung einer nur relativ gültigen ‚Meinung' *(doxa)* mit einer gültigen Wahrheitserkenntnis *(noesis, episteme)* zusammen. Interpretation ist für ihn hier Erzeugung einer ‚Meinung'. Die Geschichte der Interpretation ist dieser Platonischen Relativierung der Interpretation nicht gefolgt. Im Gegenteil hat sie diese Relativierung positiviert, insofern sie keine Erkenntnis einer Wahrheit, sondern eine argumentativ begründete Gewissheit, eine Plausibilität beansprucht, die solange gelten kann, bis sie widerlegt wird. Sie ist daher auf Diskussion, auf Auseinandersetzung und Zustimmung angewiesen, so wie die Interpretation des Gedichtes von Simonides vorführt.

Was Sokrates ausspart, was den Unterschied zwischen einem philosophischen und einem literarischen Text ausmacht, wenn man von einem Lehrgedicht absieht, das lässt sich aus der *Poetik* von Aristoteles lernen, dem Schüler und bald Kritiker Platons. In einem Kunstwerk, lehrt Aristoteles, geht es zwar um Aussagen über die Welt, aber nicht in der Form wahrer oder falscher Aussagen, sondern in der Form der *mimesis,* der künstlerischen Nachahmung oder, besser noch, der künstlerischen Darstellung des Handelns (und Leidens) der Menschen. (Daher hat Aristoteles das Lehrgedicht ausgeschlossen.) Wahre und falsche Aussagen kommen natürlich auch vor, aber als Mittel der künstlerischen Mimesis.

Seine Abhandlung geht rezeptionsästhetisch vor und konzentriert sich auf die Tragödie und das Epos und dabei auf die Struktur *(systasis, synthesis)* der

---

[71]Vgl. Westermann, *Intention,* S. 294 ff.

Handlung, die Charaktere, den intellektuellen Gehalt der Reden und Dialoge, die Diktion und die Wirkungsabsicht des Kunstwerks.[72] Das Kunstwerk bildet, vergleichbar einem Organismus *(zoon)*, ein strukturiertes und kohärentes Ganzes, eine eigene Welt. Daraus folgt, dass jedes Element in seiner Funktion für das Ganze zu betrachten ist. Mit der Lehre vom Aufbau eines gelungenen literarischen Werks wie dem der Tragödie gibt Aristoteles implizit auch eine Handreichung, wie eine Analyse und Beurteilung dieser Werke vorzugehen habe.

5.3.1 *Die Intention des Autors*

Die Frage ‚Was hat der Autor damit gemeint' war vor noch nicht allzulanger Zeit theoretisch in Verruf geraten.[73] Nach einem öden, bei Autoren und Literaturkritikern verbreiteten Klischee war (und ist) es auch üblich, sich über den schulischen Literaturunterricht zu mokieren, weil dieser danach frage, was denn der Dichter gemeint habe. Dabei ist diese die allernormalste Frage der Leserwelt. Es war modisch geworden, unter Berufung auf Roland Barthes und Michel Foucault, der allerdings etwas unschlüssig an einer ‚Autorfunktion' doch festhält, theatralisch vom Tod des Autors (und der Geburt des Lesers) zu reden.[74] Ironischerweise gerade in einer Zeit, in der die Buchläden sich mit Biographien von Autoren füllten und die Biographie als Gattung einen neuen wissenschaftlichen Wert gewann. Tabuisiert wurde damit, gegen jede empirische Evidenz, die Frage nach der Intention, nach dem, was der Autor mit seinem Werk gemeint hat, weil damit der Sinn des Textes diktatorisch ein für alle Mal festgelegt und abgeschlossen würde. In der Rezeption dieser Theorien war es auch modisch geworden, diese vermeintlich diktatorische Sinnfestlegung mit der Hermeneutik prinzipiell zu identifizieren und eine Antihermeneutik zu fordern. Diese Forderung konnte man nur entweder aus einer erstaunlichen Unkenntnis der hermeneutischen Tradition, der literaturwissenschaftlichen Praxis oder aus einer wissenschaftspolitischen Verdrängungsstrategie erheben. Übersehen wurde in der internationalen Rezeption der Parole vom ‚Tod des Autors', dass sie sich gegen eine unreflektierte Autorkonzeption richtete, der in der Tradition der französischen

---

[72]Vgl. dazu besonders M. Fuhrmann., *Einführung in die antike Dichtungstheorie,* Darmstadt 1973, S. 3–70; den Kommentar in: A. Preminger u. a., Hrsg., *Classical Literary Criticism,* New York 1974, S. 97–107.

[73]Zur Diskussion über die hermeneutische Funktion des Autors vgl. vor allem: Jannidis, *Rückkehr des Autors;* C. Spoerhase, *Autorschaft und Interpretation. Methodische Grundlagen einer philologischen Hermeneutik,* Berlin 2007.

[74]R. Barthes, *La mort de l'auteur,* in: Essais Critiques, 4 Bde, Paris 1964–1984, Bd. 4: Le bruissement de la langue, S. 63–69 (zuerst engl. 1967, dann fr. 1968; dt. in: F. Jannidis u. a., Hrsg., *Texte zur Theorie der Autorschaft,* Stuttgart 2000); M. Foucault, *Qu'est-ce qu'un auteur?,* in: *Dits et Ecrits,* hrsg. v. D. Defert u. a., 4 Bde, Paris 1994–2001, Bd. 1, S. 789–821 (zuerst 1969, dt. in: *Schriften zur Literatur,* Frankfurt a. M. 2003, zuerst 1974).

explication de texte eine wichtige (keine ausschließliche) Rolle zukam. Diese Autorrolle war aber z. B. in den USA[75] oder in Deutschland schon lange kritisch diskutiert worden. Mit der Entwicklung der Kategorie des ‚lyrischen Ich' und der Trennung einer Autor- und Erzählerfunktion seit Anfang des 20. Jahrhunderts z. B. hatte man schon Modelle entwickelt, um die Frage, wer eigentlich im literarischen Text spricht, differenziert beantworten zu können.[76] (In meinen germanistischen Einführungskursen in den 1960er Jahren galt jeglicher biographische Interpretationsansatz als hoffnungslos obsolet.)

Was immer ein literarisches Werk ist, es ist auch eine Äußerung, eine große Äußerung, ein Sprechakt eines bestimmten Autors, gerichtet an Leser oder Hörer. Dieser Autor, der Urheber der Äußerung, sagt etwas und meint damit etwas. Wie zu jeder Äußerung gehört zum Werk die Frage, wie es gemeint ist, was also die Intention des Autors ist, wie er verstanden sein will.

Zu dieser literarischen Äußerung des Autors gehört, programmatisch spätestens seit dem 18. Jahrhundert, die Absicht, dem Leser den Sinn des Werks nicht vorzuschreiben, sondern ihm Sinnmöglichkeiten anzubieten. Der Pakt, den der Autor mit seinen Lesern schließt, enthält auch den Artikel, dass er sich gegenüber seinem Werk zurücknimmt und dessen Sinnmöglichkeiten für den Leser frei gibt. Wie würden wir als Leser bzw. Zuschauer von Becketts Drama *Warten auf Godot* reagieren, wenn vom Autor eine Aussage bekannt würde, mit „Godot" sei nicht der christliche Gott gemeint? Die Autoren verstehen sich nicht mehr als Herren ihrer Werke. Sie waren es auch nie. Wie jede kommunikative Erfahrung lehrt, ist der Sprecher bzw. der Autor nicht Herr darüber, wie das, was er gesagt hat, auch verstanden wird. Alltäglich fragen wir oft: „Ich verstehe nicht, was Du meinst" oder stellen fest: „So wie du das gesagt hast, musste ich Dich so verstehen." Wenn wir etwas in einem Text entdecken, das von einer erklärten Intention des empirischen Autors nicht erfasst wird, wer sagt uns dann, dass es unmöglich in der Intention des Autors gelegen hat?

Die Autoren können sich nicht als Herren ihrer Werke verstehen, da sie auch keine Herren über das Verständnis des Lesers und über die Entwicklung der Sprache sind. Kein Autor kann seinen Text gegen ungewollte Rezeptionen sichern,

---

[75]Vgl. den klassischen Aufsatz von W. K. Wimsatt/M. C. Beardsley, *The Intentional Fallacy*, in: Seewanee Review 54, 1946, S. 468–488 (wieder gedruckt in: W. Erzgräber, Hrsg., *Moderne englische und amerikanische Literaturkritik*, Darmstadt 1970). Diese *New Critics* verwerfen jedoch keineswegs die Frage nach der Autorintention, sie kritisieren vielmehr einen Kurzschluss von einer irgendwo gemachten Äußerung des empirischen Autors auf den Sinn des Werks und den Glauben, dass der Autor den Sinn des Werks ein für alle Mal festlegen könne. Zur Diskussion dieses Aufsatzes vgl. L. Danneberg/H.-H. Müller, *Der ‚intentionale Fehlschluß' – ein Dogma? Systematischer Forschungsbericht zur Kontroverse um eine intentionalistische Konzeption in den Textwissenschaften*, in: Zeitschrift für allgemeine Wissenschaftstheorie 14, 1983, S. 103–137, 376–411. Vgl. schon die reflektierte Diskussion im einflussreichen Studienbuch von R. Wellek/A. Warren, *Theory of Literature*, zuerst New York 1948 (dt. 1958), Kap. 12.
[76]Vgl. K. Friedmann, *Die Rolle des Erzählers in der Epik*, Berlin 1910; O. Walzel, *Schicksale des lyrischen Ichs* [1916], in: Ders., *Das Wortkunstwerk*, Leipzig 1926, S. 260–276.

5.3 Sokrates und Protagoras interpretieren ein Gedicht

weil er nicht alle möglichen Rezeptionen vorwegnehmen kann. Würde er dies versuchen, würde er den literarischen Text als literarischen Text aufheben. Wenn der Text einmal publiziert ist, also öffentlich gemacht ist, dann ist er nicht mehr die Privatangelegenheit des Autors. „Und wenn sie einmal geschrieben ist, so treibt sich jede Rede aller Orten umher", sagt schon Sokrates. (*Phaidros*, 275e) Aus der Tatsache, dass Wörter für den Ausleger etwas anderes bedeuten können, als der Autor mit ihnen hat sagen wollen, dass der Autor nicht alle Folgerungen übersehen kann, die aus seinen Worten, und „zwar mit Grund", gezogen werden können, schließt Johann Martin Chladenius im 18. Jahrhundert, dass „alle Bücher der Menschen, und ihre Reden, etwas Unverständliches" haben werden. (*Einleitung zur richtigen Auslegung vernünftiger Reden und Schriften*, 1742, §§ 156 u. 157) Positiver formuliert: Es wird immer einen Hippias mit einer anderen, „ganz schönen" Interpretation geben.

Viele Belege ließen sich dafür anführen, dass Autoren literarischer Werke die Sinnmöglichkeiten ihrer Werke nicht überblicken, sie sich auch nur als Leser ihrer eigenen Werke verstehen (wollen). Nur drei Beispiele: Von Goethe wird die etwas kokette Bemerkung überliefert: „Da kommen sie und fragen, welche Idee ich in meinem ‚Faust' zu verkörpern gesucht? – Als ob ich das selber wüsste und aussprechen könnte!" (*Gespräche mit Eckermann*, 6. Mai 1827) Nathaniel Hawthornes Ehefrau Sophie hatte Melville einen Brief mit interpretatorischen Bemerkungen zu dessen Roman *Moby Dick* geschrieben. Melville antwortete darauf am 8. Januar 1852: „It really amazed me that you should find any satisfaction in that book." Sie habe Dinge entdeckt, die andere nicht gesehen hätten, „you do in fact create them for yourself […] At any rate, your allusion for example to the ‚Spirit Spout' first showed to me that there was a subtle significance in that thing – but I did not, in any case, *mean* it." Melville fügt dann noch hinzu, dass die allegorische Dimension des Romans, von ihm nur vage konzipiert, „were first revealed to me after reading Mr. Hawthorne's letter." Als Kafka Korrektur las für die Publikation seiner Geschichte *Das Urteil*, notierte er in sein Tagebuch (11. Februar 1913) „alle Beziehungen", „die mir in der Geschichte klargeworden sind, soweit ich sie gegenwärtig habe." Dann folgt eine geradezu strukturalistische Auslegung der Geschichte. Aber schon Sokrates stellte fest, dass die Dichter ihre eigenen Werke nicht verstehen, dass fast alle anderen „besser" über das sprachen, was die Dichter gedichtet hatten, „als sie selbst" (*Apologie*, 22b). Dieses Unvermögen führt er darauf zurück, dass die Dichter nicht mit „Weisheit" dichten, sondern durch eine „Naturgabe und in der Begeisterung, eben wie die Wahrsager und Orakelsänger." Die antike Lehre der mantischen Inspiration oder auch die moderne Genieästhetik haben, hermeneutisch gesehen, eine Entmächtigung des Autors und die Ermächtigung des Lesers zur Folge.

Das Wissen über den empirischen Autor geht selbstverständlich in die Interpretation ein. Heißt der Autor z. B. Sophokles oder Shakespeare oder Brecht, geht der Leser unvermeidlich auch von seinem Wissen aus, das er von diesen Autoren und ihrer Epoche hat, z. B. dass Brecht ein marxistischer Autor war. Allein der Name dieser Autoren, sofern man etwas von ihnen, wie vage auch immer, weiß, setzt schon eine bestimmte historische Situation des Werks und schließt daher bestimmte Sinnerwartungen ein und andere aus. Faktisch fällt der Autor für den Leser nicht mit einer empirischen Person zusammen, sondern bildet eine Mischfigur, eine Figur aus Wissen vom empirischen Autor, Vermutungen über die Intentionen des empirischen Autors und Rekonstruktion einer Autorintention aus seinem Werk. Diese so rekonstruierte Intention hat einen hypothetischen Status.[77] Das Wissen über den empirischen Autor hat in der Interpretationspraxis eine heuristische bzw. bestätigende Funktion. Die aus dem Text rekonstruierte Intention muss freilich als eine dem Autor zurechenbare interpretiert werden können.

Für diese aus dem Werk rekonstruierte Intention hat Umberto Eco den Begriff der *intentio operis,* der Werkintention eingeführt. Er unterscheidet sie von der *intentio auctoris,* der expliziten Intention des Autors. Eco spricht von einer Wechselwirkung zwischen beiden.[78] Jedoch unterschied schon Friedrich Schlegel eine „Absicht" des Autors von einer „Absicht" des Werks.[79] Nun hat ein Werk genau genommen keine Intention. Der Autor hat eine Intention, die er mit und in dem Werk realisiert. Gemeint ist mit der Werkintention also eine Autorintention, die hypothetisch und rekonstruktiv aus der Interpretation des Werks und seiner möglichen Adressaten gewonnen wird. Das Werk wird verstanden, *als ob* es mit einer solchen hypothetischen Autorintention geschaffen worden wäre. Die Absicht des Werks ist also eine hermeneutische Fiktion, eine regulative Idee. In diese Rekonstruktion geht das Wissen ein, das man vom empirischen Autor und seiner Epoche hat, und Vermutungen über seine Intentionen. *Intentio auctoris* und *intentio operis* stellen also Akzentuierungen in einer gemeinsamen hermeneutischen Bewegung dar. In der Sprechakttheorie wird, der *intentio operis* vergleichbar, eine Äußerungsbedeutung *(utterance meaning)* von der Sprecherintention *(utterer's meaning)* unterschieden.[80]

Das Resultat dieses Wissens, Vermutens, Interpretierens und Extrapolierens ist die Figur eines ‚idealen', d. h. dem Sinn des Werks ‚ideal' entsprechenden Autors. Mit ihm auch die Extrapolation eines ‚idealen', d. h. dem Sinnpotential des Werks ‚ideal' entsprechenden Lesers. Dieser ‚ideale' Autor fungiert als eine regulative Idee der Interpretation. In der Literaturtheorie wird diese Autorfigur unter den Titeln des impliziten Autors, abstrakten Autors oder Modell-Autors diskutiert. In der Erzähltheorie kommt mit dem Erzähler eine weitere Instanz hinzu, die, je

---

[77]Vgl. J. Levinson, *Hypothetical Intentionalism: Statement, Objections, and Replies,* in: M. Krausz, Hrsg., *Is there a single right interpretation?,* Pennsylvania State University Press 2002, S. 309–318; vgl. auch G. Gabriel, *Zwischen Logik und Literatur. Erkenntnisformen von Dichtung, Philosophie und Wissenschaft,* Stuttgart 1991, S. 147 ff., und jetzt die klare Diskussion von Spoerhase, a. a. O. Gegen eine solche Position hatte E. D. Hirsch, a. a. O., S. 15 ff., eine vom empirischen Autor ausgehende *sameness* der Intention geltend gemacht. Später räumte er eine futurische, vom Autor nicht antizipierbare Entwicklung des Sinns ein, vgl. ders., *Meaning and Significance,* in: Critical Inquiry 11, 1984, S. 202–225.

[78]Vgl. U. Eco, *Die Grenzen der Interpretation,* 3. Aufl. München 2004, S. 148 ff.

[79]KFSA, Bd. 2, S. 67.

[80]Vgl. die Diskussion bei Spoerhase, a. a. O., S. 130 ff. Zusätzlich wird noch eine *sentence meaning* unterschieden.

5.3 Sokrates und Protagoras interpretieren ein Gedicht

nach der Theorie, zwischen dem empirischen Autor und dem empirischen Leser oder dem impliziten Autor und dem impliziten Leser vermittelt. Auf die Frage ‚Wer spricht' ist daher zu antworten: am Ende ein Autor, aber dieser Autor ist eine Instanz, die wir Leser mitentwerfen. Die Kritik müsste diesem Intentionsentwurf nachweisen, dass der empirische Autor unmöglich diese Intention haben kann.

Wie der Autor in der literaturwissenschaftlichen ist der Gesetzgeber in der juristischen Auslegungsarchitektonik eine Mischfigur. (Vgl. S. 252 f.) Die Absicht des empirischen Gesetzgebers, ermittelbar aus Absichtserklärungen, Entwürfen, internen Stellungnahmen, Beratungsprotokollen, parlamentarischen Debatten usw., wird als eine Norm der Auslegung nicht aufgegeben, doch muss sie endgültig aus dem Gesetz selbst entwickelt werden können. Die Interpretation des Gesetzes beginnt mit dem Gesetz, nicht mit der Absicht des Gesetzgebers, lehrte im Horizont der romantischen Hermeneutik Friedrich Carl von Savigny in seiner juristischen Methodologie: „Die echte Interpretation beschränkt sich auf den gegebenen Text, sucht auf, was in ihm liegt, was aus ihm zu erkennen ist, und sie abstrahiert von allen übrigen Quellen, außer insoweit sie zur Einsicht in ihren Text beitragen."[81] Bei Zweifeln hat, wie auch Anton Friedrich Justus Thibaut in seiner *Theorie der logischen Auslegung des römischen Rechts* (1799) lehrt, die „logische Auslegung", die sich an der „ratio" des Gesetzes orientiert, sowohl Vorrang vor der Auslegung nach dem „Wortverstand" als auch Vorrang vor der Auslegung nach der Absicht des (empirischen) Gesetzgebers (§ 29). Dieser Ansatz gilt auch noch für die Praxis der Gesetzesinterpretation oder anderer juristischer Texte heute. In Musterformulierungen für eine Patientenverfügung findet sich der Hinweis, dass in Situationen, die durch die Verfügung nicht konkret geregelt sind, der mutmaßliche Wille des Verfassers, so wie er aus der Verfügung abgeleitet werden kann, im Konsens aller Beteiligten zu ermitteln ist. Häufig wird vom Verfasser einer Patientenverfügung noch eine Darstellung seiner „Wertvorstellungen" als „Interpretationshilfe" beigefügt. In den Entscheidungen des Bundesverfassungsgerichts wurde eine Tendenz gesehen, die Absicht des empirischen Gesetzgebers als Bestätigung eines Interpretationsergebnisses zu werten, das auf andere Weise gewonnen wurde.[82]

Was ich hier ausgeführt habe, bezieht sich auf den Autor, so wie er seit der Neuzeit verstanden wurde, nämlich als individuellen Verfasser, als Schöpfer eines originalen literarischen oder künstlerischen Werks. Seit dem 18. Jahrhundert bezeichnet der Ausdruck ‚Autor' einen Beruf, der Autor ist zugleich eine künstlerische, eine bürgerliche und, da er nun Urheberrechte beanspruchen kann, auch

---

[81] Friedrich Carl von Savigny, *Vorlesungen über juristische Methodologie 1802–1842*, hrsg. v. A. Mazzacane, Frankfurt a. M. 2004, S. 218.

[82] Vgl. F. Müller/R. Christensen, *Juristische Methodik*, 11. Aufl. Berlin 2013, S. 48 ff. Kritisch wird dieses ‚Richterrecht' diskutiert von B. Rüthers/Chr. Fischer/A. Birk, *Rechtstheorie mit Juristischer Methodenlehre*, 9. Aufl. München 2016, §§ 23, 24. Die Autoren sehen, S. 487, in den Entscheidungen des Bundesverfassungsgerichts eher die Tendenz, Argumente aus der Entstehungsgeschichte eines Gesetzes heranzuziehen.

eine juristische Person. Das war nicht immer so. Autoren nahmen unterschiedliche Rollen an und wurden unterschiedlich wahrgenommen. (Vgl. auch S. 167).

Der *auctor* war ursprünglich eine Person, die bestimmte Rechte hat, dann der Urheber eines Werks, der zugleich durch seine Gelehrsamkeit und durch die Tradition über Autorität *(auctoritas)* verfügt. Aristoteles, Homer, Vergil, Ovid, Boethius z. B. galten als solche Autoren. (Schriftstellern billigen wir auch heute noch eine Art Autorität zu, Schriftsteller nahmen auch immer wieder eine solche Autorität in Anspruch.) Die Individualität des Autors war uninteressant. Mittelalterliche Autorenporträts zeigen den Autor als diktierenden oder schreibenden Gelehrten. Die Angaben im *accessus ad auctores* zum Autor erwähnen knapp dessen Namen, Herkunft, Gelehrsamkeit und Werke. Die Angaben zur Autorintention *(intentio auctoris* oder *scribentis)* präsentieren die Intention als Teil eines allgemeinen Lehrsystems, z. B. Demonstration des wahren Glaubens; Ermahnung, tugendhaft zu leben. Nach antikem und mittelalterlichem Verständnis war die Intention des Autors wesentlich gleichbedeutend mit der Erfüllung eines lehrhaften Zwecks. Biographisches oder gar Privates erfahren wir auch in der volkssprachlichen Dichtung nur selten. Noch weit entfernt ist Schillers Diktum, dass alles, was der Dichter uns geben könne, seine Individualität ist. *(Über Bürgers Gedichte)* Diese Individualität wird in seiner Epoche dadurch charakterisiert, dass sie nie auszuschöpfen ist. Daraus folgt, dass auch das Kunstwerk nie auszuschöpfen ist.[83]

Doch zeichnete sich auch schon im Mittelalter eine Individualisierung der Autorschaft und ein Interesse an der Individualität und Originalität des Autors ab. Gottfried von Straßburg rühmte Ende des 12. Jahrhunderts Hartmann von Aues Erzählkunst, die den Sinn einer Erzählung mit „cristallinen wortelin" forme. *(Tristan,* V. 4629) Ein Pathos des Autors entwickelte sich später in der Selbstdarstellung Oswald von Wolkensteins, in den Selbstporträts Dürers, im entschiedenen Entwurf von Autorrollen bei Petrarca, Montaigne oder Cervantes.[84] Das Interesse am Autor hängt auch von Gattungen und Wertungen ab. Autoren ‚hoher' Literatur interessieren mehr als Autoren von ‚Trivialliteratur', Autoren von Groschenromanen interessieren überhaupt nicht und werden oft nicht einmal genannt.

Überblickt man die Interpretationspraxis literarischer Werke, so wird allgemein, wie in der juristischen, die aus dem Werk rekonstruierte Intention privilegiert gegenüber der empirisch, z. B. in Tagebüchern, Briefen, Selbstkommentaren, programmatischen Äußerungen, fassbaren Intention des Autors. Entscheidend für den Geltungsanspruch der Interpretation ist die Intentionalität, die aus dem Werk selbst erschlossen werden kann. Pointiert, zu pointiert formuliert Novalis: „Der Künstler gehört dem Werke und nicht das Werk dem

---

[83]Vgl. G. Kurz, *Macharten. Über Rhythmus, Reim, Stil und Vieldeutigkeit,* Göttingen 1999, S. 85 ff.
[84]Vgl. A. J. Minnis, *Medieval Theory of Authorship. Scholastic literary attitudes in the late Middle Ages,* London 1984, S. 9 ff.; W. Haug/B. Wachinger, Hrsg., *Autorentypen,* Tübingen 1991.

5.3 Sokrates und Protagoras interpretieren ein Gedicht

Künstler."⁸⁵ Ein Beispiel für eine radikale Version dieser hermeneutischen Strategie stellt Friedrich Schlegels Rezension *Über Goethes Meister* dar. Der Name des empirischen Autors, Goethe, kommt nur einmal, im Titel vor. (Vgl. S. 250 f.)

Ein Beispiel aus der Frühen Neuzeit hat eine besondere Legitimationsbedeutung, insofern der Ausleger selbst ein Poet ist. In Francesco Petrarcas *Secretum Meum* (Mein Geheimnis), zwischen 1347 und 1353 entstanden, wird ein Dialog zwischen ‚Franciscus' und ‚Augustinus' fingiert. Es geht um die Auslegung einer Passage aus Vergils *Aeneis* (II, V. 52 ff.), in der von starken Winden und von einem König in einer Burg die Rede ist. Für Franciscus bedeuten die Winde allegorisch den Zorn, der König die Vernunft. Wer möchte daran zweifeln? Augustinus antwortet: „Ich freue mich über diese geheimen Bedeutungen einer dichterischen Erzählung, die sich dir, wie ich sehe, in reichem Maße erschließen. Denn ob nun Vergil selbst dies im Sinn hatte [*id Vergilius ipse sensit*], während er schrieb, oder ob er von jeder derartigen Überlegung weit entfernt war und mit diesen Versen einen Meeressturm und nicht anderes beschreiben wollte – jedenfalls halte ich das, was du über das Andringen der Zornesregungen und über die Herrschaft der Vernunft gesagt hast, für ziemlich pointiert und angemessen [*facete satis et proprie dictum*] gesagt."⁸⁶ Aus dieser Praxis wird die romantische Hermeneutik die theoretischen Konsequenzen ziehen.

Sokrates und Protagoras konnten den Verfasser des Gedichts nicht mehr befragen. Wie weit kommt man, wenn man den Verfasser noch befragen kann? Aus dem Nachlass einer französischen Deutschlehrerin kam 1994 ein Brief ans Licht, den ein Berliner Leser namens Dr. Siegfried Wolf am 10. April 1917 an den Autor Franz Kafka richtete. Ein in seiner Handschrift, in seinem hermeneutischen Witz, in seinen selbstironischen Fragen wunderbarer Brief.⁸⁷ Dieser Leser fragt Kafka nach dem Sinn seiner Erzählung *Die Verwandlung*. Die heitere Ironie dieses Briefes gibt zu verstehen, dass auch dieser Leser weiß, dass es auf den Text und nicht darauf ankommt, was der Autor dazu sagt. Dieser kann höchstens seine Absicht bekunden und Fingerzeige geben.

Eine Antwort von Kafka ist leider (noch?) nicht aufgetaucht. Hier der Text:

> Sehr geehrter Herr,
> Sie haben mich unglücklich gemacht.
> Ich habe Ihre Verwandlung gekauft und meiner Kusine geschenkt. Die weiß sich die Geschichte aber nicht zu erklären.
> Meine Kusine hats ihrer Mutter gegeben, die weiß auch keine Erklärung.

---

⁸⁵Novalis, a. a. O., Bd. 3, S. 411, Fr. 737.
⁸⁶Francesco Petrarca, *Secretum Meum*. Lat.-dt. Hrsg. u. übers. v. G. Regn/B. Huss, Mainz 2004, S. 216 ff.
⁸⁷Zitiert nach dem Druck *Marbacher Faksimile 43,* Deutsche Schillergesellschaft, Marbach a. N. 2002. Der offenkundige Witz dieses Briefes kann merkwürdigerweise überlesen werden, vgl. den Kommentar von Jochen Meyer (‚zudringlicher Leser') und Reemtsma, a. a. O., S. 19 f. (‚versteht keinen Witz').

Die Mutter hat das Buch meiner anderen Kusine gegeben, und die hat auch keine Erklärung.
Nun haben sie an mich geschrieben. Ich soll ihnen die Geschichte erklären. Weil ich der Doctor der Familie wäre. Aber ich bin ratlos.
Herr! Ich habe Monate hindurch im Schützengraben mich mit dem Russen herumgehauen und nicht mit der Wimper gezuckt. Wenn aber mein Renommee bei meinen Kusinen zum Teufel ginge, das ertrüg ich nicht.
Nur Sie können mir helfen. Sie müssen es; denn Sie haben mir die Suppe eingebrockt. Also bitte sagen Sie mir, was meine Kusine sich bei der Verwandlung zu denken hat.
Mit vorzüglicher Hochachtung ergebenst Dr Siegfried Wolf

Vier Personen haben also Kafkas Geschichte *Die Verwandlung* gelesen und nicht verstanden. Können wir Leser dieser Geschichte sagen, dass wir sie verstanden haben? Dass dieser Dr. Wolff 1917 diesen Band kaufte, der Ende 1915 erschienen war, war so selbstverständlich nicht. Kafka war damals noch ein literarischer Geheimtipp. Dieser Dr. Wolff war offensichtlich an der Gegenwartsliteratur interessiert, jedenfalls seine Kusine, sonst hätte er ihr diesen Band nicht geschenkt, und auch bei der Mutter und der anderen Kusine können wir literarische Interessen unterstellen. Er bittet also den Autor Kafka, ihm zu sagen, was seine Kusine sich bei dieser Geschichte „zu denken hat". Es scheint, dass es für ihn ausgemacht ist, dass, wenn einer, es der Autor selbst ist, der seine Geschichte am besten erklären kann. „Nur Sie können mir helfen." Damit würde sich Dr. Wolff pathetisch auf eine hermeneutische Maxime berufen, die in der Aufklärungshermeneutik als ausgemacht galt: Der Autor weiß am besten, was sein Werk bedeutet, weil er selbst es verfasst hat. Seine Interpretation, seine ‚Erklärung' ist die authentische. Gleichzeitig insinuiert aber der Witz, die überdeutliche, heitere Selbstironie des Briefes mit der Aufzählung der scheiternden Erklärungsversuche, dem Vergleich des Kampfes im Schützengraben mit dem Erklären, dass dieser Brief ein Spiel ist, in dem darum gespielt wird, wer am besten erklären kann, der Leser oder der Autor.

Wie hätte Kafka antworten können? (Er hat sicher geantwortet, höflich, wie er war.) Vielleicht hätte er, ähnlich der schon zitierten Tagebucheintragung (11.2.1913: „Anlässlich der Korrektur des ‚Urteils' schreibe ich alle Beziehungen auf, die mir in der Geschichte klargeworden sind, soweit ich sie gegenwärtig habe […]") und einem Brief (an Felice Bauer, 2.6.1913) zu *Das Urteil* geantwortet, dass er sich nicht, wie ihn Dr. Wolff anredet, als „Herr", sondern sich auch nur als Leser seiner Geschichte verstehen kann, dem erst nachträglich ihre Beziehungen und Merkwürdigkeiten aufgehen. Er hätte vielleicht einige Fingerzeige gegeben. Immerhin rechnete sich Kafka bei *Die Verwandlung* eine „bessere(n) Kenntnis der Geschichte" zu als der Illustrator des Titelblatts. (Brief an den Verlag Kurt Wolff, 25.10.1915) Und er hätte vielleicht auch zu bedenken gegeben, dass Nichtverstehen und Verstehen sich nicht vollständig ausschließen.[88]

---

[88]In *Der Prozess* legt Kafka dem Geistlichen den Satz in den Mund, dass die „Erklärer" sagen: „Richtiges Auffassen einer Sache und Missverstehen der gleichen Sache schließen einander nicht vollständig aus." F. Kafka, *Der Prozess*, Frankfurt a. M. 1965, S. 259.

5.4 Porphyrios interpretiert die Grotte der Nymphen in der *Odyssee*

Die Abhandlung des Philologen und neuplatonischen Philosophen Porphyrios *Über die Grotte der Nymphen,* verfasst im späten 3. Jahrhundert n. Chr., gilt als die älteste monographische Interpretation eines literarischen Textes bzw. einer Textpassage, nämlich der Beschreibung der Höhle der Nymphen auf der Insel Ithaka in der *Odyssee* (XIII, V. 100–112).[89] Nach der Übersetzung von Johann Heinrich Voß, dessen Ausdruck ‚Grotte' für die Höhle ich beibehalte: Das Schiff des Odysseus nähert sich der Insel Ithaka:

> Als nun östlich der Stern mit funkelndem Schimmer emporstieg,
> Welcher das kommende Licht der Morgenröte verkündet;
> Schwebten sie nahe der Insel im meerdurchwallenden Schiffe.
> Phorkys, dem Greise des Meers, ist eine der Buchten geheiligt,
> Gegen der Ithaker Stadt, wo zwo vorragende schroffe
> Felsenspitzen der Reede sich an der Mündung begegnen.
> Diese zwingen die Flut, die der Sturm lautbrausend heranwälzt,
> Draußen zurück; inwendig am stillen Ufer des Hafens
> Ruhn unangebunden die schöngebordeten Schiffe.
> Oben grünt am Gestad' ein weitumschattender Ölbaum.
> Eine Grotte, nicht fern von dem Ölbaum, lieblich und dunkel,
> Ist den Nymphen geweiht, die man Najaden benennet.
> Steinerne Krüge stehn und zweigehenkelte Urnen
> Innerhalb; und Bienen bereiten drinnen ihr Honig.
> Aber die Nymphen weben auf langen steinernen Stühlen
> Feiergewande, mit Purpur gefärbt, ein Wunder zu schauen.
> Unversiegende Quellen durchströmen sie. Zwo sind der Pforten:
> Eine gen Mitternacht, durch welche die Menschen hinabgehn;
> Mittagwärts die andre geheiligte: diese durchwandelt
> Nie ein sterblicher Mensch; sie ist der Unsterblichen Eingang.

Porphyrios' kommentierende Auslegung folgt der traditionellen Allegorese, zumal der Allegorese Homers. Dessen Epen wurden rezipiert als Schlüssel zu den Geheimnissen des Universums und dem Schicksal der Seelen. Sie galten als die Quelle des Wissens. Dieses Wissen ist allerdings verborgen, es liegt jenseits dessen, was der Text ausdrücklich sagt. Ob es sich bei den Epen Homers tatsächlich so verhält, wurde freilich auch bestritten, wie z. B. aus Platons *Politeia* (378d) hervorgeht. Porphyrios indessen zweifelte an diesem in Homers Epen verborgenen Wissen nicht.

---

[89]Porphyrios, *De antro nympharum,* in: *Porphyrii philosophi Platonici opuscula selecta,* hrsg. v. A. Nauck, 2. Aufl. Leipzig 1886, S. 53–81. Neudruck Hildesheim 1963. Ich stütze mich auf die instruktive Einleitung und die englische Übersetzung in: *Porphyry. On The Cave of the Nymphs.* Translation and Introductory Essay by R. Lamberton, Barrytown 1983; ferner J. Pépin, *Mythe et Allégorie. Les origines grecques et les contestations judéo-chrétiennes,* 2. Aufl. Paris 1976, S. 357 ff.; P. Crome, *Symbol und Unzulänglichkeit der Sprache,* München 1970, S 142 ff.

Warum kommt man dazu, ein verborgenes Wissen zu unterstellen und zu suchen? Da das, was der Text sagt, Widersprüchliches und Unglaubwürdiges enthält, an der Wissensautorität Homers aber nicht zu zweifeln ist, muss der Text etwas anderes meinen. Nicht ist, was nicht sein darf, heißt diese – sehr mächtige! – Auslegungsmaxime. Auch enthält der Text Angaben, die offenbar wichtig sind, aber eine nähere Information aussparen. Sie wirken daher in ihrer Lakonie dunkel und nötigen ebenfalls dazu, einen tieferen Sinn zu vermuten und sie als ein Symbol *(symbolon)*, wie Porphyrios sagt, zu verstehen.

Widersprüchlich für Porphyrios ist z. B. die Charakterisierung der Grotte als zugleich „lieblich" und „dunkel", denn was dunkel und schattig ist, ist für ihn nicht lieblich, sondern schrecklich. Die ganze Beschreibung der Grotte ist nicht ganz glaubwürdig, da nicht klar wird, ob die Grotte eine poetische Erfindung Homers oder die Beschreibung einer Realität ist. Diese Frage lässt er offen, denn eine Antwort erforderte in jedem Fall, entweder als poetische Erfindung oder als Beschreibung eines vorhomerischen Kultortes, eine allegorische Auslegung. Krüge und Amphoren („zweigehenkelte Urnen") werden erwähnt, aber nicht, was in ihnen aufbewahrt wird, nur dass Bienen in ihnen ihren Honig speichern. Warum sind die Stühle der Nymphen steinern? Warum wird ausdrücklich gesagt, dass die Nymphen Najaden genannt werden? Warum weisen die Pforten nach Norden („Mitternacht") und Süden („Mittagwärts") und nicht nach Osten, so wie in den meisten Tempeln? Warum heißt es ‚Unsterbliche' und nicht ‚Götter'? Alles Angaben, die einen verborgenen Sinn vermuten lassen. Nichts ist zufällig. Ohnehin sind für Porphyrios Grotten uralte Orte der Verehrung der Götter, also hochbedeutsame Orte. Darüber hinaus beruft sich Porphyrios auf die Autorität von philologischen Gelehrten, die die allegorische Bedeutung dieser Beschreibung schon postuliert hatten. Seine Auslegung beginnt er daher mit der Feststellung, dass man sich fragt (wundert), was die Grotte auf Ithaka für Homer bedeutet.

In seiner Allegorese sucht Porphyrios nun nicht ein Wissen, das er noch nicht hat, sondern sucht zu erklären, wie man vom Gesagten zum eigentlich Gemeinten, zum verborgenen Wissen kommt. Es geht um den Weg vom Text zu seiner verborgenen Wahrheit. Dieses Wissen ist das Wissen von der Welt, das er schon hat. In dieser Grottenszene findet er eine autoritative Bestätigung dieses Wissens. Der Name Homer steht für ihn – wie in der antiken Tradition überhaupt – als metonymischer Ausdruck für das wahre Wissen von der Welt. Daher bezieht sich Porphyrios nicht nur auf die homerische Mythologie, sondern auch auf die Mythologie der Perser, Ägypter und Römer, ebenso auf philologisches, philosophisches, geographisches, literarisches, religionsgeschichtliches und astronomisches Wissen und auf das praktische Wissen des Alltags. Zitiert werden neben philologischen Gelehrten die Philosophen Platon, Pythagoras, Empedokles und Heraklit, der Geograph Artemidoros von Ephesus, aus der Literatur neben Homer Sophokles und die orphische Hymnik. Zur Auslegung der Bedeutung der Grotte bezieht er sich z. B. auf Platons Höhlengleichnis (*Politeia*, 514a–518b). In seiner Auslegung *(exegesis)* integriert er die Elemente des Textes in diese, als präsentisch begriffene, Wissenswelt und transformiert sie in einen dichten Zusammenhang prinzipiell mehrdeutiger Symbole. In rhetorischer Lehre wird die Allegorie ja als ein *tropus*, als eine Wendung beschrieben, die den Sinn des Gesagten in einen anderen

5.4 Porphyrios interpretiert die Grotte der Nymphen in der *Odyssee*

Sinn ‚wendet'.[90] In diesen Zusammenhang führen traditionelle Instrumente der Allegorese: die Analogie, die Ähnlichkeit, die Etymologie, Parallelen im Werk Homers, Motivreihen, Ketten von Assoziationen. Als eine Basismaxime kann gelten, dass Dinge, die sich wiederholen oder etwas gemeinsam haben oder sonstwie in einem Zusammenhang stehen, auch aufeinander referieren. Der ganze Kosmos ist von solchen Referenzen durchwaltet. Alles hängt mit allem zusammen. In der stoischen und neuplatonischen Philosophie wurde dafür der Begriff der Sympathie (gr. *sympatheia*, vgl. z. B. Cicero, *De natura deorum*, III, 28) aller Dinge verwendet. Diese *sympatheia* rechtfertigt die Ketten von Analogien und Assoziationen.

In seiner Auslegung symbolisiert der Honig die Kräfte der Reinigung und der Vorsorge gegen das Verderbnis. Das lehrt das Alltagswissen. (Honig diente in der Antike dazu, Speisen und Getränke zu süßen und zu konservieren, zur Kosmetik und zur Behandlung von Wunden und Krankheiten.) Er symbolisiert auch, über das Süße, den sexuellen, ‚fleischlichen' Genuss. (Merkwürdigerweise hat Porphyrios sich entgehen lassen, dass Honig in der Antike auch die Dichtung symbolisieren kann.) Von der Farbe der Purpurs (der Purpurschnecke) schließt er über die Ähnlichkeit auf Fleisch, so dass das purpurgefärbte Gewand als Symbol des Fleisches, „gewebt aus Blut", verstanden werden kann, die Steine im Kontext als Symbole der Knochen. Der Name der Najaden wird abgeleitet vom Namen für das Fließen des Gewässers. Da das Wasser selbst als ein Symbol für Materie verstanden werden kann, symbolisieren sie eine fruchtbare Nähe zur Materie und zugleich, durch ihren über dem Wasser gelegenen Ort, ihre ‚Überlegenheit' über die Materie. Da diese Nähe zum Wasser auch von den Seelen gesucht wird, symbolisieren sie auch die Geburt, die Initiation der Seelen in die materielle Welt. Hier werden sie zu ‚feuchten' Wesen, wie Porphyrios mit Berufung auf die Mythologie der Griechen und Ägypter und auf Heraklit und Homer ausführt.[91] Erwähnt wird auch die sexuelle Symbolik des ‚Feuchten'. Bräute werden auch Nymphen genannt, da sie Kinder gebären sollen. Die ‚unversiegenden Quellen' in der Grotte der Najaden symbolisieren in diesem Zusammenhang die Vitalität und Ewigkeit der Natur als ständiger Schöpfung. Da die Amphoren und Krüge dazu bestimmt sind, Wasser von Quellen zu holen, symbolisieren sie selbst die Kraft der Quelle.

Über die Analogie erschließt Porphyrios die Bedeutung der Grotte: sie symbolisiert den Kosmos. Die Grotte ist abgeschlossen von der Außenwelt, von Felsen umgeben. Gleichwohl ist sie Teil der Unendlichkeit der Erde. Vergleichbar hat der Kosmos eine eigene Natur und ist doch untrennbar mit der Materie verbunden. Deswegen ist der Kosmos im Äußeren geformt und „lieblich", aber in der inneren Verbindung mit der Materie „dunkel". Das Dunkle und Feuchte der Grotte

---

[90] Vgl. Kurz, *Metapher*, S. 30 ff.
[91] Vgl. Heraklit, *Fragment 77*: „Für die Seelen ist es eine Lust oder (?) Tod, feucht zu werden." (Diels, a. a. O., S. 28) In der *Odyssee* VI, V. 201 kommt im Griechischen das Wort *dieros* vor, das ‚fürchtend, furchtbar' und ‚nass, flüssig' bedeuten kann.

symbolisiert die sinnliche Seite, ihr solider und dauerhafter Bau die geistige Seite des Kosmos. Ihre Dunkelheit zudem alle unsichtbaren Mächte.

Ausführlich wird die Symbolik der Pforte nach Norden und der nach Süden erläutert. Die Richtung nach Norden führt zum Sternbild des Krebses, zur Sommersonnenwende. Dieses Sternbild wird verbunden mit dem erdnahen Mond. Die Richtung nach Süden führt zum Sternbild des Steinbocks, zur Wintersonnenwende, und zum erdfernen Saturn. So steht der Norden symbolisch für die Region, in der die Seelen in die Materie hinab steigen, der Süden für die Entfernung von der Materie, für den Aufstieg zu den Göttern. Deswegen, erläutert Porphyrios, steht da auch „Unsterbliche" und nicht Götter, denn auch die Seelen sind in ihrer Natur unsterblich.

Die Natur des Kosmos wird durch das Symbol des Olivenbaums spezifiziert. Er steht ‚oben', über dem Hafen, nahe der Grotte. Da er mit der Göttin Athene verbunden ist – sie hatte den ersten Ölbaum in Attika wachsen lassen – und diese Göttin für Gedanken steht – sie ist dem Haupt von Zeus entsprungen –, steht auch der Olivenbaum ‚oben' für den Geist. Durch seine Nähe zur Grotte deutet er an, dass der Kosmos ein Werk göttlicher Weisheit ist. Als immergrüner symbolisiert er das Kommen und Gehen der Seelen und Götter. Die zwei Pforten und die zwei Henkel symbolisieren die polare Struktur der Welt: Hier findet sich Geistiges und Sinnliches, Sterbliches und Unsterbliches, Fixes und Bewegliches, hier findet sich Gutes und Böses, Trockenes und Feuchtes, oben und unten, links und rechts, Tag und Nacht.

Die Allegorese dieser Passage führt am Ende in die Auslegung des ganzen Epos. Die Fahrten und Irrfahrten, die Taten und Leiden des Odysseus werden ausgelegt als Allegorie der menschlichen Existenz. In der Grotte kann er zu sich selbst finden. Ingeniös die Auslegung der Polyphem-Episode. Um ihm zu entkommen, blendete Odysseus den Zyklopen Polyphem, der ihn in seiner Höhle gefangen hielt. (*Odyssee*, IX, V. 216 ff.) Porpyrios kommt auf die Polyphem-Episode über den Namen Phorkys zurück. Phorkys ist der Großvater von Polyphem. Er interpretiert Polyphem als ein *alter ego* von Odysseus und die Blendung als einen Versuch des Odysseus, seinem Leben ein Ende zu setzen. Daher seine Leiden als Strafe der Götter für diese Sünde. Diese Götter muss er besänftigen durch Opfer, Mühen, Geduld und Beherrschung seiner Leidenschaften. Seine Auslegung beendet Porphyrios mit ihrer Rechtfertigung. Diese Art der Auslegung, sagt er, sollte weder als eine Überinterpretation noch als Fantasieerzeugnis angesehen werden. Wenn man die Weisheit der Alten und das immense Wissen Homers zusammen mit seinen vollkommenen Fähigkeiten bedenkt, werde man notwendig zur Einsicht geführt, dass er in dieser kleinen Geschichte göttliche Dinge zu verstehen gibt.

Von seinen Wissens- und Interpretationsvoraussetzungen her argumentiert Porphyrios stringent. Auch wenn uns viele Assoziationsfäden überaus locker verknüpft erscheinen, steht am Ende eine kohärente Allegorese der Grotte als Allegorie des Kosmos. Wie Porphyrios eröffnet der Philosoph Hans Blumenberg, der vor einigen Jahren dem Motiv der Höhle eine luzide Untersuchung gewidmet hat, darin ganz selbstverständlich einen Kosmos mythologischen, naturwissenschaftlichen, historischen, literarischen und philosophischen Wissens.[92]

5.4.1 Antike Allegorese

> Die Lehre von den Göttern überhaupt betrifft das Unnütze und das Ungehörige. Denn er behauptet, dass die Mythen der Götter ungehörig seien. Um eine solche Anklage zu entkräften, gibt es welche, die auf die Art des Sprechens verweisen. Sie glauben, dass alles als Allegorie verfasst ist und die Elemente betrifft, wie z. B. den Streit unter den Göttern. Ihnen zufolge kämpft das Trockene gegen das Feuchte, das Warme gegen das Kalte, das Leichte gegen das Schwere; das Wasser löscht das Feuer, aber das Feuer trocknet die Luft aus. So geht es mit allen Elementen, aus denen das Universum zusammengesetzt ist: Zwischen ihnen herrscht ein fundamentaler Streit. Als Einzelelemente sind sie verderblich, aber als Ganzes bestehen sie ewig. Solche Kämpfe soll Homer eingeführt haben, indem er dem Feuer den Namen Apollos, Helios' und Hephaistos' gab, dem Wasser den von Poseidon und von Skamandros, dem Mond den von Artemis, der Luft den von Hera usw. Auf dieselbe Weise ordnete er die Namen von Göttern menschlichen Vermögen zu, dem Denken den von Athene, der Unvernunft den von Ares, der Begierde den von Aphrodite, der schönen Rede den von Hermes. Diese Vermögen entsprechen dem Verhalten dieser Götter. Diese Art der Verteidigung ist sehr alt und geht zurück auf Theagenes von Rhegion, der als erster über Homer schrieb. Er achtete also auf diese Sprechweise.[93]

Diese Passage referiert ein Scholion eines unbekannten Kommentators, überliefert von Porphyrios in seinem Kommentar zu Homers *Ilias*.[94] Die Anklage, um die es geht, ist die Anklage gegen Homer wegen der Verbreitung unmoralischer Schriften. Die Götter treiben es ja bei ihm mit Neid, Wut, Demütigungen, Diebstahl, Rache, Sexaffären, Vergewaltigungen, rasender Eifersucht und Gewalt mehr als bunt. Vermutlich bezog sich der erwähnte Theagenes (Ende des 6. Jhs v. Chr.) auf den vorsokratischen Philosophen Xenophanes, der schrieb: „Alles haben den Göttern Homer und Hesiod angehängt, was nur bei Menschen Schimpf und Tadel ist: Stehlen und Ehebrechen und einander Betrügen."[95] Homer und Hesiod waren für Xenophanes Götterverleumder. Den Vorwurf der Immoralität gegenüber den

---

[92]H. Blumenberg, *Höhlenausgänge*, Frankfurt a. M. 1989, zur Grotte S. 238 ff.
[93]Übersetzung angelehnt an die französische Übersetzung in: Pépin, a. a. O., S. 98. Vgl. auch W. Bernard, *Spätantike Dichtungstheorien. Untersuchungen zu Proklos, Herakleitos und Plutarch*, Berlin 1990, S. 76 f.
[94]*Porphyrii Quaestionum Homericarum ad Iliadem pertinentium reliquias*, hrsg. v. H. Schrader, 2 Bde, Leipzig 1880–1882, Bd. 1, S. 240 f.
[95]Xenophanes, *Fragment 11* (Diels, a. a. O., S. 19).

homerischen Epen wiederholte später auch Platon, „mag nun ein verborgener Sinn darunter stecken oder auch keiner." (*Politeia,* 378d).

Eine fundamentale Anklage, denn Homers Epen hatten die Autorität heiliger Texte. Den Hintergrund dieser Anklage bildete wohl auch eine Distanzierung vom archaischen Weltbild Homers im Zeichen eines rationalen Denkens und eines neuen, nicht mehr von Kriegern, sondern von der Polis bestimmten Rechtsverständnisses. Seine Verteidigung argumentierte, Homer habe dies alles ganz anders, eben allegorisch gemeint. Eine geschickte Verteidigung, denn die Motive der Kritik wurden zugestanden, Homer von ihr aber ausgenommen.

Theagenes von Rhegion soll also der erste gewesen sein, der sich mit Homer philologisch beschäftigte, wie das Scholion besagt, und er soll auch der erste gewesen sein, der Homer auf diese Weise in Schutz nahm. Zwei Philosophen, Heraklit und Empedokles, hatten gelehrt, dass der Kosmos aus dem Streit und der Einheit der Elemente besteht, ja dass die Einheit des Kosmos den Streit umfasst. Offenbar vertrat Theagenes nach diesem Scholion eine ähnliche Lehre. Er interpretierte demnach die Namen und Handlungen der Götter als eine „Sprechweise", die auf einen anderen, verborgenen Sinn zielt, nämlich auf die Struktur des Universums und auf die anthropologische Ausstattung des Menschen. Die Allegorese beseitigte Anstößiges und glättete Widersprüche. Anstößig war z. B. der Ehebruch des Gottes Ares mit der Göttin Aphrodite. (*Odyssee,* VIII, V. 266 ff.) Als Allegorie ausgelegt, kann Ares den Streit, Aphrodite die Liebe bedeuten, der Ehebruch dann die Verbindung von Liebe und Streit als Momente des Lebens. Nach einer anderen Überlieferung hatte der vorsokratische Philosoph Anaxagoras zuerst gesagt, dass die Poesie Homers von Tugend und Gerechtigkeit handle.[96] Mit dieser Interpretation konnte die Autorität der homerischen Epen gewahrt werden. Zugleich konnte sie ihnen neue, aktuelle Sinndimensionen zufügen. Man kann auch formulieren, dass dabei nach der mächtigen Maxime interpretiert wird, dass nicht ist, was nicht sein darf. Ein Heilen des Mythos nannte dies später der byzantinische Philologe Eustathius.[97] Umgekehrt kann die Allegorese auch einen bedrängenden und bedrohlichen Text entmächtigen. Die apologetische Allegorese der homerischen Epen Götter stieß allerdings auch auf scharfe Kritik, wie z. B. aus Platons *Politeia* (378d) und den Gesprächen in Ciceros *De natura deorum* hervorgeht. Dort werden die Epen für unglaubwürdig und unmoralisch gehalten, hier werden falsche und willkürliche Etymologien und eine atheistische Reduktion der Götter auf Naturkräfte kritisiert.

Die Apologie kanonischer, sei es religiöser oder säkularer Texte, ist ein starkes, oft undurchschautes Motiv von Interpretationen. Augustin z. B. greift in seinem, die biblische Auslegungslehre über Jahrhunderte hinweg fundierenden, Werk *De*

---

[96]Vgl. Diogenes Laertius, *Leben und Meinungen berühmter Philosophen,* übers. v. O. Apelt/K. Reich, 2. Aufl. München 1967, S. 78.
[97]Eustathius, a. a. O., S. 4.

5.4 Porphyrios interpretiert die Grotte der Nymphen in der *Odyssee*   133

doctrina christiana darauf zurück.[98] Alles, was in der Bibel im wörtlichen Sinn weder auf die Lauterkeit der Sitten noch auf die Wahrheit des Glaubens bezogen werden kann, lautet eine elementare Auslegungsregel, muss in einem übertragenen Sinn interpretiert werden. (III, 10, 14, 33) Die Lauterkeit der Sitten liegt in der Liebe zu Gott und zum Nächsten, die Wahrheit des Glaubens in der Erkenntnis Gottes und des Nächsten. Entspricht dies schon dem wörtlichen Verständnis, dann gilt dies auch. Entspricht dies nicht dem wörtlichen Verständnis, dann soll man den Text so lange ‚hin und her wenden', bis das Ergebnis der Auslegung die Botschaft von der Herrschaft der Liebe *(caritas)* ist. (III, 15, 23, 54) Erst dann hat man die Bibel verstanden. Dieses apologetische Motiv ist auch in Interpretationen kanonischer säkularer Autoren wie Sophokles, Goethe, Schiller, Hölderlin oder Ernst Jünger zu finden.

Die Allegorese ist ein Verfahren, einen Text als eine – intendierte oder nichtintendierte – Allegorie zu behandeln. Sie unterstellt ihm einen offenbaren und einen verborgenen, einen unmittelbaren und einen mittelbaren Sinn. Unter Allegorie (der gr. Ausdruck *allegoria* bedeutet wörtlich so viel wie: anders als öffentlich, auf der Agora, dem Marktplatz und politischen Versammlungsplatz, sprechen) versteht man in der Rhetorik eine ‚Andersrede' oder ‚Verschiedenrede', ein *alieniloquium* oder *diversiloquium*. Sie sagt etwas, definiert Quintilian in seiner *Institutio Oratoria,* und gibt etwas anderes zu verstehen (*aliud verbis aliud sensu ostendit,* VIII, 6, 44). Wie das Beispiel der Homer-Allegoresen zeigt, konnten auch Texte als Allegorien behandelt werden, bei denen es offen ist, ob sie als Allegorien intendiert worden waren oder nicht. Kafka hatte seinen Roman *Der Prozeß* nicht als eine Allegorie der Totalitarismen des 20. Jahrhunderts intendiert, und doch wurde er so verstanden, weil sich dieses Verständnis für die Leser des 20. Jahrhunderts geradezu aufdrängte.

Die Interpretation der homerischen Epen als Allegorien der Elemente des Universums und des Menschen erwies und erweist sich von der Antike über das Mittelalter bis zur Gegenwart als ein höchst produktives Allegoresemodell.[99] Die beiden Muster der antiken Homerallegorese zeichnen sich im zitierten Scholion

---

[98]Zitiert wird nach: Aurelius Augustinus, *Die christliche Bildung (De doctrina christiana).* Übersetzung, Anmerkungen und Nachwort v. K. Pollmann, Stuttgart 2002.

[99]Ich unterscheide zwischen einer Allegorese als Auslegungsmodell und einer Allegorie als Text, der zu seinem Verständnis eine Allegorese erfordert. Vgl. dazu und im Folgenden F. Wehrli, *Zur Geschichte der allegorischen Deutung Homers im Altertum,* Leipzig 1928; F. Buffière, *Les Mythes d'Homère et la pensée grecque,* Paris 1956; Pépin, a. a. O.; H. Dörrie, *Zur Methodik antiker Exegese,* in: Zeitschrift für die Neutestamentliche Wissenschaft 65, 1974, S. 121–138; M. Gatzemeier, *Wahrheit und Allegorie. Zur Frühgeschichte der Hermeneutik von Theagenes bis Proklos,* in: V. Gerhardt/N. Herold, Hrsg., *Wahrheit und Begründung,* Würzburg 1985, S. 27–44; R. Lamberton, *Homer the Theologian. Neoplatonist Allegorical Reading and the Growth of Epic Tradition,* Berkeley 1986; R. Lamberton/J. J. Keaney, Hrsg., *Homer's Ancient Readers. The Hermeneutics of Greek Epic's Earliest Exegetes,* Princeton 1989; D. Dawson, *Allegorical Readers and Cultural Revision in Ancient Alexandria,* Berkeley 1992; H.-J. Horn/H. Walter, Hrsg., *Die Allegorese des antiken Mythos,* Wiesbaden 1997; G. R. Boys-Stones, Hrsg., *Metaphor, Allegory and The Classical Tradition,* Oxford 2003.

schon ab: Die physikalische Allegorese, d. h. die Auslegung der Götter als mythische Darstellung von Naturkräften, z. B. der vier Elemente. Danach steht Apollo für das Feuer, Hera für die Luft, Poseidon für das Wasser und Pluto für die Erde. In der moralischen Allegorese werden die Götter als mythische Darstellung menschlicher Eigenschaften und Vermögen ausgelegt, z. B. Eros als die Liebe, Pallas Athene als die Klugheit, Aphrodite als die Schönheit, Mars als Aufruhr und Krieg. Eine dritte Version rationalistischer Mythenerklärung firmiert unter dem Titel Euhemerismus. (Nach dem antiken Autor Euhemeros, der einen, nur in Auszügen erhaltenen, utopischen Reiseroman verfasst hatte.) In dieser Version werden Göttergestalten als allegorische Darstellungen historischer Herrschergestalten verstanden.

Der Entwicklung der Allegorese lagen hauptsächlich drei Motive zugrunde. Zuerst die allgemeine Erfahrung, dass wir nicht selten bei einer Äußerung einen Hintersinn, dass wir Hintergedanken vermuten. *Hyponoia,* wörtlich: Vermutung, Verdacht, Argwohn, dann versteckter Sinn, Hintersinn, nannten dies die Griechen. Zur Welterfahrung gehört wohl auch, dass die Welt Geheimnisse enthält, dass sie ihre Wahrheit verbirgt. Die Natur bzw. das Wesen, sagt der vorsokratische Philosoph Heraklit, liebt es, sich zu verbergen.[100] Texte, wie die Epen Homers, die von der Welt handeln, verlangen daher eine Auslegung, die im Sinn des Textes einen Hintersinn vermutet und sucht. Da neben dem Ausdruck *hyponoia* in der Allegorese auch der Ausdruck *aenigma*, Rätsel, verwendet wird und dieser Ausdruck auch in der Orakeldeutung vorkommt, hat man auch eine Herkunft der Allegorese aus der Tradition der Orakeldeutung diskutiert.[101]

Nach diesem Modell verfuhr offensichtlich Porphyrios' Allegorese der Nymphengrotte in der *Odyssee.* Die homerischen Epen galten ihm als Quelle des Wissens. Die Beschreibung der Grotte deutete er allegorisch als Lehre von den Geheimnissen des Kosmos und dem Schicksal der Seelen. Am Wissen Homers zweifelte Porphyrios nicht. Ein apologetischer Impuls lag seiner Allegorese fern.

Das zweite Motiv war die Apologie eines kanonischen Werkes wie das von Homer, das späteren Generationen als anstößig oder widersprüchlich oder unzeitgemäß erschien. Dann, als drittes, die Korrektur der Poeten. Sie läuft darauf hinaus, dass die Ausleger über ein überlegenes Wissen verfügen. Die philosophische Schule der Stoa (ab 300 v. Chr.) ging davon aus, dass die Dichter wie Homer und Hesiod eine uralte Weisheit, die sie schon nicht mehr verstanden, in ihren fabulösen Geschichten von den Göttern unbewusst überlieferten. Die Spuren dieser Weisheit können durch einen Vergleich mit anderen Überlieferungen identifiziert und nach dem Modell der Allegorese aufgedeckt werden. Findet man z. B. auch in phönizischen und ägyptischen Überlieferungen Varianten, dann wird es

---

[100]Heraklit, *Fragment* 123. (Diels, a. a. O., S. 30).
[101]Vgl. Struck, *Divination;* vgl. Aeschylos, *Agamemnon,* V. 1112, 1183; Platon, *Timaios,* 72b, *Alkibiades II,* 147b. Auch in Plutarchs Schrift *De Pythiae oraculis* (Über die Orakel der Pythia), Ende des 1., Anfang des 2. Jahrhunderts n. Chr., wird eine Verbindung der Mantik zur Allegorese hergestellt.

sich um mehr als um fabulöse Erfindungen der Poeten handeln. So können die Epen Homers als unbeabsichtigte Allegorien dieser Weisheitsüberlieferung ausgelegt werden. Cicero referiert z. B. die stoische Theorie, wonach hinter den „frevelhaften Mythen" vom Himmelsgott Caelus, den sein Sohn Saturn kastrierte, den wiederum sein Sohn Jupiter in Fesseln legte, eine geheime naturwissenschaftliche Lehre stecke: Denn Caelus bedeutet eigentlich den Äther und „man wollte, dass das himmlische, höchste und ätherische, das heißt feurige Element, welches alles aus sich heraus erzeugt, nicht den Körperteil besitze, der zur Zeugung die Vereinigung mit einem anderen nötig hat. Saturn aber sollte der Gott sein, der den Verlauf und Wechsel der Zeiträume und Jahreszeiten lenke. Dieser Gott trägt im Griechischen eben diese Bezeichnung. Man nennt ihn nämlich Kronos, was dasselbe ist wie *chrónos,* das heißt ‚Zeitraum'. Saturn hingegen wurde so genannt, weil er sich angeblich an den Jahren sättigt [lat. *saturare*]. In der allgemeinen Vorstellung pflegt er ja seine Kinder aufzufressen, weil die Zeit die Zeitabschnitte aufzehrt und sich mit den verflossenen Jahren unaufhörlich den Bauch vollschlägt. Jupiter aber hat ihn gefesselt, damit er keine unkontrollierten Bahnen ziehe und um ihn an die Bewegungen der Sterne zu binden."[102] Wie können die Spuren des allegorischen Sinns erschlossen werden? Hier werden sie durch eine etymologisch verfahrende Allegorese erschlossen: Saturn ist derjenige, der sich an den Jahren sättigt, Kronos bedeutet ‚Zeitraum'. Dann durch die Analogie: Das Auffressen der Kinder wird analogisiert mit dem Aufzehren der Zeitabschnitte durch die Zeit.

Das etymologische Verfahren gehört zu den wichtigsten Verfahren antiker Exegese – und darüber hinaus. Der Ausdruck ‚Etymologie' ist eine Bildung aus gr. *etymos:* wahr, und *logos:* Wort, Rede, Vernunft. Also: Die Etymologie sucht das Wahre des Wortes. Platons Dialog *Kratylos* ist ganz der etymologischen Analyse von Namen gewidmet. In der Rhetorik zählt das etymologische Verfahren, der *locus ab etymologia,* zu den wichtigsten Mitteln der Interpretation. Die Etymologie geht davon aus, dass Worte mehr sind als Worte, dass sie eine ursprüngliche Einsicht in das, wovon sie Worte sind, enthalten. Zu dieser Einsicht gelangt man durch die Untersuchung ihrer lexikalischen Bestandteile. In der Antike und im Mittelalter wurden diese Bestandteile vorwiegend aus synchronen Ausdrücken gewonnen, die neuere Etymologie seit dem 19. Jahrhundert verfährt strikt diachronisch, nach der Wortgeschichte.[103] Nach diesem Verfahren kann die Bedeutung eines Gottes, wie Saturn und Kronos, aus seinem Namen erschlossen werden. So wurde auch der Name des Meergottes Poseidon von *posis* (das Trinken) abgeleitet, der Name Prometheus von einem Wort, das Vorhersicht, Vorsehung bedeutet.

Der Allegorese nahe ist die Etymologie, insofern sie von einer vertrauten Bedeutung in eine verborgene führt. Unterschieden ist sie von der Allegorese, insofern sie die vertraute Bedeutung nicht in Zweifel zieht oder gar als eine

---

[102]Zitiert wird nach: Cicero, *De natura deorum. Über das Wesen der Götter.* Lateinisch/Deutsch, übers. und hrsg. v. U. Blank-Sangmeister, Stuttgart 1995, S. 173 f. (2, 63 f.).
[103]Vgl. Art.: *Etymologie,* in: HWbdPh, Bd. 2, Sp. 816–818.

‚andere' Bedeutung von der eigentlichen trennt. Die Etymologie bestätigt vielmehr die Berechtigung des Wortes oder Namens.[104]

Diese Tradition der allegorischen Homer-Auslegung, gelehrt in den Rhetorikschulen, war auch modellbildend für die jüdische und frühchristliche Schriftauslegung. Gepflegt wurde die Allegorese auch in der islamischen Tradition, etwa im 12. Jahrhundert von Averroës (Ibn Rushd).[105] Auf die jüdische und christliche Allegorese gehe ich gesondert (vgl. S. 202 ff.) ein.

Die Praxis der Allegorie und der Allegorese wurde natürlich in der und für die pagane Literatur fortgesetzt. Wie die Epen Homers wurden die Werke der Poeten wie z. B. Vergils und Ovids allegorisch ausgelegt. Der allegorische wurde normalerweise mit einem moralischen Sinn identifiziert. So interpretierte Bernardus Silvestris im 12. Jahrhundert in seinem Kommentar zu Vergils *Aeneis* die Geschichte des Aeneas, der aus dem zerstörten Troja floh und nach Irrfahrten den Ort erreichte, an dem er Rom gründete, als die Geschichte einer Selbsterkenntnis. In seiner Interpretation des Sängers Orpheus in *Convivio* (Das Gastmahl, um 1305) kann Dante schon auf eine lange Auslegungstradition zurückgreifen. So wie Orpheus nach Ovids *Metamorphoseon libri* (Metamorphosen, X, 1–85) mit seiner Zither die wilden Tiere zähmt und Bäume und Steine in Bewegung setzt, so kann der weise Philosoph mit seiner Stimme verhärtete Herzen lösen und zur Demut und Vernunft führen.

In *Convivio* (Anfang des 2. Buchs) und in seinem *Brief an Cangrande* (1316/18) legt Dante nahe, das Modell der Allegorese auch auf seine *Commedia* (Göttliche Komödie, kurz vor seinem Tod 1321 vollendet) und seine *Kanzonen* anzuwenden: „o ihr mit unverdorbenem Verstande,/Betrachtet doch die Lehre, die im Schleier/der seltsamen Verse mag verborgen liegen" (*mirate la dottrina che s'asconde/sotto'l velame de li versi strani, Divina Commedia, Inferno IX, V. 61–63*; vgl. S. 43). Wie er es anwendet, wie er Theologisches und Poetologisches mischt, wird bis heute kontrovers diskutiert. Wie diese Mischung zu verstehen sei, hat Dante wohl dem Leser überlassen, damit auch die Frage, ob sein Werk wie ein heiliges Werk zu lesen sei. In seinen Hinweisen auf den Zugang zu seinem Werk schreibt er, dass es vieldeutig (*polisemos, Brief an Cangrande*, § 20) ist. Der einfache, erste Sinn wird der buchstäbliche genannt, der zweite der allegorische bzw. moralische. Am Beispiel des Auszugs der Israeliten aus Ägypten (§ 20 f.)[106] differenziert er nun den allegorischen Sinn:

---

[104]Vgl. G. W. Most, *Allegoresis and etymology,* in: A. Grafton/G. W. Most, Hrsg., *Canonical Texts and Scholarly Practices*, Cambridge University Press 2016, S. 52–74.

[105]Vgl. A. Ivry, *Ibn Rushd's Use of Allegory*, in: M. Wahba/M. Abousenna, Hrsg., *Averroës and the Enlightenment,* Amherst 1996, S. 113–125; vgl. auch Copeland/Struck, a. a. O., S. 83 ff.

[106]Dieses Beispiel ist inspiriert von Augustins Auslegung der Psalmen (*Enarrationes in Psalmos*, CXIII, *Sermo* I). Vgl. den Kommentar zur Stelle: Dante Alighieri, *Das Schreiben an Cangrande della Scala*. Lat.-dt., übers., eingel. u. komm. v. Th. Ricklin, Hamburg 1993, S. 76.

5.4 Porphyrios interpretiert die Grotte der Nymphen in der *Odyssee*

Als Israel aus Ägypten zog, das Haus Jakob aus dem barbarischen Volk, da wurde Juda sein Heiligtum, Israel sein Machtbereich. Wenn wir das nämlich allein dem Buchstaben nach anschauen wollen, wird für uns der Auszug der Söhne Israels aus Ägypten zur Zeit Mose bezeichnet, wenn der Allegorie nach, wird für uns unsere durch Christus erfolgte Erlösung bezeichnet; wenn der moralischen Bedeutung nach, wird für uns die Umkehr der Seele von der Trauer und dem Elend der Sünde zum Stand der Gnade bezeichnet; wenn der anagogischen nach, wird der Auszug der heiligen Seele aus der Knechtschaft dieser Verderbnis in die Freiheit der ewigen Herrlichkeit bezeichnet. Und obgleich diese mystischen Bedeutungen [sensus mistici] mit verschiedenen Namen benannt werden, kann man sie im Allgemeinen alle allegorisch nennen, da sie von der buchstäblichen oder historischen [Bedeutung] verschieden sind.

Die Tradition der Allegorie und der Allegorese hat einen ganzen Katalog von impliziten und expliziten ‚Anstößen' zur Allegorese ausgebildet.[107] In der Rhetorik wurde eine reine Allegorie *(tota allegoria)*, d. h. eine Allegorie mit impliziten Allegoresesignalen, von einer gemischten Allegorie *(permixta allegoria)*, d. h. einer Allegorie mit expliziten Allegoresesignalen, unterschieden. (Quintilian, *Institutio oratoria*, VIII, 6, 47) Explizite Hinweise liegen z. B. vor in der Allegoreseaufforderung Dantes in der *Divina Commedia* oder im Vers Galater 4,24: „Diese Worte bedeuten etwas" *(per allegoriam dicta)* oder im Vers: „O Tannenbaum, o Tannenbaum,/Dein Kleid will mich was lehren ..." Als implizite Hinweise können wie in der Homerallegorese anstößige oder absurde Stellen gelten, ebenso traditionelle Handlungsmuster wie Reise, Pilgerfahrt, Kampf, Jagd, Suche, das Theater, schließlich eine Handlung, zu der sich für den Leser über die Analogie bzw. Ähnlichkeit ein zweiter Sinn aufdrängt, wie z. B. zu George Orwells Roman *Animal Farm* die Analogie zum Stalinismus – sie war vom Autor intendiert –, und zu Kafkas Roman *Der Prozeß* eine Ähnlichkeit zu den Totalitarismen des 20. Jahrhunderts – sie war vom Autor nicht intendiert. Im analogisierenden Auslegungsprozess kommt es zu einem illuminierenden Hin und Her zwischen dem Verständnis des literarische Textes und dem Verständnis der historischen Situation. Die Metaphorik für die allegorische Textur, der Schleier, die Einkleidung, die Hülle, der Mantel, die metaphorischen Paare Körper–Seele, Rinde–Mark, Schale–Kern, Wabe–Honig, Wolke–Wasser, Spelze–Korn (vgl. oben S. 42 ff.)[108] appellieren an die Fähigkeit des Menschen, Sinn zu suchen, Sinn zu finden und zu machen.

---

[107] Vgl. ausführlicher Kurz, *Metapher*, S. 64 ff.
[108] Vgl. auch Spitz, a. a. O.

5.5 Lavater interpretiert Porträts von Goethes Physiognomie

> Die Verehrung und Liebe, welche Gellert von allen jungen Leuten genoss, war außerordentlich. Ich hatte ihn schon besucht und war freundlich von ihm aufgenommen worden. Nicht groß von Gestalt, zierlich, aber nicht hager, sanfte, eher traurige Augen, eine sehr schöne Stirn, eine nicht übertriebene Habichtsnase, ein feiner Mund, ein gefälliges Oval des Gesichts: alles machte seine Gegenwart angenehm und wünschenwert.

So beschreibt Goethe in *Dichtung und Wahrheit* (Zweiter Teil, 6. Buch) den populären Schriftsteller, Theologen und Rhetorikprofessor Christian Fürchtegott Gellert. Die Beschreibung Gellerts geht von einer knappen Bemerkung zur Gestalt über zu einer genaueren Beschreibung seines Gesichts. Eine Beschreibung in der physiognomischen Schulung und Mode des 18. Jahrhunderts, doch nicht schulmäßig, zurückhaltend eher. Ohne dass der Leser ausdrücklich dazu aufgefordert wird, vom Äußeren aufs Innere zu schließen, wird er in diesem Porträt Gellerts auch ein Urteil über die Persönlichkeit, den Charakter dieses Mannes spüren. Ausdrücklich wird nur eine Handlung, die Aufnahme des Besuchers moralisch bewertet: er war „freundlich". Am Ende geht es um die Wirkung Gellerts auf den Besucher. Für ihn machte dies „alles" die Gegenwart Gellerts „angenehm und wünschenswert".

Das Gesicht Gellerts. Die fundamentale Erfahrung des andern, schreiben die Soziologen Peter Berger und Thomas Luckmann, ist die „von Angesicht zu Angesicht." Die *Vis-à-Vis*-Situation mit ihrer wechselseitigen, unerhört komplexen und schnellen Wahrnehmung ist für sie der „Prototyp aller gesellschaftlichen Interaktion."[109] Wir sind von Gesichtern fasziniert. Dies gilt immer noch, trotz ‚sozialer' Netzwerke. Menschen suchten schon immer im Gesicht, im Blick, in der Stimme, den Gesten und der Körperhaltung eines Fremden zu ‚lesen', ob er friedlich oder feindlich, vertrauenswürdig oder nicht, abweisend oder zugänglich, kooperativ oder unkooperativ gesinnt ist. Untersuchungen haben ergeben, dass die Mehrzahl der Augenfixierungen bei einer Begegnung auf das Gesicht gerichtet ist. Möglichst schnell will man herausfinden, mit wem man es zu tun hat. Wir haben ja den Eindruck, dass wir den Gesichtsausdruck, die Mimik, die Haltung eines anderen nicht in einem intentionalen Akt, sondern unmittelbar, ‚auf einen Blick', synoptisch und empathisch verstehen. In einem Wimpernschlag scheinen wir den Charakter eines Menschen in seinem Gesicht lesen zu können. Wie man in empirischen Untersuchungen nachgewiesen hat, übt der erste Eindruck, in weniger als einer Zehntelsekunde gewonnen, mit einem hohen Maß an Übereinstimmung

---

[109]P. Berger/Th. Luckmann, *Die gesellschaftliche Konstruktion der Wirklichkeit,* Frankfurt a. M. 1966, S. 31.

bei den Probanden, eine starke, nachhaltige Wirkung aus, die nur schwer korrigiert wird.[110]

Wir ‚lesen' nicht einfach Gesichter, wir lesen Gesichtsausdrücke. Die Annahme eines neutralen Gesichts ist eine Fiktion.[111] Auf den Ausdruck eines andern reagieren wir häufig selbst mit einem Ausdruck. Die physiologischen Grundlagen für dieses empathische Verstehen liegen in der Funktion von Spiegelneuronen.[112] Vergleichende Experimente haben ergeben, dass Personen, deren Gesichter mit Botox behandelt wurden, Emotionen aus Gesichtern signifikant schlechter ‚lesen' können als Personen, deren Gesichter nicht mit Botox behandelt wurden. Dies wird durch die damit verbundene Beeinträchtigung der mimischen Spiegelung erklärt. Dieselben Experimente haben auch ergeben, dass mit Botox behandelte Gesichter sehr irritieren, weil sie die Ausdrucksbewegung in einem Gesicht stark reduzieren.[113]

In dieser *Vis-à-Vis*-Situation erfährt der Mensch sich und den anderen zuerst als ein mimisches, expressives Wesen, erfährt sich und den anderen in einer expressiven Gemeinsamkeit: Er versteht den anderen, weil er seinesgleichen ist.[114] Basisemotionen wie Ärger, Freude, Trauer, Ekel, Wut, Angst und Überraschung haben eine universelle Geltung. In ihrem Ausdruck werden sie über kulturelle Grenzen hinweg empathisch und zutreffend interpretiert. Die Fähigkeit zu ihrem empathischen Verstehen reicht evolutionär weit zurück. Sie schließt auch Abweichungen von der eigenen Gefühls- und Gedankenwelt ein. Mit der Deutung des Gesichts spielt natürlich auch die Deutung der ganzen Körperhaltung eine wesentliche Rolle. Jede Handlung, jedes Verhalten eines anderen kann als Expression wahrgenommen werden.

Die Kommunikation über mimische Expressionen geht der verbalen voraus. Babys richten ihre Aufmerksamkeit schon bald nach der Geburt auf Gesichter und gesichtsähnliche Figurationen. Für sie ist die Ausdrucksqualität von Gesicht und Stimme die einzige Quelle, um eine emotionale Situation wahrzunehmen. Sie lernen schon nach wenigen Wochen, lange bevor sie Sprechen gelernt haben, mimetisch-mimisch zu reagieren, Stimme und Mimik der Mutter miteinander zu verbinden. Eltern unterstützen intuitiv diesen Lernprozess durch eine demonstrative Sprechweise und Mimik. Wie sog. *still-face*-Experimente

---

[110]Vgl. A. Todorov, *Face Value. The irresistible influence of first impression,* Princeton 2017, S. 42 f.

[111]Vgl. a. a. O., S. 166.

[112]Vgl. G. Rizzolati/C. Sinigaglia, *Empathie und Spiegelneurone: Die biologische Basis des Mitgefühls,* Frankfurt a. M. 2008.

[113]Vgl. D. Neal/T. Chartrand, *Embodied Emotion Perception,* in: Social Psychology and Personality Science, Vol. 2, Issue 6, 2011, S. 673–678; Über die Botox-Experimente berichtet E. Menasse im SZ.de Magazin, 28.3.2018, S. 26: *Wir hätten ja alle so gern ein Gesicht...*

[114]Vgl. dazu C. Schmölders, *Das Vorurteil im Leibe. Eine Einführung in die Physiognomik,* Berlin 1995, S. 38 ff., besonders N. Meuter, *Anthropologie des Ausdrucks. Die Expressivität des Menschen zwischen Natur und Kultur,* München 2006.

demonstrieren, reagieren Babys unsicher, ängstlich und verzweifelt, wenn Eltern die mimische Kommunikation verweigern.[115]

Dass die verbale und nonverbale Kommunikation zusammenspielen, dass deswegen die Auslegung einer Äußerung allein schwieriger ist als die Auslegung in einem solchen Zusammenspiel, ist schon ein alter Erkenntnisstand. In seinem *Versuch einer allgemeinen Auslegungskunst* (1757) bemerkt Georg Friedrich Meier, dass zur „ganzen Handlung des Redenden" alle körperlichen Bewegungen wie „die Handgebärden, die Bewegungen der Augen, die Mienen, die Gebärden und Stellungen des Körpers und die Abänderung der Stimme" gehören. Sie drücken den Sinn der Rede „mit" aus. Daher muss der Ausleger „die ganze Handlung der Rede, so viel als möglich ist", zu entdecken suchen. (§ 133)[116]

Wir gehen in einer empirisch ziemlich gefestigten, gegen Zweifel ziemlich immunen Alltagspsychologie davon aus, dass das Äußere eines Menschen auf sein Inneres schließen lässt, dass man am Gesicht, der Physiognomie (wörtlich: Wissen von der Physis) eine Grundhaltung, ja einen Charakter eines Menschen ablesen, dass das Leben im Gesicht Spuren hinterlässt und irgendwann der Mensch für sein Gesicht sogar etwas kann. Wir neigen nach einem kollektiven physiognomischen Code dazu, von einer hohen Stirn – seit dem 18. Jahrhundert, vorher galt sie als Zeichen für Stupidität – auf Intelligenz zu schließen, von vollen Lippen auf Sinnlichkeit, von einem bestimmten Blick auf Geistesgegenwart, hochgezogenen Augenbrauen auf Erstaunen, Spott und Zweifel, wir reden von Zornesfalten und einem verkniffenen Mund. Die Werbung beutet diese Codes aus. Brecht beginnt sein Gedicht *An die Nachgeborenen* mit den Versen: „Wirklich, ich lebe in finsteren Zeiten!/Das arglose Wort ist töricht. Eine glatte Stirn/ Deutet auf Unempfindlichkeit hin. […]" Diese universelle physiognomische Deutungspraxis suchte man schon in der Antike zu einer Kunst zu verfeinern und zu systematisieren.

5.5.1 *Lavaters physiognomisches Programm: Wissenschaft und Kunst*

Zwischen 1775 und 1778 erschienen die *Physiognomischen Fragmente zur Beförderung der Menschenkenntnis und Menschenliebe* des Züricher Pfarrers und Schriftstellers und unermüdlichen Briefschreibers und Netzwerkers Johann Caspar Lavater. Lavater war in seiner Zeit eine charismatische, europäische Figur. Der Titel dieses Werks, das trotz seines Preises und der geringen Auflage Epoche machte, zeugt sowohl von einer christlichen wie aufklärerischen

---

[115]Den Hinweis auf diese Experimente verdanke ich Terje Neraal, Gießen.
[116]Nachdruck: G. F. Meier, *Versuch einer allgemeinen Auslegungskunst,* hrsg. v. A. Bühler/L. C. Madonna, Hamburg 1996.

Absicht. Menschenkenntnis und Menschenliebe waren ein Ziel der Aufklärung, Menschenliebe ein Ziel auch des Christentums. Für Lavater leuchtet im Gesicht jedes Menschen, selbst des verdorbenen, das Antlitz Gottes. Daher die Wahl des Mottos für die *Physiognomischen Fragmente:* „Gott schuf den Menschen sich zum Bilde" nach 1. Mose 1,27. So kann Lavater sogar von der „Offenbarung" (S. 88)[117] des Geistes im Gesicht reden. Ein aufklärerischer Impuls steckt auch im Erwägen des Nutzens und Schadens physiognomischer Erkenntnis. Die Folter kann z. B. abgeschafft werden, da sie nun überflüssig geworden ist. Ein physiognomisch gebildeter Richter kann Lügner durchschauen.

Die gutgemeinte physiognomische Utopie führt freilich, von Lavater undurchschaut, gerade nicht in die Beförderung der Menschenliebe, sondern in einen Staat des gläsernen Menschen. Unter diesem physiognomischen Blick verschwinden alle Geheimnisse, die haben zu können nach Georg Simmel für die Person als Person konstitutiv ist. Mit deutlicher Lust an der Macht, die ihm die Physiognomik verspricht, kann Lavater schreiben: „Mit geheimer Entzückung durchdringt der menschenfreundliche Physiognomist das Innere eines Menschen". (S. 96) Goethe, der von Lavater fasziniert war, hat denn auch in *Dichtung und Wahrheit* (4. Teil, 19. Buch) davon gesprochen, dass es ihm immer als eine „Tücke", als ein „Spionieren" vorgekommen sei, „wenn ich einen gegenwärtigen Menschen in seine Elemente zerlegen und seinen sittlichen Eigenschaften dadurch auf die Spur kommen wollte. Lieber hielt ich mich an sein Gespräch, in welchem er nach Belieben sich selbst enthüllte."[118] Ist der frommen Lavater nicht vom Gedanken gestreift worden, er maße sich etwas an, was nur seinem Gott zukommt, nämlich ins Innerste eines Menschen schauen zu können? Eine harmlose Frage, bedenkt man, dass an Programmen gearbeitet wird, Gedanken lesen zu können.

Erschienen waren die *Physiognomischen Fragmente* in einer aufwändigen, teuren Folio-Ausgabe in vier Bänden mit zahlreichen Kupferstichen, ausdrücklich gedacht für die europäische kulturelle Elite. Diese Galerie mit vielen Figuren der europäischen Prominenz diente einer Schule des physiognomischen, vergleichenden Sehens und setzte sie zugleich einem neugierigen Blick aus. Das Unternehmen wäre nicht möglich gewesen ohne die Mitarbeit von vielen Zuträgern, unter ihnen Chodowiecki, Herder und Goethe. Seit 1773 wechselten Goethe und Lavater Briefe, es entstand eine zeitweise enge Freundschaft, bis es in

---

[117] Zitiert werden die *Physiognomischen Fragmente* im Fließtext nach der Auswahlausgabe: J. C. Lavater, *Physiognomische Fragmente zur Beförderung der Menschenkenntnis und Menschenliebe*. Eine Auswahl mit 101 Abbildungen, hrsg. v. Chr. Siegrist, Stuttgart 1984. Instruktiv das Nachwort von Siegrist. Eine integrale Online-Ausgabe: Deutsches Textarchiv, Berlin 2011. Zu Lavater: K. Pestalozzi, *Physiognomische Methodik*, in: A. Finck/G. Gréciano, Hrsg., *Germanistik aus interkultureller Perspektive*, Strasbourg 1988, S. 137–153; K. M. Michel, *Gesichter*. Physiognomische Streifzüge, Meisenheim 1990, S. 31 ff.; M. Blankenburg, *Wandlung und Wirkung der Physiognomik. Versuch einer Spurensicherung*, in: K. Pestalozzi/H. Weigelt, Hrsg., *Das Antlitz Gottes im Antlitz des Menschen. Zugänge zu Johann Kaspar Lavater*, Göttingen 1994, S. 179–213.

[118] Goethe, *Werke,* Bd. 10, S. 155.

den 1780er Jahren zu einem Bruch über die Frage des christlichen Glaubens kam. Für Goethe war Lavater nicht tolerant genug.

Lavaters *Physiognomische Fragmente* hatten einen ungeheuren Erfolg in Europa. Ihr Kritiker Lichtenberg sprach sogar von einer physiognomischen „Raserei". Lavater wurde mit Newton verglichen und für den sonst so kritischen Wieland handelte es sich sogar um „eines der wichtigsten Produkte unsers Jahrhunderts". Er rühmte den „tiefspähenden Blick" des „Dichter-Genies" ins „Innre der Natur".[119] Die Formulierung vom ‚Dichtergenie' kam Lavaters Selbstverständnis entgegen. Die zeitgenössischen Leser konnten die *Physiognomischen Fragmente* auch als eine wissenschaftliche Version der Genie-Ästhetik lesen. Sein Sprachstil, das ‚Lavaterisieren', wie man ihn nannte, verwendet mit Ausrufungszeichen, Fragezeichen, Gedankenstrichen, Auslassungszeichen, Interjektionen, parataktischen Satzmustern, dem Fragmentarischen selbst typische Stilmerkmale der Genie-Epoche.

Zu den Gründen für den Erfolg von Lavaters Projekt zählten, dass es von einer von allen geübten, alltäglichen Praxis ausging, dass es an die Genie-Ästhetik anschloss und dass es versprach, das Gebiet des Wissbaren auszuweiten. Geselligen Runden lieferte das physiognomische Deutungsspiel eine fesselnde Unterhaltung. Es versprach, den Menschen als Individuum zugleich zu entdecken und erforschen zu können. Für eine Silhouette zu posieren und sich wechselseitig Silhouetten von sich und anderen zu schicken, war große Mode. In Laurence Sternes Roman *Tristram Shandy* (1759–1767), vor Lavaters *Fragmenten* erschienen, kann man zu dieser Passion lesen: „Es gibt, fuhr mein Vater fort, eine gewisse Haltung, eine Bewegung des Körpers und aller seiner Teile, sowohl im Handeln wie im Sprechen, die darauf schließen lässt, wie es um einen Menschen inwendig bestellt ist; und es nimmt mich keineswegs wunder, dass Gregorius von Nazianz, als er die hastigen und widerspenstigen Gebärden des Julian wahrnahm, zu prophezeihen wusste, jener würde eines Tages noch zum Apostaten werden; […] Es gibt tausend unvermerkte Ritzen, fuhr mein Vater fort, durch die ein scharfes Auge einem Menschen sogleich in die Seele zu dringen vermag; und so behaupte ich's denn, fügte er hinzu, dass ein Mann von Geist beim Eintritt in ein Zimmer niemalen den Hut ablegt, – oder ihn beim Verlassen wieder aufstülpet, ohne dass ihm dabei etwas entkömmt, was ihn als solchen dann zu erkennen gibt". (Buch VI, Kap. 5; Übers. M. Walter)

Mit seiner Physiognomik hatte Lavater nicht weniger vor, als eine universelle Praxis in eine „Wissenschaft" (S. 21) zu überführen.[120] Alle Menschen urteilen „in allen, allen, allen – Dingen" (S. 34) nach „ihrem wahren oder falschen, klaren

---

[119]Chr. M. Wieland, *Gesammelte Schriften* (Akademie-Ausgabe), 1909 ff., 1. Abt., Bd. 21, S. 184 f.

[120]Er war allerdings nicht der erste, vgl. z. B. Chr. Thomasius, *Neue Erfindung einer wohlgegründeten und für das gemeine Wesen höchstnötigen Wissenschaft, das Verborgene des Herzens anderer Menschen auch wider ihren Willen aus der täglichen Konversation zu erkennen*, 1691.

oder konfusen physiognomischen Urteil und Gefühl." (S. 36) Er ging sogar so weit, von einer Entwicklung der Physiognomie zu einer „Wissenschaft der Wissenschaften" (S. 44) vom Menschen zu reden. Zu entwickeln ist dafür auch eine subtile Wissenschaftssprache. Diese Wissenschaft konzipierte er ganz empirisch. Sie soll von Beobachtungen ausgehen, vergleichen, unterscheiden, typisieren und klassifizieren. Wiederkehrende, für einen Ausdruck typische Gesichtszüge machen eine „Klasse" (S. 138) aus. In der Bildung dieser Klassen greift Lavater auch auf die Tradition der Charakter- und Temperamentenlehre zurück, in der z. B. ein törichter, verständiger, cholerischer, phlegmatischer, sanguinischer und melancholischer Charakter mit jeweils typischen Merkmalen unterschieden wurde. Auch Dichter, Musiker, Maler, Gelehrte bilden Klassen – und Männer und „Frauenspersonen".

Die wissenschaftliche Typisierung und Klassifizierung läuft Gefahr, die Individualität eines jeden Gesichts, die Lavater geradezu feiert, zu nivellieren. Daher insistiert er darauf, dass das physiognomische Geschäft mit der Zuordnung zu einem Typus nicht enden darf. „So blickt Verachtung!", kann man sagen, aber dann muss man weiter, tiefer gehen, um den spezifischen, individuellen Blick dieser Verachtung zu finden. Für das Eingehen auf den individuellen Fall braucht man über die Verfahren der Typisierung und Klassifizierung, Vergleichung und Unterscheidung hinaus „Geschmack", „Gefühl" und „Genius". Daher bleibt die physiognomische Wissenschaft eine Kunst. Diese Einsicht hatte der Theologe Lavater schon aus seinem Umgang mit Texten gewinnen können. Der Sinn eines Wortes an einer bestimmten Stelle lässt sich nicht aus allgemeinen Regeln ableiten. Es kommt darauf an. Ist aber deswegen, fragt er, „nichts Wissenschaftliches, nichts Bestimmbares in dieser Kunst?" (S. 43)

Die Berufung auf den Geschmack als schnelle, sensible, intuitive Erkenntnis gerade des Spezifischen, Individuellen, zeigt Lavater wieder auf der intellektuellen Höhe seiner Zeit. Je individueller der Mensch, desto wichtiger die Sensibilität des Geschmacks. In der Mitte des 18. Jahrhunderts gewann der Geschmack als Erkenntnisorgan des Individuellen, des *je ne sais quoi*, des begrifflich nicht einholbaren ‚Ich weiß nicht was', eine Schlüsselfunktion.[121] Die Begriffe ‚Gefühl' und ‚Genius' oder „Genie" variieren den Begriff des Geschmacks. Gerade in Lavaters Epoche wurde der Begriff des Genies intensiv diskutiert, wurde das Gefühl, das bis dahin den Tastsinn meinte, zu einer inneren, aktivischen Empfindung, zu einer intuitiven Erkenntnisform aufgewertet. Lavater hatte vollkommen Recht, wenn er nicht müde wurde zu betonen, dass nicht nur Regel und Gesetz, sondern auch Geschmack, Gefühl, Genius zur Wissenschaft selbst gehören. Die hermeneutische Reflexion um 1800 wird ebenfalls den Begriff des Geschmacks und des Gefühls, sogar des Takts, als eine Erkenntnisform des Individuellen für unverzichtbar halten. (Vgl. unten S. 227 f.).

---

[121]Vgl. Art. *Geschmack*, in: HWbdPh, Bd. 3, Sp. 444–456.

Abb. 5.1 Porträt Goethes. In: J. C. Lavater, *Physiognomische Fragmente zur Beförderung der Menschenkenntnis und Menschenliebe,* Bd. 3, Leipzig u. a. 1777, S. 222. (Historical image collection by Bildagentur-online/Alamy Stock Photo)

Für sein Wissenschaftsprogramm erweiterte Lavater die Physiognomik auf alle „Äußerungen" des Menschen, wodurch er willentlich oder unwillentlich sich „zeigt". (S. 22) Unter diese unmittelbaren Äußerungen fallen auch seine Körperhaltung, seine Gesten, seine Kleidung, sein Tun und Leiden allgemein, und seine Umgebung, insofern er sie durch sein Handeln geformt hat und sich insofern in ihr zeigt. Der Ausdruck des Gesichts bleibt allerdings das Wichtigste. Hauptsächlich interessiert ihn die „unwillkürlichen Natursprache" (S. 10), wie er formuliert. Diese Natursprache ist im Gesicht auch derjenigen sichtbar, die nicht wissen, dass sie sie sprechen. Freud wird später im „Mienenspiel und Affektausdruck" Zeichen erkennen, die eher dem Unbewussten als dem Bewussten gehorchen, und daher für das Unbewusste „verräterisch" sind.[122]

Es fällt auf, dass Lavater die sprachliche ‚Äußerung' ausspart, entgegen der Tradition der Physiognomik, die sich gerade auch für diese Sprache und das Verhältnis bzw. Missverhältnis von Sprache und Körpersprache interessierte. Man kann aber vermuten, warum Lavater sich genötigt glaubte, die Sprache auszusparen. Gegenüber den ‚unmittelbaren' und ‚unwillkürlichen' Zeichen des Körpers kann man sich mit den ‚willkürlichen' Zeichen der Sprache verstellen. Er vertraute dem Blick, nicht dem Wort. Dass man sich auch mit körperlichen Zeichen verstellen kann, war ihm bewusst, insofern er den Knochenbau als „Fundament"[123] der Physiognomik wertete, da er am wenigsten verfälscht werden könne.

Systematisch unterschied Lavater die Physiognomik als die Lehre von den festen Teilen des Gesichts von der Pathognomik als die Lehre von den weichen und beweglichen Teilen des Gesichts. Fest ist der Knochenbau, z. B. die Form der Stirn oder des Kinns, die Form des Schädels, in dem, wie angenommen wurde, das Gehirn sich ‚ausdrückt'. Ein beweglicher Teil ist der Mund. Bewegliche Teile können durch das Ausdrucksgeschehen bleibende Züge erhalten. Die Physiognomik ist wesentlich „Kraftdeutung", die Pathognomik wesentlich „Leidenschaftsdeutung" (von gr. *pathos:* Gemütsbewegung, Leidenschaft). Sie erforscht den „bewegten" Charakter, den Charakter in momentanen, wechselnden Situationen, die Physiognomik hingegen den „stehenden" Charakter in der „Form" der festen und in der „Ruhe" der beweglichen Teile. Für den „Freund der Wahrheit" sind beide Wissenschaften eigentlich „unzertrennlich". Da jedoch alle Welt pathognomisch „lieset" und sehr wenige physiognomisch „lesen" würden, die Pathognomik als „Verstellungskunst" der „Hof- und Weltleute" (S. 275 f.) häufig behandelt worden sei, will sich Lavater auf die Physiognomik konzentrieren und hier vor allem auf die Kontur des Kopfes im Profil. Die Vernachlässigung der Pathognomik und der Sprache wird ihm Lichtenberg als eine fundamentale Schwäche seines Konzepts vorhalten.

Mit dem Begriff des Ausdrucks (S. 39, 47 u. ö.) verwendete Lavater, wieder auf der Höhe seiner Zeit, einen Begriff, der in der Mitte des 18. Jahrhunderts über die alte rhetorisch-stilistische Bedeutung hinaus eine neue gewann. Ausdruck wurde jetzt verstanden als Ausdruck eines Inneren, als Ausdruck einer Subjektivität. In dieser Bedeutung stieg der Begriff auch zu einem Schlüsselbegriff der Ästhetik auf: Das Kunstwerk ist wesentlich Ausdruck von Subjektivität, von Gefühl, Leidenschaften, von Leben.[124] Es ist Ausdruck von etwas, einem Subjekt,

---

[122]Freud, *Studienausgabe,* Bd. 6, S. 132.
[123]Lavater, *Fragmente,* Deutsches Textarchiv, Bd. 3, 1777, S. 162.
[124]Vgl. Art.: *Ausdruck,* in: HWbdRh, Bd. 10, Sp. 69–79; ferner: M. H. Abrams, *The Mirror and the Lamp. Romantic Theory and the Critical Tradition,* London 1971 (zuerst 1953), S. 70 ff.; D. Till, *Ausdruck rhetorisch/ästhetisch: Zur Etablierung einer Ausdrucksästhetik zwischen Aufklärung und Sturm und Drang,* in: T. R. Klein/E. Porath, Hrsg., *Figuren des Ausdrucks. Formation einer Wissenskategorie zwischen 1700 und 1850,* München 2012, S. 49–68; ferner M. Seel, *Aktive Passivität. Über den Spielraum des Denkens, Handelns und anderer Künste,* Frankfurt a. M. 2014, S. 324 ff.: *Expressivität. Eine kleine Phänomenologie.*

und Ausdruck auf etwas, den Leser, Hörer, Betrachter. Im Ausdruck des Gesichts drückt sich für Lavater ein Subjekt aus, wobei die Form des Ausdrucks auf dessen Charakter schließen lässt. Zeichentheoretisch liegt der Begriff des Indexes oder des Symptoms nahe. Aber anders als ein Index oder ein Symptom ‚verkörpert' der Ausdruck das, was er ausdrückt, er ist ‚nach außen' gerichtet und er verbindet die einzelnen unterschiedlichen Gesichtselemente zu einer ganzheitlichen, spezifischen und signifikanten Form. Schon die Veränderung eines winzigen Elements kann aus einem fröhlichen einen traurigen Ausdruck machen. Für Wittgenstein (*Philosophische Untersuchungen,* § 537) wird im Satz „Ich lese die Furchtsamkeit in diesem Gesicht" die Furchtsamkeit mit dem Gesicht „nicht bloß assoziiert, äußerlich verbunden; sondern die Furcht lebt in den Gesichtszügen." Daher sagt man auch kaum ‚Ich verstehe diesen Ausdruck' oder ‚ich verstehe diesen Ausdruck nicht'. Denn wenn man von einem Ausdruck redet, hat man schon etwas verstanden.

Die Kategorie des Ausdrucks hat in letzter Zeit als ästhetische, hermeneutische und anthropologische Kategorie wieder mehr Aufmerksamkeit erfahren.[125] Seine ästhetische und hermeneutische Valenz geht daraus hervor, dass wir musikalische Werke, Bilder und Gedichte – offenbar nicht jedoch längere Werke wie Romane, Filme, Dramen – auch als Ausdruck einer Subjektivität auffassen (können), vergleichbar einem physiognomischen Ausdruck. So reden wir z. B. davon, dass der Rhythmus oder die Musikalität eines Gedichts das auch ausdrückt, wovon es handelt. (Vgl. unten S. 286) Wittgenstein unterscheidet daher zwei Formen des Verstehens, ein propositionales und ein physiognomisches. Das physiognomische entspricht dem Anspruch ästhetischer Gebilde: „Wir reden vom Verstehen eines Satzes in dem Sinne, in welchem er durch einen anderen ersetzt werden kann, der das Gleiche sagt; aber auch in dem Sinne, in welchem er durch keinen anderen ersetzt werden kann. (So wenig wie ein musikalisches Thema durch ein anderes.) Im einen Fall ist der Gedanke des Satzes, was verschiedenen Sätzen gemeinsam ist; im andern, was nur diese Worte, in diesen Stellungen ausdrücken. (Verstehen eines Gedichts)." (*Philosophische Untersuchungen,* § 531)

5.5.2 Goethe: Porträts eines Genies

Lavater bewunderte Goethe als Figur des Sturm und Drang. Es ist der „edle, feurige, selbständige, allwirksame, genialische Goethe" (S. 238), dem er gleich fünf physiognomische Studien von Porträts widmet: *Ein männliches Profil mit offenen Haaren. W. G., Karikatur. G., Ein Profil mit gebundenen Haaren. G.,* ein Profil, *Göthe* überschrieben, wieder mit gebundenen Haaren, schließlich

---

[125]Vgl. z. B. Meuter, a. a. O., Seel, a. a. O.

5.5 Lavater interpretiert Porträts von Goethes Physiognomie

ein Profil, das lapidar mit *Genie* überschrieben ist. (S. 234–243) In den Studien zu diesen Porträts kann man lesen: „Steinern nach Stein gearbeitet; aber äußerst charakteristisch für den Physiognomiker. Immer Larve [Ausprägung] eines großen Mannes, der das Kreditiv [die Beglaubigung] seiner Vollmacht auf die Menschheit zu wirken auf seinem Gesichte hat; [...] Das Auge hier hat bloß noch im oberen Augenlide Spuren des kraftvollen Genius [...] Die Nase – voll Ausdruck von Produktivität – Geschmack und Liebe – Das heißt, von *Poesie*. Übergang von Nase zum Munde – besonders die Oberlippe grenzt an Erhabenheit – und abermals kräftiger Ausdruck von Dichtergefühl und Dichterkraft. [...] Im aufwärts gehenden Kinne vom Halse her – Adel und Stolz! Im Ganzen Festigkeit, und Bewusstsein seiner eignen unadoptierten – Kapitalkraft." Goethes Auge, die „Seele dieses Gesichts", ein „rollendes Feuerrad – so fähig, von Empfindungsglut *jeder Art* geschmelzt zu werden" wird vom dritten Porträt verfehlt.

Dann am Ende der vierten Studie (zu Abb. 5.1, S. 144):
„Man bemerke vorzüglich die *Lage* und *Form* dieser – nun gewiss – gedächtnisreichen, gedankenreichen – warmen Stirne – bemerke das mit Einem fortgehenden Schnellblicke durchdringende, verliebte – sanft geschweifte, nicht sehr tiefliegende, helle, leicht bewegliche Auge – die so sanft sich drüber hinschleichende Augenbraune – diese an sich allein so dichterische Nase – diesen so eigentlich poetischen Übergang zum lippichten – von schneller Empfindung gleichsam sanft zitternden und das schwebende Zittern zurückhaltenden Munde – dies männliche Kinn – dies offne, markige Ohr – Wer ist – der absprechen könnte diesem Gesichte –"

Und mit diesem Gedankenstrich geht die vierte Studie zur letzten über, mit *Genie* überschrieben. Sie ist keine Studie mehr, sondern ein hymnisches Finale. Keines dieser Porträts drückt für Lavater die „dichterische hochaufschwebende Genialität" Goethes so gut aus wie dieses letzte, das Goethe im halben Profil, mit Blick nach oben, hoher Stirn und hochgezogenen Haaren zeigt. Lavater beendet dieses Urteil mit einer Wendung an Goethe: „Und nun – verzeihe, edler Mann, gekannter und nicht gekannter – dass ich alles dies von dir, ohne dein Wissen, hinstammle. Du weißt allein, was ich unterdrücken muss und will." Hier hat er nur wenig zu mäkeln. Goethes Genialität drückt das Genie ganz und selbst aus: „hoher Verstand" und „Imagination" machen erst mit dem „Herz" das wahre Genie aus, „– *Liebe! Liebe! Liebe* – ist die *Seele des Genies*."

Erstaunlich die unbekümmert kurzschlüssige Art der Deutung. Sie wird geleitet von einem vorgängigen Bild des Genies, einem Wissen von Goethe, nach dem Lavater auch die Vorzüge und Mängel der Porträts beurteilt. Schon Zeitgenossen fiel auf, dass sich Lavater in der Entwicklung des physiognomischen Urteils in zirkuläre Begründungen verstrickt. Er sieht, was er sehen will. Im Gesicht des Philosophen Moses Mendelssohn entdeckt er eine sokratische Seele, im Gesicht Cäsars den großen Politiker, im Gesicht Goethes natürlich das Genie. Den Charakter erschließt er aus dem Ausdruck des Gesichts, den er auf Grund seiner Kenntnis des Charakters schon gedeutet hat. Je vertrauter er mit den Personen war, die er physiognomisch beurteilte, desto sicherer fiel sein Urteil aus.

Unschwer lässt sich in diesem Deutungsverfahren das Modell der analogischen Metapher erkennen. Die erhabene Form der Oberlippe deutet z. B. auf moralische und intellektuelle Erhabenheit. Die äußerliche, ‚anschauliche, wörtliche' Seite wird metaphorisch in eine innere, moralische bzw. geistige Seite verwandelt. So kann er von einer hohen Stirn auf einen Reichtum des Gedächtnisses und der Gedanken schließen, vom aufwärts gehenden Kinn auf Adel und Stolz. Dieses Modell hat seinen festen Platz im Arsenal der physiognomischen Topik. Lavater stellt ein männliches Kinn und ein markiges Ohr fest. Wie kommt er zur dichterischen Nase? Schon vorher hatte er die Nase als Ausdruck von Produktivität, Geschmack, Liebe, von Poesie interpretiert. Dichter sind für Lavater prophetische Wesen, „Offenbarer der Natur". (S. 227) Er bringt wohl, geleitet im Hintergrund von der metaphorischen Bedeutung des Riechens, die Nase in die Nähe des Prophetischen. Am Beispiel des Profilporträts von Johann Timotheus Hermes (Autor u. a. des Romans *Sophiens Reise von Memel nach Sachsen*) redet er denn auch von einer „feinfühlenden, weitriechenden" (S. 232) Nase. Noch zwei Beispiele: „*Aufrichtig* – welch ein wichtig moralisches Wort – zugleich, wie physiognomisch – der *aufgerichtet;* gerade steht; der die Augen nicht niedergeschlagen, der gerade vor sich hinsehen darf! – *Tückisch,* der sich mit dem Angesichte tuckt, oder bückt, das ist, gegen die Erde kehrt."[126] (S. 140)

Das Deutungsverfahren nach dem Modell der Metapher erhält seine Rechtfertigung in Lavaters Anthropologie. Er geht von einer „Homogenität" des Menschen aus, in der das Äußere die „Endung" des Inneren, der Seele, und das Innere die „unmittelbare Fortsetzung des Äußern" ist. (S. 26) Diese Homogenität begreift er als eine dynamische „Organisation", d. h. als Organismus, in der eine „Lebenskraft" (S. 276) von innen nach außen drängt und so einen Ausdruck erzeugt. Der Begriff der Kraft gewann seit Leibniz über seine physikalische hinaus auch eine anthropologische Bedeutung.[127] Der Ausdruck kann daher als die sichtbare Wirkung einer Lebenskraft als unsichtbarer Ursache verstanden werden. Lavater definiert daher auch die Physiognomik als „Kraftdeutung" oder „Wissenschaft der Zeichen der Kräfte". (S. 275) In einem Brief an den Philosophen Charles Bonnet, dessen Naturphilosophie er viel verdankt, schreibt er: „Wirkung ist Physiognomie. Kraft ist ein gewisses [d. h. bestimmtes] Maß von Geist, Geistigkeit, Reiz, oder wie man das unsichtbare wirkende Ich nennen will." (21.8.1778)[128] Diese anthropologische Begründung der physiognomischen Wissenschaft erklärt den psychosomatischen Übergang von Innen nach Außen oder von Außen nach Innen, aber noch nicht den Übergang von einer körperlichen

---

[126]Etymologisch irrt sich Lavater. ‚Tückisch' kommt von einem Wort, das so viel wie ‚Schlag, Streich' bedeutet.

[127]Leibniz postulierte im Menschen eine ursprüngliche Kraft, eine „force primitive". Den Begriff der Lebenskraft scheint Lavaters Landsmann Albrecht von Haller Mitte des 18. Jahrhunderts geprägt zu haben. In der zweiten Hälfte des Jahrhunderts erlangte er eine verbreitete Geltung, vgl. Art.: *Kraft,* in: HWbdPh, Bd. 4, Sp. 1177–1184, und Art.: *Lebenskraft,* Bd. 5, Sp. 122–128.

[128]Zitiert nach dem Nachwort von Siegrist, a. a. O., S. 380.

5.5 Lavater interpretiert Porträts von Goethes Physiognomie 149

zu einer moralischen Qualität. Seine These, dass das, was äußerlich schön ist, auch innerlich ‚moralisch' schön ist, und das, was äußerlich hässlich ist, auch innerlich, moralisch ‚hässlich' ist, glaubt er durch die alltägliche Erfahrung bestätigen zu können. (Vgl. S. 49 ff.) Er kommt zum Schluss: „Je moralisch besser; desto schöner. Je moralisch schlimmer; desto hässlicher." (S. 53)

Nun bleibt Lavater nicht bei der Deutung einzelner Gesichtszüge stehen. Entscheidend ist vielmehr ihre Zusammenstimmung zu einer „Form" (S. 236), zu einem einheitlichen Gesichtsausdruck. Er wird zuerst, in einem „Gefühl" für die „Homogenität" (S. 283) des Gesichts, in einem „vorauseilenden Wahrheitsgefühl" (S. 42) wahrgenommen. Die physiognomische Erkenntnis auf dem von Lavater geforderten Niveau setzt ein „Genie" voraus, das in einem synoptischen „Blitzblick", einem „Hellblick, Schnellblick, Ganzblick" den Ausdruck erkennt, bzw. ein „dichterisches Gefühl", das die Ursache in der Wirkung intuitiv wahrnimmt.[129] Dann benötigt der Physiognomiker ein umfangreiches, auch medizinisches Wissen, einen scharfen Verstand, um beobachten, bemerken, unterscheiden und Ähnlichkeiten wahrnehmen zu können, eine lebhafte Imagination, um sich die Gesichtszüge genau einzuprägen, einen feinen „Witz", um Ähnliches im Unähnlichen, und Scharfsinn, um Unähnliches im Ähnlichen entdecken zu können. Er muss über eine reiche Welt- und Menschenkenntnis verfügen und diese Menschenkenntnis bedeutet für Lavater vor allem eine möglichst unbestochene Selbsterkenntnis. Und der ‚Physiognomist' muss üben und üben. Behutsam soll er in seiner Deutung vorgehen. Schließlich erfordert das Urteil eine Formulierung in klaren Begriffen. Allerdings ist die Sprache (noch) zu arm, um die intuitive Erkenntnis einzuholen.

Lavater war sich bewusst, dass in jedem Urteil auch ein Vorurteil stecken kann. Daher soll der ‚Physiognomist' in seiner Deutung behutsam vorgehen. Er hoffte, dass die Vorurteile, die der ‚Physiognomist' als Mensch hat, allmählich überwunden werden können. Auch deswegen nannte er seine Schrift *Fragmente* und redete von *Versuchen*. Ihm selbst ist diese Überwindung noch nicht gelungen. Viele seiner Studien sind Schulbeispiele von unbehutsamer Voreingenommenheit.

Der studierte Theologe Lavater geht in diesen physiognomischen Studien vor wie ein Interpret eines Textes. (Vgl. S. 86, 275). Er verspricht nicht die „Entzifferung der unwillkürlichen Natursprache im Antlitze", wohl aber einige „Buchstaben dieses göttlichen Alphabets so leserlich vorzuzeichnen, dass jedes gesunde Auge dieselbe wird finden und erkennen können, wo sie ihm wieder vorkommen." (S. 10) Wie der Interpret einen Text als einen Text mit einem bestimmten Sinn interpretiert, interpretiert der ‚Physiognomist' die spezifische Form des Gesichts als einen Ausdruck. Beide gehen von einem komplexen Vorverständnis aus, der Erfahrung mit Texten dort und der Erfahrung mit Menschen und deren ‚Äußerungen' hier. Durch genaue Beobachtung, durch Unterscheiden, Vergleichen der einzelnen Züge z. B. mit physiognomischen Typen wird das „vorauseilende

---

[129]Lavater, *Fragmente*, Deutsches Textarchiv, Bd. 1, S. 10 und 269.

Wahrheitsgefühl" (S. 42) geschärft, sprachlich fixiert und zu einem Urteil „entwickelt". (S. 284) Für die Unterscheidung der Einzelheiten ordnet Lavater das Gesicht topographisch in drei Felder: Das erste reicht vom Haaransatz bis zu den Augenbrauen, der Ort vor allem der Intelligenz, das zweite umfasst die Nase und die Wangen, der Ort der Moral, das dritte Mund und Kinn, der Ort der Sinnlichkeit.

Lavaters Verfahren entspricht einer Grundmaxime der Hermeneutik. Auf Grund seiner Erfahrung, seiner Menschenkenntnis und seines Wissens verfügt der ‚Physiognomist' über ein Vorverständnis, das in einem „Ganzblick" den Ausdruck des Gesichtes erfassen kann. Dass das Verständnis ein Vorverständnis voraussetzt, so wie das Verständnis der Bibel den Glauben, dass das antizipierte Verständnis des Ganzen das Verständnis des Einzelnen leitet, war ihm vertraut.

Zugleich entspricht Lavaters Verfahren auch der zeitgenössischen Erkenntnistheorie. Erkenntnis geht danach aus von einer ‚konfusen', d. h. ‚zusammengemischten', ‚komplexen' Gesamtwahrnehmung und wird dann immer analytisch genauer durch Unterscheidung, Vergleichung und Benennung der einzelnen Teile bestimmt. Dann ist die Erkenntnis nach zeitgenössischer Lehre erst ‚deutlich', d. h. klar und distinkt. In seiner Auseinandersetzung mit Lavater in *Aus meinem Leben. Dichtung und Wahrheit* hat Goethe, bei aller Kritik an seinen Schlüssen, Lavaters Methode ausdrücklich gerechtfertigt: „Wer eine Synthese recht prägnant in sich fühlt, der hat eigentlich das Recht zu analysieren, weil er am äußeren Einzelnen sein inneres Ganze prüft und legitimiert."[130] (4. Teil, 19. Buch)

5.5.3 *Tradition und Folgen des physiognomischen Programms*

Mit seinen physiognomischen Studien konnte sich Lavater auf die Tradition einer Kunst berufen, die mit der griechischen Umwandlung der orientalischen Mantik in eine Deutung des Charakters aus dem Gesicht beginnt und durch das Mittelalter bis in die Neuzeit reicht und die immer wieder Verteidiger und Gegner fand.[131] Dass es, wie in der mantischen Praxis, nicht auf die einzelnen Züge, sondern auf den Gesamteindruck ankommt, lehrte schon die kleine Schrift *Physiognomika*, die in einem Korpus pseudo-aristotelischer Schriften aus dem 2. Jahrhundert v. Chr. überliefert wurde. Diese Nähe zur mantischen Praxis der Wahrsagung verlor sich nicht in der Neuzeit. 1769, wenige Jahre vor Lavaters *Physiognomischen Fragmenten,* veröffentlichte z. B. Christian Adam Peuschel eine *Abhandlung der Physiognomie, Metoposkopie* [Stirnlesekunst] *und Chiromantie* [Handlesekunst].

---

[130]Goethe, *Werke,* Bd. 10, S. 155.
[131]Vgl. die Quellenauszüge in C. Schmölders, *Vorurteil,* S. 169 ff.; ferner: Art.: *Physiognomie,* in: HWbdRh, Bd.6, Sp. 1083–1190; H. Belting, *Faces. Eine Geschichte des Gesichts*, München 2013, S. 83 ff.

5.5 Lavater interpretiert Porträts von Goethes Physiognomie

In der Vorrede verspricht er die „Gewissheit der Weissagungen aus dem Gesichte, der Stirn und den Händen gründlich" darzutun. Von dieser mantischen Praxis, das Gesicht als ein Orakel zu deuten, wollte sich Lavater mit seinem Wissenschaftsprogramm entschieden absetzen. Daher gebraucht er auch den Begriff der Deutung ganz selten und redet von Erkenntnis.

In *Macbeth* (I, 4) legt Shakespeare Duncan die Bemerkung in den Mund: „There's no art/To find the mind's construction in the face". Duncan will sich damit rechtfertigen, dass er sich in einem seiner Heerführer getäuscht hatte. In ihrem mörderischen Rat geht Lady Macbeth davon aus, dass sein „mind" sich sehr wohl im Gesicht von Macbeth ‚lesen' lässt und dass er sich daher verstellen muss: „Your face, my Thane, is a book, where men/May read strange matters. To beguile the time,/Look like the time; bear welcome in your eye,/Your hand, your tongue: look like th'innocent flower,/But be the serpent under't." (I, 5).

Die Körpersprache, also die Gestik, Mimik, die Haltung nannte Augustin gewissermaßen „sichtbare Worte" *(quasi [...] verba visibilia).*[132] Gelehrt wurde sie auch bald als Teil medizinischer Diagnostik, um Rückschlüsse auf Krankheiten zu gewinnen,[133] und als Teil der justiziellen Untersuchung einer Schuld. Erröten, Erbleichen, Stocken der Stimme bestärken danach einen Schuldverdacht oder gelten sogar als unbewusste Geständnisse. Einen großen Erfolg hatte schon in der Renaissance die umfangreiche, das zeitgenössische physiognomische Wissen zusammenfassende Physiognomik von Giambattista della Porta. (*De humana physiognomia,* 1586) Die jeweiligen Illustrationen dienten der *demonstratio ad oculos*. Auf Porta bezog sich auch noch Lavater. Porta arbeitete in der physiognomischen Deutung, wie schon die antiken Deuter, mit Analogien zur topischen Bedeutung der Tiere. So kann einem Menschen mit einer Hakennase Großmut und Kühnheit zugesprochen werden, da die Hakennase an einen Adler erinnert und der Adler topisch für Kühnheit, Großmut, königlichen Status steht. Ein Merkmal wird als *pars pro toto* und über die Analogie gedeutet. Abgesichert werden diese Deutungen durch Beispiele historischer Personen und die Aussagen von Autoritätspersonen wie Aristoteles. Prinzipiell sollen nicht nur einzelne, sondern alle Teile des Menschen in die Betrachtung einbezogen werden. Doch auch dann liefert für Porta die Physiognomik keine zwingende, sondern nur eine wahrscheinliche Erkenntnis, wie er im Vorwort schreibt.

Doch schon früh kam ein starkes Misstrauen gegenüber der physiognomischen Lehre und Praxis auf.

Sprichwörtlich wurde der lakonische Satz des römischen Satirikers Juvenal: „Trau keinem Gesicht" (*Fronti nulla fides, Saturae* II, 8). Durchaus widerstrebend hatten diese Mahnung im 18. Jahrhundert Henry Fielding (*Essay on the Knowldege of the Character of Men,* 1739) oder William Hogarth (im Kapitel *Of the Face* in *The Analysis of Beauty,* 1753) zitiert. In den beiden einschlägigen

---

[132] Augustinus, *Die christliche Bildung,* 2,3,4,5.
[133] Vgl. z. B. J. F. Helvetius, *Amphitheatrum Physiognomiae medicum: Runder Schauplatz der Artzeneyischen Gesicht-Kunst,* 1660.

Artikeln zur Physiognomik in der *Encyclopédie* (*Physionomie (Morale)* und *Physionomie (Scienc. imagin.* [science imaginaire: imaginäre Wissenschaft]), Bd. 12, 1765) wurde die Physiognomik schon als lächerliche Wissenschaft abgetan. Gegen diese verbreitete Skepsis wollte Lavater gerade die Wissenschaftlichkeit der Physiognomik demonstrieren.

Montaigne hatte sich schon vorher am Beispiel von Sokrates mit der Physiognomik in seinem Essay *De la Phisionomie* (Von der Physionomie, in seinen *Essais,* Bd. 3, 1588) auseinandergesetzt. Die Figur des Sokrates war ein Schlüsseltest für die physiognomische Gleichsetzung von Körper und Geist, da er ungestalt war und ein hässliches Gesicht hatte und gleichwohl als Beispiel aller menschlichen Vorzüge galt. Für Montaigne lehrt das Beispiel von Sokrates, dass man nicht, so verführerisch es auch ist, einfach vom Äußeren auf gute oder schlechte Eigenschaften schließen kann. Obwohl auf den Gesichtsausdruck also auch wenig Verlass ist, „sollte man ihm doch eine gewisse Aufmerksamkeit widmen."[134] Im Fall des Sokrates versuchte sich Lavater mit einer windigen Begründung aus der Affäre zu ziehen. Sein Gesicht habe sich, schreibt er gegen alle Quellen, durch seine „Bestrebungen der Tugend [...] verschönert". (S. 59)

Eine grundsätzliche Kritik am Wissenschaftlichkeitsanspruch Lavaters formulierte der Naturwissenschaftler Georg Christoph Lichtenberg mit seiner Schrift *Über Physiognomik, wider die Physiognomen. Zu Beförderung der Menschenliebe und Menschenkenntnis* (1778), wenige Jahre später fortgesetzt in Form einer witzigen Satire unter dem Titel *Fragment von Schwänzen. Ein Beitrag zu den Physiognomischen Fragmenten* (1783), in der er am Beispiel des Sauschwanzes, des Hundeschwanzes und Männerzopfs Lavaters Verfahren bloßstellt. Lichtenberg kritisierte grundsätzlich die unterstellte Homogenität des Äußeren und des Inneren, den einfachen Schluss von Schönheit auf Tugend, von Hässlichkeit auf Laster. Der bucklige Lichtenberg hatte sich bei diesem Schluss seinen Teil denken müssen. Die alltägliche Erfahrung widerlege solche Schlüsse. Darin, dass das Programm der Physiognomik scheitern muss, lag für Lichtenberg eine höhere Weisheit: „Wenn die Physiognomik das wird, was Lavater von ihr erwartet, so wird man die Kinder aufhängen, ehe sie die Taten getan haben, die den Galgen verdienen".[135]

Allein, dass gute moralische Qualitäten sich im Äußeren zeigen, ja zu einem schönen Äußeren beitragen können, war auch für Lichtenberg ausgemacht. Trotz seiner Kritik an Lavater hielt er, für den die Deutung von Gesichtern zu seinen „Lieblingsbeschäftigungen" zählte, die Deutung des mimischen Ausdrucks, die Deutung der willkürlichen und unwillkürlichen Körpersprache für eine unvermeidliche und notwendige Alltagspraxis. Man müsse sich dabei nur bewusst sein, dass man sich immer irren kann: „Wir urteilen stündlich aus dem Gesicht und irren stündlich." Ohnehin ist die Deutung des Gesichts auch abhängig von

---

[134]M. de Montaigne, *Essais,* übers. v. H. Stilett, Frankfurt a. M. 1998, S. 535.
[135]G. Chr. Lichtenberg, *Schriften und Briefe,* hrsg. v. W. Promies, 6 Bde, München 1968–1992 (Nachdruck Frankfurt a. M. 1994), Bd. 1, S. 532 (*Sudelbücher* F 521).

der Deutung einer ganzen Situation, also von einem Kontext: „Es wird mehr aus Kleidung, Anstand, Kompliment beim ersten Besuch und Aufführung in der ersten Viertelstunde in ein Gesicht hinein erklärt als die ganze übrige Zeit aus demselben wieder heraus. Reine Wäsche und ein simpler Anzug bedecken auch Züge des Gesichts."[136]

Mit Lichtenbergs Kritik war dem Anspruch Lavaters, eine physiognomische Wissenschaft zu begründen, der Boden entzogen worden. Sein Ansatz inspirierte jedoch noch die Phrenologie Franz Josef Galls Anfang des 19. Jahrhunderts, den Charakter und die Anlagen eines Menschen aus der Vermessung seines Schädels zu bestimmen. Umgekehrt wurde in der Anthropologie, Kriminologie, Psychiatrie und später in der Rassenlehre das Gesicht fotografisch fixiert, vermessen und in einer physiognomischen Obsession auf den moralischen, psychischen, intellektuellen und zivilisatorischen Stand des Menschen geschlossen. Von solchen Ansätzen versprach man sich objektive Analysekriterien. 1876 veröffentlichte der italienische Arzt Cesare Lombroso seine Schrift *L'uomo delinquente,* auf Deutsch *Der Verbrecher in anthropologischer, ärztlicher und juristischer Beziehung,* eine Art Kriminalanthropologie: Physische Merkmale, wie z. B. ein zu breites Kinn, breite Ohren oder eine flache Nase rubrizierte er als typische Kennzeichen einer verbrecherischen Anlage. Für Lombroso wird der Verbrecher als solcher geboren. Schließlich endeten diese Lehren in der ‚Rassenkunde' des Nationalsozialismus.[137]

Charles Darwin behandelte in seiner Abhandlung *The Expression of the Emotions in Man and Animals* (1872) das Gesicht nicht mehr als Schauplatz willkürlicher oder unwillkürlicher Zeichen, sondern als Schauplatz der Evolution angeborener oder erlernter Züge. Eine kuriose Episode aus der Vorgeschichte seiner Theorie fügt Lavaters Programm eine satirische Pointe hinzu. Um die Weltreise mit der *Beagle* anzutreten, musste der junge Naturforscher nicht nur seinen Vater, sondern auch den Kapitän des Schiffes überzeugen. „Er war ein eifriger Anhänger Lavaters", wie Darwin berichtet, „und war der Überzeugung, dass er den Charakter eines Menschen nach der Form seiner Gesichtszüge beurteilen könne, und er bezweifelte es, ob irgend jemand mit meiner Nase hinreichende Energie und Entschlossenheit für diese Reise besitzen könne. Ich denke aber, er wurde später davon überzeugt, dass meine Nase falsch prophezeit hatte."[138]

Wenn auch Lavaters Programm, Physiognomie als Wissenschaft zu betreiben, obsolet war, an der physiognomischen Alltagspraxis änderte dies nichts. So reden wir ja z. B. davon, dass jemand sein wahres Gesicht zeigt oder nicht zeigt.

---

[136] A. a. O., Bd. 3, S. 260, 283, 289.

[137] Vgl. R. T. Gray, *About Face. German Physiognomic Thought from Lavater to Auschwitz,* Detroit 2004. Es ist völlig abwegig, in Lavater einen „precursor", S. 9, dieser Rassenkunde zu sehen. Vgl. auch C. Schmölders, *Hitlers Gesicht. Eine physiognomische Biographie,* München 2000.

[138] *Charles Darwin – ein Leben. Autobiographie, Briefe, Dokumente,* hrsg. v. S. Schmitz, München 1982, S. 57.

Wir schauen in ein Gesicht und deuten seinen Ausdruck, wir nehmen wahr, wie winzige Unterschiede einen Gesichtsausdruck verändern, was jemand in seinem Gesicht, mit seiner Körperhaltung zeigen will und was er mit ihr unwillentlich ‚verrät'. Ein ‚Verbrecherfoto' entkommt kaum dem Vorurteil. Unser kulturelles Gedächtnis enthält ein Arsenal arche- und stereotypischer Physiognomien des ‚Guten' und des ‚Bösen'. Schlüsse und Trugschlüsse ziehen wir auch aus der Stimme. Mit Aufmerksamkeit registrieren wir die Individualität, den Ausdruck, die ‚Tongeste' einer Stimme.[139] In der Stimme, im Gesicht, in der Körperhaltung, in der Kleidung sucht unsere Imagination die ganze Person, die sich in ihnen verkörpert.

Immer wieder kam es auch zu physiognomischen Moden, in Deutschland besonders im ersten Drittel des 20. Jahrhunderts. Man deutete eine Modenschau als Physiognomie der Zeit, redete von der Physiognomie der Moderne oder der Stadt. In der Gegenwart wird an Algorithmen gearbeitet, um Gesichter zu identifizieren und Emotionen und sexuelle oder kriminelle Anlagen aus einem Gesichtsausdruck zu lesen. Ein Rückfall ins 19. Jahrhundert. Lichtenbergs Warnung scheint vergessen zu sein.[140]

In der Technik der Figurencharakterisierung folgten und folgen die Literatur und die Karikatur der physiognomischen Passion Lavaters bis heute. Ob Jean Paul, E. Th. A. Hoffmann, Tieck, Poe, Balzac, Melville, Zola, Dostoevskij, Turgenjev, die Brontë-Sisters, Wilde in der Literatur, in der Karikatur Grandville und Daumier, alle folgten sie seinen Spuren. Die physiognomische Charakterisierung umfasst dabei nicht nur das Gesicht, sondern auch die Gestik, die Kleidung, die Haltung, die Umgebung, die Handlungen, die Sprache, alles das, was Lavater programmatisch forderte, aber nicht einlöste.[141] Wie wird das Verständnis des Lesers von Effi zu Anfang von Fontanes Roman *Effi Briest* schon diskret gelenkt durch die Erwähnung der Schaukel, die Beschreibung ihrer turnerischen Übungen und ihres Kleides mit dem Matrosenkragen, ihrer Augen, in denen sich „eine große, natürliche Klugheit und viel Lebenslust und Herzensgüte verrieten"? Das physiognomische Interesse am physischen Detail bereitete auch die Ästhetik der Fotografie vor.

---

[139]Vgl. dazu besonders R. Meyer-Kalkus, *Stimme und Sprechkünste im 20. Jahrhundert*, Berlin 2001.
[140]Vgl. ‚*Auf der falschen Spur. Angeblich kann moderne künstliche Intelligenz sexuelle Orientierung, kriminelle Neigung und andere menschliche Eigenschaften an Gesichtern ablesen. Doch in der Praxis gibt es viele Probleme. Zuverlässig erkennt die Technik eigentlich nur Verkehrsschilder*', Süddeutsche Zeitung, 7./8. April 2018, S. 37.
[141]Vgl. G. Tytler, *Physiognomy in the European Novel: Faces and Fortunes*, Princeton 1982; zur Vorgeschichte: J. McMaster, *Reading the body in the eigteenth-century novel*, Basingstoke 2004; ferner: P. v. Matt, *…fertig ist das Angesicht. Zur Literaturgeschichte des menschlichen Gesichts*, München 1983; W. Groddeck/U. Stadler, Hrsg., *Physiognomik und Pathognomik*, Berlin 1994; S. Pabst, *Fiktionen des inneren Menschen. Die literarische Umwertung der Physiognomik bei Jean Paul und E. T. A. Hoffmann*, Heidelberg 2007.

5.5 Lavater interpretiert Porträts von Goethes Physiognomie

Schließlich führt ein Weg von Lavaters Deutung der physiognomischen Sprache zur Spurensuche des Detektivs. Sherlock Holmes, dessen „schmale Adlernase" für eine Aura der „Wachsamkeit und Entschlossenheit" sorgt, wie Dr. Watson feststellt,[142] achtet natürlich auch auf Physiognomien. Genaue Beobachtung und systematische Folgerungen leiten ihre Auswertung. Gleich zu Beginn von *Das Abenteuer mit dem Pappkarton (The Adventure of the Cardboard Box)* ‚deduziert' Sherlock Holmes aus den Gesichtszügen und Augenbewegungen von Dr. Watson, was diesem beim Lesen einer Zeitungsnachricht durch den Kopf ging. „Der Mensch hat Gesichtszüge mitbekommen", belehrt er Dr. Watson, „um mit ihnen seine Emotionen auszudrücken, und die Ihrigen sind getreue Diener." („The features are given to man as the means by which he shall express his emotions, and yours are faithfully servants.")

Lavaters Äußere selbst ist von Goethe in *Aus meinem Leben. Dichtung und Wahrheit* (3. Teil, 14. Buch) mehrmals beschrieben worden. Im Sommer 1774 war er in Frankfurt mit Lavater und dem Reformpädagogen Johann Bernhard Basedow zusammen getroffen. Goethe hebt die „tiefe Sanftmut" von Lavaters Blick hervor, die „bestimmte Lieblichkeit seiner Lippen", den in sein Hochdeutsch durchtönenden ‚treuherzigen' Schweizerdialekt, die angenehme, seine ‚übergewältige' Gegenwart ausgleichende Wirkung seiner, „bei flacher Brust", etwas vorgebogenen „Körperhaltung".[143] Dann vergleicht er Lavater mit Basedow in einem eindringlichen Doppelporträt:

> Einen entschiedneren Kontrast konnte man nicht sehen als diese beiden Männer. Schon der Anblick Basedows deutete auf das Gegenteil. Wenn Lavaters Gesichtszüge sich dem Beschauenden frei hergaben, so waren die Basedowischen zusammengepackt und wie nach innen gezogen. Lavaters Auge klar und fromm, unter sehr breiten Augenlidern, Basedows aber tief im Kopfe, klein, scharf, schwarz, unter struppigen Augenbrauen hervorblinkend, dahingegen Lavaters Stirnknochen von den sanftesten braunen Haarbogen eingefasst erschien. Basedows heftige rauhe Stimme, seine schnellen und scharfen Äußerungen, ein gewisses höhnisches Lachen, ein schnelles Herumwerfen des Gesprächs, und was ihn sonst noch bezeichnen mochte, alles war den Eigenschaften und dem Betragen entgegengesetzt, durch die uns Lavater verwöhnt hatte.[144]

---

[142] A. C. Doyle, *Sherlock Holmes – Eine Studie in Scharlachrot*, übers. v. H. Ahrens, Frankfurt a. M. 2016, S. 21.
[143] Goethe, *Werke,* Bd. 10, S. 20.
[144] A. a. O., S. 24.

5.6 Sherlock Holmes interpretiert Spuren

„Ich habe Ihnen schon erklärt", sagt Sherlock Holmes Dr. Watson nach der Aufklärung eines schwierigen Falls, „dass Außergewöhnliches die Sache nicht erschwert, sondern meist erleichtert. Um einen Fall wie diesen aufzuklären, muss man vor allem rückblickend analysieren können." (S. 160) Diese Sätze stehen in *Eine Studie in Scharlachrot (A Study in Scarlet)*. Im Original gebraucht Holmes den Ausdruck „reasoning backwards, or analytically". Mit diesem Roman, erschienen 1887, schickte Conan Doyle den Detektiv Sherlock Holmes in die Welt.[145] Für den notorisch etwas begriffsstutzigen Dr. Watson fasst Holmes dieses Verfahren mit seiner ganzen, für ihn so charakteristischen Selbstdarstellung als Wissenschaftler zusammen. Er stilisiert sich, wie sein Vorbild C. Auguste Dupin in Edgar Allan Poe's *The Murders in the Rue Morgue* (1841), geradezu als ein Organ der modernen Wissenschaft: Genaue, unvoreingenommene Beobachtung der Empirie, aus der Beobachtung Schlüsse ziehen, Hypothesen bilden, Hypothesen ausschließen, die Hypothesen erhärten oder korrigieren durch neue Fakten. *Ratiocination* heißt es bei Poe, die für ihn allerdings auch auf Intuition angewiesen ist. Entsprechend dem empiristischen Wissenschaftsverständnis des 19. Jahrhunderts glaubt Holmes an die Möglichkeit einer voraussetzungslosen Beobachtung der Fakten. Auf der Fahrt zu einem neuen Tatort plaudert Holmes über Geigen aus Cremona, über den Unterschied einer Stradivari von einer Amati. (Zu seinen Selbststilisierungen gehört auch die als genialischer Künstler!) Auf Watsons Frage, ob er sich nicht mit dem Verbrechen beschäftige, antwortet er: „Zu theoretisieren, bevor alle Fakten auf dem Tisch liegen, ist ein kapitaler Fehler. Das schadet der Unvoreingenommenheit des Urteils." (S. 36 f.)

Nach der Terminologie eines modernen Handbuchs für die Kriminalpraxis geht Holmes nach einer ‚objektiven' Methode vor. Danach werden zuerst möglichst viele Spuren gesichert, bevor Hypothesen zum Tathergang gebildet werden. Diese Methode könne allerdings dazu führen, dass die Fülle von Spuren auch sog. Trugspuren enthält. Bei der ‚subjektiven' Methode werden als Ergebnis der Tatortbesichtigung hypothetische Versionen des Tatgeschehens gebildet und die Spurensuche auf dazu passende Bereiche konzentriert. Diese Methode könne dazu führen, dass bei einer falschen Version wichtige Spuren übersehen werden. Die kriminalistische Ermittlung soll beide Methoden kombinieren.[146] Faktisch werden sie immer schon - in einem hermeneutischen Zirkel (vgl. unten S. 268 ff.) - kombiniert.

Auch Holmes nähert sich nicht voraussetzungslos den Fakten dieses Tatorts. Er verfügt über kriminalistisches Wissen und schon über ein beträchtliches Vorwissen

---

[145]Zitiert wird im Fließtext nach der Übersetzung von Ahrens, a. a. O. In diesem Kapitel folge ich den Spuren von Umberto Eco, vgl. U. Eco, *Hörner, Hufen, Sohlen. Einige Hypothesen zu drei Abduktionstypen*, in: Ders./Th. A. Peirce, Hrsg., *Der Zirkel oder Im Zeichen der Drei. Dupin, Holmes, Peirce*, München 1985, S. 288–320.

[146]H. Clages, Hrsg., *Der rote Faden. Grundsätze der Kriminalpraxis*, 12. Aufl. Heidelberg 2012, S. 98 ff.

5.6 Sherlock Holmes interpretiert Spuren

durch den Brief des Beamten von Scotland Yard, der ihn bittet, zu einem ‚verwirrenden' Verbrechen seine Meinung zu sagen. Dieses Vorwissen hilft ihm, aus der Fülle möglicher Fakten diejenigen ‚auf den Tisch zu legen', die mit der Tat in Zusammenhang stehen könnten.

Wie klärt Holmes den Fall auf? Der Leser weiß, wer der Mörder ist, er kennt auch dessen Motive, aber wie Dr. Watson weiß er nicht, wie Holmes in seiner Aufklärung vorging. Holmes selbst setzt Watson und uns, die Leser, in Kenntnis:

> In diesem Fall kannten wir nur die Resultate und mussten alles andere selbst herausfinden. Ich schildere Ihnen meine Überlegungen Schritt für Schritt und von Anfang an. Wie Sie wissen, habe ich mich dem Haus in der Brixton Road zu Fuß genähert, und zwar mit offenen Sinnen. Zuerst habe ich die Straße untersucht, auf der ich die Spuren einer Droschke entdeckte. Indizien legten nahe, dass diese während der Nacht eingetroffen war. Die Spurbreite verriet, dass es keine private Kutsche gewesen sein konnte, denn die Limousine eines Gentleman ist viel breiter als eine gewöhnliche Londoner Droschke.
>
> Das war die erste Erkenntnis. Danach ging ich langsam durch den Vorgarten, dessen Weg zum Glück aus Lehm bestand, auf dem sich Spuren deutlich abzeichneten. Sie haben vermutlich nur zertrampelten Matsch darin gesehen, aber mein geübter Blick erfasste die Bedeutung einer jeden Spur. Keine kriminalistische Ermittlungstechnik wird so stark vernachlässigt wie die Analyse von Fußabdrücken. Ich dagegen hielt sie immer für bedeutsam, und deshalb ist sie mir in Fleisch und Blut übergegangen. Ich entdeckte sowohl die tiefen Spuren der Polizisten als auch die zweier Männer, die zuerst durch den Garten gegangen sein mussten. […] Es hatte also zwei nächtliche Besucher gegeben, einer von ihnen ungewöhnlich groß, wie an der Schrittlänge abzulesen war, der andere modisch gekleidet, wie die schmale und elegante Schuhform verriet.
>
> Diese Vermutung erhärtete sich im Haus, denn der Mann mit den eleganten Schuhen lag tot am Boden. Also musste der große Mann der Mörder sein, vorausgesetzt, es handelte sich um Mord. Der Tote wies keine Wunden auf, aber seine verzerrten Züge legten nahe, dass er gewusst hatte, was ihm drohte. Die Miene von Menschen, die an einem Herzinfarkt oder anderen natürlichen Ursachen gestorben sind, ist stets entspannt. Als ich an den Lippen des Toten schnupperte, fiel mir ein säuerlicher Geruch auf, was den Verdacht nahelegte, dass er gezwungen worden war, Gift zu nehmen. Dies wurde durch seinen hasserfüllten und verängstigten Gesichtsausdruck bestätigt. Zu dieser Hypothese, der einzigen, die den Tatsachen gerecht wurde, war ich durch ein Ausschlussverfahren gelangt. […]
>
> Dann stellte sich die schwierige Frage nach dem Motiv. Da nichts gestohlen worden war, konnte es kein Raubmord gewesen sein. Hatte die Tat politische Gründe oder ging es um eine Frau? Ich tendierte zu letzterem. Politisch motivierte Mörder erledigen ihren Job so rasch wie möglich und verschwinden dann. Dieser Mord war jedoch sehr überlegt ausgeführt worden und die Spuren im Zimmer bewiesen, dass sich der Täter über den Tod des Opfers hinaus dort aufgehalten hatte. Eine so durchdachte Rache konnte nur private und keine politischen Gründe haben. […] Der Fund des Ringes räumte meine letzten Zweifel aus. Der Mörder hatte ihn offenbar benutzt, um sein Opfer an eine verstorbene oder abwesende Frau zu erinnern. […]
>
> Was ich dann während der sorgfältigen Untersuchung des Zimmers herausfand, bestätigte meine Vermutung hinsichtlich der Körpergröße des Mörders und gab mir Hinweise auf die Länge seiner Fingernägel und den Tabak aus Tiruchirapalli. Da nichts auf einen Kampf hindeutet, ging ich davon aus, dass der Täter aufgrund seiner Erregung Nasenbluten bekommen hatte – daher das Blut auf dem Fußboden. Wie ich feststellte, verlief die Blutspur parallel zu seinen Fußspuren. Man muss schon sehr heißblütig sein, wenn eine Gefühlsaufwallung so heftiges Nasenbluten auslöst, und deshalb schloss ich auf einen kräftigen Mann mit rötlichem Teint. Wie sich zeigen sollte, traf das zu.

Durch ein Telegramm des Polizeichefs von Cleveland erfährt Holmes, dass der Tote, ein Enoch Drebber, sich von einem alten Nebenbuhler namens Jefferson Hope bedroht gefühlt habe, der sich gerade in Europa aufhalte.

> Das war des Rätsels Lösung. Nun musste ich den Mörder nur dingfest machen. Ich war der festen Überzeugung, dass der Mann, der Drebber in das Haus begleitet hatte, mit dem Droschkenkutscher identisch war. Die Spuren auf der Straße sagten mir, dass das Pferd auf eine Art weitergetrabt war, die ein Kutscher niemals geduldet hätte. Und wo hätte dieser sein sollen, wenn nicht im Haus? Sehr unwahrscheinlich, dass jemand einen Mord im Beisein einer dritten Person begehen würde, die ihn verraten könnte. Und zu guter Letzt: Wollte man in London einer Person folgen, dann wäre das als Droschkenkutscher am einfachsten. Aufgrund dieser Überlegungen gelangte ich zu der Erkenntnis, dass Jefferson Hope unter den Kutschern dieser Metropole zu finden war. [...] Wie Sie merken, handelt es sich um eine zusammenhängende und fehlerlose Kette von Schlussfolgerungen. (S. 160–164)

Ausgangspunkt der Untersuchung sind die „Resultate", das Wissen, dass ein Verbrechen vorliegt. Wie es dazu kam, wer der Mörder ist, ist nun in einem *reasoning backwards* aufzuklären. Holmes vergleicht diese rekonstruktive Analyse auch mit der Auflösung eines Rätsels. Die Analyse beginnt wie in moderner Ermittlungsarbeit mit der Untersuchung des weiteren und engeren Tatortes. Holmes mustert „gedankenverloren" Erdboden, Himmel, die Häuser gegenüber, den Weg zum Haus und den Rasen an dessen Rand. Auf der Straße entdeckt er Spuren einer Droschke. Die beiden Kriminalbeamten waren nicht mit einer Droschke gekommen, wie er durch ihre Befragung wusste. Aus der Spurenbreite schließt er die Limousine eines Gentleman aus und schließt auf eine gewöhnliche Droschke als Verursacher der Spuren. Das „Ausschlussverfahren" wendete er weiterhin konsequent an. Die Art der Droschkenspuren und die Fußspuren im Matsch des Vorgartens wertet er als „Indizien", aus denen er schließt, dass die Droschke in der Nacht eingetroffen sein musste. In dieser Nacht hatte es stark geregnet, wie der Leser zuvor schon erfahren hat. Aus den Fußspuren im Vorgarten schließt er, dass zwei Männer ins Haus gegangen sein mussten, einer davon, wie er aus den Schrittlängen folgert, muss ungewöhnlich groß sein. Er musste der Mörder sein, denn die anderen Fußspuren entsprechen dem eleganten Schuh an der Leiche. Bei seinen Überlegungen geht Holmes durchaus von Möglichkeiten und Wahrscheinlichkeiten aus.

Um den Mord aufzuklären, sucht Holmes mit seinen Beobachtungen und Schlussfolgerungen den Tathergang und das Motiv des Täters, das Ganze des Falls, stringent und zusammenhängend zu rekonstruieren. Zusammenhängend sind Holmes' Schlussfolgerungen wohl, ob sie wirklich fehlerlos sind, steht dahin. Wie wahrscheinlich oder zwingend ist z. B. der Schluss von den Blutspuren auf Nasenbluten, vom Nasenbluten auf eine Gefühlsaufwallung und von dieser auf einen kräftigen Mann mit rötlichem Teint? „Wie sich zeigen sollte, traf das zu." Wie immer, Watson ist begeistert: „Großartig!', rief ich."

Die Maxime, dass der Fall möglichst in seiner Gänze zu rekonstruieren ist, wird auch von modernen Fallanalytikern und Ermittlern befolgt. Möglichst alles ist am Tatort zu erfassen, was als relevant erscheint. Zuerst macht man sich ein Bild vom

5.6 Sherlock Holmes interpretiert Spuren

Tatort als Ganzem. Dann folgt die Untersuchung ‚von außen nach innen'. Relevante Einzelheiten werden fotografiert, dann wird erst mit der Hand eingegriffen. (‚Auge, Fotografie, Hand': die Hand verändert schon den Tatort.)[147] Die folgende Ermittlungsarbeit entspricht ganz und gar nicht dem Vorgehen von Holmes, so wie er es darstellt. Danach führt nicht eine Kette fehlerloser Schlussfolgerungen zu einem begründeten Verdacht, wie eine Untersuchung der Arbeit von Ermittlern einer Mordkommission ergeben hat,[148] sondern eine Summe von Verfahren, die vor allem einer alltagsweltlichen Logik folgen. Nur selten wird nach dem logischen Muster ‚wenn a gilt, dann b' gefolgert, gefolgert wird in der Regel nach dem Muster ‚die Spuren ergeben, dass die Deutung b denkbar bzw. wahrscheinlich ist'. Nicht ein einsamer Held der Beobachtung und Schlüsse klärt den Fall auf, sondern viele Akteure, die ihre jeweiligen Deutungen miteinander abgleichen müssen. Wichtiger als die Anwendung logischer Prozeduren ist die Haltung, die Offenheit für Denkbares und Wahrscheinliches, für die Fülle möglicher Bedeutungen eines Ereignismerkmals, mit der die Ermittler an die Arbeit gehen.[149]

Holmes' Schlussfolgerungen basieren auf Spuren und Indizien. Dies sind keine bloßen Fakten, sondern schon interpretierte Fakten. Wie verfährt er, wenn er einen empirischen Sachverhalt, z. B. bestimmte, parallel verlaufende Vertiefungen in der Straße, als Spur einer Droschke interpretiert? Diese Deutung, man könnte auch sagen, diese Identifizierung ist ihm so selbstverständlich, dass er sie nicht eigens expliziert. Einen empirischen Sachverhalt kann er als eine Spur einer Droschke interpretieren, weil er schon über ein gesichertes Vorwissen, ein Muster von einer Droschkenspur verfügt. Diese Vertiefungen ergeben sich, wenn eine Droschke auf einer feuchten Straße fährt. Einen individuellen, empirischen Sachverhalt behandelt er als Fall eines allgemeinen Musters. Die Angleichung verfährt typisierend: Die Vertiefungen in der Straße sind *typisch für* die Vertiefungen, die eine Droschke hinterlässt. Andere mögliche Verursacher, wie ein Fuhrwerk, werden stillschweigend ausgeschlossen. Aus der Spurbreite schließt Holmes auf eine gewöhnliche Droschke, weil diese Spurbreite typisch für solche Droschken ist und nicht für eine private Kutsche, deren Spurbreite typisch breiter ist.

Die typisierende Zuordnung zu einem bekannten Muster basiert auf dem Ergebnis induktiver Prozeduren. In der Induktion werden aus Einzelbeobachtungen Muster- bzw. Regelhypothesen gewonnen wie ‚Vertiefungen dieser Art sind Resultat der Ursache x'. Nun passt der konkrete Sachverhalt in das Muster ‚Droschkenspuren'. Also kann man folgern, dass diese Vertiefungen Spuren von Droschken sind. (Ein Londoner Bürger im 19. Jahrhundert folgert dies nicht, er weiß es.)

---

[147] Für einschlägige Informationen danke ich Kriminalhauptkommissar Stefan Metten, Hessische Hochschule für Polizei und Verwaltung, Gießen.
[148] Vgl. J. Reichertz, *Aufklärungsarbeit. Kriminalpolizisten und Feldforscher bei der Arbeit*, Stuttgart 1991.
[149] Das ist das Fazit von Reichertz, a. a. O., S. 301 f.

Vergleichbar der Interpretation eines empirischen Sachverhalts als Spur gehen der Jurist und der Arzt in ihrer Interpretation empirischer Sachverhalte vor. Auch sie typisieren in ihrer Interpretation. Für den Arzt sind gewisse körperliche Veränderungen, z. B. die Rötung der Haut, typisch für ein bestimmtes Krankheitsbild, für einen ‚Befund'. Er kann sie daher in Angleichung an das Muster eines Krankheitsbilds als ein Symptom einer Krankheit interpretieren. Für den Juristen sind bestimmte Handlungsmerkmale typisch für eine bestimmte Straftat. Er kann sie in Angleichung an das juristische Muster des Tatbestands und gemäß der Rechtsprechung als Tatbestandsmerkmale interpretieren.[150]

Das Verfahren des Entwurfs eines *Musters* (oder Schemas, vgl. S. 74) als hypothetische Erklärung eines Sachverhalts wird unter dem, vom Philosophen Charles Sanders Peirce eingeführten, Begriff der Abduktion diskutiert. Diesen abduktiven Schluss kann man auch mit Kant als Verfahren der reflektierenden Urteilskraft verstehen. Sie geht, anders als die bestimmende Urteilskraft, die vom Allgemeinen (einer Regel, einem Muster, einem Gesetz) ausgeht, von einem Einzelnen aus, „wozu sie das Allgemeine finden soll" (*Kritik der Urteilskraft,* Einleitung IV), aus dem es wiederum als ein Besonderes abgeleitet werden kann.

Eingeführt wurde dafür auch der treffende Begriff ‚Schluss auf die beste Erklärung': In einem bestimmten Zusammenhang wie der Untersuchung eines Tatortes wird ein Phänomen A beobachtet, das wichtig sein könnte. Es muss erklärt werden. Die Hypothese B, es könnte sich um die Spur einer gewöhnlichen Droschke handeln, erklärt besser als alternative Hypothesen das Phänomen. Daher liefert diese Hypothese die beste Erklärung.

Auch bei der Interpretation der Eigenschaft eines Textes suchen wir die Interpretationshypothese, die besser als alternative Hypothesen diese Eigenschaft erklärt. Die beste Erklärung bedeutet hier stillschweigend auch die Erklärung, die der unterstellten ‚Vollkommenheit' des Textes (zu dieser grundlegenden Maxime vgl. S. 236 ff.), am besten entspricht, die für seine Sinnfülle, seine künstlerische Qualität am produktivsten ist.[151]

5.6.1 Spuren, Indizien, Symptome

Nach dem *Grimmschen Wörterbuch* bedeutet ‚Spur' ursprünglich den „eindruck des fuszes im boden", sei es von einem Wild oder von einem Menschen. Diese Bedeutung erweiterte sich dann allgemein auf einen „hinterlassenen eindruck" wie „spur eines wagens", auf „merkbar haftende anzeichen von

---

[150]Vgl. W. Hogrebe, *Mantik und Hermeneutik,* S. 142 ff.
[151]Der Begriff des ‚Schlusses auf die beste Erklärung' geht zurück auf G. Harmann, *The Inference to the best Explanation,* in: Philosophical Review 74, 1965, S. 88–95. Vgl. dazu die instruktive Diskussion von Scholz, *Texte interpretieren,* bes. S. 165 ff. Vgl. ferner Reichertz, a. a. O., S. 27 ff., 296 ff.; zum Vorgehen von Holmes: Eco/Peirce, a. a. O.

5.6 Sherlock Holmes interpretiert Spuren

zuständen, thätigkeiten, dingen" wie „spur eines verbrechens, eines schlages, einer miszhandlung, spur des alters". Von Anfang an bildet sich auch die Bedeutung von etwas Kleinem, Unscheinbarem heraus, wie z. B. in ‚keine Spur, keine blasse Spur von Neugier', ‚eine Spur Zucker'. „Sie kennen ja meine Methode", sagt Sherlock Holmes zu Dr. Watson, „sie beruht auf der Beobachtung von Kleinigkeiten."[152] In den Ausdrücken ‚Eine Spur ziehen', ‚die Spur wechseln', ‚eine Loipe spuren' bedeutet ‚Spur' einen Weg, eine Fahrrichtung, ‚spuren' einen solchen Weg herstellen. Das vom Substantiv abgeleitet Verbum ‚spüren' bedeutet ursprünglich ‚eine Spur aufnehmen, einer Fährte folgen, verfolgen', später dann ‚wahrnehmen, empfinden'. Es kann eine Wahrnehmung von kaum Merklichem sein. Wer ‚Spürsinn' hat, der hat einen Sinn Spuren zu entdecken, eine Fährte, eine Richtung, einen Weg, etwas Verborgenes zu ‚spüren'. Spuren werden ‚gelesen'. Die hirnphysiologische Leseforschung hat übrigens ergeben, dass das Lesen in jenen Hirnregionen stattfindet, in der bei den frühen Menschen das ‚Lesen' von Spuren stattfand.[153]

Das Erkennen und Deuten von Spuren waren für die frühen Menschen überlebenswichtig. Das Erlegen von Wild, die Entdeckung möglicher Feinde hing auch von der Fähigkeit ab, Spuren deuten zu können, ‚lesen' zu können, wie es metaphorisch heißt.[154] Um einen Vertiefung in der Erde oder einen zerbrochenen Zweig als eine Spur identifizieren und deuten zu können, brauchte man Wissen und Erfahrung, brauchte man eine genaue Aufmerksamkeit auf die Beschaffenheit eines Ortes und seiner Umgebung, einen scharfen Blick auf unscheinbare Veränderungen. Man musste unterscheiden können, was in der Fülle der Sachverhalte relevant ist. Vertiefungen in der Erde in einer bestimmten Anordnung, Größe

---

[152] A. C. Doyle, *Die Abenteuer des Sherlock Holmes*. Aus dem Englischen neu übersetzt v. K. Degering, Stuttgart 2002, S. 139 *(The Boscombe Valley Mystery)*. Eine klassische Studie zur Signifikanz unscheinbarer Spuren: C. Ginzburg, *Spurensicherung. Die Wissenschaft auf der Spur nach sich selbst*, Berlin 1995. Ginzburg zeigt am Beispiel Doyles, des Kunsthistorikers Giovanni Morelli, der gerade unscheinbare Details wie z. B. ein Ohrläppchen für die Zuschreibung eines Bildes heranzog, und Freuds, wie solche Details eine besondere Signifikanz gewinnen. Morelli, Doyle und Freud waren von Haus aus Ärzte. Doyle entwarf die Figur des Sherlock Holmes nach seinem medizinischen Lehrer Joseph Bell, der als Chirurg an der Universität Edinburgh lehrte. Bell zur Anamnese seiner Patienten: Die Physiognomie verhilft zur Aufdeckung der „Nationalität", der Akzent zum „Distrikt", und für ein erprobtes Ohr beinahe zur Gegend. Fast jedes Handwerk schreibt seine Zeichen manuell auf die Hände." Zit. nach B. Stiegler, *Spuren, Elfen und andere Erscheinungen. Conan Doyle und die Photographie*, Frankfurt a. M. 2014, S. 57. Dr. Watson ist, natürlich, Arzt. Freud kannte Doyles Romane, vgl. dazu die anregende Untersuchung von M. Rohrwasser, *Freuds Lektüren. Von Arthur Conan Doyle bis zu Arthur Schnitzler*, Gießen 2005.

[153] Vgl. Schön, a. a. O., S. 152.

[154] Vgl. A. Spitznagel, *Auf der Spur von Spuren,* in: H.-G. v. Aarburg u. a., Hrsg., „*Wunderliche Figuren". Über die Lesbarkeit von Chiffrenschriften*, München 2001, S. 239–259; S. Krämer, *Was also ist eine Spur?*, in: Dies. u. a., Hrsg., *Spur. Spurenlesen als Orientierungstechnik und Wissenskunst*, Frankfurt a. M. 2007, S. 11–33; dies., *Spuren, Graphé, Wissenskünste. Zur Episteme der Spur?*, in: S. Attia u. a., Hrsg., *Der Spur auf der Spur/Sur les traces de la trace*, Heidelberg 2016, S. 19–30.

und Richtung können als Eindrücke, als Fährte eines Tiers identifiziert werden. Aus der Form und der Tiefe der Fährte, vielleicht noch aus einem Duft kann erschlossen werden, welches Tier in Frage kommt, welches ausgeschlossen wird, ob das Tier sich schnell oder langsam bewegte, ob es schwer oder weniger schwer ist, aus ihrer Beschaffenheit, ob sie frisch oder alt ist.

Eine Spur ist ein Zeichen und wie jedes Zeichen ein Zeichen von oder für etwas ist, ist eine Spur eine Spur von etwas. Das, wovon die Spur eine Spur ist, wird – jedenfalls in der Regel – nicht erkannt, sondern gedeutet. Die Spur ‚deutet' ja auch auf etwas. Diese Deutung basiert auf einem Schluss. In seiner *Einleitung zur richtigen Auslegung vernünftiger Reden und Schriften* von 1742[155] erläutert Johann Martin Chladenius die Spur folgendermaßen: „Eine Spur heißt im eigentlichen Verstande die Figur, welche von einem Menschenfuß, oder von einer Pfote oder Klaue der Erde oder dem Schnee eingedrückt worden, woraus man sehen, oder vielmehr schließen kann, dass der Mensch oder das Tier da gewesen sei." (§ 347)

Wir reden dann von einer Spur, wenn ein bestimmter empirischer Sachverhalt schließen lässt auf eine vergangene Handlung. Die Fußabdrücke im Matsch sind Fußabdrücke von Männern, die hier gegangen sind. Der Sachverhalt ist die unbeabsichtigte, empirische ‚Hinterlassenschaft' der Handlung. Die Fußabdrücke sind entstanden, nicht absichtlich erzeugt worden. Spuren können natürlich auch absichtlich gelegt, fingiert werden, um die Polizei auf eine falsche Spur zu bringen. Die Tatsache, dass keine Spuren zu finden sind, kann selbst als eine Spur gedeutet werden.

Insofern bei der Spur ein Sachverhalt als Wirkung einer Ursache gedeutet wird, gehört die Spur zu den Indizien bzw. Anzeichen oder indexikalischen Zeichen.[156] Indizien (von lat. *indicium*: An-Zeichen, Hin-Zeichen) sind Zeichen, die retrospektiv oder prospektiv auf eine Ursache schließen lassen. Sie haben nicht, wie der Ausdruck, auch eine kommunikative Funktion. (Fingierte Spuren haben sie natürlich.) Rauch ist ein Indiz von Feuer, Fieber ist ein Indiz, in medizinischer Terminologie ein Symptom einer Erkrankung. Die dialektale Färbung meiner Sprechweise ist ein Indiz meiner Herkunft. Anders als bei einer Spur sind jedoch bei einem Indiz bzw. einem Symptom Ursache und Wirkung kopräsent. Der Rauch ist Teil des Feuers, das Fieber Teil der Krankheit, die dialektale Färbung Teil meiner Äußerung. Der Dieb hat sich schon davon gemacht, aber den Fingerabdruck hinterlassen. Er kann die Polizei auf seine Spur bringen. Der Charakter der unbeabsichtigten Hinterlassenschaft einer Handlung und die Zeitdistanz zwischen Ursache und Wirkung unterscheiden die Spur von Indizien oder Symptomen.

---

[155]Neudruck hrsg. v. L. Geldsetzer, Düsseldorf 1969.
[156]Vgl. dazu auch R. Keller, *Zeichentheorie*, Tübingen/Basel 1995, S. 118 ff. Keller zieht den Begriff des Symptoms vor.

5.6 Sherlock Holmes interpretiert Spuren

Die Interpretation literarischer Texte, zumal eines literarischen Symbols, wie z. B. des Tintenflecks, mit dem Charlotte in Goethes Roman *Die Wahlverwandtschaften* einen Brief ‚verunstaltet', hat mit einem Indizienbeweis viel gemeinsam. Literarische Symbole können erklärt werden als die Verbindung eins Indizes mit einer Metapher.[157] Wenn wir die Intention eines idealen Autors aus den Elementen eines literarischen Textes rekonstruieren, behandeln wir diese Elemente auch als Indizien. Die Elemente werden als Teil der Intention verstanden. Wir würden dann von Spuren reden, wenn es um bewusste oder unbewusste Motive des empirischen Autors ginge, wenn er den Text gewissermaßen ‚hinterlassen' hätte. In allen Handlungen und Äußerungen können insofern, wie Freud formuliert, verräterische „Spuren" eines geheimen Seelenlebens entdeckt werden.[158]

In dem Erzählungsband *Peregrinaggio die tre giovani figliuoli del re di Serendippo* (Die Reise der drei jungen Prinzen von Serendippo) aus dem 16. Jahrhundert wird die Erzählung von den drei Brüdern überliefert, die anhand einer Reihe von Spuren das Aussehen eines Tieres rekonstruieren, das sie nie mit eigenen Augen gesehen haben. Voltaire, der dieses Buch in einer französischen Übersetzung kannte, arbeitete die Erzählung von den drei Prinzen in seinem satirischen Roman *Zadig ou la destinée* (Zadig oder das Schicksal, 1747) um. Hier rekonstruiert Zadig aus jeweiligen Spuren bis ins Detail das Aussehen zweier entwichener Tiere, einer Hündin und eines Pferdes. Des Diebstahls angeklagt und verurteilt, da man ihm nicht abnahm, die beiden Tiere nicht gesehen zu haben, beweist er seine Unschuld, indem er darlegt, wie er zu seiner Rekonstruktion gekommen ist. Die Tiere finden sich auch wieder ein. Seine Unschuld bringt ihm aber kein Glück.[159] Eine spätere Umarbeitung veröffentlichte Wilhelm Hauff mit seiner Erzählung *Abner, der Jude, der nichts gesehen hat* von 1827. Diese literarische Überlieferung bildet mit der physiognomischen ‚Wissenschaft', der modernen Naturwissenschaft und der kriminalistischen Praxis eine weitere Quelle für die Entstehung der Detektivgeschichte im 19. Jahrhundert. Umberto Eco wird sie in *Il nome della rosa* (Der Name der Rose, 1980) parodistisch aufnehmen. Sein Protagonist mit dem Namen William von Baskerville wird am Ende erkennen, dass eine logische Ordnung der Welt à la Sherlock Holmes eine Täuschung ist.

---

[157] Vgl. Kurz, *Metapher*, S. 81.
[158] Z. B. in *Dostojewski und die Vatertötung*, Studienausgabe, Bd. 10, S. 284.
[159] Zur Motivgeschichte vgl. A. Traninger, *Serendipity und Abduktion. Die Literatur als Medium einer Logik des Neuen (Cristoforo Armeno, Voltaire, Horace Walpole)*, in: F. v. Ammon u. a., Hrsg., *Literatur und praktische Vernunft*, Berlin 2016, S. 205–230. Zur Analyse von Zadigs Spurenlesen vgl. Eco, *Hörner*, S. 303 ff.

Kapitel 6
Rhetorik und Hermeneutik

6.1 Rhetorik und Philologie

Im alten Orient wurde ca. 3500 v. Chr. die Wörterschrift, die Hieroglyphen- und die Keilschrift, erfunden, ab ca. 1500 v. Chr. die Silbenschrift, die von den Griechen seit dem 8. Jahrhundert v. Chr. zu einer Lautschrift weiter entwickelt wurde. Die Herstellung und der Umgang mit Schriften erforderte professionelles Wissen, Können und Gelehrsamkeit. Geschickte Handwerker waren nötig, um Schreibutensilien, Tafeln aus Holz oder Ton oder, später, Wachstafeln, dann Rollen aus Papyrus und Pergament, dann Bücher herzustellen. Antike Schriften wurden nicht in Buchform, sondern in Handschriften, in Papyrusrollen, verbreitet und überliefert. Die Rolle wurde in Spalten beschrieben und zum Lesen zur Seite hin, von rechts nach links, aufgerollt. Durch das Abschreiben ergaben sich Fehler, durch den Gebrauch entstanden Risse, Lücken und andere Schäden. Sicherer war dann schon die Überlieferung in Form des Kodex, des Buchs, seit dem 1. Jahrhundert nach Chr. (Vgl. auch S. 33 f.) Für den Kodex wurde der Papyrus, später das Pergament doppelseitig beschrieben und in Lagen gebunden.[1] Mit ‚Buch' wurde in der Folge sowohl das Gesamtwerk als auch einzelne, in sich abgeschlossene Werkteile, wie in der Bibel die ‚Fünf Bücher Mose', bezeichnet.

Man brauchte geschickte, ausdauernde Schreiber. Geschrieben wurde in der *scriptio continua,* in einem durchlaufenden Schriftband ohne Punkt und Komma, ohne Räume zwischen den Wörtern und Sätzen. (Vgl. Abb. 4.1, S. 67) Um diese schwierige Schrift lesen und beurteilen zu können, brauchte man Schriftspezialisten, universell gebildete Gelehrte. Der diese Tätigkeit ausübte, wurde zuerst *grammatikos,* lat. *grammaticus* (von gr. *gramma:* Buchstabe, Schrift, Buch),

---

[1]Vgl. Stein, *a. a. O., S. 61 ff.* Zur Entstehung der Philologie aus der Erfindung der Schrift vgl. jetzt die instruktive Darstellung von E. Cancik-Kirschbaum/J. Kahl, Erste Philologien. Archäologie einer Disziplin vom Tigris bis zum Nil, *Tübingen 2018.*

auch *kritikos* genannt. Der Ausdruck *philologos* (wörtlich: der Liebe zum Wort, zum Geist, zur Vernunft hat), lat. *philologus,* bezeichnete ebenfalls einen universell gebildeten Gelehrten. Seit der Renaissance verdrängte er den Ausdruck *grammaticus* und nahm die moderne Bedeutung eines Experten für Sprachen und Texte an.[2]

Eine institutionelle Form gewann die antike Schriftkultur im 4./3. Jahrhundert v. Chr. Ihr Zentrum war das hellenistische Alexandria, seit etwa 320 v. Chr. die Hauptstadt des Ptolemäerreiches. Hier gab es eine Gelehrtenakademie, das *Museion,* und eine einzigartige, enzyklopädische Bibliothek, die im 3. Jahrhundert v. Chr. im Besitz von fast 500.000 Schriftrollen gewesen sein soll. Aus dieser Gelehrtenakademie ging eine ganze Schule von Philologen hervor. Von den alexandrinischen Philologen wurden z. B. die homerischen Epen in 24 Gesänge gegliedert, gültig bis heute. Dabei haben sie sich leiten lassen von der Praxis der Rhapsoden, die Epen in Abschnitten vorzutragen. Andere philologische Zentren gab es in Antiochia, Pergamon und Rhodos. Die Bibliothek von Alexandria wurde im 7. Jahrhundert n. Chr. zerstört. Es ist nicht ganz gesichert, wann und durch wen, durch die Römer, die Christen oder die Araber.[3]

Die Lektüre eines Textes in der *scriptio continua* war mühsame Arbeit. Zuerst mussten die Buchstaben, Wörter und Sätze identifiziert, die Schrift überhaupt verstanden werden. Das Lesen erforderte keine geringen interpretativen Anstrengungen. Da nur Abschriften überliefert wurden, war zu klären, ob der Text vollständig und korrekt war, mussten echte von falschen Überlieferungen unterschieden werden. Daher wurden die überlieferten Handschriften gesammelt und miteinander verglichen, Echtes vom Unechten getrennt. Nach einer skrupulösen Textkritik konnte eine als authentisch geltende Fassung ediert werden. Für den Gebrauch mussten die Texte auch kommentiert werden. Kommentiert wurden medizinische, juristische, literarische und philosophische Texte. Kommentiert werden mussten vor allem die Epen Homers. Ihre schriftliche Redaktion war wohl im 8./7. Jahrhundert abgeschlossen worden. Seit dem 6. Jahrhundert bildeten sie die Grundlage der Bildung, kam ihnen eine kanonische Geltung zu wie in der Neuzeit der Bibel. Durch den Zeitenabstand waren sie fremd und erläuterungsbedürftig geworden. Unverständlich gewordene Wörter und Passagen mussten erläutert, Realien, die man nicht mehr kannte, erklärt werden. Das in diesen Epen als selbstverständlich vorausgesetzte Weltwissen musste expliziert werden. Insofern war die Aufgabe des Philologen eine hermeneutische, kritische, historische und konservative. Mit den alten Handschriften, die ständig von Verlust, Verderben und Missverständnissen beim Abschreiben bedroht waren, konservierte er die kulturelle Überlieferung, altes Wissen und alte Sprachen, und vermittelte sie in die Gegenwart.[4]

---

[2]Vgl. H. I. Marrou, *Geschichte der Erziehung im klassischen Altertum,* München 1977, S. 307 ff., 505 ff.
[3]Nach L. Canfora, *Die verschwundene Bibliothek,* Berlin 1988, waren es Araber.
[4]Vgl. dazu besonders Schlaffer, a. a. O., S. 159 ff.

6.1 Rhetorik und Philologie

Eingeführt wurde in diese Schriftkultur im Bildungssystem der Rhetorik. In ihre Schule gingen Heiden, Juden und später die Christen. Die Rhetorik ist die Theorie und Praxis der Rede- und Argumentationskunst. Ihr großes Theoriegebäude erstreckte sich, da sie alle mit Sprache und Rede zu tun hatten, auf alle Wissensgebiete. Gelehrt wurde die Rhetorik im schulischen und universitären Unterricht bis weit ins 19. Jahrhundert. Der beharrliche Umgang mit musterhaften Texten sollte zu einer umfassenden, auch moralischen Bildung führen. Schreiben, Lesen und Erklären waren in der Antike feste Bestandteile rhetorischen Unterrichts. Insofern führte die Rhetorik auch in eine praktische Hermeneutik ein und insofern gehört sie zur Voraussetzung der hermeneutischen Theorie, wie sie seit dem 17. Jahrhundert systematisch ausgebildet wurde.[5] Eine systematische, separate Hermeneutik gab es in der Antike nicht.

Der Rhetorikunterricht zielte vor allem auf das Lesen, Auswendiglernen und Memorieren der Texte und auf das Erlernen einer rudimentären Schreibkompetenz.[6] Zuerst gingen die Schüler in den Elementarunterricht bei einem Lehrer, der in Griechenland *grammatistes* oder *didaskalos,* im römischen Reich *magister ludi* oder *litterator* genannt wurde. Im Unterricht wurde geschrien und geschlagen.[7] Hier wurden die Schüler in das schwierige Lesen und Schreiben der *scriptio continua* eingeführt. Erst das laute, trennende Lesen machte aus der Buchstabenlinie einen gegliederten Text. Der Lehrer las vor, dann wurde allmählich laut ‚nachgelesen' und auswendig gelernt. Um sie lesen zu können, musste man die Texte fast auswendig kennen. Die Schüler lernten richtig atmen, Pausen machen, Sinneinheiten setzen und sinngemäß betonen. Gelesen wurde meist in Gemeinschaft und im Stehen.

Dann gingen die Schüler zum *grammatikos* oder *philologos* bzw. *grammaticus,* dem Sprach- und Schriftgelehrten. Im Grammatikunterricht wurden die Schüler vertraut gemacht mit der Lektüre und Erklärung der kanonischen Autoren. Das waren nicht nur die Dichter wie Homer, sondern auch die Philosophen, Naturwissenschaftler, Geschichtsschreiber, Maler, Bildhauer und Redner. Der Begriff des Autors bezog sich noch nicht auf eine individuelle Person hinter dem Text, sondern auf eine Autoritätsperson. Der Ausdruck kommt von lat. *auctor* und dieser Ausdruck leitet sich von einem Verb ab, das soviel wie ‚vermehren, fördern, hervorbringen, etwas zum Wachsen bringen' bedeutet. Der Begriff des Autors entstammt dem römischen Recht und bezeichnet dort einen Inhaber eines Rechts, das er auch übertragen kann. (Wir können heute noch davon reden, dass jemand von einem Rechteinhaber autorisiert wird, einen Vertrag abzuschließen.) Daraus entwickelte sich die Bedeutung der Autorität einer Person oder eines Textes, insofern sie oder er Geltung beanspruchen kann. Autorität des Autors und Autorität des

---

[5] Vgl. dazu H.-G. Gadamer, *Rhetorik und Hermeneutik,* in: Ders., *Gesammelte Werke,* Bd. 2, Tübingen 1986, S. 276–291, und besonders Eden, a. a. O.
[6] Vgl. Marrou, a. a. O., S. 221 ff.; J. Christes/R. Klein/Chr. Lüth, Hrsg., *Handbuch der Erziehung und Bildung in der Antike,* Darmstadt 2006, S. 89 ff.
[7] An seinen Schulbesuch erinnert sich Augustin noch mit Schrecken, *Confessiones,* 9, 14.

Textes fallen zusammen.[8] Ein Autor wie Homer, Platon, Aristoteles oder Vergil ist weniger eine individuelle Person, sondern derjenige, aus dessen Text man, wie Cicero schreibt, „eine Gewähr [auctoritas]" für das gewinnt, was man wissen will. (*Topica,* 78) Wenn der Text eine solche Autorität hat, ist er es auch wert, gelesen und auswendig gelernt zu werden. (Vgl. auch S. 124).

Zuerst ging es um das, was wir heute Textkritik (abgel. von gr. *krisis:* Trennung, Scheidung, Urteil, Entscheidung, Untersuchung) nennen. Hier handelt es sich um ein Abgleichen und eventuelles Verbessern bzw. Ergänzen der Handschriften (gr. *diordosis,* lat. *emendatio*). Wegen der unsicheren handschriftlichen Überlieferungen musste schon geklärt werden, ob die Texte von Lehrer und Schüler überhaupt übereinstimmten. Darauf folgte wieder eine Phase des Lesens (gr. *anagnosis,* lat. *lectio*), diesmal mit dem Ziel eines ausdrucksstarken Lesens. Die Schüler lernten die Texte nach Sinn und, wenn es ein poetischer Text war, nach Versmaß zu deklamieren und zu rezitieren. Auf der folgenden Stufe (gr. *exegesis,* lat. *enarratio*) wurden der Inhalt besprochen, Realien wie geographische und historische Angaben, mythologische Figuren und sprachliche Schwierigkeiten geklärt, durch Parallelstellen oder etymologische Ableitungen dunkle Stellen erhellt, Aspekte der Form wie Versstruktur, Gattung und Stil behandelt. Die Erklärung ging Wort für Wort vor, also in der Form eines Kommentars. Am Ende stand die Beurteilung (gr. *kritike techne,* lat. *iudicium, ars critica*) des Textes.[9] Sie bezieht sich mehr auf die moralische Botschaft, weniger auf die ästhetische Qualität. Welchen Nutzen hat der Text für die Gesellschaft? In Quintilians rhetorischem Handbuch *Institutio Oratoria* (Ausbildung des Redners, um 95 n. Chr., I,4,1–3; I,8,1–21) werden die vier Unterrichtsphasen zusammengefasst: das korrekte Lesen *(lectio),* die textkritische Untersuchung *(emendatio),* die Kommentierung *(enarratio)* und die Beurteilung *(iudicium).*

Die Rhethorik lehrt, wie man gute Reden verfertigt. Nun lassen sich die Rezepte für das Verfertigen einer guten Rede unschwer umkehren in Rezepte für ein gutes Interpretieren. So konnte die Rhetorik auch als subtiles und methodisches Instrumentarium für die Interpretation, die *enarratio,* gelehrt werden. Als eine solche Inversion der rhetorischen Lehre wurde die Bibelauslegung schon in Augustins *De doctrina christiana* und die Hermeneutik in ihrer Konstitutionsphase im 17. und 18. Jahrhundert begriffen.[10] Die rhetorische *enarratio* knüpft das Verständnis eines Textes an die genaue Einsicht in die Sachen und Wörter, die *res* und *verba,* die Form und den Zweck einer Rede

---

[8]Vgl. Minnis, *Authorship;* M. Irvine, *The Making of Textual Culture.* ‚Grammatica' *and Literary Theory, 350–1100,* Cambridge 1994, Kap. 4.

[9]Zur Geschichte des Begriffs der Kritik vgl. besonders H. Jaumann, *Critica. Untersuchungen zur Geschichte der Literaturkritik zwischen Quintilian und Thomasius,* Leiden 1995.

[10]Vgl. Petrus, a. a. O., S. 43.

6.1 Rhetorik und Philologie

oder eines Textes.[11] Sie lehrt z. B., was eine Metapher oder eine Metonymie ist und wie sie im Text funktionieren, was ein guter oder schlechter Stil ist. Daher gehört die Rhetorik zum notwendigen analytischen Instrumentarium der literaturwissenschaftlichen Interpretation bis heute. Keine Interpretation, keine Stilanalyse kommt ohne sie aus. Quintilian unterschied als Ziel der Ausbildung die Wissenschaft vom richtigen Reden, die *recte loquendi scientia,* zu der natürlich das Schreiben gehört, und die Erklärung der Dichter, die *poetarum enarratio* (*Institutio Oratoria,* I, 4, 2). Die Erklärung ist unumgänglich, da es kein Wort und keine Wortverbindung gibt, das oder die nicht mehrdeutig sein kann. (VII, 9, 1–15) Die prinzipielle Mehrdeutigkeit eines Wortes gehört zur Grundeinsicht der Rhetorik.

Nach Ciceros Abhandlung *De oratore* (Vom Redner, I, 187) hat der Interpret die gründliche Beschäftigung mit dem Autor, die Untersuchung der Sprache, des Sinns der Wörter (*verborum interpretatio*) und die Erkenntnis der Sachen (*historiarum cognitio*) wie z. B. Personen, Ereignisse, Orte, zu beachten. Orientieren muss er sich vor allem an der Intention (*intentio, ratio dicendi*) des Werks. Dafür verwendet Cicero auch den Begriff des (gr.) *skopos*.[12] Der Ausdruck bedeutet ursprünglich ‚der Wächter, Aufseher', dann das von einem Bogenschützen anvisierte Ziel. Metaphorisch bedeutet der Ausdruck ‚Absicht des Autors, Ziel, Zweck eines Textes'. (Vgl. engl. *the scope*) Homer verwendet den Ausdruck schon übertragen für die Absicht einer Rede. Dieser in der hermeneutischen Tradition fundamental gewordene Begriff (lat. dann *scopu*s) wurde von dem rhetorisch gebildeten Theologen Origenes im 3. Jahrhundert in die christliche Hermeneutik eingeführt.[13]

Als äquivalente lateinische Begriffe wurden in der Tradition verwendet *destinatio* (Bestimmung), *intentio* (Absicht), *finis* (Ende, Zweck), *Summa* (Summe), *doctrina* (Lehre), *conclusio* (Folgerung, Schluss), *sensus orationis* (Sinn der Rede), *argumentum* (Argument), *caput* (Haupt). Der Skopus ist das, worauf eine Äußerung, ein Text, ein Werk eigentlich hinauswill, seine Botschaft, sein Sinn, sein Zweck, seine Pointe. Ihn soll man, wird gelehrt, möglichst bald fassen, da er das Verständnis des Textes leitet. Nicht selten wurde er im Titel – der in der Neuzeit ausführlicher war (vgl. S. 296) – schon angegeben. Als äquivalente deutsche Begriffe wurden gebraucht: *Punkt, Sinn, Verstand, Gesichtspunkt, Mittelpunkt, Seele, Gesicht, Idee, Kern, Hauptmeinung, Hauptpunkt, Redeziel.* In der

---

[11]Vgl. auch L. Danneberg, *Vom ‚grammaticus' und ‚logicus' über den ‚analyticus' zum ‚hermeneuticus',* in: J. Schönert/F. Vollhardt, Hrsg., *Geschichte der Hermeneutik und die Methodik der textinterpretierenden Disziplinen,* Berlin 2005, S. 291 ff.; O. Zwierlein, *‚Interpretation' in Antike und Mittelalter,* in: Geerlings/Schulze, a. a. O., S. 79–101; G. Vogt-Spira, *Der Umgang mit Texten im antiken Rom,* in: Albrecht, a. a. O., S. 103–120.

[12]Cicero, *Epistulae ad Atticum* (Briefe an Atticus) XV, 29, 2.

[13]Origenes, *De principiis,* IV, 2,7 (Origenes, *Vier Bücher von den Prinzipien,* hrsg. übers. u. erl. v. H. Görgemanns/H. Karpp, Darmstadt 1976, S. 318); vgl. Art.: *Skopus,* in: HWbdPh, Bd. 9, Sp. 985–988; HWbRh, Bd. 8, Sp. 946–952.

modernen Linguistik wird der Skopus eines Satzes oder eines Textes auch unter dem Begriff des Fokus diskutiert.

Auch die *Poetik* von Aristoteles und die *Ars poetica* von Horaz (ca. 17/16 v. Chr.) wurden für die Interpretation genutzt. Zumal die *Poetik* des Aristoteles enthält eine funktionale Analyse der Handlungsstruktur *(mythos),* der Bedeutungsdimension *(dianoia),* des Stils *(lexis)* und der Wirkung *(katharsis)* einer Tragödie. Das literarische Werk wird als ein kohärentes Ganzes *(holos)* interpretiert. (Vgl. S. 172).

Die rhetorische Lehre der Topik, d. h. die Lehre von den Örtern, den Merkplätzen, den Gesichtspunkten (gr. *topos,* Plural: *topoi;* lat. *locus,* Plural: *loci*), aus denen Argumente z. B. für einen rechtlichen Streitfall oder eine politische Rede gewonnen werden können, stellte ebenfalls ein Instrumentarium zur Ordnung und Analyse einer Rede oder eines Textes bereit.[14] Sie erhält für die Interpretationslehre über das Mittelalter, die Neuzeit bis in die Gegenwart eine fundamentale Bedeutung. Das Arsenal der Topik stellt bis heute die Heuristik für die Interpretation dar.[15] In seiner *Topica* (6) unterscheidet Cicero zwei Teile der Erörterung *(ratio disserendi):* das Auffinden von Argumenten *(pars inveniendi)* und ihre Beurteilung *(pars iudicandi).* Die *inventio* sucht tastend, vermutend, erwägend das Mögliche und Wahrscheinliche, das *iudicium* prüft die Geltung. Die *inventio* verlangt den schöpferischen Geist, das *iudicium* den kritischen. Diese Unterscheidung findet sich wieder in der modernen Unterscheidung von Entdeckungsprozedur und Rechtfertigungsprozedur, *context of discovery* und *context of justification.* (Vgl. S. 288 ff.) Der spätantike Rhetor Marius Victorinus stellte folgenden Katalog von Topoi als Gesichtspunkte der Interpretation auf: Wer, was, warum, wo, wann, auf welche Weise, mit welchen Hilfsmitteln?[16] Dieser Katalog war schon differenzierter als die bekannte Lasswell-Formel in der Kommunikationswissenschaft nach 1945, die es auf die Reihe ‚Wer, was, in welchem Medium, zu wem und mit welchem Effekt' gebracht hat. Als andere topische Gesichtspunkte fungieren z. B. Name, Etymologie, Gegensatz, Ähnlichkeit, Analogie, Kontext, Zeitumstände, Abstammung, Bildung, Status. Die Namen Charlotte, Otto und Ottilie in Goethes Roman *Die Wahlverwandtschaften* erhalten in der Namenähnlichkeit einen Wink zum Verständnis der Konstellation der Figuren.

Diese heuristische Funktion der Topik wurde lange unterschätzt, da der Begriff des Topos auch im Sinne von ‚Gemeinplatz', Klischee verwendet wurde. Die topischen Interpretationswerkzeuge werden so selbstverständlich angewandt, dass sie in Interpretationen kaum eigens reflektiert werden.

---

[14]Vgl. Art.: *Inventio,* in: HWbdRh, Bd. 4, Sp. 561–587; Art.: *Topik,* in HWbdRh, Bd. 9, Sp. 605–626.

[15]Vgl. Quintilian, a. a. O., V, 10, 20–52; wichtig: C. Wiedemann, *Topik als Vorschule der Interpretation. Überlegungen zur Funktion von Topikkatalogen,* in: D. Breuer/H. Schanze, Hrsg., *Topik,* München 1981, S. 233–255.

[16]*Victorini Rhetoris in Ciceronis Rhetoricam,* in: *Rhetores latini minores,* hrsg. v. C. Halm, Leipzig 1863, S. 213.

6.2 Antike und mittelalterliche Interpretationslehren

6.2.1 Homer aus Homer interpretieren

Mit dem Anspruch Homer aus Homer zu erklären, zeigte ich, dass er sich selbst erklärt, bisweilen unmittelbar, bisweilen mittelbar.

Diesen so selbstgewiss formulierten Interpretationsanspruch des berühmten alexandrinischen Philologen Aristarchos von Samothrake (ca. 217–145 v. Chr.) zitiert zustimmend im 3. Jahrhundert der Philologe Porphyrios in seiner Schrift *Quaestiones Homericae* (Homerische Fragen).[17] Im Zentrum der philologischen Arbeiten von Aristarchos stand die textkritische Ausgabe der Epen Homers. Dafür musste auch ihre Überlieferungsgeschichte geklärt werden.

Gemeint ist mit dieser erzphilologischen Maxime, dass Homers Epen wohl erklärt werden müssen. Die Epen enthalten jedoch, was zu ihrer Erklärung nötig ist. Sie erklären sich, unmittelbar oder mittelbar, selbst. Implizit besagt diese Maxime auch, dass die Epen vollkommen sind.

Der Name ‚Homer' ist hier metonymisch zu verstehen. Er steht für das Werk, genauer: die Metonymie setzt eine Einheit von Autor und Werk.

Aristarchos wehrte mit diesem „Anspruch" wohl eine allegorische Auslegung der Epen Homers (vgl. S. 131 ff.) als eine ihnen äußerliche Erklärung ab und prägte dafür die interpretationspolitische Formel „Homer aus Homer". (Verfechter einer Allegorese könnten allerdings argumentieren, dass der allegorische Sinn in den Epen selbst steckt.) Möglicherweise wollte er damit auch den Anspruch der Dichtung, als eine eigene Welt beurteilt zu werden, gegen den Wahrheits- und Moralanspruch verteidigen, mit dem Platon Dichtung beurteilte. (Vgl. *Politeia*, 378b–e).

Nach der in Alexandria geübten philologischen Praxis gehörten zur Erklärung Homers auch die Klärung der Sachen und Wörter und die Untersuchung der Überlieferung und Echtheit der Handschriften. Den Philologen Aristarchos und Porphyrios war es selbstverständlich, dass der Anspruch ‚Homer aus Homer' zu erklären, den Vergleich mit anderen Texten einschließt.

Die Selbsterklärung kann unmittelbar und mittelbar sein. Gemeint sind wohl Stellen, die unmittelbar erklären wie der Anfang der *Odyssee*, der eine Art Inhaltsangabe enthält, und Stellen, deren Sinn mittelbar aus ihrem Zusammen-

---

[17] *Porphyrii Quaestionum Homericarum*, S. 297, 16. Vgl. Chr. Schäublin, *Homerum ex Homero*, in: Museum Helveticum 34, 1977, S. 221–227; J. I. Porter, *Hermeneutic Lines and Circles: Aristarchus and Crates on the Exegesis of Homer*, in: R. Lamberton/J. J. Keaney, Hrsg., *Homers's Ancient Readers. The Hermeneutics of Greek Epic's Earliest Exegetes*, Princeton 1992, S. 67–114. Der Zusammenhang dieser Maxime mit Aristoteles' *Poetik* wird betont in den Erläuterungen in: Aristoteles, *Werke in deutscher Übersetzung*, hrsg. v. E. Grumach u. a., Berlin 1956 ff., Bd. 20/1: *Fragmente zu Philosophie, Rhetorik, Poetik, Dichtung*, übers. u. erl. v. H. Flashar, Berlin 2009, S. 377 ff.

hang geklärt werden kann. Dass man die Organisation eines Werkes mit seiner Handlung, seinen Figuren, seinem Stil, seiner Absicht auch als eine mittelbare Selbsterklärung verstehen kann, hatte Aristarchos aus der *Poetik* des Aristoteles lernen können. In der *Poetik* lehrte Aristoteles mit dem Aufbau einer gelungenen Tragödie implizit auch, dass ihre Interpretation „von ihr selbst her" (1449a8) zu gehen habe. In seinen knappen Bemerkungen zu den homerischen Epen stellt Aristoteles wie bei der Tragödie deren Komposition heraus. Die kohärente, kompositorische Einheit eines Werks und die konsequente Entwicklung der Handlung und Figuren bilden eine Voraussetzung dafür, dass ein Werk ‚von sich selbst her' erklärt werden kann.

Porphyrios brachte mit dieser Formel offenbar eine schon geübte hermeneutische Praxis auf den Punkt. Ausdrücklich oder unausdrücklich hatten nach dieser Maxime der Philosoph Proklos den Philosophen Platon[18] und der Arzt Galen den Arzt Hippokrates[19] interpretiert. Aristoteles lehrte sie implizit in der *Poetik* und interpretierte nach ihr die Verfassung Solons: Bei undeutlichen Gesetzesformulierungen muss man „aus der übrigen Verfassung heraus seine Absicht betrachten". (*Atheneion Politeia* [Athenische Verfassung], 9, 2. Diese Schrift wird ihm, aber auch einem Schüler von ihm zugeschrieben.) Auch Cicero forderte sie für die forensische Interpretationspraxis: Bei rechtlichen Texten wie Gesetzen darf man nicht bei Vermutungen über die Absicht des Verfassers, modern formuliert: des Gesetzgebers, stehen bleiben. Derjenige nähert sich der Intention des Verfassers am besten an, der diese Absicht ‚aus dem Text selbst› ermittelt *(Nam multo propius accedere ad scriptoris voluntatem eum qui ex ipsius eam litteris interpretetur)*. Der Text ist gewissermaßen das Bild *(imago)* der Absicht des Verfassers. (*De inventione,* II, 128).

Die hermeneutische Maxime, den Text, d. h. auch den Autor aus sich selbst heraus zu erklären, wurde von den jüdischen und christlichen Bibelexegeten aufgenommen. Auch für die Auslegung des Koran ist diese Maxime nachgewiesen worden.[20] Die *Thora* (wörtlich so viel wie: Weisung, Lehre, Gesetz; im engeren Sinn die fünf Bücher Moses, im weiteren die gesamte jüdische religiöse Lehre und Überlieferung) ist nur aus der Thora auszulegen.[21] Für die Auslegung der Bibel formulierte aus dem Geist des alexandrinischen Schriftverständnisses der Grammatiklehrer, Prediger und Bibelkommentator Origines im 3. Jahrhundert

---

[18]Vgl. Proclus, *Théologie Platonicienne,* établi et traduit par H. D. Saffray/L. G. Westerink, 6 Bde, Paris 1968–1997, Bd. 1, S. 10.

[19]Galenus, *De comate secundum Hippocratem,* 1, 5 (*Corpus Medicorum Graecorum,* Bd. 9, 2, hrsg. v. H. Diels u. a., Leipzig 1915, S. 182 f.).

[20]Vgl. G. Monnot, *La démarche classique de l' éxegèse musulmane,* in: M. Tardieu, Hrsg., *Les règles de l'interprétation,* Paris 1987, S. 155 ff.; Art.: *Schriftauslegung,* HWbdRh, Bd. 8, Sp. 637 ff.

[21]*Megilla [Palästinischer* bzw. *Jerusalemer Talmud.* Der Traktat bezieht sich auf das Buch Ester] I, 13, 72b (*Megilla. Schriftrolle,* übers. v. F. Hüttenmeister, Tübingen 1987, S. 69). Vgl. G. Stemberger, *Einleitung in Talmud und Midrasch.* 8. Aufl. München 1992, S. 26.; Art.: *Schriftauslegung,* a. a. O., Sp. 608 ff.

6.2 Antike und mittelalterliche Interpretationslehren

n. Chr.: „Der uns richtig erscheinende Weg zum Umgang mit den Schriften und zum Verständnis ihres Sinns ist folgender: er lässt sich in den Schriftworten selber aufspüren *[ab ipsa [...] scriptura [...] edocemur]*."[22] Noch in ihrer polemischen Wendung steht Luthers berühmte Formel von der Schrift, die sich selbst auslegt *(scriptura [...] sui ipsius interpres),* in dieser Tradition.[23] Die polemische Wendung ist gegen die katholische Lehre gemünzt, wonach die Bibel nicht nur aus der Bibel, sondern auch gemäß der Lehrtradition der Kirche auszulegen ist. Auf Luthers hermeneutische Verfahren gehe ich noch genauer ein. (S. 207 ff.).

In der Tradition dieser Maxime steht auch noch die sogenannte „werkimmanente Interpretation" oder „werkimmanente Methode" nach 1945. Ihr entsprach das *close reading* des New Criticism.

In der Literaturwissenschaft ist es noch verbreitet, von Methoden der Interpretation zu reden und z. B. eine werkimmanente, biographische, sozialgeschichtliche, marxistische, rezeptionsgeschichtliche, psychoanalytische usw. Methode zu unterscheiden. Tatsächlich handelt es sich dabei nicht um verschiedene Methoden, sondern um verschiedene Rahmen und Skopi der Interpretation. Die Methoden als geregelte Verfahren selbst sind so unterschiedlich nicht. Die psychoanalytische ‚Methode' setzt z. B. ein familiales Drama als Rahmen, die marxistische bzw. sozialgeschichtliche gesellschaftliche und wirtschaftliche Entwicklungen und Konflikte, die sog. werkimmanente setzt die Intention des Autors und meist dazu einen geistesgeschichtlichen Rahmen. Die poststrukturalistische bzw. dekonstruktivistische Methode setzt eine sich dekonstruierende Sprachdynamik, der *new historicism* setzt den Text als eine Verdichtung sozialer Energien. Daher ist es sinnvoller von Typen der Interpretation zu reden.[24] Diesen ungenauen Gebrauch des Methodebegriffs kann man zur Not rechtfertigen.[25] Ganz abwegig ist es jedoch, von einer hermeneutischen Methode zu reden, als gäbe es literaturwissenschaftliche Methoden, die ohne interpretative Akte auskommen.

Völlig zu Unrecht wurde der sog. ‚werkimmanenten Methode' eine konservative Ideologie, eine Ignoranz gegenüber historischen, sozialen und politischen Kontexten nachgesagt. Emil Staiger, der als Hauptvertreter dieser Richtung galt, formulierte sogar in seinem programmatischen Vortrag *Die Kunst der Interpretation* von 1950, dass es „ein barer Hochmut sei, sich beim Erklären von Sprachkunstwerken auf den Text beschränken zu wollen."[26] Die Kunst

---

[22]Origenes, a. a. O., IV, 2, 4 (S. 709).
[23]WA, Bd. 7, S. 97; ebenso Bd. 14, S. 566.
[24]Vgl. W. Strube, *Analytische Philosophie der Literaturwissenschaft. Definition, Klassifikation, Interpretation, Bewertung,* Paderborn 1993, S. 67 ff.; A. Spree, *Kritik der Interpretation. Analytische Untersuchungen zu interpretationskritischen Literaturtheorien,* Paderborn 1995, S. 205 ff.
[25]Vgl. Art.: *Methode,* in: RLW, Bd. 2, S. 581 ff.
[26]E. Staiger, *Die Kunst der Interpretation,* 3. Aufl. München 1974 (zuerst Zürich/Freiburg i. Br. 1955), S. 14. Als faire Diskussion vgl. C. Stockinger, *‚Lektüre'? ‚Stil'? Zur Aktualität der Werkimmanenz,* in: J. Rickes u. a., Hrsg., *1955–2005: Emil Staiger und Die Kunst der Interpretation heute,* Bern 2007, S. 61–85; ebenso Reemtsma, a. a. O., S. 40 ff.

der Interpretation beruht für ihn auf genauer geschichtlicher und sprachlicher Forschung. Allein schon der Name eines Autors, wie z. B. Mörike, schafft ein bestimmtes historisches und ästhetisches Vorverständnis. In seiner Interpretation von Mörikes Gedicht *Auf eine Lampe* redet Staiger z. B. von einer „Spätblüte klassizistischer Dichtung", von der „zeitgeschichtlichen Lage Mörikes", stellt er Vergleiche mit anderen Autoren an, betrachtet er das Gedicht „im Rahmen der ganzen Goethezeit".[27] Das Ziel dieser Gesichtspunkte ist freilich die „immanente Deutung der Texte", der Nachweis, dass und wie das Kunstwerk „in sich selber stimmt".[28]

Bei der Maxime, ein Werk aus sich selbst zu erklären, handelt es sich um keine triviale Maxime. Sie unterstellt ein einheitliches Denken und Formulieren des Autors, eine Vollkommenheit des Werks, sie verpflichtet die Interpretation auf den ‚Text selbst', auf die Achtung dessen, was der Autor in und mit diesem Werk hat sagen wollen. Sie verhindert die Benutzung des Werks als Mittel für alles Mögliche. Die Maxime, ein Werk aus sich selbst zu interpretieren, ist eine hermeneutische *und* eine ethische Maxime.

6.2.2 Kontext, Parallelstellen

Zur mittelbaren Selbsterklärung zählten für die alexandrinischen Philologen auch Parallelstellen und das, was dann seit dem 16. Jahrhundert der Kontext genannt wird.[29] Der Ausdruck ‚Kontext' ist abgeleitet von lat. *contextus:* dieser von *texere:* weben, verknüpfen, davon auch der Ausdruck *textus,* der Text, der wörtlich ‚Zusammenknüpfung, Verknüpfung' bedeutet. Die Bildung *contextus* verstärkt noch die Bedeutung des Zusammenhangs. Man könnte ihn auch mit ‚Mittext' oder ‚Umtext' übersetzen. Mit Kontext war zuerst der Zusammenhang des gesamten Textes gemeint (z. B. Aristoteles, *Poetik,* Kap. 25; *Rhetorik* 1374b13), dann die engere oder weitere Umgebung einer Stelle, das, was der Stelle vorhergeht und was ihr folgt *(ex superiore et ex inferiore),* wie Cicero in *De Inventione* (Von der Findungskunst, II, 40) schreibt. Aber auch für Cicero bildet der Zusammenhang des ganzen Textes den finalen Kontext einer Stelle. *(De inventione,* II, 117: *verba [...] ex omni considerata scriptura perspicua fiant).* In seiner Abhandlung *Partitiones Oratoriae* (Rhetorik in Frage und Antwort, 23, 82) redet Cicero vom *contextus orationis,* dem ‚Gesamtzusammenhang' der Rede. Für Quintilian ändert sich der Sinn eines Wortes je nach seinem Ort im gesamten Text, *in textu.* *(Institutio Oratoriae,* IX, 4, 13) Wenig später (IX, 4,19) unterscheidet er eine

---

[27]Staiger, a. a. O., S. 14, 23, 24.
[28]Staiger, a. a. O., S. 7, 15.
[29]Vgl. K. Stierle, *Zur Begriffsgeschichte von ‚Kontext',* in: Archiv für Begriffsgeschichte 18, 1974, S. 144–149; Zum literaturwissenschaftlichen Begriff vgl. Art.: *Kontext,* in RWL, Bd. 2, S. 333–337; Corbineau-Hoffmann, a. a. O.

gebundene und verwobene *(contexta)* Rede, wie z. B. ein Epos, von einer aufgelösten *(soluta)* Rede, wie z. B. einem Brief oder einem Gespräch. Auch die rhetorische *circumstantia* – Lehre (vgl. S. 178) bereitete die hermeneutische Theorie des Kontextes vor. Die näheren und weiteren Umstände (Um-stände) eines Wortes muss man „wohl bemerken", wie Chladenius im 18. Jahrhundert in seiner *Einleitung zur richtigen Auslegung vernünftiger Reden und Schriften* (§ 10) rät, denn der Ort, die Zeit und die „Umstände der redenden Person" geben den Worten, „die auch etwas anders bedeuten können", erst ihre bestimmte Bedeutung. In einem späteren Paragrafen (§ 128) fügt er diesem weiten Kontext noch den engeren textuellen „Zusammenhang" zu.

Die Funktion und Macht des Kontextes sei an einem Beispiel demonstriert. Andreas Gryphius' Gedicht *Es ist alles Eitel* beginnt mit den Versen:

DV sihst/ wohin du sihst nur Eitelkeit auff Erden.
Was diser heute baut/ reist jener morgen ein:
Wo itzund Städte stehn/ wird eine Wisen seyn/

Die Schreibweise signalisiert schon, dass ein altes Gedicht vorliegt, was schon Anlass geben könnte, auch einen älteren Sprachgebrauch zu vermuten. Die Wörter dieser Verse werden auch noch heute gebraucht, sie sind verständlich, wohl auch ‚itzund', nur passt die gegenwärtige Bedeutung von ‚Eitelkeit' oder ‚eitel' als ‚eingenommen sein von seinem Äußeren, übermäßig bedacht sein auf sein Äußeres, gefallsüchtig' nicht zum Kontext dieser – und auch der nachfolgenden – Verse. Dieser Kontext ist hier sehr stark. Unterstellt wird natürlich ein thematischer Zusammenhang, um von einem Nichtpassen reden zu können. ‚Eitel' könnte also in einer anderen, in einer älteren Bedeutung gebraucht sein. Ein Blick in das *Grimmsche Wörterbuch* lehrt, dass zu den älteren Bedeutungen von ‚eitel' auch die des Vergänglichen gehört. In der Bibel wird es so verwendet, wie aus den Belegen hervorgeht, z. B. in Luthers Übersetzung: „Es ist alles eitel" (Prediger Salomo 1,2). Gryphius zitiert also hier die Bibel. Diese Bedeutung passt in den Kontext der Verse, sie ‚macht Sinn'.

Gegenwärtig ist eine Tendenz festzustellen, Interpretation geradezu mit Kontextualisierung zu identifizieren. Gemeint ist eigentlich die kognitive Rahmung, das *framing*. Dies ist nicht falsch, aber auch nicht ganz richtig. Sie tut so, als hätte der Text noch keinen Kontext oder als könne man vergleichsweise beliebig Kontexte bzw. Situationen um einen Text setzen. Kein Text, kein Wort ist kontextlos. Wenn wir verstehen, verstehen wir ‚immer schon' in Kontexten. Die Bedeutung von Wörtern nehmen wir immer in Kontexten oder Situationen ihrer möglichen Verwendung, in einem Netz von Bedeutungen wahr, das wir mit ihnen stillschweigend assoziieren.[30] In den Versen von Gryphius nehmen wir ja nicht zuerst ‚Eitelkeit' als kontextloses Wort in einer Mehrdeutigkeit wahr und vereindeutigen es durch den Kontext, sondern wir haben es in der uns vertrauten Verwendung verstanden, die in diesen Kontext nicht passt. Auch ein von

---

[30] Vgl. Heringer, *Texttheorie,* S. 56 ff.

einer schriftlichen Umgebung isoliertes Wort, wie z. B. das Wort ‚Kunst' an einer Hauswand in Gießen, wird in seinem Umfeld wahrgenommen. Dieses schriftlose Umfeld können wir sogar als einen bewussten Nicht-Kontext, also als einen raffinierten Kontext verstehen, der uns auffordert, darüber nachzudenken, was ‚Kunst' alles bedeuten kann.

Der Kontext bestimmt den Sinn des Textes, der Text bestimmt aber auch, was am Kontext zu seinem Verständnis relevant ist. Max Frischs Drama *Biedermann und die Brandstifter* (1958) wurde vom Schweizer Premierenpublikum auf den Kommunismus bezogen, das Publikum in der alten Bundesrepublik verstand das Drama als eine Parabel auf den Aufstieg des Nationalsozialismus. Das Stück wird auf den Kontext einer unterschiedlichen Situation bezogen, das Stück selbst bestimmt diesen Kontext als den Aufstieg einer totalitären Ideologie. Dieses Beispiel ist auch ein Beispiel für einen hermeneutischen Zirkel. (Vgl. S. 268 ff.).

Die Maxime, den Sinn eines Wortes aus seinem Kontext zu erklären, kann wohl als einer der wichtigsten Interpretationsmaximen gelten. Unterschieden wird heute ein textueller Kontext, manchmal auch Kotext genannt, von einem historischen, literaturgeschichtlichen, gesellschaftlichen, ideologischen usw. Kontext. Der historische Kontext sollte besser Situation genannt werden. Zuerst wird der unmittelbare Kontext befragt, dann der weitere, schließlich der ganze Text – und dieser ganze Text wird auch nur verständlich in seiner Situation, in einem intertextuellen Rahmen und in einem allgemeinen Hintergrundwissen.[31]

Die unterstellte ‚Vollkommenheit' des Textes begründet auch das Verfahren, undeutliche Stellen eines Textes aus deutlichen ‚Parallelstellen' zu klären.[32] Die Klärung einer Stelle durch Parallelstellen geht von der Unterstellung aus, dass der Text kohärent ist, dass der Sprachgebrauch des Autors konsistent und seine Absicht konsequent ist, und von der Vermutung, dass das, was in einer Hinsicht ähnlich oder analog ist, auch in einer anderen ähnlich oder analog sein kann.[33]

Für Erasmus von Rotterdam ist die ‚Parallelstellenmethode' die beste Methode *(optima ratio)*, auch weil sie anhält, zugunsten der Kohärenz und Autorität des (biblischen) Textes bei Widersprüchen eine Übereinstimmung zu suchen.[34] Sie wird bis heute als ein Basisverfahren in der interpretatorischen Praxis angewandt, besonders intensiv in der Theologie: In Drucken der Bibel werden seit alters zu wichtigen Stellen Parallelstellen angegeben und in Bibelkonkordanzen wird zusammengestellt, an welchen Stellen ein Wort in der Bibel vorkommt, um aus der

---

[31]Vgl. Busse, *Frame-Semantik,* S. 73.
[32]Vgl. H. Chadwick, *Antike Schriftauslegung,* Berlin 1998, S. 11 ff.
[33]Als ein Kernstück menschlicher Kognition wird diese Vermutung diskutiert in: J. Funke/A. Frensch, Hrsg., *Handbuch der allgemeinen Psychologie – Kognition,* Göttingen 2006, S. 406 ff.
[34]Erasmus von Rotterdam, *Ratio seu Methodus compendio perveniendi ad veram Theologiam* (Theologische Methodenlehre oder Verfahren, wie man zur wahren Gottesgelehrsamkeit gelangen kann, 1519). *Ausgewählte Schriften,* hrsg. v. W. Welzig u. a., 8 Bde, Darmstadt 1995, Bd. 3, S. 454 ff. In Übereinstimmung zu bringen sind z. B. 2. Mose 33,20 („Mein Angesicht kannst du nicht sehen; denn kein Mensch wird leben, der mich sieht.") und Lukas 3,6 („Und alles Fleisch wird den Heiland Gottes sehen.").

vermuteten Konkordanz (wörtlich: Übereinstimmung) dieser Stellen jeweils Sinnaufschlüsse gewinnen zu können. Diese Parallelstellenmethode liefert Hinweise, Möglichkeiten, Wahrscheinlichkeiten, vielleicht auch Gewissheiten, aber keinen Beweis. Sie ist ein heuristisches Verfahren. Idealerweise soll die parallele Stelle „clarissima" sein, sonst gerät man in die Gefahr, in einem *circulus vitiosus* die eine durch die andere und die andere durch die eine Stelle zu erklären.[35] Auch die klarste Parallelstelle muss interpretiert werden.[36]

Ein Beispiel für die mittelbare Auslegung durch Parallelstellen mit einer zivilisatorisch revolutionären Bedeutung: Was ist denn der Sinn der alttestamentarischen Rechtsvorschrift „Auge um Auge, Zahn um Zahn"? (2. Mose 21,24; 3. Mose 24,20) Soll dem, der ein Auge ausschlägt, auch ein Auge ausgeschlagen werden? Geht es um ein barbarisches ‚Wie du mir, so ich dir'? In einer modernen Auslegung dieser Stelle[37] wird zuerst darauf hingewiesen, dass hier ein hebräisches bzw. griechisches Wort steht, das die Bedeutung ‚anstatt' hat. Welchen Sinn hat aber ‚Auge anstatt Auge, Zahn anstatt Zahn'? Verwiesen wird nun auf zwei ‚parallele' Stellen in der Verwendung des äquivalenten Wortes für ‚anstatt': Abraham bringt nach 1. Mose 22,13 einen Widder zum Brandopfer „anstatt" seines Sohnes. Nach 1. Mose 44,33 bietet sich Juda gegenüber dem noch nicht als Bruder erkannten Josef „anstatt" seines Bruders Benjamin als Geisel an. In beiden Stellen geht es deutlich um eine Ersatzleistung. Könnte es sich folglich in ‚Auge anstatt Auge …' auch um eine Ersatzleistung handeln? Für diese Hypothese spricht auch der unmittelbare Kontext von 2. Mose 21,24. Es geht um den Ersatz für einen Schaden, nicht nur im Sinne von „Auge um Auge", sondern auch von „Hand um Hand, Fuß um Fuß, Brand um Brand, Wunde um Wunde, Beule um Beule." Dann heißt es V. 26: „Wenn jemand seinen Knecht oder seine Magd in ein Auge schlägt und verderbt es, der soll sie frei loslassen um das Auge." Der Schädiger muss also dem Geschädigten etwas leisten, was der Schwere des Schadens entspricht. Es geht nicht um ein ‚Wie du mir, so ich dir'! Solche Leistungen werden durch einen Schiedsspruch, „nach des Schiedsrichters Erkennen" (V. 22), festgesetzt. Die Parallelstellen und der engere Kontext machen die Auslegung plausibel, dass diese Rechtsvorschriften eine Ersatzleistung für einen Schaden fordern. Ein Rabbi interpretierte die Formel wörtlich: „Es wird gelehrt: Rabbi Eliezer sagte: ‚Auge anstatt eines Auges, wörtlich'". Darauf heißt es sofort: „Wörtlich meinst du? Kümmert sich Rabbi Eliezer nicht um die anderen Auslegungen?"[38]

---

[35] Vgl. J. J. Rambach, *Institutiones Hermeneuticae sacrae* (1723), 4. Aufl. Jena 1732, 2, 1, § 7.
[36] Vgl. P. Szondi, *Hölderlin-Studien. Mit einem Traktat über philologische Erkenntnis*, Frankfurt a. M. 1967, S. 26: „Die Parallelstelle muss sich wie jeder andere Beleg über ihren Belegcharakter erst ausweisen."
[37] K. Wengst, *Das Regierungsprogramm des Himmelreichs. Eine Auslegung der Bergpredigt in ihrem jüdischen Kontext*, Stuttgart 2010, S. 112 ff.
[38] *Baba Quamma* [Der Traktat behandelt Schadensrecht] 84a–86b (*Babylonischer Talmud*, Bd. 7, S. 284).

6.2.3 Accessus ad auctores: Zugang zu den Autoren

Am rhetorischen Topikkatalog orientiert sich auch ein kanonisches spätantikes und mittelalterliches Interpretationsmodell, der *accessus ad auctores,* der Zugang zu den Autoren. Kommentare in dieser Zeit wurden von einem Prolog mit zusammenfassenden Informationen zu Autor und Werk eingeleitet. Der ‚Autor' nach antikem und mittelalterlichem Verständnis meint dabei weniger ein individuelles Subjekt ‚hinter' dem Text, sondern die Quelle für die Autorität des Textes. (Vgl. S. 168) Metonymisch ist, wie in der Formel „Homer aus Homer", auch das Werk mit zu verstehen.[39]

Der *accessus ad auctores* lehrt, nach welchen Gesichtspunkten ein Text zu untersuchen ist. Nach diesem Modell wurden weltliche und geistliche Texte ausgelegt. Quintilian führt in seinem Rhetorik-Lehrbuch z. B. folgende Gesichtspunkte auf, die als Argumente genutzt werden können, um einen strittigen Sachverhalt vor Gericht zu klären: Wer hat es getan, was ist dies für eine Person, woher kommt er, was hat er getan, warum hat er es getan, wo, wann, wie, für welchen Zweck hat er es getan? (*Institutio Oratoria,* V, 10, 20–52) Diese Gesichtspunkte wurden auch *circumstantiae,* wörtlich: Um-stände, genannt. Man kann die Funktion dieser ‚Umstände' eines Textes durchaus vergleichen mit der Funktion des interpretativen *Rahmens, des frame.* (Vgl. S. 74 f.).

Gelehrt wurde der *accessus* im Rhetorikunterricht. Dabei wurden unterschiedliche topische Modelle angewandt. Die Lektüre setzt schon Vorwissen voraus *(ante opus),* z. B. Kenntnis der Sprache, der Quellen, des Unterschieds von Poesie und Prosa, der Rhetorik, der Gattungstradition, der Typen von Titeln, des Wissensgebiets, der historischen Umstände, z. B. im Falle des verbannten Dichters Ovid die Kenntnis der rechtlichen Formen der Verbannung in seiner Zeit. Durch die Lektüre selbst *(in ipso opere)* gewinnt man dann Aufschluss über Aufbau, Thema, Stil und den Zweck des Werks.

Die Modelle konnten drei bis sieben oder mehr Gesichtspunkte umfassen. Ein Modell des spätantiken Gelehrten Boethius umfasste sechs Gesichtspunkte: Absicht des Werkes *(operis intentio),* Nützlichkeit des Werks *(utilitas),* Anordnung der Teile des Werks *(ordo),* Authentizität der Autorschaft *(cuius esse opus),* Titel *(inscriptio),* Wissensgebiet *(pars philosophiae*[40]*),* dem das Werk angehört, z. B. Logik, Theologie, Naturwissenschaft, Ethik, Geschichte. Ein anderes Modell orientierte sich an der Topik für den forensischen Zweck. Cicero lehrte z. B. in seiner Schrift *De inventione* (XII,38–XIII,44) dass man, um eine Tathandlung

---

[39]Vgl. Art.: *Accessus ad auctores,* in: HWbRh, Bd. 1, Sp. 27–36; E. A. Quain, *The medieval accessus ad auctores,* in: Traditio 3, 1943, S. 215–264; Brinkmann, a. a. O., S. 3 ff.; P. Klopsch, *Einführung in die Dichtungslehren des lateinischen Mittelalters,* Darmstadt 1980, S. 48 ff.; Minnis/Scott, a. a. O., S. 12 ff.; Irvine, a. a. O., Kap. 4; Beispiele in: R. B. Huygens, Hrsg., *Accessus ad Auctores,* 2. Aufl. Leiden 1970, S. 19 ff.

[40]Der Begriff der Philosophie umfasste nach antikem und mittelalterlichem Verständnis Weisheit, Wissen, Lebensführung, Lebenskunst.

6.2 Antike und mittelalterliche Interpretationslehren

verstehen zu können, all ihre Elemente *(attributa)* bedenken muss, die beteiligten Personen und ihre Absichten, die Handlung selbst und die Handlungsweise, ihren Grund, den Ort, die Dauer, ihre Möglichkeit. Bedacht werden sollen auch ihre Wirkung und Konsequenzen, vergleichbare Handlungen, der Charakter der beteiligten Personen, ihr Lebenswandel.[41] Ein anderes Modell entstand aus der Orientierung an der aristotelischen Differenzierung der Ursachen: die bewirkende Ursache (Autor), materielle Ursache (Stoff des Werks), die formale Ursache (die Form) und die Zweckursache (Absicht des Werks). Die Gesichtspunkte konnten auf drei reduziert werden, auf Autor, Ort und Zeit der Abfassung. Wieder ein anderes Modell umfasste sieben Gesichtspunkte: Wer (Autor), was (Titel, Inhalt), wo (Ort der Abfassung), wann (Zeitpunkt der Abfassung), wodurch (Verweis auf Quellen, auf geschichtliche Ereignisse z. B.), warum (Grund, Anlass für die Abfassung, Absicht), auf welche Weise (Stil, metrisch, prosaisch z. B.)? Als Grundbestand bildet sich als topischer Katalog heraus: Autor, Absicht, Thematik, Nützlichkeit und Wissensgebiet.

Der spätantike Gelehrte Servius (um 400 n. Chr.) orientiert sich im Prolog zu seinem schulmachenden Kommentar zu Vergils *Aeneis* an folgenden Gesichtspunkten: Leben des Autors *(poetae vita),* Titel[42] des Werks *(titulus operis),* Form *(qualitas carminis):* Verse, erhabener Stil, Mischung von Wahrheit und Fiktion, der Poet spricht auch selbst, göttliche und menschliche Figuren kommen vor; Absicht des Autors *(scribentis intentio):* Nachahmung Homers, Preis von Augustus und seiner Vorfahren; Zahl der Bücher im Werk *(numerus librorum),* Ordnung der Bücher *(ordo librorum).* Dann folgt der eigentliche Textkommentar, die *explanatio.*

In Konrad von Hirsaus (12. Jh.) *Dialogus super auctores* (Dialog über die Autoren, ein Dialog zwischen Lehrer und Schüler) werden zu Ciceros Schrift *De amicitia* (Über die Freundschaft) die Gesichtspunkte unterteilt in: Thematik *(materia):* Die Freundschaft und ihre Regeln; Absicht *(intentio):* Bestimmung der Freundschaft und Empfehlung, nach ihr zu streben; Endzweck *(utilitas):* Streben nach Moralität durch die Freundschaft. Zu welchem Wissensgebiet gehört die Schrift? Zur Ethik, sie kann aber auch in die Physik eingeordnet werden, weil sie auch von der Natur, und in die Logik, weil sie auch von der Rhetorik handelt.

Der *accessus* endete nicht mit dem Mittelalter. Seine Topik findet sich, wie stillschweigend, methodisch elaboriert und differenziert auch immer, in der methodischen Anlage neuzeitlicher Interpretationen bis heute.[43] Das französische Modell der schulischen *explication de texte* unterscheidet z. B. als Gesichtspunkte der Interpretation: die Situation des Textes (Autor, Titel, historischer und literaturgeschichtlicher Kontext usw.), das sujet, also die Materie, die Form (Gattung, Stil,

---

[41] Vgl. auch Quintilian, a. a. O., V, 10, 20–52.
[42] Das Titelblatt, so wie wir es kennen, ist eine Erfindung des Buchdrucks. In antiken und mittelalterlichen Texten wird das Thema entweder zu Beginn, im sog. *Incipit,* oder im Text genannt.
[43] Zur Verwendung in den humanistischen Kommentaren des 15. und 16. Jahrhunderts vgl. Jaumann, a. a. O., S. 113 ff.

Entwicklung und Zusammenhang der Textpartien) und eine Zusammenfassung der Ergebnisse. Auch die juristische Auslegung von Gesetzen mit den Gesichtspunkten der Entstehungsgeschichte (Grund, Ursache), Absicht des Gesetzgebers bzw. des Gesetzes (Autor, Absicht des Autors oder des Werks), des ‚Wortlauts' (Form), des „Sinns und Zwecks" (Zweck, Nützlichkeit) und die Zuordnung zur strafrechtlichen, verwaltungsrechtlichen usw. Systematik (Wissensgebiet) lässt sich ebenfalls auf die Topik des *accessus* zurückführen. Keine Interpretation ohne Fragen nach dem Wer, was, wann, worin, wie, warum, wozu.

Das Modell des *accessus* wurde auch in literarische Werke übernommen, um dem Leser Hinweise zu geben, wie er verstehen soll. Im Prolog von Gottfried von Straßburgs *Tristan* (um 1210) z. B. sind die *accessus*-Gesichtspunkte Materie, Absicht des Autors und Nützlichkeit erkennbar. Materie: eine Liebesgeschichte (V. 97: *ein senelichez maere*). Als Quelle gibt er die Überlieferung des Tristanstoffes an, die er auf seine Authentizität (V. 156: *die rihte unde die warheit*) hin befragt. Absicht: Im Allgemeinen will der Autor derer gedenken, von denen der Welt Gutes geschieht (V. 2: *von den der werlde guot geschiht*), im Besonderen richtet er sich an die *edelen herzen* (V. 170) unter seinen Lesern oder Zuhörern. Zu ihrem ethischen und ästhetischen Wohlgefallen (V. 47: *hage*) hat er dies Werk geschrieben. Nützlichkeit: Nur durch die *lere* der Liebe erwirbt man Tugend und Ehre (V. 189 f.: *daz nieman ane ir lere/noch tugende hat noch ere.*) Das Lesen und Hören ihrer Geschichte wird, wie in der christlichen Eucharistie, als eine Wandlung (V. 237: *ir leben, ir tot sint unser brot*) verstanden. Wolfram von Eschenbach hingegen verweigert in seinem Prolog zu *Parzival* (um 1200) solche Hinweise auf die *lere*. Der Leser soll sie selbst herausfinden. Das gehört zu seiner Absicht.

In *Romanz de la Rose* (Roman von der Rose) des Guillaume de Lorris (beendet durch Jean de Meung, um 1230) verwendet der Autor vier Gesichtspunkte: Die Materie ist gut und neu, es geht um einen Traum von der Kunst der Liebe *(l'Art d'Amors)*. Die Absicht besteht darin, Nutzen und Vergnügen zu bereiten, die Herzen der Leser oder Zuhörer fröhlicher zu machen und sie zur Selbsterkenntnis zu führen. Erläutert werden Gattung und Titel. Die Gattung ist ein *romanz,* also eine Verserzählung in romanischer Volkssprache, dem Titel *Roman von der Rose* ist leicht zu entnehmen, dass es um die Kunst der Liebe geht.

Mit einer Topik von sechs Gesichtspunkten führt Dante im *Brief an Cangrande* (um 1315) den Adressaten, einen Veroneser Fürsten, in seine *Divina Commedia* (Göttliche Komödie, 1320 vollendet) ein. Danach sind sechs Punkte zu Beginn eines jeden gelehrten Werks zu unterscheiden: der Gegenstand, die Ursache, die Form, das Ziel, der Titel und die Gattung (d. h. Teil) der Philosophie.[44] Bevor er diese Punkte erläutert, weist Dante darauf hin, dass das Werk mehrdeutig *(polisemos)* ist. Wörtlich verstanden handelt es vom Zustand der Seelen nach dem Tod, allegorisch oder moralisch verstanden vom Menschen, insofern er der

---

[44]Dante Alighieri, *Schreiben an Cangrande della Scala,* S. 9–17.

6.2 Antike und mittelalterliche Interpretationslehren   181

belohnenden und bestrafenden Gerechtigkeit unterworfen ist. Dies ist auch der Gegenstand *(subiectum)* des Werks. Die Ursache *(agens)* ist der Autor Dante Alighieri, „Florentiner der Geburt, nicht der Lebensweise nach". In der Form kann eine Form der Abhandlung *(forma tractatus)* von einer Form der Durchführung *(forma tractandi)* abgehoben werden. Danach ist das Werk gegliedert in drei Bücher, diese in Gesänge, die Gesänge in Verse. Die Form der Durchführung: „Poetisch, erfindend, beschreibend, ausschweifend, übertragend und zugleich einteilend, unterteilend, billigend, mißbilligend und beispielhaft." Zum Titel *(Incipit Comedia Dantis Alagherii, florentini natione, non moribus:* Es beginnt die Komödie des Dante Alighieri, Florentiner der Geburt, nicht der Lebensweise nach) wird erläutert, was *Komödie* bedeutet, nämlich ein Werk mit glücklichem Ende, geschrieben in der Volkssprache und in einem gemischten Stil mit erhabenen, einfachen und scherzhaften Elementen. Das Ziel *(finis):* das Werk soll den Menschen zum Glück führen. Der Gattung der Philosophie *(genus phylosophie)* nach gehört es zur Ethik, „denn zum Handeln sind Ganzes und Teil erfunden" *(ad opus inventum est totum et pars).*

6.2.4 Auslegung eines Gesetzes

Der Zusammenhang der griechischen und der römischen Jurisprudenz mit der Rhetorik liegt auf der Hand. Ein wesentlicher Gegenstand der Rhetorik ist die Rede pro und contra vor Gericht, damit auch die juristische Argumentation und die Auslegung von Gesetzen. Neben der politischen Versammlung liegt in der Gerichtsverhandlung nach Benoît Frydman eine Quelle der Rhetorik und in der bald systematisierten Rhetorik wiederum eine Quelle für die Lehre von der Auslegung eines Gesetzes und der Bestimmung des konkreten Anwendungsfalls.[45] Dieses rhetorische Erbe der Jurisprudenz hatte die Rechtswissenschaft lange, aus Vorurteilen gegenüber der Rhetorik, verdrängt. Man hatte die Rhetorik nicht mehr als die Kunst des Überzeugens, des vernünftigen Argumentierens verstanden, sondern, ein Vorurteil seit dem 18. Jahrhundert, als Lehre sprachlicher Verführung, im besten Fall sprachlicher Dekoration.

Doch wird das Erbe der Rhetorik,[46] besonders die Bedeutung der Topik für die juristische Auslegungspraxis, heute wieder diskutiert.[47] Als juristische

---

[45]B. Frydman, *Le sens des lois. Histoire de l'interprétation et de la raison juridique,* 3. Aufl. Bruxelles 2011.
[46]Vgl. J. Stroux, *Römische Rechtswissenschaft und Rhetorik,* Potsdam 1949; Art.: *Juristische Rhetorik,* in: HWbdRh, Bd. 4, Sp. 779–832; M. Böhl u. a., Hrsg., *Hermeneutik. Die Geschichte der abendländischen Textauslegung von der Antike bis zur Gegenwart,* Wien/Köln/Weimar 2013, S. 278 ff.
[47]Im Ausgang von Th. Vieweg, *Topik und Jurisprudenz,* München 1953, 5. Aufl. 1974. Zur neuzeitlichen Tradition juristischer Topik vgl. J. Schröder, *Recht als Wissenschaft. Geschichte der juristischen Methode vom Humanismus bis zur historischen Schule,* München 2001, S. 23 ff. Zur Diskussion vgl. ferner W. Gast, *Juristische Rhetorik,* 2. Aufl. Heidelberg 1992.

Gesichtspunkte im Sinne der Topik werden z. B. verwendet: die Analogie (*argumentum a simili* oder *a proportione:* Gesetze gelten nicht nur für Fälle, für die sie bestimmt sind, sondern auch für ähnliche oder analoge), der Umkehrschluss (*argumentum e contrario* oder *e silentio:* Das deutsche Passgesetz schreibt vor, den Doktortitel in den Reisepass bzw. den Personalausweis einzutragen. Im Umkehrschluss bedeutet dies, dass der „Dr." kein rechtlicher Bestandteil des Namens ist, da seine Nennung ausdrücklich geregelt wird); das Argument ‚erst recht' (*argumentum a minore ad maius, argumentum a maiore ad minus; argumentum a fortiori:* wenn a, dann erst recht b, z. B.: ist schon das fahrlässige Delikt strafbar, dann erst recht das vorsätzliche); die Einheit der Rechtsordnung, die ‚herrschende Meinung' in der Anwendung eines Gesetzes, oder Maximen wie ‚Im Zweifel für den Angeklagten', ‚Verträge sind einzuhalten'.

Solche Gesichtspunkte für die Rechtsanwendung diskutiert der Anwalt, Politiker und Philosoph Cicero (106–43 v. Chr.) in seinen Abhandlungen *Topica* und *De inventione*. Er diskutiert z. B., wann ein Gesetz weiter oder enger ausgelegt werden kann oder muss, wann nach dem Buchstaben, wann nach der Intention oder wann eine Vorschrift über eine Analogie, „entsprechend", auf einen anderen Tatbestand angewandt werden kann. (*De inventione,* II, 116–154) Über die Juristen, die am Wortlaut kleben, kann sich Cicero nur lustig machen. (*De inventione,* II, 138 ff.) Kein Gesetz kann alle Fälle seiner Anwendung vorhersehen. Es gibt unendlich viele Fälle. Daher sind die Gesetze notwendig allgemein verfasst und daher müssen sie in ihrer Anwendung jeweils interpretiert werden, wovon schon Platon (*Die Gesetze,* 828b) und Aristoteles (*Rhetorik,* 1374b13) ausgingen. Daher auch die große Rolle der Analogie in der Gesetzesanwendung. Da Gesetze prinzipiell zu interpretieren sind, sollen die Richter nicht einfach das Gesetz vorlesen, „sondern durch Nachdenken seinen Willen erfassen und auslegen können" (*qui cogitatione assequi possent et voluntatem interpretari, De inventione,* II, 139).[48]

Die *voluntas,* der Wille des Gesetzes ist, wie aus diesem Zitat hervorgeht, aus dem Text, dem *scriptum* des Gesetzes selbst zu gewinnen. In Kaiser Justinians Sammlung von Rechtsfindungslehren im 6. Jahrhundert n. Chr., den *Digesten,* wird die Regel des römischen Juristen Celsus überliefert, wonach man nicht am Wortlaut des Gesetzes haften, sondern nach *vis ac potestas,* also nach der Kraft und der Macht oder dem Vermögen, oder, wie es meist übersetzt wird, nach dem „Sinn und Zweck" des Gesetzes fragen solle.[49] Diese Formel vom „Sinn und Zweck" wurde zuerst in der Rhetorik von Quintilian (*Institutio Oratoria,* XI, 3,2) als Charakterisierung der Wirkung einer guten, packenden Rede, z. B. vor Gericht, verwandt. Als Topos leitet diese Formel über die Jahrtausende hinweg bis heute die juristische Auslegung.

---

[48]Übersetzung nach: M. Tullius Cicero, *De Inventione/Über die Auffindung des Stoffes,* hrsg. u. übers. v. Th. Nüßlein, Düsseldorf/Zürich 1998.

[49]„Scire leges non hoc est, verba earum tenere, sed vim ac potestatem", *Digesten* 1, 3, 17. Vgl. P. Raisch, *Juristische Methoden. Vom antiken Rom bis zur Gegenwart,* Heidelberg 1995, S. 15 f.

6.2 Antike und mittelalterliche Interpretationslehren

Eine zentrale Frage der Rechtsauslegung ist die Frage, wie die *voluntas,* der Wille des Gesetzes zu erschließen ist, wenn der ‚Wortlaut' des Gesetzes, das *scriptum,* unklar oder missverständlich ist. Wieweit hilft der Rückgang auf den Willen des empirischen Gesetzgebers, so wie er aus der Genese des Gesetzes zu rekonstruieren ist? Es geht also, wie immer, um das Verhältnis von *intentio auctoris* und *intentio operis.* Cicero diskutiert diese Frage am Beispiel eines Testaments. Man untersucht den allgemeinen Sprachgebrauch, in dem das Testament verfasst wurde, den unmittelbaren Kontext der unklaren Stelle, den ganzen Text, andere Schriften des Urhebers, dessen Äußerungen, Gesinnungen, Handlungen. (*De inventione,* II, 116 ff.) Aus diesen Resultaten kann man einen Willen des Urhebers rekonstruieren. Es ist klar, dass dieser Wille des Urhebers Ergebnis einer Interpretation ist. Dieser so rekonstruierte mutmaßliche Wille des Urhebers kann helfen, die unklare Stelle zu klären. Die moderne Auslegung von Gesetzen verfährt nicht anders. Bei einer unklaren oder doppeldeutigen Formulierung des Gesetzes, lautet eine andere römische Regel, ist diejenige Auslegung zu wählen, die am wenigsten schadet und dem Willen des Gesetzes *(voluntas legis)* und der Gerechtigkeit *(aequitas)* am nächsten kommt.

Im Blick auf Veränderungen der Lebensverhältnisse wird auch gefragt, wie das Gesetz nach seinem Sinn und Zweck diesen Veränderungen entsprechend auszulegen ist, anders formuliert, was der Gesetzgeber gewollt hätte, wenn er diese Veränderungen vorausgesehen hätte. (Vgl. Cicero, *De inventione,* II, 139; Quintilian, *Institutio oratoria,* VII, 9,15, und schon Aristoteles, *Nikomachische Ethik,* V, 14, 1137b20–27[50]) Die moderne juristische Methodenlehre diskutiert unter dem Titel einer ‚teleologischen Methode' (von gr. *telos:* Zweck, Ziel) die Notwendigkeiten und Grenzen einer ‚Fortschreibung' des Rechts in der Auslegung. So hat das Bundesverfassungsgericht 1983 im Blick auf die Entwicklung der modernen Informationstechnologie ein Recht auf informationelle Selbstbestimmung, d. h. ein Recht auf den Schutz persönlicher Daten formuliert, obwohl ein solches Recht im Grundgesetz nicht ausdrücklich erwähnt wird. Die Verfasser des Grundgesetzes konnten die moderne Informationstechnologie nicht vorhersehen. Die Analogie spielt bei dieser Fortschreibung des Persönlichkeitsrechts eine wesentliche Rolle.

Immer kann sich die Frage ergeben, ob eine Rechtslage anders zu beurteilen ist als zu der Zeit, in der das Gesetz entstand. Im Wandel der Lebensverhältnisse kann Recht ungerecht werden. Gegenwärtig legen in den USA konservative Politiker und Richter das von der Verfassung garantierte Recht auf Waffenbesitz buchstabengetreu aus. Liberale Politiker und Richter argumentieren, dass die moderne Waffentechnik und die modernen gesellschaftlichen Verhältnisse auch ein Recht auf Schutz vor Waffen verlangen.

Für Cicero ist der finale Gesichtspunkt der Auslegung der Wille des Gesetzes, gerecht und nützlich zu sein. Der Redner vor Gericht soll demonstrieren, dass es kein Gesetz geben kann, das will, dass irgendeine „unnütze oder ungerechte

---

[50]Vgl. Eden, a. a. O., S. 7 ff.

Sache" geschieht. (*Demonstrabit nullam esse legem quae aliquam rem inutilem aut iniquam fieri velit. De inventione,* II, 138). Für die moderne Rechtsprechung gelten diese Gesichtspunkte selbstverständlich auch, als finaler *Skopus* für die deutsche Rechtsprechung die Konformität der Auslegung mit den Artikeln des Grundgesetzes.

In der deutschen juristischen Auslegungslehre der Gegenwart haben sich drei ‚Schulen‹ herausgebildet: Die ‚subjektive' juristische Auslegungslehre vertritt den Ansatz, dass sich die Auslegung an dem – in die Gegenwart fortgeschriebenen – Willen des historischen Gesetzgebers zu orientieren hat. Die ‚objektive' demgegenüber den Ansatz, dass der unterstellte rationale und normative ‚Wille des Gesetzes' zu ermitteln ist. Die objektive Auslegung sieht nicht vom Gesetzgeber ab, denkt ihn aber als eine Instanz, die den geltenden Gerechtigkeitsvorstellungen und dem ermittelten Willen des Gesetzes ideal entspricht. Eine vermittelnde Auslegungslehre besagt, dass der Wille des historischen Gesetzgebers soweit zu berücksichtigen ist, wie er sich mit allen anderen Auslegungsergebnissen verträgt, d. h. aber, dass die anderen Auslegungsergebnisse vorrangig sind. Die Rechtsprechung des Bundesverfassungsgerichts folgt seit längerem, wie man festgestellt hat, der subjektiven Auslegungslehre. Überall dort, wo sich das Bundesverfassungsgericht zu Auslegungsfragen äußert, stellt die „Entstehungsgeschichte" eines Gesetzes das „am meisten" verwendete Argument dar.[51]

---

[51]Rüthers/Fischer/Birk, a. a. O., S. 487. Anders Müller/Christensen, a. a. O., S. 48 f., die eher eine Tendenz zur ‚objektiven' Auslegungslehre sehen.

Kapitel 7
Auslegung der Thora und der Bibel

7.1 Rabbinische Auslegung der Thora

Die spätantike jüdische Interpretation der Thora und die christliche Interpretation der Bibel übernahmen das pagane rhetorische und philologische Auslegungsinstrumentarium.[1] Geklärt werden hier und da schwierige, vage und unklare Wörter und Stellen; Widersprüche, Anstößiges, Absurditäten und Ambiguitäten werden aufgelöst. Wegen des Fehlens von Vokalzeichen im hebräischen Alphabet war schon das Lesen eine besondere Interpretationsleistung. Auseinandergesetzt haben sich die christlichen Ausleger auch mit der rabbinischen Auslegung und

---

[1]Zur rabbinischen Auslegung vgl. D. Daube, *Rabbinic Methods of Interpretation and Hellenistic Rhetorik*, in: Hebrew Union College Annual 22, 1949, S. 239–264; S. Liebermann, *Hellenism in Jewish Palestine*, New York 1962; S. Rawidowics, *On Interpretation*, in: N. N. Glatzer, Hrsg., *Studies in Jewish Thought*, Philadelphia 1974, S. 45–80; M. Fishbane, *Inner Biblical Exegesis: Types and Strategies of Interpretation in Ancient Israel*, in: G. H. Hartman/S. Burdick, Hrsg., *Midrash and Literature*, New Haven/London 1986, S. 19–40; G. Stemberger, *Der Talmud. Einführung, Texte, Erläuterung*, 3. Aufl. München 1994; ders., *Einleitung;* ders., *Grundzüge rabbinischer Hermeneutik*, in: Ders., *Judaica Minora*, 2 Bde, Tübingen 2010, Bd. 1, S. 103–117; besonders F. Siegert, *Drei hellenistisch-jüdische Predigten*. 2 Bde, Tübingen 1980–1992, Bd. 2: *Kommentar nebst Beobachtungen zur hellenistischen Vorgeschichte der Bibelhermeneutik*, S. 55 ff.; K. E. Grözinger, *Jüdische Schriftauslegung*, in: P. Chiarini/H. D. Zimmermann, Hrsg., *Schrift, Sinne, Exegese, Interpretation, Dekonstruktion*, Berlin 1994, S. 11–36; Chr. Dohmen/G. Stemberger, *Hermeneutik der Jüdischen Bibel und des Alten Testaments*, Stuttgart/Berlin/Köln 1996; D. Boyarin, *Den Logos zersplittern. Zur Genealogie der Nichtbestimmbarkeit des Textsinns im Midrasch*, Berlin 2002, dazu: D. Stern, *Midrash and Indeterminacy*, Critical Inquiry 15, 1988, S. 132–162; G. Langer, *Midrasch*, Tübingen 2016; zur christlichen Auslegung vgl. W. Geerlings, *Die lateinisch-patristischen Kommentare*, in: Geerlings/Schulze, a. a. O., S. 1–14; B. Studer, *Schola christiana: die Theologie zwischen Nizäa (325) und Chalzedon (451)*, Paderborn 1998, S. 126 ff., 195 ff.; M. Grohmann, *Aneignung der Schrift. Wege einer christlichen Rezeption jüdischer Hermeneutik*, Neukirchen-Vluyn 2000.

die rabbinischen Ausleger mit der christlichen.[2] Im Unterschied zur christlichen Auslegungskultur setzt die rabbinische stärker auf die Anwendung des Textes im alltäglichen Leben, auf die Problematisierung des Textes und auf die Diskussion unterschiedlicher Auslegungen. „Diese und jene sind die Worte des lebendigen Gottes", heißt es im *Babylonischen Talmud*.[3] Unterschiedliche Auslegungen werden vorgetragen, geschlichtet, manchmal aber auch ungeschlichtet stehen gelassen. Die Diskussion muss weitergeführt werden, heißt dies, denn die Thora ist unendlich. Ob dieser Eindruck der Diskussionspraxis der Rabbinen entspricht oder späteren, idealisierenden Redaktionen ab dem 4. oder 5. Jahrhundert, ist nicht sicher. Aber auch diese Redaktion wäre aufschlussreich. Aus der paganen philosophischen, philologischen und rhetorischen Tradition wurden die Maximen übernommen, dass die Thora grundsätzlich vieldeutig, daher interpretationsbedürftig und ‚aus sich heraus' und aus der Auslegungstradition zu interpretieren ist. Ebenfalls übernommen wurde die Praxis der Allegorese. (Siehe S. 180 ff.)

Ihre scharfsinnige und oft sehr freie Auslegung der Thora kultivierten die Rabbinen (Rabbi: ursprünglich: ‚mein Herr', ‚mein Meister', dann Titel für den jüdischen Schriftgelehrten) in der Schule, der Synagoge und im Gerichtswesen. Sie bildeten eine Traditions- und Interpretationsgemeinschaft mit durchaus unterschiedlichen Positionen. Diese Schriftgelehrten waren (und sind) nicht nur Experten für die Thora, sondern auch Experten des Rechts.

Die rabbinische Auslegung bzw. die Sammlung dieser Auslegungen wurde *Midrasch* (abgeleitet vom hebräischen Verb *darasch*: befragen, suchen, forschen, lehren) genannt. In den Schriftrollen vom Toten Meer (*Qumran*-Schriften) wird eine frühe Auslegungsgattung überliefert, der sog. *Pescher* (so viel wie: Erklärung, Deutung). Hier wird der auszulegende Text zitiert und die Auslegung eingeleitet mit der Formel „Auslegung der Sache" bzw. „Seine Auslegung ist".[4] Unter dem Titel *Mischna* (abgeleitet von dem Verb *schana*: wiederholen) wurde eine Sammlung mündlich tradierter, d. h. nicht in der Thora stehender, Gesetze um 200 n. Chr. redigiert. Die *Mischna* wurde wie die schriftliche Thora als ein heiliges Buch behandelt. Hier wie dort galten die gleichen Auslegungsregeln. Zusammen mit ihrer Auslegung, der *Gemara* (wörtlich: Lehre), wurde die *Mischna* im *Talmud* (wörtlich ebenfalls: Lehre, Studium) in den ersten sieben Jahrhunderten zusammengefasst. In den beiden Zentren des jüdischen Lebens, Babylonien und Palästina, entstand jeweils eine Fassung.

Die *Midrasch*-Auslegung geht, wie ein Kommentar, Vers für Vers vor. *Midrasch*- und *Gemara*-Texte bilden nicht die Situation eines Auslegers ab, der sich einsam über seinen Text beugt, enthalten auch keine anonyme, ganz der Sache

---

[2]Vgl. exemplarisch P. Schäfer, *Die Geburt des Judentums aus dem Geist des Christentums*, Tübingen 2010.
[3]*Gittin* [Der Traktat behandelt das Scheidungsrecht] 6b (*Babylonischer Talmud*, Bd. 6, S. 202). Voraus geht diesem Satz eine Kontroverse über eine Auslegung. Gott wird befragt. Er antwortet: „mein Sohn Evyater sagt dieses und mein Sohn Jonatan sagt jenes."
[4]Vgl. Langer, a. a. O., S. 105 ff.

7.1 Rabbinische Auslegung der Thora

hingegebene Analyse. Sie fingieren vielmehr einen Disput unter Rabbinen mit Behauptung, Frage, Antwort, Einwand und Widerlegung, also eine kommunikative, mündliche Situation. Das Frage-und-Antwort-Schema als Form des Kommentars verwendeten schon die alexandrinischen Philologen. Der rabbinische Ausleger versteht sich im Dialog mit anderen und im Dialog mit Generationen von Schriftgelehrten vor ihm bis zu Salomo, Moses, selbst bis zu Gott. Wer spricht, beruft sich auf andere, zitiert, kommentiert und kommentiert Kommentare. Anders als die christlichen Ausleger schrieben diese Rabbinen keine Bücher. Die Beanspruchung einer Rolle als Autor lag ihnen daher auch fern. Die Auslegung hat kein förmliches Ende und könnte fortgesetzt werden. Die stereotypen Formulierungen lauten: ‚Du sagst', ‚Rabbi NN sagte' oder ‚Rabbi Jochanan im Namen von Rabbi Benaja', ‚Die Weisen sagen' oder ‚Es wird gelehrt', ‚Einige sagen ...Andere aber sagen', ‚eine andere Auslegung'. Insofern ist der *Midrasch*- oder *Talmud*-Text auch ein Beispiel für das, was man Traditionsliteratur nennt. Ein Beispiel, das den interpretativen Schluss aus dem Zusammenhang, dem Kontext vorführt:

> Es lehrten die Rabbanan: *Du sollst nicht stehlen.* [2. Mose 20,15]: Die Schrift spricht vom Menschendiebstahl.
> Du sagst, vom Menschendiebstahl?! Oder nicht doch vom Gelddiebstahl? So sagst du?! Geh und lerne aus den dreizehn Regeln des Rabbi Jischmael, nach denen die Thora ausgelegt wird: Es ist aus dem Zusammenhang zu schließen. Wovon spricht die Bibel [im Zusammenhang]? Von Menschen. Daher ist es auch hier von Menschen [zu verstehen].
> Eine andere Lehre:
> Ihr sollt nicht stehlen [3. Mose 19,11] Die Schrift spricht vom Gelddiebstahl.
> So sagst du?! Geh und lerne aus den dreizehn Regeln des Rabbi Jischmael, nach denen die Thora ausgelegt wird: Es ist aus dem Zusammenhang zu schließen. Wovon spricht die Bibel [im Zusammenhang]? Von Geld. Daher ist es auch hier vom Geld [zu verstehen].[5]

Die rabbinische Auslegung betonte stärker als die christliche die wörtliche Auslegung, schloss aber eine allegorische nicht aus. Besonders das *Hohelied,* in dem Gott nicht erwähnt wird, wurde allegorisch ausgelegt. Sein erotischer Sinn wurde in einen religiösen verwandelt. Der Geliebte wurde allegorisch als Gott gedeutet, die Liebende als das Volk Israel. Eine andere Schule unterstellte stärker eine Vieldeutigkeit des Textes, derzufolge auch extravagante Auslegungen erlaubt und nötig sind.[6] Diese Tendenzen charakterisierten schon die alexandrinische Auslegungspraxis. Rabbi Jischmael wirft einem anderen Rabbi vor, der sich offenbar über den wörtlichen Sinn hinweg setzte: „Siehe, du sagst zur Schrift: sei still, bis ich

---

[5]*Sanhedrin* 86a (*Babylonischer Talmud,* Bd. 9, S. 8 ff.).
[6]Vgl. D. J. Brewer, *Techniques and Assumptions in Jewish Exegesis before 70 C E,* Tübingen 1992, S. 177 ff.; G. Sellin, *Die Allegorese und die Anfänge der Schriftauslegung,* in: H. Graf Reventlow, Hrsg., *Theologische Probleme der Septuaginta und der hellenistischen Hermeneutik,* Gütersloh 1997, S. 91–132.

dich auslege."⁷ Das Bewusstsein, zu kühnen, geradezu gewaltsamen Auslegungen berechtigt zu sein, geht auch aus dem *Babylonische Talmud h*ervor: „Und wie ein Hammer Felsen zersplittert, wie der [Felsen durch den] Hammer in viele Splitter zerteilt wird, ebenso zerfällt ein Schriftvers in viele Deutungen." (*Sanhedrin* 34a, vgl. S. 49)

Die rabbinische Auslegung geht von der fundamentalen Unterstellung aus, dass Gott der Autor der Thora ist, dass die Thora in menschlicher Sprache geschrieben wurde, also von Menschen auch ausgelegt werden kann und muss: ‚Sie bedarf der Auslegung'.⁸ Unterstellt wird weiter, dass sie eine Einheit bildet, dass in ihr alles enthalten ist, dass alles bedeutungsvoll, nichts unnötig ist. Nötig ist jeder einzelne Buchstabe, wie eine Schule lehrt. Da die Thora für alle Zeiten geoffenbart und gültig ist, zielt die Auslegung nicht auf eine ursprüngliche Bedeutung, auf historische Zusammenhänge, sondern auf ihre jeweilige, aktuelle Gültigkeit, auf ihre Anwendung in der Gegenwart. Ihre Aussagen sollen menschliche Handlungen verbindlich leiten und verständlich machen. Daher kommt, wie die juristische Interpretation von Gesetzen und Normen, auch die Interpretation der Thora nicht umhin, den Wandel der Lebenswirklichkeit zu berücksichtigen und im Horizont der Bedürfnisse der jeweiligen Zeit auszulegen. Die Thora, lehren die Rabbinen, soll so ausgelegt werden, als sei sie gerade vorgestern offenbart worden.⁹ Diese Maxime entspricht der juristischen Auslegungsmaxime, zu fragen, was der Gesetzgeber im konkreten Fall gewollt haben würde. Im Gang der Zeiten wird sich die Auslegung der Thora notwendig ändern, um die Thora zu bewahren. Mit dieser Lehre von der Gegenwart der Offenbarung wurde auch der Gefahr begegnet, dass die Auslegung im Horizont der Bedürfnisse der Gegenwart eine Historisierung der Thora, damit eine Relativierung ihrer Wahrheit zur Folge haben könnte.

Um herauszufinden, wie die Thora in ihrem unendlichen Sinn jeweils zu verstehen ist, muss man über sie Tag und Nacht „sinnen" (Josua 1,8).¹⁰ Dieses Sinnen über die Verse der Bibel war auch der christlichen Auslegungstradition wichtig. Luther übersetzte die Stelle mit ‚betrachten', im Sinne von Meditieren. Da alles in der Thora enthalten ist, gilt als allgemeine Auslegungsmaxime, dass die Thora, wie Homer aus Homer, aus der Thora ausgelegt werden kann und auszulegen ist. (Vgl. S. 171 ff.)¹¹ Da sich die Rabbinen in der Auslegung im Disput mit anderen Rabbinen vor und neben ihnen verstehen, bedeutet diese Maxime so viel wie ‚Auslegung der Thora aus der Gesamtheit der rabbinischen Lehre'.

---

⁷*Sifra* [Der Traktat bezieht sich auf das 3. Buch Mose], *Tazria Parashat Nega' im* 13, 2, zitiert nach Stemberger, *Talmud,* S. 67.

⁸*Megilla* [Palästinischer bzw. Jerusalemer Talmud.] 70a (*Megilla. Schriftrolle,* a. a. O., S. 3: Das Buch Esther ist wie die Thora selbst: „So, wie diese der Auslegung bedarf, so bedarf auch jenes der Auslegung.").

⁹*Pesikta de Rab Kahana* 12, 5 (*Pesikta de Rab Kahana,* übers. v. W. G. Brande/I. J. Kapstein, London 1975, S. 231).

¹⁰Psalm 1,2 preist den, der „Lust zum Gesetz des Herrn" hat und von seinem Gesetz „Tag und Nacht!" redet.

¹¹Vgl. *Megilla* 72b (*Megilla,* a. a. O., S. 69), vgl. Stemberger, *Einleitung,* S. 26.

7.1 Rabbinische Auslegung der Thora

„Wende sie hin und wende sie her, denn alles ist in ihr, schaue in sie hinein und werde grau und alt in ihr und weiche nicht von ihr, denn du hast kein besseres Maß als sie." So heißt eine Anweisung zur Auslegung der Thora.[12] Das Hin-und-her-Wenden bezieht sich auf die Schriftrolle, metaphorisch auf die Wörter und Sätze. (Auch Horaz, *Ars poetica*, V. 269, verwendet diese Metapher.) Die kultische Vorschrift zum Umgang mit Reinem und Unreinem, heißt es an einer anderen Stelle, kann man auf 49 Arten auslegen.[13] Im *Talmud* wird erzählt, wie Gott Moses in eine ferne Zukunft versetzt und ihn Zeuge werden lässt, wie ein Rabbi in einem Lehrhaus die Thora auslegt. Moses versteht nichts. Da hört er einen Schüler den Rabbi fragen, woher er das weiß. Der Rabbi antwortet, dass es so Gott Moses am Sinai gelehrt hat. Da war Moses zufrieden. Er war zufrieden, weil der Rabbi seine Auslegung in eine Tradition stellt, die mit Gott und ihm am Berg Sinai begann. Diese Anekdote lehrt auch, dass die Thora ausgelegt werden muss und dass die Auslegung auf den Wandel der Zeiten reagieren muss. Sie endet damit, dass Moses zu Gott zurückkehrt: „'Herr der Welt, Du hast einen solchen Menschen und Du gibst Thora durch meine Hand?' Er sagte ihm: ,Schweig! So habe ich es beschlossen.'"[14]

In Anwendung auf die Lebensnormen der Gegenwart können die Rabbinen Verse durchaus kreativ uminterpretieren. Nach 1. Mose 12,13 und 20,12 heiratete Abraham seine Schwester oder Halbschwester. Es kann jedoch unmöglich sein, dass am Anfang Israels ein Inzest steht. Er ist strikt verboten (3. Mose 18,9). Daher wurde die Schwester umgedeutet in eine Nichte. Das Bilderverbot (2. Mose 20,4 f.) wurde mit einem Verweis auf 3. Mose 26,1 aufgelockert. Danach waren Bilder von Menschen und Tieren für dekorative Zwecke erlaubt.[15] Die archaische Vergeltung des „Auge um Auge, Zahn und Zahn" (2. Mose 21,24, vgl. oben S. 158) wurde umgedeutet in eine Forderung von Entschädigung, Schmerzensgeld und Heilungskosten.[16] Die Möglichkeit, einen widerspenstigen Sohn auf Antrag der Eltern steinigen zu lassen (5. Mose 21,18–21), wurde hinweginterpretiert: „Einen ,störrischen und widerspenstigen Sohn' hat es nie gegeben und wird es nie geben. Und warum steht es dann geschrieben? Damit du auslegst und Lohn empfängst."[17] Der jüdische Übersetzer des hebräischen Urtextes ins Griechische (in die sog. *Septuaginta*) übersetzte 2. Mose 15,3: „Jahwe [Gott] ist ein Kriegsmann" für einen veränderten Geist der Zeit in „Der Herr ist einer, der

---

[12]*Abot* [Sprüche der Väter] 5, 21 (*Die Mischna in deutscher Übersetzung mit einer Einleitung und Anmerkungen von D. Correns,* Hannover 2002, S. 415).

[13]*Der Midrasch Bemidbar Rabba, das ist die allegorische Auslegung des vierten Buch Mose,* übertr. v. A. Wünsche, Leipzig 1885, S. 458.

[14]*Menachot* [Der Traktat bezieht sich auf Speiseopfer] 29a (*Babylonischer Talmud,* Bd. 10, S. 486 f.).

[15]Vgl. G. Vermes, *Post-Biblical Jewish Studies,* Leiden 1975, S. 59 ff.

[16]*Baba Qamma* [Der Traktat behandelt das Schadensrecht] 83b–84a; vgl. G. Stemberger, *Talmud,* S. 96 ff.

[17]*Sanhedrin* 71a (*Babylonischer Talmud,* Bd. 8, S. 747. Übers. nach Stemberger, *Talmud,* S. 88).

Kriege zerbricht."[18] In der christlichen Theologie wird später diese interpretative Anpassung an die jeweilige Gegenwart unter den, ursprünglich rhetorischen, Terminus der Akkommodation gefasst. (Vgl. auch S. 40) Der Terminus umfasst zwei Bewegungen: Die von Moses niedergeschriebenen und von den Propheten gesprochenen Worte sind von Gott inspiriert, aber in menschlicher Sprache formuliert. Darin liegt schon eine Akkommodation seiner Botschaft an die Sprache und das Verständnis der Menschen. Gott weiß am besten, schreibt Augustin, was „accommodate" zu jeder Zeit passt.[19] Im jüdischen *Sohar* (*Sefer ha-Sohar*: Buch des Glanzes), einem kabbalistischen Kommentarbuch zur Thora, findet sich eine Passage über ‚Kleid und Wesen der Thora':

„Rabbi Schim'on sprach: „Wehe dem Menschen, welcher meint, dass die Thora uns Erzählungen der Welt, törichte Geschichten erzählen will. [...] Vielmehr sind alle Worte der Thora höhere Worte, höhere Geheimnisse. Denn siehe: Die obere und untere Welt sind in ein Gleichgewicht gestellt. Israel unten, die himmlischen Engel oben. Von den letzteren heißt es: ‚Er macht zu seinen Boten Geister.' [Psalm 104,4] Wenn diese nun herabsteigen, umkleiden sie sich mit der Hülle dieser Welt, sonst könnten sie in dieser Welt nicht bestehen und die Welt vermöchte sie nicht zu tragen." Dann folgt eine Anweisung zum Verstehen. Wie auch in christlicher Tradition, z. B. bei Origenes, für den die Bibel wie der Mensch Leib, Seele und Geist enthält,[20] wie überhaupt in der Tradition der Bibelallegorese, werden Stufen des Verständnisses unterschieden. Die Toren hören nur die Erzählungen. Diejenigen, die mehr wissen wollen, betrachten die Erzählungen als Hülle des Leibes. Das sind die Gesetze. Und die Weisen „betrachten die Seele, die der Kern von allem ist, die ureigentliche Thora. Und in der Zukunft werden sie an der Thora die Seele der Seele schauen."[21]

Die andere Bewegung der Akkommodation betrifft die Orientierung der Auslegung an den Bedürfnissen der Gegenwart und den Verständnismöglichkeiten der Adressaten. Gottes Wort wird gelehrt, wie es die Menge verstehen kann. Die Weisen oder die Eingeweihten (vgl. auch Markus 4,11) haben dies nicht nötig. Die Geschichte der Revisionsversuche der Sprache der Lutherbibel seit dem 17. Jahrhundert bis in die feministische Theologie heute liefert reiches Material für sprachliche und interpretative Akkommodationen an Werte und Bedürfnisse der jeweiligen Gegenwart. Liberale muslimische Gruppen versuchen, die Verhaltensnormen des Korans interpretativ modernen Normen anzupassen.

Für die Interpretationen der Rabbinen wurden schon früh Regeln bzw. Schlussverfahren für die Auslegung zusammengestellt, natürlich auch, um allzu extravagante Auslegungen zu disziplinieren. Die meisten dieser Regeln entsprechen

---

[18]Zit. nach H. Graf v. Reventlow, *Epochen der Bibelauslegung*. Bd. 1. *Vom Alten Testament bis Origenes*, München 1990, S. 30.

[19]Augustinus, *Epistolae*, PL, XXXIII, 138.1.5.

[20]Origenes, a. a. O., 4,2,4 f.

[21]*Der Sohar. Das heilige Buch der Kabbala*. Nach dem Urtext ausgew., übertr. und hrsg. v. E. Müller, 5. Aufl. München 1991, S. 39 f.

7.1 Rabbinische Auslegung der Thora

den von den alexandrinischen Philologen und römischen Juristen angewandten Regeln.[22] Sie basieren auf der impliziten Unterstellung einer immanenten Rationalität und vollkommenen Einheit der Thora.

Einige wichtige Regeln der rabbinischen Auslegung: Auch absurd oder überflüssig erscheinende Formulierungen haben einen besonderen Sinn. Die Wiederholung in „Helfen, ja helfen sollst du ihm" (2. Mose 23,5), als überflüssig erachtet, wird so ausgelegt, dass das Helfen sich nicht auf einen Einzelfall bezieht, sondern ganz allgemein gelten soll.[23] Um eine Absurdität des Textes zu korrigieren, konnte man sogar einen Satz verändern, eine veritable Korrektur ‚im Geiste' des Textes. Auch sie wurde schon von den alexandrinischen Philologen angewandt. Ein rabbinisches Beispiel: Einige Männer wollten wissen, wie sie das Passah-Fest feiern können, da sie unrein geworden waren. Sie traten „vor Moses und Aaron", wie es heißt (4. Mose 9,6). Dies könnte man so verstehen, dass Moses zuerst gefragt wurde und, wenn er es nicht wusste, Aaron es wusste. Das wäre absurd, denn dann wüsste Aaron mehr als Moses. Also muss man die Stelle so verstehen, dass die Männer zuerst zu Aaron kamen. Er wusste die Antwort nicht. Dann fragten sie Moses. (In der Erzählung weiß Moses die Antwort auch nicht und fragt daher Gott.) Was nicht sein darf, darf also auch nicht vorkommen. In einer anderen Auslegung gibt es zwischen Moses und Aaron keinen Unterschied.[24]

Eine Regel basiert auf der Analogie zu einer anderen Stelle, zu einer Parallelstelle. Dunkle Stellen werden aus hellen, analogen Stellen erklärt. Dieser Schluss darf jedoch nicht leichtfertig angewendet werden. Die Analogie muss genau geprüft werden. Geschlossen wird vom Allgemeinen aufs Besondere, vom Besonderen aufs Allgemeine, geschlossen wird aus dem Kontext. Den letzten Kontext bildet die Botschaft der ganzen Thora. Daher kann virtuos jeder Vers mit jedem Vers in Beziehung gesetzt werden.[25] Ein Schluss bedient sich des Arguments *a fortiori* (‚erst recht', ‚umso mehr'), des Vergleichs also. Dieser Schluss ist in der römischen Jurisprudenz entwickelt, von Cicero in seiner *Topica* (23) diskutiert worden und wird bis heute angewandt.[26] (Vgl. S. 182) Er diente Luther dazu, die jüdischen Gesetzesvorschriften zu relativieren. Nach Matthäus 12,11 soll man den „Sabbat brechen", d. h. das Gebot, am Sabbat zu ruhen, durchbrechen, wenn ein Ochs in eine Grube gefallen ist und man ihm heraushelfen muss. Luther folgert daraus in seiner *Vorrede zum Alten Testament* (1523): „Um wieviel mehr soll man frischweg aller Art Gesetze brechen, wo es die Leibesnot erfordert,

---

[22]Vgl. Hengel, a. a. O., S. 64 ff. Zu den Regeln vgl. Stemberger, *Einleitung*, S. 25 ff.; R. Kern-Ulmer, *Hermeneutics. Techniques of Rabbinic Exegesis*, in: J. Neusner/A. J. Avery-Peck, Hrsg., *Encyclopedia of Midrash*, 2 Bde, Leiden 2004, Bd. 1, S. 268–292.

[23]*Baba Metsia* [Der Traktat bezieht sich vor allem auf Eigentumsrecht] 31a-b (*Babylonischer Talmud*, Bd. 7, S. 534 ff., Übers. nach Stemberger, *Talmud*, S. 110).

[24]Vgl. Stemberger, *Einleitung*, S. 40.

[25]A. a. O., S. 235.

[26]Vgl. Ch. Perelman, *Juristische Logik als Argumentationslehre*, Freiburg 1979, S. 81.

sofern dem Glauben und der Liebe nichts zuwider geschieht".[27] Ein modernes juristisches Beispiel: Bei rechtmäßigen Enteignungen besteht ein Entschädigungsanspruch. Erst recht bei rechtswidrigen Enteignungen.

Weiter können interpretative Schlüsse gezogen werden aus der Etymologie eines Namens, aus der Segmentierung von Wörtern in Silben und Buchstaben, der Häufigkeit von Buchstaben, aus der Häufigkeit oder lautlichen Ähnlichkeit von Wörtern, aus der Bildung von Anagrammen und Akrosticha. In rabbinischer Auslegung enthält die Bestätigungsformel ‚Amen' die Anfangsbuchstaben (A, M, N) eines Ausdrucks, der, übersetzt, ‚Gott (ist ein) treuer König' bedeutet. Ein Vers, der wörtlich verstanden unklar ist, kann übertragen verstanden werden. Nach dem Auszug aus Ägypten kamen die „Kinder Israel" in die Wüste. Das Wasser, das sie fanden, war zu bitter zum Trinken. Sie lehnten sich gegen Moses auf. Moses „schrie" zum Herrn und der Herr „wies ihm einen Baum; den tat er ins Wasser, da ward es süß" (2. Mose 15,25). Was war das für ein Baum? Für einen Ausleger handelt es sich um eine Weide, für einen anderen um einen Olivenbaum, einen dritten um einen Oleander, einen vierten um eine Zeder, für andere um einen Feigenbaum. Andere wiederum legen den Ausdruck ‚Baum' als Metapher für die Thora aus und beziehen sich auf den Vers: „Sie ist ein Baum des Lebens, allen, die sie ergreifen". (Sprüche 3,18).[28]

Wenn die Thora unendlich ist und sie unterschiedlich interpretiert werden kann, wer entscheidet dann bei Konflikten der Interpretation? Wer oder was setzt willkürlichen Auslegungen Grenzen? Die Geschichte der Auslegungen wird begleitet von Konflikten darüber, wo die Grenzen der Auslegung zu setzen sind und wer sie setzt. Allgemein akzeptierte Beurteilungskriterien können entscheiden. Als eine bessere Interpretation gilt jene, die mehr, möglichst alle Textelemente erklärt, die unkompliziert erklärt, die besser in Hintergrundannahmen passt, die auch interessanter ist, da sie neue, fruchtbare Fragen aufwirft, die ‚anschlussfähig' für andere Diskurse ist, auf andere Diskurse ein neues Licht wirft. Und es kann die übereinstimmende Meinung einer Mehrheit von Experten entscheiden.

Im Auslegungsdisput der Rabbinen entscheidet nicht etwa eine oberste Lehrinstitution, es entscheiden die Tradition, die Sitte und die religiöse Praxis, und es entscheidet schließlich die Mehrheit der Rabbinen. Dazu gibt es eine erstaunliche Stelle im babylonischen *Talmud* (*Baba Mecia* 59a–b): Diskutiert wird die kultische Reinheit eines Ofens. Es kommt zu keiner Übereinstimmung. Der berühmte Rabbi Eliezer ben Hyrcanos beharrt gegen die anderen auf seiner Meinung. Der Feigenbaum soll seine Meinung beweisen – und der Feigenbaum fliegt zum Beweis durch die Luft. Rabbi Josua bestreitet diesen Beweis. Der Bach soll es beweisen – und das Wasser fließt zum Beweis rückwärts. Auch diesen

---

[27]*Luther deutsch,* hrsg. v. K. Aland, 10 Bde, 4. Aufl. Göttingen 1990, Bd. 5, S. 15.
[28]*Mechilta* [Der Traktat bezieht sich auf das 2. Buch Mose], *Beshalla* 15, 25 (*Mechilta,* übers. u. erl. v. J. Winter/A. Wünsche, Leipzig 1909, S. 149. Online-Ausg. Frankfurt a. M. 2013).

7.1 Rabbinische Auslegung der Thora

Beweis bestreitet Rabbi Josua. Die Wände des Lehrhauses sollen es beweisen. Die Wände neigen sich. Rabbi Josua: ‚Sie sollen stehen bleiben!' Sie bleiben schräg stehen, sowohl um der Ehre Rabbi Eliezers als auch der Rabbi Josuas willen, wie es heißt. Rabbi Eliezer sagt nun: „Wenn die Halacha [d. h. das religiöse Gesetz] nach mir geht, wird man es vom Himmel beweisen." Also Gott soll es beweisen. Es erklingt auch eine himmlische Stimme: „Was habt ihr gegen Rabbi Eliezer? Die Halacha geht doch überall nach ihm!" Da steht Rabbi Josua auf und sagt: „Sie ist nicht im Himmel" [vgl. 5. Mose 30,12]. Darauf die anonyme Frage: „Was heißt ‚sie ist nicht im Himmel?'" Die Antwort geht aus Rabbi Jirmeias Antwort auf die himmlische Stimme hervor: „Die Thora ist bereits am Berg Sinai verliehen worden; wir beachten diese himmlische Stimme nicht, denn du hast schon am Berg Sinai in der Thora geschrieben: ‚Sich der Mehrheit zu beugen.'" Später trifft Rabbi Nathan den Propheten Elia und fragt ihn: „Was tat der Heilige – Gelobt sei er – in dieser Stunde?" Elia antwortet ihm: „Er schmunzelte und sagte: ‚Meine Kinder haben mich besiegt', meine Kinder haben mich besiegt!"

Aus dieser Geschichte, die natürlich ein großes hermeneutisches Interesse auf sich gezogen hat,[29] können mehrere Folgerungen gezogen werden. Die Auslegung der Thora wird danach nicht mehr der, wie immer vermittelten, göttlichen, sondern der rabbinischen Autorität anvertraut. Behauptet wird auch eine Auslegungsnotwendigkeit der Thora von Anfang an. Mit der Abwehr der unmittelbaren Berufung Rabbi Eliezers auf Gott wird auch die Gefahr einer idolatrischen Beziehung des Menschen zu Gott abgewehrt. Und die unendlich vielen Auslegungsmöglichkeiten der Thora werden durch die Auslegung der Mehrheit begrenzt.[30] Die Erzählung rechtfertigt die Auslegungsautorität der Mehrheit gegenüber einer noch so großen Autorität eines einzelnen Auslegers und selbst gegen die Auslegung des Autors Gott, also gegen das, was in der neuzeitlichen Hermeneutik die authentische Auslegung genannt wurde. Sie berufen sich auf ihre Interpretation des Textes, nicht auf das Zeugnis des Autors und sei es Gottes. Die Rabbinen, nicht Gott, legen die Thora aus, wie sie ausgelegt werden soll. Und es wird auch eine kreative, sogar den Textsinn verändernde Auslegung legitimiert. Denn die Stelle 2. Mose 23,2 zur Mehrheit besagt, dass in einem bestimmten Rechtsverfahren gerade nicht nach der Mehrheit zu entscheiden ist. In Luthers Übersetzung: „Du sollst nicht folgen der Menge zum Bösen und nicht also antworten vor Gericht, dass du der Menge

---

[29] *Babylonischer Talmud*, Bd. 7, S. 637 f.; vgl. Grohmann, a. a. O., S. 188 ff., eine eingehende Diskussion der Stelle; ebenso in: G. Oberhänsli-Widmer, *Eine Halacha des Moses vom Sinai. Auslegungskultur als Lebensweg im talmudischen Judentum*, in: *Sakrale Texte*, hrsg. v. W. Reinhard, München 2009, S. 39 ff.; ferner S. D. Sacks, *Midrash and Multplicity. Pirke de Rabbi Eliezer and the Renewal of Rabbinic Interpretive Culture*, Berlin/New York 2011; Frydman, a. a. O., S. 62, 111 ff.

[30] Vgl. auch *Sanhedrin (Palästinischer* bzw. *Jerusalemer Talmud)* 22a: Wäre die Torah „klar geschnitten", also eindeutig, wären Mehrheitsentscheidungen nicht nötig. (*Sanhedrin. Gerichtshof*, übers. v. G. A. Wewers, Tübingen 1981, S. 113).

nach vom Rechten weichest."[31] Die Rabbinen reißen das Satzsegment ‚dass du der Menge ... weichest' bzw. ‚dass du dich der Mehrheit fügst' aus seinem Kontext und wenden die Aussage ins Gegenteil.

Was geschieht mit Rabbi Eliezer? Er wird verbannt. „Da zerriss er seine Kleider, zog die Schuhe aus und ließ sich auf die Erde nieder, und Tränen rannen aus seinen Augen."[32] Er zieht sich zurück. Dann und wann besuchen ihn seine alten Schüler.

Freilich besagt das Axiom von der unendlichen Sinnvielfalt der Thora auch, dass das Wort der Mehrheit nicht das letzte sein muss. Auch sie kann sich irren. Daher werden auch Minderheitspositionen überliefert, selbst wenn sie von einem einzigen Schriftgelehrten vertreten werden. Auf die Frage eines Schülers, warum eine unterlegene Meinung nicht einfach vernichtet wurde, antwortet der Rabbi: „Damit man sich auf sie wird stützen können, wenn einmal ihre Stunde kommt." (Alternative Formulierung: „Damit, wenn einem zukünftigen Gericht die Ansicht des Einzelnen einleuchtet, es sich darauf stützen kann.")[33] In den Entscheidungen des deutschen Bundesverfassungsgerichts werden die Minderheitsmeinungen ausdrücklich festgehalten.

In einem anderen Beispiel werden unterschiedliche Auslegungen der Rabbinen gegen die „Himmelstimme" legitimiert. Die Himmelstimme sagt, dass die Worte des lebendigen Gottes unterschiedlich, ja kontrovers – ‚diese und jene' – ausgelegt werden können, bestätigt dann aber die Auslegung nach der Schule Hillels:

„Rabbi Abba sagte im Namen Samuels: Drei Jahre stritten die Schule Schammas und die Schule Hillels. Die einen sagten: Die Halacha [das religiöse Gesetz] ist nach uns. Die anderen sagten: Die Halacha ist nach uns. Da ging die Himmelsstimme aus und sagte: Diese und jene sind die Worte des lebendigen Gottes – doch ist die Halacha nach der Schule Hillels."

Was machen die Rabbinen aus dieser Entscheidung für die Auslegung der Rabbinen der Schule Hillels? Sie machen daraus eine Apologie ihrer Auslegungsautorität und ihrer Auslegungsunterschiede: „Weil sie so freundlich und bescheiden waren und ihre Worte wie auch die Worte der Schule Schammais lehrten. Und nicht nur das: Sie stellten auch noch die Worte des Hauses Schammei ihren eigenen Worten voran."[34] Die Himmelsstimme, könnte man denken, bestätigt eine bestimmte Auslegung ‚dieser und jener Worte' als die einzig wahre. Aber die rabbinische Auslegung der Himmelstimme zieht aus der Anerkennung kontroverser Interpretationen dagegen die Folgerung, dass eine Auslegungsschule

---

[31]Nach der Übersetzung von Langer, a. a. O., S. 167: „Du sollst dich nicht der Mehrheit anschließen, wenn sie im Unrecht ist, und sollst in einem Rechtsverfahren nicht so aussagen, dass du dich der Mehrheit fügst und das Recht beugst."

[32]Vgl. auch *Tehillim* 13,4 (*Midrasch Tehillim oder Haggadische Erklärung der Psalmen*, übertr. v. A. Wünsche, Trier 1892, Nachdruck Hildesheim 1967, S. 108 f.).

[33]*Mischnaiot. Die sechs Ordnungen der Mischna*, hrsg. v. D. Hoffmann, 2. Aufl. Berlin 1924, S. s259.

[34]*Erubin* 13b (*Babylonischer Talmud*, Bd. 2, S. 37. Übers. nach Stemberger, *Talmud*, S. 78 f.).

nur dann als die einzig wahre gelten kann, weil sie gerade kein Auslegungsmonopol beansprucht und sogar auf gleicher Höhe die Worte der gegnerischen Schule lehrt.

7.1.1 Die herrschende Meinung

Die Frage, welche argumentative Autorität die Mehrheit, die *communis opinio* der als kompetent geltenden Ausleger innehat, stellt sich nicht nur in der Thora-Auslegung, in der Auslegung der Bibel, sondern auch in der Auslegung von Gesetzen, in der Wissenschaft allgemein. In all diesen epistemischen Feldern gibt es so etwas wie die Autorität einer als kompetent erachteten Mehrheit. Diese Funktion kann allerdings auch von einer besonders anerkannten, ‚weisen' Figur ausgeübt werden. In literaturwissenschaftlichen Auslegungen wird eine Auslegung häufig auch begründet durch den Verweis auf zwei oder drei übereinstimmende Auslegungen zur Stelle.

Als wahrscheinlich oder plausibel gilt die Meinung *(endoxon)*, lehrte Aristoteles in seiner *Topik* (1. Buch, 1. Kap), die von allen oder den meisten oder den „Weisen" anerkannt wird. Sie gilt auf weiteres. In allen Wissenschaften beruft man sich auf so etwas wie eine „herrschende Meinung" (hM abgekürzt), wie es in der Jurisprudenz heißt, wo dieser Topos eine herausragende Rolle spielt. Gebildet wird sie hier von höchstrichterlichen Entscheidungen, Gesetzeskommentaren und der wissenschaftlichen Diskussion. Die Orientierung an der herrschenden Meinung trägt einerseits zur Rechtssicherheit bei, kann andererseits aber auch zu einem kritiklosen *mainstream* führen.

Hinterfragt wurde die Autorität der Mehrheit in der philosophischen und juristischen Diskussion der Aufklärung. Gegen das Vertrauen in die Autorität anderer wird das Selbstdenken, die eigene Prüfung eingefordert. Habe Mut, dich deines „eigenen Verstandes" zu bedienen, heißt es zu Anfang von Kants Schrift *Beantwortung der Frage: Was ist Aufklärung?* von 1783. Eingeräumt wurde allerdings, dass die Referenz auf die Mehrheit oder die ‚Weisen' oft unvermeidbar und sogar unentbehrlich ist.[35] Man kann aus zeitlichen und sachlichen Gründen nicht alles selbst überprüfen und begründen. Man muss daher auf die Meinung anderer zurückgreifen und sich darauf verlassen, dass sie von einer fachlichen und sachlichen Kompetenz getragen wird. So kann die herrschende Meinung bis auf weiteres anerkannt werden; sie bleibt aber eine ‚Meinung', daher auch bezweifelbar. Wer sie bezweifelt, muss allerdings seinen Zweifel begründen. Mit der Berufung auf die herrschende Meinung kann man freilich auch tricksen. Man kann sich auf den *mainstream* berufen, weil man denkfaul oder opportunistisch ist, man kann eine Meinung als herrschend fingieren oder gezielt erzeugen. Bei

---
[35] Vgl. Schröder, *Recht als Wissenschaft,* S. 126 ff.

Auslegungskonflikten, bei der Berufung auf die herrschende Meinung ging und geht es oft auch um Interessen und Machtfragen.

Leicht ist es nicht, sich gegen die herrschende Meinung zu behaupten. Die Geschichte ist voller Beispiele für die Verfolgung und Verbannung von Dissidenten und Häretikern. Anders als Rabbi Eliezer ben Hycarnos wurden viele nicht nur verbannt, sondern hingerichtet. Solche Hinrichtungen waren seit dem 13. Jahrhundert in Europa rechtlich möglich. Verbrannt wurde z. B. 1553 auf Betreiben des Genfer Reformators Calvin der Gelehrte, Arzt und Theologe Michel Servet. Als Reaktion auf diese Hinrichtung bestritt der humanistische Gelehrte und protestantische Theologe Sebastian Castellio (Sébastien Castellion) in seiner anonym veröffentlichten Schrift *De haereticis, an sint persequendi* (Von den Häretikern, ob sie zu verfolgen seien, 1554) das Recht der Kirche und des Staates, ein von der offiziellen Lehre abweichendes Verständnis der Bibel zu verurteilen. Er forderte für die Schriftauslegung, damit für den Glauben, die Duldung abweichender Meinungen und Überzeugungen. Castellio berief sich, wie viele vor ihm, die für Toleranz in Glaubensfragen eintraten, auf das Gleichnis vom Unkraut unter dem Weizen. Erst am Ende der Zeit, lehrt das Gleichnis (Matthäus 13,24–30), werde sich herausstellen, was Weizen und was Unkraut ist. Auch Castellio wurde als Häretiker verfolgt. Er musste Genf verlassen, ging nach Basel. Dort kam sein Tod einer möglichen Verurteilung zuvor. An Castellio wird Lessing in seinem Drama *Nathan der Weise* erinnern.

Die neue Lehre des Kopernikus musste sich gegen die herrschende geozentrische Lehre durchsetzen. Der zuständige Kardinal Bellarmin schrieb 1615 an Paolo Antonio Foscarini, der die Verträglichkeit der kopernikanischen Lehre mit der Bibel vertreten hatte: „Wie Sie wissen, verbietet das Konzil, die Bibel gegen die allgemeine Übereinstimmung [commune consenso] der Väter auszulegen, und wenn Sie nicht nur die Väter, sondern auch die modernen Kommentare über die Genesis, die Psalmen, den Prediger, das Buch Josua lesen wollen, werden Sie finden, dass sie alle übereinstimmend die Stellen ad litteram [wörtlich] dahin erklären, das die Sonne am Himmel ist und sich mit der größten Schnelligkeit um die Erde bewegt und dass die Erde vom Himmel sehr weit entfernt ist und unbeweglich im Mittelpunkt der Welt steht".[36] Ein Jahr später dekretierte die Kirche, dass die kopernikanische Lehre der Bibel widerspricht, und Foscarinis Werk wurde verboten.

Mehrheiten setzen all den Kühnheiten einer Auslegung eine Grenze, eine Grenze setzt auch die stillschweigende oder ausdrückliche Orientierung an einem normativen Maßstab, der die Auslegung leitet. Wie aus der Geschichte von Moses im Lehrhaus hervorgeht (vgl. S. 189), bildet die Tradition jüdischen Glaubens diesen Maßstab der rabbinischen Interpretation. Im Christentum bis in die Neuzeit bildete die Übereinstimmung mit der Lehre der Kirche, bzw. dem überlieferten

---

[36]Brief Bellarmins an Paolo Antonio Foscarini vom 12.4.1615, zit. nach H. Blumenberg, *Die kopernikanische Wende*, Frankfurt a. M. 1965, S. 133. Mit den Vätern ist die Lehre der Patristik gemeint.

Glauben, der sog. *regula fidei* (wörtlich: Regel des Glaubens, im Protestantismus auch *analogia fidei*) einen solchen Maßstab. Diese Auslegungsrechtfertigung entkam nicht einem Zirkelschluss, denn die *regula fidei* musste ihrerseits ja wieder aus der Bibel gerechtfertigt werden. Ein finaler normativer Maßstab leitet auch die juristische Interpretation. Sie orientiert sich an der Verfassung und einer stillschweigenden Idee von Gerechtigkeit. In Deutschland besonders an den Grundgesetzartikeln 1 (‚Die Würde des Menschen ist unantastbar') und 20 (‚Alle Staatsgewalt geht vom Volke aus'). Diese beiden Artikel dürfen nicht verändert oder getilgt werden. Viele Interpretationen literarischer Texte orientieren sich implizit daran, was der Text über den Menschen aussagt, und an der Idee einer Humanität.

7.2 Frühe christliche Auslegung der Bibel

Juden und Christen teilten die hebräische Bibel, interpretierten sie aber verschieden. Die hebräische Bibel erhielt ihre kanonische Form zwischen dem 4. Jahrhundert v. Chr. und dem 2. Jahrhundert n. Chr. Zwischen dem 2. und 4. Jahrhundert n. Chr. entstand die christliche Bibel als einheitlicher Textkorpus aus der Vereinigung der heiligen Schrift des griechischsprachigen Judentums, der *Septuaginta* – so genannt nach der Legende, dass sie durch göttliche Inspiration in 72 Tagen von 72 Übersetzern vollendet wurde –, mit den christlichen Zeugnissen als Vereinigung eines ‚alten' mit einem ‚neuen' Testament. Neben die jüdische Auslegung der hebräischen Bibel trat nun konkurrierend die Auslegung der christlichen Bibel. Auf Konzilen wurde die *regula fidei,* der christliche Glaube fixiert. Auch untereinander stritten Juden und Christen um die richtige Auslegung. Der alexandrinische Theologe Origenes notierte im 3. Jahrhundert, dass die Gläubigen von Anfang an über den richtigen Sinn der Bibel stritten. Aber dieser Streit ist normal, schrieb er an anderer Stelle: Nur die Heiligen im Himmel und die Holzköpfe auf Erden streiten nicht.[37]

Welche Schriften endgültig in den Kanon der Bibel aufgenommen wurden, klärte sich in einem langen Prozess, der erst im 16. Jahrhundert endete. In ihrer textkritischen Erfassung musste eine riesige Fülle von Textvarianten berücksichtigt werden.[38] Interpretationsnötigungen erzeugten, abgesehen von den Schwierigkeiten der Lektüre der *scriptio continua,* auch die Übertragungen der in hebräischer Sprache geschriebenen heiligen Texte ins Aramäische,

---

[37] Origenes, *Contra Celsum,* III, 11 sf. (*Des Origenes acht Bücher gegen Celsus,* übers. v. P. Koetschau, München 1926, S. 218).

[38] Vgl. zu den hermeneutischen Implikationen dieses Kanonisierungsprozesses O. Wischmeyer, *Texte, Text und Rezeption. Das Paradigma der Text-Rezeptions-Hermeneutik des Neuen Testaments,* in: Dies./S. Scholz, Hrsg., *Die Bibel als Text,* Tübingen/Basel 2008, S. 155–192; Böhl, a. a. O., S. 144 ff.

Griechische und schließlich Lateinische. Sie selbst waren ja schon Auslegungen. Heftige Auseinandersetzungen um die wahre Lehre, gefährlich für eine im Entstehen befindliche religiöse Gemeinschaft, erzeugten das Bedürfnis nach einer methodisch gesicherten Auslegung.

Wie für die Juden war für die Urchristen die Niederschrift ihrer heiligen Schriften durch den Geist Gottes inspiriert worden (vgl. 2. Mose 24,4, Jeremia 1,9).[39] Die Sprache war oft dunkel und mehrdeutig. Mit Missverständnissen und Versehen bei der Niederschrift wurde gerechnet. Die heiligen Schriften sind, wie Augustin im Prolog zu *De doctrina christiana* formuliert, „durch Menschen den Menschen"*(per homines hominibus)* in menschlicher Sprache aufgeschrieben worden. Die Bibel enthält Gottes Wort, aber in menschlicher Sprache. Daher ist ihre Sprache nicht einfach Gottes Wort, sondern Eingang, Zugang, *accessus* zu Gottes Wort. Die Suche – Johannes 5,39: „Ihr suchet in der Schrift" – von Gottes Wort in der menschlichen Sprache erfordert eine skrupulöse und ehrfurchtsvolle Auslegung dieser Sprache. Für die christlichen Ausleger war auch klar, dass Gottes Geist, der die Niederschrift inspirierte, auch die Ausleger inspirieren muss und inspiriert. Dieses Axiom der Schriftinspiration wurde erst von der historisch-kritischen Bibelwissenschaft des 17. und 18. Jahrhunderts aufgegeben, von evangelikalen Richtungen jedoch bis heute behauptet.

Wenn die Bibel in menschlicher Sprache verfasst worden ist, dann konnte sie auch mit den überkommenen Mitteln der hellenistisch-jüdischen Auslegungspraxis ausgelegt werden. Angewandt wurden alle Instrumente, die die antike Rhetorik zur Verfügung stellte. Darin liegt ein Unterschied zur kasuistischen Auslegung der Rabbinen. Hier wie dort liegt jedoch der Skopus der Auslegung in der Verheißung des Heils. Erschien der Bibeltext unstimmig, widersprüchlich, anstößig oder absurd, konnte, wie in der Homerauslegung oder der Thoraauslegung, eine metaphorische oder allegorische Deutung helfen, konnte nach dem Vers aus dem 2. Brief des Paulus an die Korinther, wonach der Buchstabe tötet, der Geist aber lebendig macht (2. Korinther 3,6), der Sinn nach wörtlichem Verständnis in einen spirituellen nach dem Geist der Bibel verwandelt werden. Hinsichtlich dieser Stelle vom lebendigen Geist und tötendem Buchstaben, die Augustin zu zitieren liebte, konnte man von einer Christianisierung der Rhetorik sprechen.[40]

7.2.1 Augustin: Regeln für den Umgang mit der Hl. Schrift

427 n. Chr., in einer Epoche heftiger Auseinandersetzungen über die Dogmen der Kirche, schloss der ehemalige Grammatik- und Rhetoriklehrer Augustinus (354–430 n. Chr.) sein Werk *De doctrina christiana* (Über die christliche Bildung bzw.

---

[39] Vgl. Art.: *Inspiration,* in: LBH, S. 285–289; Art.: *Verbalinspiration,* in: RGG, Bd. 8, Sp. 934–935.
[40] Eden, a. a. O., S. 56.

Über die christliche Lehre bzw. Über die christliche Wissenschaft) ab, ein über die Jahrhunderte hin autoritatives Lehrbuch. Es gilt als die erste systematische Theorie einer Auslegung der Bibel. Augustin konnte sich über die rhetorische Lehre hinaus schon auf eine elaborierte christliche Auslegungspraxis stützen, z. B. auf den *Liber de septem regulis* (Buch der sieben Regeln für die Auslegung, 2. Hälfte des 4. Jh.s) des Tyconius und auf das immense Kommentarwerk von Origenes. Dieser Origenes hatte auch eine textkritische Revision der *Septuaginta* (um 230) vorgelegt, eine enorme philologische Leistung. Seine Auslegungsprinzipien hatte er in *De Principiis* (Von den Prinzipien, 1. Hälfte des 3. Jh.) dargestellt. Darin leitet er gerade aus dem vielfältigen Sinn der Schrift die gottgewollte Universalität ihrer Botschaft ab. Mit ihrem vielfältigen Sinn wird die Schrift nicht auf das jüdische Volk begrenzt, sondern für alle Völker verständlich.

In *De doctrina christiana* entwickelt Augustin Regeln zum Verständnis der Bibel, bei denen er sich kritisch von der paganen hellenistischen und der jüdischen Tradition inspirieren ließ. Die jüdische Auslegung ging ihm zu wörtlich vor, die hellenistische zu allegorisch.[41] Seine Theorie der sprachlichen Zeichen und seine Auslegungsverfahren dokumentieren, wie vertraut er mit dem Instrumentarium der Rhetorik war.

Angelegt ist *De doctrina christiana* in zwei Teilen, deren rhetorischer Ursprung nicht zu verkennen ist: der erste Teil (Bücher 1–3) erörtert „die Art und Weise des Auffindens oder Entdeckens des Sinns der Hl. Schrift" *(modus inveniendi)*. Der zweite Teil (Buch 4) behandelt dann die „angemessene Verkündigung dieses aufgefundenen Sinnes" *(modus proferendi,* I,1,1, 1).

Im ersten Buch behandelt Augustin die Sache *(res)* des Glaubens, im zweiten und dritten Buch dann seine Theorie des Zeichens *(signum)* und seine Auslegungsregeln. Sie gelten für alle Arten von Texten. Es gibt natürliche Zeichen, wie z. B. Spuren, und konventionelle Zeichen, wie z. B. Gesten und Worte. Worte können dunkel sein, weil sie unbekannt sind, und sie können dunkel sein, weil sie mehrdeutig *(ambigua)* sind. Das Wort ‚Wein' bezieht sich auf ein Gewächs und kann spirituell, übertragen Christus bedeuten. Die wörtliche Bedeutung kann aber auch schon mehrdeutig sein. Der spirituelle Sinn der Bibel kann sowohl im wörtlichen als auch im übertragenen Sinn enthalten sein. Beinahe alles (III, 22, 32, 73) kann nicht nur wörtlich, sondern auch übertragen *(figurate)* verstanden werden.

Als fundamentale Maxime der Auslegung gilt: Alles was nicht wörtlich auf die Liebe zu Gott und den Nächsten, auf die Wahrheit des Glaubens und die Lauterkeit der Sitten bezogen werden kann, muss für übertragen gehalten werden. (I,

---

[41]Zitiert wird im Fließtext nach: Aurelius Augustinus, *Die christliche Bildung (De doctrina christiana)*. Übersetzung, Anmerkungen und Nachwort v. K. Pollmann, Stuttgart 2002. Auf das instruktive Nachwort von Pollmann sei verwiesen, vgl. ferner dies., *Doctrina christiana. Untersuchungen zu den Anfängen der christlichen Hermeneutik unter besonderer Berücksichtigung von Augustinus ‚De doctrina christiana'*, Freiburg 1996; Eden, a. a. O., S. 53 ff.; Reventlow, a. a. O., Bd. 2., S. 85 ff.; J. Schultheiß, *Augustinus. De doctrina christiana*, in: O. Wischmeyer, Hrsg., *Handbuch der Bibelhermeneutiken. Von Origenes bis zur Gegenwart*, Berlin 2016, S. 47–62.

36, 40, 86; III, 10, 14, 33) Wenn es z. B. heißt: „Wenn ihr nicht das Fleisch des Menschensohnes esst und sein Blut trinkt, werdet ihr nicht das Leben in euch haben" (Johannes 6,54), dann scheint die Bibel „ein Verbrechen oder eine Schandtat zu befehlen." Dies kann nicht sein. Der Satz ist also übertragen zu verstehen und enthält die Aufforderung, „am österlichen Leiden unseres Herrn teilzunehmen und es angenehm und nützlich im Gedächtnis zu behalten, dass sein Fleisch für uns gekreuzigt und verwundet worden ist." (III, 16, 24, 55) Aber wenn das wörtliche Verständnis selbst schon zu einem spirituellen oder sonstwie stimmigen Sinn führt, soll man keinen übertragenen suchen.

Für die Verfahren, den übertragenen Sinn zu ermitteln, greift Augustin auf die rhetorische Lehre der Tropen, d. h. der ‚Wendungen' der sprachlichen Bedeutung, zurück. Bei den Tropen wie z. B. der Metapher (Übertragung), der Metonymie (Verschiebung zwischen Ursache und Wirkung, Grund und Folge, Gefäß und Inhalt, Raum und Bewohner usw.) und der Synekdoche (Teil für das Ganze, Art für die Gattung und umgekehrt) und der Periphrase (Umschreibung) wird „das eine aus dem anderen erkennt", wie er formuliert (III, 56, 133).

Will man die Bibel richtig verstehen, muss man, lehrt Augustin, die Bibel, d. h., die kanonischen Bücher, so wie sie damals fixiert waren, zuerst gründlich und ganz lesen. (II, 8,12, 24) Ausgelegt werden müssen die Bücher im normativen Horizont der Liebe *(caritas)* zu Gott und den Menschen. (I, 36, 40, 86, vgl. Matthäus 22,37–40) und nach dem Maßstab des Glaubens, festgelegt durch die Autorität der Kirche. (3, 3) Sie bilden den Skopus, die „Summe" (*summum,* I, 35, 39, 84), der Auslegung. Den Geist der Bibel versteht auch nur, wer selbst an diesem Geist teil hat.

Orientieren muss sich der Ausleger an der „Aussageabsicht des Autors" *(intentio scriptoris),* durch den Gottes Geist die Schrift aufschrieb. Er kann sogar einen Sinn erkennen, den Gott durch ihn hat sagen wollen, der aber dem Schreiber (Autor) wie z. B. Moses nicht bewusst war. Eine solche Auslegung ist gerechtfertigt, sofern sie mit der Wahrheit des Glaubens übereinstimmt: „Vielleicht hat ja jener Autor in denselben Worten, die wir verstehen wollen, ebenfalls diesen Sinn gesehen; jedenfalls sah der Geist Gottes, der durch jenen Autor dies verfasst hat, ohne Zweifel voraus, dass auch dieser Sinn dem Leser oder Zuhörer begegnen werde; ja, er sorgte sogar dafür, dass er diesem Sinn begegnet, da ja auch dieser Sinn auf der Wahrheit beruht." (III, 27, 38, 85; vgl. auch Augustin, *Confessiones* (Bekenntnisse), XII, 18, 27) Eine frühe Formulierung der dann in der romantischen Hermeneutik vertretenen Erkenntnis, dass man einen Autor besser verstehen kann, als er sich selbst verstanden hat. (Vgl. S. 274 ff.)

Wenn der Sinn, den der Schreiber als gewiss angenommen hat, uns entgeht, dann müssen wir wenigstens eine Interpretation wählen, die dem Kontext nicht widerspricht und dem Glauben entspricht. Auch Vernunftgründe müssen bedacht werden, wenn anders der Sinn einer Stelle aus der Schrift selbst nicht erschlossen werden kann. Doch dieser Weg ist gefährlich, „es ist viel sicherer, sich innerhalb der HL. Schrift aufzuhalten." (III, 28, 39, 86) Wenn dies alles nicht hilft, dann

7.2 Frühe christliche Auslegung der Bibel

muss der „gesunde Glaube" *(fides sana)* entscheiden.[42] Wer entscheidet aber, was der gesunde Glaube ist? Wie immer: Wenn es zu einer Verständniskrise kommt, dann dürfen wir sie nicht dem Schreiber anlasten. Wir müssen uns vielmehr fragen, ob der Text fehlerhaft überliefert worden ist, ob sich der Übersetzer geirrt hat oder ob man selbst nicht oder noch nicht versteht.[43]

Im Aufenthalt innerhalb der Schrift sind erst die klaren, dann die dunklen Stellen zu studieren. Dunkler Sinn entsteht aus Unwissenheit oder durch Mehrdeutigkeit. Unwissenheit wird geheilt durch das Erlangen erforderlicher Kenntnisse, Mehrdeutigkeit geklärt durch die Regeln, die man im Rhetorikunterricht erworben hat. Was noch nicht klar, was mehrdeutig ist, muss man solange in sorgfältiger Betrachtung „hin und her wenden" (III, 15, 23, 54), bis sich der Sinn geklärt hat. Dunkle Stellen können durch Klärung der Intention des Autors, seines Sprachgebrauchs, des sprachlichen und historischen Kontexts (III, 2, 4; III, 11, 19, 45) und durch klare Parallelstellen (III, 26, 83–27, 38, 84) erhellt werden.

Da die Bibel eine von Gottes Geist inspirierte, vollkommene Schrift ist, müssen, wie schon in der Homer-Allegorese gelehrt wurde und wie schon Philo von Alexandria (vgl. S. 202 f.) und Origenes[44] lehrten, absurde oder dunkle Stellen als Anstöße verstanden werden, um einen verborgenen Sinn zu suchen. Gott hat solche Stellen mit pädagogischem Bedacht vorgesehen, „um den menschlichen Hochmut durch Beschwernis zu bändigen und den Verstand vor Langeweile zu bewahren, für den leicht Aufgespürtes meistens an Wertschätzung verliert." (II, 6, 10)

Wie Origenes geht Augustin von einer Auslegungsvielfalt der Bibel aus. Es ist gottgewollt, dass dieselben Worte auf vielfache Weise aufgefasst werden können. Unterschiedliche Auslegungen demonstrieren den Reichtum und die Fruchtbarkeit der Bibel. (III, 27, 38, 85) In seinen *Confessiones* (XIII, 24, 36 f.) schreibt er, dass die christliche Botschaft auf vielerlei Weise verkündet und daher auch auf vielerlei Weise verstanden werden kann. So interpretiert er den Satz „Wachset und mehret euch" (1. Mose 1,22) in einem übertragenen Sinn als Maxime für das Auslegen der Bibel. Jede Auslegung mehrt den Sinn der Bibel. (Vgl. S. 59 ff.) Wenn allerdings viele wahre Auslegungen *(diversitas sententiarum verarum)* einer Stelle möglich sind und die notwendige Einheit *(concordia)* dieser Auslegungen nicht gefunden werden kann, dann ist der Ausleger angewiesen auf das Erbarmen Gottes und die gelebte Liebe. (*Confessiones,* XII, 30, 41–32, 43)

---

[42]Augustin, *De genesi ad litteram* (Über den Wortlaut der Genesis), PL, XXXIV, I, 21. Eine Zusammenstellung der hermeneutischen Regeln der sog. ‚Kirchenväter' findet sich in: Art.: *Hermeneutik,* RAC, Bd. 14, Sp. 753 ff.; M. Fiedrowicz, *Prinzipien der Schriftauslegung der Alten Kirche,* Bern u. a. 1998.
[43]Vgl. Augustinus, *Contra Faustum (Gegen Faustus),* PL, XLII, XI, 5.
[44]Origenes, *De Principiis,* IV, 2, 9. (Origenes, *Prinzipien,* S. 727).

7.2.2 Jüdische und christliche Allegorese

Die jüdische und christliche Schriftauslegung nahm auch das Modell der in den Rhetorikschulen gelehrten allegorischen Homer-Auslegung auf.[45] In der jüdischen Schriftauslegung wurde das allegorische Interpretationsmodell wirkungsvoll von Philo von Alexandria, einem Zeitgenossen von Jesus, angewandt. Moses als Verkünder der Thora sprach in Allegorien, lehrte er, da die menschliche Sprache die göttliche Weisheit nur indirekt fassen kann. Daher hat die Thora eine doppelte Bedeutung, eine verborgene und sichtbare, eine innere und äußere. Die doppelte Rede der Allegorie soll auch die eigentliche Lehre vor einer Profanierung schützen. Der allegorische, spirituelle ist für die wenigen Eingeweihten bestimmt, der wörtliche für die Menge.[46]

Philos allegorische Interpretation der Thora hatte auch ein apologetisches Motiv. Damit suchte er die jüdische Religiosität gegenüber dem Vorwurf intellektueller Inferiorität zu verteidigen. Da für ihn die Thora der griechischen Philosophie zeitlich vorausging, erscheint in seiner Apologie die griechische Philosophie sogar als eine späte Version der Weisheit der Thora. Wörtlich verstanden handeln die fünf Bücher der Thora von der Schöpfung der Welt, der Geschichte und der Gesetzgebung, allegorisch verstanden vom Weg der Seele zu Gott.[47] In dieser Schrift zählt jede Nuance, lehrt Philo, nichts ist überflüssig. Wenn etwas überflüssig erscheint, dann ist damit etwas Besonderes gemeint, dann kann darin ein Anstoß zur Allegorese liegen. 1. Mose 24,63 steht, dass Isaak auf das Feld gegangen war um zu beten. Dann heißt es: „Er hob seine Augen auf und sah".

---

[45]Vgl. J. Heinemann, *Altjüdische Allegoristik,* Breslau 1936; Pépin, a. a. O. S. 215 ff.; B. Smalley, *The Study of the Bible in the Middle Ages,* 3. Aufl. Oxford 1983; H. Graf Reventlow, *Epochen der Bibelauslegung. Bd. 1: Vom Alten Testament bis Origenes,* München 1990, S. 24–49; Chr. Blönnigen, *Der griechische Ursprung der jüdisch-hellenistischen Allegorese und ihre Rezeption in der alexandrinischen Patristik,* Frankfurt u. a., 1992; M. Hengel, „Schriftauslegung" und „Schriftwerdung" in der Zeit des Zweiten Tempels, in: M. Hengel/H. Löhr, Hrsg., *Schriftauslegung im antiken Judentum und im Urchristentum,* Tübingen 1994, S. 1–71; G. Sellin, *Die Allegorese und die Anfänge der Schriftauslegung,* in: H. Graf Reventlow, Hrsg., *Theologische Probleme der Septuaginta und der hellenistischen Hermeneutik,* Gütersloh 1997, S. 91–138; G. Dahan, *L'Exégèse chrétienne de la Bible en occident médiéval,* Paris 1999; F. Siegert, *Hellenistic Jewish Midrash,* in: Neusner/Avery-Peck, a. a. O., Bd. 1, S. 199–250; G. Dahan/R. Goulet, Hrsg., *Allégorie des Poètes, Allégorie des Philosophes. Etudes sur la Poétique et l'Herméneutique de l'Allégorie de l'Antiquité à la Réforme,* Paris 2005; S. N. Svendsen, *Allegory Transformed. The Appropriation of the Philonic Hermeneutics in the Letter to the Hebrews,* Tübingen 2009, S. 9 ff., 29 ff.; R. Copeland/P. T. Struck, Hrsg., *The Cambridge Companion to Allegory,* Cambridge 2010, S. 39 ff.; 71 ff.; Böhl, a. a. O., S. 143 ff.

[46]Vgl. Philo von Alexandrien, *Die Werke in deutscher Übersetzung,* hrsg. v. L. Cohn u. a., 7 Bde, Breslau/Berlin 1909–1964, Bd. 1, S. 121, 127.

[47]Zu Philos Auslegungsprinzipien vgl. I. Christiansen, *Die Technik der allegorischen Auslegungswissenschaft bei Philon von Alexandrien,* Tübingen 1969; Dawson, a. a. O., S. 83 ff.; M. Böhm, *Rezeption und Funktion der Vätererzählungen bei Philo von Alexandria. Zum Zusammenhang von Kontext, Hermeneutik und Exegese im frühen Judentum,* Berlin 2005, S. 59 ff.

7.2 Frühe christliche Auslegung der Bibel

Warum, fragt sich Philo, steht dies hier? Mit was sonst soll man sehen als mit den Augen? Da Philo auch selbstverständlich unterstellt, dass die Schrift vollkommen ist, dass ihr Autor sich bei all seinen Formulierungen etwas gedacht hat, muss die redundante Formulierung als Hinweis verstanden werden, dass es hier um mehr als ein bloßes Sehen, dass es um ein geistiges Sehen geht.[48]

Aus der antiken hermeneutischen Tradition übernahmen auch die Christen die Praxis der Allegorese und wendeten sie auf die heiligen Schriften an. Dieses Auslegungsmodell half ihnen, die hebräische Bibel mit den christlichen Schriften zu vereinigen und das *Neue Testament* als die Erfüllung des *Alten Testaments* auszuweisen und zu rechtfertigen. Aus diesem religiösen Interesse wurde es daher intensiver als in der jüdischen Tradition genutzt. Es diente auch der Apologie der christlichen Lehre gegenüber ihren gebildeten, paganen Verächtern. Denn mit der durch die Allegorese beanspruchten Bedeutsamkeit konnte die im Vergleich zum Reichtum der antiken Überlieferung demütige Sprache der Bibel auch verteidigt werden. Augustin berichtet in seinen *Confessiones* (III, 5, 9), dass ihm die Bibel, als er sie zu studieren begann, im Vergleich zu Ciceros Werk „unwürdig" erschien. Die christliche Allegoresepraxis konnte sich auf biblische Zeugnisse berufen, in denen die Allegorese angewandt wird (z. B. Matthäus 13,36–43; Markus 4,10–20; Lukas 24,13–27; Epheser 5,31 f.; Galater 4,22–26).

Geradezu modellhaft führt das Gleichnis vom Sämann, das Jesus erzählt (Matthäus 13,1–23), das Verfahren einer Allegorese vor. Es liefert auch eine Begründung für die exoterisch-esoterische Sprache der Allegorie. Jesus erzählt „viel Volks" ein Gleichnis: Ein Sämann sät aus. Einige Körner fallen auf den Weg und werden von Vögeln gefressen, andere fallen auf Felsen und treiben daher keine Wurzeln, andere verdorren in der Sonne oder ersticken unter Dornen. „Etliches fiel auf ein gutes Land und trug Frucht, etliches hundertfältig, etliches sechzigfältig, etliches dreißigfältig". Dieses Gleichnis schließt Jesus ab mit der Aufforderung „Wer Ohren hat, der höre!" Wörtlich verstanden eine absurde Aufforderung, die daher nach der vertrauten Regel als eine Aufforderung zu verstehen ist, in ihr eine besondere, geistliche Botschaft zu hören. Die Jünger fragen dann Jesus, warum er denn in Gleichnissen rede. Er habe ein Gleichnis gewählt, antwortet er, weil es „diesen" nicht gegeben ist, die „Geheimnisse des Himmelreichs" zu verstehen. Sie „sehen" nicht mit „sehenden Augen" und sie „hören" nicht mit „hörenden Ohren". Denn ihr Herz ist „verstockt". „Euch", den Jüngern, ist es gegeben, auf diese spirituelle Weise zu „sehen" und zu „hören". Dann legt er ihnen, in einem merkwürdigen Widerspruch, das Gleichnis aus. (In der Version dieses Gleichnisses im Markus-Evangelium (Markus 4,1–20) haben auch die Jünger das Gleichnis nicht verstanden.)

Allegorisch bedeutet das Säen des Sämanns das Säen der Botschaft, des ‚Wortes' vom Himmelreich. Die Allegoreseformel lautet in der Übersetzung Luthers „das ist". Wer diese Botschaft nicht versteht, dem wird sie aus dem

---

[48] *Philo in ten Volumes,* hrsg. v. R. Marcus, London 1971, Supplement Bd. 1, S. 422.

Herzen gerissen, „das ist der, bei dem an den Weg gesät ist." Bei dem es auf den Felsen gesät ist, „das ist", der das „Wort" hört, es aufnimmt, aber keine „Wurzeln" in sich treiben lässt und „wetterwendisch" ist. Wo es unter die Dornen gesät ist, „das ist, der das Wort hört", aber die „Sorge der Welt" und der „Betrug" des „Reichtums" ersticken das Wort. Wo aber in gutes Land gesät ist, „das ist, der das Wort hört und versteht es und dann auch Frucht bringt; und der eine trägt hundertfältig, der andere sechzigfältig, der andere dreißigfältig." In seiner Auslegung wird die wörtliche, empirische Bedeutung mittels Analogien und Assoziationen in einen allegorischen, moralisch-spirituellen Sinn übertragen. Die Allegorese orientiert sich an der Sinnerzeugung einer Metapher.

Im Brief an die Galater (Galater 4,22–26) erzählt Paulus die Geschichte von Abraham, der zwei Söhne hatte, einen von einer „Magd", einen von einer „Freien". „Aber der von der Magd war, ist nach dem Fleisch geboren; der aber von der Freien ist durch die Verheißung geboren." Dann heißt es explizit: „Diese Worte bedeuten etwas." In der lateinischen Fassung: *quae sunt per allegoriam dicta,* also: diese Worte sind allegorisch gesprochen. Dann legt Paulus diesen Text als einen allegorischen aus. Den stillschweigenden Rahmen seiner Auslegung bildet das heilsgeschichtliche Verhältnis des *Alten* zum *Neuen Testament* für den christlichen Glauben. In diesem Rahmen bietet es sich an, die Konfiguration der beiden Mütter und der beiden Söhne nach der Analogie auf das Verhältnis der beiden *Testamente* zu beziehen: Die Magd Hagar mit ihrem Sohn bedeutet das *Alte,* die Freie Sara mit ihrem Sohn das *Neue Testament*. Er stützt seine Allegorese durch den Hinweis, dass der Berg Sinai, auf dem Moses die Gebote Gottes empfing, arabisch Hagar heißt, ein „Gleichnis" für das ‚dienstbare' Jerusalem dieser Zeit. Im Kern enthält diese Auslegung das Modell aller christlichen Allegorese bis heute: das *Alte Testament* wird als eine Verheißung des *Neuen Testaments* ausgelegt, das *Neue Testament* als seine Erfüllung. Jesus selbst rechtfertigt dieses Verständnis. In seiner Bergpredigt sagt Jesus, wie Matthäus berichtet, „Ich bin nicht gekommen aufzulösen, sondern zu erfüllen." (Matthäus 5,17) Im Lukas-Evangelium wird erzählt, wie nach der Kreuzigung und Auferstehung zwei Jünger in einen Ort namens Emmaus gingen. Jesus nahte sich ihnen, aber sie erkannten ihn nicht. Dem Fremden erzählten sie, dass das Grab von Jesus leer gefunden wurde. Darauf hielt Jesus ihnen vor, nicht zu glauben, „was die Propheten geredet haben [...] Und fing an bei Mose und allen Propheten und legte ihnen in der ganzen Schrift aus, was darin von ihm gesagt war." (Lukas 24,25–27)

Die christlichen Theologen des Mittelalters nannten diese heilsgeschichtliche Allegorie eine ‚faktische Allegorie' *(allegoria in factis).* Sie umfasste Personen, wie Hagar und Sara, Ereignisse und Dinge. Unterschieden wurde sie von einer ‚sprachlichen Allegorie' *(allegoria in verbis),* worunter die Auslegung von Wörtern im Hinblick auf einen übertragenen Sinn verstanden wurde. Wohl im 18. Jahrhundert wurde für die ‚faktische Allegorie' der Terminus der Typologie eingeführt. Danach ist heilsgeschichtlich Christus der *Antitypus.* Der *Typus* oder die *figura* erfüllt sich ihn ihm oder *präfiguriert* ihn. So wurden die beiden Söhne Abrahams je als Typus oder *figura* des *Alten* und *Neuen Testaments* gedeutet, Adam, Moses und David je als Typus oder *figura* Christi, die Geschichte vom

7.2 Frühe christliche Auslegung der Bibel

Propheten Jona, der von einem Wal verschlungen und nach drei Tagen auf Geheiß Gottes wieder ausgespien wurde, schon im *Neuen Testament* als Typus des Todes und der Auferstehung Christi (Matthäus 12,40), Eva als Typus der Kirche, die Erhöhung der Schlange durch Moses als Typus der Erhöhung von Christus am Kreuz (Johannes 3,14), Isaaks hundertfache Ernte seiner Aussaat (1. Mose 26,12) als Typus der wunderbaren Brotvermehrung durch Christus (Matthäus 15,32–38), die zwölf Söhne Jakobs als Präfiguration der zwölf Apostel. Im *Brief an die Hebräer* wird Moses typologisch auf Christus bezogen, der alte Bund, den Gott mit Israel schloss, auf den neuen Bund durch Christus.

Im *Neuen Testament* (Apostelgeschichte 8,30–35) wird erzählt, wie zu einer typologischen Deutung angeleitet wird. Der Kämmerer, d. h. der Finanzminister, der Königin Kandake „in Mohrenland" liest auf dem Rückweg von Jerusalem einen Text des alttestamentarischen Propheten Jesaja. Von einem Engel geschickt fragt ihn Philippus, einer der Jünger von Jesus: „Verstehst du auch, was du liesest?" Der Kämmerer bittet Philippus um Verständnishilfe. Er versteht eine Passage nicht, die er gerade gelesen hat: „Er ist wie ein Schaf zur Schlachtung geführt, und wie ein Lamm still ist vor seinem Scherer, so hat er nicht aufgetan seinen Mund. In seiner Niedrigkeit ward ihm gerechtes Urteil versagt." (Jesaja 53,7 f.) Von wem redet der Prophet, fragt nun der Kämmerer, von sich selber oder von jemand anders? Philippus deutet dem Kämmerer nun diese Passage, indem er „von diesem Wort der Schrift" ausgeht und dann dem Kämmerer „das Evangelium von Jesus" predigt. Er deutet also typologisch die Sätze des Propheten auf den Tod von Jesus hin. Man kann sich vorstellen, was er wohl gesagt haben könnte. Denn Jesus wird im *Neuen Testament* häufig metaphorisch als Lamm, das geopfert wird, bezeichnet. Schon seine Geburt in einem Stall weist auf seine ‚Niedrigkeit' hin.

Diese typologische, auf Christus und die Kirche bezogene Interpretation unterscheidet die christliche von der jüdischen Auslegung. Doch auch die jüdische Auslegung kennt typologische Interpretationen. So konnte David als Typus des kommenden Heilskönigs gedeutet werden (2. Samuel 7,12), polemisch Esau, der im Vergleich zu seinem Zwillingsbruder Jakob (1. Moses 25,19–34) als eine üble, hinterhältige Figur gedeutet wurde, als Typus der Römer oder der Christen.

Für die christliche Allegorese gab keine einheitliche Lehre, es gab unterschiedliche Schulen. Nach einem doppelten Schriftsinn (lat. *sensus* oder *intelligentia*) ging z. B. Augustin vor, nach einem dreifachen Schriftsinn, so wie der Mensch aus Körper, Seele und Geist besteht, Origenes.[49] An den Universitäten in Paris und Oxford, die im 12. Jahrhundert gegründet wurden, wurde nach dem Modell wörtlicher Sinn, vordergründiger Sinn und tiefgründiger Sinn interpretiert. Unterschiedlich wurde das Verhältnis des wörtlichen zu den anderen Schriftsinnen gewichtet. Und dann wurde schon früh ein vierfacher Schriftsinn fixiert, auch um allzu spekulative Deutungen einzuhegen.[50] Als Demonstrationsbeispiel

---

[49] Origenes, *De Principiis,* IV, 2,4 (Origenes, *Prinzipien,* S. 709).

[50] Vgl. H. de Lubac, *Exégèse médiéval: Les quatre sens de l'écriture,* 4 Bde, Paris 1959–1964.; ders., *Typologie, Allegorie, geistiger Sinn,* Einsiedeln 1999; Pépin, a. a. O., S. 247 ff.; Ohly, a. a. O.; Brinkmann, a. a. O., S. 154–259.

diente häufig der Name ‚Jerusalem'. Unterschieden wurde ein wörtlicher bzw. historischer, d. h. so viel wie empirischer, ein moralischer bzw. tropologischer,[51] ein allegorischer bzw. spiritueller bzw. mystischer bzw. figurativer und ein anagogischer Sinn. Der anagogische (wörtlich so viel wie der hinaufführende, in die Höhe führende) ist der eschatologische, der endzeitliche Sinn. Jerusalem bedeutet wörtlich die jüdische Stadt, moralisch die gläubige Seele, spirituell die christliche Kirche, anagogisch das endzeitliche, himmlische Reich. Das Risiko einer mechanischen und willkürlichen Anwendung des Modells lag nahe und war den Interpreten durchaus bewusst. Vor ihm wurde auch gewarnt und die Bedeutung des wörtlichen Sinns betont. Es kommt zuerst auf ihn und auf den Kontext an, wie auszulegen sei. Der Löwe kann wegen seiner Tapferkeit und Beständigkeit Christus bedeuten, wegen seiner Gefräßigkeit aber auch den Teufel. Man befürchtete sogar, dass über die Allegorese die heidnische Mantik wieder eingeführt werden könnte.[52]

Ein Merkvers des Augustinus von Dacien aus dem 13. Jahrhundert lautet:

Littera gesta docet,
quid credas allegoria,
moralis quid agas,
quid speres [variiert: *tendas*] *anagogia.*

‚Der Buchstabe (der wörtliche, konventionelle Sinn) lehrt das, was geschehen ist, / was du glauben sollst die Allegorie, / der moralische Sinn, wie du handeln sollst, / was du hoffen/erstreben sollst der anagogische Sinn'.

Seit Philo von Alexandria wurde auch in der jüdischen Tradition nach dem vierfachen Schriftsinn ausgelegt. Im 13. Jahrhundert wurde dafür der Merkausdruck ‚PaRDeS' (von hebr. *Pardes*: wörtlich Baumgarten, etymologisch verwandt mit griech. *paradeisos*: Übersetzung für den Garten Eden, deutsch dann Paradies), eine Art Akrostichon, verwendet. Das P (*Peschat*: Wortsinn) steht für die einfache, konventionelle, das R (*Remez*: Hinweis, Anspielung) für die allegorische, das D (*Darasch*: Befragung, Forschung, Lehre) für die aktualisierende Verkündigung und das S (*Sod*: Geheimnis) für die mystische Auslegung.[53] Die Entsprechung zum vierfachen Schriftsinn mit *sensus litteralis, sensus allegoricus, sensus moralis* und *sensus anagogicus* liegt auf der Hand. Als eine verbindliche Lehre und Praxis wurde aber weder in jüdischer noch in christlicher Tradition die Auslegung nach dem vierfachen Schriftsinn ausgeübt.

---

[51] Abgeleitet vom rhetorischen Begriff der Trope, der ‚Wendung der Bedeutung'.
[52] Vgl. H. Freytag, *Die Theorie der allegorischen Schriftdeutung und die Allegorie in deutschen Texten besonders des 11. und 12. Jahrhunderts,* Bern/München 1982, S. 17 f.
[53] Vgl. Dohmen/Stemberger, a. a. O., S. 128 ff.

7.3 Reformatorische Auslegung der Bibel

In Misskredit kam die Allegorese, zumal die Lehre vom vierfachen Schriftsinn, im Humanismus und in der Reformation, schließlich in der Aufklärung, ohne dass er zum Bruch mit ihr führte. Die Allegorese wurde zugleich kritisiert und praktiziert. Zwei Gründe wurden für ihre Kritik vorgebracht, einer im Namen der neuen, humanistischen, philologischen Wissenschaft, einer im Namen der neuen, reformatorischen Theologie. Für den neuen wissenschaftlich-philologischen Anspruch griff man auf die Auslegungsinstrumente der Rhetorik zurück, vor allem auf die Lehre der Topik. (Vgl. S. 170 f., 178 f.)

Im Vergleich mit den als sicher geltenden Regeln der Topik erschien die traditionelle allegorische Auslegung als eine unsichere, oft willkürliche oder mechanische Auslegung.

Die humanistischen Philologen gingen in ihrer Editions- und Kommentierungsarbeit auf die Urtexte zurück (‚Zurück zu den Quellen!'), so auch über die lateinische und griechische Fassung auf den hebräischen Urtext in der Kommentierung der Bibel. Sie verglichen textkritisch die Handschriften, klärten sprachliche Probleme, übersetzten neu, verfassten Wörterbücher und Kommentare. Zu einer methodischen Auslegung nötigten Textverderbnisse, sprachliche oder sachliche Dunkelheiten oder Formulierungen, die nicht einleuchteten.

Für die Auslegung des biblischen Textes wandten sie die vertrauten rhetorisch-philologische Regeln an. Danach hat die Auslegung zuerst den wörtlichen Sinn zu klären. Der wörtliche Sinn wird traditionell abgegrenzt vom übertragenen und vom allegorischen Sinn. In der Abgrenzung zum allegorischen kann er den übertragenen Sinn einschließen. Bei unklaren Stellen sind klare, analoge Stellen heranzuziehen. Da die Bibel eine Einheit bildet, kann jede unklare Stelle aus analogen klaren Stellen interpretiert werden. So wird es in der Bibel selbst vorgeführt, wenn Paulus die für Luthers Theologie zentrale Frage, ob der Mensch durch seine Werke oder durch seinen Glauben gerechtfertigt wird, durch analoge Stellen zu Abraham und David zu klären versucht. (Römer 4,1–8) Die religiöse Einheit der Bibel kulminiert, wie Erasmus von Rotterdam (1466/67–1536) lehrte, in Christus. Seine Botschaft ist der Skopus für die Interpretation der ganzen Bibel.

Aus der philologisch-rhetorischen Wissenschaft der Humanisten, vor allem aus Erasmus von Rotterdams Konzeption der Topik als Ordnungs- und Erkenntnissystem (*De duplici copia verborum ac rerum* (Über die doppelte Fülle der Wörter und Sachen), 1512; *Ratio seu methodus compendio perveniendi ad veram theologiam* (Theologische Methodenlehre oder Verfahren, wie man zur wahren Gottesgelehrsamkeit gelangen kann), 1519) übernahm Philipp Melanchthon in seinen Abhandlungen *Loci communes rerum theologicarum seu hypotyposes theologicae* (Grundbegriffe oder Umrisse/Vergegenwärtigungen der Glaubenslehre, 1521) und *Elementa rhetorices* (Grundbegriffe der Rhetorik, 1531, im 16. Jahrhundert 44 Auflagen!) die Lehre der *loci communes,* der *Topoi,* der ‚Gemeinplätze', also der Gesichtspunkte, mittels derer ein Text erschlossen werden kann. Mit Gesichtspunkten wie z. B. Sünde, Gnade, Rechtfertigung folgte er Luthers

Theologie. Melanchthon lehrte die Rhetorik ausdrücklich als Methode, Texte genau und klug zu verstehen. Mit ihrer reflektierten Anwendung kann die Theologie wissenschaftlich fundiert werden. Auch er kritisierte die Allegorese nach dem vierfachen Schriftsinn. Von dieser Kritik nahm er die typologische Allegorese aus. Zu rechtfertigen ist die Allegorese nur, wenn sie dem wörtlichen Sinn und aus den *loci communes* folgt.

7.3.1 Luther: Die Bibel aus der Bibel interpretieren

Luther selbst, der mit der Rhetorik bestens vertraut war, übernahm in seiner Bibelhermeneutik ebenfalls die neue Fundierung der Auslegung durch die Lehre der *loci communes*.[54] Auch bei ihm findet sich ein Rückgang zum griechischen und hebräischen Bibeltext gegenüber der lateinischen Bibelfassung, der sog. *Vulgata*. Und es findet sich ein Rückgang auf das alte hermeneutische Programm, den Autor aus dem Autor, den Text aus dem Text zu interpretieren.

Polemisch gegen die Lehrautorität der Kirchenkonzile, Päpste und die Lehrtradition setzte Luther als Autorität für das Verständnis der Bibel nur die Bibel selbst, d. h. sein Verständnis der Bibel. Die Gläubigen sollen und können ihrem gläubigen Verständnis der Bibel vertrauen. (*An den christlichen Adel deutscher Nation*, 1520) Luthers Berufung auf den Text der Bibel setzte auch eine mediale Innovation voraus: den Buchdruck. Mit dieser neuen Technologie erhielten potentiell alle Gläubigen Zugang zur Bibel und in einer Form, die für alle gleich war.

Ohne eine Tradition versteht sich Luther natürlich auch nicht. Er zitiert auch ‚Kirchenväter', vor allem Augustin. Die eigentliche Verständnis- und Glaubensautorität ist jedoch die Schrift, allein die Schrift („sola scriptura"). Sie ist als solche die klarste (jedenfalls in ihren Hauptstellen), leichteste, offenbarste Glaubensquelle, sie prüft alles, berichtigt falsches Verständnis und erleuchtet alles. Sie ist ihr eigener Interpret: „sui ipsius interpres".[55] Die Bibel aus der Bibel

---

[54]Zur humanistischen und reformatorischen Bibelauslegung vgl. den sehr guten Überblick in Böhl u. a., a. a. O., S. 179 ff.; A. Grafton, *Defenders oft the Text. The traditions of scholarship in an age of science 1450–1800*, Cambridge/Mass. 1991, S. 1 ff., 23 ff.; zu Luther: G. Ebeling, *Evangelische Evangelienauslegung. Eine Untersuchung zu Luthers Hermeneutik*, 3. Aufl. Tübingen 1991; J. A. Steiger, *Martin Luthers allegorisch-figürliche Auslegung der Heiligen Schrift*, in: Zeitschrift für Kirchengeschichte 110, 1999, S. 331–351, betont gegenüber Ebeling die Bedeutung der Allegorese für Luther; Ph. Büttgen, *Doctrine et Allégorie au Début de la Réforme. Melanchthon*, in: Dahan/Goulet, a. a. O., S. 289–322, betont gegenüber Steiger die reformatorische Allegoresekritik aus der neuen Konzeption einer wissenschaftlichen Theologie. Zu Melanchthon vgl. auch H. Kallweit, *Kulturelle Konfigurationen*, Paderborn 2015, S. 87 ff.

[55]WA, Bd. 7, S. 97: Die Schrift ist „per sese certissima, facillima, apertissima, sui ipsius interpres, omnium omnia probans, iudicans et illuminans". Eine Zusammenstellung der wichtigsten Schriften zu Luthers Bibelauslegung findet sich in Bd. 5 von: *Luther Deutsch*, hrsg. v. K. Aland, 4. Aufl. Göttingen 1990.

7.3 Reformatorische Auslegung der Bibel

interpretieren: die alte hermeneutische Maxime, nun aber in einer polemischen Zuspitzung. So verfuhren die antiken Philologen nach dem Modell ‚Homer aus Homer', so verfuhren auch Rabbinen,[56] so lehrten es Clemens von Alexandria und Origenes im 2./3. Jahrhundert n. Chr.[57] und so entsprach es der humanistischen Philologie. Das richtige Verständnis der Bibel kann und soll sich an dem orientieren, was die Bibel zu ihrem Verständnis selbst lehrt. Daher wurden und werden auch in die Edition der Bibel Verweise auf Parallelstellen am Rand oder unter den Versen aufgenommen.

Allein die Schrift: Die Auslegung vollzieht die Selbstauslegung der Bibel nach, so wie für Luther das *Neue Testament* das *Alte Testament* auslegt, das Lukas-Evangelium die Briefe von Paulus und der Brief des Paulus an die Römer das ganze *Neue Testament*. Durch bedachtes Beziehen und Vergleichen von Textstellen kann die eine durch eine andere erklärt werden. So interpretiert „der Text den Text".[58] Zur Legitimation beruft sich Luther auf die Tradition der ‚Auslegungsväter' wie Augustin oder Origenes: „wenn sie einen Ort der Schrift auslegen, so tun sie es nicht mit ihrem eigenen Sinn oder Wort (denn wo sie das tun, wie oft geschieht, da irren sie gemeiniglich), sondern bringen einen anderen Ort herzu, der klarer ist, und also Schrift mit Schrift erleuchten und auslegen".[59] Wie ist z. B. der Gebrauch des Ausdrucks „Fleisch" in Paulus' Brief an die Römer zu verstehen? Er beruft sich auf Parallelstellen, um zu demonstrieren, dass „Fleisch" hier nicht ‚Unkeuschheit' bedeutet, sondern „den ganzen Menschen mit Leib und Seele, mit Vernunft und allen Sinnen".[60]

Auch Luthers hermeneutische Formel „sui ipsius interpres" hat eine starke reformatorisch-polemische Pointe. Sie richtet sich gegen die päpstliche oder konziliare Lehrautorität, aber auch gegen alle Arten von Träumen und Visionen als Deutungsquellen. Daher zitiert Luther in seinen Auslegungen nicht einfach Lehrautoritäten, wie es üblich war. Wenn er solche zitiert wie z. B. Augustinus, dann vor allem als Bestätigung seiner Textauslegung. Auch bewertet er Auslegung der meisten „Väter" durchaus kritisch, da sie z. B. der hebräischen Sprache nicht kundig waren. (*An die Ratsherren aller Städte deutschen Landes, dass sie christliche Schulen aufrichten und halten sollen,* 1524) Als er seine ersten Vorlesungen als Theologieprofessor in Wittenberg vorbereitete, ließ er den Bibeltext nicht mit den Glossen der Lehrtradition, sondern mit leerem Rand und leerem Raum zwischen den Zeilen verteilen. Die Studenten sollten darin Parallelstellen, seine Kommentare und wohl auch ihre eigenen einsetzen.

Die hermeneutische Maxime, die Bibel aus der Bibel zu verstehen, setzt voraus, dass die Bibel für das Wissen und den Glauben als von Gott inspiriertes

---

[56] Vgl. *Megilla* 72b (*Megilla,* a. a. O., S. 69), vgl. Stemberger, *Einleitung,* S. 26.
[57] *Stromateis,* 7, 96 (Clemens von Alexandria, *Teppiche,* Bd. 3 [Buch VII], S. 99); Origenes, *De Principiis,* IV, 2,3 (Origenes, *Prinzipien,* S. 709).
[58] WA, TR, Bd. 5, S. 556, Nr. 6246: „ita textus textum interpretetur".
[59] WA, Bd. 7, S. 639.
[60] WA, Bd. 7, S. 12.

Buch klar (jedenfalls in den Hauptpartien), vollständig und widerspruchsfrei ist. Sie bildet ein Ganzes und soll als ein Ganzes ausgelegt werden, man soll sie nicht „stückweise ansehen, sondern integram [integral]".[61] Ihre Einheit wird durch Christus gestiftet. Die Schrift stimmt „allenthalben überein", dass man Christus „erkenne".[62] Christus ist „der einzige Skopus der ganzen Schrift".[63] Er ist das „Mittelpünktlein im Zirkel, und alle Historien in der Heiligen Schrift, so sie recht angesehen werden, gehen auf Christum."[64] Wer diesen Skopus des Ganzen nicht verstanden hat, der versteht auch die einzelnen Wörter nicht.[65] Luther gebraucht neben Skopus noch die Begriffe Hauptstück, Hauptverstand, Hauptmeinung, Punkt, Kern, Mittelpunkt oder Mittelpünktlein, Summe, *capitalis locus* (Hauptort). In all ihren unterschiedlichen Formen zeigt sich in der Einheit der Schrift eine ‚reiche, große und weitläufige' Sinnvielfalt.[66] Die Schrift ist gleichwohl klar. Auch wenn es dunkle Formulierungen gibt, können sie doch mit philologischen Mitteln geklärt werden. Bei einer solchen Stelle soll geprüft werden, auf welche für Luthers Theologie zentralen Gesichtspunkte sie sich „am leichtesten reimt",[67] ob auf das Verhältnis von Gesetz, d. h. die Forderungen Gottes, und Evangelium, d. h. die Vergebung der Sünden durch Christus, oder auf die Lehre der Rechtfertigung allein durch den Glauben und die Gnade Gottes. Am Ende aber entscheidet die Auslegung, die sich auf Christus ‚reimt'. Die Probe auf die Richtigkeit der Auslegung liefern die Fragen: „Wo reimet sich's hin? Führet's auch zu Christo? Schickt sich's auch zum Glauben und christlichen Wesen?"[68] Luther ist kühn genug, dass er im Hinblick auf diesen Skopus notfalls auch eine Auslegung „Schrift gegen Schrift" für berechtigt hält.[69] So formuliert er in der Übersetzung von Römer 3,28 seine Lehre, dass der Mensch „gerecht werde ohne des Gesetzes Werke, allein durch den Glauben", obwohl der lateinische und griechische Ausgangstext kein Äquivalent für ‚allein' enthält. Luther rechtfertigt diese Interpolation mit dem Gebrauch von ‚allein' als Verstärkungspartikel im Deutschen: „der Text und die Absicht des Paulus fordern und erzwingens mit Gewalt." (*Ein Sendbrief vom Dolmetschen,* 1530)[70]

Formal gehen Luthers Auslegungen nach dem Modell des Kommentars vor, der in den jeweiligen Vorreden einen allgemeinen Auslegungsrahmen erhält. Dabei inszeniert er mit Anreden wie „du", „Lieber", der Rede von „Ich" oder „Wir" eine

---

[61] WA, Bd. 18, S. 69.
[62] WA, Bd. 24, S. 17; vgl. auch Bd. 20, S. 336.
[63] WA, Bd. 24, S. 511a.
[64] Wa, Bd. 47, S. 66.
[65] Vgl. WA, Bd. 10, S. 1.
[66] WA 34, Bd. 1, S. 32: „ein reich, gros und weitleufftig Evangelium".
[67] WA, TR, Bd. 1, S. 128.
[68] WA, Bd. 16, S. 73.
[69] WA, Bd. 45, S. 35.
[70] WA, Bd. 30, 2, S. 636 ff., das Zitat S. 641.

7.3 Reformatorische Auslegung der Bibel

kommunikative Lehrsituation. Diese Vorreden, die einzelnen Auslegungen und die Randglossen in seinen Übersetzungen sollten auch seine theologische Lehre sichern. Nicht nur zwischen Protestanten und Katholiken, auch innerhalb des reformatorischen Lagers kam es zu heftigen Kontroversen, z. B. zwischen Luther und dem Schweizer Reformator Zwingli über die eucharistische Formel „hoc est corpus meum" (das ist mein Leib, 1. Korinther 11,24), mit der Jesus das Brechen seines Brotes beim letzten Abendmahl kommentiert. Ist die Formel im Sinne von ‚das bedeutet meinen Leib' (Zwingli) oder von ‚das ist mein Leib' (Luther) zu verstehen?

In diesen Vorreden behandelt Luther Aspekte der Gattung, des Aufbaus, der Sprache und des Stils, der Thematik und der Absicht des jeweiligen Textes. Sie zeigen Luthers Vertrautheit mit dem topischen Inventar des *accessus ad auctores* (vgl. S. 178 ff.) Danach folgt die Auslegung Stelle für Stelle. Seine eigene Übersetzung der Bibel verstand er auch als einen solchen Kommentar. Da die Bibel vollkommen ist, sind dunkle oder unplausible oder überflüssige oder sonstwie auffallende Formulierungen als Anstöße zu verstehen, über den wörtlichen Sinn hinaus einen geistlichen zu suchen. Zwei Beispiele:

Aus der Auslegung des Psalms 102 zu Vers 14: „*Du wollest dich aufmachen und über Zion erbarmen*. Ich kann nicht zu dir kommen, deshalb, mein Gott, stehe auf und komm zu mir und hole mich zu dir. Das Aufstehen bedeutet das allersüßeste und gnädige Kommen Gottes in die Menschheit. Denn zu der Zeit stand Jerusalem fest, darum kann solches klägliches Rufen und Bitten nicht in bezug auf zeitliche Hilfe verstanden werden, sondern in bezug auf Christus und sein Reich. [...]"[71] Den Ausdruck Zion für Jerusalem musste er nicht erklären.

Das andere Beispiel entnehme ich der *Deutschen Auslegung des Vaterunsers für die einfältigen Laien* (1519). Ein für Luther programmatischer Titel! Zuerst klärt er die Gattung und die Weise, wie Christen beten sollen, und charakterisiert den Stil des Gebets, das mit wenigen Worten „viel und tiefe Absicht und Besinnung" verbindet. Dann ordnet er das Gebet nach „Vorrede, Anfang und Vorbereitung" („Vater unser der du bist...") und den folgenden sieben Bitten. Die vierte Bitte lautet „Unser täglich Brot gib uns heute". Diese Bitte wird zuerst insgesamt, dann Wort für Wort ausgelegt:

„Das erste heißt: ‚unser'. Das bringt zum Ausdruck, dass wir nicht vornehmlich um das gewöhnliche Brot bitten, das auch die Heiden essen und das Gott allen Menschen ungebeten gibt, sondern um unser Brot, die wir Kinder des himmlischen Vaters sind. Darum bitten wir [...] nicht um ein irdisches, sondern um ein himmlisches, geistliches Brot, das unser ist und uns himmlischen Kindern zueigen und not ist. Sonst wäre es nicht not gewesen zu sagen ‚unser täglich Brot'. Denn das leibliche Brot wäre mit dem Wort ‚das tägliche Brot gib uns heute' genügend bezeichnet. [...]"[72] Luther gelangt zu dieser Auslegung, weil er

---

[71] WA, Bd. 18, S. 512.
[72] WA, Bd. 2, S. 109.

unterstellt, dass im Text nichts Überflüssiges gesagt wird. Also muss das eigentlich überflüssige Pronomen einen besonderen, geistlichen Sinn haben. Er bedenkt auch mögliche alternative Formulierungen wie ‚das tägliche Brot' und ‚mein Vater', um herauszufinden, was der genaue Sinn von „unser täglich Brot" und „unser Vater" ist.[73] Eine sehr produktive hermeneutische Regel!

Um die Schrift selbst zum Sprechen zu bringen, um sich vor der Verführung durch „eigenen Sinn oder Wort" zu schützen, reicht es nicht die Schrift zu lesen. Man muss „forschen oder nachdenken oder betrachten".[74] ‚Forschen', d. h. suchen, untersuchen, fragen; ‚betrachten' ist der deutsche Ausdruck für ‚meditieren', für immer wieder neues, intensives, anhaltendes und einprägendes Lesen, Auswendiglernen und Nachdenken.[75] Jedes Wort, „stuck und stuck"[76] muss genau, ‚tastend und prüfend'[77] ausgelegt werden. Nie darf man glauben, dass man schon alles verstanden hat. Die Auslegung ist ständig „unterwegs".[78] Luther war sich durchaus bewusst, dass die Auslegung die Schrift auch verbiegen und verzerren kann, dass der Ausleger versucht sein kann, die Schrift dogmatisch zu ‚fangen'.[79] Die Formel, dass die Schrift ihr eigener Interpret ist, soll daher auch den Interpreten zu Demut anhalten. Er soll sich der Schrift unterwerfen, nicht die Schrift sich selbst.

In seiner Auslegung muss der Ausleger von dem Geist erfüllt sein, in dem die Bibel niedergeschrieben ist, er muss seinen eigenen, voreingenommenen Geist überwinden, denn die Schrift ist „offen", nicht „offen" sind unsere Augen.[80] Seine Auslegung muss mit dem Glauben, der *regula fidei,* so wie Luther ihn in seiner Christologie verstand, übereinstimmen. Der Glaube an Christus ist nicht nur der Skopus der Bibel, sondern auch die Voraussetzung, das, hermeneutisch formuliert, Vorverständnis für ihr Verständnis. Daher soll die Auslegung auch mit einem Gebet beginnen. (Hier setzte die katholische Kritik an der protestantischen Hermeneutik der *sola scriptura* an: Wenn der Glaube für das Verständnis unverzichtbar ist, dann ist auch die Auslegung der Schrift ohne die Tradition nicht denkbar.) So hatte es schon Augustin gelehrt und so setzt es stillschweigend, von einer strikt historisch-kritischen oder einer religionsgeschichtlichen oder literaturwissenschaftlichen Auslegung abgesehen, die christliche Bibelhermeneutik voraus.

---

[73]WA, Bd. 2, S. 86.
[74]WA, Bd. 48, S. 141. Luther bezieht sich hier auf Johannes 5,39: „Ihr suchet in der Schrift". (lat.: „Scrutamini Scripturas").
[75]Vgl. auch WA, Bd. 1, S. 624. Zur geistlichen Bedeutung der Betrachtung vgl. G. Kurz, *Zur Bedeutung der ‚Betrachtung' in der deutschen Literatur des 17. und 18. Jahrhunderts,* in: Ders., Hrsg., *Meditation und Erinnerung in der Frühen Neuzeit,* Göttingen 2000, S. 219–250.
[76]WA, Bd. 20, S. 402.
[77]WA, Bd. 7, S. 315.
[78]WA, Bd. 4, S. 365.
[79]Vgl. WA, Bd. 7, S. 9 und 98; Bd. 26, S. 439.
[80]WA, Bd. 10, S. 1.

7.3 Reformatorische Auslegung der Bibel

In seiner Frühzeit hatte Luther die Allegorese als „heimliche [d. h. auf den verborgenen, aber auch heimischen Sinn zielende] Auslegung"[81] durchaus angewandt. Von seinem neuen, reformatorischen Schriftverständnis aus kritisierte er sie, ohne sie jedoch ganz aufzugeben. So legt er z. B. in seinen frühen Vorlesungen zu den Psalmen (1513–1515) die Bedeutung von „Gericht" in Psalm 72,1 folgendermaßen aus: wörtlich das weltliche Gericht, anagogisch das Jüngste Gericht, allegorisch die Scheidung der Guten und Bösen, tropologisch die Verurteilung der eigenen Sündhaftigkeit durch Gott. In der Auslegung von V. 6 „Er wird herabfahren wie der Regen auf die Aue, wie die Tropfen, die das Land feuchten" heißt es dann, dass der Gläubige durch kein menschliches Werk, sondern „allein durch die Gnade und das Wirken des Heiligen Geistes gerechtfertigt und wiedergeboren" wird.[82]

In einer Tischrede aus dem Jahr 1540, also viel später, tut er die Allegorese als „lauter Dreck" ab: „Weil ich jung war, da war ich gelehrt und sonderlich, ehe ich in die theologia kam, da ging ich mit allegoriis, tropologiis, analogiis [mit Allegorien, Tropologien, Analogien] um und machte lauter Kunst [...] Ich weiß, das ein lauter Dreck ist, denn nun hab' ichs fahren lassen, und dies ist meine letzte und beste Kunst: Tradere scripturam simplici sensu [die Schrift in ihrem einfachen Sinn lehren], denn literalis sensus [der wörtliche Sinn], der tut's, da ist Leben, Trost, Kraft, Lehre und Kunst innen. Das andere ist Narrenwerk, auch wenn es hoch gleist [glänzt]."[83] Natürlich stimmt das nicht. Die Allegorese war für Luther nicht nur „lauter Dreck", konnte sie auch nicht sein, da sie in der Bibel ja selbst angewandt wurde.

Der wörtliche Sinn nun ist für Luther kein einfacher Sinn. Er ist ein reicher Sinn, der schon den religiösen Geist enthält. So kann er sich gegen den paulinischen Satz wenden, dass der Buchstabe tötet, der Geist aber lebendig macht. (2. Korinther 3,6) Der „Text" oder die „Historia" der Bibel ist kein „toter Buchstabe".[84] Er bzw. sie ist selbst schon „Geist", der lebendig macht. Der ‚wörtliche' Sinn als Artikulation des religiösen Geistes kann daher auch einen metaphorischen, ja auch allegorischen, prophetischen Sinn aufnehmen. In der Betonung dieser Wörtlichkeit kommt auch zum Ausdruck, dass das Evangelium für Luther weniger eine Schrift, sondern Wort ist, gesprochenes, wirken wollendes Wort. Daher die Bedeutung der Predigt in der reformatorischen Theologie.

Vor diesem theologisch-hermeneutischen Hintergrund konnte Luther die herkömmliche Praxis der Allegorese spekulativ erscheinen, zu wenig gegründet in einer genauen Auslegung des wörtlichen Sinns.[85] Er hatte natürlich auch faule

---

[81] WA, Bd. 16, S. 215; Bd. 22, S. 219.
[82] WA, Bd. 3, S. 468.
[83] WA, TR, Bd. 5, S. 45.
[84] WA, Bd. 22, S. 219.
[85] Vgl. WA, Bd. 42, S. 137; Bd. 6, S. 562; Bd. 40/I, S. 653. Augustin nahm er von dieser Kritik aus, vgl. WA, Bd. 43, S. 666.

Prediger im Blick, die sich nicht um das richtige Textverständnis kümmern und irgendwelche allegorische Bedeutungen herbeizaubern.[86] Doch wandte er sich von der Allegorese nicht ganz ab und fand für ihre Anwendung Gründe. Er nennt sie, um sich von der mittelalterlichen Allegorese abzugrenzen, „geistliche Deutung".[87] Einmal ist die Sprache selbst, er denkt besonders an die hebräische und deutsche Sprache, voller übertragener Bedeutungen.[88] So kann und soll auf dem wörtlichen Sinn als „Fundament"[89] das Gebäude der Allegorese errichtet werden. Allegorien und Allegoresen können auch verwendet werden, um als didaktische Mittel etwa in einer Predigt eine Aussage zu illustrieren.[90] Der wichtigste Grund: in der Bibel selbst kommen Allegoresen vor (vgl. S. 203 f.). So kann Luther z. B. den brennenden Dornbusch, der durch das Feuer nicht verzehrt wird (2. Mose 3,2), als *figura* von Christus, der alle Sünden auf sich nimmt und doch ohne Sünde bleibt, deuten.[91] Grundsätzlich gilt jedoch als hermeneutische Maxime, dass die Stellen der Schrift, wörtlich oder allegorisch („in figura"), auf Christus zu beziehen sind.[92]

Die Vorbehalte gegenüber allegorischen Bibelauslegungen verstärkten sich mit dem Aufkommen einer historisch-kritischen Bibelwissenschaft in der Aufklärung. Sie löste sich vom Axiom einer Verbalinspiration der Schrift und behandelte die Bibel wie Philologen einen antiken Text behandeln. Sie interessierte sich vor allem für den Quellenwert der biblischen Erzählungen. Gleichwohl verschwand nicht die Kunst der Allegorie und die Praxis der Allegorese, wie die religiöse und didaktische Literatur und Kunst des Barock und der Aufklärung sinnfällig demonstrieren und wie die Praxis der Predigt demonstriert, in der, den biblischen Text aktualisierend, immer auch Allegoresen angewandt werden.

Das neue Mythosverständnis der Aufklärung, das wie die antiken Mythen auch die biblischen Erzählungen als mythische Erzählungen begriff,[93] brachte auch eine neue (eigentlich alte, vgl. S. 134 f.), philosophische Form der Allegorese hervor. So interpretierten Kant und Schiller die biblische Geschichte vom Sündenfall als Mythos von der Emanzipation des Menschen aus seiner Abhängigkeit von der Natur (Kant, *Mutmaßlicher Anfang der Menschengeschichte*, 1786; Schiller, *Etwas über die erste Menschengesellschaft*, 1790) Beide stellten sich nicht die hermeneutische Frage, ob diese allegorische Bedeutung intendiert war. Sie unterstellten, dass eine solche Auslegung möglich und relevant ist.

---

[86]Vgl. WA, Bd. 23, S. 485.
[87]WA, Bd. 8, S. 28.
[88]Vgl. WA, TR, Bd. 2, S. 650.
[89]WA, Bd. 14, S. 560, vgl. auch WA, Bd. 16, S. 72 und Bd. 44, S. 109.
[90]WA, Bd. 40/I, S. 657: „velut picturae ornant et illustrant rem".
[91]Vgl. WA, Bd. 16, S. 87.
[92]WA, Bd. 15, S. 413: „Oportet omnes scripturae loci de Christo intelligantur sive aperte sive in figura."
[93]Vgl. W. Graf, *Die Entstehung des Mythosbegriffs bei Christian Gottlob Heyne*, in: Ders., Hrsg., *Mythen in mythenloser Gesellschaft*, Stuttgart 1993, S. 284–304.

Die reformatorische Bestreitung eines kirchlichen Auslegungsmonopols verschärfte natürlich die Frage einer ‚richtigen' Auslegung der Bibel. So lässt sich die Ausbildung der Hermeneutik als Wissenschaft in der Neuzeit auch als eine Reaktion auf diese neue Auslegungssituation verstehen.

Kapitel 8
Hermeneutik als Wissenschaft und Kunst

8.1 Die Entstehung der Hermeneutik in der Neuzeit

Aus dem griechischen Wortfeld von *hermeneuein, hermeneus* (vgl. S. 7) wurde im 17. Jahrhundert der Begriff der *hermeneutica,* der Hermeneutik, gebildet. Diesen Begriff führte der Straßburger Rhetor, Philosoph und lutherische Theologe Johann Conrad Dannhauer in seiner Abhandlung *Idea boni interpretis et malitiosi calumniatoris* (Idee des guten Interpreten und des böswilligen Sinnverdrehers, 1630) ein.[1] In den Titel nimmt er ihn programmatisch auf im späteren Werk *Hermeneutica Sacra sive Methodus exponendarum S. Literarum* (Heilige Hermeneutik oder Methode, die Heiligen Schriften auszulegen, 1654). Diese Begriffsbildung verweist auf ein verändertes theoretisches Bewusstsein gegenüber der hermeneutischen Tradition. Entstanden ist diese Hermeneutik im Grenzbereich von Logik und Rhetorik und nicht zufällig gerade nach der Erfindung der Buchdruckerkunst, der Ausweitung der Schriftkultur, der reformatorischen Forderung, die Bibel allgemein und überall ‚gläubig' zu lesen, so dass eine Kunst des Lesens und Verstehens auszubilden war, deren Pflege und Kontrolle diese neue Hermeneutik übernahm.

Der Philosoph Odo Marquard vermutete, dass diese Hermeneutik als Disziplin nicht zufällig in einer Epoche der Krise, eines konfessionellen Bürgerkrieges entstand. An die Stelle eines absoluten, blutig umkämpften Sinnes der Heiligen Schrift habe sie die Möglichkeit vieler Auslegungen, um die nun friedlich gekämpft werden könne, gesetzt.[2] Montaigne hätte einer solchen Erklärung

---

[1]Nachdruck der 5. Auflage, Straßburg 1652, hrsg. v. W. Sparn, Hildesheim/Zürich/New York 2004. Danach die Zitate im Fließtext.

[2]O. Marquard, *Frage nach der Frage, auf die die Hermeneutik die Antwort ist,* in: Ders., *Abschied vom Prinzipiellen,* Stuttgart 1981, S. 117–146.

widersprochen. Für ihn vermindert das Auslegen und Kommentieren, die Möglichkeit vieler Auslegungen die „Schärfe und Streitsucht" keineswegs.[3]

Die Ausbildung der Hermeneutik als Lehre von einer methodisch gesicherten Interpretation lässt sich besser begreifen als Antwort auf die Herausforderung durch die reformatorische Schriftauslegung und das methodische Ideal der aufkommenden Naturwissenschaften.[4] Denn die Entwicklung der hermeneutischen Theorie im 17. und 18. Jahrhundert ist gekennzeichnet durch die schon bei Dannhauer erkennbare Verwissenschaftlichung und Universalisierung der Hermeneutik. Sie wird konzipiert als regelgeleitete Methodik, in der jeder Satz aus Gründen hergeleitet wird. Bloße Aussagen über eine Textstelle sind noch keine Interpretation, sondern Meinungen. Interpretationen sind sie erst, wenn sie begründet werden, wenn argumentiert wird, dass diese Stelle aus diesen Gründen diesen Sinn hat und keinen anderen.[5]

Nun wird in vielen hermeneutischen Abhandlungen des 18. Jahrhunderts die Hermeneutik als eine *ars,* als eine Kunst verstanden. In der *Hermeneutica juris* (Hermeneutik des Rechts, 1750) von Christian Heinrich Eckhard heißt es z. B.: *Hermeneutica ars vocatur, quae regulas interpretandi tradit.* (Die Hermeneutik wird eine Kunst genannt, die Regeln des Interpretierens lehrt, Liber I, § XXII) Die Verbindung von Wissenschaft und Kunst in den hermeneutischen Abhandlungen mag erstaunen. Aber Kunst (gr. *techne,* lat. *ars, scientia*) bedeutete auch im 18. Jahrhundert noch ein lehr- und lernbares, methodisches, zweckorientiertes, handwerkliches Wissen und Können. In der Tradition der Rhetorik war es im 18. Jahrhundert auch üblich geworden, von einer *ars interpretandi,* einer Kunst des Interpretierens zu reden. Kunst in diesem Sinne und Wissenschaft *(scientia)* waren noch nicht scharf getrennt. Bis weit in die Neuzeit bildete das System der *artes liberales,* der ‚freien Künste' (Grammatik, Rhetorik, Dialektik, d. h. die Kunst des Denkens und Argumentierens, Geometrie, Arithmetik, Astronomie, Musiktheorie) die Grundlage der europäischen Wissenskultur.[6] Terminologisch trennten sich Kunst und Wissenschaft erst im Übergang zum 19. Jahrhundert.

Wenn in der hermeneutischen Theorie nach 1800 von einer Kunst der Auslegung gesprochen wird, dann wird unter Kunst zwar immer noch methodisches Wissen verstanden, betont wird jedoch, dass dieses Regelwissen an eine Grenze kommt, an der Übung, Erfahrung, Urteilskraft, Gefühl, Geschmack, Witz, Gespür, ja Takt wichtig werden. Kunst ist das, formuliert Schleiermacher, wofür es Regeln

---

[3]Montaigne, a. a. O., S. 537 *(Über die Erfahrung).*
[4]Baruch de Spinoza, *Tractatus Theologico-Politicus* (Theologischer-Politischer Traktat, Amsterdam 1670), führt im 7. Kapitel aus, dass der *methodus interpretandi* der Bibel mit der Methode der Interpretation der Natur, dem allgemeinen ‚Licht der Vernunft', übereinstimmen soll. Hier wie da soll es um richtige Schlussfolgerungen aus sicheren Tatsachen gehen.
[5]Vgl. O. R. Scholz, *Die allgemeine Hermeneutik bei Georg Friedrich Meier,* in: A. Bühler, Hrsg., *Unzeitgemäße Hermeneutik. Verstehen und Interpretation im Denken der Aufklärung,* Frankfurt a. M. 1994, S. 189 f.
[6]Vgl. Art.: *ars,* in: HWbdRh, Bd. 1, Sp. 1009–1030.

8.1 Die Entstehung der Hermeneutik in der Neuzeit

gibt, deren Anwendung „aber nicht wieder unter Regeln steht."[7] Dem hätten die Begründer der wissenschaftlichen Hermeneutik wie Dannhauer, Clauberg oder Thomasius nicht widersprochen. Georg Friedrich Meier demonstriert in seinem *Versuch einer allgemeinen Auslegungskunst* (1757) die Hermeneutik nach dem Wissenschaftsideal und nennt sie gleichwohl „Auslegungskunst": Trennung von allgemeiner Theorie und Praxis, d. h. der Anwendung der Regeln auf unterschiedliche Objekte wie literarische und philosophische, juristische und biblische Texte, Träume, Zeichen der Krankheit und Gesundheit; eine bemühte logische Systematik, keine Verwendung von Beispielen. In einer weiten Definition versteht Meier die Auslegungskunst als die „Wissenschaft der Regeln, durch deren Beobachtung [d. h. Beachtung] die Bedeutungen aus ihren Zeichen können erkannt werden." In einer engen Definition als die „Wissenschaft der Regeln, die man beobachten muss, wenn man den Sinn aus der Rede erkennen und denselben anderen vortragen will." (§ 1)

Gegenüber den traditionellen Spezialhermeneutiken für die Juristen, Theologen oder Philologen entwickelte Dannhauer schon in *Idea boni interpretis* das Programm einer allgemeinen Hermeneutik *(hermeneutica generalis)* und fasste die überkommenen Regeln der Interpretation zusammen. Interpretieren ist angewandte Logik. (*Idea*, § 3) Sowohl Logik als auch Hermeneutik gehen analytisch vor, beiden geht es um die Unterscheidung des Wahren und Falschen. Das Ziel der Hermeneutik ist es, den Sinn einer mündlichen oder schriftlichen Äußerung *(sensus orationis)* analytisch darzulegen *(exponere)* und eine falsche Auslegung auszuschließen. (*Idea*, § 7) Der Text mag dunkel *(obscurus)*, aber er muss prinzipiell interpretierbar *(exponibilis)* sein. (*Idea*, § 18) Logik und Hermeneutik unterscheiden sich darin, dass die Hermeneutik den Sinn einer Stelle zu klären hat, unabhängig davon, ob sie sachlich wahr oder falsch ist und die Begriffe richtig gebraucht werden. Der Satz ‚Der Vogelsberg ist der höchste Berg Hessens' ist sachlich falsch, aber verständlich.

Unterschieden wird nun eine hermeneutische, ‚sinngemäße', von einer sachlichen Wahrheit. Diese Ausrichtung ermöglichte die Lösung der Hermeneutik aus ihrer Bindung an spezielle Gegenstandsbereiche wie Gesetze, literarische Texte oder die Bibel und ihre Öffnung zu einer allgemeinen Hermeneutik. Sie konzipierte Dannhauer genauer als eine allgemeine Hermeneutik sprachlicher Zeichen. Was immer die Gegenstände sind, es geht immer auch um Sprache. Dannhauer schließt infolgedessen nichtsprachliche Objekte wie mantische Phänome oder Bilder oder Indizien aus seinem hermeneutischen Programm aus. Diese Eingrenzung des Gegenstandsbereichs der Hermeneutik orientierte sich an Aristoteles' *Peri hermeneias* (Lehre von der Aussage, vgl. S. 6). Diese Schrift hat ihn wohl auch zur Begriffsprägung von *hermeneutica* inspiriert, allerdings in der Umdeutung zu einer Lehre von der Auslegung.[8]

---

[7]KGA, 2. Abt., Bd. 4, S. 76.
[8]Vgl. dazu und im Folgenden: H.-E. Hasso Jaeger, *Studien zur Frühgeschichte der Hermeneutik*, in: Archiv für Begriffsgeschichte 18, 1974, S. 35–81; P. Szondi, *Einführung in die literarische Hermeneutik*, Frankfurt a. M. 1975; W. Alexander, *Hermeneutica Generalis. Zur Konzeption*

Seit dem 17. Jahrhundert wurde die Trennung einer sachlichen oder logischen von einer „hermeneutischen Wahrheit", wie es terminologisch in Siegmund Jacob Baumgartens *Ausführlicher Vortrag der Biblischen Hermeneutik* (§ 6) von 1769 heißt, in der hermeneutischen Diskussion nun allgemein geteilt. Diese Trennung hatte Sprengkraft: Sie führte zum Schwinden des Axioms der göttlichen Inspiration in der Niederschrift der Bibel und eröffnete den Weg zu einer, von ihrer Glaubenswahrheit getrennten, historischen Auslegung der Bibel. Verzeitlichung und überzeitlicher Geltungsanspruch der Bibel waren nun zu vermitteln. Die Bibel konnte nun ausgelegt werden ohne das hermeneutische Axiom des Glaubens. Sie konnte sogar als ein poetischer Text behandelt werden, wie von den Theologen Robert Lowth (*De sacra poesi Hebraeorum*, Von der heiligen Poesie der Hebräer, 1753) und Johann Gottfried Herder (*Vom Geist der Ebräischen Poesie*, 1782).

Natürlich kann man die Frage nach der hermeneutischen nicht gänzlich von der Frage nach der sachlichen Wahrheit trennen. Um den Sinn einer Aussage zu erfassen, ist es auch nötig, ihren Wahrheitsanspruch zu bedenken. Nehmen wir z. B. die ironisch gemeinte Äußerung ‚Schönes Wetter heute!' Um diese Ironie zu verstehen, müssen wir wissen, dass die Äußerung, wörtlich verstanden, falsch ist, und müssen wir unterstellen, dass der Sprecher dies auch weiß, und dass er uns unterstellt, zu wissen, dass er dies weiß, und daher verstehen zu können, dass er eine ironische Äußerung getan hat. Gleichwohl kann man eine hermeneutische von einer sachlichen oder logischen Wahrheit trennen. Diese Trennung bildet auch eines der Elemente in der Entwicklung einer literarischen Hermeneutik seit dem 18. Jahrhundert. Die literaturtheoretische Diskussion dieses Jahrhunderts ging auch um die Frage, ob und inwiefern literarische als erfundene Texte eine Wahrheit oder sogar eine eigene Wahrheit enthalten können. In der neuen Wissenschaft

---

und Entwicklung der allgemeinen Verstehenslehre im 17. und 18. Jahrhundert, Stuttgart 1993; A. Bühler, Hrsg., *Unzeitgemäße Hermeneutik. Verstehen und Interpretation im Denken der Aufklärung*, Frankfurt a. M. 1994; R. Sdzuj, *Historische Studien zur Interpretationsmethodologie der frühen Neuzeit*, Würzburg 1997; P. J. Brenner, Das *Problem der Interpretation. Eine Einführung in die Grundlagen der Literaturwissenschaft*, Tübingen 1998, S. 5 ff.; Scholz, *Verstehen und Rationalität*, S. 35–67; Petrus, *Genese und Analyse;* L. Danneberg, *Probabilitas hermeneutica. Zu einem Aspekt der Interpretationsmethodologie in der ersten Hälfte des 18. Jahrhunderts*, in: A. Bühler/L. C. Madonna, Hrsg., *Hermeneutik der Aufklärung* (Aufklärung, Jg. 8, H. 2), Hamburg 1994, S. 27–48; ders., *Logik und Hermeneutik im 17. Jahrhundert*, in: J. Schröder, Hrsg., *Theorie der Interpretation vom Humanismus bis zur Romantik – Rechtswissenschaft, Philosophie, Theologie*, Stuttgart 2001, S. 75–131; J. Schönert/F. Vollhardt, Hrsg., *Geschichte der Hermeneutik und die Methodik der textinterpretierenden Disziplinen*, Berlin 2005; Kurt, a. a. O., S. 47 ff.; S. Meier-Oeser, *Hermeneutik und Logik im frühen 17. Jahrhundert*, in: G. Frank/S. Meier-Oeser, Hrsg., *Hermeneutik, Methodenlehre, Exegese*, Stuttgart-Bad Canstatt 2011, S. 337–353; besonders Böhl u. a., a. a. O., S. 492 ff.

8.1 Die Entstehung der Hermeneutik in der Neuzeit

der Ästhetik wird der Welt dieser Texte eine eigene, spezifische „ästhetische Wahrheit" zuerkannt.[9]

In der Beschreibung der Mittel der hermeneutischen Analyse verwendet Dannhauer eine medizinische Metaphorik. Die fremde *oratio* – der Begriff der *oratio* bzw. der Rede umfasst in den Traktaten die schriftliche und mündliche Äußerung – imaginiert er in rhetorischer Tradition (vgl. S. 46 f.) als einen Körper, dessen dunkle Stellen wie Wunden geheilt werden müssen. (*Idea*, § 22 f.) Die hermeneutischen Mittel sind insofern Heilmittel *(remedia)*. Gewissermaßen als Physiologe behandelt der Interpret den Text als Körper, als Pathologe untersucht er die Ursachen ‚kranker' Stellen und als Therapeut wendet er die hermeneutischen Heilmittel an. Die Ursachen dunkler Stellen können im Text und beim Interpreten liegen. Sprachliche Mehrdeutigkeiten oder Dunkelheiten, logische Widersprüche, Ungenaues liegen im Text, beim Interpreten führen Ignoranz, Nachlässigkeit und Voreingenommenheit zu Missverständnissen, böswillige Absichten zu Sinnverdrehungen. Der Anspruch, einen Text heilen zu können, setzt die Unterstellung einer ‚gesunden' Rationalität voraus, deren ‚Erkrankungen' auch deswegen heilbar sind. Diese Unterstellung läuft schon auf den Anspruch hinaus, dass der Interpret den Autor besser verstehen kann, als er sich selbst versteht, wie es in der romantischen Hermeneutik später heißen wird. (Vgl. S. 274 ff.)

Heilmittel liefern die Logik, die Grammatik, d. h. Orthografie, Syntax und Semantik, und die Rhetorik. (§ 50 ff.) In den einzelnen Interpretationsregeln im Rahmen von Logik, Grammatik und Rhetorik erkennt man die traditionellen rhetorisch-philologischen Regeln und die *accessus ad auctores*-Lehre wieder: Beachtung der textkritischen Forderungen, Beachtung der Etymologie und des Gebrauchs der verwendeten Wörter, Ermittlung des Skopus *(scopi consideratio)* des Werks, Beachtung der Person des Autors, seiner Stellung und seiner Denk- und Sprachgewohnheiten, der historischen Umstände von Autor und Werk, Beachtung seines spezifischen Stils. Anwendung der Analogie, d. h. Klärung einer Stelle durch analoge Stellen *(collatio locorum)* sei es bei demselben Autor oder bei anderen Autoren. Je nach dem analogen Verhältnis können sie ein zwingendes oder ein wahrscheinliches Argument liefern. Beachtung des Kontextes der Stelle, Beachtung der gesamten inhaltlichen Disposition. Zum Abschluss rät Dannhauer zu einer Paraphrase als weiterer Klärung und Sicherung des gewonnenen Verständnisses.

Gegen den Anspruch eines Auslegungsmonopols der Bibel durch die katholische Kirche, 1546 auf dem Konzil von Trient rigide reformuliert, richtet sich seine lutherische Lehre, dass jeder mit Vernunft und Urteilskraft begabte Mensch auch ein guter Ausleger der Bibel werden kann. (§ 15) Auch der Papst ist nur ein Ausleger wie jeder andere. Ein guter Ausleger benötigt Sprachkompetenz, Fähigkeit zu logischem Denken, Urteilsvermögen, Wissen, Erfahrung, Sensibilität für Nuancen, Sorgfalt, Fleiß. Er benötigt auch eine gute Phantasie *(bona*

---

[9]Vgl. z. B. A. G. Baumgarten, *Aesthetica,* Frankfurt a. d. O., 1750–1758, § 423; G. F. Meier, *Anfangsgründe aller schönen Wissenschaften,* Halle 1748–1750, § 32.

phantasia), um sich wie Proteus in den Autor und seine Welt versetzen zu können *(se mutare)*. Diese Fähigkeit des Sich-Hineinversetzens oder Einfühlens wird im Laufe des 17. und 18. Jahrhunderts immer stärker betont werden. (Vgl. S. 233 ff.) Wie kann man die Psalmen Davids verstehen, wenn man nicht an sich selbst die schwersten Versuchungen erfahren hat? (§ 16) Dannhauer bezieht sich dabei auf eine Forderung in *Oratorium Institutionum* (Rhetorik, 1606) von Gerhard Johannes Vossius und wendet sie um: Wenn der Redner Phantasie haben muss, um wieviel mehr muss der Ausleger Phantasie haben!

Selbstkritisch muss der Ausleger auch darauf bedacht sein, das Auslegen nicht seinen Vorurteilen, Leidenschaften, Ressentiments und seinem Wunschdenken zu unterwerfen, sondern sich darauf zu richten, was der Autor mit und in seinem Text sagen will. Er muss den Autor und den Text achten und seinen Sinn nicht böswillig verdrehen. Vielmehr muss er sich von einer Gutwilligkeit im Verstehen (*pietas in voluntate*, § 16) leiten lassen und daher dem Autor unterstellen, dass er weiß, was er tut. Allenthalben wird in den Hermeneutiken der Zeit der ‚Sinnverdreher' verurteilt. Diese Forderung der Gutwilligkeit oder, wie sie dann auch genannt wurde, der Billigkeit oder Nachsicht oder des Wohlwollens im Interpretieren wird in der Aufklärungshermeneutik zur wichtigsten Interpretationsmaxime aufsteigen. Auf sie werde ich noch genauer eingehen. (Vgl. S. 236 ff.) Der Ausleger soll auch seinen eigenen Augen und seiner Interpretation vertrauen, dann erst soll er Kommentare zu Rate ziehen. (§ 105)

Wie Dannhauer behandelte der reformierte Theologe und Philosoph Johann Clauberg die Hermeneutik als eine allgemeine und unter dem Titel *De vero orationis obscurae sensu* (Über den wahren Sinn der dunklen Rede) als ‚analytischen' Teil der Logik.[10] Logik und Hermeneutik (*Hermeneutica*) handeln von der Erkenntnis des Wahren. In ihrem genetischen Teil lehrt die Logik die richtige Bildung und Mitteilung eigener Gedanken, in ihrem analytischen, hermeneutischen Teil die richtige Interpretation und Beurteilung geäußerter Gedanken. Die Konzeption der hermeneutischen Analyse der mündlichen oder schriftlichen Äußerung als Umkehrung ihrer Genese nimmt die alte Umkehrung der Rhetorik in eine Interpretationslehre auf. Dieses Modell fundiert die ganze Aufklärungshermeneutik und wird, in einer Neufassung als Rekonstruktion, noch die Hermeneutik Schleiermachers fundieren.

Sprachtheoretisch setzt dieses Modell die Trennung des Gedankens von seiner sprachlichen Form voraus. Von diesem Modell ging schon die Rhetorik aus. Danach geht der Autor von der Fassung seiner (vorsprachlichen) Gedanken, als

---

[10]J. Clauberg, *Logica vetus & nova, Modum inveniendae ac tradendae veritatis, in Genesi simul & Analysi, facili methodo exhibens* (Alte und Neue Logik, in einer leichten Methode den Modus des Findens und Lehrens der Wahrheit, in der Entstehung und Analyse, darlegend), Amsterdam 1658. Zitiert im Fließtext nach *Opera Omnia Philosophica*, 2 Bde, Amsterdam 1691, Nachdruck Hildesheim 1968. Bd. 2, *Pars Tertia: De vero orationis obscurae sensu*. Diesen Teil nennt Scholz, *Verstehen und Rationalität*, S. 41, „einen der geschlossensten und instruktivsten hermeneutischen Traktate, die je geschrieben wurden." Zu Clauberg vgl. auch Detel, a. a. O., S. 95 ff.

innere Rede verstanden, zu ihrer sprachlichen Form, zur äußeren Rede, über. Das Sprechen oder Schreiben eines Autors verläuft von den Sachen *(res)* über die Vorstellungen oder Gedanken *(notiones)* zu den Wörtern *(verba)*, umgekehrt verläuft das Auslegen von den Wörtern über die Vorstellungen zu den Sachen. Wenn dieser Weg nach Regeln verläuft, der Autor also die Regeln der Logik und Sprache und die Sache beachtet, die richtigen Wörter den Vorstellungen zuordnet, dann kann der Interpret, der seinerseits diese Regeln teilt und beachtet, aus der sprachlichen Form die Gedanken des Autors mit großer Sicherheit ermitteln, im Idealfall dieselben Vorstellungen mit denselben Sachen verbinden.[11] „Wer seine Gedanken einem andern durch Worte zu erkennen gibt", schreibt Hermann Samuel Reimarus, „der will, dass der andere eben das bei den Worten gedenken soll, was er selbst denkt, d. i. er will verstanden sein."[12] Unterstellt wird also im Idealfall die Möglichkeit einer transparenten Kommunikation, die Möglichkeit, die Gedanken des Autors identisch im Leser zu wiederholen. Bedacht wird jedoch, dass der Idealfall nicht der Normalfall ist und dass selbst der Idealfall die Identität nicht verbürgt. Es gibt schließlich keine denkbare Instanz (außer einer göttlichen), von dem aus eine solche Identität festgestellt werden könnte.[13] Dass es einen solchen Idealfall überhaupt gibt, wird auch bald bestritten werden.

Differenzierter und ausführlicher als Dannhauer stellt Clauberg, ebenfalls in der überkommenen Frage (des Schülers)-und-Antwort (des Lehrers)-Situation, die Mittel der Interpretation eines fremden Textes zusammen. Die Mittel werden unterschieden in externe *(extra orationem posita)* und interne Gesichtspunkte. Die externen Gesichtspunkte entsprechen den *circumstantiae,* den Um-ständen des Textes. (Vgl. S. 178) Gesichtspunkte für die interne Auslegung liefern Philologie, Lexikologie, Grammatik und Rhetorik.

Womit soll der „Hermeneuticus" beginnen? Sieben externe Gesichtspunkte sieht Clauberg vor (Cap. III–V): Beginnen soll er mit der Person und dem Denken des Autors *(ratio Authoris loquentis)*. Wer spricht? Ist es Gott oder ein Lehrer, ein Schüler, ein Politiker, ein Freund usw.? Aus dem Text, in dem der Autor sich selbst kundgibt *(semetipsum indicat),* aus Zeugnissen des Autors und aus Zeugnissen anderer kann eine Vorstellung davon gewonnen werden, wer der Autor ist, wie und was er denkt. (Cap. III, 14)

Zweitens ist der Adressat des Textes wichtig. Ist es ein Schüler, ein Vorgesetzter, ein Kollege, das Bildungsbürgertum? Der Adressat liefert indirekt auch Aufschlüsse über den Autor und den Zweck und Stil seines Textes. Der dritte Gesichtspunkt ist die Thematik *(materia)* der Rede. Der vierte der Skopus, der

---

[11]Vgl. K. Weimar, *Zur neuen Hermeneutik um 1800*, in: J. Fohrmann/W. Vosskamp, Hrsg., *Wissenschaft und Nation. Studien zur Entstehungsgeschichte der deutschen Literaturwissenschaft,* München 1991, S. 195 f.; K. Petrus, *Die intentio auctoris in Hermeneutiken des 17. und 18. Jahrhunderts,* in: Philosophisches Jahrbuch 103, 1996, S. 339–355, bes. S. 341 ff.
[12]H. S. Reimarus, *Die Vernunftlehre. Als eine Anweisung zum richtigen Gebrauche der Vernunft in dem* [sic!] *Erkenntnis der Wahrheit,* Hamburg, 3. Aufl. 1766 (zuerst 1756), 2. T., § 253.
[13]Vgl. Chladenius, *Einleitung,* S. XXI.

Zweck des Textes. Titel und Vorwort geben häufig Hinweise auf die Thematik und den Skopus. Der fünfte die Gesinnung und affektive Beteiligung *(animus et affectus)* des Autors: Äußert er sich wissenschaftlich, literarisch, beruflich, öffentlich oder privat? Ist er davon überzeugt, wovon er schreibt? Vertritt er eigene Überzeugungen oder die anderer? Der sechste: Sprache und Stil. Die Sprache kann die lateinische Gelehrtensprache, die Volkssprache oder eine fremde Sprache sein, der Stil lakonisch, schlicht, elegant, weitschweifig, pathetisch, wissenschaftlich usw. Zu bedenken sind hier auch die Herkunft des Autors, seine Zugehörigkeit zu philosophischen oder literarischen Schulen, Epochenstile. Der siebte: Wann und wo spricht der Autor? Dieser ‚Umstand' soll nicht nur vor anachronistischen Fehlinterpretationen schützen, er soll auch den Ort der Rede in ihrer spezifischen historischen Situation, in z. B. wissenschaftlichen, politischen oder theologischen Auseinandersetzungen, oder an einem spezifischen Äußerungsort, in einer Kirche, in einer Schule oder Universität, im Parlament oder im Freundeskreis usw. berücksichtigen. Der Text wird dadurch auch verstanden als eine Antwort auf Fragen der Zeit und bestimmt durch Anlässe, Gattungen und Institutionen.

Die Zuordnung des Autors zu externen ‚Umständen' verwundert uns heute. Sie ist erklärbar aus der Trennung der Gedanken bzw. der Absicht des Autors von ihrem sprachlichen Ausdruck. Durch die Einsicht in die sprachliche Verfasstheit des Denkens spätestens seit Herder im 18. Jahrhundert ist der Autor jedoch nicht mehr vom Werk zu lösen. Auch verstehen wir die Bedeutung von Wörtern in einem Text immer in Kontexten, also also auch nie unabhängig von der Frage, was mit ihnen gemeint ist. Wohl sagt Clauberg, dass der Sinn *(sensus)* des Textes sich erst ergibt aus der Kongruenz *(congruentia)* der Bedeutung der Wörter *(significatio)* mit den bezeichneten Sachen und der Intention *(mens)* des Autors. (Cap. I, 5) Der Begriff der Kongruenz setzt jedoch eine Distanz von *significatio* und *mens* voraus. Erklärbar ist diese Zuordnung auch aus dem Verständnis des Autors als einer *causa efficiens,* als Wirkursache des Textes. Diese Lehre vom Autor als *causa efficiens* wurde von der *accessus ad auctores*-Lehre (vgl. S. 178 ff.) übernommen. Warum ziehen wir solche ‚Umstände' wie den Autor, Zeit und Ort für die Klärung dunkler Stellen heran, wo sie doch außerhalb des Textes gelegen sind, fragt der Schüler. Weil sie, antwortet der Lehrer, die Wirkursache für den Sinn des Textes sind und der Sinn des Textes als ihre Wirkung vollkommen verstanden werden kann. (*Quia tum demum perfecte cognoscitur effectus,* Cap. III, 12) Die Trennung von Intention und Sprache wird interpretationspraktisch beibehalten, aber interpretationstheoretisch im Laufe des 18. Jahrhunderts aufgegeben.

Für den Text selbst *(ipsa oratio,* Cap. V) und seine Wörter benötigt der Ausleger Kenntnisse der philologischen Wissenschaften *(artes),* der Lexikologie, der Grammatik und der Rhetorik. Die Lexikologie belehrt z. B. über die Bedeutung von Wörtern, über Synonyme, Strukturwörter wie *dass, aber, weil,* und die wichtige Etymologie, die Grammatik über Orthografie, Interpunktion, Genus, Deklination und Syntax, die Rhetorik lehrt z. B., wann ein Ausdruck wörtlich oder tropisch (Metapher, Metonymie, Synekdoche, Periphrase u. a.) zu verstehen ist. Tropen muss man einkalkulieren, um z. B. klären zu können, ob ein Widerspruch vorliegt oder nicht oder ob Parallelstellen (*loca parallela,* Cap. IX, 60) herangezogen werden können oder nicht. Von einem Tropus soll man erst ausgehen, wenn es unumgänglich ist. (Cap. V).

Wichtig ist es auch, das Verhältnis von Subjekt und Prädikat genau zu bestimmen, den Kontext (*antecedentia et consequentia,* Cap. VI, 33) zu beachten und geeignete Parallelstellen heranzuziehen. Parallelstellen muss man genau prüfen. Ihren Vergleich kann man auf größere Partien ausweiten (*locorum collatio,* Cap. V, 31). Das Verhältnis von Subjekt und Prädikat ist auch in einem weiteren Sinn auf das, modern formuliert, Verhältnis von Thema und Rhema (das, was zum Thema gesagt wird) auszuweiten. Man muss die konventionelle und terminologische Verwendung eines sprachlichen Ausdrucks bedenken. ‚Glauben' bedeutet z. B. theologisch etwas anderes als in alltäglicher Verwendung.

Dann soll man den ganzen Text betrachten und fragen, ob er oder Teile von ihm z. B. wörtlich, vieldeutig oder allegorisch verstanden werden müssen. (Cap. VIII) Dabei soll der Ausleger besonders berücksichtigen, ob und wie der Autor sich selbst interpretiert. (*an&quomodo Scriptor semetipsum interpretetur,* Cap. IX) Drei Möglichkeiten gibt es, den Autor aus dem Autor zu erklären (*scriptor ex ipso scriptore*): aus expliziten Äußerungen des Autors zu diesem Text, Äußerungen des Autors anderswo, und, wenn es um eine mündliche Äußerung geht, aus seiner Mimik und seinen Gesten. (Cap. IX, 52) Von Nutzen ist natürlich auch, was andere Ausleger und Kommentatoren zu diesem Autor und diesem Text sagen. (Cap. IX) Und wenn der Autor sich nicht selbst interpretiert? Kann ihm dann eine Intention (*sententia*) zugeschrieben werden, die aus seinem Text gefolgert werden kann? Ja, antwortet der Lehrer, wenn die Folgerungen zwingend sind und aus anderen Zeugnissen des Autors hervorgeht, dass er diese Intention haben oder wollen kann. Der Lehrer zitiert dazu den berühmten Satz des Celsus aus den *Digesten* (vgl. S. 163): „scire leges non hoc est verba earum tenere, sed vim ac potestam" (Gesetze kennen heißt nicht, an ihren Wörtern zu haften, sondern ihren Sinn und Zweck zu verstehen, Cap. X, 69). In dem Maße, in dem die Selbstinterpretation des Autors an Legitimität verliert, wird dieses Vorgehen, wie dann in der romantischen Hermeneutik, an Legitimation gewinnen.

Für die Auslegung empfiehlt Clauberg eine mehrmalige Lektüre: Zuerst eine kursorische, ‚durchlaufende' Lektüre, um eine Idee des Ganzen zu gewinnen, dann eine gründliche, mit Konzentration auf die Systematik des Ganzen und besondere Schwierigkeiten. Hilfreich sind das Kennzeichnen und Exzerpieren wichtiger Stellen und das Anlegen eines Sach- oder Wortregisters. In einer erneuten Lektüre soll dann das Verständnis einzelner schwieriger Stellen mit dem Verständnis des Ganzen in Übereinstimmung gebracht und geprüft werden, ob die Schwierigkeiten dadurch behoben werden können.

An die Spitze dieser Interpretationsverfahren stellt Clauberg allgemeinste Regeln, Maximen also, die die ganze Interpretation leiten sollen: „Die allgemeinsten und höchsten Regeln der Interpretation sind: in Zweifelsfällen die gütigeren (*benigniora*) wählen; alle Auslegungsgründe berücksichtigen; mehrere Bedeutungen gelten lassen, wenn sie gleich wahrscheinlich sind, nicht ohne triftigen Grund verurteilen und nicht den geringfügigen Irrtum durch eine überscharfe Zurückweisung ahnden." (Cap. XIII, Überschrift[14]) Die Maxime der gütigen oder gütigeren Auslegung, eine alte Maxime (vgl. S. 240 f.), die auch Dannhauer mit dem Begriff des gutwilligen Verstehens übernahm, wird, wie schon erwähnt, in der Aufklärungshermeneutik zur Grundmaxime der Billigkeit entwickelt werden. (Vgl. S. 236 ff.) Diese Maxime impliziert die Unterstellung, dass der Autor rational und moralisch integer (*sapiens & bonus author*, Cap. VIII, 45) handelt und der Text sprachlich klar und konsistent und thematisch kohärent verfasst ist. Und wenn aber der Sinn des Textes trotz sorgfältiger Auslegungsbemühungen immer noch zweifelhaft bleibt? Dann ist nach den Gesetzen der Menschlichkeit, der Rechtsklugheit und der Nächstenliebe (*caritas*) derjenige Sinn zu wählen, der nichts Unvernünftiges enthält, und der Sinn zurückzustellen, der für den Autor weniger ehrenvoll (*honorificus*) ist. Erst wenn alle Auslegungsgesichtspunkte zusammen genommen Irrtümer, Fehler, Absurditäten oder sonstwie Dubioses nicht ausräumen können, muss die Interpretation ‚zur besseren Seite' (*in meliorem partem*, Cap. XIII, 86) aufgegeben werden.

8.1.1 Authentische und hypothetische Gewissheit der Interpretation

Die erste deutschsprachige Version einer philosophischen Hermeneutik liegt in *Ausübung der Vernunftlehre* (1691)[15] des Juristen und Philosophen Christian Thomasius vor.[16] Auch hier erklärt der Ausleger einem Schüler die Auslegungsregeln. Nach den „Hauptstücken" *Von der Geschicklichkeit, der Wahrheit nachzudenken* und *Von der Geschicklichkeit, anderen die Wahrheit beizubringen* folgt das hermeneutische Hauptstück *Von der Geschicklichkeit, die von anderen vorgelegte Wahrheit oder Irrtümer zu begreifen und verstehen.*

Entschieden definiert Thomasius die Auslegung als ein probabilistisches Unternehmen, die hermeneutische Wahrheit als eine mutmaßliche Wahrheit. Dieses Verständnis der Hermeneutik wird sie aus der Logik lösen: „Die Auslegung (interpretatio) ist hier nicht anders als eine deutliche und in wahrscheinlichen Mutmaßungen gegründete Erklärung desjenigen, was ein anderer in seinen Schriften hat verstehen wollen, und welches zu verstehen etwas schwer oder dunkel ist." (§ 25) Die heute ungewöhnliche Formulierung „was ein anderer in seinen Schriften hat verstehen wollen" könnte man umformulieren in ‚was ein anderer in seinen Schriften hat sagen wollen'.

---

[14]Übersetzung nach Scholz, *Verstehen und Rationalität,* S. 41 f.
[15]Chr. Thomasius, *Ausübung der Vernunft-Lehre,* Halle 1691. Nachdruck Hildesheim/Zürich/New York 1998. Danach die Belege im Fließtext.
[16]Zur Bedeutung von Thomasius vgl. F. Vollhardt, Hrsg., *Christian Thomasius (1655–1728). Neue Forschungen im Kontext der Frühaufklärung,* Tübingen 1997.

Die Interpretation kann sich nur auf Mutmaßungen und nicht auf „unstreitige Wahrheiten" stützen, weil wir die Gedanken eines anderen nie „unmittelbar" fassen können. (§ 56) Daher sind nur hypothetische Aussagen möglich, die höchstens eine wahrscheinliche Gewissheit beanspruchen können. Sogar bei den „allerdeutlichsten Reden der Menschen" (§ 57) ist nur eine wahrscheinliche Gewissheit möglich. Denn auch hier muss man mutmaßen, dass die Bedeutung der Worte der wahren Meinung des Redenden entspricht. Wegen der „allgemeinen Bosheit" kann es leicht geschehen, dass jemand anders redet als er denkt. Nicht allein bei dunklen Stellen ist demnach die Auslegung nicht gewiss, sie ist es, wegen der Vermittlung der Gedanken anderer durch Zeichen (vgl. § 33), grundsätzlich nicht. Über eine hypothetische Gewissheit kommen wir nicht hinaus.

Thomasius formuliert dann Interpretationsregeln, wobei er anmerkt, dass man ein vollständiges Regelinventar gar nicht angeben kann, da die „Mutmaßungen aus vielfältigen und fast unzähligen Umständen pflegen hergenommen zu werden". Daher verändert die Veränderung des geringsten Umstandes auch die Mutmaßung. (§ 64) Die wichtigsten Regeln (§§ 65–81): Achte auf die Person, die redet, auf ihren „Stand", ihre Neigungen und ihr Interesse („Zuneigung"); achte auf die Intention des Autors und „auf was für eine Sache sich das, was er redet, schicke." Weil es in allen Reden und Schriften eine Verknüpfung von (enger oder weiter gefasst) Subjekt und Prädikat gibt, kann aus dem Verständnis des einen auf das andere, das womöglich „dunkel" ist, geschlossen werden. Achte auf den Kontext und darauf, was der Autor „anderswo" geschrieben hat. Ziehe also parallele Stellen heran. Man kann unterstellen, dass der Autor sich nicht widerspricht und sprachlich einheitlich formuliert. Achte auf die „Grund-Regel" der Schrift eines Autors. Damit ist der Skopus der Schrift gemeint. Er kann z. B. in der Lehre bestehen, dass man in seinem Tun und Lassen „die Tugend und den allgemeinen Nutzen aller Menschen" (§ 82) beachten müsse. Bei alternativen, gleich wahrscheinlichen Auslegungen ist diejenige vorzuziehen, die mit der „gesunden Vernunft" übereinkommt.

Wer diese Regeln mit Urteilskraft anzuwenden weiß, aufmerksam ist, einen „geschwinden und fähigen Verstand" (§ 62) hat und seinen eigenen Kopf gebraucht, der ist ein guter Ausleger. Später werden noch Sachkenntnis, umfangreiche Lektüre, Vorurteilslosigkeit und, besonders wichtig, die Achtung der Meinung des Autors hinzugefügt. Wer dagegen dem Autor seine eigene Meinung unterschiebt, ist ein Sinnverdreher.

Intensiv wird in der Zeit über Wahrscheinlichkeit und wahrscheinliche Aussagen diskutiert. Wahrscheinliche Aussagen sind demnach solche, bei denen wir mehr oder weniger gute Gründe haben, diese Sätze für wahr zu halten. Es gibt Grade der Wahrscheinlichkeit, die sich unstreitigen Wahrheiten annähern. Unterschieden wird daher nach mehr oder weniger wahrscheinlich. An der Diskussion über Wahrscheinlichkeitsgrade, über den *grammar of assent,* beteiligten sich auch John Locke (*Essay Concerning Human Understanding,* 1689) und Gottfried Wilhelm Leibniz (*Nouveaux Essais,* 1765 posthum). Eine Auslegungshypothese ist umso wahrscheinlicher, wird Georg Friedrich Meier lehren, je mehr alle erreichbaren Informationen auf eine stringente Weise mit ihr in Übereinstimmung gebracht werden. (*Versuch einer allgemeinen Auslegungskunst,* § 239) Eine Auslegung kann einen solchen Grad der Wahrscheinlichkeit erlangen, dass an ihr nicht mehr gezweifelt wird, dass sie als eine Gewissheit gilt. Nach Chladenius (*Einleitung zur richtigen Auslegung vernünftiger Reden und Schriften,* 1742) entwirft der Interpret Hypothesen und erarbeitet sich „nach und nach" eine „Gewissheit" der Interpretation. (§ 379)

Diese Gewissheit gilt jedoch nur auf Zeit. Sie gilt solange, bis eine andere Interpretation stärkere Gründe für sich anführen kann. Sie gilt *donec constet contrarium,* bis das Gegenteil sich herausstellt.[17] Pointiert formuliert Meier, dass selbst die „allergrößte hermeneutische Gewissheit" niemals ohne „Furcht des Gegenteils" auskommt. (§ 242) Bei allem interpretativen Bemühen gibt es sogar Fälle, wo man bekennen muss, nichts begreifen zu können, da Gedanken und Sprache des Autors völlig unklar und undurchdringlich sind. (§ 58)

Ganz gewiss ist für Thomasius wie für viele andere nur die *interpretatio authentica,* die Auslegung seiner eigenen Worte. „Jeder ist seiner Worte bester Ausleger." (*Vernunftlehre,* § 28) Für Meier weiß jeder vernünftige Autor, d. h. auch jeder Sprecher, am besten, was er sagen will: „Kein endlicher Ausleger kann mit ebenso großer Gewissheit den Willen und den Zweck des Autors erkennen als der Autor selbst. Folglich ist ein jedweder der beste Ausleger seiner eigenen Worte." (*Auslegungskunst,* § 136). In der juristischen Hermeneutik verstand man unter einer authentischen Interpretation die Interpretation eines Gesetzes durch den Gesetzgeber selbst. Auch er weiß wohl am besten, wie man unterstellte, was er mit diesem Gesetz meinte. Man musste nicht erst auf die Psychoanalyse warten, um an der Lehre, den Sinn seiner eigenen Worte kenne jeder am besten, zu zweifeln. Freilich beanspruchen wir, dass wir ‚am besten' – eben nur am besten –, wissen, was wir mit einer Äußerung gemeint haben. Meist wissen wir, was wir haben sagen wollen, aber vielleicht ungeschickt oder missverständlich ausgedrückt haben. Dies belegt aber keineswegs den Vorrang der authentischen Interpretation. Man kann sich über seine Intentionen und die gewählte Formulierung täuschen, man kann sich darüber täuschen, wie die Äußerung aufgenommen werden musste, denn man kann nicht übersehen, welche Sinnmöglichkeiten eine Äußerung enthalten kann.

Im Verhältnis zu uns selbst verstehen wir uns auch nicht als Auslegende oder Verstehende, außer in einer Distanz, in der wir uns fremd, gewissermaßen historisch geworden sind. Man kann nicht (mehr) sagen ‚Ich verstehe mich' oder ‚Ich lege mich aus', wohl aber kann man sagen ‚ich verstehe jetzt, was ich damals getan habe'. (Vgl. auch S. 22) Bezieht sich die Erklärung auf eigene vergangene Äußerungen, dann ist nicht sicher, dass man noch genau weiß, was man mit ihnen meinte. Schließlich ist die Erklärung der eigenen Worte ja nicht für den Sprecher, sondern für einen anderen bestimmt. Dieser muss diese Eigeninterpretation ja

---

[17]A. G. Baumgarten, *Acroasis logica* (Logische Vorlesung), Halle 1761, § 464.

seinerseits wieder interpretieren. Auch die ‚authentische' Auslegung durch den Autor ist prinzipiell interpretationsbedürftig.

Aus diesem Grund wird die Lehre vom Vorrang der *interpretatio authentica* in der romantischen Hermeneutik aufgegeben. Sie wird auch darauf hinweisen, dass der Autor, wie jeder Mensch, sich selbst nicht durchsichtig ist. In seine Redeabsicht können Motive eingehen, deren er sich selbst nicht bewusst ist. Friedrich Schlegel schreibt: „Ganz und im strengsten Sinn kennt niemand sich selbst." Und: „niemand kennt sich, insofern er nur er selbst und nicht auch zugleich ein andrer ist."[18] Der Gebrauch von ‚Verstehen' und ‚Interpretieren' hält daran fest, dass es zwischen dem Subjekt und dem Objekt des Verstehens eine Differenz geben muss und dass Verstehen und Interpretieren eine solche Differenz setzt. Die Kritik der *interpretatio authentica* beruht wohl auch auf der Einsicht, dass Verstehen als Tätigkeit eines Subjekts auf andere Subjekte bezogen ist. Nach Wilhelm von Humboldt versteht kein Subjekt für sich allein. Er gibt zu bedenken, dass der Mensch sich selbst nur versteht, „indem er die Verstehbarkeit seiner Worte an Andren versuchend geprüft hat."[19]

Auch in der Jurisprudenz wurde die Lehre aufgegeben, dass nur der Gesetzgeber ein Gesetz authentisch und verbindlich auslegen kann. Die juristische *interpretatio authentica* kann als Rezept für eine Tyrannei dienen, wie im 18. Jahrhundert der Jurist William Blackstone kritisierte. Es gibt ein besseres, gerechteres und höchst rationales Interpretationsverfahren: „the fairest and most rational method to interpret the will of the legislator is by exploring his intentions at the time when the law was made, by signs the most natural and probable. And these signs are either the words, the context, the subject matter, the effects and consequence, or the spirit and reason of the Law."[20] Ganz offiziell bestimmt Artikel 4 des *Code Napoléon* von 1804, dass der Richter das Gesetz auszulegen hat und sich dieser Aufgabe auch dann nicht entziehen darf, wenn ein Gesetz unverständlich oder nicht anwendbar erscheint. Nicht der Gesetzgeber, heißt dies, sondern die Gerichte haben das letzte Wort.

8.1.2 Stellenhermeneutik

In unterschiedlichen Varianten ist die Hermeneutik der Epoche eine Stellenhermeneutik. Sie geht davon aus, dass der Normalfall das Verstehen ist, das Nichtverstehen die Ausnahme. Verstehen ist prinzipiell möglich, weil alle

---

[18]KFSK, Bd. 2, S. 115 f.
[19]W.v. Humboldt, *Gesammelte Schriften* (Akademie-Ausgabe), hrsg. v. A. Leitzmann u. a., 17 Bde, Berlin 1903–1936, Bd. 6, S. 155.
[20]W. Blackstone, *Commentaries on the Laws of England, in Four Books,* London 1793–1795, Book 1, S. 59. Vgl. J. Weinsheimer, *Eighteenth-Century Hermeneutics: Philosophy of Interpretation in England from Locke to Burke,* Yale University Press 1993, S. 183.

Menschen vernunftfähig sind und gleiche Verhaltensweisen teilen. Im Alltag wird ja auch das Meiste problemlos und mit Gewissheit verstanden. Eine klare *(clarus/ perspicuus/certus)* Stelle muss nicht interpretiert werden. Sie versteht sich von selbst. Interpretiert wird daher nur die Stelle, die sich nicht von selbst versteht. In der juristischen Hermeneutik wird sogar gefordert, dass klare Stellen nicht interpretiert werden *dürfen (interpretatio cessat in claris),* damit z. B. ein Richter nicht die Absicht des Gesetzgebers verändert.[21] Unterstellt wird bei den klaren Stellen eines Gesetzes eine Übereinstimmung zwischen der Absicht des Gesetzgebers und dem „Wortlaut", wie es später heißen wird, des Gesetzes. Natürlich ist diese Unterstellung auch ein Ergebnis einer Interpretation, wenn sie nicht eine willkürliche Setzung ist.

In der romantischen Hermeneutik wird diese Regel und die Unterscheidung von dunklen Stellen, die man interpretieren muss, und klaren Stellen, die man nicht zu interpretieren braucht, aufgegeben. Alles ist zu interpretieren. Auch in der juristischen Hermeneutik bei Anton Friedrich Justus Thibaut (*Theorie der logischen Auslegung des Römischen Rechts,* 1799, 2. Aufl. 1806) und Carl von Savigny (*Juristische Methodenlehre,* 1802/1803) wird sie aufgegeben. Grundsätzlich ist jeder Text, jedes Gesetz in all seinen Stellen interpretationsbedürftig. Ein Gesetzestext mag auf dem Papier klar sein, schon der erste Fall, auf den er angewandt wird, wirft Interpretationsfragen auf.[22]

Der Leser freilich wird weniger gegen die Stellenhermeneutik haben, denn sie kommt Lektürefreuden und Lektüregewohnheiten entgegen, die wir alle kennen.[23] Aus pragmatischen Gründen kann auch nicht alles und jedes interpretiert werden. Bei Gedichten und juristischen Normtexten kommt es auf jedes Wort, ja auf jeden Buchstaben an. Bei umfangreicheren Texten wie Romanen basiert die Interpretation des Ganzen auf der Interpretation von Stellen, denen eine Relevanz für das Ganze zugeschrieben wird. Schleiermacher schreibt in *Vertraute Briefe über Friedrich Schlegels Lucinde,* dass er „einzelne Hinweise auf die lichten Punkte" gibt, „von denen Glanz und Klarheit über das Ganze ausströmt."[24]

Worum handelt es sich bei einer dunklen *(obscurus/dubius/ambiguus)* Stelle, die interpretiert werden muss? Thomasius gibt eine ganze Typologie dunkler Stellen (*Vernunftlehre,* §§ 37–55): Sie können schon in der „äußerlichen Gestalt" liegen: Textverderbnis, unleserliche Schrift, unbekannte Abkürzungen, Druck-

---

[21]Vgl. C. Schott, *„Interpretatio cessat in claris" – Auslegungsfähigkeit und Auslegungsbedürftigkeit in der juristischen Hermeneutik,* in: Schröder, *Theorie,* S. 186: Die Funktion dieser Formel besteht darin, „eine bestimmte rechtliche Lösung, Konstellation oder Struktur durch das Selbstverständlichkeitsargument der Diskussion zu entziehen. […] Im Hinblick auf den Richter bedeutet sie hermeneutische Disziplinierung zur Wahrung der Verfassungsloyalität einerseits und zur Vermeidung von Willkür andererseits."

[22]Vgl. Müller/Christensen, a. a. O., S. 240 ff.

[23]Vgl. W. Braungart/J. Jacob, *Stellen, schöne Stellen Oder: Wo das Verstehen beginnt,* Göttingen 2012, zu einer hermeneutischen Rehabilitation der Lust an Stellen.

[24][Anonym, d. i. F. Schleiermacher], *Vertraute Briefe über Friedrich Schlegels Lucinde,* Lübeck/Leipzig 1800, S. 3.

fehler, mangelhafte Zeichensetzung. Dann kann die „innerliche Bedeutung der Worte" dunkel sein: hier geht es um veraltete Wörter wie z. B. „Einsiedel", Neologismen, Fremdwörter, Fachwörter, mehrdeutige und elliptische Äußerungen, auch darum, ob ein Ausdruck wörtlich oder metaphorisch zu verstehen ist. Auch eine wirre Logik und Widersprüche schaffen Dunkelheiten. Widersprüche können freilich auch als Zeichen einer Entwicklung verstanden werden. Ein Erblasser verändert sein Testament, ein Autor verändert seine Ansichten oder korrigiert Irrtümer. In solchen Fällen soll man die „letzte Meinung für seine rechte Meinung" (§ 73) halten.

Seine Erklärungen, wie es zu dunklen Stellen kommt, legen eigentlich nahe, die Beschränkung der Interpretation auf dunkle Stellen aufzugeben. Denn Thomasius erklärt das Vorkommen dunkler Stellen u. a. sprachtheoretisch. Ein Wort kann viele Dinge bedeuten. (§ 47) Dies gilt auch bei Stellen, die klar sind und – vermeintlich – keine Interpretation nötig haben. Auch bei den „allerdeutlichsten" Stellen handelt es sich ja um begründete Mutmaßungen, weil wir die wahre Meinung des Autors nicht mit Gewissheit kennen können. Chladenius folgert daraus in seiner *Einleitung zur richtigen Auslegung vernünftiger Reden und Schriften* (1742), dass „alle Bücher der Menschen und ihre Reden etwas Unverständliches" (§ 157) an sich haben. Später wird Schleiermacher lehren, dass wir immer interpretieren, auch bei klarsten Stellen, und dass das „Nichtverstehen sich niemals gänzlich auflösen will." (HuK, S. 328)

8.1.3 Pluralismus der Perspektiven

In der hermeneutischen Diskussion des 18. Jahrhunderts wird auch die Erfahrung theoretisch reflektiert, dass Wahrnehmen, Erkennen und Verstehen grundsätzlich an einen Standpunkt, einen Standort, einen Gesichtspunkt, einen Sehepunkt, wie die Begriffe heißen, gebunden ist. Jeder Mensch hat daher auch einen spezifischen „Horizont", wie Herder metaphorisch konsequent formuliert, in dem er sich und aus dem er versteht.[25]

Dieser erkenntnistheoretische Begriff des Gesichtspunktes entstammt der Theorie des Perspektivismus in der Malerei. Sie wurde in der Renaissance entwickelt. Im Gang des neuzeitlichen Denkens wurde dieser Perspektivismus von einer leiblich-optischen Begrenzung positiviert zu einer Bedingung des Sehens und Erkennens.[26] Der Standort, der Standpunkt, der Gesichtspunkt führt zu einer spezifischen „Ansicht" der Welt. Leibniz hatte diese Einsicht mit seinem Begriff des *point de vue,* des Gesichtspunktes vorbereitet. Gesichtspunkte als Punkte, von denen aus und auf die hin interpretiert wird, hatte die Topik zur Verfügung gestellt.

---

[25]J. G. Herder, *Werke,* hrsg. v. G. Arnold u. a., 11 Bde, Frankfurt a. M. 1985–2000, Bd. 4, S. 39.
[26]Vgl. G. Boehm, *Studien zur Perspektivität. Philosophie und Kunst in der Frühen Neuzeit,* Heidelberg 1969.

(Vgl. S. 170 f.) Nun bedeutet Gesichtspunkt eine spezifische Sicht auf die Welt oder einen Text, die von einem spezifischen Standpunkt abhängt. Von einer durch die Sprache vermittelten „Weltansicht" konnte Wilhelm von Humboldt reden.[27] Jeder neue „Standpunkt", schreibt Goethe, befähigt auch „zu neuen Gesichtspunkten".[28]

Die Einsicht in die Perspektivität unserer Wahrnehmung und Erkenntnis wurde nicht nur theoretisch diskutiert, z. B. von dem Göttinger Historiker Johann Christoph Gatterer (*Abhandlung vom Standort und Gesichtspunkt des Geschichtsschreibers,* 1768), sondern auch in die Literatur übernommen, z. B. in die Anlage multiperspektivisch erzählter Romane.[29] In der zweiten Hälfte des 18. Jahrhunderts begegnen die Begriffe ‚Gesichtspunkt'. ‚Standpunkt', ‚Standort' und ‚Ansicht' allenthalben. Sie belegen ein gemeinsames erkenntniskritisches Bewusstsein.

In seiner *Einleitung zur richtigen Auslegung vernünftiger Reden und Schriften* von 1742 hatte Chladenius für diesen Perspektivismus den Begriff des „Sehepunktes" eingeführt: „Diejenigen Umstände unserer Seele, Leibes und unserer ganzen Person, welche machen, oder Ursache sind, dass wir uns eine Sache so, und nicht anders vorstellen, wollen wir den Sehepunkt nennen." (§ 309) Daraus folgt, „dass Personen, die eine Sache aus verschiedenen Sehepunkten ansehen, auch verschiedene Vorstellungen von der Sache haben müssen". (§ 310). Diese Perspektivierung unserer Erkenntnis lief noch nicht, wie später bei Nietzsche,[30] auf eine grundsätzliche Relativierung aller Erkenntnis hinaus (vgl. § 318).[31] Nietzsche hatte allerdings die Übernahme der Perspektive anderer nicht ganz ausgeschlossen, auch nicht ausschließen können. Sonst käme es nicht zu Verständigungen. Für Chladenius ist jede perspektivische Wahrnehmung auf ihre Weise richtig. Daraus folgt, dass der Interpret die eigene und, wie immer annäherungsweise, die Perspektive des Autors genau ermitteln und seinen eigene durch die Perspektive anderer ergänzen kann und soll. (§ 324)

Unterschiedliche Perspektiven lassen „allerhand unvermutete Dinge" erkennen. (§ 311) Sie lassen auch Dinge erkennen, die dem Autor aus seinem Sehepunkt

---

[27]Humboldt, *Schriften,* Bd. 5, S. 387.
[28]*Goethes Werke. Weimarer Ausgabe,* 133 Bde, Weimar 1887–1919. 2. Abt., Bd. 11, S. 89 (*Über Mathematik und deren Mißbrauch,* 1826).
[29]Vgl. z. B. A. Oesterhelt, *Perspektive und Totaleindruck. Höhepunkt und Ende der Multiperspektivität in Christoph Martin Wielands ‚Aristipp' und Clemens Brentanos ‚Godwi',* München 2010.
[30]Vgl. z. B. Nietzsche, *Werke,* Bd. 2, S. 861: „Es gibt *nur* ein perspektivisches Sehen, *nur* ein perspektivisches ‚Erkennen'". Bd. 3, S. 903: „Gegen den Positivismus, welcher bei den Phänomenen stehn bleibt, ‚es gibt nur *Tatsachen*', würde ich sagen: nein, gerade Tatsachen gibt es nicht, nur *Interpretationen.* […] Soweit überhaupt das Wort ‚Erkenntnis' Sinn hat, ist die Welt erkennbar: aber sie ist anders *deutbar,* sie hat keinen Sinn hinter sich, sondern unzählige Sinne. – ‚Perspektivismus'."
[31]Vgl. R. Koselleck, *Vergangene Zukunft. Zur Semantik geschichtlicher Zeiten,* Frankfurt a. M. 1989, S. 183 ff.

nicht in den Sinn kam. Da die Menschen von ihrem Sehepunkt nicht alles übersehen können, so können ihre Worte, Reden und Schriften etwas bedeuten, „was sie selbst nicht willens gewesen zu reden oder zu schreiben: und folglich kann man, indem man ihre Schriften zu verstehen sucht, Dinge, und zwar mit Grund dabei gedenken, die deren Verfassern nicht in Sinn gekommen sind". (§ 156)

8.1.4 Sich in einen Autor, sich in eine Zeit versetzen

Wir sind, als erkennende Wesen, nicht in Perspektiven eingeschlossen. Zur soziokognitiven Fähigkeit des homo sapiens gehört wesentlich die Fähigkeit, sich von der eigenen Situation zu lösen und sich in andere Situationen, in andere Personen versetzen zu können, gehört auch die Fähigkeit zur Empathie.[32] Diese Fähigkeit wurde seit Ende des 17. Jahrhunderts auch historisch gewendet und als ein optimistisches, hermeneutisches Programm formuliert: Man muss sich in einer Imagination ‚gegen die Realität' oder ‚gegen die Zeiten' in einen Autor oder in eine Zeit „versetzen" oder „hineinfühlen", um ihn oder sie verstehen zu können.[33] Dieses Programm reagierte auch auf die Erfahrung, dass die Welt der Antike und die Welt der Bibel historisch geworden sind, dass sie andere Welten sind als die gegenwärtige. Eine Historisierung antiker Texte oder der Bibel hatte sich schon latent in der Philologie des Humanismus und der Reformation mit der Betonung des wörtlichen Sinns und dem Rückgang auf einen ‚Urtext' angebahnt. Früher oder später musste mit der Klärung des historischen Sprachgebrauchs auch die historische Welt des Textes als eine eigene Welt beachtet werden. Auch die *Querelle des Anciens et des Modernes,* also der Streit darüber, ob die Alten (die antiken Autoren) oder die Neueren den kulturellen Vorzug verdienen, hatte seit dem späten 17. Jahrhundert das Bewusstsein einer Differenz der alten und neuen Welt geschärft. Durch diese Historisierung der Bibel und der Antike stellte sich das hermeneutische Problem „destomehr", wie Chladenius festhielt. (*Einleitung zur richtigen Auslegung vernünftiger Reden und Schriften,* § 187)

Zum Beurteilen eines Autors gehört, formulierte Johann Georg Hamann, dass man „jeden nach seinen [d. h. dessen]eigenen Grundsätzen prüft" und sich

---

[32]Vgl. Tomasello, *Ursprünge,* a. a. O., S. 111; zur hermeneutischen Bedeutung der Empathie vgl. F. Hermanns, *Empathie. Zu einem Grundbegriff der Hermeneutik,* in: F. Hermanns/W. Holly, Hrsg., *Linguistische Hermeneutik. Theorie und Praxis des Verstehens und Interpretierens,* Tübingen 2007, S. 127–174.

[33]Die Forderung, sich in den Autor bzw. in den Geist (génie) einer Epoche zu versetzen, findet sich schon bei M. Piccart, *Oratio de ratione interpretandi,* in: Ders., *Isagoge in Lectionem Aristoteles,* 1605, bei Dannhauer, vgl. S. 222, dann z. B. bei Ch. de Saint-Evremond, *Dissertation sur le Grand Alexandre,* 1668; Hermann von der Hardt, *Universalis Exegeseos Elementa,* 1691. Vgl. L. Danneberg, *Das Sich-Hineinversetzen und der sensus auctoris et primorum lectorum,* in: A. Albrecht u. a., Hrsg., *Theorien, Methoden und Praktiken des Interpretierens,* Berlin 2015, S. 407–458.

selbst „in die Stelle des Autors setzen kann".[34] Das schließt seine ganze Welt ein: „Absicht, Zeit, Ort eines Autors sind alles Bestimmungen seines Ausdrucks. Hof, Schule, Handel und Wandel, Geschlossene Zünfte, Rotten [Gruppen] und Sekten haben ihre eigenen Wörterbücher."[35] Herder nannte dies ‚Einfühlen': „gehe in das Zeitalter, in die Himmelsgegend, die ganze Geschichte, fühle dich in alles hinein".[36] Mit diesem Einfühlen war kein irrationaler Akt gemeint, sondern ein komplexer Prozess der Erkundung, Imagination, Abgrenzung, Aneignung, Vergleichung und Übertragung. Die Autoren, die dieses Hineinversetzen forderten, waren sich bewusst, dass dies nur zu Annäherungen führen kann. Komplement des methodischen Hineinversetzens in das Vergangene war das Übertragen des Vergangenen in die Gegenwart als Tragen über eine historische und kulturelle Differenz, als Vergegenwärtigung.

Robert Lowth, Bischof und Professor für Poesie in Oxford, hatte in seiner epochemachenden Untersuchung der Poesie des *Alten Testaments* (*Praelectiones Academicae De Sacra Poesi Hebraeorum*, 1753, engl. 1787) gefordert, dass der Forscher sich in die Welt der Hebräer fühlen und imaginieren soll: „[…] we must see all things with their eyes, estimate all things by their opinions: we must endeavour as much as possible to read Hebrew as the Hebrew would have read it."[37] Nicht zu überlesen das vorsichtige „as much as possible". In manchen Fällen, so Lowth, ist dieses Hineinversetzen sogar unmöglich. Der Philologe Christian Gottlob Heyne statuierte als „erste Regel bei der Hermeneutik der Antike", dass man sich in ein „Zeitalter, seine Zeitverwandten versetzen" muss, um jedes alte Kunstwerk aus dem „Geiste" zu betrachten, aus welchem der Künstler es verfertigte.[38] Als Begriff für das Objekt des Hineinversetzens setzte sich, eingeführt durch Charles de Montesquieu, Lodovico Antonio Muratori, Voltaire und David Hume dieser Begriff des „Geistes" (bzw. Genius, genius, spirit, génie, esprit, genio, geest) durch. Geredet wurde vom Geist der Antike bzw. des Altertums, einer Nation, einer Religion, der Kunst, eines Werks, eines Schriftstellers. Verstanden wurde dieser Begriff des Geistes als eine umfassende Orientierungsdimension der Auslegung.

Aus der Erkenntnis des Zeitenabstands zog der Hallenser Aufklärungstheologe Johann Salomo Semler für die theologische Hermeneutik akkommodative Folgerungen, auch um die überzeitliche Geltung der Bibel zu wahren. Die biblischen Schriften, die Propheten und Jesus sind aus ihrer Zeit heraus zu begreifen und daher besteht die Aufgabe darin, schreibt er, „von diesen

---

[34]J. G. Haman, *Briefwechsel,* hrsg. v. A. Henkel/W. Ziesemer, 7 Bde, Wiesbaden/Frankfurt a. M. 1955–1975, Bd. 2, S. 122.
[35]Hamann, *Werke,* Bd. 2, S. 172.
[36]Herder, a. a. O., Bd. 4, S. 33, vgl. auch Bd. 5, S. 346.
[37]R. Lowth, *Lectures on the Sacred Poetry of the Hebrews,* London 1787, S. 113.
[38]Chr. G. Heyne, *Lobschrift auf Winckelmann,* Leipzig 1778, S. 8.

8.1 Die Entstehung der Hermeneutik in der Neuzeit

Gegenständen auf eine solche Weise jetzt zu reden, als es die veränderte Zeit und andere Umstände der Menschen neben uns erfordern."[39]

Andere konnten die Möglichkeit des Sich-Hineinversetzens sehr skeptisch beurteilen. Der Freund Riemer berichtet von einem Gespräch mit Goethe, in dem dieser gesagt habe, dass keine Literatur die andere beurteilen könne, „ja ein Zeitalter nicht einmal das andere."[40] Es sei schwer, an anderer Stelle, „sich aus den Vorstellungsarten seiner Zeit herauszuarbeiten".[41] Immerhin, es ist auch für Goethe nicht ganz unmöglich. Im *West-östlichen Divan* (1819) merkt er lapidar an: „Wer den Dichter will verstehen /Muss in Dichters Lande gehen." *(Besserem Verständnis)* Mit „Dichters Lande" ist die historische Zeit des Dichters gemeint und auch die poetische Welt des Dichters mit ihren eigenen Lizenzen und Regeln.

In der romantischen Hermeneutik wird das reflektierte Hineinversetzen, Sich-Einfühlen ebenfalls gefordert. Schleiermacher verwendet dafür den Begriff der Divination, da dieser Zugang Wissen, Erfahrung, Empathie erfordert, aber auch Momente des Ahnens und Erratens und der Intuition enthält. Im divinatorischen Zugang verwandelt man „sich selbst gleichsam in einen andern". (HuK, S. 169) Der Ausleger soll zwischen sich und einem fernen Autor „dasselbe Verhältnis herstellen, wie zwischen ihm und seiner ursprünglichen Adresse." (HuK, S. 98) Schleiermacher war nicht naiv.[42] Sich divinatorisch in einen Anderen oder in eine andere Welt zu ‚verwandeln', um ihn oder sie zu verstehen, ist nur in Annäherungen, nur „gleichsam" möglich. Es bleibt immer ein Moment der Konstruktion.

Die Möglichkeit des Hineinversetzens in einen fremden „Geist" setzt anthropologische, kulturelle, politische und religiöse Gemeinsamkeiten voraus. So geht Schleiermacher davon aus, dass „jeder von jedem ein Minimum in sich trägt" (HuK, S. 170), und formuliert Hölderlin in der als Fragment überlieferten Abhandlung *Der Gesichtspunkt, aus dem wir das Altertum anzusehen haben,* dass wir „annehmen" können, dass die Menschen „im Urgrunde aller Werke und Taten" sich „gleich und einig fühlen". Unterschieden ist die jeweilige, spezifische Richtung des „Bildungstriebs", der aus diesem Urgrund hervorgeht.[43] Schleiermacher und Hölderlin haben, gegen den modernen Kulturrelativismus, recht. Jeder trägt von jedem ein Minimum in sich. Dieses Minimum ist so minimal nicht. Es ist ein Kennzeichen des homo sapiens, dass er seine Artgenossen als intentional,

---

[39]J. S. Semler, *Vorbereitung zur theologischen Hermeneutik,* Vier Stücke, Halle 1760–1769, Erstes Stück, S. 160.
[40]*Goethes Gespräche,* hrsg. v. W. Herwig, 5 Bde, Zürich/Stuttgart 1965–1985, Bd. 2, S. 703 (11.11.1811).
[41]Goethe, *Weimarer Ausgabe,* 1. Abt., Bd. 42/2, S. 467.
[42]Vgl. dagegen F. A. Wolf, für den der Ausleger „allenthalben einheimisch ist" und „mit ganzer Seele" bald in diesem, bald in jenem Zeitalter „wohnt", F. A. Wolf, *Darstellung der Altertums-Wissenschaft nach Begriff, Umfang, Zweck und Wert,* Berlin 1807, S. 38.
[43]Hölderlin, a. a. O., Bd. 2, S. 507 f.

emotional und intellektuell ähnliche Wesen auffasst.[44] Diese elementare Gemeinsamkeit schafft Anknüpfungspunkte (vgl. HuK, S. 313) für das Verstehen auch von ganz fremden Texten. (Gibt es überhaupt in der Lebenswelt etwas, das „ganz fremd" ist? Ist das ‚ganz Fremde' nicht auch schon eine Erkenntnis, ein Anknüpfungspunkt?)

8.2 Die Seele aller hermeneutischen Regeln: Billigkeit

In Georg Friedrich Meiers *Versuch einer allgemeinen Auslegungskunst* von 1757 gibt es für die hermeneutischen Regeln eine Regel, die er die „Seele" aller hermeneutischen Regeln nennt: „Und da alle hermeneutischen Regeln aus der hermeneutischen Billigkeit fließen, so ist die Vollkommenheit des Textes und des Autors die Seele aller hermeneutischen Regeln." (§ 238) Die Unterstellung der Vollkommenheit des Textes und des Autors ist die Maxime der Interpretation. „Ein Ausleger muss", schreibt er weiter, „bei der Auslegung der Rede und in derselben billig sein […] Folglich muss er den allerbesten Sinn allemal so lange für wahr halten, bis das Gegenteil erhellet." Dieser „allerbeste Sinn" stimmt mit der „höchsten Vollkommenheit der Rede und des Autors am besten überein, so viel, als es sich will tun lassen." (§ 130) „Rede" umfasst hier wie immer in den hermeneutischen Abhandlungen der Zeit die mündliche und die schriftliche Äußerung.

Vollkommenheit des Autors, das bedeutet die Unterstellung von Sprachkompetenz, von rationalem, situationsgerechtem Verhalten, von Aufrichtigkeit, bei einem literarischen Autor auch literarische Kompetenz. Meier führt „Munterkeit des Kopfes", Vollkommenheit der Erkenntnis und „sittlicher Tugenden" an. (§ 197) Die Unterstellung sittlicher Tugend mag uns als eine typische Forderung der historischen Aufklärung erscheinen. Aber so historisch ist sie gar nicht, wie die öffentliche Diskussion um die Mitgliedschaft des jungen Günter Grass in der Waffen-SS oder um Christa Wolfs Tätigkeit als ‚Inoffizielle Mitarbeiterin' der Stasi Ende der 1950er Jahre dokumentiert. Insgeheim erwarten viele von den Großen der Literatur auch eine moralische Größe.

Von größter Konsequenz für jede literaturwissenschaftliche Interpretation ist Meiers Folgerung für die Textinterpretation: Um der hermeneutischen Billigkeit willen muss der Ausleger „den allerfruchtbarsten unmittelbaren Sinn des Textes annehmen." (§ 202) Fruchtbar ist der Sinn, der möglichst viel zu denken gibt. Jeder Text ist in seiner möglichen semantischen Fülle auszulegen, „so viel als es sich will tun lassen", sofern sie auch als vom Autor beabsichtigt erwiesen werden kann. Da aber auch dem Autor Vollkommenheit unterstellt wird, muss man

---

[44]Vgl. die instruktive Darstellung von Chr. Antweiler, *Was ist den Menschen gemeinsam? Über Kultur und Kulturen,* 2. Aufl. Darmstadt 2009. Gegen kulturrelativistische Tendenzen weist er nach, wie sinnvoll und notwendig es ist, von Universalien zu reden.

8.2 Die Seele aller hermeneutischen Regeln: Billigkeit

sehr starke Gründe anführen, um eine mögliche Sinnfülle auszuschließen. Diese Maxime kann als Meistermaxime der literaturwissenschaftlichen Interpretation gelten. In der ästhetischen und rhetorischen Tradition wird diese semantische Fülle auch mit den Begriffen *copia* (Fülle), *ubertas* (Fülle, Überfluß), *Emphase* (Nachdruck), das *Sinnreiche* und eben *foecunditas* (Fruchtbarkeit) gefasst.[45]

Wie Aristarchos (vgl. S. 171) unterscheidet Meier einen unmittelbaren Sinn des Textes von einem mittelbaren. Damit sind interpretative Folgerungen gemeint, die der Ausleger aus dem Text zieht. Nur solche Folgerungen, z. B. was ein Wort an dieser Stelle alles bedeuten kann, darf er herleiten, „von denen wahrscheinlich ist, dass der Autor sie vorgesehen". (§ 204) Ein „endlicher Autor" kann unmöglich alle möglichen Folgerungen aus seinem Text bedenken.

Die Formulierungen „bis das Gegenteil erhellet" oder „bis das Gegenteil erwiesen wird" besagen, dass diese Auslegung eine hypothetische ist. Wir lassen sie so lange gelten, bis sie als falsch erwiesen wird oder eine andere Auslegung plausibler oder besser erscheint. Das heißt auch, dass der Erweis einer ‚Unvollkommenheit' beim Leser liegt. Das hatte schon Augustin so gelehrt (vgl. S. 241 f.), das war der selbstverständliche Ausgang jedweder Interpretation der Bibel und der göttlichen Orakel: „Die Götter geben uns Zeichen der Zukunft. Sollte man sich in ihrer Auslegung getäuscht haben, lag der Fehler nicht im Wesen der Götter, sondern in der Interpretation [conjectura] der Menschen." Diese Feststellung Ciceros in *De natura deorum* (Über das Wesen der Götter, II, 12) kann freilich auch ironisch gemeint sein.

Einige moderne Beispiele für die Unterstellung der Vollkommenheit des Autors und des Textes: Ein Petrarca-Forscher stieß auf Texte einer medizinischen, mittelalterlichen Liebestheorie, die der Petrarca-Forschung bislang entgangen waren. Ob Petrarca sie gekannt hat, ist nicht belegt. Aber es ist nicht unmöglich, dass er sie gekannt hat. Dieser Forscher schreibt: „Es wäre erklärungsbedürftig, wenn der umfassend gebildete und an ‚medizinischen' Fragen nachweislich interessierte Petrarca diese Texte ignoriert hätte, die damals zum Programm der universitären Lehre gehörten."[46] Die Kritik müsste nachweisen, dass Petrarca diese Texte unmöglich hat kennen können.

In seiner *Geschichte der deutschen Lyrik von Goethe bis Heine* merkt Gerhard Kaiser zu Hölderlins fragmentarischem Gedicht *Wie wenn am Feiertage,* in dem es auch um die mögliche Hybris des Dichters geht, an: „Die Hymne ist nicht einfach gescheitert […] Ihr Abbruch ist ein Moment der gedichteten Gestalt. Noch das Scheitern des Gedichts ist gedichtet – eine extrem moderne Konsequenz der Selbstinfragestellung der Dichtung".[47] Die späten Gedichte Hölderlins oder auch die Gedichte Emily Dickinsons wurden von ihren Herausgebern lange als

---

[45] Vgl. Kurz, *Macharten,* S. 104 f.
[46] P. Küpper, *Petrarca. Das Schweigen der Veritas und die Worte des Dichters,* Berlin/New York 2002, S. IX.
[47] G. Kaiser, *Geschichte der deutschen Lyrik von Goethe bis zur Gegenwart,* 3 Bde, Frankfurt a. M. 1996, Bd. 1, S. 505 f.

Symptome einer Verwirrung verstanden, bis man in ihrer unkonventionellen poetischen Sprache ein bewusstes Kalkül erkannte.

Noch ein Beispiel aus einer musikkritischen Rezension, verfasst von dem Pianisten Alfred Brendel. Es geht um ein Rhythmusproblem in Schuberts Lied *Wasserflut:*

> [...] Vielmehr konzentriert er sich ganz auf den Rhythmus, der dieses Lied charakterisiert, nämlich das gleichzeitige Auftreten von Triolen und punktierten Achtelnoten samt einer Sechzehntel. Bostridge möchte die Sechzehntelnote nach der Triole, also polyrhythmisch, gespielt wissen, während ich von der Notwendigkeit, diese Note der Triole anzupassen, überzeugt bin. Sowohl das Autograf als auch der Erstdruck, den Schubert noch selbst durchgesehen hat, beweisen eindeutig, dass nur Angleichung gemeint sein kann. Kein Komponist, der seiner Sinne mächtig ist, hätte die letzte Sechzehntelnote in den Takten 3, 17 und 45 so niedergeschrieben, wenn Polyrhythmus beabsichtigt wäre.[48]

Allerdings soll man als Interpret auch mutig gegenüber den Autorenkönigen sein können, wenn es nötig ist. So findet Horaz in seiner *Ars poetica* (V. 359 f.), dass der große Homer auch manchmal geschlafen hat, verständlich, wie er hinzufügt. Bei so langen Werken habe man das Recht auf Schlaf. Unter den Bedingungen der scharfen theologischen Auseinandersetzungen in der Neuzeit konnte es bei einer kritischen Auslegung der Bibel, und verfuhr sie noch so billig, um Leben und Tod gehen. So hatte Sebastian Castellio (Sébastien Castellion) allen Grund, in seiner Abhandlung *De arte dubitandi et confidendi, ignorandi et sciendi* (Über die Kunst zu zweifeln und zu glauben, nicht zu wissen und zu wissen, 1563 geschrieben) vom Leser keine „böswillige oder mit feindlichen Verdächtigungen voreingenommene Seele" zu verlangen.[49] Denn Castellio hatte in dieser Schrift argumentiert, dass es Dinge in der Bibel gibt, wie z. B. eine Höllenfahrt Christi, die man, gestützt auf die Autorität der Vernunft und selbst Gottes, bezweifeln muss, und er hatte in anderen Schriften religiöse Häretiker verteidigt und für religiöse Toleranz plädiert. (Vgl. S. 196) Er musste sich gegen eine Lehre der Verbalinspiration behaupten, wonach die Bibel wörtlich unfehlbar, vollkommen ist, da ihre Niederschrift vom Heiligen Geist inspiriert wurde. Sowohl von der reformierten und der katholischen Kirche wurde er als Ketzer verfolgt. Erst die historische Kritik des 17. und 18. Jahrhunderts, d. h. die Untersuchung der Bibel in ihrer Zeit als ein von Menschen nach ihren Möglichkeiten niedergeschriebener Text, hat dieser dogmatischen Lehre den Boden entzogen. Aber noch Schleiermacher fand es nötig, diese Lehre einer „früheren Zeit" – noch

---

[48]*Zeit Literatur,* Nr. 48, November 2015, S. 46. Das rezensierte Buch handelt von Schuberts Liederzyklus *Winterreise*. In seinem Roman *Das Blutbuchenfest* hat Martin Mosebach die Einführung des Handys zu früh angesetzt. Die Literaturkritik bewertete dies teils als ästhetischen Mangel, teils als ästhetisches Kalkül.

[49]*De arte dubitandi* wurde erst 1981 vollständig veröffentlicht. Zitat nach: S. Castellion, *De l'art de douter et de croire, d'ignorer et de savoir.* Traduit de l'original latin par Charles Baudouin, Paris 1953, S. 30.

8.2 Die Seele aller hermeneutischen Regeln: Billigkeit

heute in evangelikalen Kreisen verbreitet – ausführlich mit sprachtheoretischen, hermeneutischen und theologischen Argumenten zu widerlegen.

Unterstellen wir den heutigen Sprachgebrauch von ‚billig', dann ist die Maxime der hermeneutischen Billigkeit gerade nicht billig. Im Sprachgebrauch des 18. Jahrhunderts bedeutete ‚billig' in diesem Zusammenhang ‚gerecht', ‚fair', ‚redlich', ‚angemessen'. Wir verwenden den Ausdruck in dieser Bedeutung noch in der Wendung ‚recht und billig'. Wenn etwas recht und billig sein soll, dann sollen das allgemeine Recht (recht) und die faire Berücksichtigung des Einzelfalls (billig) gelten. Dann erst ergibt sich Gerechtigkeit. Das gerechte Verständnis impliziert nun nicht nur ein Verstehen, das dem Autor gerecht wird, sondern schon ein elementares ‚Verstehen-Wollen'. Wie jeder schon erfahren hat, gibt es nicht nur ein absichtliches Missverstehen, sondern auch ein absichtliches Nicht-verstehen-Wollen.

Dass er mit Billigkeit verstanden werde, dass er einen ‚geneigten' Zuhörer und Leser finde, ist natürlich die Unterstellung, die Hoffnung, der Wunsch eines jeden Sprechers und Autors. Seiner Hymne *Friedensfeier*, deren poetische Sprache gegen die poetischen Konventionen seiner Zeit verstieß, gab Hölderlin eine Vorrede mit, in der er um eine ‚gutmütige' Lektüre bittet: „Ich bitte dieses Blatt nur gutmütig zu lesen. So wird es sicher nicht unfasslich, noch weniger anstößig sein. Sollten aber dennoch einige eine solche Sprache zu wenig konventionell finden, so muss ich ihnen gestehen: ich kann nicht anders. […]".

Lavater empörte sich über einen ‚unbilligen' Rezensenten seiner *Physiognomischen Fragmente*: „Sehr gelinde heiß' ich es Unbilligkeit, wenn ein Recensent von 3 oder 4 Gründen, die ein Schriftsteller für seine Meinung oder zur Rechtfertigung der Herausgabe seiner Schrift anführt, 2 oder 3 unterdrückt, den schwächsten heraushebt, noch falsch ausschreibt, und sich drüber mit dem Publikum über den Verfasser lustig macht. Wie würde man in Rechtsachen einen solchen falschen Richter ansehen? Welche Namen ihm geben?"[50] In Lavaters Jahrhundert schrieb Lichtenberg: „Hermeneutische Billigkeit kann jeder Schriftsteller von seinem Leser verlangen, denn diese ihm versagen, ist eigentlich Chicane."[51]

Wie gefährdet die Maxime der Billigkeit, oder, hier besser, Gutwilligkeit ist, demonstriert, *pars pro toto,* ein ‚Negerkönig'. 1945 erschien Astrid Lindgrens Roman *Pippi Langstrumpf*, in deutscher Übersetzung 1949. Darin kommt der Ausdruck „Negerkönig" für Pippis Vater vor, der in den Ausgaben seit 2009 durch „Südseekönig" ersetzt wurde, da dem Ausdruck ‚Neger' eine diskriminierende, rassistische Bedeutung zugeschrieben wird. Der Gebrauch im Roman selbst ist fern jeglicher Diskriminierung oder jeglichen Rassismus'. Für die große Humanistin Astrid Lindgren waren alle Menschen gleich. Insofern tut diese Änderung der Autorin Unrecht. Nun könnte man, nach dem Muster der juristischen teleologischen Interpretation, argumentieren, dass ihrer Überzeugung

---

[50]Lavater, a. a. O., S. 59.
[51]Lichtenberg, a. a. O., Bd. 1, S. 829 (J 1233).

unter veränderten sprachlichen Umständen durch die Ersetzung des Ausdrucks ‚Neger' entsprochen wird. Nur verhindert man dadurch die Erkenntnis, dass Sprache eine Geschichte hat, dass sie sich im Gebrauch verändert, und dass es darauf ankommt, wie ein Ausdruck gemeint ist und wie er verstanden werden soll. Mit jugendlichen Lesern kann man darüber sprechen. Es gibt im Übrigen keine Garantie dagegen, dass der Ausdruck ‚Südseekönig' nicht auch diskriminierend und rassistisch gebraucht und verstanden wird.

Meier hat Recht. Die Maxime der Billigkeit kann als die fundamentalste hermeneutische Maxime gelten.[52] Sie gilt universell. Sie gilt nicht nur zwischen Ausleger und Text, sondern in jedem kommunikativen Akt. Jede Kommunikation würde zusammenbrechen ohne ein Minimum an gutwilligem Verstehen. Die Kommunikationsmaximen von Grice (vgl. S. 73) können überhaupt als eine Auffächerung dieser Maxime begriffen werden. Sie ist nicht nur eine hermeneutische, sondern auch eine ethische Maxime, da wir mit ihr einem Text, einem Sprecher oder einem Autor ‚gerecht' werden wollen. In der Antike wurden für diese Maxime die Begriffe der (gr.) *epieikeia* oder (lat.) *aequitas* verwendet. Für Aristoteles zählen zu dieser *epieikeia* neben der Billigkeit auch Takt, Güte, Verständnis für andere.[53]

In der juristischen Anwendung folgt daraus für Cicero als Maxime einer Gesetzesauslegung, dass es kein Gesetz geben kann, das will, dass irgendeine unnütze oder unbillige Sache geschieht. ([…] *nullam esse legem, quae aliquam rem inutilem aut iniquam fieri velit. De inventione,* II, 138.) Daher soll auch der Richter nicht einfach das Gesetz vorlesen, sondern durch Nachdenken seinen Willen *(voluntas)* interpretieren *(interpretari)*. Die moderne juristische Hermeneutik unterstellt in der Auslegung ein zweckrationales Gesetz, eine *ratio legis,* und eine widerspruchsfreie Einheit des Rechts.[54] In der Auslegung wird mit dieser Unterstellung einer Zweckrationalität auch gefragt, was der Gesetzgeber gewollt haben würde, wenn er bestimmte Umstände und Entwicklungen bedacht und vorausgesehen hätte. (Vgl. schon Cicero, *De inventione,* II, 147, 139) Sollte sich die Umwelt des Gesetzes geändert haben, wird es in der sog. teleologischen Auslegung so ausgelegt, dass es den Zweck, den es erfüllen soll, auch erfüllen kann. Ein wichtiges Argument liefert dabei die Analogie. Billigkeit ist also nötig, um die vom Gesetz nicht vorhersehbaren Fälle und Umstände zu berücksichtigen.

Als neuere Begriffe für die hermeneutische Maxime der Billigkeit werden gebraucht Wohlwollen, guter Wille, Gutwilligkeit oder *Principle of optimality* oder *Principle of charity*.[55] *Charity,* also Nachsicht, Nachsicht deswegen,

---

[52]Gadamer, *Wahrheit und Methode,* nennt, ohne seine Vorgänger zu erwähnen, den „Vorgriff der Vollkommenheit, der all unser Verstehen leitet", S. 299, das „Axiom aller Hermeneutik", S. 376.

[53]Vgl. Aristoteles, *Nikomachische Ethik,* 1137a. Vgl. Art.: *Billigkeit,* HWbdPh, Bd. 1, Sp. 939–943.

[54]Vgl. Zippelius, a. a. O., S. 43.

[55]Der Begriff des *principle of charity* geht auf die Philosophen Wilson, Quine und Davidson zurück, vgl. dazu und im Folgenden die vorzügliche Darstellung von Scholz, Verstehen und Rationalität, S. 47 ff., 88 ff. Guter Wille, Gutwilligkeit: vgl. H.-G. Gadamer, *Und dennoch:*

8.2 Die Seele aller hermeneutischen Regeln: Billigkeit

weil wir beim Verstehen dessen, was ein Sprecher sagt, über ungeschickte, schiefe Formulierungen normalerweise nachsichtig hinwegsehen. Bei mittelalterlichen Theologen wie Augustin wird dieses Prinzip auch *caritas,* Nachsicht, Liebe, genannt. (*De doctrina christiana,* III, 15, 23, 54) Swift verwendet in seinem satirischem *Tonnenmärchen* (*Tale of a Tub,* 1704) dafür den Begriff *candor,* „Candor to suppose good meanings", also Lauterkeit, Redlichkeit, Unvoreingenommenheit.[56] Die ‚billige' Unterstellung der Vollkommenheit eines Autors oder Textes war schon das Motiv der Allegorese der homerischen Epen in der Antike und der jüdischen und christlichen Auslegung der Bibel. Augustin formulierte: „Wenn etwas den Eindruck erweckt, keinen Sinn zu haben *(absurdus),* darf man nicht sagen: Der Autor des Buches hat sich nicht an die Wahrheit gehalten. Vielmehr: entweder ist der Kodex fehlerhaft oder der Übersetzer hat sich geirrt oder du verstehst es nicht." (*Contra Faustum* (Gegen Faustus), XI, 5)

In der neuzeitlichen hermeneutischen Diskussion ist diese ‚billige' Unterstellung der Vollkommenheit auch Präsumtion (von lat. *praesumptio:* Vorannahme, Voraussetzung) genannt worden.[57] Die Präsumtion ist eine Unterstellung, die ‚bis auf weiteres' gilt. Leibniz definierte im 17. Jahrhundert die Präsumtion als eine Unterstellung, die „solange für wahr gehalten wird, bis das Gegenteil erwiesen wird." *(Praesumtio est, quod pro vero habetur donec contrarium probetur.)*[58] In Christian Weises *Curieuse Fragen über die Logica* von 1696 gilt diese Präsumtion als ein hermeneutischer „Hauptschlüssel". Wenn jemand redet oder schreibt, wird unterstellt, „dass er unter solchen Worten was Rechtes will verstanden haben, und dass er mit Wissen und Willen nichts setzen wird, das einer öffentlichen Absurdität oder auch nur einer absurden Konsequenz ähnlich scheinen möchte."[59] Erst nach einer kritischen Prüfung und Selbstprüfung könne man sagen, dass der Autor sich nicht an die Wahrheit gehalten hat.

Christian August Crusius differenzierte in der Mitte des 18. Jahrhunderts nach vier Präsumtionen der hermeneutischen „Wahrscheinlichkeit". Mit der ersten Präsumtion wird eine widerspruchsfreie Formulierung unterstellt, mit der zweiten eine klare Formulierung, da der Sprecher verstanden werden will, mit der dritten eine zweckrationale, mit der vierten eine dem „Zustand" des Sprechers

---

Macht des guten Willens, in: Ph. Forget, Hrsg., *Text und Interpretation,* München 1984, S. 59–61. Zur Diskussion der Billigkeitsmaxime vgl. auch Spoerhase, a. a. O., S. 229 ff., 345 ff.; Th. Petraschka, *Interpretation und Rationalität: Billigkeitsprinzipien in der philologischen Hermeneutik,* Berlin 2014.

[56] J. Swift, *A Tale of a Tub and other Stories,* hrsg. v. K. Williams, London 1975, S. 2.

[57] Vgl. Scholz, *Verstehen und Rationalität,* S. 147 ff.

[58] G. W. Leibniz, *Definitionum Juris Specimen,* in: *Sämtliche Schriften und Briefe* (Akademie-Ausgabe), Darmstadt (später Leipzig, jetzt Berlin) 1923 ff. *Philosophische Schriften,* Bd. 3, Berlin 1980, S. 631.

[59] Chr. Weise, *Curieuse Fragen über die Logica,* Leipzig 1696, S. 721.

gemäße Formulierung.[60] In der Rechtsprechung wird die Präsumtion gehandhabt, dass bis zum Nachweis einer Schuld von der Unschuld auszugehen ist (die sog. Unschuldsvermutung). Eine Präsumtion liegt auch darin vor, dass wir in der Alltagsorientierung und im Alltagsverstehen immer von einem normalen und vernünftigen Verhalten der Mitmenschen ausgehen, dass wir uns wechselseitig gemeinsame Annahmen unterstellen, die wir für wahr halten. Wir würden die Sprache „unbrauchbar"[61] machen, wenn wir dies in Abrede stellten.

8.3 Romantische Hermeneutik

Über viele Jahrhunderte wurde gelehrt, dass die Aufgabe der Interpretation allein darin besteht, in einem Text die dunklen Stellen aufzuklären. Helle Stellen benötigen keine Interpretation, sie verstehen sich von selbst. *Interpretatio cessat in claris.* Nicht unvorbereitet in der hermeneutischen Diskussion des 17. und 18. Jahrhunderts,[62] vollzieht sich in der romantischen Hermeneutik um 1800 ein Paradigmenwechsel: Prinzipiell ist alles zu interpretieren. Der Interpret soll, wie der Theologe, Philosoph und Übersetzer Friedrich Daniel Schleiermacher lehrte, in einer „strengeren Praxis" davon ausgehen, dass sich das Missverstehen von selbst ergibt und das Verstehen „auf jedem Punkt muss gewollt und gesucht werden." (HuK, S. 92) Die Stellenhermeneutik wird verabschiedet. Der Sinn der einzelnen Stelle und der Sinn des Ganzen ergibt sich aus einem ‚hermeneutischen Zirkel'. Die Interpretation wird als eine Rekonstruktion der Autorintention verstanden. Sonst nimmt die romantische Hermeneutik die Hermeneutik des 17. und 18. Jahrhunderts auf, die ja, anders als Schleiermacher glauben machen wollte,[63] schon als

---

[60]Crusius, a. a. O., § 636, vgl. dazu Scholz, *Verstehen und Rationalität*, S. 47 ff.
[61]Crusius, a. a. O., § 635.
[62]Vgl. G. Kurz, *Alte, neue, altneue Hermeneutik. Überlegungen zu den Normen romantischer Hermeneutik*, in: S. Heinen/H. Nehr, Hrsg., *Krisen des Verstehens um 1800*, Würzburg 2004, S. 41 f.
[63]F. D. E. Schleiermacher, *Hermeneutik und Kritik*, hrsg. u. eingel. v. M. Frank, Frankfurt a. M.1977, S. 75: „Die Hermeneutik als Kunst des Verstehens existiert noch nicht allgemein, sondern nur mehrere spezielle Hermeneutiken." Diese Ausgabe beruht auf der Ausgabe: *Hermeneutik und Kritik mit besonderer Beziehung auf das Neue Testament von Dr. Friedrich Schleiermacher*. Aus Schleiermachers handschriftlichem Nachlasse und nachgeschriebenen Vorlesungen hrsg. v. F. Lücke, Berlin 1838 (Sämtliche Werke, 1. Abt., Bd. 7). Im Anhang bringt Frank weitere Quellen, u. a. Schleiermachers *Rede Über den Begriff der Hermeneutik mit Bezug auf F. A. Wolfs Andeutungen und Asts Lehrbuch*. Vgl. jetzt *Kritische Gesamtausgabe der Werke Schleiermachers*, hrsg. v. G. Meckenstock u. a., Berlin 1980 ff. (KGA), 2. Abt., Bd. 4: *Vorlesungen zur Hermeneutik und Kritik*, hrsg. v. W. Virmond unter Mitw. v. H. Patsch. Die Vorträge *Über den Begriff der Hermeneutik* und *Über Begriff und Einteilung der philologischen Kritik* in: 1. Abt., Bd. 11, hrsg. v. M. Rössler unter Mitw. v. L. Emersleben. Ich zitiere die Hermeneutik Schleiermachers wegen ihrer Zugänglichkeit nach der Ausgabe von Frank im Fließtext mit der Kürzel HuK.

8.3 Romantische Hermeneutik

eine allgemeine Hermeneutik konzipiert worden war. Auch hatte die Aufklärungshermeneutik schon gelehrt, dass die Interpretation nur zu wahrscheinlichen Ergebnissen führen kann, dass sie, wie Schleiermacher dann formuliert, provisorisch bleibt, ständig „in der Probe" (HuK, S. 460) begriffen. Synonym wurden die Begriffe Auslegung, Interpretation und Verstehen, manchmal auch Erklärung verwendet.

Auch die Einsicht in die konstitutive Rolle der Subjektivität im Erkenntnisprozess konnte auf die Einsichten der Aufklärungshermeneutik z. B. in die Rolle des Sehepunkts zurückgreifen. Für die romantische Hermeneutik ist es ausgemacht, dass jede Interpretation einen unvermeidlichen subjektiven Anteil hat, dass sie daher aber keineswegs unverbindlich ist. Sie konnte sich auch auf Kants Lehre in der *Kritik der Urteilskraft* von 1790 berufen, dass es Urteile wie das Urteil über schön oder häßlich gibt, die weder rein objektiv, noch rein subjektiv sind, sondern eine intersubjektive Geltung beanspruchen. Solche Urteile basieren auf einem „Gemeinsinn" (*Kritik der Urteilskraft*, § 20), auf allgemein geteilten Hintergrundüberzeugungen. Sie verlangen nicht, dass man ihnen zustimmen muss, sondern dass man ihnen zustimmen soll. (*Kritik der Urteilskraft*, § 22)

Gegenüber der Aufklärungshermeneutik wurde der Objektbereich der Hermeneutik in der Romantik verengt auf die Theorie der Auslegung sprachlicher, mündlicher und schriftlicher Äußerungen, später dann, etwa in August Boeckhs *Enzyklopädie und Methodenlehre der philologischen Wissenschaften* (posthume Edition von Vorlesungen 1877), gänzlich auf Texte. Erst im späten 19. Jahrhundert erweiterte Wilhelm Dilthey wieder den Objektbereich der Hermeneutik auf menschliche Lebenszusammenhänge.

Dieser Paradigmenwechsel kam zustande in einzigartigen intellektuellen und künstlerischen Konstellationen in der Universitätsstadt Jena in den 1790er Jahren und in Berlin nach 1800. Intellektuelle „Wunderjahre" nannte Theodore Ziolkowski diese Jahre.[64] Direkt oder indirekt waren die Akteure in einem fruchtbaren intellektuellen und oft auch freundschaftlichen *commercium* miteinander verbunden. Novalis und Schleiermacher wirkten an der romantischen Programmzeitschrift *Athenäum* mit, die Friedrich und August Wilhelm Schlegel von 1798 bis 1800 herausgaben. In Jena entwickelten Friedrich Schlegel und Novalis in der Auseinandersetzung mit der Philosophie Kants und Fichtes nicht nur das Programm einer romantischen Literatur, sondern auch neue philosophische Denkfiguren und stellten auch die Frage, was eigentlich Lesen, was eigentlich Verstehen und Interpretieren sei. Ihre Überlegungen führten zu einem neuen Verständnis von Lesen und Verstehen als elementare und produktive Handlungen. „Hermeneutik", notiert Friedrich Schlegel, „ist gleichsam das gewöhnl. Element, das beständige

---

[64]Th. Ziolkowski, *Das Wunderjahr in Jena. Geist und Gesellschaft 1793/1794*, Stuttgart 1998; ders., *Berlin. Aufstieg einer Kulturmetropole um 1810*, Stuttgart 2002. Für die romantische Hermeneutik auch wichtig M. Buschmeier, *Poesie und Philologie in der Goethezeit*, Tübingen 2008.

Geschäft."[65] Wenn wir lesen, interpretieren wir: „Die Lektüre ist eine Kunst."[66] (Vgl. S. 63 ff.) Die innovative Bedeutung Friedrich Schlegels für die Entwicklung der romantischen Hermeneutik ist in jüngster Zeit herausgearbeitet worden.[67] In Berlin, wohin er 1797 gezogen war, lebte er bis Anfang 1998 in einer Wohngemeinschaft mit Schleiermacher. In dieser Zeit arbeitete er an seiner *Philosophie der Philologie,* die Schleiermacher inspirierte. Das *commercium* des romantischen Kreises erlaubt es, mit aller Vorsicht von einer romantischen Hermeneutik zu reden.

Den Stand des epochalen ästhetischen und hermeneutischen Bewusstseins demonstrieren auch ingeniöse Werkinterpretationen, z. B.: C. I. Reinhold, *Über die nähere Betrachtung der Schönheiten eines epischen Gedichtes als Erholung für Gelehrte und Studierende* (1788); F. Schlegel, *Über Goethes Meister* (1798); A. W. Schlegel, *Über die Künstler. Ein Gedicht von Schiller* (1790), *Dante. Über die göttliche Komödie* (1791), *Etwas über William Shakespeare bei Gelegenheit Wilhelm Meisters* (1796), *Über Shakespeares Romeo und Julia* (1797), *Goethes Hermann und Dorothea* (1798); W.v. Humboldt, *Über Goethes Hermann und Dorothea* (1799); Ludwig Tieck, *Shakespeares Behandlung des Wunderbaren* (1793); Hölderlin, *Anmerkungen zu Ödipus* und zu *Antigone* (1804); Achim v. Arnim/Clemens Brentano, *Verschiedene Empfindungen vor einer Seelandschaft von Friedrich, worauf ein Kapuziner,* 1810 (eine narrativ-dialogische Bildbetrachtung), und Kleists radikalisierende Version *Empfindungen vor Friedrichs Seelandschaft* (1810); E. T. A. Hoffmanns Rezension von Beethovens *Fünfter Symphonie* (1810); nicht zu übergehen die *Hamlet*-Interpretation in Goethes *Wilhelm Meisters Lehrjahre* (1795/1796). In diesen Interpretationen wird als hermeneutische Norm das Verständnis des „Ganzen" gesetzt, wird die Funktionalität der einzelnen Teile, wird die Konstruktivität des Werkes herausgestellt, wird die Rolle des Autors und des Rezipienten neu bestimmt, das Werk verstanden als ein Werk prinzipiell „unerschöpflicher" Interpretationsmöglichkeiten. Wie vor allem Friedrich Schlegels Rezension von Goethes Roman vorführt, wird Interpretation verstanden und durchgeführt als die Rekonstruktion einer Intention des (hypothetischen) Autors.

Neu war auch das Verständnis des Zusammenhangs von Denken und Sprache. Die Aufklärungshermeneutik ging von einer Trennung von Gedanke und Sprache aus. Hamann (*Aesthetica in nuce,* 1762) und Herder (*Abhandlung über den Ursprung der Sprache,* 1772) lösten diese Trennung schon auf. Für Hamann

---

[65]KFSA, Bd. 16, S. 38, Fr. 40.
[66]KFSA, Bd. 18, S. 199, Fr. 25.
[67]Vgl. z. B. H. Patsch, *Friedrich Schlegels „Philosophie der Philologie" und Schleiermachers frühe Entwürfe zur Hermeneutik,* in: Zeitschrift für Theologie und Kirche 63, 1966, S. 434–465; W. Michel, *Ästhetische Hermeneutik und frühromantische Kritik. Friedrich Schlegels fragmentarische Entwürfe, Rezensionen, Charakteristiken und Kritiken (1795–1801),* Göttingen 1982; M. Bauer, *Schlegel und Schleiermacher: Frühromantische Kunstkritik und Hermeneutik,* Paderborn 2011.

beruht das Vermögen zu Denken auf der Sprache und für Herder ist Vernunft und Sprache nicht zu trennen. Wenn Schleiermacher den Menschen als Organ der Sprache, die Sprache als Organ des Menschen und das Objekt der Interpretation als Teil der Welt der Sprache und als Teil der Welt des Autors bestimmt (HuK, S. 171), dann erhält die Sprache eine neue hermeneutische Bedeutung. Kein Denken ohne Worte, kein Selbstbewusstsein ohne Sprache. Der Weg ist nicht weit zu Humboldts Konzeption der Sprache als „bildende(s) Organ des Gedanken(s)", als *ergon,* d. h. als ausgebildetes Sprachsystem, und *energeia,* d. h. als sprachliche Produktivität, die sich ständig verändert und erweitert.[68] Der Mensch ist den Regeln des Sprachsystems unterworfen, sprechend verändert er sie aber auch ständig, er macht die Erfahrung, wie sich „mit der Sprache arbeiten und gegen sie kämpfen lässt". (HuK, S. 323) Humboldt und Schleiermacher können sogar von der „Macht" (Humboldt)[69] und „Gewalt" (Schleiermacher)[70] der Sprache über den Menschen reden.

Die Äußerungen und Handlungen anderer Menschen, auch derjenigen aus der Welt der Antike und der Bibel, von denen uns ein gewaltiger Abstand trennt, können wir nach Schleiermacher verstehen, weil jeder Mensch eine „Empfänglichkeit" für andere hat, weil „jeder von jedem ein Minimum in sich trägt." (HuK, S. 169 f.) (Vgl. S. 235 f.) In jeder Äußerung, in jedem Verstehenwollen eines andern, in jedem kommunikativen Akt liegt die Erwartung und Hoffnung, dass Verstehen gelingt (vgl. HuK, S. 178), aber auch das Wissen, dass ein Moment des Nichtverstehens immer bleibt. Das Nichtverstehen will sich, wie Schleiermacher schreibt, „niemals gänzlich auflösen" (HuK, S. 328), oder Wilhelm von Humboldt: „Alles Verstehen ist […] immer zugleich ein Nicht-Verstehen, alle Übereinstimmung in Gedanken und Gefühlen zugleich ein Auseinandergehen."[71] Dieses Moment des Nichtverstehens ist nun nicht etwa ein Mangel, der irgendwann behoben werden kann. Das liegt nicht nur daran, dass die Individualität eines anderen nie ganz eingeholt werden kann. Das liegt noch mehr daran, dass Verstehen nur Verstehen ist, weil es immer ein Nichtverstandenes gibt. Weil das Verstehen umgeben ist von einem Nicht- oder Noch-nicht-Verstehen. ‚Ich verstehe X als Y' heißt nicht ‚Ich erkenne X als Y'. Wenn wir alles restlos verstehen würden, wenn sich alles ‚von selbst verstehen' würde, würden wir auch nicht mehr von einem Verstehen reden können. Darin liegt die Pointe von Friedrich Schlegels sehr ironischem Essay *Über die Unverständlichkeit* von 1800. Selbstverständlich diskutiert Schlegel auch Unverständlichkeiten, die an der komplexen oder unklaren Qualität des Textes oder am Unverstand oder der Unwilligkeit des Lesers liegen. Sie sind prinzipiell behebbar. Prinzipiell nicht behebbar ist nach Schlegel hingegen

---

[68]W. v. Humboldt, *Werke in fünf Bänden,* hrsg. v. A. Flitner/K. Giel, 3. Aufl. Darmstadt 1963, Bd. 3, S. 191 *(Über die Verschiedenheit des menschlichen Sprachbaues).*

[69]A. a. O., S. 439.

[70]KGA 1. Abt., Bd. 11, S. 72 *(Über die verschiedenen Methoden des Übersetzens).* Vgl.auch Hölderlin, *Brod und Wein,* V. 68–70: „des Wortes Gewalt" ist „treffend und schaffend".

[71]Humboldt, *Werke,* Bd. 3, S. 439.

ein Moment von Unverständlichkeit, das in jedem Verständnis steckt. Tatsächlich ist Verständnis ja kein absoluter, sondern ein pragmatischer Begriff. Im Alltag geben wir uns in einer laxeren Praxis mit einem bestimmten Verständnis zufrieden, solange der kommunikative Zweck erfüllt wird. Das Meiste verstehen wir richtig, manches auch nicht, manches falsch und manches auch miss. Auf einer Portion von Unverständlichkeit beruht für Schlegel sogar „das Heil der Familien und der Nationen". Gemeint sind damit stillschweigende, ungeschriebene Übereinkünfte des Zusammenlebens. Die Auflösung durch den Verstand würde diese Kraft zerstören: „Wahrlich, es würde euch bange werden, wenn die ganze Welt, wie ihr es fodert, einmal im Ernst durchaus verständlich würde."[72]

In dieser romantischen Hermeneutik liegen, bei allen Differenzierungen, die Grundlagen auch der modernen Literaturwissenschaft. Aus ihrem Programm, jedes Werk des menschlichen Geistes im Allgemeinen als „Produkt der menschlichen Natur" und als „Erzeugnis der Zeit und der Geschichte"[73], das literarische Werk im Besonderen als Produkt der Sprache und einer Individualität zu behandeln, das literarische Werk in seiner Konstruktivität und Funktionalität der Teile zu analysieren, aus ihrer Konzeption der Interpretation als Rekonstruktion lassen sich strukturalistische, sozialwissenschaftliche, psychoanalytische, medienwissenschaftliche, historische oder diskurstheoretische Fragestellungen unschwer entwickeln – und ihrerseits aus der romantischen Einsicht in die Interpretativität des Umgangs mit Texten auch kritisch befragen.[74] Vorbildlich ist schließlich Schleiermachers Gewichtung einer genauen Sprachanalyse für die Hermeneutik.

8.3.1 *Der Eindruck des Ganzen*

Schleiermacher unterscheidet eine laxere und eine strengere Praxis der Interpretation. Er formuliert bewusst komparativisch. Ging die bisherige, laxere, Praxis davon aus, dass das Verstehen in der Regel sich „von selbst ergibt" und dass daher die Interpretation sich auf jene Stellen konzentriert, die wegen ihrer Dunkelheit zu einem „Missverstand" führen, geht die strengere Praxis, die Schleiermacher zur Grundlage jeder Hermeneutik macht, methodisch davon aus, „dass sich das Misssverstehen von selbst ergibt und das Verstehen auf jedem Punkt muss gewollt und gesucht werden." (HuK, S. 92). So kommen Missverständnisse gar nicht erst

---

[72]KFSA, Bd. 2, 370.
[73]F. Schleiermacher, *Über die Religion. Reden an die Gebildeten unter ihren Verächtern,* hrsg. v. H.-J. Rothert, Hamburg 1958, S. 12.
[74]Gegen Brenner, a. a. O., S. 66: „Von Schleiermacher führt mithin kein Weg zur literaturwissenschaftlichen Hermeneutik." Vgl. exemplarisch: H. Birus, *Hermeneutik und Strukturalismus. Eine kritische Rekonstruktion ihres Verhältnisses am Beispiel Schleiermachers und Jakobsons,* in: Ders. u. a., Hrsg., *Roman Jakobsons Gedichtanalysen,* Göttingen 2003, S. 11–37; ders., *Die Aufgaben der Interpretation – nach Schleiermacher,* in: Arndt/Dierken, a. a. O., S. 57–84.

8.3 Romantische Hermeneutik

auf. Schleiermachers methodische Maxime richtet sich an den bewussten Interpreten, an den Philologen, Theologen oder Juristen. Interpretiert wird allerdings, ob strenger oder laxer, immer. Novalis und Friedrich Schlegel würden wohl zur Unterscheidung einer laxeren und strengeren Interpretation anmerken, dass es tatsächlich auf den Komparativ ankommt.

Gegenstand der Interpretation sind natürlich auch einzelne Stellen, aber im Ganzen des Textes. Alles im Text ist prinzipiell wichtig. Daher soll der Interpret sich durch eine kursorische Lektüre zuerst einen Eindruck vom Ganzen des Textes verschaffen, der dann sukzessiv vertieft werden soll. Faktisch bewegt sich die Interpretation nach Schleiermacher zwischen einem semantischen „Minimum" und einem semantischen „Maximum" des Textes. Das Minimum betrifft Teile, die nur wenig oder nichts zum Ganzen beitragen. Sie sind leichter zu verstehen. „Doch", fügt er hinzu, „findet dieses niemals schlechthin statt." Ein Minimum könnte sich doch als wichtig erweisen. (Vgl. HuK, S. 129 f.)

Liest man die Rezensionen, Essays und Fragmente der Romantiker, so fällt die Insistenz auf, mit der das „Ganze", die „Ganzheit", die „Totalität", das „System", die „Organisation" bzw. der „Organismus" eines Werks oder der Werke eines Schriftstellers oder einer Epoche als Orientierung und Ausgang der Interpretation herausgestellt wird. Zwar ist diese Lehre auch nicht ganz neu – der Vorrang des Ganzen vor der einzelnen Stelle wurde schon in der Rhetorik gelehrt (vgl. S. 45, 174) –, aber sie wurde doch in einer theoretischen Schärfe als etwas Neues formuliert. Ein Ganzes ist dann ein Ganzes, hatte Kant dieser Generation gelehrt, wenn ein Teil um des andern Willen da ist, jedes Teil als „Werkzeug (Organ)" fungiert, das Ganze daher als ein „organisiertes und sich selbst organisierendes Wesen" betrachtet werden kann. (*Kritik der Urteilskraft,* § 65) Selbstbewusst sagt Friedrich Schlegel voraus: „Dass man im Kunstwerke nicht bloß die schönen Stellen empfinden, sondern den Eindruck des Ganzen fassen müsse: dieser Satz wird nun bald trivial sein, und unter die Glaubensartikel gehören."[75] In *Wilhelm Meisters Lehrjahre* (1795/1796) studiert eine Schauspieltruppe Shakespeares *Hamlet* ein. Wilhelm versucht das enge, überkommene Rollenverständnis der Schauspieler zu ändern. Die einzelne Rolle müsse nicht „nur an sich", sondern im „Zusammenhange mit dem Stück", aus der „Vorstellung des Ganzen" betrachtet werden, der Schauspieler müsse auch „in den Sinn seines Autors", in „die Absicht desselben" eindringen. Die Schauspieler sind einsichtig. Man freue sich, heißt es sogar, „über diese Art, in den Geist des Schriftstellers einzudringen."[76]

Die Ablösung von der Stellenhermeneutik findet sich auch in der zeitgenössischen juristischen Hermeneutik, in Anton Friedrich Justus Thibauts *Theorie der logischen Auslegung* (1799) und in der Vorlesung zur juristischen

---

[75] KFSA, Bd. 2, S. 410.
[76] Goethe, *Werke,* Bd. 7, S. 216–218. (Viertes Buch, Drittes Kapitel). August Wilhelm Schlegel nennt in seinem Essay *Etwas über William Shakespeare bei Gelegenheit Wilhelm Meisters* diese Einsicht Wilhelms „sehr richtig". A. W. Schlegel, *Kritische Schriften und Briefe,* hrsg. v. E. Lohner, 7 Bde, Stuttgart 1962–1974, Bd. 1, S. 92.

Methodik, die Friedrich Carl von Savigny im Wintersemester 1802/1803 in Marburg vortrug. In einer Nachschrift des jungen Jacob Grimm ist diese Vorlesung überliefert. Für Savigny ist der „gewöhnliche" Begriff der Interpretation als Erläuterung einer dunklen Stelle durchaus „unbrauchbar".[77] Das Verhältnis des Ganzen zur einzelnen Stelle und der einzelnen Stelle zum Ganzen führt zur Figur des hermeneutischen Zirkels, den ich eigens erläutere.

8.3.2 Interpretation als Rekonstruktion

Wie die Aufklärungshermeneutik geht die romantische Hermeneutik davon aus, dass, wie Schleiermacher es formuliert, „jeder Akt des Verstehens die Umkehrung eines Aktes des Redens ist". (HuK, S. 76) Doch wird diese Umkehrung nun entschieden als eine Konstruktion, genauer als eine Rekonstruktion des ‚Aktes der Rede' begriffen. Hier in der Romantik beginnt das Paradigma der Konstruktion, das heute die Wahrnehmungs- und Erkenntnistheorie dominiert, seine Karriere.[78] Interpretieren wird verstanden als eine Rekonstruktion, eine Rekonstruktion eines (idealen) Produktionsaktes und diese Rekonstruktion als eine rezeptiv-produktive Handlung. In der Rhetorik und Sprachtheorie (‚Konstruktion eines Satzes') spielte der Begriff der Konstruktion seit der Antike schon eine Rolle, in der Neuzeit trat dazu seine Verwendung für eine geometrische Methode (‚Konstruktion eines Dreiecks'). Mit dem Begriff wurde Wahrheit auch an das Machen, das Hervorbringen, eben das Konstruieren gebunden. Nach Kant sehen wir nur ein, was wir selbst machen können,[79] und Novalis formuliert: „Wir wissen nur, inwieweit wir machen".[80]

Bei den Schülern Kants, bei Fichte, Schelling, Friedrich Schlegel, Schleiermacher, Savigny, Novalis kommt der Begriff geradezu in Mode und wird nun als Modell für die Interpretation von Texten und Gesetzen in die hermeneutische Theorie übernommen. Friedrich Schlegel, der vielleicht als erster den Konstruktionsbegriff in die Hermeneutik einführte, formuliert: „Es ist nichts schwerer, als das Denken eines anderen bis in die feinere Eigentümlichkeit seines Ganzen nachkonstruiren, wahrnehmen und charakterisieren zu können. Und doch kann man nur dann sagen, dass man ein Werk, einen Geist verstehe,

---

[77]Savigny, *Vorlesungen,* S. 144.
[78]Eine Monographie der Geschichte des Konstruktionsparadigmas steht noch aus. Vgl. H. Ende, *Der Konstruktionsbegriff im Umkreis des deutschen Idealismus,* Meisenheim am Glan 1973; G. Kurz, *Eine jüdische Geschichte konstruieren: Das Paradigma der Konstruktion und „Die Konstruktion der jüdischen Geschichte" von Heinrich Graetz,* in: M. Bienenstock, Hrsg., *Der Geschichtsbegriff: eine theologische Erfindung?* Würzburg 2007, S. 109–127, bes. S. 110 ff.; Art.: *Rekonstruktion,* in: HWbdPh, Bd. 8, Sp. 570–578.
[79]I. Kant, *Gesammelte Schriften* (Akademie-Ausgabe), Berlin 1902 ff., Bd. 21, S. 578; Bd. 22, S. 353.
[80]Novalis, a. a. O., Bd. 2, S. 378; vgl. auch S. 386.

8.3 Romantische Hermeneutik

wenn man den Gang und Gliederbau nachkonstruieren kann."[81] August Wilhelm Schlegel: „Um dem Wesen der Poesie analytisch näherzukommen, müsste man wenigstens ein poetisches Ganzes als Beispiel vornehmen, und es zu konstruieren, seinem inneren Baue nach zu erforschen und als notwendig darzutun suchen."[82] Und Friedrich Schleiermacher, der wie die anderen selbstverständlich noch ‚Construktion' schreibt, unterscheidet zwei Maximen des Verstehens: „Ich verstehe alles; bis ich auf einen Widerspruch oder Nonsens stoße." Das ist die alte, stellenhermeneutische Maxime. Dagegen die neue Maxime: „Ich verstehe nichts, was ich nicht als notwendig einsehe und konstruieren kann."[83] Oder: „Man hat nur verstanden, was man in allen seinen Beziehungen und in seinem Zusammenhange nachkonstruiert hat. – Dazu gehört auch, den Schriftsteller besser zu verstehn, als er sich selbst."[84] Die Konstruktivität der Auslegung beruht auf einer elementaren Konstruktivität des Verstehens. Er merkt an, dass man nicht selten früh schon ahnt oder weiß, was der Andere sagen will, „d. h. man konstruiert seine Gedankenentwicklung – noch ehe man das Resultat hat. Dies beruht auf genauer Kenntnis der Eigentümlichkeit des andern im Verfahren des Denkens." (HuK, S. 222).

Nach Savigny hat der Interpret den Schaffensprozess „künstlich", d. h. modellhaft, zu wiederholen und in seinem Denken „von Neuem" entstehen zu lassen.[85] Friedrich Ast und August Boeckh reden vom „Reproduzieren oder Nachbilden des schon Gebildeten" bzw. von der „Reproduktion des Produzierten."[86] Der Historiker Johann Gustav Droysen, ein Schüler u. a. von August Boeckh, begriff in seinem epochemachenden *Grundriss der Historik* (zuerst 1868) das geschichtswissenschaftliche Verfahren als eine hypothetische „Rekonstruktion" eines vergangenen historischen Zusammenhangs aus seinen „Resten", den Texten, Monumenten, Alltagsobjekten, Kunstwerken, archäologischen Funden, Bräuchen usw.

Konstruktion bedeutet demnach, zusammengefasst, ein Verfahren, wonach einzelne Phänomene aus einem allgemeinen Prinzip systematisch entwickelt oder, in Erinnerung an die ursprüngliche Bedeutung von lat. *construere*, aufgebaut oder zusammengebaut werden. Man könnte auch formulieren: Die Interpretation konstruiert, genauer rekonstruiert eine „Idee des Werkes" (HuK, S. 170), in das seine Elemente und die interpretativen Folgerungen so integriert werden können, dass sein Sinn sich zwingend ergibt. Insofern bewegt sich die Konzeption der Interpretation auf der Höhe des zeitgenössischen Wissenschaftsparadigmas. Rekonstruiert wird nicht etwa der authentische Ursprungszustand in einer Art

---

[81] KFSA, Bd. 3, S. 60.
[82] A. W. Schlegel, a. a. O., Bd. 2, S. 229.
[83] KGA, 2. Abt., Bd. 4, S. 6.
[84] KGA, 2. Abt., Bd. 4, S. 74 f. (*Allgemeine Hermeneutik*, 1809/1810).
[85] F. C. v. Savigny, *System des heutigen Römischen Rechts*, 8 Bde, Berlin 1840–1849, Bd. 1, S. 213; vgl. auch *Vorlesungen*, S. 144.
[86] F. Ast, *Grundlinien der Grammatik, Hermeneutik und Kritik*, Landshut 1808, § 80 (S. 187); Boeckh, a. a. O., S. 10.

Wiederherstellung, rekonstruiert wird vielmehr ein Modell einer idealen Genese, das, wie Schleiermacher pointiert formuliert, nur eine „Fiktion" sein kann.[87] Für das, was wir Modell nennen, verwendet Schleiermacher den seit Chladenius gebräuchlichen Begriff des „verjüngten" Maßstabs (HuK, S. 197 u. ö.). Mit diesem Interpretationsmodell wird die Lehre von der *interpretatio authentica* (vgl. S. 228) endgültig verabschiedet. Selbst unter den Voraussetzungen der Aufklärungshermeneutik war für Schleiermacher die *interpretatio authentica* nicht haltbar. Denn auch die Selbstauslegung des Autors ist prinzipiell interpretationsbedürftig. Wenn der Autor sein eigener Leser wird, verfügt er auf der Seite des Textes „über keine anderen Data als wir." (HuK, S. 94)

Wie geht man nun bei dieser Rekonstruktion vor? Man sucht den ‚zentralen Gesichtspunkt', die leitende ‚Idee', den ‚Mittelpunkt', den ‚Keim', den „Grund", also den Gesichtspunkt, den *Skopus,* vom dem aus der Sinn eines Werks rekonstruiert werden kann. Hölderlin z. B. untersucht in seinen *Anmerkungen* zu seinen Übersetzungen von *Antigone* und *Ödipus der Tyrann* das „gesetzliche Kalkül", wodurch „das Schöne hervorgebracht wird" und exponiert die dramatische Folgerichtigkeit mit den Konjunktionen „Dadurch" (zweimal) und „Daher" (viermal). Der Skopus, von dem aus er das Drama *Ödipus der Tyrann* rekonstruiert, liegt in einer bestimmten Szene: „Die *Verständlichkeit* des Ganzen beruhet vorzüglich darauf, dass man die Szene ins Auge fasst, wo Ödipus den Orakelspruch *zu unendlich deutet, zum nefas* [Übertretung der Grenze des Menschlichen]versucht wird."[88]. In Goethes Roman *Wilhelm Meisters Lehrjahre* sucht Wilhelm sich und der Schauspieltruppe Shakespeares *Hamlet* auf eine neue Weise verständlich zu machen. Den interpretativen Gesichtspunkt, den „Schlüssel", wie er es nennt, findet er in Hamlets Satz „Die Zeit ist aus dem Gelenke; wehe mir, dass ich geboren ward, sie wieder einzurichten." Er fährt fort: „In diesen Worten, dünkt mich, liegt der Schlüssel zu Hamlets ganzem Betragen, und mir ist deutlich, dass Shakespeare habe schildern wollen: eine große Tat auf eine Seele gelegt, die der Tat nicht gewachsen ist. Und in diesem Sinne find' ich das Stück durchgängig gearbeitet."[89]

In Friedrich Schlegels Rezension *Über Goethes Meister* leitet das wissenschaftsgeschichtlich neue Paradigma der Organisation bzw. des Organismus die Rekonstruktion. Die Organisation des Werks erklärt den Sinn der einzelnen Teile, umgekehrt werfen die einzelnen Teile Licht auf die Organisation. Insofern expliziert die Interpretation die Interpretation, die das Werk durch seine Organisation selbst schon leistet. Es ist zugleich ‚organisiert' und

---

[87] *Friedrich Schleiermachers sämtliche Werke,* 1. Abt., Bd. 8 (*Einleitung in das Neue Testament,* 1831/32), S. 6. Vgl. auch Thibaut, a. a. O., § 3, der von einer „Art juristischer Fiktion" spricht, wonach das, was aus der „Raison des Gesetzes" geschlossen werden könne, als „besonderer Wille des Gesetzgebers" zu betrachten ist.

[88] Hölderlin, a. a. O., Bd. 3, S. 851.

[89] Goethe, *Werke,* Bd. 7, S. 245 f.

8.3 Romantische Hermeneutik

‚organisierend'.[90] Aus dieser Organisation des Werks erschließt Schlegel eine zwingende Absicht des Künstlers: „Doch konnte es nicht seine Absicht sein, hier tiefer und voller darzustellen, als für den Zweck des Ganzen nötig und gut wäre; und noch weniger konnte es seine Pflicht sein, einer bestimmten Wirklichkeit zu gleichen."[91] Der Ausgang und Skopus der Rekonstruktion liegen in der „Schauspielerwelt" des Romans. Sie „musste" der „Grund des Ganzen" werden, „weil eben diese Kunst nicht bloß die vielseitigste, sondern auch die geselligste aller Künste ist, und weil sich hier vorzüglich Poesie und Leben, Zeitalter und Welt berühren".[92] Herausgearbeitet werden dann die verschiedenen Mittel der Erzähltechnik, die Verfahren der Symbolisierung, der Kontrastierung, Variation und Spiegelung der Figuren und Handlungen, die Vor – und Rückverweise, die thematische Kohärenz.[93]

Die Evidenz der Interpretation ergibt sich weniger aus der angestrebten Übereinstimmung des Interpreten mit Äußerungen des empirischen Autors, sondern aus der Konsistenz und Stringenz der Interpretation, die wissen will, wie Friedrich Schlegel formuliert, „wie die Schichten im Innern aufeinanderliegen und aus welchen Erdarten sie zusammengesetzt sind." Sie möchte immer tiefer dringen, „bis in den Mittelpunkt womöglich, und möchte wissen, wie das Ganze konstruiert ist."[94] Äußerungen des Autors haben für die Interpretation eine heuristische bzw. bestätigende Funktion. Wie immer die Intention des empirischen Autors aufgenommen wird, die Bevorzugung des Begriffs der Rekonstruktion oder Nachkonstruktion bindet den Interpreten an die Intention eines fremden Autors. Es ist der Text eines Anderen, den er interpretiert. Die Rekonstruktion muss sich daher, so gut es geht, an der Welt des Anderen oder eines Textes orientieren. In der Tradition der Aufklärungshermeneutik fordert Schleiermacher, die Perspektive des empirischen Autors so weit wie möglich einzunehmen.[95] Die Rekonstruktion muss sich an den Rahmen des historisch möglichen Sinnes halten. Bedeutungen, die über das hinausgehen, was dem Autor und seinem Zeitalter „zu Gebote" stand (HuK, S. 177), wie Schleiermacher formuliert, werden ausgeschlossen.[96] Insofern enthält der Begriff der Rekonstruktion auch einen ethischen Anspruch.

Es lässt sich nachweisen, dass implizit oder explizit das Modell der Rekonstruktion auch die moderne Literaturwissenschaft fundiert. „Nicht ob ein

---

[90] KFSA, Bd. 2, S. 131.
[91] KFSA, Bd. 2, S. 143.
[92] KFSA, Bd. 2, 2, S. 132.
[93] Vgl. dazu auch J. Endres, *Charakteristiken und Kritiken*, in: Ders., Hrsg., *Friedrich Schlegel Handbuch*, Stuttgart 2017, S. 117–122.
[94] KFSA, Bd. 2, S. 131.
[95] Vgl. KGA 2. Abt., Bd. 4, S. 157; Chladenius, *Einleitung*, § 720.
[96] Vgl. auch F. C. v. Savigny, *Juristische Methodenlehre, nach der Ausarbeitung von Jacob Grimm*, hrsg. v. G. Wesenberg, Stuttgart 1951, S. 40. Vgl. J. Schröder, *Entwicklungstendenzen der juristischen Interpretationstheorie von 1500 bis 1850*, in: Schönert/Vollhardt, a. a. O., S. 212 f.

Autor diesen oder jenen Zug seines Werkes *tatsächlich* beabsichtigt hat, sondern ob er ihn nachvollziehbarer Weise hätte beabsichtigen *können*, weil dieser Zug im Werkzusammenhang eine *Funktion* erfüllt", danach ist literaturwissenschaftlich zu fragen, ist in einem neueren Handbuch der Literaturwissenschaft zu lesen.[97] So geht der vielgescholtene Emil Staiger in seiner Interpretation des Gedichts von Mörike vor (vgl. S. 173 f.), so werden in einer methodisch vorbildlichen Interpretation eines Gedichts die einzelnen Interpretationsschritte als „Rekonstruktionen" durchgeführt.[98]

In einem Gespräch Goethes mit Kanzler Müller am 18. Februar 1830 geht es um seinen Roman *Wilhelm Meisters Wanderjahre,* der ein Jahr zuvor erschienen war. Goethe empört sich, dass Johann Friedrich Rochlitz, ein Briefpartner Goethes, die „alberne Idee" gefasst habe, „das Ganze systematisch konstruieren und analysieren zu wollen. Das sei unmöglich, das Buch gebe sich nur für ein Aggregat." In Goethes und im zeitgenössischen wissenschaftlichen Sprachgebrauch bedeutet Aggregat einen Gegenbegriff zu System oder Synthese, mehr ein Nebeneinander als ein Ineinander von Teilen. Den Begriff des Systems hatte auch Friedrich Schlegel in seiner Rezension verwendet. In einem Brief an diesen Rochlitz (18.07.1829) hatte Goethe seinen Roman einen „Verband disparatester Einzelheiten" genannt. So albern ist die konstruktive Analyse von Rochlitz jedoch nicht, wie Friedrich Schlegel oder Schleiermacher Goethe zu bedenken gegeben hätten, denn das Modell kann auch ein Aggregat rekonstruieren. Wäre also dieser Roman systematisch zu konstruieren und zu analysieren, dann müsste die Rekonstruktion zeigen, warum ‚das Ganze' sich gerade als ein Aggregat ‚gibt'. Die Rekonstruktion würde dabei eine Vollkommenheit und keine Nachlässigkeit des Autors unterstellen.

Zum Glück des Kunstwerks rechnen Interpretationen immer auch mit kontingenten Momenten, mit Unverständlichkeiten, die bleiben, die rekonstruktiv nicht einzuholen sind. Darauf hatte ja Friedrich Schlegel insistiert. (Vgl. S. 246) Der ästhetische Reiz eines Kunstwerks liegt ja auch darin, dass zu seiner Wirkung Momente gehören, die sich dem Verstehen entziehen. Ein Kunstwerk, dessen Sinn wir restlos rekonstruieren könnten, würde uns ästhetisch nicht befriedigen.

8.3.3 Der Autor als Mischfigur

Der empirische Autor wird geachtet als Urheber des Textes. Seine Person und seine historische Situation grenzen die Auslegungsmöglichkeiten ein. Entscheidend für die Evidenz der Interpretation ist aber nun die Interpretation

---

[97]H. Fricke, *Erkenntnis- und wissenschaftstheoretische Grundlagen,* in: Anz, a. a. O., Bd. 2, S. 50.
[98]S. Winko/F. Jannidis, *Wissen und Inferenz. Zum Verstehen und Interpretieren literarischer Texte am Beispiel von Hans Magnus Enzensbergers Gedicht ‚Frühschriften',* in: Borkowski u. a., a. a. O., S. 244.

8.3 Romantische Hermeneutik

selbst, nicht die Äußerungen des Autors zu seinem Werk. Im Verhältnis zur Interpretation erhalten sie einen heuristischen oder bestätigenden Status. Der Autor ist nun nicht mehr identisch mit einer empirischen Person, sondern eine Position in der Systematik der Interpretation, eine Mischfigur, erzeugt aus Wissen von bzw. Vermutungen zu einer empirischen Person und ihrer Situation und Extrapolationen aus dem Text. Vorrangig sind die Extrapolationen auf einen Urheber, der auf ‚ideale' Weise dem so rekonstruierten Werk entspricht. Privilegiert wird die ‚Intention des Werks' gegenüber der ‚Intention des empirischen Autors', damit auch die Position des Lesers. Im Pakt mit dem Leser „springt" mit jedem Zug der Vollendung „das Werk vom Meister ab", notiert Novalis. „In dem Augenblicke, als es ganz Sein werden sollte, ward es mehr, als sein Schöpfer – er zum unwissenden Organ und Eigentum einer höheren Macht." Und pointiert, etwas zu pointiert: „Der Künstler gehört dem Werke und nicht das Werk dem Künstler."[99] Im Pakt zwischen Autor und Leser wird der empirische Autor entmächtigt, der Leser ermächtigt. Der „wahre Leser", schreibt Novalis, muss der „erweiterte Autor" sein. „Er ist die höhere Instanz, die die Sache von der niederen Instanz schon vorgearbeitet erhält."[100] Der „wahre" Leser, besagt die Rechtsmetaphorik von der niederen und höheren Instanz, hat das entscheidende Wort. Aber er muss sich auf die niedere Instanz beziehen.

Bezeichnend für den rekonstruktiven Status der Autorrolle ist, worauf Klaus Weimar aufmerksam machte,[101] der um 1800 verbreitete Sprachgebrauch ‚der Dichter', ‚der Verfasser', ‚der Künstler', ‚der Genius eines Schriftstellers', ‚der Geist' im Unterschied zum ‚Buchstaben' des Werks, und nicht ‚Goethe' oder ‚Schiller'. Ein frappantes Beispiel für diese hermeneutische Strategie stellt Friedrich Schlegels Rezension *Über Goethes Meister* dar. Der Name des empirischen Autors Goethe kommt nur einmal, im Titel, vor. Dann wird nur noch vom „Künstler", vom „Dichter" oder vom „Dichtergeist" gesprochen. Formulierungen wie ‚der Dichter musste ...', ‚bei dieser Absicht musste ...' stellen, gegen den empirischen, oft kontingenten Produktionsprozess, eine dem Modell entsprechende ‚ideale', notwendige Konsequenz heraus.

In der modernen Literaturtheorie wird diese Autorfigur unter dem Titel des *implied author* oder *abstrakten Autors* oder *Modell-Autors* diskutiert. Zur Figur des idealen Autors gehört als Komplement auch die Figur des impliziten, idealen Lesers. In der juristischen Hermeneutik wird der ‚Autor' eines Gesetzes, ‚der Gesetzgeber', ebenfalls als eine Mischfigur verstanden, die rekonstruiert wird aus historischen Materialien (Beratungsprotokollen, Fassungen des Gesetzes, parlamentarischen Debatten usw.) und der Interpretation des Gesetzes nach seinem Sinn und Zweck. In der kriminalistischen Aufklärung sucht der sog. *Profiler* den ‚Autor' einer kriminellen Tat zu rekonstruieren.

---

[99] Novalis, a. a. O., Bd. 3, S. 411, Fr. 737.
[100] A. a. O., Bd. 2, S. 470, Fr. 125.
[101] Weimar, *Neue Hermeneutik,* S. 201 f.

Die Verwissenschaftlichung der Interpretationslehre, die systematische Rekonstruktion der „Idee" des Werks hat freilich auch ihren Preis, keinen geringen, wie aus Friedrich Schlegels Rezension von Goethes Roman hervorgeht: Die Tendenz zur Tilgung des leibhaftigen Autors. Der Leser liest jedoch nicht nur aus Interesse an Handlung, Figuren und Struktur eines Romans, am Versmaß eines Gedichts, an literarischen Motiven, dramatischen Peripetien, intertextuellen Bahnen usw., er liest auch aus einem Interesse an einer kreativen und intellektuellen Individualität, aus Teilnahme an einer geistigen Existenz, aus dem Interesse an einem menschengemachten, menschenerfahrenen, authentischen Werk. Der Leser interessiert sich für und braucht den empirischen, den wirklichen Autor. Nicht nur aus Gründen sprachlicher Ökonomie kommt es zu dem metonymischen Ausdruck, man lese Kafka oder Atwood oder Grossman.[102] Zur Einstellung auf ein literarisches Werk gehören das Interesse am Autor *und* die Lösung des Werks vom Autor.

8.3.4 Savigny

Der Jurist Friedrich Carl von Savigny war schon in seiner Zeit als Dozent in Marburg (1801–1808) Mittelpunkt eines romantischen Kreises, zu dem Jacob und Wilhelm Grimm, Clemens Brentano, dessen Frau Sophie und dessen Geschwister Christian, Bettina und Gunda, die Savigny 1804 heiratete, und der spätere Altertumswissenschaftler Friedrich Creuzer gehörten. Mit seinem Kollegen Schleiermacher stand er nach seiner Berufung an die Berliner Universität (1810) im Gedankenaustausch. Schon in seiner Marburger Zeit hatte er Schleiermachers Publikationen aufmerksam gelesen.

In seinen Vorlesungen zur juristischen Methodologie, die er ab 1802 hielt, bestimmt Savigny die juristische Interpretation ebenfalls als eine Rekonstruktion: „Interpretation ist also vorerst: Rekonstruktion des Inhalts des Gesetzes. Der Interpret muss sich auf den Standpunkt des Gesetzgebers setzen, und so künstlich [d. h. modellhaft] dessen Ausspruch entstehen lassen."[103] Und in seinem *System des heutigen Römischen Rechts* (1840–1849) bestimmt er das „Geschäft der Auslegung" eines Gesetzes als „die Rekonstruktion des dem Gesetz inwohnenden Gedankens." Dieser innewohnende Gedanke muss nicht der Gedanke des

---

[102]Vgl. dazu auch die brillante Polemik von W. Matz, *Der peinliche Erdenrest. Die Literatur braucht Biographien – Antwort an Heinz Schlaffer*. Süddeutsche Zeitung, 21.10.2011, S. 14. Schlaffer hatte in derselben Zeitung (10.10.2011) geschrieben, dass es eine „gängige Vorstellung" geworden sei, „dass ein literarisches Werk ausschließlich das Werk seines Verfassers und daher aus seiner Person herzuleiten sei."
[103]Savigny, *Vorlesungen,* S. 143. Vgl. dazu J. Rückert, *Savignys Hermeneutik*, in: Schröder, Theorie, S. 287–327, der erhellend die Parallelen zu Schleiermachers Hermeneutik herausarbeitet; ferner S. Meder, *Mißverstehen und Verstehen. Savignys Grundlegung der juristischen Hermeneutik,* Tübingen 2004.

8.3 Romantische Hermeneutik

empirischen Gesetzgebers sein! Sein Gedanke, d. h. seine Intention, ist wichtig, aber nicht entscheidend. Er fährt fort: „So weit ist die Auslegung der Gesetze von der Auslegung jedes anderen ausgedrückten Gedankens (wie sie z. B. in der Philologie geübt wird) nicht verschieden."[104] Die Nähe zur philologischen Hermeneutik wird in einer Erläuterung noch deutlicher: „Die echte Interpretation beschränkt sich auf den gegebenen Text, sucht auf, was *in ihm* liegt, was *aus ihm* zu erkennen ist, und sie abstrahiert von allen übrigen Quellen, außer insoweit sie zur Einsicht in *ihren* Text beitragen".[105] In dieser Erläuterung kann man geradezu eine moderne Version der alten Maxime *Homer aus Homer* erkennen. Savigny kann denn auch den Begriff der Exegese verwenden. Die Exegese betrifft den ganzen Text, nicht nur die dunklen Stellen.[106] Wie der literarische Interpret soll der „Interpret" eines Gesetzes im Gesetz „recht viel […] finden", umgekehrt besteht die „Kunst" des Gesetzgebers darin, „im Gesetz recht viel finden zu lassen."[107]

Da kein Gesetz alle möglichen Fälle vorhersehen kann, lassen sich Regeln der anwendenden Gesetzesauslegung nicht erschöpfend aufstellen. Der Richter braucht daher Erfahrung, Urteilskraft, Gefühl für die Anwendung des Rechts auf den neuen Fall. Savigny führt dafür auch den Begriff des Taktes ein.[108] Gemeint ist damit, wie beim Takt im gesellschaftlichen Umgang, das Gespür für das, was möglich und nicht möglich ist, Gespür für die Besonderheit des einzelnen Falls.[109] Insofern hat der Takt auch etwas mit Gerechtigkeit zu tun. Schleiermacher kann von einem „Takt" dafür reden, wie weit man in der Interpretation gehen darf. (HuK, S. 120) Daher wird in Analysen zur Praxis der Rechtsanwendung auch darauf hingewiesen, dass die juristischen Auslegungsregeln oft erst nachträglich, wenn der Richter schon zu einem Ergebnis gekommen ist, zur Bestätigung oder Überprüfung angewandt werden. (Vgl. auch S. 29)[110]

Bei der juristischen Interpretation unterscheidet Savigny vier „canones", d. h. Maßstäbe, Richtlinien, bzw. „Elemente", wir könnten auch sagen Gesichtspunkte: das „logische" Element, d. h. die Auslegung der Gedankenentwicklung eines Gesetzes, das „grammatische", d. h. die Auslegung der Sprache, das „historische", d. h. die Auslegung der Situation, in die das Gesetz „eingreift", und schließlich das „systematische", d. h. die Auslegung des Gesetzes nach seiner Position im ganzen Rechtssystem. Widersprüche zu anderen Gesetzen sind zu vermeiden.[111] Also:

---

[104] Savigny, *System*, Bd. 1, S. 213.
[105] Savigny, *Vorlesungen*, S. 218. Kursivierung im Original.
[106] Vgl. auch Savigny, *System*, Bd. 1, S. 318 f.
[107] Savigny, *Vorlesungen*, S. 219.
[108] Savigny, *System*, Bd. 1, S. XLV. Vgl. auch Boeckh, *Enzyklopädie*, S. 87: „[…] der richtige Takt, der vor spitzfindigen Deuteleien bewahrt."
[109] Vgl. A. W. Schlegel, *Vorlesungen über Enzyklopädie* [1803], hrsg. v. F. Jolles/E. Höltenschmidt, Paderborn 2006, S. 51: „Takt über die Anwendbarkeit der Regeln, Grundsätze und Maximen auf etwas Einzelnes".
[110] Vgl. Meder, a. a. O., S. 198 f.
[111] Savigny, *Vorlesungen*, S. 217.

Auslegung nach dem konventionellen Sprachgebrauch („Wortlaut"), nach dem systematischen Kontext, Auslegung nach der inneren logischen Entwicklung und nach der historischen Zweckbestimmung. Erst diese Elemente zusammen machen die juristische Interpretation aus. Sie sind, worauf Savigny insistiert, nicht zu trennen.

Diese Differenzierungen Savignys gelten, variiert, in der juristischen Hermeneutik bis heute. Nach einem modernen Standardwerk ermittelt die „grammatische" Auslegung den „Sprachsinn" nach dem allgemeinen Sprachgebrauch. Der noch mögliche „Sprachsinn" bildet die Grenze der Auslegung. Die Auslegung nach dem „gedanklichen Zusammenhang" ermittelt die „logische" oder „systematische" Position des Gesetzes; die Auslegung aus dem „historischen Zusammenhang", d. h. aus der Entstehungsgeschichte, die Absicht des historischen Gesetzgebers, schließlich ermittelt die teleologische Auslegung die „ratio", den „Zweck" des Gesetzes.[112] In der Auslegung sollen alle diese Fragestellungen kombiniert werden, in der Praxis spielen die Fragen nach dem Sprachsinn und nach dem Zweck eines Gesetzes eine vorrangige Rolle.[113] Bei aller Anwendung der Kanons bleibt für Savigny die Interpretationsarbeit eines Richters eine „freie Tätigkeit", keine mechanische Exekution dieser Kanons.[114]

Beispielhaft für die Rolle des möglichen ‚Sprachsinns' ist der Beschluss des Bundesverfassungsgerichts 1994 zum Aufkleber „Soldaten sind Mörder". Das Gericht unterstellte nicht die juristische Bedeutung von „Mord" oder „Mörder", sondern einen „durchschnittlichen Leser", der diese Begriffe in einem „unspezifischen Gebrauch" versteht, und entschied zugunsten der Meinungsfreiheit. Die Bestimmung des möglichen Sprachsinns ist natürlich in hohem Maße eine Frage der Interpretation. Was ist der „durchschnittliche Leser"? Was ist der noch mögliche Sinn z. B. von „Gewalt" in einer Gesellschaft? Bei den Protesten gegen die atomare Nachrüstung in den 1980er Jahren kam es zu Sitzblockaden vor Kasernen. In den juristischen Auseinandersetzungen mit widersprüchlichen Gerichtsurteilen, ob diese Sitzblockaden als Nötigungen (oder nicht) zu werten sind, ging es wesentlich um die Frage, wie im Sinne des Nötigungsparagraphen § 240 Abs. 1 StGB „Gewalt" zu verstehen ist. Im engeren (restriktiven) Sinn von körperlicher Gewalt oder in einem weiteren (extensiven) Sinn, der auch die durch die Blockaden ausgelösten psychischen Prozesse einbezieht? Wird bei der weiten Auslegung der mögliche Wortsinn von Gewalt überschritten? Das Bundesverfassungsgericht hat bei seiner Entscheidung (mit 5:3 Stimmen) gegen die weite Auslegung das Merkmal der körperlichen Zwangswirkung betont. In der Konsequenz wurden die Blockierer vom Vorwurf der Nötigung freigesprochen.[115] Dabei spielte der systematische Gesichtspunkt eine wichtige Rolle. Zu berücksichtigen war, dass nicht jede Zwangswirkung

---

[112]Vgl. K. Engisch, *Einführung in das juristische Denken*, 9. Aufl. Stuttgart 1997, Kap. 4.

[113]Vgl. P. Schwacke, *Juristische Methodik,* 5. Aufl. Stuttgart 2011, S. 108.

[114]Savigny, *System,* a. a. O., Bd. 1, S. 210.

[115]Vgl. die erhellende Analyse dieser Auseinandersetzungen von E. Felder, *Juristische Textarbeit im Spiegel der Öffentlichkeit,* Berlin/New York 2003, bes. S. 179 ff.

verwerflich ist. Zwang wird z. B. auch im Unterricht, im Arbeitsleben, im Verkehrswesen ausgeübt. Eine weite Auslegung von ‚Gewalt' würde daher zu Widersprüchen im Rechtssystem führen.

Bei der historischen oder genetischen Auslegung, die auch als subjektive Auslegung gelehrt wird, wird auf die Entstehungsgeschichte von Gesetzen zurückgegriffen, auf ministerielle und parlamentarische Entwürfe, Drucksachen, Protokolle von Bundestags- und Bundesratsdebatten und zeitgenössische politische Debatten, um den subjektiven ‚Willen des Gesetzgebers' zu ermitteln. Diese Ermittlung erfordert schon eine komplexe Interpretationsleistung. Es ist aber für Savigny und die moderne juristische Methodologie klar, dass dieser Wille vor allem ‚objektiv', aus dem Willen und dem Zweck des Gesetzes erschlossen wird. Er kann formulieren: „Gewöhnlich sagt man, es komme bei der Interpretation alles auf die Absicht des Gesetzgebers an, allein dies ist nur halb wahr, es kommt nur auf die Absicht des Gesetzes an, insofern diese daraus erhellt."[116] Der Gesetzgeber ist, wie der Autor, eine Mischfigur, rekonstruiert aus der historischen Entstehung und aus dem Sinn und Zweck des Gesetzes. Der historische Gesetzgeber erhält einen heuristischen Status.

In der teleologischen Auslegung ist das Gesetz so auszulegen, dass die Folge des Urteils gerecht und zweckmäßig ist. Berücksichtigt werden die Lebensverhältnisse und Lebensanforderungen der jeweiligen Gegenwart der Rechtsanwendung. Gesetze ‚altern', sie müssen daher je auf die Gegenwart appliziert werden. Wie würde der Gesetzgeber heute formulieren, wenn er an den Zwecken des Gesetzes festhält? Was bedeutet heute z. B. „sittenwidrig"? Gehört zum „notwendigen Lebensbedarf" heute auch der Fernseher, der PC, das Smartphone? Die Grundrechtsgarantien zum Schutz der Privatsphäre hatte das Bundesverfassungsgericht 1983 erweitert, wie schon erwähnt, um das Recht auf informationelle Selbstbestimmung und das Recht auf die Vertraulichkeit der elektronischen Kommunikationssysteme. Als das Grundgesetz entstand, war diese Informations- und Kommunikationstechnik und ihre Problematik noch gänzlich unbekannt.

8.3.5 *Schleiermacher*

Der evangelische Theologe, Philosoph und Philologe Friedrich Daniel Ernst Schleiermacher hatte keine ausgearbeitete Theorie der Hermeneutik hinterlassen.[117] Vorgetragen hat er seine Hermeneutik in Vorlesungen an den

---

[116]Savigny, *Vorlesungen,* S. 144.

[117]Zu Schleiermacher vgl. G. Scholtz, *Ethik und Hermeneutik. Schleiermachers Grundlegung der Geisteswissenschaften,* Frankfurt a. M. 1995, bes. S. 93–125; O. R. Scholz, *Jenseits der Legende. Auf der Suche nach den genuinen Leistungen Schleiermachers für die allgemeine Hermeneutik,* in: Schröder, *Theorie,* S. 265–285; L. Danneberg, *Schleiermachers Hermeneutik im historischen Kontext – mit einem Blick auf ihre Rezeption,* in: D. Burdorf/R. Schmücker, Hrsg., *Dialogische Wissenschaft. Perspektiven der Philosophie Schleiermachers,* Paderborn 1998, S. 81–106; ders.,

Universitäten Halle ab 1805, dann in Berlin von 1810 bis 1833, meist *mit besonderer Beziehung auf das Neue Testament,* wie es in der ersten Ausgabe seiner Werke heißt. So muss seine Hermeneutik rekonstruiert werden aus frühen Aphorismen, Skizzen und Notizen zu den Vorlesungen, aus einer kompendienartigen Darstellung (1819), aus Vorlesungsnachschriften der Hörer und aus seinen Reden *Über die verschiedenen Methoden des Übersetzens* (1813), *Über den Begriff der Hermeneutik mit Bezug auf F. A. Wolfs Andeutungen und Asts Lehrbuch* (1829) und *Über Begriff und Einteilung der philologischen Kritik* (1830).

Hermeneutik definiert Schleiermacher als die „Kunst des Verstehens" (HuK, S. 75) einer mündlichen oder schriftlichen Äußerung eines anderen Menschen. Sie klärt und lehrt die Regeln, „die Rede eines andern, vornehmlich die schriftliche, richtig zu verstehen." (HuK, S. 71).

Als Kunst ist die Hermeneutik keine apodiktische Wissenschaft, aber auch kein regelloses Unternehmen. Sie ist eine Theorie in praktischer Absicht. Die Definition ‚Kunst des Verstehens' (und nicht, wie man erwarten könnte, ‚Lehre von der Kunst des Verstehens', vgl. HuK, S. 346 z. B.) soll diese Praxisdimension herausstellen.[118] Der Begriff der Hermeneutik wird daher offenbar bewusst unentschieden sowohl für die Praxis der Interpretation als auch für die Theorie (HuK, S. 346: „Kunstlehre") verwendet. Die Hermeneutik klärt darüber auf, was wir interpretierend machen und wie wir methodisch bewusst verfahren sollen. Ihre Regeln sind dazu da, den Schwierigkeiten beim Verstehen „zuvorzukommen". (HuK, S. 84) Diese Regeln werden nicht abstrakt festgesetzt, sondern können und sollen aus den „hermeneutischen Leistungen glücklicher Arbeiter" gewonnen werden. (‚Arbeiter' hat um 1800 noch eine weite Bedeutung: Jeder, der arbeitet, ob Philologe, Tagelöhner oder Handwerker.) Daher redet Schleiermacher auch von ‚Ratschlägen' (HuK, S. 328) für die Auslegung. In einer Art Anthropologie des Verstehens führt er das Verstehen auf einen frühkindlichen Ursprung zurück, auf „das Aufnehmen von andern". Für Schleiermacher handelt es sich hier schon um ein divinatorisches Verstehen. „Dieses also ist das Ursprüngliche und die Seele bewährt sich auch hier als ganz und eigentlich ein ahndendes Wesen." (HuK, S. 327)

Die „glückliche Ausübung" dieser Kunst, wie er formuliert, setzt „Sprachtalent" und das „Talent der einzelnen Menschenkenntnis" (HuK, S. 81) voraus. Man kann diese Kunst lernen und verbessern, man kann Erfahrungen sammeln, die Subtilität und Tiefe des Interpretierens verfeinern, aber es bleibt immer

---

Schleiermacher und die Hermeneutik, in: A. M. Baertschi/C. G. King, Hrsg., *Die modernen Väter der Antike. Die Entwicklung der Altertumswissenschaften an Akademie und Universität im Berlin des 19. Jahrhunderts,* Berlin 2009, S. 211–257; Kurt, a. a. O., S. 88 ff.; Bauer, a. a. O., S. 209 ff.; Arndt/Dierken, a. a. O.

[118]Es trifft also nicht zu, dass Schleiermacher die Hermeneutik „zu einer von allen Inhalten abgelösten Methode verselbständigt hat", Gadamer, *Wahrheit und Methode,* S. 198.

8.3 Romantische Hermeneutik

ein methodisch nicht regelbarer Rest, ein Moment des Erratens, Ahnens, des Geschicks, des ‚Glücks'. So hatte es auch Savigny, so hatte es die Aufklärungshermeneutik nicht anders gesehen. Auch für Chladenius z. B. kann die „Auslegungskunst" nicht versprechen, den Sinn einer dunklen Stelle „unfehlbar" zu finden. Die Auslegung enthält „allemal etwas von einem Glücksfall". (*Einleitung zur richtigen Auslegung vernünftiger Reden und Schriften,* § 673)

„Das Auslegen ist Kunst", heißt es lapidar. (HuK, S. 80) Das Moment des Kunstfertigen wird gegenüber der Aufklärungshermeneutik noch bis zum Künstlerischen verstärkt, insofern das produktive Moment in der Interpretation verstärkt wird: „Das volle Geschäft der Hermeneutik ist als Kunstwerk zu betrachten, aber nicht, als ob die Ausführung in einem Kunstwerk endigte, sondern so, dass die Tätigkeit nur den Charakter der Kunst an sich trägt, weil mit den Regeln nicht auch die Anwendung gegeben ist, d. i. nicht mechanisiert werden kann." (HuK, S. 81) Es gilt nicht die apodiktische Regel, dass immer dann, wenn ein bestimmtes Wort in einem Text vorkommt, es dasselbe bedeutet. Es kommt darauf an! Es gibt keine Regel der Regeln, die die Anwendung der Regeln sichert. Die Suche nach einer solchen Metaregel führt, wie schon Kant gezeigt hat, in einen unendlichen Regress (*Kritik der reinen Vernunft,* A 133/B 172, *Anthropologie in pragmatischer Hinsicht,* § 42), da ihre Anwendung selbst wieder eine Regel voraussetzt usw. Witzig wird dieser Regress im Film der Marx Brothers *A Day at the Races* vorgeführt: Chico verkauft Groucho einen Wetttipp für ein Pferderennen und gibt ihm ein *code book,* dann ein *master code book,* um das *code book* zu erklären, dann einen *guide,* um das *master code book* zu erklären, dann einen *guide* für den *guide.*

Der Gegenstand der Hermeneutik reicht für Schleiermacher von der, modern gesprochen, pathischen Kommunikation über das Wetter über Zeitungsartikel bis zu den komplexen Texten der Bibel oder Platons oder eines Gedichts. Von der alten Aufgabe der Hermeneutik, das Verstandene auch einem Anderen zu erklären, sieht er ausdrücklich ab. Gegenüber der Aufklärungshermeneutik, die sich auch für nichtsprachliche, wie z. B. mimische, gestische und sogar mantische Zeichen interessierte, konzentriert er sich ganz auf die sprachliche, mündliche oder schriftliche, Äußerung.

Nicht auf einzelne dunkle Stellen richtet sich die Interpretation, sondern auf die ganze Äußerung, den ganzen Text. Das „Geschäft der Hermeneutik" darf nicht erst da anfangen, „wo das Verstehen unsicher wird". Es fängt an, wenn das ganze Unternehmen, „eine Rede verstehen zu wollen", anfängt. Unsicher wird gewöhnlich das Verständnis, weil es vorher schon vernachlässigt wurde.[119]

In Schleiermachers Hermeneutik wird das Objekt der Interpretation als Schnittpunkt zweier Welten begriffen, als Teil der Welt der Sprache, die Autor und Leser teilen, und als Teil der Welt des Autors. Einmal wird der Mensch als Organ der Sprache und der Welt, einmal die Sprache als Organ des Menschen begriffen. (HuK, S. 171). Jede Rede, jedes Werk ist nach Schleiermacher „bedingt" durch

---
[119] KGA, 2. Abt., Bd. 4, S. 74.

eine vorgegebene, gemeinsame Sprache einerseits und die „Lebensmomente" und Absichten des Redenden und Autors andererseits. Dieser Ansatz findet sich schon vorbereitet in seinem Werk *Über Religion. Reden an die Gebildeten unter ihren Verächtern,* anonym 1799 erschienen. Dort heißt es, dass jedes Werk des menschlichen Geistes aus einem „doppelten Standpunkt" angesehen und erkannt werden kann, als „ein Produkt der menschlichen Natur" und als „Erzeugnis der Zeit und der Geschichte".[120]

Die Orientierung an der sprachlichen Verfasstheit eines Werks nennt Schleiermacher die „grammatische", die Orientierung am Autor die „psychologische". Beide Orientierungen zusammen ermöglichen erst das Verstehen. Beide setzen einander voraus, keine ist der anderen übergeordnet. Das Verstehen ergibt sich aus dem „Ineinandersein" dieser beiden „Momente", wie Schleiermacher nachdrücklich formuliert. (HuK, S. 79)[121] Das Ineinandersein dieser beiden Momente ergibt sich schon daraus, dass das Denken nicht von der Sprache getrennt werden kann. Das Denken wird durch die Sprache „bedingt" und die Sprache durch das Denken. (HuK, S. 79 f.)

Was ein Wort in einer Epoche bedeuten kann, lehrt die grammatische Auslegung, wie es aber an dieser Stelle gemeint ist, lehrt die grammatische zusammen mit der psychologischen. In der interpretativen Durchführung herrscht in diesem Ineinander einmal die Orientierung an der Sprache, einmal am Autor vor. Als Regel wäre zu formulieren: Verstehe den Autor aus der Sprache, die Sprache aus dem Autor.

Nun verfügen wir nach Schleiermacher niemals über eine vollständige Kenntnis der Individualität des Autors und niemals über eine vollständige Kenntnis seiner Sprache und der Sprache seiner Epoche. Selbst die eigene Muttersprache übersehen wir nicht. Die Sprache wie das Individuum sind „unendlich" (HuK, S. 80). Daher ist das Ziel des Verstehens eine regulative Idee, ist es nur in Annäherungen erreichbar, bleibt es provisorisch, will das „Nichtverstehen sich niemals gänzlich auflösen". (HuK, S. 328) Nicht nur das Verstehen eines Textes, eine jede Kommunikation ist „beständig in der Probe begriffen" (HuK, S. 460).

Die grammatische Auslegung fragt genauer nach dem Sprachsystem und Sprachgebrauch in der Epoche, in der das Werk verfasst wurde, und nach dem Sprachgebrauch des Verfassers. Sie unterstellt einen konsistenten Sprachgebrauch des Verfassers. Jedes sprachliche Werk hat Anteil an der Totalität der Sprache seiner Epoche. Zwei Regeln dieser Auslegungsorientierung sind besonders wichtig:

1. *Sprachgebrauchsregel:* „Alles, was noch einer näheren Bestimmung bedarf in einer gegebenen Rede, darf nur aus dem dem Verfasser und seinem ursprünglichen Publikum gemeinsamen Sprachgebiet bestimmt werden." (HuK, S. 101)

---

[120]Schleiermacher, *Über die Religion,* S. 12.

[121]Daher ist es ein Missverständnis, wenn Schleiermachers Hermeneutik als eine psychologische festgelegt wird, wie z. B. von Gadamer, *Wahrheit und Methode,* S. 190, für den in der psychologischen Auslegung Schleiermachers „Eigenstes" liegt.

Das Sprachgebiet kann die deutsche oder französische oder die mittelhochdeutsche Sprache sein. Pointiert formuliert: „Es kann nichts so gemeint sein, wie es die Hörer unmöglich haben verstehen können."[122] Bei dieser Regel handelt es sich um eine zugleich verbindliche und weite Regel. Positiv gewendet heißt sie: Die Hörer oder Leser konnten eine Rede, einen Text so verstehen, also konnte sie bzw. er, wenn auch die psychologische Interpretation dieses Verständnis nahelegt, so gemeint sein. Was die Hörer bzw. die Leser möglicherweise haben verstehen können, ist manchmal schwer nachzuweisen. Um welche Hörer oder Leser handelt es sich? Um durchschnittliche Leser, gebildete Leser oder um Kenner? Der Autor kalkuliert natürlich, wie die Leser verstehen und nicht verstehen sollen. In der literarischen Praxis wird stillschweigend ein literarisch gebildeter Leser unterstellt. Was die Leser unmöglich haben verstehen können, ist schon leichter nachzuweisen.

Um einen Text zu verstehen, müssen wir so gut es geht seine Sprache beherrschen und klären. Das ist die Sprache, die der Autor und seine zeitgenössischen Leser sprechen. Der Sprachgebrauch des Autors, Wörterbücher und zeitgenössische Sprachquellen können helfen, um den „gemeinsamen Schatz der Sprachkenntnis" (HuK, S. 106) zu heben. Diese Klärung gibt schon Hinweise auf die Intention des Autors, denn wir fragen natürlich immer, wie etwas gemeint sein könnte. Das Verstehen der Sprache beginnt nicht mit der Wortbedeutung, geht dann fort zur Satzbedeutung, zum Kontext, zur Sprecherintention und Situation. Von Anfang an suchen wir Sinn. Diese Klärung gibt auch schon Hinweise auf den Stil, den Ton der Sprache: Handelt es sich um einen elegischen, satirischen, distanzierten, sachlichen usw. Stil? Bei bestimmten Wörtern kann man schon vermuten, dass sie Schlüsselwörter für das Textverständnis sein und semantische Felder eröffnen könnten.

Zu klären sind bei unverständlichen oder schwierigen Passagen die Wortbedeutungen und die syntaktischen Beziehungen und Funktionen. Das, was auf den ersten Blick verständlich erscheint, kann, zumal in älteren Texten, eine andere Bedeutung haben. ‚Vaterland' bedeutet um 1800 etwas anderes als hundert Jahre später. ‚Fast' bedeutet ‚beinahe', kann aber auch bis ins 18. Jahrhundert noch ‚fest' (vgl. *to fasten*) bedeuten. Der Ausdruck ‚geil' bedeutet um 1200 ‚froh, übermütig'; um 1500 erhält er eine pejorative, auch sexuelle Bedeutung, Ende des 17. Jahrhunderts wird er als obszöner Ausdruck tabuisiert, Ende des 20. Jahrhunderts wird er jugendsprachlich als Ausdruck höchster Wertschätzung wie ‚toll, irre, cool' gebraucht.

Die Bedeutung eines Wortes verändert sich mit seinem Gebrauch. Sprache ist ständig in Bewegung. Wörterbücher wie das *Grimmsche Wörterbuch* oder für die Gegenwartssprache das über Internet zugängliche Sprachcorpus des Instituts für

---

[122]KGA, 2. Abt., Bd. 4, S. 27.

Deutsche Sprache in Mannheim sind daher unverzichtbare Hilfsmittel. Mit ihrer Hilfe kann der zeitgenössische Sprachgebrauch ermittelt werden. Da aber jeder Autor mit seiner *parole* den Sprachgebrauch seiner Zeit verändert, erweitert, fortentwickelt, kommt der Ermittlung des zeitgenössischen Sprachgebrauchs vorerst nur eine heuristische Funktion zu. Ohnehin lehrt ein Blick in das *Grimmsche Wörterbuch,* dass es von einem Ausdruck zur selben Zeit viele Gebräuche geben kann.

Jedes Sprachgebiet, jedes Sprachsystem ist komplex. Es enthält Dialekte, die Hochsprache, Fachsprachen, Gruppensprachen, familiäre Ideolekte usw. In der Interpretation von Mörikes Gedicht *Auf eine Lampe* wird festgestellt, dass im Vers „Was aber schön ist, selig scheint es in ihm selbst" das Reflexivpronomen ‚ihm' in Mörikes schwäbischem Dialekt gebräuchlich ist. Daher ist von keiner sprachlichen Nachlässigkeit, sondern – Vollkommenheit des Autors und des Textes! – von einem Kalkül des Autors auszugehen.[123] Ein Beispiel, an dem auch die Bedeutung der Kontextregel und das Ineinander der Auslegungsorientierungen demonstriert werden kann: In Friedrich Schlegels für die Poetologie der Frühromantik so wichtigem *Athenäum-Fragment* 116 wird das Programm einer „progressiven Universalpoesie" formuliert. Der Ausdruck ‚progressiv' bedeutet noch ‚fortschreitend'. Er hat noch keine politische, ‚fortschrittliche' Konnotation wie der heutige Gebrauch. Im Kontext heißt es auch später, dass die romantische Poesie „ewig nur werden, nie vollendet sein kann." Dann steht da, dass die Poesie mit der Philosophie und der Rhetorik in „Berührung" zu setzen sei. Eine unmittelbar verständliche Formulierung, deren Sinn sich sofort ändert, versteht man ‚Berührung' als Fachterminus der zeitgenössischen Elektrizitätstheorie, der hier metaphorisch verwendet wird. Aus einer ‚Berührung' unterschiedlich elektrisch aufgeladener Körper entsteht eine Entladung. Um dieses Verständnis zu gewinnen bzw. zu stützen, muss man vom Autor und seiner Zeit etwas wissen. Schlegel und der ganze frühromantische Kreis hatten ein starkes Interesse für die zeitgenössischen Wissenschaften. In die poetologischen und philosophischen Reflexionen des Kreises wurden Denkfiguren und Termini aus der Chemie, Biologie und Physik übernommen, eben auch aus der die gebildeten Zeitgenossen faszinierenden Elektrizitätstheorie. Dieses Verständnis macht an dieser Stelle – Vollkommenheit des Autors und des Textes! – und im Kontext des Fragments besten Sinn. In einem Kontext, in dem es heißt, dass die romantische Poesie „auch" Poesie und Prosa, Genialität und Kritik, Kunstpoesie und Naturpoesie bald „mischen", bald „verschmelzen" will, machte das Verständnis einer bloßen Berührung wenig oder nur einen banalen Sinn. Die Vokabeln „mischen", „verschmelzen", später „sättigen" entstammen alle der zeitgenössischen Wissenschaft. Die heuristische Idee, ‚Berührung' in diesem elektrizitätstheoretischen Sinne zu verstehen, lässt sich also im Kontext des Fragments rechtfertigen. Die Kritik müsste nachweisen, dass es unmöglich so gemeint sein kann.

---

[123] Vgl. Staiger, a. a. O., S. 24, 29.

8.3 Romantische Hermeneutik

Die Rekonstruktion der Sprache eines bestimmten Sprachgebiets führt auch dazu, dass der Ausleger aus einem anderen Sprachgebiet oder einer späteren Sprachentwicklung Bedeutungen für möglich hält, an die der Autor nicht dachte. Er hat notwendig ein anderes Verhältnis zur Sprache und ein anderes Sprachbewusstsein. (vgl. HuK, S. 104) Das daraus folgende hermeneutische Problem wird in der romantischen Hermeneutik in die Formel ‚einen Autor besser verstehen, als er sich selbst versteht' zusammengefasst. Darauf gehe ich später (S. 268 ff.) ausführlicher ein.

2. *Kontextregel:* „Der Sinn eines jeden Wortes an einer gegebenen Stelle muss bestimmt werden nach seinem Zusammensein mit denen, die es umgeben." (HuK, S. 116) Jedes Wort ist, wenn es nicht als wissenschaftlicher Terminus fixiert ist – aber auch dieser ist nicht interpretationsfrei! –, „eine Kombination einer Mannigfaltigkeit von Beziehungen und Übergängen." (HuK, S. 108) Es steht immer in Kontexten. Es gewinnt einen bestimmten „Lokalwert" (HuK, S. 135) im engeren und weiteren Kontext eines Textes. Der Kontext kann auch klären, ob ein Wort wörtlich oder übertragen verwendet wird. Nach der Kontextregel wird schon die interne, semantisch-syntaktische Verbindung der Wörter im Satz und die Verbindung der Sätze untereinander untersucht. Beachtet wird dabei die Regel, den Kontext möglichst eng zu fassen, jedenfalls nicht weiter, als nötig ist.

Auch die Klärung einer Stelle durch Parallelstellen (vgl. S. 167 f.) muss den jeweiligen Kontext berücksichtigen. Das Verfahren der Parallelstellenmethode beruht darauf, wie Schleiermacher problembewusst formuliert, „dass man nur solche Stellen wähle, welche in einem in Bezug auf das fragliche Wort dem zu erklärenden ähnlichen Ganzen vorkommen, mithin auch Teile desselben Ganzen sein könnten." (HuK, S. 329 f.) Könnten! Auch die parallele Stelle, die zur Erklärung herangezogen wird, muss ihrerseits befragt werden, ob sie herangezogen werden kann. Unter der Voraussetzung, dass die Parallelstellen aus demselben Sprachgebiet stammen, können Parallelen aus anderen Schriften des Verfassers und sogar aus Schriften anderer Verfasser herangezogen werden. (Vgl. HuK, S. 137) Das ist eine gängige Praxis in literaturwissenschaftlichen Interpretationen. Neben dem Topos der Analogie, die der Parallelstelle zugrunde liegt, sieht Schleiermacher auch im Finden von Gegensätzen, sofern auch sie in demselben Gedankenkomplex liegen, ein wichtiges hermeneutisches Mittel. (Vgl. HuK, S. 137)

Die Kontextregel gilt über das Wort hinaus: Ein Wort ist im Satz, ein Satz in einer Passage, eine Passage in einem Kapitel, ein Kapitel in einem Buch, ein Buch im Werk des Autors, das Werk in seiner Epoche zu verstehen. Schleiermacher schreibt: „Keine Schrift kann vollkommen verstanden werden als nur im Zusammenhang mit dem gesamten Umfang von Vorstellungen, aus welchem sie hervorgegangen ist, und vermittelst der Kenntnis aller Lebensbeziehungen, sowohl der Schriftsteller als derjenigen, für welche sie schrieben. Denn jede Schrift verhält sich zu dem Gesamtleben, wovon sie ein Teil ist, wie ein einzelner Satz zu der ganzen Rede oder Schrift."[124] Was bedeutet ‚minne' im Mittelalter? Für eine Erklärung müsste die ganze Welt, der „Geist" des Mittelalters rekonstruiert werden.

Die Kontextregel wurde als eine der wichtigsten hermeneutischen Regeln natürlich schon in der Antike reflektiert. (Vgl. S. 174 ff.) Gegenwärtig wird die Interpretation sogar einfach mit Kontextualisierung gleichgesetzt.[125] Ein Satz wird demnach interpretiert, indem er in einen Kontext gesetzt wird. Unklar bleibt dabei, ob der Satz überhaupt eine semantische Funktion hat, und genauer müsste man formulieren: Indem der Satz in einen neuen oder anderen Kontext gesetzt wird. Wir verstehen ‚immer schon' in einem Kontext. Es gibt auch keinen Null-Kontext, allenfalls bei Zahlen. (Eine 3 ist eine 3 und nur eine 3, in welchen Kontexten auch immer.) Selbst bei wissenschaftlichen Termini spielt der Kontext eine Rolle. Er klärt z. B., ob der Terminus ‚Algorithmus' an dieser Stelle terminologisch oder metaphorisch gebraucht wird. Auch die Wörter in einem Wörterbuch werden aus einem Kontext verstanden, nämlich aus ihrem normalen Gebrauch in der Sprachgemeinschaft, aus einem Netz von Assoziationen. Die Kontextregel müsste daher so formuliert werden: Mach dir bewusst, in welchem Kontext dieses Wort hier verwendet wird.

Die psychologische Auslegung: ‚Psychologisch' hat für Schleiermacher eine weitere Bedeutung als heute. Es bedeutet ungefähr so viel wie ‚biographisch'. Gemeint sind das Denken, Fühlen und der gesamte Lebenszusammenhang des Autors. Also ein Autor wie Shakespeare in seiner Zeit, in vielfältigen sozialen, politischen, wirtschaftlichen, kulturellen und literarischen Beziehungen und Traditionen, mit einer bestimmten schriftstellerischen Absicht. (Zur Zeit der Autoren gehört bis ins 20. Jahrhundert auch die Zensur!) Relevant ist auch die biographische Phase, in der ein Text entsteht und relevant ist auch die Gattung, die der Autor wählt. Er ist nicht nur ein „Organ" der Sprache, sondern auch ein „Organ der Form". Die Form z. B. eines Dramas oder eines Gesetzes oder eines Gedichts übt wie die Sprache auch eine „Macht" aus. (HuK, S. 184)

Diese psychologische Erklärung nennt Schleiermacher vorher, nach dem älteren Sprachgebrauch, auch die ‚technische' (von gr. *techne*: Fertigkeit, Geschicklichkeit). Gemeint ist damit die mehr auf die Kunstfertigkeit des Autors bezogene Auslegung. Er kann aber auch die technische im engeren Sinn von der psychologischen unterscheiden. Die technische Interpretation bezieht sich dann mehr auf die Konstruktivität des Werks, die psychologische mehr auf die Konzeption des Autors, das Individuelle eines Werks. Konsequent folgt Schleiermacher dem Konstruktionsmodell, wenn er als Ziel der psychologischen

---

[124]KGA 1. Abt., Bd. 6, S. 377.
[125]Vgl. Corbineau-Hoffmann, a. a. O., S. 79 ff.

8.3 Romantische Hermeneutik

Auslegung sogar ein Verstehen fordert, wie der Verfasser „bei seiner Natur nicht anders konnte, als so und so aus sich auszudrücken und so und so zu ordnen."[126]

In der psychologischen Auslegung wird nach der individuellen Leistung des Autors gefragt, nach dem Ort des Werks in seinem Leben, nach seiner Absicht, nach der individuellen Gestalt und Thematik des Werkes, seiner „Idee" oder seinem „Grundgedanken" (HuK, S. 170, 185), seinem Stil, seiner Komposition, den Vorgaben der Gattung, dem Ort des Autors und des Werks in seiner Epoche. Gefragt wird auch nach literarischen Vorbildern, Mustern und Traditionen.

Unter Stil versteht Schleiermacher nicht einfach den sprachlichen Ausdruck, sondern den Ausdruck der Individualität des Autors. Jeder Schriftsteller hat seinen eigenen Stil. Diese Bedeutung von Stil hatte sich im 18. Jahrhundert herausgebildet. Unter Komposition (HuK, S. 167 f.) versteht er, fast synonym mit Stil, in der Tradition der Rhetorik[127] die konzeptionelle Struktur, die thematische „innere Einheit" eines Werkes. (HuK, S. 175) Auch die Komposition offenbart die Individualität des Autors.

Für die individuelle Intention des Verfassers können auch biographische Materialien wie Werkentwürfe, Briefe, Tagebücher und andere Äußerungen von ihm und über ihn herangezogen werden. Sie sind heuristische Mittel, keineswegs der gerade Weg (vgl. HuK, S. 175) zum Verständnis des Textes. Wenn über die Absicht und die Gesinnungen des Autors wie bei Platon nichts bekannt ist, müssen sie ohnehin aus dem Werk rekonstruiert werden. Im Prinzip lässt alles im Text Rückschlüsse auf den Autor zu. Die Rückschlüsse aus dem Text sind stärker zu gewichten als die textexternen Informationen.

Das Interesse Schleiermachers an der Individualität des Autors hängt nicht nur mit der zeitgenössischen Individualitätsfaszination zusammen, sie hängt auch mit seinem theologischem Interesse zusammen, das spezifisch Neue des christlichen *Neuen Testaments* in seiner Sprache fassen zu können. Die Veränderungen im Sprachgebrauch der jüdisch geprägten Welt erschließen sich für Schleiermacher nur über die Individualität der neutestamentlichen Schriftsteller und ihre sprachumbildende Leistung.

In der psychologischen Auslegung werden nach Schleiermacher hauptsächlich zwei „Methoden" (der Begriff ist abgeleitet von gr. *meta*: mittenunter, nach, zu, und *odos*: Weg, also: Weg zu …) angewandt, eine „divinatorische" und eine „komparative" (HuK, S. 169 ff.). Er versteht diese Methoden im Sinne der rhetorischen Topik als Mittel, um das zu „finden", woraus man die „Eigentümlichkeit" (HuK, S. 174) des Autors am besten erkennen kann.

Der Vergleich ist ein elementares Erkenntnismittel. In der rhetorischen Topik wird er behandelt als *locus ex comparatione*. Dieser Gesichtspunkt fordert nicht nur ein Vergleichen, sondern im Vergleichen auch ein Unterscheiden. Verglichen soll nun nicht eine Individualität mit irgend einer anderen, das ergäbe nur eine

---

[126]KGA, 2. Abt., Bd. 4, S. 424 (Nachschrift Hagenbach).
[127]Vgl. Art.: *Compositio,* in: HWbdRH, Bd. 2, Sp. 300–305.

beliebige Erkenntnis, sondern, wie bei den Parallelstellen, mit einer, die ein „Allgemeines" (ein *tertium comparationis* also) teilt. Die Vergleichung schließt eine generalisierende Abstraktion ein. So kann ich einen literarischen Autor mit einem anderen literarischen Autor seiner Epoche vergleichen, da sie als Allgemeines ihre Profession, gemeinsame Erfahrungen und vielleicht viele Ansichten und Absichten teilen. Dem Theologen Schleiermacher war die Bedeutung dieser Methode nur zu bewusst. Denn das *Neue Testament* enthält mit den vier Evangelien vier ähnliche Erzählungen von der Geschichte Jesu.

Die divinatorische Methode ist die „Betrachtung an und für sich" (HuK, S. 174). Schleiermacher greift mit dem Begriff der Divination auf den antiken mantischen Begriff für die Wahrsagung aus Zeichen zurück. (Vgl. S. 7 f.) Sie sucht, wie der Physiognomiker ein Gesicht (vgl. HuK, S. 174), die individuelle Äußerung „unmittelbar", intuitiv, empathisch aufzufassen, indem man sich „gleichsam in den anderen verwandelt." (HuK, S. 169) Sie geht erratend, mutmaßend, tastend vor. Viel Wissen, Erfahrung, schweifende Phantasie und Grenzen setzende Urteilskraft sind dafür nötig. Es ist aber klar, dass es sich bei der Divination nicht um einen irrationalen Akt handelt, sondern dass Erfahrung in sie eingegangen ist, stillschweigend Vergleiche angestellt und Schlüsse gezogen werden. So gehen wir ja auch vor, wenn wir ein unleserliches Wort in einem handschriftlichen Brief erraten, ‚divinieren'.

Beide Methoden weisen je aufeinander zurück, denn die Divination erhält ihre Sicherheit erst durch die Vergleichung. Zur Ahnung, zur Intuition, zum Erraten muss die besonnene Vergleichung und Überprüfung kommen, z. B. der Vergleich eines Autors mit anderen Autoren, eines Stils mit anderen Stilen.[128] Die Vergleichung ihrerseits ist nur möglich innerhalb einer allgemeinen „Einheit", die durch den synthetisierenden Zugriff der Divination geschaffen wird. (HuK, S. 170) Beide Annäherungen vereinigen sich in der „Totalität" des dem Autor und seinem Publikum „Möglichen". (HuK, S. 177)

In diesen beiden ‚Methoden' kann man auch die zeitgenössische Unterscheidung einer intuitiven und diskursiven oder anschauenden und reflektierenden Erkenntnis wiederfinden. Die Divination soll die Erkenntnis auch offen halten für etwas Neues, einen unwahrscheinlichen Sinn, ein ungewöhnliches Verhalten, einen neuen Sprachgebrauch. Einen solch neuen Sprachgebrauch erkennt Schleiermacher in der Sprache Platons (vgl. HuK, S. 103) und im *Neuen Testament*. (Vgl. HuK, S. 103, 162) So soll das divinatorische Verstehen davor schützen, dass durch das Vergleichen ein Text auf ein Immergleiches nivelliert und Neues nicht erkannt wird.

In der philologischen Fachsprache versteht man unter Divination den Versuch, bei einer zweifelhaften oder lückenhaften Handschriftenlage eine plausible

---

[128]Zur Methode der Divination vgl. auch A. Arndt, *Hermeneutik und Einbildungskraft,* in: Arndt/Dierken, a. a. O., S. 119–128, der die synthetisiernde Leistung der Divination aus der Theorie der Einbildungskraft um 1800 erläutert.

8.3 Romantische Hermeneutik

Konjektur zu finden.[129] In einem Auszug, bei dem nicht klar ist, ob er auf einer Handschrift Kleists oder auf einer Abschrift beruht, ist ein Brief überliefert, in dem Kleist über sein Drama *Penthesilea* schreibt, dass „der ganze Schmutz zugleich und Glanz meiner Seele" darin liegt. In seiner Ausgabe von Kleists hinterlassenen Schriften von 1821 hatte Ludwig Tieck das ziemlich gut lesbare Wort ‚Schmutz' ohne Begründung in ‚Schmerz' verändert. Diese Veränderung ist bis in die letzten Jahre kontrovers diskutiert worden. Der Ausdruck ‚Schmutz' hat sich inzwischen durchgesetzt.[130] Die Kontroverse ging darum, welche Variante dem Autor Kleist eher zuzutrauen ist. Beide Parteien betrachten die Stelle ‚an und für sich' und beide vergleichen: Die Befürworter der Variante ‚Schmerz' vergleichen die Stelle mit dem übrigen Briefcorpus (in dem der Ausdruck ‚Schmutz' nur hier vorkommt) und mit den Stilkonventionen der Zeit und halten die Variante ‚Schmutz' für unmöglich. Dieses Urteil basiert auf der Unterstellung, dass Kleist ein Verstoß gegen die Stilkonventionen seiner Zeit nicht zuzutrauen ist. Die Befürworter der Lesart ‚Schmutz' finden, dass diese Variante nicht gegen den Sprachgebrauch und die kühne Gedankenwelt Kleists verstößt und daher möglich, mehr noch: plausibel ist, und dass die Abweichung von der schriftlichen Überlieferung zwingende Gründe voraussetzt, welche nicht vorliegen.

Für die Argumentation wird auch eine Parallelstelle aus einem früheren Brief Kleists (An Wilhelmine von Zenge, 29.11.1800) vergleichend herangezogen. Dort redet Kleist vom „Spiegel unserer Seele", der wieder glatt und klar werden solle, und fährt fort: „Wie mancher Mensch würde aufhören, über die Verderbtheit der Zeiten und Sitten zu schelten, wenn ihm nur ein einzigesmal der Gedanke einfiele, ob nicht vielleicht bloß der Spiegel, in welchen das Bild der Welt fällt, schief und schmutzig ist?" ‚Parallel' sind beide Stellen, insofern es hier wie da um das Verhältnis von Seele und Schmutz geht. Die parallele Stelle löst aber nicht die Kontroverse, da sie von beiden Parteien unterschiedlich interpretiert wird. Die eine Partei argumentiert, dass Schmutz hier als eine Eigenschaft des Spiegels und nicht der Seele aufzufassen sei und daher die Variante ‚Schmerz' stütze. Die andere Partei argumentiert, dass die Seele als Spiegel der Welt aufgefasst und daher ‚schmutzig' metaphorisch auf die Seele bezogen werden könne. Wie man sieht, ist der heuristische Status einer parallelen Stelle selbst von einer Interpretation abhängig.

---

[129] Vgl. Bohnenkamp u. a., a. a. O.
[130] Die Kontroverse wird ausführlich analysiert in: A. Rockenberger/P. Röcken, *„der ganze Schmutz zugleich und Glanz meiner Seele". Eine analytische Mikrostudie zur Methodik neugermanistischer Textkritik*, in: Jahrbuch des Freien Deutschen Hochstifts 2011, S. 68–102.

8.3.6 Hermeneutischer Zirkel

Wie kommt man überhaupt dahin, einen Text zu verstehen? Was sind die ‚Anknüpfungspunkte'? Wir können verstehen, weil wir nicht aus dem Nichts verstehen. Solche Anknüpfungspunkte halfen bei der Entzifferung der ägyptischen Hieroglyphenschrift Anfang des 19. Jahrhunderts durch Jean François Champollion. Sie basierten auf historischem und sprachgeschichtlichem Wissen. Auf dem ‚Stein von Rosetta', Bruchstück einer Stele, gefunden von einem napoleonischen Offizier im Nildelta, steht ein Priesterdekret in griechischer, demotischer (eine der Hieroglyphenschrift ähnliche Kursivschrift) und hieroglyphischer Schrift. Unter der Hypothese, dass die demotische und die hieroglyphische Schrift keine Bilderschriften, sondern alphabetische Schriften sind, konnte Champollion im Vergleich mit dem griechischen im demotischen Text wiederkehrende Wörter identifizieren, was die Hypothese ähnlicher Wortgruppierungen im hieroglyphischen Text ermöglichte. Und hier gab es einen starken, in einer divinatorisch-vergleichenden Hypothese gewonnenen Anknüpfungspunkt. Von den griechischen Namen müsste wenigstens einer im hieroglyphischen Text vorkommen, nämlich der des Königs Ptolemäus. Nun gab es hier wiederkehrende Zeichengruppen, die von einem ovalen Ring umschlossen waren. Die Vermutung, dass dieser Ring den Königsnamen enthält, erwies sich in der Folge als zutreffend und für die weitere Entzifferung als fruchtbar.

Es gibt keine Erkenntnis, der nicht eine andere Erkenntnis vorausgegangen wäre. Es gibt keinen archimedischen Punkt des Verständnisses. Wir verstehen etwas, weil wir es aus Vorkenntnissen, Vorverständnissen heraus verstehen. Aus dieser Welt von Verständnissen, in denen wir ‚immer schon' leben, gewinnen wir unsere Anknüpfungspunkte. Bei allen Differenzen und Fremdheiten gehen wir von einer gemeinsamen Menschenwelt mit allen Normalitäten und Unnormalitäten aus. Wir sind, wie Heidegger formulierte, in eine „überkommene Daseinsauslegung hinein – und in ihr aufgewachsen".[131]

Das Erste bei der Auslegung eines Werkes, lehrt Schleiermacher, ist das Gewinnen einer wie auch immer vagen Idee, eine „Ahndung des Ganzen" (HuK, S. 332).[132] Eine Ahndung oder Ahnung, wie es heute heißt, ist eine Art vage Vermutung, eine Vermutung, die mehr geschieht, als dass sie gebildet wird, die mehr eine Frage ist. Das Cover und der Titel eines Romans zusammen mit einem bestimmten Verfasser, über den man vage oder genauere Vermutungen hat, z. B. Brecht, Rowling oder Houllebecq, Gattungsbezeichnungen wie „Roman", „Krimi" oder „Gedichte" erwecken schon Erwartungen, Vermutungen, wovon das Buch handeln könnte und wovon nicht, was in der Welt eines Krimis, eines Märchens,

---

[131]Heidegger, a. a. O., S. 20.
[132]Dieses Konzept beruht auch auf Schleiermachers Anthropologie, derzufolge die Seele ein „ahndendes Wesen" ist, HuK, S. 327. Zu epistemischen Bedeutung der Ahnung vgl. Hogrebe, *Ahnung*.

8.3 Romantische Hermeneutik

einer Komödie oder einer Tragödie, eines Gedichts möglich ist oder nicht, wahrscheinlich ist oder nicht. Lesen wir z. B. dass es sich um einen „Krimi" handelt, dann erwarten wir, dass das Buch von einem Verbrechen, einer verwickelten Aufdecken des Verbrechens und der Überführung und Bestrafung des Täters handelt. Mit dieser Erwartung formulieren wir auch implizit schon eine hypothetische Skizze der ganzen Handlung, die als Bezugsschema zum Verständnis des Ganzen hilft. Die einzelnen Teile können dann die Skizze auffüllen, vervollständigen oder auch modifizieren.

Mit solchen Paratexten werden schon viele Verständnishorizonte – jedenfalls für Literaturinteressierte – eröffnet und andere ausgeschlossen. So raten schon die Autoren des *accessus ad auctores,* so raten Schleiermacher (HuK, S. 331 f.) und Novalis Paratexte wie Verfasserangabe, Vorrede, Titel, Motto, Einleitung, Inhaltsverzeichnis, Anmerkungen, Illustrationen, Register für die Bildung von ersten Hypothesen zu nutzen.[133] Auch die Datierung der Publikation schließt stillschweigend bestimmte Interpretationshypothesen ein und andere aus. Wenn ich weiß, dass ein Gedicht im 13. Jahrhundert verfasst wurde, erwarte ich einen anderen Sinn des Gedichts als bei einem, das im 20. Jahrhundert verfasst wurde.

Im Gang dieser sukzessiven Anreicherung oder Modifikation der Interpretation haben Schleiermacher und vor ihm Carl Heinrich Heydenreich, Friedrich Schlegel, Friedrich Wilhelm Schelling und Friedrich Ast und danach August Boeckh[134] eine zirkuläre Bewegung ausgemacht, die aus dem Allgemeinen zum Besonderen und vom Besonderen zum Allgemeinen, vom Ganzen zu den Teilen und von den Teilen zum Ganzen, von außen nach innen und von innen nach außen geht. Auch bei Savigny findet sich diese Interpretationsfigur. Die Interpretation muss zugleich „universell" und „individuell" verfahren.[135]

Traditionell formuliert vereint dieser Vorgang eine Analyse, d. h. die Bestimmung der Teile aus einem Ganzen, und eine Synthese, d. h. die Bestimmung eines Ganzen aus Teilen. Man kann darin auch die Verbindung zweier Verfahren der Urteilskraft entdecken, die Kant in der *Kritik der Urteilskraft* (1790) als die bestimmende und die reflektierende unterschied. (*Einleitung,* IV.

---

[133]Novalis, a.a.O., Bd. 3, S. 361, Nr. 550.

[134]C. H. Heydenreich, *Skizze einer Theorie der Charakterzeichnung in Werken der Dichtkunst,* in: Ders., *Originalideen über die interessantesten Gegenstände der Philosophie,* 3 Bde, Leipzig 1793–1796, Bd. 3, S. 177: „Jeder Charakter ist ein Compositum von Kräften in bestimmten Verhältnissen, Richtungen, Stimmungen, Fertigkeiten, in welchen aber bei aller Mannigfaltigkeit Einheit herrscht, so dass das Ganze durch die einzelnen Teile, und die einzelnen Teile durch das Ganze begriffen werden." In seiner Rezension von Condorcets *Esquisse d'un tableau historique des progrès de l'esprit humain* von 1795 fordert F. Schlegel von der historischen Darstellung, „den allgemeinen Gesichtspunkt im Einzelnen" zu zeigen „und aus dem Einzelnen den allgemeinen Gesichtspunkt hervorgehen zu lassen", KFSA, Bd. 7, S. 7. In den Heften *Zur Philologie* (1797) verwendet er den Begriff „Zyklisation", bzw. „zyklische Methode", KFSA, Bd. 16, S. 68, Fr. 84; S. 31, Fr. 133; S. 66, Fr. 61; S. 67, Fr. 73; Bd. 18, S. 350, Fr. 359; F. W. Schelling, *System des transzendentalen Idealismus* (1800), hrsg. v. W. Schulz, Hamburg 1957, S. 293; Ast, a. a. O., S. 180 ff. Siehe auch Humboldt, *Schriften,* Bd. 3, S. 17: „un cercle continuel".

[135]Savigny, *Vorlesungen,* S. 147.

Abschnitt) Die bestimmende Urteilskraft geht vom Allgemeinen zum Besonderen, die reflektierende geht umgekehrt vom Besonderen zum Allgemeinen.

Dieses synthetisch-analytische Verfahren ist nach Schleiermacher in der Kunst der Interpretation „unbestreitbar". Im Verstehen eines Satzes wie eines ganzen Werkes verstehen wir „das Ganze aus dem Einzelnen" und „das Einzelne nur aus dem Ganzen". (HuK, S. 329, vgl. auch 95, 97, 187 f., 230) Er gebraucht dafür auch den Begriff des Zirkels (HuK, S. 97). Seit August Boeckh hat sich für dieses Verfahren der Begriff des „hermeneutischen Zirkels" eingebürgert. Der später auch verwendete Begriff einer ‚hermeneutischen Spirale' trifft diesen Vorgang etwas besser, aber das interpretative, komplexe Hin-und-Her, Modifizieren, Anpassen und Einpassen, Werten und Umwerten immer noch nicht genau genug.

Boecks Vorlesungen über *Enzyklopädie und Methodologie der philologischen Wissenschaften* im frühen 19. Jahrhundert, in denen er diesen Begriff durchaus mit kritischem Blick prägte,[136] hatten eine enorme Wirkung. In skrupulösen Überlegungen hatte er den hermeneutischen Zirkel als ein unvermeidliches, fruchtbares Verfahren vom Fehler des logischen Zirkelschlusses (*circulus vitiosus*, wörtlich: fehlerhafter Zirkel), bei dem herausgeholt wird, was vorher in den Text hinein gelegt wurde, abzuheben gesucht. Ohne seinen Namen zu nennen, hatte Heidegger im § 32 von *Sein und Zeit* (1927) dagegen, etwas ungutwillig, eingewandt, dass eine Formulierung, der Zirkel sei unvermeidlich, die Struktur des Sinnverstehens verfehlt. Denn wir verstehen immer aus Vorerwartungen, Vorverständnissen, aus Antizipationen, aus hermeneutischen Zirkeln. „Das Entscheidende ist nicht", heißt seine berühmt gewordene Formulierung, „aus dem Zirkel heraus-, sondern in ihn nach der rechten Weise hineinzukommen."

Für Schleiermacher wie für Boeck bleibt die so gewonnene Erkenntnis approximativ, vorläufig, auch wenn die Umrisse des Ganzen und des Einzelnen im Prozess der Interpretation immer bestimmter werden. Der Zirkel ist schwierig, er beginnt mit Ahnungen, Vermutungen und wird allmählich sicherer: „Betrachten wir nun von hier aus das ganze Geschäft des Auslegens: so werden wir sagen müssen, dass vom Anfang eines Werkes an allmählich fortschreitend das allmähliche Verstehen alles Einzelnen und der sich daraus organisierenden Teile des Ganzen immer nur ein provisorisches ist, etwas vollkommner, wenn wir einen größeren Teil übersehen können, aber auch wieder mit neuer Unsicherheit und wie in der Dämmerung beginnend, wenn wir zu einem andern übergehn, weil wir dann wieder einen wenngleich untergeordneten Anfang vor uns haben, nur dass, je weiter wir vorrücken, desto mehr auch alles Vorige von dem Folgenden beleuchtet

---

[136]Vgl. Boeckh, a. a. O., S. 102, 142. Zur Diskussion vgl. Art.: *Zirkel, hermeneutischer,* HWbdPh, Bd. 12, Sp. 1339–1344; J. Grondin, *The Hermeneutical Circle,* in: N. Keane/Chr. Lawn, Hrsg., *The Blackwell Companion to Hermeneutics,* Chichester 2016, S. 299–305; besonders Th. M. Seebohm, *Hermeneutics. Method and Methodology,* Dordrecht/Boston/London 2004, S. 169 ff. Auch wenn das, was verstanden werden soll, eine fremde Stammeskultur ist, kann sich ein Ethnologe wie Clifford Geertz auf den hermeneutischen Zirkel berufen, vgl. ders., *Local Knowledge. Further Essays in Interpretive Anthropology,* 2. Aufl. (o. O.) Basic Books 2000, S. 69.

8.3 Romantische Hermeneutik

wird, bis dann am Ende erst wie auf einmal alles Einzelne sein volles Licht erhält und in reinen und bestimmten Umrissen sich darstellt." (HuK, S. 331) Aber auch das bestimmte Ergebnis steht unter einem Vorbehalt, es bleibt ein „vorläufiges" (HuK, S. 335).

Wie kann vermieden werden, dass der hermeneutische Zirkel sich in einem logischen Zirkel, einem *circulus vitiosus* verfängt? Er kann nur vermieden werden, wenn das Einzelne sich gegen das Ganze, gegen die globale Interpretationshypothese wehren kann. Es muss dafür in einem bestimmten Maße eine Eigenbedeutung besitzen. Solche Eigenbedeutungen werden z. B. durch die Vorgaben der lexikalischen Bedeutungen und der Regeln der Syntax geschaffen. Einen einzelnen Satz kann ich ziemlich gut für sich verstehen. Das Strukturwort *weil* bringt mich zur Erwartung einer Begründung und nicht einer Folge, in welcher größeren Interpretationshypothese auch immer. Die lexikalische Bedeutung erzeugt für sich schon Verwendungskontexte. Im Gedicht von Gryphius (S. 175) sperrte sich der besondere Ausdruck ‚eitel' im ersten, heutigen Verständnis gegen das Allgemeine. So kann für Schleiermacher wie für Boeckh die Gefahr des logischen Zirkels dadurch vermieden werden, dass die Interpretation die Komplexheit des Textes methodisch ernst nimmt: der ‚grammatische' Aspekt eröffnet die Kontexte des konventionellen Sprachgebrauchs und des konventionellen Weltwissens, der psychologische eine übergreifende Absicht des Autors. Die jeweiligen Hypothesen können im Interpretationsprozess dann wechselseitig abgeglichen werden. Friedrich Schlegel konnte daher auch von der „Vergleichung des Geistes und des Buchstabens eines Werkes" reden.[137]

Würde die globale Interpretationshypothese im ersten Zugriff jedes Teil bestimmen, wäre die Bestimmung des Ganzen durch die Teile tatsächlich ein Zirkelschluss. So verläuft der methodisch reflektierte Sinnaufbau jedoch als ein komplizierter, reflexiver Prozess: fortlaufend werden Gesamt – und Teilhypothesen entworfen und verändert, wird auf Folgendes und Vorausgehendes geschlossen, werden einzelne Sinneinheiten, ‚Ganze' gebildet, wird versucht, diese gewonnenen Sinneinheiten einander anzupassen. So geht Friedrich Schlegel in *Über Goethes Meister* vor, wenn er die einzelnen Bücher des Romans als jeweils „Ganze" mit dem Ganzen des Romans in Beziehung setzt.

Kafkas Erzählung *Auf der Galerie* ist in zwei Teile geteilt. Im ersten wird, konjunktivisch, eine hypothetische Situation entworfen: eine Kunstreiterin in der Manege als Objekt eines erbarmungslos antreibenden Chefs und eines ebensolchen Publikums. Entworfen wird sie in einer Wenn-dann-Struktur: „Wenn irgendeine hinfällige, lungensüchtige Kunstreiterin in der Manege auf schwankendem Pferd [...] vom peitschenschwingenden erbarmungslosen Chef monatelang ohne Unterbrechung im Kreise rundum getrieben würde [...]." Begleitet wird dieses „Spiel" in eine „immerfort weiter sich öffnende graue Zukunft" vom „Brausen" des Orchesters und vom Beifallsklatschen des

---

[137] KFSA, Bd. 16, S. 168, Fr. 992.

Publikums. Dessen Hände sind „eigentlich Dampfhämmer". Ein Galeriebesucher würde „vielleicht[…] dann", wie es nach einem Gedankenstrich heißt, in die Manege stürzen und dieser Schreckensszene Einhalt gebieten. Der zweite Teil setzt ein, indikativisch, mit der Negation dieses Entwurfs: „Da es aber nicht so ist …": Beschrieben wird nun die, wie man verstehen muss, wirkliche Situation der Artistin nicht als eine Unterwerfung durch einen Chef und das Publikum, sondern als ihren künstlerischen Triumph, sie selbst auch nicht als hinfällig, sondern als eine „schöne Dame, weiß und rot". Sie ‚fliegt' in die Manege ‚herein', der Direktor, wie es jetzt heißt, sucht „hingebungsvoll" ihre Augen, atmet ihr „in Tierhaltung" entgegen, hebt sie „vorsorglich" auf ihren Apfelschimmel, „als wäre sie seine über alles geliebte Enkelin, die sich auf gefährliche Fahrt begibt", das Peitschenzeichen gibt er nur in „Selbstüberwindung", ihre Sprünge verfolgt er „scharfen Blickes". Schließlich hebt er „die Kleine" nach dem „großen Saltomortale" vom „zitternden Pferde", keine Huldigung des Publikums erachtet er für genügend, während sie selbst „vom Staub umweht, mit ausgebreiteten Armen, zurückgelehntem Köpfchen ihr Glück mit dem ganzen Zirkus teilen will". Warum endet aber, wieder nach einem Gedankenstrich und mit der Bekräftigung „da dies so ist", dieser Teil damit, dass der Galeriebesucher, „im Schlussmarsch wie in einem schweren Traum versinkend", weint, „ohne es zu wissen." Wie ist es denn? Warum weint der Galeriebesucher? Was nimmt er wahr, ohne es zu wissen? Als Leser wird man durch diesen Schluss zu einer noch genaueren Lektüre angehalten und man entdeckt, dass der erste Eindruck des Ganzen täuscht. Von ihm verführt erscheint die Handlung des Direktors als überaus fürsorglich. ‚Fürsorglich' steht fast da, da steht aber „vorsorglich". Ein Präfix ändert alles. Wenn er die Kunstreiterin „vorsorglich" auf den Schimmel hebt, dann rechnet er mit einer Verweigerung, die er verhindern will. Mit dem veränderten Verständnisrahmen versteht man nun auch andere Angaben anders, die „Tierhaltung" und den „scharfen" Blick des Direktors, das ‚zitternde' Pferd, die „Kleine", zu der die schöne Dame wird. Ihre Glückspose ist „vom Staub umweht". Auch in der Wirklichkeit wird mit der Kunstreiterin das erbarmungslose Spiel gespielt. ‚Da dies so ist', da er diese Wirklichkeit im schönen Schein wahrnimmt, weint der Galeriebesucher.

Der Sache nach kann die Maxime des hermeneutischen Zirkels auf das metaphorische Verständnis einer Rede bzw. eines Textes als eines Körpers (Platon, *Phaidros,* 264c) zurückgeführt werden. Die Körpermetapher besagt, dass der Text wie ein Körper ein Ganzes mit Teilen und Gliedern ist, dass er sich zu seinem Sinn verhält wie ein Körper zu seiner Seele. Nach Quintilian bildet ein guter Text einen Körper, keine Reihe von isolierten Einzelstücken.[138] Tatsächlich müssen wir bei einem hermeneutischen Zirkel eine Kohärenz in der Konzeption des Werks und eine Konsistenz im Sprachgebrauch des Autors unterstellen. In dieser rhetorischen Tradition forderte im 16. Jahrhundert Matthias Flacius Illyricus in seiner *Clavis*

---

[138]Quintilian, a. a. O., 7, 10, 16: „corpus sit, non membra." Vgl. auch Aristoteles, *Poetik*, 1459a, 1451a.

8.3 Romantische Hermeneutik

scripturae sacrae, dass der Ausleger der Bibel „das Eine in den Vielen, und das Viele im Einen sehen und untersuchen" können soll.[139] Schleiermacher knüpft an diese alte Textmetapher an, wenn er den in einer ersten Annäherung entworfenen „Grundriss" des Ganzen auch ein „Skelett" (HuK, S. 98) nennt.

Der hermeneutische Zirkel erfordert idealerweise zwei Lektüreformen, die, nach zeitgenössischer Lehre, kursorische und die statarische Lektüre. Die kursorische Lektüre ist die ‚durchlaufende' Lektüre und zielt auf ein erstes Verständnis des ganzen Textes, mehr auf seinen Inhalt. Sie soll nach Schleiermacher vorangehen (vgl. HuK, S. 97) und nach Friedrich Schlegel zu einem „Totaleindruck" führen.[140] (Heute wird unter einer kursorischen Lektüre mehr eine überfliegende Lektüre verstanden.) Sie soll vorangehen, um dann in einer statarischen (von lat. *statarius:* stehend, ruhig), d. h. langsamen, verweilenden Lektüre eine genauere Auslegung in einem „Zirkel" (HuK, S. 97) zu ermöglichen. Sie konzentriert sich immer wieder auf einzelne Stellen, bei ihr wird hin und her geblättert, sie sucht auch schon herauszufinden, wie der Text gemacht ist.

Friedrich Schlegel fasst diese Lektüremethoden unter dem Begriff des „zyklischen Lesens" zusammen. Es besteht darin, „sowohl äußerst langsam mit steter Zergliederung des Einzelnen, als auch schneller und in einem Zuge zur Übersicht des Ganzen lesen zu können. Wer nicht beides kann, und jedes anwendet, wo es hingehört, der weiß eigentlich nicht zu lesen."[141]

Die Formel vom hermeneutischen Zirkel bringt auf einen Punkt, was in der Praxis der Interpretation schon immer geübt und theoretisch in der Maxime, ‚Homer aus Homer auslegen', angelegt ist.

Das Konzept des hermeneutischen Zirkels ist bestritten[142] und verteidigt worden. Das, worum es geht, liegt jedoch auf der Hand. Das analytisch-synthetische oder synthetisch-analytische Vorgehen liegt Verstehensakten immer zugrunde. Insofern wäre es ein Missverständnis, wenn man dieses Vorgehen als eine Methode verstünde, die man auch lassen kann. Es wird immer angewandt, weniger oder mehr reflektiert. In der Kognitionspsychologie wird es z. B. unter den Titeln *cyclical processing* oder *bottom up – top down* diskutiert. *Top down* werden Hypothesen gebildet, *bottom up* werden bestätigende, erweiternde, korrigierende Informationen und Hypothesen gewonnen. Der Leseprozess

---

[139]Illyricus, *Regeln zur Erkenntnis der Heiligen Schrift, die aus ihr selbst entnommen sind,* § 20 (a. a. O., S. 53, vgl. auch S. 38 f.).
[140]KFSA, Bd. 18, S. 26, Fr. 92.
[141]KFSA, Bd. 2, S. 84.
[142]Nach H. Göttner, *Logik der Interpretation,* München 1973, S. 131 ff. kann der Begriff des hermeneutischen Zirkels entfallen, da sich der Sachverhalt als die Verbindung von Arbeitshypothese, Endhypothesen und Beobachtungssätzen explizieren lasse. Diese These verschiebt nur das Problem, da es keine hypothesefreien Beobachtungssätze gibt. Zur Diskussion der, aus seiner Sicht prinzipiell lösbaren, Schwierigkeiten, die sich in der Formel ‚Zirkel des Verstehens' verbergen, vgl. auch W. Stegmüller, *Walther von der Vogelweides Lied von der Traumliebe und Quasar 3 C 273,* in: Ders., *Rationale Rekonstruktion von Wissenschaft und ihrem Wandel,* Stuttgart 1986, S. 27–86.

z. B. wird diskutiert als ein „concerted impact" von *top-down* und *bottom-up* Prozessen.[143]

In seiner kognitionspsychologisch grundlegenden Abhandlung zur Funktion von Verständnisrahmen (vgl. auch oben S. 74) beschreibt Marvin Minsky den Prozess, wie eine spezifische Situation erfasst wird, als einen Anpassungs- oder Abgleichungsprozess von Situation und Verständnisrahmen.[144] In einer linguistischen Einführung in das Analysieren von Texten kann man zur Rolle des gemeinsamen Wissens in der Kommunikation lesen: „Äußerungen werden an das gemeinsame Wissen angepasst und das gemeinsame Wissen an die Äußerungen."[145]

In der Jurisprudenz wird bei der richterlichen Gesetzesanwendung von einem ‚Wechselspiel' von Gesetzesnormen und ‚Lebenssachverhalt', dem konkreten, einzelnen Fall gesprochen. Um zu klären, inwieweit der konkrete Fall unter eine Gesetzesnorm subsumiert werden kann, wie es juristisch heißt, ist nicht nur die bestimmende Urteilskraft nötig, sondern auch die reflektierende. Der konkrete Fall wird nämlich zuerst, im Lichte von naheliegenden Gesetzen, nach juristisch relevanten Merkmalen geordnet und als ein typischer Fall, z. B. als eine Nötigung, systematisiert, für die dann die genauen Gesetzesnormen gesucht werden, unter welche sie subsumiert werden kann.

8.3.7 Den Autor besser verstehen, als er sich selbst verstanden hat

Die berühmte romantische Maxime, einen Autor besser verstehen, als er sich selber verstanden hat, ist so neu nicht. Sie findet sich bei Augustin (vgl. S. 200), in Luthers Maxime, Aristoteles besser zu verstehen, und in Montaignes Bemerkung in seinen *Essais* (3. Bd., 1588), dass er oft die Wesenszüge seiner Freunde genauer sehen und unterscheiden könne, als diese selbst.[146] Der Sache nach angelegt ist sie aber schon in der rhetorisch-juristischen Tradition, die *ratio* eines Gesetzes wichtiger zu werten als die *intentio* des Gesetzgebers und diese *ratio* als das zu interpretieren, was der Gesetzgeber eigentlich hat sagen wollen. (Vgl. S. 183) Die

---

[143]M. Dambacher, *Bottom-up und top-down processes in reading*, Potsdam 2010, S. III. Zu „processing cycles in text comprehension" vgl. auch Kintsch, a. a. O., S. 101 ff.

[144]Vgl. Minsky, a. a. O.

[145]H. J. Heringer, *Texte analysieren und verstehen. Eine linguistische Einführung*, Paderborn 2011, S. 190.

[146]Der Philosoph Aristoteles kann für die Theologie hilfreich sein, wenn man ihn besser versteht und anwendet, als er es gewollt hat *(Vide quam apte serviat Aristoteles in Philosophia sua Theologiae, si non ut ipse voluit, sed melius intelligitur et applicatur)*. WA, Bd. 1, S. 28 (Predigt von 1514); Montaigne, a. a. O., S. 543. („Il m'advient souvent, de voir et distinguer plus exactement les conditions de mes amis, qu'ils ne font eux-mêmes.")

8.3 Romantische Hermeneutik

Formel findet sich häufig in der Aufklärungshermeneutik und in der Epoche um 1800 bei Herder, Kant, Fichte, Schelling, Friedrich und August Wilhelm Schlegel, Novalis, Savigny, Schleiermacher und Boeckh. Philosophisch enthält die Maxime in der Epoche auch das Programm einer Überbietung: Platon, Kant oder Fichte sollen jeweils besser verstanden werden, als sie ihr Philosophieren verstanden haben. So kommt es auch zu Formulierungen wie, dass sie nach ihrem Geist und nicht nach ihrem Buchstaben verstanden werden sollen oder dass ‚mit Kant gegen Kant' oder, in unserer Zeit, ‚mit Habermas gegen Habermas' oder ‚mit Gadamer gegen Gadamer' zu denken sei. Niemand derjenigen, die mit Kant über Kant hinausgehen wollten, hat Kant je einen Brief geschrieben, um ihn zu fragen, was er eigentlich gemeint hat. Philosophen lieben diese Denkfigur.

Die Formel ‚einen Autor besser verstehen als er sich selbst verstanden hat', ist etwas missverständlich, ja kann in die Irre führen.[147] Sie muss selbst besser verstanden werden. Gegen sie lässt sich schon der Einwand gegen die *interpretatio authentica* wiederholen. Denn sie setzt den Autor oder den Sprecher im Verhältnis zu sich in die Rolle eines Interpreten. Im Verhältnis zu uns selbst verstehen wir uns nicht, wie schon angemerkt, als Interpreten, außer in einer Distanz, in der wir uns fremd, historisch geworden sind. Man kann nicht sagen ‚ich verstehe mich' oder ‚ich lege mich aus', wohl aber kann man sagen ‚Ich weiß, was ich sage' oder ‚Ich verstehe jetzt, was ich damals getan habe'. Merkwürdig wäre auch der Satz, ‚Ich weiß, was meine Intention ist', da ein solcher Satz die Intention, die ich habe, von mir trennt.

Mit der Formel vom ‚besser Verstehen', kann also fürs erste nur gemeint sein, dass man das, was der Autor versteht, besser versteht bzw. das, was der Autor dachte, besser denkt. Dies setzt natürlich voraus, dass es einigermaßen möglich ist, zu wissen, was der Autor dachte. Für Schlegel liegt darin die eigentliche Schwierigkeit der Formel. In seiner Rezension der ersten Bände der von Friedrich Immanuel Niethammer herausgegebenen Zeitschrift *Philosophisches Journal einer Gesellschaft Teutscher Gelehrten* (1797) geht er ausführlich auf die Frage ein, was die zeitgenössische philosophisch-hermeneutische Figur, Kants Philosophie „implizite", d. h. besser zu verstehen, als er sie explizit formuliert hat, bedeutet. Er hält es durchaus für fraglich, ob es je zu „beweisen" ist, dass Kants Philosophie etwa durch Fichtes *Wissenschaftslehre* in diesem Sinne besser gedacht, also ‚besser verstanden' worden ist. Hingegen ergibt sich ein Besserverstehen durch eine historische Distanz von selbst.[148]

---

[147]Vgl. dazu und im Folgenden die klare Analyse von W. Strube, *Über verschiedene Arten, den Autor besser zu verstehen, als er sich selbst verstanden hat*, in: Jannidis, *Rückkehr des Autors*, S. 135–155. Meine Versionen unterscheiden sich etwas von denen Strubes. Ferner: L. Danneberg, *Besserverstehen. Zur Analyse und Entstehung einer hermeneutischen Maxime*, in: F. Jannidis u. a., Hrsg., *Regeln der Bedeutung. Zur Theorie der Bedeutung literarischer Texte*, Berlin/New York 2003, S. 644–711; Meder, a. a. O., S. 106 ff.
[148]KFSA, Bd. 8, S. 27.

Für Schleiermacher stellt diese Maxime die eigentliche hermeneutische Aufgabe dar. Er gibt ihr eine andere Wendung: Gerade weil wir nicht und nie in das Bewusstsein des Autors dringen können, müssen wir uns notwendig vieles bewusst machen, was ihm nicht bewusst sein mochte:

„Die Aufgabe ist auch so auszudrücken, ‚die Rede zuerst ebenso gut und dann besser zu verstehen als ihr Urheber.' Denn weil wir keine unmittelbare Kenntnis dessen haben, was in ihm ist, so müssen wir vieles zum Bewusstsein zu bringen suchen, was ihm unbewusst bleiben kann, außer sofern er selbst reflektierend sein eigener Leser wird. Auf der objektiven Seite hat auch er hier keine andern Data als wir." (HuK, S. 94) Schleiermacher sieht in diesem ‚Besser Verstehen' den „Gipfel" des Verstehens.[149] Friedrich Schlegel formuliert noch ambitionierter: „Um jemand zu verstehen, der sich selbst nur halb versteht, muss man ihn erst ganz und besser als er selbst, dann aber auch nur und gerade so gut wie er selbst verstehen."[150] Die Interpretation müsste darlegen, inwiefern der Autor sich nur halb versteht. Oder: „Es ist nicht genug, dass man den eigentlichen Sinn eines konfusen Werks besser versteht, als der Autor es verstanden hat. Man muss auch die Konfusion selbst bis auf die Prinzipien kennen, *charakterisieren* und selber *konstruieren* können".[151]

Nach dem Zitat Schleiermachers macht das Besserverstehen aus einer Not eine Tugend. Es entsteht eigentlich durch einen Mangel an „unmittelbarer Kenntnis" der mentalen Zustände des Autors. Der Begriff des Unbewussten ist hier nicht in einem psychoanalytischen Sinne zu verstehen. Das Unbewusste ist das, woran der Autor nicht denkt, dessen er sich aber bewusst werden kann. Da man zur Intention des Autors keinen unmittelbaren Zugang hat, muss die Interpretation die Sinnmöglichkeiten seiner Äußerung entfalten. Unvermeidlich entfaltet die Interpretation auch das in der Sprache „eingeschlossene Wissen" (HuK, S. 94), das dem Autor nicht bewusst war. Wenn dies so ist, dann ist die Aufgabe, die Rede „eben so gut" wie ihr Urheber zu verstehen, schwer zu erfüllen, auch wenn „eben so gut" nicht heißt ‚genau so gut'. Vielleicht ist diese Aufgabe hier im Sinne von Meiers *Versuch einer allgemeinen Auslegungskunst* zu verstehen, wo es § 130 heißt, dass, wenn ein Autor recht verstanden werden soll, dazu nicht notwendig erfordert wird, „dass der Ausleger dasjenige, was der Autor gedacht hat, auch ebenso denke, wie es von dem Autor gedacht worden […]. Folglich kann der Ausleger eine weitläufigere, größere, richtigere, klärere und praktischere Erkenntnis des Sinnes haben als der Autor".

An anderer Stelle greift Schleiermacher zu dieser Formel mit einiger Zurückhaltung. Wenn etwas „Wahres" an der Formel ist, schreibt er, „die höchste Vollkommenheit einer Auslegung sei die, einen Autor besser zu verstehen, als er selbst von sich Rechenschaft geben könne", so kann damit nur ein „erhöhtes Verständnis

---

[149] KGA, 2. Abt., Bd. 4, S. 114.
[150] KFSA, Bd. 2, S. 241, Fr. 401.
[151] KFSA, Bd. 18, S. 63, Fr. 434. Konfus, abgeleitet von lat. *confusus*: vermischt, verworren, bedeutet im zeitgenössischen philosophischen Begriffsgebrauch so viel wie ‚undeutlich'.

von dem inneren Verfahren der Dichter und anderer Künstler der Rede, von dem ganzen Hergang der Komposition vom ersten Entwurf an bis zur letzten Ausführung" gemeint sein. (HuK, S. 324 f.) Dieses Verständnis der Formel ist seinerseits ein Beispiel für ein ‚Besser Verstehen'. Die Formulierung ‚sich Rechenschaft geben' rechnet mit dem Bewusstsein des Autors, dass er die Logik der Entstehung des Textes und das Sinnpotential des Textes selbst nicht in allem überblicken kann.

Im zeitgenössischen Gebrauch lassen sich vier Versionen der Formel unterscheiden:

1. *‚Richtiger' denken:* Der Interpret fragt danach, ob ein Sachverhalt vom Autor zutreffend erfasst wird. Für Kant ist es gar nichts Ungewöhnliches, in „gemeinen Gesprächen" oder in philosophischen Schriften einen Sprecher oder Verfasser besser zu verstehen, als er sich selbst verstand, „indem er seinen Begriff nicht genugsam bestimmte, und dadurch bisweilen seiner eigenen Absicht entgegen redete oder auch dachte." (*Kritik der reinen Vernunft,* A 314) Samuel Taylor Coleridge schreibt über Descartes: „Descartes [...] said give me matter and motion and I will construct you the universe. We must of course understand him to have meant: I will render the construction of the universe intelligible."[152] Der Historiker Koselleck formuliert in einer Diskussion über monokausale Erklärungen in der Geschichtswissenschaft, dass der Einwand gegen monokausale Erklärungen „recht betrachtet" nur ein Einwand gegen „mangelndes Hypothesenbewusstsein" sein kann. Denn auch monokausale Erklärungen können unter bestimmten Bedingungen treffend und fruchtbar sein.[153] Der Interpret erklärt also einen Sachverhalt besser als der Autor es tat – oder beansprucht eine Sache besser erklären zu können. Hier heißt besser verstehen wissen, wie der Autor das, was er dachte und sagte, „richtiger" (Meier, *Versuch einer allgemeinen Auslegungskunst,* § 129) hätte denken und sagen müssen.[154] Unterstellt wird dem Autor in gutwilliger Interpretation eine rationale Erkenntnisabsicht, die aber, in Friedrich Schlegels Worten, nur auf den „Weg" deutet, wo die Antwort zu suchen ist. Wäre er auf demselben weitergegangen, wäre er dahin gekommen.[155]
2. *Der Autor denkt richtig, formuliert aber missverständlich:* Diese Version betrifft die Formulierung. Der Interpret versteht, was der Autor eigentlich sagen will, aber ungeschickt, missverständlich formulierte: ‚Das hast du zwar nicht gewollt, aber Anna musste deine Bemerkung als eine Kritik verstehen.' Eine feste, alltagshermeneutische Erfahrung, dass wir oft nicht bedenken oder nicht

---

[152] S. T. Coleridge, *Biographia Literaria,* hrsg. v. N. Leask, London 1997, S. 170.
[153] R. Koselleck, *Zeitschichten,* Frankfurt a. M. 2000, S. 313.
[154] Vgl. auch Chr. Wolf, *Philosophia Rationalis sive Logica* (Rationale Philosophie oder Logik), Frankfurt a. d. O./Leipzig 1728, Part. II, Sect. III, Cap. VI, § 929 „Wenn der Autor mit einigen Ausdrücken einen undeutlichen Begriff verbindet, der Leser aber einen deutlichen, und dieselbe Sache von beiden vorgestellt wird, dann versteht [*intelligit*] der Leser die Absicht des Autors [*mentem auctoris*] und expliziert sie besser [*melius explicat*]."
[155] KFSA, Bd. 8, S. 27.

ahnen, wie eine harmlose Bemerkung verstanden werden kann oder verstanden werden muss.

3. *Der Interpret kann das Sinnpotential eines literarischen Textes besser übersehen als der Autor:* Die ersten beiden Versionen laufen auf ein sachliches Verbessern eines Gedachten und Formulierten hinaus. Es müsste besser gedacht oder besser formuliert werden. Diese Versionen betreffen nicht literarische Texte, allenfalls die Lehrdichtung. Literarische Texte können in dieser Hinsicht nicht verändert oder ersetzt oder sachlich verbessert werden. Es ist sinnvoll zu sagen, dass der Historiker X die Geschichte des Ehebruchs im 19. Jahrhundert nicht zutreffend dargestellt hat, da er wichtige Aspekte übersehen hat. Es wäre unsinnig zu sagen, dass Fontane den Ehebruch von Effi in seinem Roman *Effi Briest* nicht zutreffend dargestellt hat. Sein Text ist unüberholbar, er kann nicht anders formuliert werden. (Der Autor kann natürlich im Schaffensprozess seinen Text verbessern, der Leser kann ihn kritisieren, er kann z. B. sagen, dass die Handlung wahrscheinlich oder unwahrscheinlich ist.)

Im Hinblick auf literarische Texte zielt diese Version auf ein besseres Verständnis der Genese und des Sinnpotentials des Textes. Daher ist nach Schleiermacher mit ‚besser Verstehen', wie schon zitiert, ein „erhöhtes Verständnis" vom „inneren Verfahren der Dichter und anderer Künstler der Rede", vom ersten Entwurf der „Komposition" bis zur letzten Ausführung (HuK, S. 324 f.) gemeint. Interpretieren heißt immer auch besser verstehen. Durch die Distanz des Interpreten zum Autor und durch das Verfahren der Rekonstruktion einer schlüssigen Werkidee stellt sie notwendig Sinnzusammenhänge her, die dem Autor nicht bewusst waren. Damit erübrigt sich, wie Klaus Weimar formuliert „vollständig die Frage, ob der Autor den hergestellten Sinn auch gemeint hat; er muss ihn nämlich gemeint haben, auch wenn er es nicht gewusst haben sollte." Das wäre „die strenge Fassung des viel beredeten ‚Besserverstehens'."[156]

Montaigne bemerkt in einem Essay, in dem er der Frage nach dem Glück auch in den Künsten nachgeht, dass auch Fortuna einen Anteil an der Vollkommenheit der Werke hat: „So entdeckt zum Beispiel ein kundiger Leser in manchen Schriften noch ganz andere Vollkommenheiten als jene, die der Verfasser hineingelegt oder auch nur bemerkt hat, und gewinnt auf solche Weise dessen Werk viel reichhaltigere Aspekte und Bedeutungen ab."[157] In einem modernen literaturwissenschaftlichen Handbuch kann man über die Inhaltsanalyse lesen, dass dabei nicht nur „die vom Text ausdrücklich vorgegebenen Informationen" verarbeitet" werden, sondern auch Schlussfolgerungen gezogen werden, die „den von Texten vermittelten Inhalten also weitere Inhalte hinzufügen." Diese Hinzufügung gründet auf der Vermutung, dass sie der Intention

---

[156]Weimar, *Hermeneutik um 1800,* S. 202.
[157]Montaigne, a. a. O., S. 70 (I, 24).

8.3 Romantische Hermeneutik

des Autors nicht fremd sind und von seinen ursprünglichen Adressaten ähnlich vorgenommen werden konnten.[158]

4. *Eine vierte Version, eine genieästhetische, stützt diese rekonstruktive Version:* Sie rechnet mit einem Anteil, jetzt im psychoanalytischen Sinne, unbewusster Motive und Absichten bei der Produktion eines Werkes. In August Wilhelm Schlegels Essay *Etwas über William Shakespeare bei Gelegenheit Wilhelm Meisters* heißt es: „Man kann sich recht gut denken, dass Shakespeare mehr von seinem Hamlet wusste als ihm selbst bewusst war [...] In einem solchen Dichtergeiste müssen alle Kräfte in so inniger Gemeinschaft wirken, dass es gar nicht zu verwundern ist, wenn der Verstand erst hinterdrein seine Verdienste geltend zu machen und seinen Anteil an der vollendeten Schöpfung zurückzufordern weiß."[159] August Boeckh folgert daraus für die Auslegung: „Der Schriftsteller komponiert nach den Gesetzen der Grammatik und Stilistik, aber meist bewusstlos. Der Erklärer dagegen kann nicht vollständig erklären, ohne sich jener Gesetze bewusst zu werden; denn der Verstehende reflektiert ja; der Autor produziert, er reflektiert nur dann über sein Werk, wenn er selbst wieder gleichsam als Ausleger über demselben steht. Hieraus folgt, dass der Ausleger den Autor nicht nur eben so gut, sondern sogar besser noch verstehen muss als er sich selbst."[160]

Die Einwände gegen die Formel vom ‚besser Verstehen' scheinen auf der Hand zu liegen. Wie kann man von einem ‚besser Verstehen' reden, wenn der Akt der Produktion unwiderruflich vergangen ist, wenn wir vom „Zustand der Gedankenerzeugung" (HuK, S. 325) des Autors nach Schleiermacher keine unmittelbare Erkenntnis haben? Doch schließt dies für Schleiermacher mittelbare, hypothetische, probabilistische Erkenntnisse ja nicht aus. Jeder Text gewährt mittelbar Aufschlüsse über seine Konzeption, über seine „Idee". Daran zu zweifeln wäre absurd.

Jedoch enthält die Verwendung von ‚besser' einen normativen Anspruch. Er setzt voraus, dass der Interpret doch irgendwie weiß, was der Autor beabsichtigte. Daher hat Gadamer gegen den normativen Anspruch der Formel eingewandt, dass es zu sagen genügt, „dass man anders versteht, wenn man überhaupt versteht."[161] Da er an anderer Stelle darauf insistiert, dass Verstehen zuerst ein Einverständnis in der Sache ist,[162] hat er – in gutwilliger Interpretation – wohl nicht sagen wollen, dass Verstehen *überhaupt* Andersverstehen ist, sondern dass Verstehen sich von den je subjektiven, anderen Voraussetzungen des Verstehenden nicht ganz lösen kann. Wohl steckt in jedem Verstehen unvermeidlich ein Moment des Andersverstehens, das aber das eigentliche Verstehen nicht außer Kraft setzt.

---

[158] Anz, *Inhaltsanalyse,* in: Anz, a. a. O., Bd. 2, S. 66.
[159] A. W. Schlegel, *Schriften,* Bd. 1, S. 94.
[160] Boeckh, a. a. O., S. 87.
[161] Gadamer, *Wahrheit und Methode,* S. 302.
[162] A. a. O., S. 298.

In der pragmatischen Orientierung des Alltags gibt es ganz selbstverständlich ein Richtigverstehen, ein Andersverstehen, ein Missverstehen, ein Falschverstehen und natürlich auch ein Besserverstehen. Es gibt die so positive Erfahrung des Sich-verstanden-Fühlens. Die Formel trifft auch die parodistische Kunst. Aus einem Nachruf auf Loriot: „Manchmal übertrifft er die Figuren und echte Personen, weil er sie besser versteht als sie sich selbst. Loriot wird Bundestagsredner, Literaturkritiker, Jungfilmer, wird Karajan, Werner Höfer, Horst Stern oder Professor Grzimek." (*Frankfurter Rundschau,* 24.08.2011)

Wenn Gadamer kurz zuvor schreibt: „Nicht nur gelegentlich, sondern immer übertrifft der Sinn eines Textes seinen Autor",[163] dann formuliert er genau die Voraussetzung der Formel in der Romantik. Im Unterschied zum Andersverstehen nötigt die Formel vom Besserverstehen die Interpretation, sich an der regulativen Idee einer Autorintention abzuarbeiten.

Ein zweiter Einwand richtet sich gegen die Rekonstruktion einer „Idee" des Werks durch den Interpreten. Sie laufe auf eine Überinterpretation hinaus. Der Vorwurf der Überinterpretation, der beansprucht, die Grenze zwischen möglich und nicht mehr möglich zu kennen, ist aber so einfach nicht zu rechtfertigen. Nachgewiesen werden müsste, worauf ich schon einging (S. 56 f.), dass der Autor das, was überinterpretiert erscheint, unmöglich hat meinen können. In dieser Zone zwischen dem Möglichen und Unmöglichen kommt es besonders auf Wissen, Erfahrung, Urteilskraft, ‚Takt' und Fingerspitzengefühl an. Jedoch verweist diese Einwand darauf, dass es tatsächlich Grenzen der Interpretation gibt, und dass die Interpretation vor Willkür und Verfälschungen zu sichern ist. Daher muss notwendig die Frage berücksichtigt werden, ob die Sinnmöglichkeiten eines Werks dem Autor zurechenbar sein können (Vgl. S. 262). Die Frage nach dem Horizont des empirischen Autors und seines Publikums setzt eine solche Grenze für die Interpretation.

---

[163] A. a. O., S. 301.

Kapitel 9
Philosophische Hermeneutik

Die Wende zu einer philosophischen Hermeneutik im 20. Jahrhundert besteht, jedenfalls in den Worten Gadamers, darin, „das Universum des Verstehens" selbst besser zu verstehen.[1] Die Welterfahrung des Menschen hat als Basis ein ursprüngliches, unhintergehbares Verstehen – die Voraussetzung dafür, dass eine Kunst des Verstehens überhaupt entwickelt werden konnte. Daher wird auch von einer ontologischen Wende der Hermeneutik geredet.

Die Distanz zur romantischen Hermeneutik, die Gadamer mit dieser Wende verband, ist indes so groß nicht. Auch der romantischen Hermeneutik ging es, ganz im Geiste der Philosophie Kants, nicht nur um Methoden, sondern auch darum, „das Verstehen zu verstehen", wie Friedrich Schlegel am Schluss seines Aufsatzes über Lessing formulierte.[2] Dieser Schlegel hatte schon als eine zukünftige Aufgabe gefordert, eine Philosophie der Hermeneutik zu entwerfen, die alle Interpretationsverfahren zu begründen hätte.[3] Für Schleiermacher beginnt die bewusste Kunst des Verstehens mit dem frühkindlichen „Aufnehmen von andern", und dieses Aufnehmen beruht auf einer ‚ahndenden' Seele. (HuK, S. 327) Auch sein Schüler Boeckh unterschied ein unbewusstes von einem bewussten Verstehen.[4]

Dieses ursprüngliche Verstehen erhielt durch Martin Heidegger in seiner philosophisch revolutionären Schrift *Sein und Zeit* von 1927 als „Grundverfassung des In-der-Welt-Seins" (§ 31) eine existenziale Bedeutung. Wir sind

---

[1] Gadamer, *Wahrheit und Methode,* S. 4. Zur philosophischen Hermeneutik vgl. besonders Böhl u. a., a. a. O., S. 523 ff.
[2] KFSA, Bd. 2, S. 412.
[3] Vgl. KFSA, Bd. 16, S. 69, Fr. 93.
[4] Boeckh, a. a. O., S. 76 f. Zur Kritik von Gadamers verkürztem Verständnis der romantischen Hermeneutik vgl. schon M. Frank, *Das individuelle Allgemeine. Textstruktur und -interpretation nach Schleiermacher,* Frankfurt a. M. 1977, S. 153 u. ö.; F. Rodi, *Erkenntnis des Erkannten. Zur Hermeneutik des 19. und 20. Jahrhunderts,* Frankfurt a. M. 1990, S. 89 ff.

in der Welt zu Hause, weil sie ‚immer schon' verstanden und verstehbar ist. Für Heideggers Konzeption des Verstehens war nicht die romantische Hermeneutik, sondern Wilhelm Diltheys Unterscheidung eines elementaren bzw. pragmatischen von einem höheren Verstehen von Bedeutung,[5] ebenso Friedrich Nietzsches Lehre von der Universalität der Interpretation, derzufolge unser Weltverständnis unhintergehbar ein interpretativer, perspektivischer und interessengeleiteter Prozess ist, eingelassen in geschichtlichen Überlieferungen. Von Bedeutung war auch Edmund Husserls Lehre von der Erfahrungs- bzw. Erlebniswelt, später von ihm Lebenswelt genannt, als einem anonymen, vertrauten, fraglos verlässlichen, kollektiven Erfahrungs- und Verständnishorizont.[6] Er hat auch Rilkes Verse aus der ersten *Duineser Elegie* gekannt, wonach wir in der „gedeuteten Welt" (V. 13) nicht sehr verlässlich zu Hause sind.

Unter dem elementaren bzw. pragmatischen Verstehen verstand Dilthey einen elementaren, lebenspraktischen Weltzugang des Menschen in einer Sphäre der Gemeinsamkeit mit anderen Menschen.[7] In ihr orientieren wir uns an Traditionen, gehen wir davon aus, dass die anderen Leute sich ungefähr so verhalten und die Dinge so sehen wie man selbst, dass die Welt im Wesentlichen gleich erfahren wird, dass die Welt so und so ist, dass es Übliches und Unübliches, Typisches und Untypisches, Beabsichtigtes und Unbeabsichtigtes, Richtiges und Falsches, Gutes und Schlechtes gibt. Diese Alltagshermeneutik wird, wie der Soziologe Soeffner formulierte, weniger gehabt, als gelebt.[8] Sie ist so selbstverständlich geworden wie einmal das Gehen selbstverständlich geworden ist. Das höhere Verstehen ist für Dilthey die reflektierte, die methodische Interpretation. Sie bezieht sich vor allem auf fixierte Lebensäußerungen wie z. B. Texte und Kunstwerke.[9]

Heidegger erläutert das, was er unter existenzialem Verstehen versteht, als ein praktisches, im Alltag selbstverständliches, unausdrückliches „Weltverstehen". In diesem praktischen Weltverstehen finden wir uns immer schon vor. Es ist weniger eine Erkenntnis, sondern mehr ein Verhalten, eine Umsichtigkeit, ein Umgang mit, ein Können, eine Fertigkeit wie z. B. die Wendung ‚jemand versteht sein Handwerk' besagt. Davon unterscheidet er die Auslegung bzw. die Interpretation, in der ‚etwas als etwas' methodisch erfasst wird. Sie geschieht nicht aus nichts, sie „gründet" (*Sein und Zeit,* § 33) vielmehr auf dem existentialen Verstehen als der Bedingung ihrer Möglichkeit. Die Auslegung von ‚etwas als etwas' ist nur

---

[5]Vgl. Dilthey, a. a. O., Bd. 7, S. 205 ff.; zur Bedeutung Diltheys für Heidegger vgl. Rodi, a. a. O., S. 102 ff.

[6]Vgl. F. Nietzsche, *Sämtliche Werke*. Kritische Studienausgabe in 15 Bänden, hrsg. v. G. Colli/M Montinari, München 1980, Bd. 12, S. 38, Nr. 115; S. 139 f., Nr. 148–151. Eine frühe Form von Husserls Konzeption der Lebenswelt schon in *Ideen zu einer reinen Phänomenologie und phänomenologischen Philosophie* von 1913. Im Anschluss an Husserl eine soziologische Ausarbeitung von Schütz/Luckmann, a. a. O.

[7]Vgl. Dilthey, a. a. O., S. 147.

[8]H.-G. Soeffner, *Auslegung des Alltags – Der Alltag der Auslegung,* Frankfurt a. M. 1989, S. 137.

[9]Dilthey, a. a. O., S. 208, 213.

möglich, sagt Heidegger, weil sie von dieser „Vor-Struktur" (§ 32) des Verstehens schon ausgehen kann. Jedes Verständnis setzt ein Vorverständnis voraus. Es gibt keine voraussetzungslose Auslegung. Über Heidegger hinaus wäre auch Wittgensteins Begriff der Lebensform als dem letzten Verständnishorizont des Gebrauchs und Verständnisses von Sprache (*Philosophische Untersuchungen,* § 19) anzuführen.

In *Wahrheit und Methode* (1960) entwickelte Gadamer, philologischer orientiert und interessiert als Heidegger, Heideggers hermeneutische Grundlegung weiter. Sein hermeneutisches Modell ist das Verstehen eines Textes, genauer das Verstehen eines Textes mit Autoritätsanspruch wie ein Gesetz, die Bibel oder, im Vertrauen auf seine Tradition, ein „klassischer" Text. Auch für ihn ist Verstehen zuerst kein methodisches Verfahren, sondern der „ursprüngliche Seinscharakter des menschlichen Lebens selber."[10] Aus der ‚Vor-Struktur' des Verstehens entwickelt Gadamer die Lehre vom Vorverständnis als Bedingung der Möglichkeit einer jeden Frage an den Text. In dieses Vorverständnis gehen, bewusst oder nicht, immer auch Motive ein, die aus dem kommen, was er Wirkungsgeschichte oder Überlieferungsgeschehen nennt.[11] (*Wahrheit und Methode* sollte wohl zuerst ‚Verstehen und Geschehen' heißen.) Daher versteht Gadamer Verstehen wesentlich als Teilhabe an einer Überlieferung, redet er von der „Geschichtlichkeit des Verstehens"[12], kritisiert er eine Subjektivität, die sich über ihre Bedingungen hinwegtäuscht. In dieser Geschichtlichkeit des Verstehens findet nach Gadamer immer eine „Anwendung" oder „Applikation"[13] auf die gegenwärtige Situation des Interpreten statt. Diese Begriffsverwendung ist missverständlich. Gemeint ist nicht, dass der Interpret einen Text für sich gewissermaßen im geschichtsleeren Raum interpretiert und dann auf seine aktuelle Situation anwendet. Im 18. Jahrhundert wurde eine *subtilitas intelligendi,* ein subtiles Vermögen des Verstehens, von einer *subtilitas explicandi,* einem subtilen Vermögen der Darstellung, des Erklärens für andere, unterschieden. Davon konnte noch eine Anwendung, eine *applicatio* für verschiedene Zwecke unterschieden werden.[14] Dieser Unterscheidung

---

[10]Gadamer, *Wahrheit und Methode,* S. 264.
[11]Zum Verstehensgeschehen vgl. a. a. O., S. 3, 314 u. ö.
[12]Gadamer, *Wahrheit und Methode,* S. 270 ff.
[13]Gadamer, *Wahrheit und Methode,* S. 312 ff. Diese Geschichtlichkeit wird in den, die Rationalität der Interpretation klar herausstellenden, Ausführungen von P. Tepe, *Kognitive Hermeneutik,* Würzburg 2007, unterschätzt.
[14]Z. B. von J. A. Ernesti, *Institutio interpretis Novi Testamenti,* Leipzig 1761, § 4. Die Unterscheidung der *subtilitas intelligendi* von einer *subtilitas explicandi* geht auf Augustins *De doctrina christiana* zurück, wo ein Ermitteln *(invenire)* des Sinns von seiner Vermittlung *(proferre)* unterschieden wird. (Vgl. oben S. 199) Gadamer bezieht sich, a. a. O., S. 312, auf J. J. Rambach, *Institutiones hermeneuticae sacrae,* Jena 1723. Dort findet sich diese Trias nicht, wohl aber der Begriff der *sensus adplicatio.* Gemeint ist eine Auslegung, die z. B. in der Predigt zur Stärkung des Glaubens ‚angewandt' wird. Vgl. auch J. J. Rambach, *Erläuterungen über seine eigenen Institutiones hermeneuticae sacrae,* hrsg. v. E. F. Neubauer, 2 Bde, Gießen 1738, Bd. 1, S. 13 f., 248 f.

will Gadamer gerade widersprechen: Der Interpret interpretiert nicht in einem geschichtsleeren Raum, vielmehr immer in und aus seiner Situation, immer in und aus seinem Horizont, immer ‚applikativ'. Untrennbar ist nach Gadamer Interpretation mit einer so verstandenen Applikation verbunden. Es ist jedoch sinnvoll, diese Bedingung des Verstehens von einer bewussten Applikation z. B. in einer aktualisierenden Inszenierung eines Theaterstücks oder in einer Predigt zu unterscheiden.

Ein eindrückliches Beispiel für das, was Gadamer die Geschichtlichkeit des Verstehens nennt, und die methodischen Folgerungen, die daraus gezogen werden müssen, übernehme ich von dem Historiker Reinhart Koselleck. Hitlers *Mein Kampf,* 1925/1926 erschienen, war ein antisemitisches Pamphlet, dem entnommen werden konnte, „dass die Vernichtung der Juden eine mögliche Handlungsmaxime kommender Politik war." Die folgende Geschichte, die nach Auschwitz führt, „lässt sich nicht zwangsläufig aus *Mein Kampf* ableiten. Es hätte immer noch anders kommen können." Die Wirklichkeit, für die Auschwitz steht, ändert den Status von *Mein Kampf:* „Was Hitler geschrieben hat, ist durch die Taten unermeßlich überboten worden, und damit gewinnt seine Rede einen neuen Sinn, einen Sinn, der so zuvor noch gar nicht wahrgenommen werden konnte." Koselleck zieht daraus die Folgerung, dass man unterscheiden muss, „ob ich mein Verstehen auf Texte richte, um deren Sachaussage zu begreifen, oder ob ich etwas erfrage, was ungewollt durch die Texte hindurchspricht und was sich erst hinterher als geschichtliche Wahrheit herausstellt."[15]

Die Geschichtlichkeit des Verstehens drängt nach Gadamer notwendig zu einer kritischen Reflexion eigener Befangenheiten und Voreingenommenheiten, im Wissen, dass die Forderung der kritischen Reflexion nie ganz erfüllbar sein kann, dass der Interpret seine eigenen Voraussetzungen nie ganz einholen kann. Das hermeneutische Subjekt ist für Gadamer kein selbstherrliches Subjekt. Die eigentliche Chance, über die Enge der eigenen Voreingenommenheiten hinaus zu gelangen, sah Gadamer, wie er immer wieder betonte, im Gespräch, in der Auseinandersetzung mit anderen Sichtweisen.[16] Dem hätten Meier oder Chladenius oder Friedrich Schlegel oder Schleiermacher oder Savigny nicht widersprochen.

---

[15]Koselleck, *Zeitschichten,* S. 116 f.
[16]So z. B. in seiner Entgegnung auf Koselleck, abgedruckt in Koselleck, *Zeitschichten,* S. 120.

Kapitel 10
Interpretation literarischer Texte: Maximen, Regeln, Methoden

Wir interpretieren ständig. Wir interpretieren den Ausdruck eines Gesichts, die ‚Sprache' eines Körpers, unsere Umgebung, Handlungen, wir interpretieren Sätze, Bilder, Musikstücke. Wir haben eine enorme Sensibilität und Kunst entwickelt, aus einzelnen Elementen Sinnzusammenhänge zu machen. Es kommt darauf an, diese Kunst, diese Sensibilität auch für die Interpretation von literarischen Texten fruchtbar zu machen.

Die hermeneutische Tradition liefert ein reiches Handwerkszeug und seit der Neuzeit eine elaborierte Theorie für die Interpretation. Schon die Mantik bildete protowissenschaftliche Interpretationsverfahren heraus. Das Objekt der mantischen Interpretation wurde skrupulös untersucht, klassifiziert, typisiert, segmentiert, verglichen, unterschieden, strukturiert. Gleichermaßen signifikant sind Analogien und Unterschiede. Ordnungsmuster ermöglichen die Feststellung von Abweichungen und ihre Deutung. Das einzelne Teil erhält seine Bedeutung in der Ordnung, im Zusammenhang der Beziehungen des Ganzen. Dass es auf das Ganze und auf jedes Detail ankommt, ist auch die implizite und explizite Lehre antiker und moderner Textinterpretation – und die Lehre des physiognomischen und detektivischen Blicks.

Die alte Rhetorik konnte schließlich in einer Umkehr ihrer Anleitung zu einer guten Rede als eine hochdifferenzierte Anleitung zur Interpretation der *auctores* verstanden und angewandt werden. Unter dem Titel der Findung, der *inventio,* wurden textinterne und textexterne Leitfragen, die Topoi, als Werkzeuge zur Interpretation eines Textes gelehrt, z. B. die Fragen: Wer, was, wann, wo, warum, wie, für wen. In seiner *Topica* zählt Cicero einen Katalog von 19 Topoi auf, z. B. die Bedeutung einzelner Schlüsselwörter, Etymologie, Gattung, Kontext, Ähnlichkeit, Verschiedenheit, Gegensatz, Analogie, Vergleich, Folgen, Ursachen, Wirkungen. Die mittelalterliche Lehre vom *accessus ad auctores* nahm diesen Fragenkatalog auf. Antike Auslegungsregeln wurden in der rabbinischen Auslegung der Thora in ein kühnes Drehen und Wenden der Bedeutungen geführt. Die antike philologische und juristische, später die christlich-theologische Auslegung zielt auf Intention und Text, *voluntas* und *scriptum*. Privilegiert wurde tendenziell das, was da steht, die Intention, die aus dem Text rekonstruiert wird (die *intentio operis),* gegenüber einer sonstwie geäußerten Intention des empirischen Autors oder empirischen Gesetzgebers (der *intentio auctoris).* Der Leser wird ermächtigt, der Autor entmächtigt. Der Autor hat den Text geschaffen, aber er ist nicht sein Herr.

In der Tiefenstruktur einer jeden Interpretation halten sich über die Jahrtausende hinweg drei Grundorientierungen durch: Die Orientierung an der Absicht, der *voluntas,* der Götter, der Natur, eines Sprechers oder Autors und die Orientierung an dem, was das Opfertier, der Traum, das Sternbild oder der Text, das *scriptum,* ‚aussagt'. Schließlich bezieht sich das *Omen* oder der Text stets auf einen Adressaten, sei es den Herrscher, einen Staat, eine Gruppe, einen Menschen, die Menschen allgemein oder ein Publikum. Das heißt, die Interpretation behandelt das *Omen* oder den Text als Teil einer kommunikativen Handlung, die nach Karl Bühlers bekanntem Modell aus drei Grundfunktionen besteht, aus Ausdruck, Darstellung und Appell.

Im literarischen Fall ist die kommunikative Handlung eine Handlung mit sprachlichen Mitteln: Ein Autor verfasst einen literarischen Text für ein Publikum. Das, was geäußert wird, kann unterschieden werden in das, was mitgeteilt wird, die Proposition, und in das, wie das, was mitgeteilt wird, verstanden werden soll, die Illokution. Die literarische Illokution ist wesentlich eine indirekte Illokution. Der Autor gibt mit seinem Werk etwas zu verstehen.

Diese Unterscheidung scheint gegen ein literaturwissenschaftliches Dogma zu verstoßen, wonach die Form vom Inhalt nicht zu trennen ist.[1] Dieses Dogma trifft zu, wenn damit gemeint ist, dass der Inhalt unabhängig vom literarischen Werk nicht identifizierbar ist. Wie die Praxis literaturwissenschaftlicher Interpretationen vor Augen führt, geht es auch um den ‚Inhalt', wird sogar von einem ‚Thema' geredet, wird das *Was* und das *Wie* getrennt und wieder zusammengeführt, denn die Form, z. B. der Erzählstil oder der Rhythmus, trägt in literarischen Werken selbst zu ihrem Sinn und ihrem ästhetischen Wert bei. Das, worum es geht, findet im gesamten künstlerischen Text seinen Ausdruck. So kann die Klangstruktur, die Musikalität von Brentanos Gedicht *Der Spinnerin Lied* als Ausdruck, als Verkörperung des Inhalts des Gedichts, des Wechsels und Stillstands der Zeit, interpretiert werden.[2]

---

[1] Das *Reallexikon der deutschen Literaturwissenschaft* enthält keinen Artikel zu ‚Inhalt'. Zum Lemma ‚Inhalt' wird verwiesen auf den Artikel zu *Form*. Vgl. dagegen die subtile Erörterung des Verhältnisses von Form und Inhalt bei Schleiermacher, HuK, S. 224 f. Das Zusammenwirken von Form und Inhalt ist im Übrigen nicht literaturspezifisch. Die Unterschiede zu nichtkünstlerischen Texten sind graduell.

[2] Vgl. R. Alewyn, *Clemens Brentano „Der Spinnerin Lied"*, in: Ders., *Probleme und Gestalten. Essays*, Frankfurt a. M. 1974, S. 198–202.

10.1 Maximen

In der Praxis der Interpretation gibt es eine Maxime, die über oder, wie man will, unter allen Maximen liegt. Es ist die Meistermaxime der Gutwilligkeit, der Fairness oder Billigkeit, die „Seele" der Hermeneutik. (Vgl. S. 236 ff.) Sie ist die stillschweigende Bedingung für jede Textinterpretation, für jede Kommunikation. Gemeint ist die Unterstellung, dass der Autor und der Text ‚vollkommen' sind, d. h., dass der Autor weiß, was er tut, also zweckrational handelt, dass er wahrhaftig ist, dass er konsistent argumentiert und formuliert, die Sprache in allen Feinheiten beherrscht, schließlich dass er verstanden werden will. Unterstellt wird auch eine Rationalität und Kohärenz des Textes. Es versteht sich: diese Unterstellungen gelten so lange, bis stärkere Gründe gegen sie sprechen, bis das Gegenteil erhellet, wie es im 18. Jahrhundert immer wieder heißt. Mit Widersprüchen, Unwissenheit, Irrtümern ist immer zu rechnen. Lügen kommen auch vor.

Aus dieser Meistermaxime folgt auch die Maxime, in der Interpretation den Sinn vorzuziehen, der ‚am vollkommensten' erscheint und mit dem Wissen vom Autor am besten übereinstimmt. Für den Interpreten oder Leser heißt dies, als Regel gewendet: *Lass Dich auf das ein, was im Text steht.*

Der Autor wird sich etwas dabei gedacht haben und er hätte es nicht so formuliert, wenn er sich nicht etwas Besonderes dabei gedacht hätte. Zum fairen, gerechten Umgang mit einem Autor oder einem Text gehört auch: *Reiße nichts aus seinem Zusammenhang. Verfälsche nicht absichtlich das, was der Autor hat sagen wollen.*

In der Interpretation literarischer Texte kommen noch zwei weitere Maximen als Handlungsanweisungen hinzu: *Mache soviel Sinn wie möglich aus einem literarischen Text.*

Man könnte diese Maxime, in Anlehnung an das Vokabular der Aufklärungshermeneutik, auch die Maxime der Sinnfülle oder Fruchtbarkeit nennen.[3] Eine Interpretation ist demnach fruchtbar, wenn sie viele Gedanken freisetzt, wenn sie den Sinn des Textes ‚maximiert'. Das heißt nicht, mache allen möglichen Sinn, sondern so viel Sinn wie der Text ermöglicht, „als es sich will tun lassen", wie Meier schreibt. (*Versuch einer allgemeinen Auslegungskunst,* § 130) Dieser Sinn kann gerade vieldeutig sein. Diese Maxime, als Skopus der Interpretation eine Sinnfülle anzustreben, kann aus der Meistermaxime abgeleitet werden. Wir unterstellen ja auch, dass ein literarischer Text und sein Autor ‚vollkommen' sind, dass der Autor viel weiß, poetisch kreativ ist, psychologisch und moralisch sensibel, dass er ein Künstler der Sprache ist.

Diese Maxime hat zur Folge, dass die Grenzen des Möglichen sehr weit abgesteckt werden. Ihre Grenze liegt da, wo das Unmögliche beginnt: Diesen Sinn

---

[3] M. C. Beardsley, *Aesthetics*, New York 1958, S. 144, nennt dies das „principle of plenitude". Ein literarisches Werk „means all it can mean, so to speak". Vgl. auch die Diskussion der Maximierungsstrategie von Petraschka, a. a. O., S. 150 ff.

hat der Autor unmöglich intendieren können, diesen Sinn haben die ursprünglichen Leser oder Zuschauer oder Hörer unmöglich wahrnehmen können. Doch diese Grenze kann verschoben werden. Die Kritik müsste jeweils nachweisen, dass das Verständnis unmöglich ist.

Auch die nächste Maxime für die Interpretation literarischer Texte kann aus der Meistermaxime abgeleitet werden und sich an Sherlock Holmes oder den Rabbinen orientieren: *Alles im Text ist prinzipiell wichtig.*

Alles kann prinzipiell wichtig sein, auch die graphische Gestalt, die einzelnen Phoneme. Diese Maxime gilt vor allem bei Gedichten oder kürzeren Texten wie in Kafkas *Betrachtungen.* Hier kann ein einzelnes Phonem von hermeneutischem Belang sein. Kurze poetische Texte machen an semantischer Dichte wett, was ihnen an Ausdehnung fehlt. Es ist klar, nicht alles ist gleichermaßen wichtig, zumal in umfangreicheren Texten wie Romanen. Schon aus Gründen der Textökonomie muss sich die Interpretation auf das konzentrieren, was als relevant erscheint. Aber auf dem ersten Blick Nebensächliches wie die –im Vergleich mit anderen Elementen der Eingangsszenerie etwas hervorgehobene – Erwähnung einer Schaukel gleich zu Anfang von Fontanes *Effi Briest* kann nachträglich eine Funktion einer Vorausdeutung und eines Symbols für Effi Briest erhalten.

10.2 Entdeckungsprozedur – Rechtfertigungsprozedur

In der Praxis der Interpretation gehen wir ziemlich unmethodisch und methodisch gleichermaßen vor. Nachträglich betrachtet können die Interpretationen aber meist doch als regelgeleitet beschrieben werden. Zwei Phasen der Interpretation kann man unterscheiden. In der ersten Phase soll und kann man freier, probierender, tastender vorgehen und kühn an alles Mögliche denken. Chaotische Einfälle haben auch ihren Wert. In der Wissenschaftstheorie wird diese Phase Entdeckungsprozedur *(context of discovery)* genannt und von einer Rechtfertigungsprozedur *(context of justification)* unterschieden. Auch der alte Begriff der Heuristik wird für diese Phase verwendet. In der Phase der Entdeckungsprozedur geht es darum, wie man den Text in einer ersten Annäherung versteht, was einem dazu einfällt, welche Ideen und Assoziationen einem dazu kommen, welche Fragen und Hypothesen sich aufdrängen und gebildet werden können. Die Kunst besteht nicht zuletzt darin, sich fragend zu verstehen und gute Fragen zu finden. Fragen sind schon mehr als bloße Fragen, mit ihnen öffnet man sich dem Text, ist man bereit, ein Vorverständnis zu ändern.

In der Phase der Rechtfertigungsprozedur, die man auch Geltungsprozedur nennen könnte, geht es darum, alles Mögliche auf die Sinnmöglichkeit *dieses* Textes einzugrenzen, mehr noch: einen mehr als möglichen, den wahrscheinlichen, den – bis auf weiteres – gültigen Sinn dieses Textes herauszuarbeiten. Die Grenze zwischen der Entdeckungsprozedur und der Rechtfertigungsprozedur kann allerdings nicht scharf gezogen werden. Hier, in der Rechtfertigungsprozedur, muss die Geltung dieses Sinns aus dem Text selbst, aus seiner Sprache, aus seiner

Organisation entwickelt werden, bis man sagen kann, dass die Interpretation ‚stimmig' ist, dass möglichst alles passt. Wie immer regelgeleitet und zielgerichtet interpretiert wird, es bleibt ein Moment, das sich nur ergibt, wie uns Chladenius in seiner *Einleitung zur richtigen Auslegung vernünftiger Reden und Schriften* (§ 669) belehrt. Danach hat die Auslegung „allemal etwas von einem Glücksfall in sich".

Die Unterscheidung einer Entdeckungs- von einer Rechtfertigungsprozedur ist so originell nicht. Die alte Rhetorik lehrte ja unter dem Titel der Findung, der *inventio,* Gesichtspunkte, die *Topoi,* als Werkzeuge zur Interpretation des Textes. Diese Werkzeuge wie z. B. die Gesichtspunkte wer, was, wann, wo, warum, wie, für wen oder Gesichtspunkte wie Etymologie, Eigennamen, Ähnlichkeit, Verschiedenheit, Gegensatz und „alles, was sich nicht im Lehrbuch lernen lässt" (Quintilian, *Institutio Oratoria,* X, 2, 12), sind auch Werkzeuge der Entdeckung. Als Komplementärbegriff bildete sich in der Rhetorik der Begriff der Kritik bzw. der Beurteilung *(iudicium)* heraus. Am Anfang der *Topica* (II, 6) hält Cicero fest, dass jede sorgfältige Methode *(ratio disserendi)* zwei Teile umfasst, die Findung von Gesichtspunkten *(pars inveniendi)* und die Beurteilung *(pars iudicandi).* Im 17. Jahrhundert unterschied Johannes Clauberg eine genetische Logik *(logica genetica),* d. h. einer Logik der Entdeckung, von einer analytischen Logik *(logica analytica),* d. h. einer Logik der Rechtfertigung, und im 18. Jahrhundert Giambattista Vico eine schöpferische *inventio* von einem genauen, kritischen *iudicium.* Beide brauchen einander.[4]

Es ist verführerisch, die Findung schon als die Geltung zu behandeln. Zwei Beispiele: In der Diskussion mit Staiger über das „scheint" im Vers „Was aber schön ist, selig scheint es in ihm selbst." in Mörikes Gedicht *Auf eine Lampe* (vgl. S. 174) begründet Heidegger seine Interpretation mit Hegels Ästhetik, in der das Schöne als das sinnliche Scheinen der Idee gefasst wird. Hegel war ein Zeitgenosse Mörikes; ein Schüler Hegels, Friedrich Theodor Vischer, war mit Mörike befreundet. Als Findungsüberlegung ist der Gedanke an Hegels Ästhetik legitim. Nicht mehr legitim ist es, dass Heidegger schließt, dass, was bei Hegel ist, auch bei Mörike sein muss. Erst nach Staigers Kritik sucht er seine Interpretation durch eine Analyse der „Struktur" des Gedichtes zu rechtfertigen.

In vielen Interpretationen von Kafkas Geschichte *Das Urteil* wird aus seinem (nie dem Vater übergebenen) *Brief an den Vater* auf diese Geschichte kurzgeschlossen. Zwar geht es hier wie dort auch um einen Vater-Sohn-Konflikt, aber er wird in der Geschichte in einem ganz anderen Sinnkontext entfaltet. Der *Brief an den Vater* ist keineswegs der Klartext von *Das Urteil,* sondern seinerseits höchst interpretationsbedürftig. Als Findungstext ist er selbstverständlich fruchtbar.

---

[4]Vgl. J. Clauberg, *Opera Philosophiae Omnia*, Amsterdam 1691, S. 780; G. Vico, *Scienza nuova* (Neue Wissenschaft), Neapel 1725, § 498.

10.3 Regeln, Methoden

Regeln der Interpretation sind für Schleiermacher Mittel, ein Verständnis zu sichern, zu verbessern und einem Mißverständnis vorzubeugen. Sie dienen nicht dazu, den Text überhaupt zu verstehen, so als gäbe es einen stummen Text, der durch die Anwendung eines Sets von Regeln erst zum Sprechen gebracht werden müsste. Ein Text ist uns immer schon im Gebrauch solcher Regeln gegeben. Regeln in der Interpretation anwenden, heißt also, das bewusst zu tun, was wir immer schon tun.

Ihrem Status nach zielen sie auf die Möglichkeit bzw. Wahrscheinlichkeit des Verständnisses. Sie gehören zur Entdeckungsprozedur. Wo und wie wir sie anwenden, darüber entscheidet nicht eine allgemeine Metaregel, sondern eine lange Erfahrung. Sie kann und soll man üben. Eine Metaregel, die lehrt, ob etwas der Anwendungsfall einer Regel ist oder nicht, setzt ja ihrerseits wieder eine Regel zu ihrer Anwendung voraus, „welches eine Rückfrage ins Unendliche abgibt." (Kant, *Anthropologie in pragmatischer Hinsicht*, § 42, *Kritik der reinen Vernunft*, A 133/B 172; vgl. S. 259).

Das lateinische Wort *regula* bzw. das griechische Pendant *kanon* bedeuten soviel wie Richtmaß, Richtscheit, ein Werkzeug also, das einer Handlung ein Maß, eine Richtung verleiht, und Teil einer Praxis ist. Das Richtmaß einer Leiste oder einer Wasserwaage z. B. hilft, ein Mauerwerk gerade und eben auszuführen. Um ein Wort ‚gerade', also korrekt zu gebrauchen, halte ich mich an die Regel seines Gebrauchs. Diese Regel des Gebrauchs kann sich ändern. Der Ausdruck ‚In der Regel…' bedeutet ja so viel wie meistens, aber nicht immer.

Schleiermacher verwendet die Begriffe Regel bzw. hermeneutische Regel und Kanon synonym und formuliert z. B. als einen Kanon der Interpretation: „Die Bestätigung des Verständnisses, welches sich am Anfang ergibt, ist vom Folgenden zu erwarten. Daraus folgt, dass man den Anfang nicht eher versteht als am Ende". (HuK, S. 98) Oder: „Alles, was noch einer näheren Bestimmung bedarf in einer gegebenen Rede, darf nur aus dem, dem Verfasser und seinem ursprünglichen Publikum gemeinsamen, Sprachgebiet bestimmt werden." (HuK, S. 101) Oder: „Auch innerhalb einer einzelnen Schrift kann das Einzelne nur aus dem Ganzen verstanden werden, und es muss deshalb eine kursorische Lesung, um einen Überblick des Ganzen zu erhalten, der genaueren Auslegung vorangehen." (HuK, S. 97) Er versteht die hermeneutischen Regeln als „Anweisungen zum Verfahren", die immer mit einer „Aufgabe" zu tun haben. (HuK, S. 84) Im Sinne der Topik kann man diese Regeln auch als Gesichtspunkte der Interpretation verstehen. Als eine Handlungsanweisung formuliert können solche Gesichtspunkte lauten: *Verschaffe Dir zuerst ein Verständnis des Ganzen* oder: *Achte genau auf den Kontext*.

Wie ist das Verhältnis des Begriffs der Regel zum Begriff der Methode? Wie die Beispiele Schleiermachers zeigen, z. B. *Gewinne zuerst ein Verständnis des Ganzen, um daraus das Verständnis einer einzelnen Textstelle zu gewinnen*, können diese Regeln schon als Umrisse einer Methode verstanden werden. Der Begriff der Methode (gebildet aus gr. *meta:* inmitten, nach, zu, danach; *odos:*

10.3 Regeln, Methoden

Weg, Gang, also: Weg zu…) bedeutet soviel wie: geregelter, durchdachter und konsequenter Untersuchungsgang, um einen Zweck zu erreichen, z. B. die Klärung eines sprachlichen Problems. Im alltäglichen Begriffsgebrauch machen wir, worauf Klaus Weimar aufmerksam gemacht hat, die Unterscheidung von ‚eine Methode sein' (‚Filtern ist eine Methode der Kaffeezubereitung') und eine ‚Methode haben' (‚Ist es auch Wahnsinn, so hat es doch Methode'). Der erste Gebrauch deutet darauf hin, dass es verschiedene Methoden geben kann, Kaffee zuzubereiten, der zweite Gebrauch, dass Methode ein konsequentes, auf einen Zweck gerichtetes Verfahren ist. Ein Verfahren kann planlos durchgeführt worden sein, das schließt aber nicht aus, dass es im Nachhincin gleichwohl als ein regelgeleitetes, zweckorientiertes Verfahren beschrieben werden kann. In seinen methodischen Schritten ist der Untersuchungsgang wiederholbar. Das Ziel kann in der Lösung eines Verständnisproblems, in der Beantwortung einer Frage oder in der Bestätigung oder Verwerfung einer Hypothese liegen.[5]

Die Anwendung der topischen Gesichtspunkte ist uns oft nicht bewusst, der Gang einer Methode hingegen ist ein bewusster Gang. Er umfasst viele reflektierte Schritte. Schleiermacher verwendet Regel und Methode fast synonym. In seinem Begriffsgebrauch bezieht sich der Begriff der Regel mehr darauf, wie im konkreten Fall vorgegangen werden soll, der Begriff der Methode mehr auf ein allgemeines Verfahren, zu dem Alternativen denkbar sind. Er redet z. B. von einer komparativen und divinatorischen Methode (HuK, S. 323) und kann als eine allgemeine „methodologische Regel" formulieren: „a) Anfang mit allgemeiner Übersicht; b) Gleichzeitiges Begriffensein in beiden Richtungen, der grammatischen und psychologischen; c) Nur, wenn beide genau zusammentreffen in einer einzelnen Stelle, kann man weitergehen; d) Notwendigkeit des Zurückgehens, wenn beide nicht zusammenstimmen, bis man den Fehler im Kalkül gefunden hat." (HuK, S. 97) Das Verfahren des hermeneutischen Zirkels nennt er merkwürdigerweise auch eine „Methode" (HuK, S. 188), denn dazu gibt es für Schleiermacher keine Alternative. Eingebürgert hat sich der Begriff der Parallelstellenmethode und nicht der Begriff der Parallelstellenregel. Alternativen zur Ermittlung des Sinns durch die Parallelstellenmethode sind denkbar. Konsequent redet man auch nicht von einer Kontextmethode, sondern von einer Kontextregel. Es gibt keine Alternative zum Kontext. Die Kontextregel wird ‚regelmäßig' und meist implizit angewandt, die Parallelstellenmethode nicht regelmäßig und bewusst.

Es war lange Zeit üblich, von unterschiedlichen Methoden der Interpretation zu reden, z. B. von einer biographischen, werkimmanenten, marxistischen bzw. sozialgeschichtlichen oder psychoanalytischen Methode. Diese Methoden setzen alle ein primäres, wie immer vages Verstehen voraus. Deswegen ist es unsinnig, von einer Methode des Verstehens oder einer hermeneutischen Methode zu reden, als ob es Alternativen zum Verstehen gäbe. Allerdings kann es zum

---

[5] K. Weimar, *Text, Interpretation, Methode*, in: L. Danneberg/F. Vollhardt, Hrsg., *Wie international ist die Literaturwissenschaft?*, Stuttgart 1996, S. 118 ff. Vgl. ferner Art.: *Methode*, in: RLW, Bd. 2, S. 581–585.

Verstehen auf methodische und unmethodische Weise kommen. „Ein Verstehen, das Methode hat", also eine Interpretation, „wäre eines, das sich selbst durchsichtig ist, das weiß, welche Operationen es vollzieht, welche Risiken dabei auftreten und welchen Geltungsanspruch es für sein Ergebnis erheben kann."[6] Dies gelingt freilich nur in Annäherungen. Verstehen kann sich nie ganz durchsichtig werden. Denn Verstehen ergibt sich bei aller methodischen Reflexion immer auch chaotisch, spontan, intuitiv, unbewusst. Es kommt darauf an, dass es methodisch rekonstruiert werden kann.

Was muss der Interpret außer seiner Sensibilität und Erfahrung in Alltagsinterpretationen für die Interpretation von Texten sonst noch mitbringen? In geringfügiger Erweiterung des Katalogs von Dannhauer[7] aus dem 17. Jahrhundert: Neugier auf und gutwillige Empfänglichkeit für den Text, eine unbefangene, freischwebende Aufmerksamkeit, so gut es geht, klarer Verstand, d. h. auch analytisches Vermögen, auch ein gutes Gedächtnis, Urteilskraft, Phantasie, eine empathische Offenheit, Liebe zur Wahrheit, eine sensible und klare sprachliche und begriffliche Kompetenz, Sorgfalt, Weltwissen, Menschenkenntnis und Sachkenntnis, schließlich das Vermögen, die Interpretation klar und nachvollziehbar zu formulieren. Man braucht, zusammengefasst, ein hermeneutisches Talent, wie Schleiermacher formuliert. (HuK, S. 82) Es geht nicht ohne Interpretationserfahrung, aber sie haben wir schon. Es gilt nur, sie zu üben, sie bewusst zu machen, zu verfeinern. Aus ihr kann so etwas wie ein Gefühl für … entstehen.

Für literarische Texte muss man auch eine spezifische literarische Kennerschaft gewinnen, um z. B. herauszufinden, welche Fragen an einen Text sinnvoll oder nicht sind. So können bei einem literarischen Text die üblichen Verständlichkeitsforderungen und die üblichen Kriterien von wahr und falsch, möglich und unmöglich, wahrscheinlich und unwahrscheinlich suspendiert sein. Die *üblichen,* wie ich betonen möchte! In der besonderen Welt des literarischen Textes, z. B. in der Welt eines Märchens, geht es auch um wahr und falsch, möglich und unmöglich, wahrscheinlich und unwahrscheinlich.

10.4 Einige Ratschläge

Welche Regeln bzw. Gesichtspunkte lassen sich zusammenstellen?[8] Zum Abschluss einige ‚Ratschläge' (HuK, S. 328), wie Schleiermacher lieber als ‚Regeln' sagen wollte, aus der hermeneutischen Tradition. Jede Interpretation stellt sich auf irgendeine Weise die Fragen des *accessus:* Wer, was, wann, worin, auf welche Weise, warum, wozu. Mit Valentin Wilhelm Forster werde ich nicht

---

[6]A. a. O., S. 118 f. Die Kritik am Begriff einer ‚Methode des Verstehens' war der Impuls von Gadamers *Wahrheit und Methode.*
[7]Vgl. Dannhauer, *Idea boni interpretis,* S. 22 ff.
[8]Vgl. auch die Tipps zur Interpretation eines Gedichts in: Heringer, *Texte analysieren,* S. 302 ff.

konkurrieren, der in seiner Abhandlung *Interpres sive De interpretatione, libri duo* (Der Interpret oder zwei Bücher über die Interpretation des *Rechts,* 1613) über 100 Regeln zur Rechtsauslegung aufstellte, von der Regel, Texte sorgfältig zu lesen, bis zu den Regeln, den üblichen Sprachgebrauch, den Kontext und die Gesetzesmaterie genau zu beachten, absurde Ergebnisse zu vermeiden, je nach dem Fall Gesetze gegenüber dem ‚Wortlaut' einschränkend (restriktiv), ausdehnend (extensiv) oder dem ‚Wortlaut' entsprechend (deklarativ) auszulegen. Fünf Regeln schlägt Christian Thomasius in seiner *Ausübung der Vernunftlehre* von 1691 vor: 1. Beachte sorgfältig, wer der Autor und was sein Status ist. (Es macht einen Unterschied, ob ich weiß, der Autor ist ein Richter, ein Wissenschaftler, ein Schriftsteller oder Politiker.) 2. Beachte sorgfältig, was der Autor sagen will, den Skopus seines Textes. 3. Beachte sorgfältig den Kontext und das, was der Autor „anderswo" geschrieben hat, ziehe also auch andere Schriften und Parallelstellen heran. 4. Ziehe bei alternativen Interpretationsmöglichkeiten die Interpretation vor, die mit der „gesunden Vernunft" am besten übereinkommt, und 5. beachte den sachlichen Grund eines Textes (bei einem Gesetz, einem Vertrag z. B.).[9] Moderat verfährt auch Clauberg mit externen (z. B. Autor, Thema, Adressat, Skopus) und internen (z. B. Kontext, Parallelstellen, Stil) Gesichtspunkten. (Vgl. S. 223 f.).

Die folgenden Ratschläge trennen, was nicht zu trennen ist: das ‚Ineinander' (Schleiermacher) der sprachlichen Verfasstheit, der Intention des Autors und der künstlerischer Organisation des Textes. Es sind Ratschläge für die Interpretation. Identifikatorisch-gebrauchendes Lesen braucht diese Ratschläge weniger.

Wie beginnen? Wähle einen guten Leseort. Den ganzen Text kursorisch lesen, um einen ersten Eindruck zu gewinnen. Dann noch einmal, langsamer, genauer lesen, hin und her lesen. Übereilung führt zu Missverständnissen. Einzelne Passagen, schwierige Passagen und Gedichte laut lesen. Das laute Lesen macht oft auf etwas aufmerksam, was im stillen Lesen nicht bemerkt wurde. Wörter bewusst wahrnehmen. Auf Unverständliches, Merkwürdiges, Auffallendes achten. Nicht zu schnell davon ausgehen, dieses oder jenes schon verstanden zu haben. Beobachtungen, Einfälle, vorläufige Überlegungen schon notieren. Wiederholungen von Wörtern im Text können auf Schlüsselwörter oder Motive hindeuten.

Auch den Assoziationen nachgehen. Das semantische Wissen ist in hohem Maße assoziatives Wissen. Assoziationen sind so subjektiv nicht: zu ‚weiß' assoziieren die meisten ‚schwarz', zu ‚digital' ‚analog', zu ‚Vogel' werden die meisten ‚fliegen', ‚singen', ‚Nest', ‚Schwarm', ‚Nistkasten' assoziieren. Was wir zu ‚Liebe' assoziieren, ist so willkürlich auch nicht. Unsere Assoziationen werden in hohem Maße von kognitiven *frames* gesteuert. Also: die Phantasie spielen lassen.

Natürlich orientieren wir unsere Lektüre schon bald an der Frage, worum es in diesem Text geht, was der Autor mit diesem Text eigentlich sagen will, was das für ein Autor ist, stellen wir hier schon implizit die Fragen des *accessus* wie

---

[9]Thomasius, a. a. O., S. 181 ff.

‚Worum geht es in diesem Text?' Oder: ‚Was ist die Absicht des Autors?' ‚Was ist das für ein Autor?' ‚Wer spricht in diesem Text?' ‚Wie ist der Text aufgebaut?' Wir entwickeln auch eine emotionale Einstellung zum Text: ‚Wie wirkt der Text auf mich?' ‚Spricht er mich an oder nicht?' Gefühle führen auch zu Erkenntnissen.

Fragen wie ‚Was will der Autor mit diesem Text sagen?' oder, noch schlimmer, ‚Was will der Dichter uns sagen?' werden nicht selten, auch von Autoren, angeführt als Beispiele für einen schlechten, banausischen Literaturunterricht. Aber sie sind ganz natürliche, unverzichtbare Fragen, hermeneutisch völlig legitim.

Zu dieser Beginnphase ein Ratschlag:

- *Mache dir klar, dass du dich schon mit bestimmten Erwartungen, einem bestimmten Vorverständnis, vielleicht mit bestimmten Interessen dem Text näherst. Halte dich offen für das, was von deinem Vorverständnis abweichen könnte. Lasse dich auf den Text ein.*

Die folgenden Ratschläge beziehen sich, wie bei Schleiermacher, zuerst auf die Frage nach der Sprache, dann auf Fragen wie ‚Was ist der Fall in der Welt des Textes?' bzw. ‚Worum geht es eigentlich in diesem Text?', ‚Wer spricht?', ‚Mit welcher Absicht?', ‚Wie ist der Text gemacht?', ‚Was leistet dieses Element?', ‚Wer ist und was will der Autor?'

Sprache

- *Kläre die sprachliche Verständlichkeit des Textes.*
- *Bedenke, dass das, von dem du meinst, es schon verstanden zu haben, etwas anderes oder noch etwas anderes bedeuten könnte.*

Die Bedeutung von Wörtern ändert sich. Wörterbücher und der kritische Vergleich mit Parallelstellen aus Schriften des Autors oder anderen zeitgenössischen Schriften können helfen.

- *Suche bei einer unklaren oder ungewöhnlichen oder sonstwie auffallenden Verwendung eines Wortes ‚parallele' Verwendungen des Wortes oder sachliche Entsprechungen im Text, in anderen Texten des Autors und in Texten anderer – aber immer innerhalb desselben Sprachgebiets und Sprachstadiums. Sei dir bewusst, dass an dieser Stelle der Autor möglicherweise gerade von seinem sonstigen Wortgebrauch abweicht.*

Die Klärung durch eine Parallelstelle setzt die Unterstellung voraus, dass der Autor seine Sprache konsistent verwendet und dass die parallele Stelle in einem thematischen oder sachlichen Zusammenhang mit der zu erklärenden Stelle steht. Man kann, bis zum Erweis des Gegenteils, von solchen Entsprechungen ausgehen. Ein weiteres Hilfsmittel neben der Parallele bzw. Analogie ist die Klärung der Wortverwendung aus semantischen Varianten, z. B. ‚fressen', ‚verschlingen', ‚verzehren' (vgl. S. 96 f.), oder aus einem semantischen Gegensatz zu anderen Wörtern. Aus den Wörterbüchern und den Parallelstellen werden Hypothesen gewonnen. Diese Verständnismittel gehören zur Entdeckungsprozedur. Im engeren oder weiteren Kontext müssen sie auf ihre Geltung überprüft werden. Daher die Ratschläge:

10.4 Einige Ratschläge

- *Ermittle, was ein Wort alles bedeuten kann und was es an dieser Stelle bedeuten kann.*
- *Achte immer auf den Kontext.*

Da wir, unbewusst oder bewusst, immer schon in Kontexten verstehen, muss dieser Ratschlag heißen:

- *Achte immer genau auf den Kontext.*

Jedes Wort erhält seinen Sinn erst in seinem sprachlichen oder situativen Zusammenhang. Schon der Satz bildet einen syntaktisch-semantischen Kontext. Wir haben schon längst gelernt, ein sprachliches Nacheinander oder Nebeneinander als ein Miteinander zu verstehen. Jedes Wort steht in Kontexten seiner konventionellen Verwendung und im Kontext seiner Verwendung an dieser Stelle. Kein Wort ist kontextfrei. Gegenüber einem uneinheitlichen Begriffsgebrauch ist es sinnvoll, zwischen dem sprachlichen Kontext und der nichtsprachlichen Situation zu unterscheiden.

Der Autor: Intention, Organisation, Thematik.
Unweigerlich muss bei der Klärung der Wortverwendungen gefragt werden, wie die Wortverwendung gemeint sein kann oder gemeint ist. Damit kommt endgültig derjenige ins Spiel, der den Text verfasst hat: der Autor, der den Text mit einer bestimmten Intention verfasst hat. Da wir seine Intention vor allem aus dem Text rekonstruieren, betreffen die folgenden Ratschläge zuerst die Interpretation seines Textes.

Die künstlerische Organisation eines Textes ist ein komplexer, hierarchischer Zusammenhang von vielen Zusammenhängen. Ein und dasselbe Element kann unterschiedliche Funktionen ausüben. Zur Analyse und Interpretation der Elemente in ihrer Funktion für die Organisation epischer, lyrischer, dramatischer und prosaischer Texte verfügt die Literaturwissenschaft über ein elaboriertes, und, wie ich zu zeigen versuchte, sehr altes Interpretationsinstrumentarium.[10]

- *Vertiefe den durch die erste(n) Lektüre(n) verschafften Eindruck vom Ganzen des Werks, von seiner Form, seiner Handlung, seiner Figurenkonstellation, seiner möglichen thematischen Einheit.*

Der erste Eindruck enthält schon ein erstes Verständnis, eine Mischung aus Fragen (‚Worum handelt es sich?' ‚Wer erzählt?' ‚Wer spricht?' ‚Was ist mit diesem oder jenem gemeint?' ‚Wie hängt dieses mit jenem zusammen?' ‚Was ist das für eine Figur?' ‚Warum verhält sie sich so?' ‚Welche Gefühle löst der Text aus?' usw.) und Vermutungen, die schon ins Hypothetische gehen, und führt schon zu einer

---

[10]In guten Einführungen wird es ausführlich und reflektiert vorgestellt, vgl. z. B. R. Zymner/H. Fricke, *Einübung in die Literaturwissenschaft*, 5. Aufl. Paderborn 2007; F. Harzer, *Literarische Texte interpretieren. Lyrik – Prosa – Drama*, Paderborn 2017; E. König/M. Pfister, *Literary Analysis and Linguistics*, Berlin 2017; D. Burdorf, *Einführung in die Gedichtanalyse*, 3. Aufl. Stuttgart 2015; gut auch das Kapitel *Textanalyse und Interpretation*, in: Anz, *Handbuch*, Bd. 2, S. 41–231.

mehr oder weniger skizzenhaften Vorstellung von der Handlung, der Figurenkonstellation und der Thematik. Allmählich bildet sich, um mit Flacius Illyricus zu reden, ein ‚Gesicht' des Textes.

Bei einigen Vorkenntnissen schaffen Paratexte wie der Name des Autors, Titel, Untertitel (z. B. Krimi, Novelle, Tragödie), die auf Gattungsvorgaben vorbereiten, eventuell Motto, Widmung und Vorrede, im Drama auch der Nebentext (Personenverzeichnis, Regieanweisungen, örtliche und zeitliche Lokalisierung), für die Zuschauer eines Theaterstücks das Programmheft, schon einen Erwartungshorizont und lenken unser Verständnis in eine bestimmte Richtung. Sinnerwartungen werden erweckt, die erfüllt werden oder nicht. Ein Titel wie *Der Abentheurliche Simplicissimus Teutsch/Das ist: Die Beschreibung deß Lebens eines seltzamen Vaganten/genant Melchior Sternfels von Fuchshaim/wo und welcher gestalt Er nemlich in diese Welt kommen/was er darinn gesehen/gelernet/erfahren und außgestanden/auch warumb er solche wieder freywillig quittirt. Überaus lustig/und männiglich nützlich zu lesen* zusammen mit einem Titelkupfer, das die satirische Absicht des Textes ankündigt und wo u. a. zu lesen ist, dass sich der Leser „gleich wie ich itzt thue,/entferne der Thorheit und lebe in Rhue", enthält schon viele Hinweise, wie zu verstehen ist, welche interpretativen Hypothesen gebildet werden können, was der Zweck des Romans ist. In Samuel Becketts Drama mit dem Titel *En attendant Godot* (Warten auf Godot) besteht die Handlung aus Warten und Reden der beiden Figuren. Der Name im Titel provoziert natürlich die Frage, ob dieser Godot irgend etwas mit Gott zu tun hat. Auch das Publikationsjahr, bei Grimmelhausens Roman 1668/69, bei Becketts Drama die Uraufführung 1953, schließt bestimmte Sinnerwartungen ein, andere aus. So erzeugen diese Paratexte schon Vorverständnisse und Sinnerwartungen, die ausgearbeitet und vertieft werden können.

- *Berücksichtige die thematischen und formalen Vorgaben der gewählten Gattung (z. B. Brief, Roman, Epos, Komödie, Sonett). Sie lenken als Rahmen unser Verständnis.*

Der engere Kontext kann, wenn nötig, erweitert werden, schließlich in das Ganze des Textes mit all seinen Beziehungen. Fontanes Roman *Effi Briest* schließt mit dem (ein geflügeltes Wort gewordenen) Satz des alten Briest: „Ach, Luise, lass ... das ist ein *zu* weites Feld." Wie ist diese Äußerung zu verstehen? Als Ausdruck einer Weisheit oder einer hartherzigen Verdrängung? Hier kann auch eine Paraphrase oder das Durchspielen alternativer Formulierungen helfen.[11] Im engeren Kontext geht es um die Frage der möglichen Schuld der Eltern am Schicksal ihrer Tochter. Dabei hält Luise ihrem Mann seine „beständigen Zweideutigkeiten" vor. Aber erst eine Interpretation der Figur des alten Briest im ganzen Roman wird diese Frage beantworten können. Daher die Ausweitung der Kontextregel zum hermeneutischen Zirkel:

---

[11] Auch im Alltag von Belang. Auf einem Aufdruck: ‚Enthält keine Konservierungsstoffe, wie für Bio-Produkte vorgeschrieben'. Eine alternative Formulierung wäre ‚Enthält keine Konservierungsstoffe'. Wie muss man daher den Aufdruck verstehen?

10.4 Einige Ratschläge

- *Suche den Sinn der einzelnen Teile aus dem Ganzen des Textes und den Sinn des Ganzen aus seinen einzelnen Teilen zu bestimmen.*

Da wir verstehend nach dem hermeneutischen Zirkel ‚immer schon' vorgehen, muss auch dieser Ratschlag heißen:

- *Suche den Sinn der einzelnen Teile umsichtig und reflektiert aus dem Ganzen des Textes und den Sinn des Ganzen aus seinen einzelnen Teilen zu bestimmen.*

Dieser Ratschlag setzt die Unterstellung einer Sprachkonsistenz des Autors und einer konzeptionellen Kohärenz des Textes voraus. Hier kann das Verfahren des Gesichtspunktes fruchtbar angewandt werden: *Wähle eine Passage, die besonders signifikant erscheint, analysiere sie minutiös und weite die Ergebnisse hypothetisch auf den ganzen Text aus.* Die Schlussszene in Fontanes Roman könnte eine solche Stelle sein. Eine andere könnte die Eingangsszene mit der Einführung von Effi sein, wieder eine andere die Szene, in der Innstetten das Päckchen mit den Briefen, die Effi und Major Crampas wechselten, wie ein Spiel Karten in die Hand nimmt und sie schließlich liest. Wird die Interpretation von anderen Stellen bestätigt, erweitert, ergänzt oder nötigen andere Stellen zu einer Relativierung oder Revision, ergeben sich Anschlussstellen zu anderen Textzusammenhängen? Ergibt sich ein hypothetischer Gesamtzusammenhang, der nun der einen oder anderen Stelle einen neuen Sinn verleiht?

Der hermeneutische Zirkel gilt auch für das Verhältnis des Textes zu seiner Epoche:

- *Verstehe den Text aus seiner Epoche und seine Epoche auch aus diesem Text.*

Friedrich Reck-Maleczewens Roman *Bockelson. Geschichte eines Massenwahns*, der 1937 erschien, handelt von der Herrschaft der Wiedertäufer in Münster im 16. Jahrhundert. Die zeitgenössischen Leser konnten, ja mussten den Roman als eine Allegorie auf die Herrschaft des Nationalsozialismus lesen. Dieses Verständnis drängte sich auf, auch ohne das Vorwort, das eine solche allegorische Applikation suggeriert. Der allegorische Sinn wird erzeugt über die Setzung einer Analogie zwischen der Romanhandlung und der zeitgenössischen historischen Situation.[12] Dass dieses Buch erscheinen konnte, ist erstaunlich. Der Zensurapparat hatte entweder geschlafen oder beschäftigte einen heimlichen Gegner des Nationalsozialismus oder die Handlung und die völkerpsychologische Argumentation bildeten einen so starken, konformen Interpretationsrahmen, dass die kritischen Signale überlesen wurden.

Texte werden in einem Kontext von anderen Texten rezipiert. James Joyce' Roman *Ulysses* transformiert Homers *Odyssee* in die Neuzeit. Schon das *Alte Testament* ist für Christen ohne den Prätext des *Neuen Testaments* nicht zu verstehen:

---

[12]Zu diesem und anderen Allegoreseverfahren vgl. Kurz, Metapher, S. 64 ff.

- *Mache dir mögliche intertextuelle Zusammenhänge bewusst. Verschaffe Dir Kenntnisse über die zeitgenössische, zumal verwandte Literatur.*
- *Arbeite die künstlerische Organisation des Textes heraus.*

Dazu gehört die Analyse der ästhetischen Qualität und Funktionalität des Textes, die Untersuchung des Aufbaus, das Herausarbeiten von Zusammenhängen, z. B. die Analyse des Spiels von Wiederholungen und Äquivalenzen (Rhythmus, Reim z. B.), die Spiegelung, Kontrastierung, Variation, Steigerung von Handlungen und Figuren, die Konstellation der Figuren. Eine Konstellationsanalyse deckt z. B. in Schillers Drama *Kabale und Liebe* in der Opposition der höfischen und bürgerlichen Welt eine Äquivalenz der Vaterfiguren auf. In der Wiederholung von Wörtern wie ‚Herz' in Goethes Roman *Die Leiden des jungen Werther* gewinnen sie die Bedeutung von Schlüsselwörtern. Diese Zusammenhänge verdichten den Text und lenken immanent sein Verständnis.

- *Analysiere die Form (Haupt- und Nebenhandlung, Erzählinstanz, Stil, Metaphorik, Symbolik usw.) und arbeite ihre Funktion als eine immanente Verständnislenkung des Textes heraus. Spezifische textuelle Verfahren legen z. B. die Deutung eines Elements als Symbol für... nahe.*[13] Das Symbol des scharlachroten Buchstabens in Nataniel Hawthornes Roman *The Scarlet Letter* (1850) verdichtet die ganze Geschichte von Scham, Schuld und Mut und fungiert als Gesichtspunkt für das Verständnis. Also: *Was leistet das Element für das Verständnis des Textes?*

Die ganze, vielschichtige Organisation des künstlerischen Textes stellt, wie eine Äußerung, eine Ausführung, eine Realisierung der Intention eines Autors dar. Daher der Ratschlag:

- *Rekonstruiere aus dem Text und seiner künstlerischen Organisation und aus textexternen biographischen Informationen und aus seiner Zeit die Intention des Autors. Gewichte die Rückschlüsse aus dem Text stärker als die textexternen Informationen.*

Im Prinzip lässt alles im Text Rückschlüsse auf den Autor zu. Die Rekonstruktion der Autorintention rekonstruiert die Intention eines ‚ideal' passenden Autors als eine Mischfigur aus Rückschlüssen aus dem Text und Wissen vom empirischen Autor. Informationen wie z. B. aus Äußerungen des Autors in Briefen und Tagebüchern, aus seinem Leben, seiner Weltsicht, aus Vorfassungen des Textes gehören zur Entdeckungsprozedur bzw. können als Bestätigung der Interpretation des Textes gewertet werden. Der Sinn, den wir aus dem Text entwickeln, gilt – bis auf weiteres – als der, der vom Autor gemeint ist. Faktisch verstehen wir die Möglichkeiten des Textes immer ‚besser', als der Autor sie intendiert hat. Dies gilt gerade für literarische Texte. Wir haben nicht nur ein historisches Interesse an literarischen Texten, wir haben vor allem ein Interesse daran, was sie uns (immer

---

[13]Vgl. a. a. O., S. 26 f., 77 ff.

10.4 Einige Ratschläge

noch) zu sagen haben. Diese Freigabe des Sinns gehört zum Pakt, den der Autor eines literarischen Textes mit seinen gegenwärtigen und zukünftigen Lesern schließt. Der zukünftige Leser muss sein Verständnis allerdings komplizierter gewinnen.

Liegen Entwürfe z. B. zu einem Gedicht vor, können aus den Veränderungen Hinweise auf die Intention des Autors gewonnen werden. Diese Hinweise gehören zur Entdeckungsprozedur. Die Logik dieser Veränderungen führt nicht zwingend zur endgültigen Fassung.

Der Regel, die Intention des ‚idealen' Autors zu rekonstruieren, kann als Komplement die Rekonstruktion des ‚idealen' Lesers zur Seite gestellt werden:

- *Rekonstruiere aus dem Text auch den von diesem Autor unterstellten ‚idealen' Leser, Zuschauer oder Hörer.*
- *Kläre den möglichen Zweck des Textes. Soll er unterhalten, belehren, kritisieren, provozieren usw.? An wen richtet sich der Text? Die beabsichtigte Wirkung muss nicht mit seinem Wirkungspotential übereinstimmen.*
- *Entwickle aus all diesen Schritten das, worum es nach deiner Interpretation in diesem Text geht. Die Evidenz der Interpretation ergibt sich aus ihrer Stimmigkeit und Fruchtbarkeit.*

Kein Ratschlag, eine Feststellung:„Überhaupt ist gewiss, dass wenn man den Verstand einer dunkeln, und folglich auch schweren Stelle erfinden will, solches auf keine andere Weise geschehen kann, als dass wir, wie bei aller Erfindung, durch die uns bekannten Umstände, auf die unbekannten kommen; und aus dem, was wir wissen, das, was wir noch nicht wissen, gleichsam heraus wickeln. […] Man kann zwar nicht versprechen, dass durch die Regeln der Auslege-Kunst allemal, bei jeder vorgegebenen dunkeln Stelle, der Verstand derselben ohnfehlbar werde entdeckt werden. Dieses wäre wider den allgemeinen Begriff des Erfindens, welcher allemal etwas von einem Glücksfall in sich hält. Nur wird die Erfindung erleichtert, und also in vielen Fällen zu Stande gebracht, da wir ohne diese Hilfs-Mittel unglücklich im Erfinden sein würden." (Chladenius, *Einleitung zur richtigen Auslegung vernünftiger Reden und Schriften*, § 673).

Siglenverzeichnis

HuK	Schleiermacher, F. D. E., *Hermeneutik und Kritik*, hrsg. u. eingel. v. M. Frank, Frankfurt a. M. 1977.
HWdPh	*Historisches Wörterbuch der Philosophie*, hrsg. v. J. Ritter u. a., 13 Bde, Darmstadt 1971–2007.
HWbdRh	*Historisches Wörterbuch der Rhetorik*, hrsg. v. G. Ueding, 12 Bde, Tübingen 1992–2015.
KFSA	*Kritische Friedrich-Schlegel-Ausgabe*, hrsg. v. E. Behler u. a., Paderborn 1958 ff.
KGA	*Kritische Gesamtausgabe der Werke Schleiermachers*, hrsg. v. G. Meckenstock, Berlin 1980 ff.
LBH	*Lexikon der Bibelhermeneutik*, hrsg. v. O. Wischmeyer, Berlin 2009.
PL	*Patrologiae cursus completus, series latina*, hrsg. v. J.-P. Migne, Paris 1844 ff.
RAC	*Realenzyklopädie für Antike und Christentum*, hrsg. v. T. Klauser, Stuttgart 1950 ff.
RGG	*Religion in Geschichte und Gegenwart*, 4. Aufl., hrsg. v. H. D. Betz u. a., 8 Bde, Tübingen 1998–2005.
RLW	*Reallexikon der deutschen Literaturwissenschaft*, hrsg. v. K. Weimar u. a., 3 Bde, Berlin 1997–2003.
TRE	*Theologische Realenzyklopädie*, hrsg. v. G. Müller u. a., 36 Bde, Berlin 1977–2004.
WA	*D. Martin Luthers Werke*, 127 Bde, Weimar 1883–2009 (WA, TR = Tischreden)

Literatur

Primärliteratur

[*Accessus ad Auctores*] Huygens, R. B., Hrsg., *Accessus ad Auctores*, 2. Aufl. Leiden 1970.
Aristoteles, *Werke in deutscher Übersetzung*, hrsg. v. E. Grumach u. a., Berlin 1956 ff.
Artemidor, *Traumkunst*, übers. v. F. Kraus, neubearb. v. G. Löwe, Leipzig 1991.
Ast, F., *Grundlinien der Grammatik, Hermeneutik und Kritik*, Landshut 1808.
[Aurelius Augustinus] *Aurelii Augustini Opera Omnia*. PL, XXXII–ILVII, Paris 1841–1849.
Augustinus, *Confessiones. Bekenntnisse*. Eingel., übers. u. erl. v. J. Bernhart, 2. Aufl. München 1960.
Aurelius Augustinus, *Die christliche Bildung* (*De doctrina christiana*). Übersetzung, Anmerkungen und Nachwort v. K. Pollmann, Stuttgart 2002.
[*Babylonischer Talmud*] *Der Babylonische Talmud*, übertr. v. L. Goldschmidt, 12 Bde., 3. Aufl. Königstein 1980–1981.
Baumgarten, S. J., *Ausführlicher Vortrag der Biblischen Hermeneutik*, Halle 1769.
Blackstone, W., *Commentaries on the Laws of England, in Four Books*, London 1793–1795.
Boeckh, A., *Enzyklopädie und Methodenlehre der philologischen Wissenschaften*, hrsg. v. E. Bratuschek, Leipzig 1877. Nachdruck des ersten Teils Stuttgart 1966.
Brecht, B., *Gesammelte Werke in 20 Bänden*, Frankfurt a. M. 1967.
Burckhardt, J., *Gesammelte Werke*, 10 Bde, Basel 1970.
Burckhardt, J., *Griechische Kulturgeschichte*, 3 Bde, München 1977.
Castellion, S., *De l'art de douter et de croire, d'ignorer et de savoir*. Traduit de l'original latin par Ch. Baudouin, Paris 1953.
Charles Darwin – ein Leben. Autobiographie, Briefe, Dokumente, hrsg. v. S. Schmitz, München 1982.
Cicero, M. Tullius, *De oratore. Über den Redner*, hrsg. u. übers. v. H. Merklin, 2. Aufl. Stuttgart 1976.
Cicero, M. Tullius, *Über die Wahrsagung. De Divinatione*, hrsg., übers. u. erl. v. Chr. Schäublin, München/Zürich 1991.
Cicero, M. Tullius, *Topica. Die Kunst richtig zu argumentieren*, hrsg., übers. u. erl. v. K. Bayer, Darmstadt 1993.
Cicero, M. Tullius, *De natura deorum. Über das Wesen der Götter*, hrsg. u. übers. v. U. Blank-Sangmeister, Stuttgart 1995.
Cicero, M. Tullius, *De Inventione. Über die Auffindung des Stoffes*, hrsg. u. übers. v. Th. Nüßlein, Düsseldorf/Zürich 1998.

© Springer-Verlag GmbH Deutschland, ein Teil von Springer Nature 2020
G. Kurz, *Hermeneutische Künste*, Abhandlungen zur Literaturwissenschaft,
https://doi.org/10.1007/978-3-476-05648-1

Chladenius, J. M., *Einleitung zur richtigen Auslegung vernünftiger Reden und Schriften*, Leipzig 1742. Neudruck, hrsg. v. L. Geldsetzer, Düsseldorf 1969.
Clauberg, J., *Opera Omnia Philosophica*, 2 Bde, Amsterdam 1691. Nachdruck Hildesheim 1968.
[Clemens von Alexandria] *Des Clemens von Alexandreia Teppiche, wissenschaftlicher Darlegungen entsprechend der wahren Philosophie*, übers. v. O. Stählin, 3 Bde (Buch I–VII), München 1936–1938.
Coleridge, S. T., *Biographia Literaria*, hrsg. v. N. Leask, London 1997.
Columbus, R., *Anatomia*, Frankfurt a. M. 1609.
Crusius, Chr. A., *Weg zur Gewissheit und Zuverlässigkeit der menschlichen Erkenntnis*, Leipzig 1747.
Dannhauer, J. C., *Idea boni interpretis et malitiosi calumniatoris*, Straßburg 1630. Nachdruck der Ausgabe Straßburg 1652, hrsg. v. W. Sparn, Hildesheim/Zürich/New York 2004.
Dannhauer, J. C., *Hermeneutica Sacra Sive Methodus exponendarum S. Literarum*, Straßburg 1654.
Dante Alighieri, *Das Schreiben an Cangrande della Scala*. Lat.-dt., übers., eingel. u. komm. v. T. Ricklin, Hamburg 1993.
Dante Alighieri, *Das Gastmahl*. Ital.-dt., 2 Bde, übers. v. Th. Ricklin, Hamburg 1996.
Dilthey, W., *Gesammelte Schriften*, hrsg. v. B. Groethuysen u. a., 26 Bde, Göttingen 1913–2005.
Diogenes Laertius, *Leben und Meinungen berühmter Philosophen*, übers. v. O. Apelt/K. Reich, 2. Aufl. München 1967.
Doyle, A. C., *Die Abenteuer des Sherlock Holmes*. Aus dem Englischen neu übersetzt v. K. Degering, Stuttgart 2002.
Doyle, A. C., *Eine Studie in Scharlachrot*, übers. v. H. Ahrens, Frankfurt a. M. 2016.
Droysen, J. G., *Historik*, hrsg. v. P. Ley, Stuttgart-Bad Cannstatt 1977.
Eckhard, Chr. H., *Hermeneutica juris*, Jena 1750.
Erasmus von Rotterdam, *Ausgewählte Schriften*, hrsg. v. W. Welzig, 8 Bde, Darmstadt 1995.
Ernesti, J. A., *Institutio Interpretis Novi Testamenti*, Leipzig 1761.
Eustathius, *Commentarii ad Homeri Iliadem*, hrsg. v. M. v. d. Valk, 3 Bde, Leiden 1971–1979.
Fichte, J. G., *Gesamtausgabe*, hrsg. v. R. Lauth u. a., Reihe II, 18 Bde, Stuttgart-Bad Cannstatt 1962–2011.
Fiedrowicz, M., Hrsg., *Prinzipien der Schriftauslegung der Alten Kirche*, Bern u. a. 1998.
Flacius Illyricus, M., *De ratione cognoscendi sacras literas. Über den Erkenntnisgrund der Heiligen Schrift*. Lat.-dt., hrsg. u. übers. v. L. Geldsetzer, Düsseldorf 1968.
Flavius Josephus, *Jüdische Altertümer*, übers. v. H. Clementz, 3. Aufl. Wiesbaden 2011.
Freud, S., *Aus den Anfängen der Psychoanalyse 1887–1902. Briefe an Wilhelm Fließ*, Frankfurt a. M. o. J.
Freud, S., *Gesammelte Werke*, hrsg. v. A. Freud u. a., 19 Bde, London 1940–1952. Nachdruck Frankfurt a. M. 1999.
Freud, S., *Studienausgabe*, hrsg. v. A. Mitscherlich u. a., 11 Bde, Frankfurt a. M. 1969–1975.
Freud, S., *Der Wahn und die Träume in W. Jensens ›Gradiva‹ mit dem Text der Erzählung von Wilhelm Jensen*, hrsg. v. B. Urban/J. Cremerius, Frankfurt a. M. 1986.
Gadamer, H.-G., *Und dennoch: Macht des guten Willens*, in: Forget, Ph., Hrsg., *Text und Interpretation*, München 1984, S. 59–61.
Gadamer, H.-G., *Gesammelte Werke*, 10 Bde, Tübingen 1986–1995.
Galenus, *De comate secundum Hippocratem* (*Corpus Medicorum Graecorum*, Bd. IX,2), hrsg. v. H. Diels u. a., Leipzig 1915.
Goethes Werke. Weimarer Ausgabe, 133 Bde, 1887–1919.
Goethe, J. W. v., *Werke. Hamburger Ausgabe*, hrsg. v. E. Trunz u. a., 14 Bde, München 1982.
Goethe und die Romantik. Briefe und Erläuterungen, hrsg. v. C. Schüddekopf u. a., 2 Teile, Weimar 1898–1899.
Goethes Gespräche, hrsg. v. W. Herwig, 5 Bde, Zürich/Stuttgart 1965–1985.
Gregor der Große, *Moralia in Iob*, um:ubu:de:tuda-tudigit-9546.
Hamann, J. G., *Sämtliche Werke*, hrsg. v. J. Nadler, 6 Bde, Wien 1949–1957.

Haman, J. G., *Briefwechsel*, hrsg. v. A. Henkel/W. Ziesemer, 7 Bde, Wiesbaden/Frankfurt a. M. 1955–1975.
Heidegger, M., *Sein und Zeit*, 11. Aufl. Tübingen 1967.
Herder, J. G., *Werke*, hrsg. v. G. Arnold u. a., 11 Bde, Frankfurt a. M. 1985–2000.
Herodot, *Historien*, übers. v. A. Horneffer, hrsg. v. H. W. Haussig, 3. Aufl. Stuttgart 1963.
Heydenreich, C. H., *Skizze einer Theorie der Charakterzeichnung in Werken der Dichtkunst*, in: Ders., *Originalideen über die interessantesten Gegenstände der Philosophie*, 3 Bde, Leipzig 1793–1796, Bd. 3, S. 151–180.
Hölderlin, F., *Sämtliche Werke und Briefe*, hrsg. v. J. Schmidt u. a., 3 Bde, Frankfurt a. M. 1992–1994.
Hugo von Sankt Viktor, *Didascalion. De Studio Legendi. Studienbuch*, übers. u. eingel. v. Th. Offergeld, Freiburg/Basel 1997.
Humboldt, W. v., *Gesammelte Schriften* (Akademie-Ausgabe), 17 Bde, hrsg. v. A. Leitzmann u. a., Berlin 1903–1936.
Humboldt, W. v., *Werke in fünf Bänden*, hrsg. v. A. Flitner/A. Giel, 3. Aufl. Darmstadt 1963.
Johannes Scotus Eriugena, *Periphyseon* (lat. Titel: *De divisione naturae*: Über die Einteilung der Natur), PL, CXXII.
Kafka, F., *Der Prozess*, Frankfurt a. M. 1965.
Kant, I., *Gesammelte Schriften*, (Akademie-Ausgabe), Berlin 1902 ff.
Lavater, J. C., *Physiognomische Fragmente zur Beförderung der Menschenkenntnis und Menschenliebe. Eine Auswahl mit 101 Abbildungen*, hrsg. v. Chr. Siegrist, Stuttgart 1984.
Lavater, J. C., *Physiognomische Fragmente zur Beförderung der Menschenkenntnis und Menschenliebe*. Leipzig 1775–1778. Online-Ausgabe: Deutsches Textarchiv, Berlin 2011.
Leibniz, G. W., *Sämtliche Schriften und Briefe* (Akademie-Ausgabe), Darmstadt (Leipzig, jetzt Berlin) 1923 ff.
Lessing, G. E., *Werke*, hrsg. v. H. G. Göpfert u. a., 8 Bde, Darmstadt 1979.
Lichtenberg, G. Chr., *Schriften und Briefe*, hrsg. v. W. Promies. 6 Bde, München 1968–1992. Nachdruck Frankfurt a. M. 1994.
Lichtenberg, G. Chr., *Werke in zwei Bänden*, hrsg. v. E. Johann, Frankfurt a. M. 1970.
Locke, J., *Essay concerning human understanding*, London 1689.
Lowth, R., *Lectures on the Sacred Poetry of the Hebrews*, London 1787.
[Luther] *D. Martin Luthers Werke*, 127 Bde, Weimar 1883–2009.
Luther deutsch, hrsg. v. K. Aland, 10 Bde, 4. Aufl. Göttingen 1990.
Mann, Th., *Gesammelte Werke*, 13 Bde, 2. Aufl. Frankfurt a. M. 1974.
Megilla. Schriftrolle, übers. v. F. G. Hüttenmeister, Tübingen 1987.
Meier, G. F., *Versuch einer allgemeinen Auslegungskunst*, hrsg. v. A. Bühler/L. C. Madonna, Hamburg 1996. (Zuerst: Halle 1757).
[*Midrasch Bemidbar Rabba*] *Der Midrasch Bemidbar Rabba, das ist die allegorische Auslegung des vierten Buch Mose*, übertr. v. A. Wünsche, Leipzig 1885.
[*Midrasch Mekhilta*] *Mechilta*, übers. u. erl. v. J. Winter/A. Wünsche, Leipzig 1909.
Midrasch Tehillim oder Haggadische Erklärung der Psalmen, übertr. v. A. Wünsche, Trier 1892. Nachdruck Hildesheim 1967.
[*Mischna*] *Die Mischna in deutscher Übersetzung mit einer Einleitung und Anmerkungen von D. Correns*, Hannover 2002.
Mischnaiot. Die sechs Ordnungen der Mischna, hrsg. v. D. Hoffmann, 2. Aufl. Berlin 1924.
Müller, A., *Kritische, ästhetische und philosophische Schriften*, hrsg. v. W. Schroeder/W. Siebert, 2 Bde, Neuwied/Berlin 1967.
Nietzsche, F., *Werke in drei Bänden*, hrsg. v. F. Schlechta, München 1966.
Nietzsche, F., *Sämtliche Werke. Kritische Studienausgabe in 15 Bänden*, hrsg. v. G. Colli/ M. Montinari, München 1980.
Novalis, *Schriften*, hrsg. v. P. Kluckhohn u. a., 5 Bde, 2. Aufl. Stuttgart 1960–1988.
Opitz, H., *Theologia Exegetica Methodo Analytica proposita*, Kiel 1704.
[Origenes] *Des Origenes acht Bücher gegen Celsus*, übers. v. P. Koetschau, München 1926.

Origenes, *Vier Bücher von den Prinzipien*, hrsg., übers. u. erl. v. H. Görgemanns/H. Karpp, Darmstadt 1976.
Origène, *Philocalie, 1–20. Sur les Ecritures*, hrsg. u. übers. v. M. Harl, Paris 1983.
Pesikta de Rab Kahana, hrsg. u. übers. v. W. G. Brande/I. J. Kapstein, London 1975.
Petrarca, F., *Secretum Meum*. Lat.-dt., hrsg. u. übers. v. G. Regn/B. Huss, Mainz 2004.
Philo von Alexandria, *Die Werke in deutscher Übersetzung*, hrsg. v. L. Cohn u. a., 7 Bde, 2. Aufl. Breslau/Berlin 1909–1964.
Philo in ten volumes, hrsg. v. R. Marcus, London 1971.
Platon, *Werke*, übers. v. W. F. Otto u. a., 6 Bde, Hamburg 1963.
Platon, *Protagoras*, eingel., übers. u. erl. v. B. Manuwald, Göttingen 2006.
Plutarch's Moralia in sixteen volumes, with an english translation by F. C. Babbit u. a., London 1969-2004.
Porphyrios, *Quaestionum Homericarum ad Iliadem pertinentium reliquias*, hrsg. v. H. Schrader, 2 Bde, Leipzig 1880–1882.
Porphyrios, *De antro nympharum*, in: *Porphyrii philosophi Platonici opuscula selecta*, hrsg. v. A. Nauck, 2. Aufl. Leipzig 1886, S. 53–81. Nachdruck Hildesheim 1963.
Porphyry. *On The Cave of the Nymphs*. Translation and Introductory Essay by R. Lamberton, Barrytown 1983.
Proclus, *Théologie Platonicienne*. Texte établi et traduit par H. D. Saffray/L. G. Westerink, 6 Bde, Paris 1968.
[Quincey, Th. de] *The Collected Writings of Thomas de Quincey*, hrsg. v. D. Masson, 14 Bde, 2. Aufl. Edinburgh 1889–1890.
Quintilianus, M. Fabius, *Ausbildung des Redners. Zwölf Bücher. Institutionis Oratoriae Libri XII*, hrsg. u. übers. v. H. Rahn, 2 Teile, Darmstadt 1975.
Rambach, J. J., *Institutiones hermeneuticae sacrae*, Jena 1723.
Rambach, J. J., *Erläuterungen über seine eigenen Institutiones hermeneuticae sacrae*, hrsg. v. E. F. Neubauer, 2 Bde, Gießen 1738.
Reimarus, H. S., *Die Vernunftlehre, als eine Anweisung zum richtigen Gebrauche der Vernunft in dem* [sic] *Erkenntnis der Wahrheit*, 3. Aufl. Hamburg 1766.
Rhetores latini minores, hrsg. v. C. Halm, Leipzig 1863.
Sanhedrin. Gerichtshof, übers. v. G. A. Wewers, Tübingen 1981.
Savigny, F. C. v., *System des heutigen Römischen Rechts*, 8 Bde, Berlin 1840–1849.
Savigny, F. C. v., *Juristische Methodenlehre, nach der Ausarbeitung von Jacob Grimm*, hrsg. v. G. Wesenberg, Stuttgart 1951.
Savigny, F. C. v., *Vorlesungen über juristische Methodologie 1802–1842*, hrsg. v. A. Mazzacane, Frankfurt a. M. 2004.
Schelling, F. W., *System des transzendentalen Idealismus*, hrsg. v. W. Schulz, Hamburg 1957.
Schlegel, A. W., *Kritische Schriften und Briefe*, hrsg. v. E. Lohner, 7 Bde, Stuttgart 1962–1974.
Schlegel, A. W., *Vorlesungen über Enzyklopädie*, hrsg. v. F. Jolles/E. Höltenschmidt, Paderborn 2006.
[Schlegel, F.] *Kritische Friedrich-Schlegel-Ausgabe*, hrsg. v. E. Behler u. a., Paderborn 1958 ff.
[Anon., d. i. F. D. E. Schleiermacher], *Vertraute Briefe über Friedrich Schlegels Lucinde*, Lübeck/Leipzig 1800.
Schleiermacher, F. D. E., *Sämtliche Werke*, 30 Bde, Berlin 1834–1864.
Schleiermacher, F. D. E., *Kritische Gesamtausgabe der Werke Schleiermachers*, hrsg. v. G. Meckenstock u. a., Berlin 1980 ff.
Semler, J. J. S., *Vorbereitung zur theologischen Hermeneutik*, 4 Stücke, Halle 1760–1769.
Seneca, *Briefe an Lucilius*, übers. v. E. Glaser-Gerhard, 2 Bde, Hamburg 1965.
Sextus Empiricus, *Gegen die Dogmatiker. Adversus mathemathicos libri 7–11*, übers. v. H. Flückiger, Sankt Augustin 1998.
[*Sohar*] *Der Sohar. Das heilige Buch der Kabbala*. Nach dem Urtext ausgew., übertr. und hrsg. v. E. Müller, 5. Aufl. München 1991.
Swift, J., *A Tale of a Tub and other Stories*, hrsg. v. K. Williams, London 1975.

Thibaut, A. F. J., *Theorie der logischen Auslegung des römischen Rechts*, Altona 1799.
[Thomas v. Aquin] S. Tommaso d'Aquino, *Le Questioni disputate*, 11 Bde, Bologna 1992–2003.
Thomasius, Chr., *Ausübung der Vernunft-Lehre*, Halle 1691. Nachdruck Hildesheim/Zürich/New York 1998.
[Thora] *Die Tora. In jüdischer Auslegung,* hrsg. v. W. G. Plaut, Gütersloh 1999 ff.
[Vorsokratiker] *Die Fragmente der Vorsokratiker,* hrsg. v. H. Diels, Hamburg 1957.
Weise, Chr., *Curieuse Fragen über die Logica*, Leipzig 1696.
Wieland, Chr. M., *Gesammelte Schriften* (Akademie-Ausgabe), Berlin 1909 ff.
Wolf, F. A., *Darstellung der Altertums-Wissenschaft nach Begriff, Umfang, Zweck und Wert*, Berlin 1807.
Wolff, Chr., *Philosophia Rationalis sive Logica*, Frankfurt a. d. O./Leipzig 1728.

Sekundärliteratur

Abrams, M. H., *The Mirror and the Lamp. Romantic Theory and the Critical Tradition*, London 1971.
Adler, M. J., *How to Read a Book*, 24. Aufl. New York 1956.
Alexander, W., *Hermeneutica Generalis. Zur Konzeption und Entwicklung der allgemeinen Verstehenslehre im 17. und 18. Jahrhundert*, Stuttgart 1993.
Antweiler, Chr., *Was ist den Menschen gemeinsam? Über Kultur und Kulturen*, 2. Aufl. Darmstadt 2009.
Anz, Th., *Inhaltsanalyse*, in: Ders., Hrsg., *Handbuch der Literaturwissenschaft*. 3 Bde, Stuttgart/Weimar 2007, Bd. 2: *Methoden und Theorien*, S. 55–69.
Argelander, H., *Was ist eine Deutung?*, in: Psyche 35, 1981, S. 999–1005.
Arndt, A./Dierken, J., Hrsg., *Friedrich Schleiermachers Hermeneutik. Interpretationen und Perspektiven*, Berlin 2016.
Arndt, A., *Hermeneutik und Einbildungskraft*, in: Ders./J. Dierken, Hrsg., *Friedrich Schleiermachers Hermeneutik. Interpretationen und Perspektiven,* Berlin 2016, S. 119–128.
Assmann, J., *Text und Kommentar. Eine Einführung*, in: J. Assmann/B. Gladigow, Hrsg., *Text und Kommentar*, München 1995, S. 9–33.
Bätschmann, O., *Einführung in die kunstgeschichtliche Hermeneutik*, 5. Aufl. Darmstadt 2001.
Barthes, R., *La mort de l'auteur*, in: *Essais Critiques*, 4 Bde, Paris 1964–1984, Bd. 4, S. 63–69.
Bauer, M., *Schlegel und Schleiermacher: Frühromantische Kunstkritik und Hermeneutik*, Paderborn 2011.
Beardsley, M. C., *Aesthetics*, New York 1958.
Beerden, K., *Worlds Full of Signs. Ancient Greek Divination in Context*, Leiden 2013.
Belting, H., *Faces. Eine Geschichte des Gesichts,* München 2013.
Berger, P./Luckmann, Th., *Die gesellschaftliche Konstruktion der Wirklichkeit*, Frankfurt a. M. 1966.
Bernard, W., *Spätantike Dichtungstheorien. Untersuchungen zu Proklos, Herakleitos und Plutarch*, Berlin 1990.
Birus, H., *Hermeneutik und Strukturalismus. Eine kritische Rekonstruktion ihres Verhältnisses am Beispiel Schleiermachers und Jakobsons*, in: H. Birus u. a., Hrsg., *Roman Jakobsons Gedichtanalysen*, Göttingen 2003, S. 11–37.
Birus, H., *Die Aufgaben der Interpretation – nach Schleiermacher*, in: A. Arndt/J. Dierken, Hrsg., *Friedrich Schleiermachers Hermeneutik. Interpretationen und Perspektiven*, Berlin 2016, S. 57–84.
Blankenburg, M., *Wandlung und Wirkung der Physiognomik. Versuch einer Spurensicherung,* in: K. Pestalozzi/H. Weigelt, Hrsg., *Das Antlitz Gottes im Antlitz des Menschen. Zugänge zu Johann Kaspar Lavater*, Göttingen 1994, S. 179–213.

Blönnigen, Chr., *Der griechische Ursprung der jüdisch-hellenistischen Allegorese und ihre Rezeption in der alexandrinischen Patristik*, Frankfurt a. M./Berlin/Bern 1992.
Blösel, W., *Themistokles bei Herodot*, Stuttgart 2004.
Blumenberg, H., *Die kopernikanische Wende*, Frankfurt a. M. 1965.
Blumenberg, H., *Die Lesbarkeit der Welt*, Frankfurt a. M. 1981.
Blumenberg, H., *Höhlenausgäng*e, Frankfurt a. M. 1989.
Bod, R., *De vergeten wetenschappen. Een geschiedenis van de humaniora*, Amsterdam 2010.
Böhl, M. u. a., Hrsg., *Hermeneutik. Die Geschichte der abendländischen Textauslegung von der Antike bis zur Gegenwart*, Wien/Köln/Weimar 2013.
Boehm, G., *Studien zur Perspektivität. Philosophie und Kunst in der Frühen Neuzeit*, Heidelberg 1969.
Boehm, G., Zu einer Hermeneutik des Bildes, in: H.-G. Gadamer/G. Boehm, Hrsg., *Seminar: Die Hermeneutik und die Wissenschaften*, Frankfurt a. M. 1978, S. 444–471.
Böhm, M., *Rezeption und Funktion der Vätererzählungen bei Philo von Alexandria. Zum Zusammenhang von Kontext, Hermeneutik und Exegese im frühen Judentum*, Berlin 2005.
Bohnenkamp, A. u. a., Hrsg., *Konjektur und Krux. Zur Methodenpolitik der Philologie*, Göttingen 2010.
Bori, P. C., *L'interpretazione infinita: L'ermeneutica cristiana antica e le sue trasformazioni*, Bologna 1987. (Franz. Fassung 1991)
Boss, M., *Der Traum und seine Auslegung*, München 1974.
Bottéro, J., Symptômes, signes, écritures en Mésopotamie ancienne, in: J.-P. Vernant, Hrsg., *Divination et Rationalité*, Paris 1974, S. 70–197.
Boyarin, D., *Den Logos zersplittern. Zur Genealogie der Nichtbestimmbarkeit des Textsinns im Midrasch*, Berlin 2002.
Boys-Stones, G. R., Hrsg., *Metaphor, Allegory and The Classical Tradition*, Oxford 2003.
Braungart, W./Jacob, J., *Stellen, schöne Stellen Oder: Wo das Verstehen beginnt*, Göttingen 2012.
Brenner, P. J., Das *Problem der Interpretation. Eine Einführung in die Grundlagen der Literaturwissenschaft*, Tübingen 1998.
Brewer, D. J., *Techniques and Assumptions in Jewish Exegesis before 70 CE*, Tübingen 1992.
Brinker, K., *Linguistische Textanalyse. Eine Einführung in Grundbegriffe und Methoden*, 8. Aufl. Berlin 2014.
Brinkmann, H., *Mittelalterliche Hermeneutik*, Darmstadt 1980.
Bühler, A., Hrsg., *Unzeitgemäße Hermeneutik. Verstehen und Interpretation im Denken der Aufklärung*, Frankfurt a. M. 1994.
Bühler, K., *Sprachtheorie*, Jena 1934.
Büttgen, Ph., Doctrine et Allégorie au Début de la Réforme. Melanchthon, in: G. Dahan/R. Goulet, Hrsg., *Allégorie des Poètes, Allégorie des Philosophes. Etudes sur la Poétique et l'Herméneutique de l'Allégorie de l'Antiquité à la Réforme*, Paris 2005, S. 289–322.
Buffière, F., *Les Mythes d'Homère et la pensée grecque*, Paris 1956.
Burdorf, D., *Einführung in die Gedichtanalyse*, 3. Aufl. Stuttgart 2015.
Burkert, W., *Griechische Religion der archaischen und klassischen Epoche*, Stuttgart 1977.
Burkert, W., Signs, Commands, and Knowledge. Ancient Divination between Enigma and Epiphany, in: S. I. Johnston/P. T. Struck, Hrsg., *Mantikê. Studies in Ancient Divination*, Leiden 2005, S. 29–50.
Busse, D., *Recht als Text*. Tübingen 1992.
Busse, D., *Frame-Semantik. Ein Kompendium*, Berlin 2012.
Cancik-Kirschbaum, E., Beschreiben, Erklären, Deuten. Ein Beispiel für die Operationalisierung von Schrift im Alten Zweistromland, in: G. Grube u. a., Hrsg., *Schrift: Kulturtechnik zwischen Auge, Hand und Maschine*, Paderborn 2005, S. 399–412.
Cancik-Kirschbaum, E./Kahl, J., *Erste Philologien. Archäologie einer Disziplin vom Tigris bis zum Nil*, Tübingen 2018.
Canfora, L., *Die verschwundene Bibliothek*, Berlin 1988.
Chadwick, H., *Antike Schriftauslegung*, Berlin 1998.

Chartier, R./Cavallo, G., Hrsg., *Die Welt des Lesens. Von der Schriftrolle zum Bildschirm*, Frankfurt a. M.1999.
Clages, H., Hrsg., *Der rote Faden. Grundsätze der Kriminalpraxis*, 12. Aufl. Heidelberg 2012.
Copeland, R./Struck, P. T., Hrsg., *The Cambridge Companion to Allegory*, Cambridge 2010.
Corbineau-Hoffmann, A., *Kontextualität. Einführung in eine literaturwissenschaftliche Basiskategorie*, Berlin 2017.
Christes, J./Klein, R./Lüth, Chr., Hrsg., *Handbuch der Erziehung und Bildung in der Antike*, Darmstadt 2006.
Christiansen, I., *Die Technik der allegorischen Auslegungswissenschaft bei Philon von Alexandrien*, Tübingen 1969.
Christmann, U./Schreier, M., *Kognitionspsychologie der Textverarbeitung und Konsequenzen für die Bedeutungskonstitution literarischer Texte*, in: F. Jannidis u. a., Hrsg., *Regeln der Bedeutung. Zur Theorie der Bedeutung literarischer Texte*, Berlin/New York 2003, S. 246–285.
Crome, P., *Symbol und Unzulänglichkeit der Sprache*, München 1970.
Culler, J., *Ein Plädoyer für die Überinterpretation*, in: U. Eco, *Zwischen Autor und Text*, München 1996, S. 120–134.
Dahan, G., *L'Exégèse chrétienne de la Bible en occident médiéval*, Paris 1999.
Dahan, G./Goulet, R., Hrsg., *Allégorie des Poètes, Allégorie des Philosophes. Etudes sur la Poétique et l'Herméneutique de l'Allégorie de l'Antiquité à la Réforme*, Paris 2005.
Dalferth, I. U./Stoellger, Ph., Hrsg., *Interpretation in den Wissenschaften*, Würzburg 2005.
Dambacher, M., *Bottom-up und top-down processes in reading*, Potsdam 2010.
Danneberg, L./Müller, H.-H., *Der ›intentionale Fehlschluß‹ – ein Dogma? Systematischer Forschungsbericht zur Kontroverse um eine intentionalistische Konzeption in den Textwissenschaften*, in: Zeitschrift für allgemeine Wissenschaftstheorie 14, 1983, S. 103–137, 376–411.
Danneberg, L., *Vom ‚grammaticus' und ‚logicus' über den ‚analyticus' zum ‚hermeneuticus'*, in: A. Bühler/L. C. Madonna, Hrsg., *Hermeneutik der Aufklärung* (Aufklärung, Jg. 8, H. 2), Hamburg 1994, S. 27–48.
Danneberg, L., *Schleiermachers Hermeneutik im historischen Kontext – mit einem Blick auf ihre Rezeption*, in: D. Burdorf/R. Schmücker, Hrsg., *Dialogische Wissenschaft. Perspektiven der Philosophie Schleiermachers*, Paderborn 1998, S. 81–106.
Danneberg, L., *Logik und Hermeneutik im 17. Jahrhundert*, in: J. Schröder, Hrsg., *Theorie der Interpretation vom Humanismus bis zur Romantik – Rechtswissenschaft, Philosophie, Theologie*, Stuttgart 2001, S. 75–131.
Danneberg, L., *Die Anatomie des Text-Körpers und Natur-Körpers*, Berlin 2003.
Danneberg, L., *Besserverstehen. Zur Analyse und Entstehung einer hermeneutischen Maxime*, in: F. Jannidis u. a., Hrsg., *Regeln der Bedeutung. Zur Theorie der Bedeutung literarischer Texte*, Berlin/New York 2003, S. 644–711.
Danneberg, L., *Vom ›grammaticus‹ und ›logicus‹ über den ›analyticus‹ zum ›hermeneuticus‹*, in: J. Schönert/F. Vollhardt, Hrsg., *Geschichte der Hermeneutik und die Methodik der textinterpretierenden Disziplinen*, Berlin 2005, 282–363.
Danneberg, L., *Schleiermacher und die Hermeneutik*, in: A. M. Baertschi/C. G. King, Hrsg. *Die modernen Väter der Antike. Die Entwicklung der Altertumswissenschaften an Akademie und Universität im Berlin des 19. Jahrhunderts*, Berlin 2009, S. 211–257.
Danneberg, L., *Das Sich-Hineinversetzen und der sensus auctoris et primorum lectorum*, in: A. Albrecht u. a., Hrsg., *Theorien, Methoden und Praktiken des Interpretierens*, Berlin 2015, S. 407–445.
Daube, D., *Rabbinic Methods of Interpretation and Hellenistic Rhetorik*, in: Hebrew Union College Annual 22, 1949, S. 239–264.
Dawson, D., *Allegorical Readers and Cultural Revision in Ancient Alexandria*, Berkeley 1992.
Detel, W., *Geist und Verstehen. Historische Grundlagen einer modernen Hermeneutik*, Frankfurt a. M. 2011.
Dodds, E. R., *Die Griechen und das Irrationale*, Wiesbaden 1970.

Dörrie, H., *Zur Methodik antiker Exegese*, in: Zeitschrift für die Neutestamentliche Wissenschaft 65, 1974, S. 121–138.
Dohmen, Chr./Stemberger, G., *Hermeneutik der Jüdischen Bibel und des Alten Testaments*, Stuttgart/Berlin/Köln 1996.
[Ebach, J.] *Herders Theologischer Kommentar zum Alten Testament. Genesis 37–50.* Übers. u. ausgel. v. J. Ebach, Freiburg/Basel/Wien 2007.
Ebeling, G., *Evangelische Evangelienauslegung. Eine Untersuchung zu Luthers Hermeneutik*, 3. Aufl. Tübingen 1991.
Eco, U./Peirce, Th. A., Hrsg., *Der Zirkel oder Im Zeichen der Drei. Dupin, Holmes, Peirce*, München 1985.
Eco, U., *Streit der Interpretationen*, Konstanz 1987.
Eco, U., *Zwischen Autor und Text. Interpretation und Überinterpretation*, München 1996.
Eco, U., *Die Grenzen der Interpretation*, 3. Aufl. München 2004.
Eden, K., *Hermeneutics and the Rhetorical Tradition*, New Haven/London 1997.
Ende, H., *Der Konstruktionsbegriff im Umkreis des deutschen Idealismus*, Meisenheim am Glan 1973.
Endres, J., *Charakteristiken und Kritiken*, in: Ders., Hrsg., *Friedrich Schlegel-Handbuch*, Stuttgart 2017, S. 117–122.
Engisch, K., *Einführung in das juristische Denken*, 9. Aufl. Stuttgart 1997.
Esser, J., *Vorverständnis und Methodenwahl in der Rechtsfindung*, Frankfurt a. M. 1972.
Felder, E., *Juristische Textarbeit im Spiegel der Öffentlichkeit*, Berlin/New York 2003.
Fish, S., *Is There a Text in This Class? The Authority of Interpretative Communities*, Cambridge 1980.
Fishbane, M., *Biblical Interpretation in Ancient Israel*, Oxford 1985.
Fishbane, M., *Inner Biblical Exegesis: Types and Strategies of Interpretation in Ancient Israel*, in: G. H. Hartman/S. Burdick, Hrsg., *Midrash and Literature*, New Haven/London 1986, S. 19–40.
Flaig, E., *Ödipus. Tragischer Vatermord im klassischen Athen*, München 1998.
Foucault, M., *Qu'est-ce qu'un auteur?* in: Ders., *Dits et Ecrits*, hrsg. v. D. Defert/F. Ewald, 4 Bde, Paris 1994–2001, Bd. 1, S. 789–821.
Frank, M., *Das individuelle Allgemeine. Textstruktur und -interpretation nach Schleiermacher*, Frankfurt a. M. 1977.
Franzmann, U. u. a., Hrsg., *Handbuch Lesen*, 2., unv. Aufl. Baltmannsweiler 2006.
Freytag, H., *Die Theorie der allegorischen Schriftdeutung und die Allegorie in deutschen Texten besonders des 11. und 12. Jahrhunderts*, Bern/München 1982.
Frydman, B., *Le sens des lois. Histoire de l'interprétation et de la raison juridique*, 3. Aufl. Bruxelles 2011.
Fuhrmann, M., *Interpretatio. Notizen zur Wortgeschichte*, in: D. Liebs, Hrsg., *Sympotica Franz Wieacker*, Göttingen 1970, S. 80–110.
Fuhrmann, M., *Einführung in die antike Dichtungstheorie*, Darmstadt 1973.
Fuhrmann, M. u. a., Hrsg., *Text und Applikation. Theologie, Jurisprudenz und Literaturwissenschaft im hermeneutischen Gespräch*, München 1981.
Funke, J./Frensch, A., Hrsg., *Handbuch der allgemeinen Psychologie – Kognition*, Göttingen 2006.
Gabriel, G., *Zwischen Logik und Literatur. Erkenntnisformen von Dichtung, Philosophie und Wissenschaft*, Stuttgart 1991.
Gast, W., *Juristische Rhetorik*, 2. Aufl. Heidelberg 1992.
Gatzemeier, M., *Wahrheit und Allegorie. Zur Frühgeschichte der Hermeneutik von Theagenes bis Proklos*, in: V. Gerhardt/N. Herold, Hrsg., *Wahrheit und Begründung*, Würzburg 1985, S. 27–44.
Geerlings, W./Schulze, Chr., Hrsg., *Der Kommentar in Antike und Mittelalter*, Leiden/Boston/Köln 2002.
Geertz, C., *Local Knowledge. Further Essays in Interpretive Anthropology*, 2. Aufl. (o. O.) 2000.

Genette, G., *Palimpsestes. La littérature au second degré*, Paris 1982. (Dt. 1993)
Giebel, M., *Das Orakel von Delphi. Geschichte und Texte*, Stuttgart 2001.
Ginzburg, C., *Spurensicherung. Die Wissenschaft auf der Spur nach sich selbst*, Berlin 1995.
Göttner, H., *Logik der Interpretation*, München 1973.
Graf, W., *Die Entstehung des Mythosbegriffs bei Christian Gottlob Heyne*, in: Ders., Hrsg., *Mythen in mythenloser Gesellschaft*, Stuttgart 1993, S. 284–304.
Grafton, A., *Defenders of the Text. The traditions of scholarship in an age of science 1450–1800*, Cambridge/Mass. 1991.
Gray, R. T., *About Face. German Physiognomic Thought from Lavater to Auschwitz*, Detroit 2004.
Greisch, J., *Hermeneutik und Metaphysik*, München 1993.
Grice, H. P., *Logic and Conversation*, in: Ders., *Studies in the Way of Words*, Cambridge, Mass. 1989, S. 22–40 (Dt. in: G. Meggle, Hrsg., *Handlung, Kommunikation, Bedeutung*, Frankfurt a. M. 1993, S. 243–265).
Grözinger, K. E., *Jüdische Schriftauslegung*, in: P. Chiarini/H. D. Zimmermann, Hrsg., *Schrift, Sinne, Exegese, Interpretation, Dekonstruktion*, Berlin 1994, S. 11–36.
Groddeck, W./Stadler, U., Hrsg., *Physiognomik und Pathognomik*, Berlin 1994.
Grohmann, M., *Aneignung der Schrift. Wege einer christlichen Rezeption jüdischer Hermeneutik*, Neukirchen-Vluyn 2000.
Grondin, J., *The Hermeneutical Circle*, in: N. Keane/Chr. Lawn, Hrsg., *The Blackwell Companion to Hermeneutics*, Chichester 2016, S. 299–305.
Hadot, P., *Le voile d'Isis. Essai sur l'histoire de l'idée de Nature*, Paris 2004.
Häfner, R./Völkel, M., Hrsg., *Der Kommentar in der Frühen Neuzeit*, Tübingen 2006.
Hagner, M., *Zur Sache des Buches*, Göttingen 2015.
Harmann, G., *The Inference to the best Explanation*, in: Philosophical Review 74, 1965, S. 88–95.
Harzer, F., *Literarische Texte interpretieren. Lyrik – Prosa – Drama*, Paderborn 2017.
Hasso Jaeger, H.-E., *Studien zur Frühgeschichte der Hermeneutik*, in: Archiv für Begriffsgeschichte 18, 1974, S. 35–81.
Haug, W./Wachinger, B., Hrsg., *Autorentypen*, Tübingen 1991.
Haug, W., *Gloser la lettre oder Marie de France, die Liebe und die Allegorie*, in: R. Baum u. a., Hrsg., *Lingua et traditio*, Tübingen 1994, S. 117–132.
Heinemann, J., *Altjüdische Allegoristik*, Breslau 1936.
Hengel, M., *„Schriftauslegung" und „Schriftwerdung" in der Zeit des Zweiten Tempels*, in: M. Hengel/H. Löhr, Hrsg., *Schriftauslegung im antiken Judentum und im Urchristentum*, Tübingen 1994, S. 1–71.
Heringer, H. J., *Lesen lehren lernen: Eine rezeptive Grammatik des Deutschen*, Tübingen 1989.
Heringer, H. J., *Texte analysieren und verstehen. Eine linguistische Einführung*, Paderborn 2011.
Heringer, H. J., *Linguistische Texttheorie. Eine Einführung*, Tübingen 2015.
Hermanns, F., *Empathie. Zu einem Grundbegriff der Hermeneutik*, in: F. Hermanns/W. Holly, Hrsg., *Linguistische Hermeneutik. Theorie und Praxis des Verstehens und Interpretierens*, Tübingen 2007, S. 127–174.
Hermerén, G., *Interpretation: Types and Criteria*, in: Grazer Philosophische Studien 19, 1983, S. 131–161.
Hermerén, G., *Intention und Interpretation in der Literaturwissenschaft*, in: A. Bühler, Hrsg., *Hermeneutik. Basistexte zur Einführung in die wissenschaftstheoretischen Grundlagen von Verstehen und Interpretation*, Heidelberg 2008, S. 121–154.
Hermes, L., *Traum und Traumdeutung in der Antike*, Zürich/Düsseldorf 1996.
Hirsch, E. D., *Prinzipien der Interpretation*, München 1972.
Hirsch, E. D., *Meaning and Significance*, in: Critical Inquiry 11, 1984, S. 202–225.
Hörmann, H., *Über einige Aspekte des Begriffs „Verstehen"*, in: L. Montada u. a., Hrsg., *Kognition und Handeln*, Stuttgart 1983, S. 13–22.

Hörmann, H., *Meinen und Verstehen. Grundzüge einer psychologischen Semantik*, 4. Aufl. Frankfurt a. M. 1994.
Hogrebe, W., *Mantik und Hermeneutik*, in: J. Simon, Hrsg., *Zeichen und Interpretation*, Frankfurt a. M. 1994, S. 142–157.
Hogrebe, W., *Ahnung und Erkenntnis. Brouillon zu einer Theorie des natürlichen Erkennens*, Frankfurt a. M. 1996.
Hogrebe, W., *Metaphysik und Mantik*, 2. Aufl. Berlin 2013.
Horn, H.-J./Walter, H., Hrsg., *Die Allegorese des antiken Mythos*, Wiesbaden 1997.
Hunger, H. u. a., *Die Textüberlieferung der antiken Literatur und die Bibel*, München 1975.
Ibsch, E., *Zur literarischen Sozialisation. Beobachtungen zur Polyvalenz*, in: SPIEL 7, 1988, S. 333–345.
Irvine, M., *The Making of Textual Culture. ›Grammatica‹ and Literary Theory*, 350–1100, Cambridge 1994.
Isay, H., *Rechtsnorm und Entscheidung*, Berlin 1929.
Ivry, A., *Ibn Rushd's Use of Allegory*, in: M. Wahba/M. Abousenna, Hrsg., *Averroës and the Enlightenment*, Amherst 1996, S. 113–125.
Jacob, J./Nicklas, P., Hrsg., *Palimpseste. Zur Erinnerung an Norbert Altenhofer*, Heidelberg 2004.
Jannidis, F. u. a., Hrsg., *Rückkehr des Autors. Zur Erneuerung eines umstrittenen Begriffs*, Tübingen 1999.
Jannidis, F. u. a., Hrsg., *Regeln der Bedeutung. Zur Theorie der Bedeutung literarischer Texte*, Berlin/New York 2003.
Jaumann, H., *Critica. Untersuchungen zur Geschichte der Literaturkritik zwischen Quintilian und Thomasius*, Leiden 1995.
Jauß, H. R., *Ästhetische Erfahrung und literarische Hermeneutik*, 4. Aufl. Frankfurt a. M. 1984.
Jauß, H. R., *Wege des Verstehens*, München 1994.
Jochum, U., *Medienkörper. Wandmedien, Handmedien, Digitalia*, Göttingen 2014.
Jolles, A., *Einfache Formen. Legende, Sage, Mythe, Rätsel, Spruch, Kasus, Memorabile, Märchen, Witz*, 2. Aufl. Tübingen 1958.
Kaiser, G., *Augenblicke deutscher Lyrik*, Frankfurt a. M. 1987.
Kaiser, G., *Geschichte der deutschen Lyrik von Goethe bis zur Gegenwart*, 3 Bde, Frankfurt a. M. 1996.
Kaiser, G., *Günter Eich: Inventur. Poetologie am Nullpunkt*, in: O. Hildebrand, Hrsg., *Poetologische Lyrik von Klopstock bis Grünbein*, Köln/Weimar 2003, S. 268–285.
Kallweit, H., *Kulturelle Konfigurationen*, Paderborn 2015.
Keller, R., *Zeichentheorie*, Tübingen/Basel 1995.
Keller, R., *Begriff und Bedeutung*, in: J. Grabowski u. a., Hrsg., *Bedeutung. Konzepte. Bedeutungskonzepte*, Opladen 1996, S. 47–66.
Kern-Ulmer, R., *Hermeneutics. Techniques of Rabbinic Exegesis*, in: J. Neusner/A. J. Avery-Peck, Hrsg., *Encyclopedia of Midrash*, 2 Bde, Leiden/Boston 2005, Bd. 1, S. 268–292.
Kintsch, W., *Comprehension. A paradigm for cognition*, Cambridge 1998.
Klopsch, P., *Einführung in die Dichtungslehren des lateinischen Mittelalters*, Darmstadt 1980.
Knobloch, C., *Sprache und Sprechtätigkeit. Sprachpsychologische Konzepte*, Tübingen 1994.
König, E./Pfister, M., *Literary Analysis and Linguistics*, Berlin 2017.
Koselleck, R., *Vergangene Zukunft. Zur Semantik geschichtlicher Zeiten*, Frankfurt a. M.1989.
Koselleck, R., *Zeitschichten*, Frankfurt a. M. 2000.
Krämer, S., *Was also ist eine Spur?*, in: Dies. u. a., Hrsg., *Spur. Spurenlesen als Orientierungstechnik und Wissenskunst*, Frankfurt a. M. 2007, S. 11–33.
Krämer, S., *Spuren, Graphé, Wissenskünste. Zur Episteme der Spur*, in: S. Attia u. a., Hrsg., *Der Spur auf der Spur/Sur les traces de la trace*, Heidelberg 2016, S. 19–30.
Küpper, P., *Petrarca. Das Schweigen der Veritas und die Worte des Dichters*, Berlin/New York 2002.
Kuhn, Th. S., *Die Struktur wissenschaftlicher Revolutionen*, Frankfurt a. M. 1967.

Kurt, R., *Hermeneutik. Eine sozialwissenschaftliche Einführung*, Konstanz 2004.
Kurz, G., *Macharten. Über Rhythmus, Reim, Stil und Vieldeutigkeit*, Göttingen 1999.
Kurz, G., *Zur Bedeutung der ‚Betrachtung' in der deutschen Literatur des 17. und 18. Jahrhunderts*, in: Ders., Hrsg., *Meditation und Erinnerung in der Frühen Neuzeit*, Göttingen 2000, S. 219–250.
Kurz, G., *Alte, neue, altneue Hermeneutik. Überlegungen zu den Normen romantischer Hermeneutik*, in: S. Heinen/H. Nehr, Hrsg., *Krisen des Verstehens um 1800*, Würzburg 2004, S. 31–54.
Kurz, G., *Eine jüdische Geschichte konstruieren: Das Paradigma der Konstruktion und „Die Konstruktion der jüdischen Geschichte" von Heinrich Graetz*, in: M. Bienenstock, Hrsg., *Der Geschichtsbegriff: eine theologische Erfindung?* Würzburg 2007, S. 109 – 127.
Kurz, G., *Wie Freud interpretiert. Hermeneutische Prinzipien in ›Der Wahn und die Träume in W. Jensens ›Gradiva‹‹*, in: P.-A. Alt/Th. Anz, Hrsg., *Sigmund Freud und das Wissen der Literatur*, Berlin/New York 2008, S. 31–44.
Kurz, G., *Metapher, Allegorie, Symbol*, 6. Aufl. Göttingen 2009.
Lämmert, E., *Bauformen des Erzählens*, Stuttgart 1955.
Laks, A./Most, G. W., Hrsg., *Studies on the Deverni Papyrus*, Oxford 1997.
Lamberton, R., *Homer the Theologian. Neoplatonist Allegorical Reading and the Growth of Epic Tradition*, Berkeley 1986.
Lamberton, R./Keaney J. J., Hrsg., *Homer's Ancient Readers. The Hermeneutics of Greek Epic's Earliest Exegetes*, Princeton 1989.
Lanckau, J., *Der Herr der Träume. Eine Studie zur Funktion des Traumes in der Josefsgeschichte der Hebräischen Bibel*, Zürich 2006.
Langer, G., *Midrasch*, Tübingen 2016.
Latacz, J., *Funktionen des Traums in der antiken Literatur*, in: Th. Wagner-Simon/G. Benedetti, Hrsg., *Traum und Träumen. Traumanalysen in Wissenschaft, Religion und Kunst*, Göttingen 1984, S. 10–31.
Lenk, H., *Schemaspiele. Über Schemainterpretationen und Interpretationskonstrukte*, Frankfurt a. M. 1995.
Leroi-Gourhan, E., *Hand und Wort. Die Evolution von Technik, Sprache und Kunst*, Frankfurt a. M. 1980.
Levinson, J., *Hypothetical Intentionalism: Statement, Objections, and Replies*, in: M. Krausz, Hrsg., *Is there a single right interpretation?*, Pennsylvania State University Press 2002, S. 309–318.
Liebermann, S., *Hellenism in Jewish Palestine*, New York 1962.
Linke, A./Nussbaumer, M., *Konzepte des Impliziten*, in: K. Brinker u. a., Hrsg., *Text- und Gesprächslinguistik*, 1. Halbbd., Berlin/New York 2000, S. 435–448.
Lobin, H., *Engelbarts Traum. Wie der Computer uns Lesen und Schreiben abnimmt*, Frankfurt a. M. 2014.
Lubac, H. de, *Exégèse médiéval: Les quatre sens de l'écriture*, 4 Bde, Paris 1959–1964.
Lubac, H. de., *Typologie, Allegorie, geistiger Sinn*, Einsiedeln 1999.
Luhmann, N., *Soziale Systeme*, Frankfurt a. M. 1984.
Maaß, M., *Das antike Delphi. Orakel, Schätze und Monumente*, Darmstadt 1993.
McMaster, J., *Reading the body in the eigteenth-century novel*, Basingstoke 2004.
Mangen, A. u. a., *Reading linear texts on paper versus computer screen. Effects on reading comprehension*, in: International Journal of Educational Research 58, 2013, S. 61–68.
Manguel, A., *Eine Geschichte des Lesens*, Reinbek bei Hamburg 1999.
Marinelli, L./Mayer, A., Hrsg., *Die Lesbarkeit der Träume. Zur Geschichte von Freuds „Traumdeutung"*, Frankfurt a. M. 2000.
Marquard, O., *Frage nach der Frage, auf die die Hermeneutik die Antwort ist*, in: Ders., *Abschied vom Prinzipiellen*, Stuttgart 1981, S. 117–146.
Marrou, H. I., *Geschichte der Erziehung im klassischen Altertum*, München 1977.

Matt, P. v., *...fertig ist das Angesicht. Zur Literaturgeschichte des menschlichen Gesichts*, München 1983.
Matz, W., *Der peinliche Erdenrest. Die Literatur braucht Biographien – Antwort an Heinz Schlaffer*, Süddeutsche Zeitung, 21.10.2011.
Maul, M., *Die Wahrsagekunst im Alten Orient, Zeichen des Himmels und der Erde*, München 2013.
Meder, S., *Missverstehen und Verstehen. Savignys Grundlegung der juristischen Hermeneutik*, Tübingen 2004.
Meier-Oeser, S., *Hermeneutik und Logik im frühen 17. Jahrhundert*, in: G. Frank/S. Meier-Oeser, Hrsg., *Hermeneutik, Methodenlehre, Exegese*, Stuttgart-Bad Cannstatt 2011, S. 337–353.
Menasse, E., *Wir hätten ja alle so gern ein Gesicht...*, in: SZ.de Magazin, 28.3.2018.
Mertens, W., *Traum und Traumdeutung*, 3. Aufl. München 2003.
Meuter, N., *Anthropologie des Ausdrucks. Die Expressivität des Menschen zwischen Natur und Kultur*, München 2006.
Meyer-Kalkus, R., *Stimme und Sprechkünste im 20. Jahrhundert*, Berlin 2001.
Michel, K. M., *Gesichter. Physiognomische Streifzüge*, Meisenheim am Glan 1990.
Michel, W., *Ästhetische Hermeneutik und frühromantische Kritik. Friedrich Schlegels fragmentarische Entwürfe, Rezensionen, Charakteristiken und Kritiken (1795–1801)*, Göttingen 1982.
Minnis, A. J., *Medieval Theory of Authorship. Scholastic literary attitudes in the late Middle Ages*, London 1984.
Minnis, A. J./Scott, A. B., Hrsg., *Medieval Literary Theory and Criticism c. 1100–c. 1375. The Commentary-Tradition*, 2. Aufl. Oxford 1991.
Minsky, M., *Eine Rahmenstruktur für die Wissensrepräsentation*, in: D. Münch, Hrsg., *Kognitionswissenschaft*, Frankfurt a. M. 1992, S. 92–133.
Monnot, G., *La démarche classique de l' éxegèse musulmane*, in: M. Tardieu, Hrsg., *Les règles de l'interprétation*, Paris 1987, S. 147–161.
Most, G. W., Hrsg., *Commentaries – Kommentare*, Göttingen 1999.
Most, G. W., *Allegoresis and etymology*, in: A. Grafton/G. W. Most, Hrsg., *Canonical Texts and Scholarly Practices*, Cambridge University Press 2016, S. 52–74.
Müller, F./Christensen, R., *Juristische Methodik*, 11. Aufl. Berlin 2013.
Näf, B., *Traum und Traumdeutung im Altertum*, Darmstadt 2004.
Neal, D./Chartrand, T., *Embodied Emotion Perception*, in: Social Psychology and Personality Science, Vol. 2, Issue 6, 2011, S. 673–678.
Oberhänsli-Widmer, G., *Eine Halacha des Moses vom Sinai. Auslegungskultur als Lebensweg im talmudischen Judentum*, in: W. Reinhard, Hrsg., *Sakrale Texte*, München 2009, S. 27–67.
Oesterhelt, A., *Perspektive und Totaleindruck. Höhepunkt und Ende der Multiperspektivität in Christoph Martin Wielands ‚Aristipp' und Clemens Brentanos ‚Godwi'*, München 2010.
Ohly, F., *Schriften zur mittelalterlichen Bedeutungsforschung*, Darmstadt 1977.
Orakel. Der Blick in die Zukunft. Katalog Museum Rietberg, Zürich 1999.
Oster, P., *Der Schleier im Text. Funktionsgeschichte eines Bildes für die neuzeitliche Erfahrung des Imaginären*, Paderborn 2002.
Pabst, S., *Fiktionen des inneren Menschen. Die literarische Umwertung der Physiognomik bei Jean Paul und E. T. A. Hoffmann*. Heidelberg 2007.
Pappert, S. u. a., Hrsg., *Verschlüsseln, Verbergen, Entdecken in öffentlicher und institutioneller Kommunikation*, Berlin 2008.
Patsch, H., *Friedrich Schlegels „Philosophie der Philologie" und Schleiermachers frühe Entwürfe zur Hermeneutik*, in: Zeitschrift für Theologie und Kirche 63, 1966, S. 434–465.
Patzig, G., *Erklären und Verstehen. Bemerkungen zum Verhältnis von Natur- und Geisteswissenschaften*, in: Ders., *Tatsachen, Normen, Sätze*, Stuttgart 1980, S. 45–75.
Pépin, J., *Mythe et Allégorie. Les origines grecques et les contestations judéo-chrétiennes*, 2. Aufl. Paris 1976.
Perelman, Ch., *Juristische Logik als Argumentationslehre*, Freiburg 1979.
Perelman, Ch., *Das Reich der Rhetorik*, München 1980.

Persson, A. W., *Die Exegeten und Delphi*. Lunds Universitets Arsskrift N. F. Bd. 14, Nr. 22, Lund/Leipzig 1918.
Pestalozzi, K., *Physiognomische Methodik*, in: A. Finck/G. Gréciano, Hrsg., *Germanistik aus interkultureller Perspektive*, Strasbourg 1988, S. 137–153.
Petraschka, Th., *Interpretation und Rationalität: Billigkeitsprinzipien in der philologischen Hermeneutik*, Berlin 2014.
Petrus, K., *Die intentio auctoris in Hermeneutiken des 17. und 18. Jahrhunderts*, in: Philosophisches Jahrbuch 103, 1996, S. 339–355.
Petrus, K., *Genese und Analyse. Logik, Rhetorik und Hermeneutik im 17. und 18. Jahrhundert*, Berlin 1997.
Pirson, R., *The Lord of the Dreams. A Semantic Analysis of Genesis 37–50*, London 2002.
Polenz, P. v., *Deutsche Satzsemantik. Grundbegriffe des Zwischen-den-Zeilen-Lesens*, Berlin/New York 1985.
Pollmann, K., *Doctrina christiana. Untersuchungen zu den Anfängen der christlichen Hermeneutik unter besonderer Berücksichtigung von Augustinus ‚de doctrina christiana'*, Freiburg 1996.
Porter, J. I., *Hermeneutic Lines and Circles: Aristarchus and Crates on the Exegesis of Homer*, in: R. Lamberton/J. J. Keaney, Hrsg., *Homers's Ancient Readers. The Hermeneutics of Greek Epic's Earliest Exegetes*, Princeton 1992, S. 67–114.
Preminger, A. u. a., Hrsg., *Classical Literary Criticism*, New York 1974.
Quain, E. A., *The medieval accessus ad auctores*, in: Traditio 3, 1943, S. 215–264.
Rad, G. v., *Die Josephsgeschichte*, Neukirchen 1964.
Raisch, P., *Juristische Methoden. Vom antiken Rom bis zur Gegenwart*, Heidelberg 1995.
Rautenberg, U./Schneider, U., Hrsg., *Lesen: ein interdisziplinäres Handbuch*, Berlin 2015.
Rawidowics, S., *On Interpretation*, in: N. N. Glatzer, Hrsg., *Studies in Jewish Thought*, Philadelphia 1974, S. 45–80.
Reemtsma, J. Ph., *Was heißt: einen literarischen Text interpretieren?*, München 2016.
Reichertz, J., *Aufklärungsarbeit. Kriminalpolizisten und Feldforscher bei der Arbeit*, Stuttgart 1991.
Reimer, F., *Juristische Methodenlehre*, Baden-Baden 2016.
Renberg, G. H., *The Role of Dream-Interpreters in Greek and Roman Religion*, in: G. Weber, Hrsg., *Artemidor von Daldis und die antike Traumdeutung*, Berlin 2015, S. 233–262.
Reventlow, H. Graf, *Epochen der Bibelauslegung*, 4 Bde, München 1990–2001.
Richter, W., *Traum und Traumdeutung im Alten Testament*, in: Biblische Zeitschrift 7, 1963, S. 202–220
Ricoeur, P., *Die Interpretation. Ein Versuch über Freud*, Frankfurt a. M. 1969.
Rittelmeyer, Chr., *„Erkenne dich selbst". Eine bildungsgeschichtliche Interpretation des delphischen Orakels*, in: Bildung und Erziehung 46, 1993, S. 139–154.
Rizzolati, G./Sinigaglia, C., *Empathie und Spiegelneurone: Die biologische Basis des Mitgefühls*, Frankfurt a. M. 2008.
Rockenberger, A./Röcken, P., *„der ganze Schmutz zugleich und Glanz meiner Seele". Eine analytische Mikrostudie zur Methodik neugermanistischer Textkritik*, in: Jahrbuch des Freien Deutschen Hochstifts 2011, S. 68–102.
Rodi, F., *Erkenntnis des Erkannten. Zur Hermeneutik des 19. und 20. Jahrhunderts*, Frankfurt a. M.1990.
Rohrwasser, M., *Freuds Lektüren. Von Arthur Conan Doyle bis zu Arthur Schnitzler*, Gießen 2005.
Rosenberger, V., *Griechische Orakel. Eine Kulturgeschichte*, Darmstadt 2001.
Rückert, J., *Savignys Hermeneutik*, in: J. Schröder, Hrsg., *Theorie der Interpretation vom Humanismus bis zur Romantik – Rechtswissenschaft, Philosophie, Theologie*, Stuttgart 2001, S. 287–327.
Rüthers, B./Fischer, Chr./Birk, A., *Rechtstheorie mit Juristischer Methodenlehre*, 9. Aufl. München 2016.

Sacks, S. D., *Midrash and Multplicity. Pirke de Rabbi Eliezer and the Renewal of Rabbinic Interpretive Culture*, Berlin/New York 2011.
Schaefer, H., *Divinatio. Die antike Bedeutung des Begriffs und sein Gebrauch in der neuzeitlichen Philologie*, in: Archiv für Begriffsgeschichte 21, 1977, S. 188–225.
Schäfer, P., *Die Geburt des Judentums aus dem Geist des Christentums*, Tübingen 2010.
Schäublin, Chr., *Homerum ex Homero*, in: Museum Helveticum 34, 1977, S. 221 – 227.
Schlaffer, H., *Poesie und Wissen. Die Entstehung des ästhetischen Bewusstseins und der philologischen Erkenntnis*, Frankfurt a. M. 1990.
Schlick, A. J., *Interpretieren nur ungebildete Symposiasten Gedichte? Zum Verhältnis von Dialektik und Hermeneutik in Platons ‚Protagoras'*, in: Museum Helveticum 66, 2009, S. 193–214.
Schmid, W., *Erzähltextanalyse*, in: Th. Anz, Hrsg., *Handbuch der Literaturwissenschaft*. 3 Bde, Stuttgart/Weimar 2007, Bd. 2: *Methoden und Theorien*, S. 98–120.
Schmölders, C., *Das Vorurteil im Leibe. Eine Einführung in die Physiognomik*, Berlin 1995.
Schmölders, C., *Hitlers Gesicht. Eine physiognomische Biographie*, München 2000.
Schneider, U. J., Hrsg., *Textkünste. Buchrevolution um 1500*, Darmstadt 2016.
Schön, E., *Mentalitätsgeschichte des Leseglücks*, in: A. Bellebaum/L. Muth, Hrsg., *Leseglück. Eine vergessene Erfahrung?* Opladen 1996, S. 151–175.
Schönert J./Vollhardt, F., Hrsg., *Geschichte der Hermeneutik und die Methodik der textinterpretierenden Disziplinen*, Berlin 2005.
Scholem, G., *Über einige Begriffe des Judentums*, Frankfurt a. M. 1970.
Scholtz, G., *Ethik und Hermeneutik. Schleiermachers Grundlegung der Geisteswissenschaften*, Frankfurt a. M. 1995.
Scholz, O. R., *Die allgemeine Hermeneutik bei Georg Friedrich Meier*, in: A. Bühler, Hrsg., *Unzeitgemäße Hermeneutik. Verstehen und Interpretation im Denken der Aufklärung*, Frankfurt a. M. 1994, S. 158–191.
Scholz, O. R., *Jenseits der Legende. Auf der Suche nach den genuinen Leistungen Schleiermachers für die allgemeine Hermeneutik*, in: J. Schröder, Hrsg., *Theorie der Interpretation vom Humanismus bis zur Romantik – Rechtswissenschaft, Philosophie, Theologie*, Stuttgart 2001, S. 265–285.
Scholz, O. R., *Texte interpretieren. Daten, Hypothesen und Methoden*, in: J. Borkowski u. a., Hrsg., *Literatur interpretieren. Interdisziplinäre Beiträge zur Theorie und Praxis*, Münster 2015, S. 147–171.
Scholz, O. R., *Verstehen und Rationalität*, 3. Aufl. Frankfurt a. M. 2016.
Schott, C., *„Interpretatio cessat in claris" – Auslegungsfähigkeit und Auslegungsbedürftigkeit in der juristischen Hermeneutik*, in: J. Schröder, Hrsg., *Theorie der Interpretation vom Humanismus bis zur Romantik – Rechtswissenschaft, Philosophie, Theologie*, Stuttgart 2001, S. 155–189.
Schröder, J., *Recht als Wissenschaft. Geschichte der juristischen Methode vom Humanismus bis zur historischen Schule*, München 2001.
Schröder, J., *Entwicklungstendenzen der Juristischen Interpretationstheorie von 1500 bis 1850*, in: J. Schönert/F. Vollhardt, Hrsg., *Geschichte der Hermeneutik und die Methodik der textinterpretierenden Disziplinen*, Berlin/New York 2005, S. 203–219.
Schultheiß, J., *Augustinus. De doctrina christiana*, in: O. Wischmeyer, Hrsg., *Handbuch der Bibelhermeneutiken. Von Origenes bis zur Gegenwart*, Berlin 2016, S. 47–62.
Schurz, G., Hrsg., *Erklären und Verstehen in der Wissenschaft*, München 1988.
Schwacke, P., *Juristische Methodik*, 5. Aufl. Stuttgart 2011.
Sdzuj, R., *Historische Studien zur Interpretationsmethodologie der frühen Neuzeit*, Würzburg 1997.
Seebohm, Th. M., *Hermeneutics. Method and Methodology*, Dordrecht/Boston/London 2004.
Seel, M., *Aktive Passivität. Über den Spielraum des Denkens, Handelns und anderer Künste*, Frankfurt a. M. 2014.

Sellin, G., *Die Allegorese und die Anfänge der Schriftauslegung*, in: H. Graf Reventlow, Hrsg., *Theologische Probleme der Septuaginta und der hellenistischen Hermeneutik*, Gütersloh 1997, S. 91–138.
Seybold, K., *Der Traum in der Bibel*, in: Th. Wagner-Simon/G. Benedetti, Hrsg., *Traum und Träumen. Traumanalysen in Wissenschaft, Religion und Kunst*, Göttingen 1984, S. 32–54.
Siegert, F., *Drei hellenistisch-jüdische Predigten*. 2 Bde, Tübingen 1980–1992.
Siegert, F., *Hellenistic Jewish Midrash*, in: J. Neusner/A. J. Avery-Peck, Hrsg., *Encyclopedia of Midrash*, 2 Bde, Leiden/Boston 2005, Bd. 1, S. 199–250.
Smalley, B., *The Study of the Bible in the Middle Ages*, 3. Aufl. Oxford 1983.
Soeffner, H.-G., *Auslegung des Alltags – Der Alltag der Auslegung*, Frankfurt a. M. 1989.
Spitz, H. J., *Die Metaphorik des geistigen Schriftsinns*, München 1972.
Spitznagel, A., *Auf der Spur von Spuren*, in: H.-G. v. Aarburg u. a., Hrsg., *„Wunderliche Figuren". Über die Lesbarkeit von Chiffrenschriften*, München 2001, S. 239–259.
Spoerhase, C., *Autorschaft und Interpretation. Methodische Grundlagen einer philologischen Hermeneutik*, Berlin 2007.
Spree, A., *Kritik der Interpretation. Analytische Untersuchungen zu interpretationskritischen Literaturtheorien*, Paderborn 1995.
Staiger, E., *Die Kunst der Interpretation*, 3. Aufl. München 1974 (zuerst Zürich 1955).
Stegmüller, W., *Rationale Rekonstruktion von Wissenschaft und ihrem Wandel*, Stuttgart 1986.
Steiger, J. A., *Martin Luthers allegorisch-figürliche Auslegung der Heiligen Schrift*, in: Zeitschrift für Kirchengeschichte 110, 1999, S. 331–351.
Stein, P., *Schriftkultur. Eine Geschichte des Schreibens und Lesens*, 2. Aufl. Darmstadt 2010.
Steiner, G., *Nach Babel. Aspekte der Sprache und des Übersetzens*. Neuausgabe Frankfurt a. M. 2004.
Steinthal, H., *Die Arten und Formen der Interpretation*, in: Ders., *Kleine sprachtheoretische Schriften*, hrsg. v. W. Buhmann, Hildesheim/New York 1970, S. 532–542.
Stemberger, G., *Einleitung in Talmud und Midrasch*, 8. Aufl. München 1992.
Stemberger, G., *Der Talmud. Einführung, Texte, Erläuterung*, 3. Aufl. München 1994.
Stemberger, G., *Judaica Minora*, 2 Bde, Tübingen 2010.
Stern, D., *Midrash and Indeterminacy*, in: Critical Inquiry 15, 1988, S. 132–162.
Sternberg, M., *The Poetics of Biblical Narrative*, Bloomington 1987.
Stiegler, B., *Spuren, Elfen und andere Erscheinungen. Conan Doyle und die Photographie*, Frankfurt a. M. 2014.
Stierle, K., *Zur Begriffsgeschichte von ›Kontext‹*, in: Archiv für Begriffsgeschichte 18, 1974, S. 144–149.
Stillers, R., *Humanistische Deutung. Studien zu Kommentar und Literaturtheorie in der italienischen Renaissance*, Düsseldorf 1988.
Stockinger, C., *‚Lektüre'? ‚Stil'? Zur Aktualität der Werkimmanenz*, in: J. Rickes u. a., Hrsg., *1955–2005, Emil Staiger und ›Die Kunst der Interpretation‹ heute*, Bern 2007, S. 61–85.
Stroux, J., *Römische Rechtswissenschaft und Rhetorik*, Potsdam 1949.
Strube, W., *Analytische Philosophie der Literaturwissenschaft. Definition, Klassifikation, Interpretation, Bewertung*, Paderborn 1993.
Strube, W., *Über verschiedene Arten, den Autor besser zu verstehen, als er sich selbst verstanden hat*, in: F. Jannidis u. a., Hrsg., *Rückkehr des Autors. Zur Erneuerung eines umstrittenen Begriffs*, Tübingen 1999, S. 135–155.
Strube, W., *Analyse des Verstehensbegriffs*, in: A. Bühler, Hrsg., *Hermeneutik. Basistexte zur Einführung in die wissenschaftstheoretischen Grundlagen von Verstehen und Interpretation*, Heidelberg 2008, S. 79–98.
Struck, P. T., *Divination and Literary Criticism?* in: S. I. Johnston/P. T. Struck, Hrsg., *Mantikê. Studies in Ancient Divination*, Leiden 2005, S. 147–165.
Studer, B., *Schola christiana: die Theologie zwischen Nizäa (325) und Chalzedon (451)*, Paderborn 1998.

Svendsen, S. N., *Allegory Transformed. The Appropriation of the Philonic Hermeneutics in the Letter to the Hebrews*, Tübingen 2009.
Szondi, P., *Hölderlin-Studien. Mit einem Traktat über philologische Erkenntnis*, Frankfurt a. M. 1967.
Szondi, P., *Einführung in die literarische Hermeneutik*, Frankfurt a. M. 1975.
Tepe, P., *Kognitive Hermeneutik*, Würzburg 2007.
Till, D., *Ausdruck rhetorisch/ästhetisch: Zur Etablierung einer Ausdrucksästhetik zwischen Aufklärung und Sturm und Drang*, in: T. R. Klein/E. Porath, Hrsg., *Figuren des Ausdrucks. Formation einer Wissenskategorie zwischen 1700 und 1850*, München 2012, S. 49–68.
Todorov, A., *Face Value. The irresistible influence of first impression*, Princeton 2017.
Todorov, T., *Théories du symbole*, Paris 1977.
Todorov, T., *Symbolisme et interprétation*, Paris 1978.
Tomasello, M., *Die kulturelle Entwicklung des menschlichen Denkens. Zur Evolution der Kognition*, Frankfurt a. M. 2002.
Tomasello, M., *Die Ursprünge der menschlichen Kommunikation*, Frankfurt a. M. 2009.
Trampedach, K., *Politische Mantik. Die Kommunikation über Götterzeichen und Orakel im klassischen Griechenland*, Heidelberg 2015.
Traninger, A., *Serendipity und Abduktion. Die Literatur als Medium einer Logik des Neuen (Cristoforo Armeno, Voltaire, Horace Walpole)*, in: F. v. Ammon u. a., Hrsg., *Literatur und praktische Vernunft*, Berlin 2016, S. 205–230.
Tytler, G., *Physiognomy in the European Novel: Faces and Fortunes*, Princeton 1982.
Vernant, J.-P., *Parole et signes muets*, in: J.-P. Vernant u. a., Hrsg., *Divination et rationalité*, Paris 1974, S. 9–25.
Vieweg, Th., *Topik und Jurisprudenz*, 5. Aufl. München 1974.
Vogt-Spira, G., *Der Umgang mit Texten im antiken Rom*, in: A. Albrecht u. a., Hrsg., *Theorien, Methoden und Praktiken des Interpretierens*, Berlin 2015, S. 103–120.
Vollhardt, F., Hrsg., *Christian Thomasius (1655–1728). Neue Forschungen im Kontext der Frühaufklärung*, Tübingen 1997.
Walde, Chr., *Die Traumdarstellungen in der griechisch-römischen Dichtung*, München/Leipzig 2001.
Walde, Chr., *Antike Traumdeutung und moderne Traumforschung*, Düsseldorf/Zürich 2001.
Weber, M., *Gesammelte Aufsätze zur Wissenschaftslehre*, 3. Aufl. Tübingen 1968.
Wegener, Ph., *Untersuchungen über die Grundfragen des Sprachlebens*, Halle 1885. Nachdruck Amsterdam 1991.
Wehrli, F., *Zur Geschichte der allegorischen Deutung Homers im Altertum*, Leipzig 1928.
Weimar, K., *Zur neuen Hermeneutik um 1800*, in: J. Fohrmann/W. Vosskamp, Hrsg., *Wissenschaft und Nation. Studien zur Entstehungsgeschichte der deutschen Literaturwissenschaft*, München 1991, S. 195–204.
Weimar, K., *Text, Interpretation, Methode*, in: L. Danneberg/F. Vollhardt, Hrsg., *Wie international ist die Literaturwissenschaft?* Stuttgart 1996, S. 110–122.
Weimar, K., *Doppelte Autorschaft*, in: F. Jannidis u. a., Hrsg., *Rückkehr des Autors. Die Erneuerung eines umstrittenen Begriffs*, Tübingen 1999, S. 123–133.
Weimar, K., *Was ist Interpretation?* in: Mitteilungen des deutschen Germanistenverbandes 49, H. 2, 2002, S. 104–115.
Weimar, K., *„Interpretatio" nach Wilhelm Valentin Forsters „Interpres"*, in: J. Schönert/F. Vollhardt, Hrsg., *Geschichte der Hermeneutik und die Methodik der textinterpretierenden Disziplinen*, Berlin/New York 2005, S. 83–96.
Weimar, K., *Über die Grenzen der Interpretation*, in: I. U. Dalfert/Ph. Stoellger, Hrsg., *Interpretation in den Wissenschaften*, Würzburg 2005, S. 127–136.
Weinsheimer, J., *Eighteenth-Century Hermeneutics: Philosophy of Interpretation in England from Locke to Burke*, Yale University Press 1993.
Wellek, R./Warren, A., *Theory of Literature*, New York 1948. (Dt. 1958)

Wengst, K., *Das Regierungsprogramm des Himmelreichs. Eine Auslegung der Bergpredigt in ihrem jüdischen Kontext*, Stuttgart 2010.
Westermann, C., *Biblischer Kommentar. Altes Testament – Genesis 37–50*, Neukirchen-Vluyn 1982.
Westermann, H., *Die Intention des Dichters und die Zwecke der Interpreten. Zur Theorie und Praxis der Dichterauslegung in den Platonischen Dialogen*, Berlin/New York 2002.
Wiedemann, C., *Topik als Vorschule der Interpretation. Überlegungen zur Funktion von Topikkatalogen*, in: D. Breuer/H. Schanze, Hrsg., *Topik*, München 1981, S. 233–255.
W. Wieland, *Möglichkeiten der Wissenschaftstheorie*, in: R. Bubner u. a., Hrsg., *Hermeneutik und Dialektik*, 2 Bde, Tübingen 1970, Bd. 1, S. 31–56.
Wikenhauser, A., *Doppelträume*, in: Biblica 29, 1948, S. 11–111.
Wimsatt, W. K./Beardsley, M. C., *The Intentional Fallacy*, in: Seewanee Review 54, 1946, S. 468–488. (Auch in: W. Erzgräber, Hrsg., *Moderne englische und amerikanische Literaturkritik*, Darmstadt 1970, S. 91–106)
Winko, S., *Lektüre oder Interpretation?*, in: Mitteilungen des Deutschen Germanistenverbandes 49, H. 2, 2002, S. 128–141.
Winko, S., *Plausibilität als Beurteilungskriterium literaturwissenschaftlicher Interpretationen*, in: A. Albrecht u. a., Hrsg., *Theorien, Methoden und Praktiken des Interpretierens*, Berlin 2015, S. 483–511.
Winko, S./Jannidis, F., *Wissen und Inferenz. Zum Verstehen und Interpretieren literarischer Texte am Beispiel von Hans Magnus Enzensbergers Gedicht ‚Frühschriften'*, in: J. Borkowski u. a., *Literatur interpretieren. Interdisziplinäre Beiträge zur Theorie und Praxis*, Münster 2015, S. 221–250.
Wischmeyer, O., *Texte, Text und Rezeption. Das Paradigma der Text-Rezeptions-Hermeneutik des Neuen Testaments*, in: Dies./S. Scholz, Hrsg., *Die Bibel als Text*, Tübingen/Basel 2008, S. 155–192.
Wischmeyer, O., Hrsg., *Handbuch der Bibelhermeneutiken. Von Origenes bis zur Gegenwart*, Berlin 2016.
Wittgenstein, L., *Philosophische Untersuchungen*, Frankfurt a. M. 1971.
Wodianka. S., *Betrachtungen des Todes. Formen und Funktionen der ‚meditatio mortis' in der europäischen Literatur des 17. Jahrhunderts*, Tübingen 2004.
Zabka, T., *Pragmatik der Literaturinterpretation*, Tübingen 2005.
Ziolkowski, Th., *Das Wunderjahr in Jena. Geist und Gesellschaft 1793/94*, Stuttgart 1998.
Ziolkowski, Th., *Berlin. Aufstieg einer Kulturmetropole um 1810*, Stuttgart 2002.
Zippelius, R., *Juristische Methodenlehre*, 10. Aufl. München 2006.
Zwierlein, O., *‚Interpretation' in Antike und Mittelalter*, in: W. Geerlings/Chr. Schulze, Hrsg., *Der Kommentar in Antike und Mittelalter*, Leiden/Boston/Köln 2002, S. 79–101.
Zymner, R./Fricke, H., *Einübung in die Literaturwissenschaft*, 5. Aufl. Paderborn 2007.